國家清史編纂委員會·文獻叢刊

王興亞 等 編

清代河南碑刻資料 ①

二〇一六年·北京

商務印書館
The Commercial Press

國家清史編纂委員會出版委員會

學術秘書　赫曉琳　李嵐

委　　員　潘振平　徐兆仁　鄒愛蓮
　　　　　卜　鍵　朱誠如　成崇德　郭成康

執行主任　馬大正

主　　任　戴逸

總 序

戴 逸

二〇〇二年八月，國家批准建議纂修清史之報告，十一月成立由十四部委組成之領導小組，十二月十二日成立清史編纂委員會，清史編纂工程於焉肇始。

清史之編纂醖釀已久，清亡以後，北洋政府曾聘專家編寫《清史稿》，歷時十四年成書。識者議其評判不公，記載多誤，難成信史，久欲重撰新史，以世事多亂不果。中華人民共和國成立後，中央領導亦多次推動修清史之事，皆因故中輟。新世紀之始，國家安定，經濟發展，建設成績輝煌，而清史研究亦有重大進步，學界又倡修史之議，國家採納衆見，決定啓動此新世紀標誌性文化工程。

清代爲我國最後之封建王朝，統治中國二百六十八年之久，距今未遠。清代衆多之歷史和社會問題與今日息息相關。欲知今日中國國情，必當追溯清代之歷史，故而編纂一部詳細、可信、公允之清代歷史實屬切要之舉。

編史要務，首在採集史料，廣搜確證，以爲依據。必藉此史料，乃能窺見歷史陳跡。故史料爲歷史研究之基礎，研究者必須積累大量史料，勤於梳理，善於分析，去粗取精，去僞存真，由此及彼，由表及裏，進行科學之抽象，上升爲理性之認識，纔能洞察過去，認識歷史規律。史料之於歷史研究，猶如水之於魚，空氣之於鳥，水涸則魚逝，氣盈則鳥飛。歷史科學之輝煌殿堂必須巋然聳立於豐富、確鑿、可靠之史料基礎上，不能構建於虛無飄渺之中。吾儕於編史之始，即整理、出版"文獻叢刊"、"檔案叢刊"，二者廣收各種史料，均爲清史編纂工程之重要組成部分，一以供修撰清史之用，提高著作質量；二爲搶救、保護、開發清代之文化資源，繼承和弘揚歷史文化遺產。

清代之史料，具有自身之特點，可以概括爲多、亂、散、新四字。

II　清代河南碑刻資料

　　一曰多。我國素稱詩書禮義之邦，存世典籍汗牛充棟，尤以清代爲盛。蓋清代統治較久，文化發達，學士才人，比肩相望，傳世之經籍史乘、諸子百家、文字聲韻、目錄金石、書畫藝術、詩文小説，遠軼前朝，積貯文獻之多，如恒河沙數，不可勝計。昔梁元帝聚書十四萬卷於江陵，西魏軍攻掠，悉燔於火，人謂喪失天下典籍之半數，是五世紀時中國書籍總數尚不甚多。宋代印刷術推廣，載籍日衆，至清代而浩如烟海，難窺其涯涘矣。《清史稿·藝文志》著録清代書籍九千六百三十三種，人議其疏漏太多。武作成作《清史稿藝文志補編》，增補書一萬零四百三十八種，超過原志著録之數。彭國棟亦重修《清史稿·藝文志》，著録書一萬八千零五十九種。近年王紹曾更求詳備，致力十餘年，遍覽群籍，手抄目驗，成《清史稿藝文志拾遺》，增補書至五萬四千八百八十種，超過原志五倍半，此尚非清代存留書之全豹。王紹曾先生言："余等未見書目尚多，即已見之目，因工作粗疏，未盡鈎稽而失之眉睫者，所在多有。"清代書籍總數若干，至今尚未能確知。

　　清代不僅書籍浩繁，尚有大量政府檔案留存於世。中國歷朝歷代檔案已喪失殆盡（除近代考古發掘所得甲骨、簡牘外），而清朝中樞機關（內閣、軍機處）檔案，秘藏内廷，尚稱完整。加上地方存留之檔案，多達二千萬件。檔案爲歷史事件發生過程中形成之文件，出之於當事人親身經歷和直接記錄，具有較高之真實性、可靠性。大量檔案之留存極大地改善了研究條件，俾歷史學家得以運用第一手資料追踪往事，瞭解歷史真相。

　　二曰亂。清代以前之典籍，經歷代學者整理、研究，對其數量、類别、版本、流傳、收藏、真僞及價值已有大致瞭解。清代編纂《四庫全書》，大規模清理、甄别存世之古籍。因政治原因，查禁、篡改、銷燬所謂"悖逆"、"違礙"書籍，造成文化之浩劫。但此時經師大儒，聯袂入館，勤力校理，盡瘁編務。政府亦投入鉅資以修明文治，故所獲成果甚豐。對收録之三千多種書籍和未收之六千多種存目書撰寫詳明精切之提要，撮其內容要旨，述其體例篇章，論其學術是非，叙其版本源流，編成二百卷《四庫全書總目》，洵爲讀書之典要、後學之津梁。乾隆以後，至於清末，文字之獄漸戢，印刷之術益精，故而人競著述，家嫻詩文，各握靈蛇之珠，衆懷崑岡之璧，千舸齊發，萬木争榮，學風大盛，典籍之積累遠邁從前。惟晚清以來，外強侵凌，干戈四起，國家多難，人民離散，未能投入力量對大量新出之典籍再作整理，而政府檔案，深藏中秘，更無由一見。故不僅不知存世清代文獻檔案之總數，即書籍分類如何變通、版本庋藏應否標明，加以部居舛誤，界劃難清，亥豕魯魚，訂正未遑。大量稿本、鈔本、孤本、珍本，土埋塵封，行將漸滅。殿刻本、局刊本、精校本與坊間劣本混淆雜陳。我國自有典籍以來，其繁雜混亂未有甚於清代典籍者矣！

　　三曰散。清代文獻、檔案，非常分散，分别庋藏於中央與地方各個圖書館、檔案館、博物館、教學研究機構與私人手中。即以清代中央一級之檔案言，除北京中國第一歷史檔案館所藏一千萬件以外，尚有一大部分檔案在戰爭時期流離播遷，現存於臺北故宫博物院。此外，尚有藏於瀋陽遼寧省檔案館之聖訓、玉牒、滿文老檔、黑圖檔等，藏於大連市檔案館之内務府檔案，藏於江蘇泰州市博物館之題本、奏摺、録副奏摺。至於清代各地方政府之檔案文書，損毀極大，但尚有劫後殘餘，璞玉渾金，含章蘊秀，數量頗豐，價值亦高。如河北獲鹿縣檔案、吉林省邊務檔案、黑龍江將軍衙門檔案、河南巡撫藩司衙門檔案、湖南安化縣永曆帝與吳三桂檔案、四川巴縣與南部縣檔案、浙江安徽江西等省之魚鱗册、徽州契約文書、內蒙古各盟旗蒙文檔案、廣東粵海關檔案、雲南省彝文傣文檔案、西藏噶廈政府藏文檔案等等分別藏於全國各省市自治區，甚至清代兩廣總督衙門檔案（亦稱《葉名琛檔案》），被英法聯軍搶掠西運，今藏於英國倫敦。

清代流傳下來之稿本、鈔本，數量豐富，因其從未刻印，彌足珍貴，如曾國藩、李鴻章、翁同龢、盛宣懷、張謇、趙鳳昌之家藏資料。至於清代之詩文集、尺牘、家譜、日記、筆記、方誌、碑刻等品類繁多，數量浩瀚，北京、上海、南京、廣州、天津、武漢及各大學圖書館中，均有不少貯存。豐城之劍氣騰霄，合浦之珠光射日，尋訪必有所獲。最近，余有江南之行，在蘇州、常熟兩地圖書館、博物館中，得見所存稿本、鈔本之目錄，即有數百種之多。

某些書籍，在中國大陸已甚稀少，在海外各國反能見到，如太平天國之文書。當年在太平軍區域內，爲通行之書籍，太平天國失敗後，悉遭清政府查禁焚燬，現在中國，已難見到，而在海外，由於各國外交官、傳教士、商人競相搜求，攜赴海外，故今日在外國圖書館中保存之太平天國文書較多。二十世紀內，向達、蕭一山、王重民、王慶成諸先生曾在世界各地尋覓太平天國文獻，收穫甚豐。

四曰新。清代爲傳統社會向近代社會之過渡階段，處於中西文化衝突與交融之中，產生一大批內容新穎、形式多樣之文化典籍。清朝初年，西方耶穌會傳教士來華，携來自然科學、藝術和西方宗教知識。乾隆時編《四庫全書》，曾收錄歐幾里得《幾何原本》、利瑪竇《乾坤體義》、熊三拔《泰西水法》、《簡平儀說》等書。迄至晚清，中國力圖自強，學習西方，翻譯各類西方著作，如上海墨海書館、江南製造局譯書館所譯聲光化電之書，後嚴復所譯《天演論》、《原富》、《法意》等名著，林紓所譯《茶花女遺事》、《黑奴籲天錄》等文藝小說。中學西學，摩盪激勵，舊學新學，鬥妍爭勝，知識劇增，推陳出新，晚清典籍多別開生面、石破天驚之論，數千年來所未見，飽學宿儒所不知。突破中國傳統之知識框架，書籍之內容、形式，超經史子集之範圍，越子曰詩云之牢籠，發生前所未有之革命性變化，出現衆多新類目、新體例、新內容。

清朝實現國家之大統一，組成中國之多民族大家庭，出現以滿文、蒙古文、藏文、維吾爾文、傣文、彝文書寫之文書，構成爲清代文獻之組成部分，使得清代文獻、檔案更加豐富，更加充實，更加絢麗多彩。

清代之文獻、檔案爲我國珍貴之歷史文化遺產，其數量之龐大、品類之多樣、涵蓋之寬廣、內容之豐富在全世界之文獻、檔案寶庫中實屬罕見。正因其具有多、亂、散、新之特點，故必須投入鉅大之人力、財力進行搜集、整理、出版。吾儕因編纂清史之需，賈其餘力，整理出版其中一小部分；且欲安裝網絡，設數據庫，運用現代科技手段，進行貯存、檢索，以利研究工作。惟清代典籍浩瀚，吾儕汲深綆短，蟻銜蚊負，力薄難任，望洋興嘆，未能做更大規模之工作。觀歷代文獻檔案，頻遭浩劫，水火兵蟲，紛至沓來，古代典籍，百不存五，可爲浩嘆。切望後來之政府學人重視保護文獻檔案之工程，投入力量，持續努力，再接再厲，使卷帙長存，瑰寶永駐，中華民族數千年之文獻檔案得以流傳永遠，霑漑將來，是所願也。

二〇〇四年

課題負責人：王興亞

主要撰稿人：（按姓氏筆劃排次）

　　　　　王　偉　　王景荃　　王興亞　　李正輝

　　　　　李秀萍　　段自成　　馬懷雲　　席會芬

　　　　　孫新梅　　孫憲周　　劉宗志

前 言

一

清代河南碑刻資料輯錄的是河南各地的清代碑刻。河南是以今河南省的轄區爲依據。清代起自順治元年（1644），止於宣統三年（1911）。碑刻包括碑碣、墓誌、摩崖、帖等形式，以現存碑刻爲主，兼及方志、金石、文集、家譜等著述中輯錄的碑刻。四年來，我們广泛採集了河南各县现存之清碑；又利用了河南博物院、河南文物考古研究所、河南省文史研究館收藏新中国成立以来碑刻拓片，先后查閱各種文獻四百餘種，完成了資料收集、整理、標點、核校等工作。輯入本書中的碑刻共計六千三百餘方。包括四部分：一是河南各地現存的清碑，二是拓片保存下來的清碑，三是方志中的清碑，四是碑刻著述与家譜中的清碑。另有一千七百方現存碑刻，由於種種原因未能錄文，作爲存目附錄於後。兩項合計共計八千方，集有清一代河南碑刻之大成，也是国内第一部全省范围的清代碑刻大成。

二

清代河南行政區劃因襲明之舊置，也時有局部調整。《清史稿·地理志》載河南轄區東至江蘇蕭縣，西至陝西潼關縣，南至湖北黃陂縣，北至直隸磁州，領府九，直隸州五，直隸廳一，州五，縣九十六，合起來爲一百零七個州縣。與今河南轄區略有變化。今屬河南之南樂、清豐、濮陽、長垣，清屬直隸大名府；台前、范縣，清屬山東曹州府。清屬河南彰德府的武安縣，今屬河北邯鄲市。

河南地處中原，多種多樣的地形，宜人的氣候，縱橫的河流，豐富的資源，使河南率先進入文明時代。素稱發達的農工商業，造就了早期光輝燦爛的中原文明。在夏、商、東

II 清代河南碑刻資料

周、東漢、西晉、北魏、五代以及北宋,這裏是都城所在地,是國家的政治、經濟與文化中心。碑刻是鎸刻在石頭上的文獻。清代,河南人廣泛採用這一載體來記述和宣示人們的生產活動與社會活動。通許廩生侯崑玉在《公立司公碑記》中述稱:"蓋嘗推立碑之意,或出自好善樂施,或出自禦災捍患,或出自創造非常,或出自公事勤慎,是皆有以感被於一時,而深入乎人心者矣。"[1] 不僅爲官方所重視,諸如朝廷的詔令諭旨、地方政府的告示以及活動往往通過碑刻予以宣示,而且更重要的是向全社會普及,士農工商無不採用此種形式來宣示其生產、生活與交往活動,表達自己的心願。清代河南碑刻數量之多,分布之廣,超過了先前任何一個朝代。

清代河南碑刻的內容極爲廣泛,上自朝廷大政,下至風土民情,自然的、社會的,官方的、民間的,無所不有,無所不包。概括地說,可以分作政治軍事、行政管理、農工商業、教育科舉、宗教祭祀、水利科技、城鄉建設、環境人口、交通橋樑、文學藝術、名賢人物、名勝古跡、社會習俗、災禍祥瑞等。碑刻類型有竪立在地表的碑碣,有刻在山石上的摩崖,有埋入地壙中的墓誌,還有刻在石塊上的碑帖。碑石有大有小,石料多就地而取,也還有用銅鑄造而成的。如此多種多樣,適應了社會上多元的需求。

雖然清代國家的經濟重心移至江南,但是商品經濟的發展也推動着河南經濟社會的進步。時至嘉慶年間,河南人口已達2303萬。[2] 在農業仍是河南經濟的主體的條件下,爲滿足人口日益增長的衣食需求,河南人繼續在擴大耕地面積上打主意,其基本做法,是向沙鹼不毛之地與山林進軍,注重興修農田水利,精耕細作,擴大紅薯、玉米等高產作物的種植面積。光緒年間博愛的《耕織圖》中的耕圖10幅,以繪畫形式展示了河南農業生產從耕地、播種、插秧、田間管理、收割、碾場、揚場、運糧入倉的全過程。順治十一年,郟縣知縣徐鳳鳴所撰《創立鴻宅保碑文》有謂:畿內五百里,悉駐節禁軍,其地之男若女,仳離南徙,餐泣風露中,或僵臥道旁,或薄值鬻去,慘不忍見聞。而山左、中州各郡縣,又以逃人之令,悉閉關不納。而郟縣則地荒人亡,青青磷磷,一望幾無所見。畿南流移亦踵至百餘戶。"胥吏亦有以逃人利害之說進者,余悉披其說弗聽。因以策文會原籍,並報府尊、直指,各台俱允其請,而流民始獲寧處。余且捐俸給牛五十三頭,糧七十五石有奇,俾得盡力南畝而與縣十六保鼎峙。"[3] 其記雖是就郟縣情況而言的,可也有助於我們具體瞭解清初河南爲恢復經濟所做的努力。

河南位居黃河中下游,流域面積占全省之大半。由於河患的加劇與黃河河道變遷,治黃保漕成爲清政府的基本國策。治黃是河南也是國家的一件大事。清政府每年都要撥出鉅款,並且設立專門機構,委任要員負責黃河防務。朝廷有關治黃的重要決策,如雍正三

---

[1] 侯崑玉:《公立司公碑記》,民國《通許縣志》卷十四《碑記》。
[2] 梁方仲:《中國歷代人口、田地、田賦統計》,上海人民出版社1980年版,第262頁。
[3] 徐鳳鳴:《創立鴻宅保碑文》,順治《郟縣志》卷十一《藝文志》。

年，武陟縣《嘉應觀御碑》，是由雍正皇帝親自撰文並書寫治黃碑文，鑄於銅碑之上。乾隆二十六年，刊立在中牟縣楊橋黃河決口處的《敕建楊橋河神祠碑記》，爲乾隆皇帝撰文並書寫，具體記述了當年黃河在此決口與堵口的經過。該碑碑陰鐫刻有乾隆皇帝撰寫的三首詩文，傾訴了朝廷對黃河河患的憂慮以及救民不惜費的決心。地方官府有關治河的重大決策與行動，如乾隆十六年巡撫陳宏謀的《請開歸德水利疏》、乾隆十七年巡撫蔣炳折奏《歸德治水碑記》以及乾隆二十三年巡撫胡寶瑔的《開歸陳汝四郡河圖碑》亦都刻石樹碑，垂之永久。豎立在黃河沿岸的一方方治黃碑刻，記述了當年人們搶險堵口、堵漏、築堤、固堤、護堤、埽尋、防風以及放淤的經驗。順治十四年《沁堤碑記》中說："夫水性無恆，難以預料，吾於堤旁設堡，堡有夫候水消長得爲之備，則暴漲可無恐已。堤岸無柳，土亦弗固，吾廣爲種植，接陰不斷，期根以下盤而稍堪儲用，則頹壞可無慮已。"[1]

豫北平原地區因土地沙鹼化面積有增無減而導致農業減產。濮陽、范縣一帶，"或經旬不雨，則斥墳起，風沙獵獵。"原武縣，更是地皆沙土，飄舉隨風。低窪地區，常年積水，成爲不毛之地。鄭州沙鹼地面積也超過一千五百頃。面對此情景，人們採用挑挖溝渠，排除積水的方法來改良土壤。雍正十二年獲嘉縣《建設橫河閘座碑記》載：衛輝府屬之輝縣王范村、懷慶府屬之修武縣校尉營軍處，地居窪下，歲時積潦，一望窪塗，禾稼之區，沒爲魚蝦之宅久矣。經過仔細勘察，遂在與衛輝府之獲嘉頭道、二道橫相連處開渠二道，引水由北匯入丹河，又於橫河二口建閘二座，以資啟閉，由是"向之一望汪洋者，皆已消歸，何有水涸而土觀矣，得地四千五十四頃有零，給各地戶分領承業。"[2] 原武濱臨大河，四境之內無支流水港，地多平衍，水難宣洩，往往泛溢田疇，甚至沉浸廬舍。乾隆三年，在縣城南、城北各開浚溝渠一道，《原武吳令開渠碑記》載："此工一成，水不爲害，沮洳之地，可以耕耘。瀉鹵之區，亦堪耕種。"[3] 縣令吳文炘在《原武縣開浚溝渠記》裏還提出："然以地皆沙土，飄舉隨風，又渠無來源，易於淤塞。則後此疏浚之功，非勤求民瘼者，所當時爲留意乎。"[4] 孫縈在其《墾荒記》裏記述了康熙六年至十一年間，開州農民在"三載以後起科"政策推動下開荒增地四千餘頃的業績。[5] 康熙十五年中牟縣《申詳墾荒石記》記述了李寨、大秦、土山、畠澤、高黃、大莊、辛興、白沙八保之民奮力開墾荒沙岡阜及波池沮洳之地的艱辛歷程。[6] 史書裏有關河南農業畝產量的記載甚少。同治六年，林縣《勸世人勿因雨晚誤種秋記》碑文詳載當地秋季每畝收成少至八九斗，多石二三，九月各樣雜糧一併成熟，笨穀有石六七收，黃黑綠豆、玉麥六七斗收，蕎麥一

---

[1] 順治十四年《欽差分守河北道河南布政使左恭議晉陽張公新築沁堤記》。碑存武陟縣傅村大堤下。
[2] 孔傳煥：《建設橫河閘座碑記》，乾隆《獲嘉縣志》卷七《河渠志》。
[3] 胡振祖：《原武吳令開渠碑記》，乾隆《原武縣志》卷八《藝文志》。
[4] 吳文炘：《開浚溝渠記》，乾隆《原武縣志》卷八《藝文志》。
[5] 孫縈：《開墾記》，嘉慶《開州志》卷八《藝文志》。
[6] 冉觀祖：《申詳墾荒石記》，同治《中牟縣志》卷十《藝文志》。

兩石收，惟小豆僅一二斗收。[1]光緒二十四年，輝縣《秋禾碑記碑》載是年秋季每畝玉糧有一石收，有石四五收，穀子石收，猶有五七斗收，蕎麥三斗收，綠豆四五斗收。[2]這兩則記載，爲我們瞭解晚清河南山區農業產量提供了確切的記載。

由於乾旱導致農業歉收甚至絕收，河南人更加重視興修水利，開挖渠道，引水灌溉，水利成爲河南農事中重中之重。先前得到開發利用的渠道，諸如豫北衛河、沁水、丹河、漳河，豫西洛河，以及豫東豐樂河、響河、巴溝河灌渠，相繼得到修浚，一些著名的陂塘也得到修復。人們越來越注意總結修渠用水的經驗，完善管理機構，實行責權利結合的管理原則，統籌兼顧，合理安排，各渠紛紛制定水利章程，化解用水中的各種矛盾，使得生產、運輸、生活用水得到保證。光緒二十八年洛陽《大靖渠章程十二條》，詳細地規定了管道管理辦法，管道設專人負責管理，九閘分期澆水，按十八夜一輪，周而復始，不得強霸截挖。並報請河南府正堂批准，由渠長及枚戶刻石公佈於世。[3]他如乾隆三十年靈寶縣《定水碑記》、嘉慶十年汝陽縣《汲水規則》、道光年間陝縣《重修廣濟渠約》、光緒十八年安陽縣《約定章程》、宣統元年澠池縣《同議渠規碑》，都以公約的形式維護了用戶的合法權益，收到了"灌之利大饒而用不爭"的良好效果。同一期間，地方官府也加大水利糾紛案件的處理與宣傳力度，將有代表性的水利糾紛案的處理結果，刻碑立石進行宣示。雍正八年河内縣《廣濟利豐兩河斷禁碑》，道光十六年靈寶縣《路井下圯渠水斷結碑》、光緒二十七年新安縣《平龍澗河爭水碑記》、宣統元年澠池縣《澗南渠輪灌斷結碑》等，都是官府處理水利糾紛案例的公示。這一形式，既是警示告誡，又是借鑒與依據，爲成功解決水權糾紛積累了經驗。在此期間，河南在地下水的開發利用方面，量地鑿井，也收到了一定效果。偃師吉家溝《重修井碑》還將其經驗告訴後人，說：這裏地下沙石混雜，"井中之石，只可塞，不可去"[4]。

河南的手工業也在持續發展。紡織、煤炭、陶瓷仍是河南經濟社會的主要產業。家紡戶織的棉紡織業在明代已遍及城鄉。博愛《耕織圖》中的織圖十幅，用繪圖形式，形象地展示了清代河南傳統紡織業生產從種棉、摘棉、軋花、彈花、紡線、絡線、經線、織布到量布的全過程。同時形象展示出軋花機、彈花機、紡車、絡線、經線以及織布機的狀況，比其文字敘述，直觀真實、生動具體。煤炭業生機勃勃。鞏縣、宜陽、新安、澠池、魯山、河內、密縣等約占全省五分之一縣份的煤炭得到開採。宜陽縣《河南府劉大老爺批准窯戶送煤碑》，安陽縣《禁止啟土開窯碑記》、《嚴禁私開煤窯碑記》，以及焦作的《憑心窯修廟宇碑記》，具體記述了當地煤炭開採與運銷情形。魯山縣煤窯工頭誆人做工，久羈不放，被

---

[1] 同治六年《勸世人勿因雨晚誤種秋記》，碑存林州市小店鄉南屯村。
[2] 光緒三十四年《秋禾碑記碑》，碑存輝縣市百泉。
[3] 光緒二十八年《大靖渠章程十二條》，碑存洛陽市關林。
[4] 吉大光：《重修井碑》，碑存偃師市文物保護管理所。

告發。嘉慶元年三月，知縣董作棟親詣窰場查明被羈者約三百人，量其去家遠近，發給路費，予以放回。"諭令窰戶工頭，公平雇人開採。不許設立撥房，強拉誆買。該窰戶等各矢天良具結，永遠遵行在案。嗣後，若復蹈前轍，即行驅禁並重法繩之。"[1]

陶瓷業產品也林林總總。湯陰縣乾隆三十七年《栢靈橋重修碑記》載：栢靈橋地下有五色土，可以陶。先前盛時，邑西之人，藉以養生者，不啻數萬家。[2] 鶴壁《衆窰佈施碑記》對當年各窰名稱及捐資數額作了詳細紀錄，爲瞭解當年該地缸窰業的商號及其資金、經營狀況提供了詳實材料。[3] 河內縣《窰神廟碑》載："柏山缸窰業窰戶、匠作共同商議，立寫定規四條，勒立于石：一議折半缸口准以裁尺二尺二寸，缸口一尺八寸，如過度者，照套數每一套貨罰錢三十文，窰戶、匠作各出一半，其錢入會使用；一議自買貨車，窰院不許與引車回頭，如有違者，罰錢八千文，窰頭七分，匠作三分，其錢入會使用；一議自買貨車分貨、抬貨、裝車，每一套貨裝車錢十文；一議自買貨車，窰頭與之辦貨用錢三分，如有違者，罰錢四千文，窰頭備出，其錢入會使用。"[4] 隨着近代工業的興起，中國傳統的手工業逐漸向近代工業轉化。河南近代工業化的進程不及于東南沿海地區，可也在孕育，在萌生，一些實業家借助河南資源優勢開始興辦實業，光緒年間輝縣《課桑亭記》碑、南召《蠶坡章程》碑以及范縣的《農桑學堂實業記》碑等，記錄了清末河南創辦實業的情景。

商業貿易日趨繁榮。城鎮店鋪貿易與集市貿易空前活躍，融祭祀、娛樂、貿易爲一體的廟會，此伏彼起。乾隆三十三年，朱仙鎮《重修關帝廟碑記》與《本廟全圖》碑，詳細記載了當年鎮上商號一千一百九十二家的名稱與捐資數額，展示了鎮上商業結構、商家佈局與資金狀況。其中有門神作房共捐銀一百兩，商號有十四家，是隆盛號、崔義和、李同興、李合盛、安玉盛、陳元如、阮永成、北義和、陳永莊、義盛長、和同年、武功號、南永莊、陳聖義。[5] 這是迄今我們能夠見到朱仙鎮板畫業最早的一批商家的名字。另外門神作房中有六十名工匠參與捐助。二者合起來，即是當年朱仙鎮板畫業的規模。

爲了確保商業貿易的進行，繁榮市場，河南地方官府也採取了不少措施。嘉慶年間，輝縣官府將恢復藥材市場的兩份告示《輝縣出示曉諭以肅神會以安商賈事碑記》、《邑侯加州銜張大老爺頒定會廠章程諭令請復藥會商民兩便碑》，建碑刻石，表達恢復藥材市場的誠意，並將恢復後的藥材市場管理辦法公之於衆。[6] 市場稅收管理實行稅務公開。嘉慶二十

---

[1] 董作棟：《清理煤窰碑記》，嘉慶《魯山縣志》卷十《地理志》。
[2] 乾隆三十七年《栢靈橋重修碑記》，拓片藏河南省文物考古研究所。
[3] 《衆窰佈施碑記》，拓片存河南省文物考古研究所。
[4] 嘉慶二十二年《柏山窰神廟碑》，碑存博愛縣博物館。
[5] 乾隆三十三年《重修關帝廟碑記》，碑存開封縣朱仙鎮大廟院內。
[6] 嘉慶九年《出示曉諭以肅神會以安商賈事碑記》、嘉慶十三年《邑侯加州銜張大老爺頒定會廠章程諭令請復藥會商民兩便碑》，碑存輝縣市百泉。

年十月洛陽《老稅數目志碑》將官府裁定的梭布鋪、綢緞鋪的稅額與完納時間刻石公示。[1] 內鄉縣正堂針對馬山口市場上出現強抽行用的情形，于道光八年佈告申令："嗣後凡有買賣柴炭，均聽賣戶買主自行公平買賣，如有冒充行戶抽用滋事，以及酒肆飯店招留外來棍徒者，許該地保指名稟縣，以憑究辦。倘該地保徇故縱，一併究治，決不寬貸。各宜凜遵毋違。"[2] 光緒年間，該縣連續刻石樹碑，就打擊貿易中的欺詐弊端，規範市場貿易秩序作出規定。《公道常存碑》議定秤准定天平十六兩，短少者罰錢五百文，想格外多得者亦如之。[3]《守正不阿碑》，提出本行有客不准外行刁會，或與客過貨，不許短斤少兩，不遵者酌罰，包貨水濕漚爛照退，以假為真全充公，以濕變乾半充公，不遵者加倍罰。合鎮買賣藥材抽釐助神，賣主每斤抽錢五文，按月查收，徇私者酌罰。[4] 集首是集市貿易的管理者。原由商戶公推產生，商戶大多滿意。道光年間，許昌東隅集首人選不經過商戶公推，而是由鄉地開報，結果屢虧稅務，使得各行重出賠墊，引起商戶不滿。後經州守裁定，集首仍由各行公議推舉。東隅商號五十四家公立《東隅集首章程》碑載："斷令東隅集首率由舊章，仍系公同酌議，不准鄉地開報，如敢狡執，責懲不貸……雖官司斷如山，誠恐日久廢弛，後有生事之人變亂舊章，致壞集規，因刊石志之，以垂永遠。"[5] 他如魯山縣《店戶官驟條約》、新鄉縣的《斗捐章程》等，都是為落實發展商業貿易，協調商民關係與商業內部關係所作的努力。

從山西、陝西、安徽、江蘇、浙江等地到河南經商的商家，為了擴大經營，紛紛在經濟發達城鎮組建會館，設立規章，開展慶典、祭祀等活動，以張顯自己的實力。社旗山陝會館刻立的《公議雜貨行規碑記》，將其行商條規十八條公之於世。[6] 禹州十三幫會館刊立《十三幫創始記》、輝縣山陝會館刊立《六陳行復收芝麻行帖碑記》等，都是通過碑刻形式來宣示自己的商業經營理念。

生態環境是人們賴以生存的基礎。清代頻繁的河患，曠日持久的過度的土地開墾，毀林造田，使得河南林木面積持續減少，鹽鹼沙丘的面積日益增多。正如俞森在《種樹記》中所說："今兩河南北，樹木稀少，木不克土，土性輕陽，盡成砂礫。"中牟縣"大率縣南多沙薄不可耕，沙擁成岡，每風起沙飛，其如粟、如半菽者，刺面不能正視，輪蹄所過，十步之外，蹤莫可復辨，以之侵移田疇間，無不壓沒。又或野無堅土，風吹根見，槁禾以枯。其卑濕之地，潦則水注成河，鹻則地白如霜，民貧多逃，村落為墟，此南境之常也，

---

[1] 嘉慶二十年十月《老稅數目志碑》，碑存洛陽市山西潞澤會館。
[2] 道光八年《為嚴禁私充炭行抽收行用以安農事》，碑存內鄉縣文物保護管理所。
[3] 光緒十四年《公道常存碑》，碑存內鄉縣文物保護管理所。
[4] 光緒二十八年《守正不阿碑》，碑存內鄉縣文物保護管理所。
[5] 同治十年《東隅集首章程》，碑存許昌文物保護管理所。
[6] 乾隆五十年《公議雜貨行碑記》，碑存社旗縣山陝會館。

而畠澤里爲尤甚。"[1] 如何保護生態環境逐漸成爲人們關注的又一焦點。咸豐五年鞏縣《公議斷坡碑》指出毀林導致生態環境惡化："蓋草木之植，皆緣人爲盛衰，養其根則實遂，傷其木則枝亡。即如平之寺官坡，林麓薈蔚，昔時固嘗美矣。但剪伐不以時，則山雖猶是，而今與昔異焉。何也？根宜修也，而人偏斬其根；木宜植也，而人輒拔其本。於此，猶欲不成濯濯無物之勢，仍復生生不息之機也。不欲夏夏乎難哉！於是公議立一罰規，以勒諸石。使後之人目觸心驚，不敢私意妄取，庶幾本立道生，根深葉茂，而材木復至不可勝用焉。是以幸甚。立碑後，如有築官坡圪塔者，罰錢五千文充公，放荒亦如此。"[2]

林木具有防風防沙的功能。光緒三十三年滑縣《斷沙會碑記》述稱："滑以北，飛沙之爲害，由來久矣。舊有斷沙會，規矩嚴肅，鄰村□□。凡有採一薪，伐一木，以及牧牛羊，常放牧牲者，悉分晝夜按規責罰，而後飛沙不起，美麗自興，田畝皆開也。斷沙之法，孰善於此哉。然而歲遠年湮，規矩疏忽，採伐薪木者甚多，牧牛羊者亦復不少，甚而無賴之徒，砍樹株，偷竊田苗，以致此害復啟。"爲此村民共同商議，"公懇邑侯呂大老爺出一告示，特爲嚴禁，凡附近鄰村居民人等，一體知悉，自勒石之後，務將牲畜圈養，毋得任意牧放，周圍樹株柴薪，亦莫故意竊伐，倘敢故違，一經查出，或被指控，定即傳案究罰云。"[3]

學校教育的開辦是文明的尺度之一。在歷史悠久的河南，學校教育有着悠久的傳統。清代河南儒學、書院、社學系統完備，有成熟的管理制度，固定完備的設施。面向全社會以識字教育爲宗旨的義學以強勁的勢頭勃勃興起，並且向丘陵地帶與偏遠山區的村落擴展。"或數村共立一學，或一村各立一學。"道光八年太康縣《建立義學碑記》強調："氣質之所以能變化者，莫如學。"並且指出"貧寠之子，僻陋之鄉，往往以不識一字，致桀驁難馴。"[4] 基於這一認識，一些有識之士，致力於義學事業。乾隆三十年嵩縣的《義學記序》、道光七年太康縣的《義學條規十二則》，對義學的緣起與管理作了記述。隨着教育事業的發展，以及考生數量的增加，考場建設引起了省府州縣官府的普遍重視。清中期後，河南各州縣紛紛創建試院並擴大考場規模。省會開封的河南貢院，是河南省的考試中心。雍正十年六月《改建河南貢院記》碑載：貢院占地一頃九十七畝，新添屋七十有五。[5] 道光二十四年十月《重修河南貢院記》碑載，此次重修，擴大規模，共計修建公所七百八十二間，重建號舍萬有九千，葺復者千八百五十七，鑿井五。[6] 各州縣考院也相繼修建。道光二年寶豐縣《新建寶豐縣號舍碑記》、咸豐八年信陽《重修信陽試院碑記》、同治三年沁陽《增修懷郡試院號舍碑》、同治八年西華《重修西華考院碑記》、同治十一年陳州《重修郡試院

---

[1] 冉覲祖：《畠澤里折地碑記》，同治《中牟縣志》卷十《藝文志》。

[2] 咸豐五年《公議斷坡碑》，碑存鞏義市涉村鎮平定寺內。

[3] 盧宗銘：《斷沙會碑記》，碑存滑縣文物保護管理所。

[4] 戴鳳翔：《建立義學碑記》，民國《太康縣志》卷七《藝文志》。

[5] 田文鏡：《改建河南貢院記碑》，碑存河南大學院內。

[6] 鄂順安：《重修河南貢院記》，碑存河南大學院內。

碑》、同治十二年《重修陝州試院記》等，記錄了這一演進的行程。然而，由於科舉與教育制度固守的經學內容不合時宜，光緒十二年，長垣縣教諭王景源在《修葺興國寺小學碑記》中提出"我四千年文明與西方角勝而我反若瞠乎其後者，何也"？回答是："士誤於咕嗶，困於章句帖括，雖學猶弗學也。"[1] 隨着科舉制的廢除，各地儒學、書院也逐漸向近代學校轉化。光緒年間，浚縣《邑賢侯柔如陶老父台創設農業中學堂碑記》、《邑賢侯柔如陶老父台改建兩等官小學堂碑記》，以及南樂縣的《創建蒙養學堂碑記》、獲嘉縣的《新修小學堂碑記》、西華縣的《清創修西華縣學堂章程》、宜陽縣《創建高等小學堂記》等具體記述了近代學校教育在河南孕育、形成的過程。宣統元年陳留縣的《莘野學堂碑記》中提出：方今入學肄業者不必專效西學，"誠由是道藝兼營，體用相資，數年後，必有奇才異能，超出泰西諸國上者。人心何患不振，國運何患不昌！"[2] 表達了河南人對新式學堂的期盼。

　　清代河南碑刻還刻載有地理、水文、醫術等方面的內容。乾隆年間商丘《開歸陳汝四郡河圖碑》，分兩部分，右半部為乾隆二十二年時開歸陳汝四郡河流、管道、城鎮分佈圖，圖上繪有河道與城鎮的位置。左半部為胡寶瑛撰寫的碑文。這是清代少見的黃河河道形勢地圖。乾隆三十七年偃師《伊洛大漲碑》刻立在當年水位所及之處，碑中說康熙四十八年六月間，這裏平野之水深有一丈，雍正十二年秋七月廿三日，水復為災，深有七尺。乾隆二十六年七月望六日，水流入村中即有七尺餘。八日夜半，水深一丈有四。[3] 澠池咸豐二年《黃河水位碑》刻載"道光二十三年，河漲至此。"[4] 這些都是珍貴的水文資料。浚縣《重修觀音菩薩堂碑記》載：乾隆二十四年六月地震，"先有螻蟈出，四五月時，遍地出暇蟆，地雷鳴。六月五日地震。大雨。水洶湧而至。六月十三日，水至，高河堤五尺。"[5] 林縣嘉慶二十二年《打井碑》，詳細記述了當地民眾開挖煤窯深井的方法。說："編甬之法，中掀甃石一重，旁編木條一重，下可五六丈許。"[6] 道光十一年林縣的《程氏藥方碑記》將其父所得濟世活人的仙方，選擇數方，勒之于石。一治汗後中風不語：子蘇、防風。一治男子中風小便不通：防風、仙茅。一治婦人傷涼難產：大腹子、覆盆子、遠志。[7]

　　安定是人們生產與生活的保障。具有文明傳統的中原人嚮往尊老愛幼，團結互助，比戶可風，里仁為美的和諧社會風尚。鑒於賭博、盜竊、砍伐樹木、踐踏農田莊稼以及打架鬥毆等事件多發，危害着民眾的生命財產安全，人們為謀求建立一個良好安定的社會環境而努力。一方面是官府加強法治，嚴厲打擊危害社會治安的各種犯罪，同時各地基層社會

---

[1] 王景源：《修葺興國寺小學碑記》，民國《長垣縣志》卷十四《藝文志》。

[2] 郭世棟：《莘野學堂碑記》，民國《陳留縣志》卷二《藝文志》。

[3] 乾隆三十七年《伊洛大漲碑》，碑存偃師市顧縣鄉曲家寨村老君洞廟內。

[4] 咸豐二年《黃河水位碑》，碑存澠池縣段村鄉東柳窩村溝西石壁上。

[5] 孫大章：《重修觀音菩薩堂碑記》，碑存浚縣城關鄉馬村。

[6] 嘉慶二十二年《打井碑》，碑存林州市茶店鄉大坡村。

[7] 道光十一年《程氏藥方碑記》，碑存林州市任村鎮井頭村。

組織也紛紛通過制定公規民約來規範人們的行爲。同治五年魯山縣《北來河里社規矩碑》："務思居□之道，親睦爲要，保身之術，親睦爲先。禾稼乃養生之本，竊取者有干例禁。材木爲利用之資，偷砍者至蹈罪戾。況乎開場局賭，爲禍最烈耶！宜敦仁而講讓，勿作奸而犯科，庶幾化日之下，優遊享升平之福也。"[1] 登封《立規斷賭碑》痛斥："開場誘賭實爲一方之害。世人不察，一入其途，小則玩物喪志，大則傾家敗產。其爲害也，豈淺鮮哉！"[2] 因此，各地紛紛開展禁賭活動。林縣《禁止開場賭博立石》議定："凡賭博者，拘號兩個月，杖一百。凡開場會賭者，杖一百，徒三年。如本處有會賭之家，其鄉總保甲及左右兩鄰不首者，笞五十。"[3] 溫縣亢村村民通過公議定出村規十四條，其中第一條是禁止賭博，其他十一條都是打擊盜竊、保護農田、保護農民利益的。第五條是保護河堤，"沁水築堤，保全廬舍生命，堤上所長樹木草薪，根深可保無虞，公議禁斷。不許損樹刹草，不服，稟官究治。"第十四條是建立巡夜制度，"村中公搭三窩鋪，分爲東、西、中，每一窩鋪有更夫四人，冬春梆鑼，徹夜巡查，以防宵小行竊。首事輪班諸夜查更，誤更，趨革不用。"[4] 河內縣村民還將禁止巫覡焚香治病作爲村規，規定立約之後，"有違抗者，送之於官。"[5] 鄉規民約中還有對不文明行爲處罰的規定。道光年間洛寧縣《創建關帝廟並舞樓旗杆碑記》載："凡不孝不悌者，村眾公處。"[6] 光緒九年鎮平縣《王氏祠堂規矩序碑》規定族人中糊撻亂罵，合族同到祠堂罰豬羊。如故意不遵，稟官究明。[7]

獄空是指縣監獄中沒有在押人犯。《獄空碑》是對縣內實現獄中沒有在押人犯的一種表彰。原武縣咸豐九年十二月初九日刻立《獄空碑》載："囹圄空虛。"[8] 尉氏、修武、孟津、郟縣也相繼出現此類碑刻。獄空所揭示的社會現實，即是在一縣之內沒有出現各類兇殺、縱火、搶劫、盜竊、投毒、綁架勒索、抗稅抗差、侵吞官庫資產、貪污賄賂以及謀反、暴動等惡性案件的發生，且不要說是連續三年，就是一年之內，也是難能可貴的。獄空是社會穩定、治安良好的集中體現，是社會綜合治理取得明顯效果的實證。另外，在洛甯、孟津還出現拾金歸還失主的碑刻，也反映了河南人純樸善良的高尚品德。

咸豐、同治年間捻軍在河南的活動，是清代人民反抗黑暗統治斗爭的一部分。捻軍進入河南後，與官府展開了生死搏鬥。捻軍領袖張樂行、張宗禹在河南各地的行跡，在碑刻中多有反映。在此期間，河南各地紛紛興辦團練，增築城牆，修建村寨，咸豐四年汝州

---

[1] 趙之清：《北來河里社規矩碑》，碑存魯山縣文物保護管理所。

[2] 道光十年《立規斷賭碑》，碑存登封市文物保護管理所。

[3] 嘉慶十四年《禁止開場賭博立石》，碑存林州市城關鎮逆河頭村。

[4] 咸豐六年《亢村禁斷碑》，碑存溫縣亢村。

[5] 光緒三年《禁止巫覡焚香治病議約》，碑存博愛縣博物館。

[6] 道光年間《創建關帝廟並舞樓旗杆碑記》，碑存洛寧縣城郊鄉寨溝村。

[7] 光緒九年《王氏祠堂規矩序碑》，碑存鎮平縣王崗鄉硯台村。

[8] 咸豐九年《獄空碑》，碑存原武縣文物保護管理所。

《葉縣邑侯陳公獨修城垣記》、咸豐六年博愛《重築清化鎮城碑記》、咸豐十年滎陽《重修須水寨碑記》、咸豐十一年虞城《重修虞城縣碑》、同治元年新鄉《小冀鎮築寨序》、同治二年洛寧縣《創建王範盤圍寨並詳源流碑記》、同治四年鞏縣《將軍寨紀工碑》、光緒七年盧氏縣《創建盧氏縣城記》等記述了城鎮與村寨修建的緣起。這些修建工程同時又是城鄉建設的組成部分。

家族是構成社會的細胞。河南清碑中，墓誌銘與墓碑佔有最大的份量。墓主人物上至先祖、先哲聖賢、名臣循吏、英雄豪傑，下至寒儒布衣、田野田丁、市井小民。重在言其業跡，同時詳細記述其籍貫、生卒年月日、出生地與葬地，以及家族世系與親屬關係。而且碑誌中所言之人和事，有一部分史傳裏不曾言及，只有在這裏才能見到。其中吳士功墓誌、曹瑾墓誌、張壐墓誌、陳星聚墓誌對他們在臺灣任職期間的業跡有着具體記述。汝州王寶善墓誌銘斥責清政府："賠金四萬萬。一時拮据，羅掘分年子母算。正供不足，派攤行省郡縣。派攤無出，乃亂絲牛毛稅厘之紛辦。然而肉已空，瘡愈綻。債台層築，更迭入天半。又況學堂、巡警各新政費皆籌於民，往往入千錢而用實一錢之未見。"有些家族還將本族族譜、家譜世系刻在碑碣上，公之於世。博愛的《劉氏家族世譜》、滎陽《劉氏家族》即是這類碑刻的代表。這些具體的記載資料，都是研究社會史所必需的資料，也是研究文化、教育、醫學、遺傳學的重要資料。

寺廟是文化形態的重要標識。人們的思想行爲受時代的制約。清人在創造幸福生活過程中，深感禍福變幻莫測，希望神靈的庇護。由於信仰的需求，清代河南各地寺廟，其數量之多、分佈之廣、規模之宏偉，超過了先前任何一個朝代。洛陽白馬寺、開封相國寺、登封中嶽廟、少林寺、汝州的風穴寺、博愛的月山寺、浚縣的碧霞宮等都構建成爲獨立的建築群體，又都成爲河南最爲優美的環境保護區。在現存的河南清碑中，寺廟碑刻的數量，僅次於墓碑墓誌。其內容，不僅刻載有本寺本廟修葺的緣由、經費來源與建築佈局，朝廷和官府保護寺廟的文告、佛教道教的經典、祖師名僧的功德、寺廟土地財產管理辦法，又刻載有寺廟與清代皇帝、政府官員、文人學士、社會名流的關係，還刻載有民眾的瞻拜祈福還報活動，以及寺廟舉辦的祭神、商貿與娛樂爲一體的廟會活動，而且這類碑刻記載多具有連貫性。特別是一些規模宏大的寺廟建築，又集中地反映了當時當地的建築技術水準與繪畫藝術水準，成爲地方優秀文化的代表或亮點，受到各級官府的保護。嘉慶十六年六月，浚縣正堂針對貪利之輩，在浮邱山碧霞宮裏踞占廟內月臺、兩廊，強搭鋪面，任意污穢等情形，樹立《嚴禁作踐廟宇告示碑》宣佈：自示以後，如有前項貪利之徒，仍在山門內外、月臺、兩廊強搭鋪面者，許該住持暨鄉地人等指名稟報，以憑拏究。倘敢扶同徇隱，一經查出，定行嚴懲不貸。各宜凜遵毋違。特示遵。此告示實貼碧霞宮。並且刊之于石。[1]光緒十四年《南陽縣爲出示嚴禁事碑》，針對無知之徒"在祠內摩搨碑文，任意敲拓，藉以

---

[1] 嘉慶十六年《嚴禁作踐廟宇告示碑》，碑存浚縣浮丘山碧霞宮。

漁利"就如何保護武侯祠碑刻文物作出六條規定。[1]

戲樓、舞樓、樂樓是民衆娛樂場所，原附屬於寺廟。清代中後期，寺廟戲樓陸續得到修復或擴建，會館與家族祠堂也都建起了形態各異的戲樓，出現在各地城鄉有關寺廟、會館、祠堂戲樓的碑刻記錄了這一活動在各地實施的情形。而不作爲寺廟附屬而獨立存在的戲樓也在向鄉村普及，成爲民衆開展娛樂活動的場所。同治十年《安邑東嶺西村創修戲樓碑記》[2]即爲其中之例證。

清代河南碑刻將記功、讚頌、記事、紀念與訓諭、懲戒、昭示、標識融於一體，融人文社會科學與自然科學爲一體，内容宏富而又廣泛，涉及到人們生活的方方面面。從資料價值角度來看，碑刻材料都是第一手資料。雖然當年的清人各種思想無不打上時代的印記，但當時人記當時事、當地人記當地事、當事人記當事事的基本特點，決定了這些記述的真實性與可信性。它不是取之於常見的史書與社會傳聞，而是據其親身所歷，親眼所見寫下的。再加上具有鮮明的地方特色，所言當地之人與事，特別是城鎮的土木修建、寺廟、學校的創建與維修、增修，道路、橋梁的修建，以及出現在當地的水災、旱災、風災、地震、饑荒、賑災，還有當地的民衆信仰、生活習俗、家族世系、村規民約等，多爲史書所不載，有的就連專記一方風土民情的志書裏也很少提及。而碑刻中的記述則以翔實具體的資料，展示清代河南社會變遷的過程，以及生活在這方土地上的人民生產與生活的方方面面，可以用來補充史書中記載的不足，訂正其訛誤，並破解一些歷史懸案、疑案。有關清代河南生態環境、煤炭的開發、陶瓷的生產、民風民俗，以及民間文藝、戲曲、音樂、舞蹈、手工工藝的狀況，由於資料缺乏，至今很少有人涉足。而在碑刻中，有關這方面的記載並不算少，這些經得起鑒別材料的出現，爲研究者提供了彌足珍貴的新資料，足以擴大人們的視野，使人們有可能對這些方面進行描述與探討，進而拓展新的研究領域。

再就藝術價值來說，碑刻是文章、書法、鐫刻三者結合的綜合藝術形式。碑刻上的書法真草隸篆行五體俱全，無論碑刻大小，書丹人都是當時當地的名家。毫不誇張地說，河南清碑就是清代河南書法藝術作品的總匯。鐫刻在碑石上書法家的手跡，或流暢飛揚，或方整樸厚，或峭拔雄偉，或龍飛鳳舞，或靈秀嫵媚，或平和含蓄，人們得以觀摩品評各家各體風格，得到至高的審美享受。諸如《擬山園帖》與《琅華館帖》，是清代書法大家王鐸的代表作，也是同時代我國書法傑作的代表。《重修許州八里橋關帝廟碑》畢沅撰文，洪亮吉篆額，孫星衍隸書。《夏少康碑》畢沅撰文，洪亮吉題額，錢坫篆書，這些撰者、書丹者都是清代名家。《梁王卿墓誌》張鳥撰文並書丹，梁王信鐫字，亦爲大清碑誌精品。所有這些，在考古學家的心目中，是彌足珍貴的文物。

河南是華夏文明的重要發祥地之一，作爲重要文明載體的碑誌資料向以數量龐大、内

---

[1] 光緒十四年《南陽縣爲出示嚴禁事碑》，碑存南陽市武侯祠。

[2] 同治十年《安邑東嶺西村創修戲樓碑記》，碑存安陽市東嶺西村。

容豐富、書法精湛著稱於世，前人已有《中州金石錄》、《中州金石目》、《千唐志齋藏志》等著錄和整理成果問世，然而對於距今時代最近、存世最多、分佈最爲分散的清代碑刻却沒有系統的搜集整理。不少碑刻散落民間，尚未納入文物保護的範圍，於今仍然正在消失之中。先前有過錄文，或作過拓片的碑刻，有的已不知去向了。因此收集整理清碑還具有搶救性的意義。

　　這裏還要着重提出的是，清代是個等級社會。等級觀念滲透在社會各個領域。在官方碑刻中，等級觀念是那樣的明顯，從撰文到選石與刻制都是很講究的，都是嚴格遵依當時的制度規定而不能越過雷池一步。而在民間的碑刻中，等級觀念則是極爲淡薄的，在各地眾多的捐資功德碑上，我們看到開列的捐資姓名與捐資數量，不論捐資人是男是女，也不論其捐資銀兩與錢、工數量多少，用同樣的字體，將其姓名與額數一一鐫刻在同一碑石上。作爲民間私家的碑刻，其謚詞用語，乃至書寫、刻石也就不都是很講究的。皇明、大明是明朝人的尊稱用語。清代官方正式文獻裏稱明朝，通常稱明，或前明、或前朝，但在河南民間私家碑刻裏也有稱明朝爲大明或皇明的。這一現象告訴人們社會現象是複雜的，出現在碑刻上的文字也是不拘一格的。切不可總是把複雜簡化了。

三

　　這次整理工作的重點是收集與標點，同時也注意校勘。校記附於每條之中。如標題補加、碑碣殘損、字跡模糊無法識認，均加注予以說明。

　　本書在編排上以縣分編，按年代順序排次。同一碑刻同一時間在各縣重出的，只在首出處錄出全文，若是後來重刻，則注以重刻時間，錄出全文。在錄文時，將文獻中輯錄的清碑與現存碑刻、存有拓片的碑刻加以區別。現有碑刻與拓片中文字全錄，簡筆字與今簡化字相同的照錄，不再改用繁體字。有些簡筆字書寫不規範，與今簡化字不同的，由於製作困難，改用繁體字錄出。缺筆字與古字也作了處理。文獻中碑文據原本照錄，避諱字盡量改回。本書錄文，出於多收一些的動機，將所見到的編印與抄錄的碑文也一併輯入，有的原文文理不通、或人名、地名等脫、誤、衍、倒，因找不到原碑或拓片進行核校，不忍捨棄，便維持原狀。

　　限於水平、時間和各種條件，我們的收集整理工作還存在有不足之處，敬請方家與讀者隨時指正。

王興亞
二〇一二年於鄭州大學

編寫體例

一、本書輯錄清代河南碑刻。河南以今河南省轄區爲據。清屬河南而今不屬河南的，不予錄入；清不屬河南今屬河南的，亦予錄入。

二、本書所錄清代碑刻，起自清順治元年，迄於清宣統三年。

三、本書收錄碑刻範圍，包括碑、碣、墓誌、摩崖與帖等。以各地現存的清代碑刻爲主。碑碣已經失存，但有拓片或抄錄的，亦在收錄之列；散見於方志與金石著述、家譜中的碑文，亦予收錄。

四、本書採用三級標題法，地级市爲一級標題，縣或縣级市爲二級標題，碑上標題爲三級標題。

市、縣目以現在區劃爲依據。清代縣名與今不同的，在今地名旁括注清代縣名，如鄭州市（鄭縣）、新密市（密縣）。清縣名與今相同的，不再括注。

三級標題採用碑刻上的標題，原碑沒有標題、額題，正文首行直書其事，錄入時，據其內容補加標題，於題後加注說明。

碑刻絶大多數爲一碑一目，一碑鐫刻詩文兩篇以上的，分別列目。

碑刻彙集詩文目錄的編排，於彙集名前加〇符號，如〇擬山園帖、〇詠柳詩碑；下列篇目照原編次排列。

合刻在一個標題下的詩文，參照此例處理。

五、本書碑刻以碑刻立年月日時間先後爲序。日期不詳，按月排於本月之末。月日不詳，按年排於本年之後。年月日均不詳而有順治、康熙等年號，按年號排於本朝之後。不明撰立年代，內容確斷爲清代的，置於適當之位。

六、碑文全錄。碑有額題，碑陽、碑陰兩面均有文字者照錄。碑有額題、碑陽、碑陰，均另行書於題目之下。爲與正文相區別，加黑體方括號【】予以注明。

額題作【額題】。

碑陽作【碑陽】，碑陰作【碑陰】。碑只有一面有字，則省去碑陽二字。

出土墓誌銘有誌蓋與誌文，分別作【蓋文】、【誌文】。墓誌銘拓片亦同此例。

文獻中的墓誌銘，錄文時省去【誌文】。

坊聯、碑聯、柱聯、門聯为与碑文區別，採用方括號黑體，分別作［**坊聯**］、［**碑聯**］、［**柱聯**］、［**門聯**］。

碑上立碑人姓名、捐資人姓氏、捐資數額，全部照錄，不予刪除，字蹟不清，無法錄出的，則予省略。

七、現存碑誌中的避諱改字盡量保持原字，缺筆字因排版造字困難，則予以改正。錄自書籍的碑文中的避諱字，直接改正。

現存碑刻中使用的簡筆字，與今簡化字相同，仍舊；與今簡化字不同的，則改用規範的繁體字。

碑中使用計量單位爲兩作两或作刄、錢作个或作丰、分作卜、毫作毛者，照錄。个字在文中亦有作錢字使用的，亦照錄。

數字用法，一作乙，二十作廿、廿，三十作卅，百作伯，零作令，仍舊。

捐銀之銀作艮，以及艮作銀字使用的，亦仍舊。

原碑中所用古字，分別情形，作了處理。

原碑上有明顯訛字，在訛字後加方括號［］，內書以正字。

原碑上有明顯脫字，在脫字處加圓括號（），內書以脫字。

殘碑注以殘缺部位，上缺、下缺、左缺或右缺，或某部斷裂。

碑上文字漶漫無法識別之字，錄文時以闕文號□示出。無法查明其殘缺字數者，用文字加以說明；或在其相應位置用／示出，再加說明。

同一碑文，原碑所記與文獻記載差異較大的，用校記示出。

八、校勘出注，以訂正字誤爲准。在誤字後加注說明。

九、碑文校點採用現代橫排標點符號。

原碑書寫空格、抬寫一律不取。碑中書寫格式，捐資姓氏有作"監生張樂$^{太}_{天}$錢五十六千"，照舊，可改作"監生張樂太、張樂天錢五十六千"。

十、錄入碑文於每篇文後圓括號（）內注明出處，整理人姓名書於其後。

原碑今存的，在篇後注明碑存今地。原碑無存，有拓片的，在篇後注明拓片現藏地方。

原碑無存，志書或文集中錄有此碑文的，於每篇文後注以文見志書或文集卷數。志書中僅載其篇名，未錄其碑文內容的，不予收錄。

十一、有些國家政令的碑文，在各府州縣幾乎同時出現，在先出處錄入碑文，其他地方只列目，注明現存地點與出處，不再輯錄碑文。同一碑文，相距時間久遠，後出的，亦可錄入全文，並詳明重刻時間。

非國家政令之碑文，現存碑刻載文與文獻所載內容差異較大的，或不同時期志書所記內容差異較大，一併錄入。均注明其資料來源。

清人重刻清代以前的碑刻，亦酌情收錄。

目 錄

鄭州市

鄭州市（鄭縣）

御製至聖先師孔子贊並序 3
御製四子贊 3
重修城隍廟大殿拜廈二門記 4
醉翁亭記刻石 10
大學士劉統勳、脅辦大學士兆惠等奏報楊橋決口合龍，詩以誌慰 ... 10
重修土地廟小引 11
重脩城隍廟樂樓記碑 11
明銀臺魏公祠堂記 12
重修清真寺映壁牆記 14
重脩進膳侑膳二司並金神像記 14
文廟重修記 15
城隍廟迎送鑾駕碑記 16
城隍廟樂樓石柱楹联 17
重修三仙廟碑記 17

II 清代河南碑刻資料

文廟重修記	18
重修城垣記	18
大清國河南開封府鄭州北門京水鎮女會建立城隍廟碑記	19
豁免灘糧記	21
崇聖祠記	22
重修南城樓記	22
重修熊兒橋碑記	23
關帝廟重修記	23
重建西城樓記	24
呂祖軒建亭記	25
州治西南隅劉家寨創建白衣堂小引	25
重修先賢子產祠記	26
重修印月軒記	26
前太守何公祠堂記	27
前鄭州知州何公祠堂記	28
重修惠人循良兩祠記	29
御製平定準噶爾告成太學碑	29
御製平定回部告成太學碑	32
清真寺公置供養三掌教地畝碑記	34
東里書院置義田碑記	34
建脩樂樓碑記	35
上諭碑	37
上諭碑	38
重修東里書院記	39
大清乾隆己卯科舉人牧天顏撰五夢歌	40
修建火神廟碑記	40
金妝聖像序	41
重修城隍廟進膳司碑記	42
重修後窰殿碑記	44
修建碑	44
趙天檜墓碑	45
関壯繆廟重修碑誌	45
聆聽祖考之遺訓	48
改建盧醫廟碑記	49

道光十一年五月十八日重修三聖堂三仙殿碑記...49

永垂不朽...50

西関南巷接送會碑記...51

皇清例授武略騎尉隅菴荆公（秉方）暨德配尹安人合祔墓誌銘...........51

移建岳鄂王祠記...52

篩海默穆都哈墓誌...53

山海默穆都哈大人墓碑...54

捐施海灘寺香火田碑記...54

續修結義廟碑記...55

南馮保進香碑記...55

東里書院碑記...56

重修東里書院碑記...57

路氏宗祠戒律...57

積金會公議碑記...58

重修白衣堂火神殿記序...58

榮澤大工紀功碑...59

恭頌誥授通奉大夫二品頂戴河南按察使司按察使紹大人德政碑...........60

州治南南馮保離城十五里東劉祥西賈寨會首楊君名官賈君名國璋耿君名俊暨領合會人
　　等進香於城隍老爺位前三年完滿碑記...61

重修城垣濠塹記...62

清真寺積金會碑...62

清真寺積金會碑...63

路氏祖塋碑...63

趙四公墓碑...64

創建龍王廟碑記...64

重修火神殿並水口碑記...65

創修東門外磚橋記...66

移修東里書院記...67

後河蘆禁賭碑文...67

修葺古塔記...68

榮澤八堡碑...68

重修望月樓碑記...68

鄭工合龍處碑...69

瘞鶴銘並序...69

重修城隍廟戲樓記 70
修建關帝廟捐資碑 71
重脩城隍廟櫺槅碑記 72
馬君獨行碑 74
重修大殿滾白碑文 74

登封市（登封縣）

重修白龍王廟碑記 75
重修玉皇溝玄帝殿並金神碑記 75
御祭中嶽嵩山文 76
喜公和尚舍利塔銘 76
少林寺寂印知禪師重修十方禪院記 76
重修少林寺記 77
重修少林寺碑記 78
修建天地冥陽水陸賑孤薦祺三載功勳圓滿碑記 79
重建十王殿東廊八間記名碑 80
御祭中嶽嵩山文 84
重修佛殿碑記 84
蔣馨繪蘭碑 85
創建老君殿碑記 85
彼岸寬禪師靈骨之塔銘 85
御祭中嶽嵩山文 85
重修嵩山大法王寺碑記 86
重修嵩陽書院記 87
明宗洪鏡和尚覺靈之塔銘 88
耿介等人題《大唐碑》 88
重修黃蓋峰中嶽行宮碑記 88
重修周公廟碑記 89
嵩山祖庭大少林禪寺第二十五代住持凝然改公禪師塔銘碑記 90
遊箕山洗耳泉測景臺題詩 91
重修千佛閣疏 91
嵩陽書院講學記 92
創建中嶽行宮拜殿碑記 93

嵩陽書院程朱祠記	94
嵩陽書院碑記	95
嵩陽書院記	96
嵩陽書院記	97
嵩陽書院雙柏賦並序	98
麗澤堂題額	99
嵩陽書院記	99
創建嵩陽書院專祀程朱子碑記	100
漢嵩高邑題額	101
李之茂遺命施地記	102
百思箴並序碑	102
嵩陽書院記	103
嵩陽書院講學記	104
御祭中嶽嵩山文	105
嵩陽書院題記	105
創建嵩陽書院藏書樓碑記	105
御祭中嶽嵩山文	106
嵩陽書院碑記	107
嵩嶽玉柱峰彌壑和尚塔記	107
川上亭等刻石	108
江西瑞州府同知焦公貢亨墓誌銘	108
重建慈雲菴碑記	109
君子亭刻石	111
光風霽月其襟懷刻石	111
慈雲菴恭塑白衣大士聖像記	111
法緣大和尚壽塔銘	112
萬古流芳	112
雙池碑記	113
嵩陽書院新立道統祠記	114
嵩陽書院創建道統祠碑記	115
王永福施財碑記	116
與道為體刻石	116
源頭活水刻石	116
有本如是刻石	117

果行育德刻石 117
　　趙光祖造像記 117
　　毗盧教主如來千佛碑 117
　　功德無量碑 118
　　御祭中嶽嵩山文 118
　　永泰寺道重和尚塔銘 118
　　替公和尚壽塔銘 119
　　創建張公祠堂碑記 119
　　少林寺初祖庵創建張公祠堂碑 120
　　順公和尚之塔銘 121
　　御祭中嶽嵩山文 122
　　重修大法王寺碑記 122
　　皇清扶溝縣儒學教諭傅子肯堂（枅）墓誌銘 123
　　□□□□□□□□考選內閣中書舍人左啟傅公（而師）墓誌銘 124
　　第一禪宗碑 125
　　六祖手植柏碑 126
　　翰林宋公墓碑 126
　　周公測景臺暨新廟碑記 126
　　重修乳峰庵殿宇記 127
　　重修黃蓋峰中嶽行宮碑記 128
　　普渡林上塔銘 129
　　欽公和尚壽塔銘 129
　　魁公和尚覺靈壽塔銘 130
　　游少林寺序 130
　　重修白衣閣並創建拜臺碑記 130
　　康熙五十六年重修大法王寺碑記 131
　　先師汲妙塔銘 132
　　博然朝公恩師之塔 133
　　宣和花公大師靈塔 133
　　今開山林題記 133
　　首傑和尚塔銘 133
　　佛定和尚塔銘 133
　　仁育題刻 134
　　義正題刻 134

重修捲棚記	134
御祭中嶽嵩山文	134
重修佛殿碑記	135
耿介墓碑	135
重修周府庵大殿金裝神像碑記	135
梁先生墓碑	136
悟真大和尚之墓碑	137
重修盧醫廟碑記	137
清微宮地界碑記	138
溪南柏記	138
達磨祖題開光碑記	139
登封縣正堂加六級施斷入書院歲修地一百二十三畝碑	139
登封縣額題	139
古嵩陽樓題刻	140
清故顯考鄭金亭公墓碑	140
重脩白龍王殿山門樂樓院墻並金粧神像記	140
重修殿宇檐柱以及門格碑記	141
嵩嶽寺重修伽藍殿記	141
重脩三清殿碑記	142
火帝真君離宮金裝神像碑記	142
方公和尚壽塔銘	143
創建關帝顯宮並門樓碑記	144
御祭中嶽嵩山文	144
千古中傳石額	145
重修廣生殿碑記	145
御祭中嶽嵩山文	145
重修嵩山中嶽廟碑記	146
董榕留言題詩碑	147
霄宿少林寺詩碑	147
古軒轅關題石	148
御祭中嶽嵩山文	148
嵩陽書院詩碑	148
登嵩山華蓋峰酧碑	148
嶽廟秩祀禮成有述	149

御書謁岳王廟詩碑	149
中嶽廟大殿楹聯	149
中嶽廟寢殿楹聯	150
中嶽廟三仙宮楹聯	150
中嶽廟行宮楹聯	150
崔岬之父母敕命碑	150
御祭中嶽嵩山文	151
王太老公祖承脩少林寺工程列後	151
程周俠程周錫記歷代皇帝朝臣恩典碑記	152
周公廟祭祀記	153
測景臺	154
御祭中嶽嵩山文	154
重修清微宮地界碑記	155
凝然改公和尚塔銘並敘	155
重修雞卵洞觀音閣碑記	156
創修大社殿碑誌	156
林公和尚之塔銘	157
創建少林寺南退居永化堂僧會司僧會九如禪祖塔紀	157
御祭中嶽嵩山文	158
重修中嶽廟碑記	158
敕授文林郎登封縣正堂邱老父師感德碑	159
御祭中嶽嵩山文	160
惺智保公和尚墓碑	160
文憲王元聖周公廟重修大門戟門碑	160
創建白娘娘廟碑記	161
劉唐典墓碑	162
重修菩薩堂碑記	162
重修菩薩堂碑記	163
石淙題刻	163
重修菩提寺大佛殿碑記	163
過少林寺瞻仰初祖面壁敬題一偈	164
皇清乾隆三十七年歲次壬辰金妝佛像碑記	164
特授登封縣正堂加五級紀録十次曾太老爺清廉正直萬代感德碑	165
御祭中嶽嵩山文	165

重脩少林寺千佛殿記	166
重建裕公改公祠碑記	167
題觀景臺詩	169
二祖庵題額	170
三峰寺置香火地記	170
重修二祖庵碑	171
永明瑞公和尚浮圖銘	171
重修瘟神殿記	171
重修天王殿碑記	172
御製中嶽廟詩	173
御製嵩陽書院碑	173
武敬齋墓誌銘	173
重修白衣閣並創建拜臺記碑	174
重修諸殿金粧聖像碑記	175
重修廣惠庵大佛殿三佛閣並山門金粧聖像碑	175
郘煜墓碑	177
重修水峪老君洞戲樓記	177
劉鏞題記	177
甯公和尚壽塔銘	177
重修東石橋碑記	178
御祭中嶽嵩山文	178
敕賜祖庭少林禪寺西來堂塔院碑	179
敕賜祖庭少林釋氏源流五家宗派世譜	179
會公和尚之塔銘	189
鳳凰山重新盧醫廟金粧碑記	189
御祭中嶽嵩山文	190
重修山門外圍牆栽柏記	191
重修山神廟記	191
御祭中嶽嵩山文	192
觀星臺石柱對聯	192
曹洞正宗三十五世紫雲檀公和尚之塔	192
敬獻關帝廟祭田碑記	192
後河村規矩碑	193
登封縣正堂黎太老爺面諭永免書役人等飯食合寺衆僧世代感恩碑	194

禁約事照告示碑	194
重修玉皇殿碑記	194
重修七顯廟碑記	195
敕賜祖庭少林禪寺善公和尚壽塔誌銘	195
御祭中嶽嵩山文	196
題天光雲影	197
御祭中嶽嵩山文	197
道光年重修廣慧庵碑	197
華嚴寺流芳百代碑記	198
祖師臺重修戲樓碑記	199
金粧閃電聖母碑記	199
重修關帝炎帝廟碑記	200
公議碑記	201
重修初祖庵山門碑記	201
重建二祖庵碑記	202
皇清始祖甄公考諱濟守妣孺張氏合葬之墓碑	203
御祭中嶽嵩山文	203
重修嵩山少林寺碑記	204
立規斷賭碑	204
重修三清殿祖師殿創修山門院牆碑記	205
重修並金粧神像築垌碑記	205
皇清待贈修職郎靜庵王公（中孚）暨元配吳孺人墓誌銘	206
立石斷賭碑記	207
特授文林郎登封縣知縣李太老爺感戴碑	207
邢家鋪公議勸戒申明條約碑記	207
禁賭碑記	208
重修捲棚月臺金妝神像等碑	208
御祭中嶽嵩山文	209
特授登封縣正堂何太爺勸捐濟貧民碑	209
廟莊東嶺修橋碑記	210
皇清例授武德佐騎尉候選守禦所千總怡亭楊君（雲祥）墓誌銘	210
重修水峪寺少林下院地藏佛殿碑	211
登封縣正堂告示碑	211
敕授奉直大夫登封縣正堂何大老爺世代感德碑	212

敕授奉直大夫登封縣正堂何大老爺世代感德碑	212
城隍廟大殿捲棚石柱題刻	213
公議總約派差條規	213
創修關帝廟月臺暨補修樂樓記	214
石羊關橋碑記	214
崔萬順夫婦墓碑	214
重修清涼寺六祖廟碑記	215
明義民四世祖和甫公墓碑	215
鄭氏本宗三祖墓表文	216
追宗旌善滎陽鄭氏墓表	216
面壁石贊碑	217
施地移修戲臺碑記	217
盧崖寺石額	218
御祭中嶽嵩山文	218
重建少陽橋碑記	219
贊達磨面壁圖有序	220
登少室寺	220
□□□題《大唐碑》詩	220
梅老父臺善政碑	221
祀嶽禮成至少林觀達摩面壁影石贊	221
慈雲堂額及門聯	221
嵩嶽寺重修白衣菩薩殿碑記	222
合寺僧俗公議規矩碑	222
補修法王寺地藏王菩薩大殿碑記	223
禁焚山林碑記	223
重修萬嵩寺暨創道房碑記	224
咸豐年重修清微宮碑記	224
重修初祖庵大殿千佛閣並山門碑記	225
崇福宮免差役執照	226
御祭中嶽嵩山文	226
禹州張玉和施地碑記	227
嵩山法王寺宗派之碑	227
公立條約碑	227
御祭中嶽嵩山文	228

十村公議鄉規碑記 228
清創建潁京城隍供棚碑記 229
重修三清殿金椿神像碑記 229
箕陰摩崖題記 230
皇清太學顯祖考甄公諱詮字宰衡妣郭氏孺人之墓 230
重淵叠巘題刻 230
重修老君堂金椿神像碑記 231
蔣莊河橋碑記 231
重修關帝廣生三官閣王並創修火神殿碑記 231
重修老君堂金粧神像碑記 232
重修蠶斯殿碑記 232
創建伽藍殿碑記 233
御祭中嶽嵩山文 234
重修觀音堂火星閣舞樓拜殿記 234
重修嵩陽書院記 235
清監生玉田公墓碑銘 236
東園記碑 236
劉長祺集句 237
告成善橋碑 237
皇清例贈文林郎候選訓導杏圃鄭公墓誌 237
少林寺五言賦 238
重修元聖廟碑記 238
沈守廉題並周元釗和詩 239
皇清恩進士候選儒學正堂諱曉亭字旭初李老夫子德教碑 ... 240
玉皇中王下殿金妝神像記 240
欽旌故儒童鄭進學之妻閻氏節孝碑記 241
性潔梅公塔銘 242
王智會夫婦墓碑 242
重修玉皇殿月臺金粧神像十帝閻君殿聖仙聖母殿金妝神像門窗院墻碑文 ... 242

新密市（密縣）

關帝廟碑記 245
學宮碑記 245

邑侯李公重建敕封白龍王廟記 ... 246
密賢侯李公異政瑞應合邑立祠永戴碑記 ... 246
惠政橋記 ... 247
重修螽斯聖母殿志 ... 247
重修金粧聖母殿神像記 ... 248
重修卓君廟碑記 ... 248
敬一亭碑記 ... 249
重修觀音堂碑記 ... 249
遊超化寺記 ... 250
創建山神廟記 ... 250
城隍廟碑記 ... 251
重修郎君廟碑記 ... 251
縣治碑記 ... 251
尊經閣記 ... 252
門坊泮池碑記 ... 253
檜陽書院碑記 ... 253
助泉寺裝修佛像碑記 ... 254
文峰塔碑記 ... 254
利涉矼碑記 ... 255
超化寺韋馱殿碑記 ... 255
重金粧坐化洪山神像碑記 ... 256
金塑伽藍碑記 ... 256
超化寺住持僧元禧碑 ... 256
重修碧霞天仙祠記 ... 257
重修上寺碑銘序 ... 257
重修龍巖寺記 ... 258
重修報恩寺伽藍六祖殿碑記 ... 258
重修玉仙聖母關聖帝君廟碑記 ... 259
重修金妝藥王大殿聖像並諸殿衆神聖像碑記 ... 260
重修龍王廟碑 ... 261
重修觀音堂記 ... 261
重修三皇神像記 ... 261
白龍廟亭子記 ... 262
洪山廟張氏先塋碑 ... 262

功德志 263
重修寢宮棟梁復建後亭碑記 264
重修黃固寺神祠記 264
重修超化寺毗盧殿記 265
重修五虎廟碑記 265
重修金妝土地祠記 266
敕封洪山普濟觀真人之墓碑 266
超化砦重修砦門序 267
重塑中香峪寺碑記 267
重修玉皇閣碑記 268
重修超化關聖帝廟碑 269
重新金妝玉皇碑記 269
重修觀音菩薩堂碑記 270
重修超化寺記 270
重修觀音大士廟序 271
鋪廟石記 272
關帝廟碑記 272
重修光林寺碑記 273
重修藥王廟記 273
貞節王孺人墓誌銘 274
樂善碑記 275
重修白龍廟碑記 276
贊白龍廟詩 276
重修城隍廟碑記 277
皇清恩貢士候選直隸州州判東崖錢公墓誌銘 277
密縣為飭議事 278
重修龍王殿並金妝神像碑記 280
重興清明盛會碑記 280
重修廣生祠記 281
重修火神暨廣生殿碑記 281
觀音閣碑記 282
超化寺重修毗盧殿記 282
重修土地神祠碑記 283
重修黃固寺捐貲碑記 284

施地碑	284
重修開賜廟碑記	285
貞石記	285
重修六祖殿碑記	286
蕭曹廟碑記	286
文昌閣碑記	287
藥王廟改建頭門碑記	288
創建錢氏家廟碑記	288
重修錢氏家廟碑記	289
重修超化寺記	289
創建炎帝廟碑記	290
炎帝廟石刻門聯	290
玉仙觀碑記	291
重修老君廟碑記	291
重修二郎廟並金妝神像記	292
重修柏崖山廣生祠碑記	293
創造藥師佛殿碑記	293
皇恩欽賜國子監學錄戊子科舉人應授文林郎錢公南浦先生墓誌銘	294
創修中香峪伽藍殿碑	295
創建黃氏家廟碑記	296
金妝神像並重修客庭碑記	297
白龍王廟碑記	297
岳村趙寨壽聖寺碑記	298
讀栗崖王君墓誌銘題後	299
皇清恩貢士候選儒學教諭錢公南淳先生墓誌銘	299
皇清太學生例贈儒林郎司公(獲祿)身一先生墓誌銘	301
邑庠生陳范施地一段碑記	302
皇清例授修職郎直隸光州學正華嵩張公暨德配應封孺人周氏墓誌銘	302
禁約條目碑	303
重修鄭氏祠堂兼續譜碑記序	303
創建火神廟碑記	304
驅鬼詩有序	305
顯佑伯城隍幽鑒驅鬼靈應實錄	305
萬里橋碑記	306

重修超化寺記	306
邑侯楊刺史重刻卓君祠捐田碑記	307
創建火神殿重修關帝廟碑記	308
貞石亭記	309
臥龍峪金粧神像記	309
新立禁盜止邪碑文	310
移索長官墓碑序	311
重修玉皇廟碑記	311
重修中嶽行宮暨廣生祠碑記	312
創建黃帝祠拜殿重修廣生殿碑記	312
重建卓君廟新建瑞春書院合記	313
聖水寺重刊施地碑記	313
檜陽書院神龕記	313
詳設立義學籌備經費酌議章程碑	314
重修密邑城隍廟落成泐碑記	315
超化新建景賢祠記	316
重修密縣索長官祠工竣記	317
重修伏羲女媧廟碑記	317
重修槐陰寺碑記	318
雲巖宮記事碑	319
重建超化寺大雄殿及迦藍殿天王殿碑記	320
重修南關火帝廟碑記	321
楊子臺創建戲樓碑記	321
皇清郡庠生洧源錢公墓誌銘	322
重修報恩寺碑記	323
重粧菩薩神像並金塑仙女碑記	323
重修白龍廟改建火神殿觀音堂碑記	324
創建韓文公廟碑記	324
重修天爺垌洞中神像碑記	325
創建火神殿碑記	325
重修聖母廟碑記	326
重修龍王廟並金妝神像碑記	326
重修觀音堂金妝神像碑記	327
天盧二保共同立約碑記	327

創建松浯公祠堂碑記	328
大清太學生聿修黃公暨元配張氏合葬墓誌	329
太學生應贈修職郎錢公簡庵先生暨德配樊孺人合葬墓誌銘	329
原任魯山縣儒學教諭晉升汝甯府教授挹園錢公墓誌銘	330
重脩里社記	331
皇清郡增生淩蒼錢公墓表	331
皇清邑庠生麟閣錢公墓表	332
皇清歲進士候補儒學訓導錢公西源先生墓表	333
皇清例贈修職郎文山錢先生墓表	334
檜陽王孝子傳	335
士郭保北五圖鄉約條款敘	336
重修光林寺碑記	336
建修三聖殿碑記	337
葺補廣生殿並金妝神像記	337
重修神州殿碑記	338
創建同心砦重修玄帝廟暨施義地碑記	338
創建講武寨規則碑	339
孝廉王先生墓表	339
增造鐘鼎碑記	340
皇清歲進士候選儒學訓導錢公西洲先生墓表	340
李脩館先生德教碑銘	341
重修輪流繳油章程碑記	342
泰山廟補修並移修創建總敘	343
張志恒誌	343
國子監怡園錢先生大人墓誌銘	344
皇清例授登仕郎逸齋錢公墓誌銘	344
創建清真寺碑記	345
重修吉慶寺五虎廟碑記	346
太學生釣洧錢公墓誌銘	346
廣建靈泉庵老君殿碑記	347
皇清太學生竹溪鄭公（文祥）墓誌銘	348
韓氏貞女墓碑記	348
皇清賜進士出身誥授朝議大夫廣西恩恤知府張公諱增祥字晉卿神道碑	349
清故奉政大夫郭公及張宜人墓誌銘	350

邑庠生劉公鴻閣老先生德教碑 ... 351

皇清特授虞城汛分府以守府用晉昭武都尉貞夫蔡公墓誌銘 ... 351

縣尊李公芝蘭捐銀重修藥王廟碑 ... 353

趙鑫堂先生施井碑記 ... 353

重修觀音菩薩堂碑記 ... 353

超化寺施地畝碑 ... 354

例貢生敕授六品銜林溪錢公墓誌銘 ... 354

聖水峪記 ... 355

重修白衣堂創建觀音祠碑記 ... 356

重修龍王關帝三仙樂樓寺廟碑記 ... 356

陳溝青龍廟義地碑 ... 357

誥授承德郎王君定侯懿行碑 ... 357

太學生錢公繩武墓表 ... 358

藥王廟張氏峻德堂施地碑記 ... 359

重修藥王瘟神碑記 ... 360

新鄭市（新鄭縣）

重修新鄭學宮碑記 ... 361

重建公孫大夫國子產祠記 ... 361

重修文襄高公祠堂記 ... 362

新建興學書院碑記 ... 363

書院旁置準提閣記 ... 363

李侯讀書堂記 ... 364

重妝水月寺三佛尊神碑記 ... 364

四川提督學政按察使司僉事張公（光祖）墓誌銘 ... 365

創建戴惠橋記 ... 366

河南王大中丞題請漕折碑記 ... 367

重修高文襄公祠詩 ... 368

謁高文襄公墓 ... 368

皇清誥授中憲大夫貴州黎平軍民府知府鍾嵩劉公（楨）墓誌並銘 ... 368

重建許魯齋先生祠堂記 ... 370

重修新鄭縣儒學記 ... 371

新鄭學名宦鄉賢二祠記 ... 371

皇清恩歲進士候選司訓潛庵劉公（曰熛）暨元配萬孺人合葬墓誌銘	372
皇清誥授中憲大夫鍾嵩劉公（楨）暨配高恭人墓誌銘	373
軒轅故里碑	375
皇清誥授中憲大夫劉公（楨）副室蕭太安人墓誌銘	375
邑侯余公羲年德政碑記	376
明故始祖劉公諱全之墓碑	377
涵癡蘇君（永淑）墓表	377
皇清敕封安人劉室劉氏墓誌	378
知縣王公大綸詳請減耗碑	378
遷建關帝廟碑記	379
許魯齋故里碑	379
清故考授承德郎州司馬劉公（曰炘）暨配孺人寇太君合葬墓誌銘	379
皇清敕授儒林郎內閣掌典籍事誥敕撰文中書舍人加一級前戊子科廣東典試新庵劉公（曰炷）墓誌銘	380
皇清敕授儒林郎江南淮安府桃源縣以州同管縣丞事加一級紀錄二次素園劉公（曰燧）墓誌銘	383
中丞田公嚴禁私派牌	385
重葺鄭大夫子產祠	385
皇清應授儒林郎州同知洛東劉公（曰燫）墓誌銘	386
御祭周世宗陵碑文	388
重建馬神廟碑記	388
皇清應授修職郎歲進士候選縣丞松崖劉公（坊）墓誌銘	389
郭店馬神廟碑記	390
皇清應贈儒林郎劉公（埕）暨應贈太安人高太君合葬墓誌銘	391
重修啟聖宮明倫堂暨諸亭樓記	392
重修興學書院兼復膏火碑記	393
重疏溝渠記	393
御祭周世宗陵碑文	394
御祭周世宗陵碑文	394
御祭周世宗陵碑文	395
興學書院碑記	395
創建倉神廟記	396
清故劉室孫孺人墓誌銘	397
皇清應授修職郎歲進士劉公（塽）暨孺人孟太君合葬墓誌銘	398

御祭周世宗陵碑文 399

濟美橋碑記 399

重修新鄭縣文昌祠碑記 400

元配白氏墓誌銘 400

重修瘟神殿宇碑記 401

重修臥佛寺大殿碑記 404

河南巡撫阿公牌 405

重修大殿碑記 406

皇清誥授奉政大夫湖北施南府司馬果亭劉公（嶠）墓誌銘 408

衆善修路碑記 409

重修節孝祠碑記 411

順寧太守暢亭劉公（埥）墓誌銘 411

清喬大生墓誌 413

御祭周世宗陵碑文 413

重修歐陽寺碑記 414

重修三皇廟碑記 414

郟邑孝廉朱公修葺新鄭縣隍廟記碑 415

重修顯龍宮碑記 415

許通墓碑 416

重建子孫堂碑記 416

重修尊恩觀碑記 417

重修幽勝寺並創建山門重門金妝神像碑記 418

清故廩膳生隗嵐劉公（如鈖）墓誌銘 419

東大街創修官路碑 420

古槐行石刻 421

明故始祖文林郎直隸沙河縣知縣司公諱鼐字和平墓碑 422

重修新鄭縣文廟碑記 422

新鄭縣儒學正堂高示諭碑 423

皇清晉贈奉政大夫劉君（冠）墓誌銘 424

重修許魯齋故里碑記 425

項城訓導王先生（鋡）墓誌銘 425

皇清貤封修職郎晉封文林郎邑庠生員篢塘王公（植三）暨德配□□孺人晉封孺人高太
　　孺人合葬墓誌銘 426

御祭周世宗文碑 428

謁歐陽文忠公墓祠..428
敬觀歐陽文忠遺像..429
劉氏祠堂廣梁大門碑文..429
槐抱碑..429
子產墓碑..430
重修幽勝寺碑..430
御祭周世宗陵文碑..430
歐陽氏祠堂捐入祀田碑記......................................431

中牟縣

中牟縣西界碑..432
水月庵蠲免雜差記..432
韓公修北門記..432
韓公修南門記..433
重建景魯堂紀略..433
韓公重建大堂碑記..433
楊橋折地碑記..434
皛澤里折地碑記..435
南梁重濬河渠碑記..435
重濬張村寺正禮陂碑記..436
蓋寨濬河碑記..436
申詳墾荒石記..437
韓公德政去思石記..438
王公修路碑記..438
東門外新橋告成記..439
重修魯公祠碑記..439
谷公建大王廟碑記..440
王公增修衙署碑記..441
御書米芾詩碑..442
官渡新建關廟碑記..442
建育才書院記..443
孝廉彭公墓誌..444
魏公重建蒲蘆亭記..445

重修孔子回車廟碑記	445
重修八蠟廟碑記	446
聖駕巡幸駐蹕邑北恭記	447
重修民悅橋記	448
孫公開渠記	448
孫公濬龍鬚溝記	449
廣惠河記	449
惠濟河記	450
開濬等河記	451
重濬丈八溝記	451
重修城池記	452
重建城隍廟記	453
建龍王廟記	453
重修淳澤里魯公祠碑記	454
敕建楊橋河神祠碑	454
建修儒學副署碑	456
重修東嶽廟碑記	457
重修牟山廟碑記	457
重修廟學碑記	458
創建邑厲壇碑記	459
新建景恭書院碑記	459
重修會仙庵碑記	460
會仙庵增修廣廈記	461
重修城隍廟碑記	461
重修關帝廟碑記	462
裁免站隁夫碑記	462
皇清誥授資政大夫布政使銜雲南按察使倉公（景愉）墓誌銘	463

鞏義市（鞏縣）

創建大王尊神大殿碑記	465
重修三官聖殿碑記	466
草修正殿記	466
大清國河南府鞏邑觀音堂碑記	467

重修關王廟並金粧神像記	468
重脩觀音堂補素[塑]神像碑	469
重修地藏王殿記	470
重建興佛寺創建配殿山門功成碑記	470
重修慈雲寺水陸殿記	472
李氏始祖墓表	473
重修龍王廟碑序	474
重脩三官拜殿碑記	474
鞏縣杜少陵先生墓碑記	475
新續曹洞宗派	476
重脩觀音拜殿碑記	477
重修廣胤殿記	478
新修關聖帝君廟碑	478
重修諸佛殿碑記	478
妝飾千佛殿並塑胎金塑諸佛神像碑記	480
重修六祖觀音殿並金粧佛像開光修醮完工碑記序	481
重新建修觀音堂記	482
重修金妝千佛大殿佛像	482
重修地藏十王殿序	483
重修慈雲寺千佛殿碑記	484
重修牛王廟碑記	485
重修龍王殿石碣	486
金妝諸佛神像碑記	487
重修碑記	489
重修東嶽廟舞樓小記	489
重修菩提寺前大殿碑記	490
重修東嶽泰山神廟序	490
重修金妝金剛殿碑	491
石香亭銘文	491
重刻三田孝義祠碑記	492
諸夫子沒思碑	494
皇清李公之塋墓碑	495
啓建齋供千佛聖會三載完滿碑記	496
水陸社碑記	498

朝□壇山□請尊神廻境建醮碑	499
重修子華子祠碑記	499
重建地藏菩薩共十王聖殿告成碑記	500
皇清歲進士趙公（蘗）墓誌銘	501
三官神廟重修碑	503
重修觀音堂並新建卷棚碑記	503
詩聖故里碑	503
忠孝曹先生墓誌銘	504
建杜工部祠記	505
金塑千佛殿西山佛像碑記	505
康家店打窯碑記	506
重修天王殿碑記	506
重修諸佛像捐錢碑記	507
重修地藏王菩薩堂碑記小引	509
重修千佛殿碑	511
劉氏祖塋碑文	511
東周紀水	511
重修石窟寺碑記	512
李氏宗系碑記	513
創建送子土地祠碑記	514
重修詩聖祠立石記	514
朝武當山祖師尊神廻境修醮碑	515
創建興佛寺水陸殿小引	516
重修虞帝廟碑記	516
喬公墓祭文	518
建造堂樓居後誌	520
重修關帝廟碑	520
新建玉皇洞併金妝羅漢碑記	521
官莊王家大院建造堂樓誌石	521
眾姓置碾記	521
重修碑記	522
新設元宵燃燈碑記	522
重修關夫子廟金妝三堂神像並修理樂樓蕭牆碑序	523
南山口關帝廟樂樓碑記	524
廣生聖殿諸神暨新建康氏開山神二尊碑記	524

鞏邑乾溝寨監生張素蘊施香火地碑	525
重修福昌寺碑記	525
鞏丞段在田傳	527
治深紀畧	527
代杜君錫工部祀田記	528
重修和順橋碑	529
重修拜殿碑記	529
階升王府君墓誌銘	530
天壇山進香旋里刻石	531
重修關帝廟創塑神像並創建城皇[隍]廟金粧神像序	531
聖水鄉增修樂樓記	534
建立慈雲寺香火地碑記	535
拜殿碑記	536
程氏重修義橋記	537
朝嵩陽中嶽尊神廻宮修醮碑	537
重修馬明王諸神殿宇金塑聖像碑記	538
神地原由誌	539
創建舞樓碑記	540
立石碣記	540
□葺堂宇金粧神像記	541
芝田鎮建井記石碑	542
創建僧房碑志	542
家伯祖裕六公墓表	543
重修舞樓碑記	544
唐工部杜甫故里碑	544
孫氏東祠堂碑記	544
嵩嶽進香旋里鑴石記	545
皇清顯合縣靳公諱三畏曾祖妣杜氏□氏三位之墓碑	546
重修先賢程公子華子先生暨明道伊川先生祠碑記	546
重建孫真殿並廣生殿創立石壁碑記	547
創建土地神洞碑記	547
重修波池碑	548
炳公修白雲寺山門碑記	550
重金妝神像誌	551
創建樂舞樓碑記	551

鄭州市

鄭州市（鄭縣）

御製至聖先師孔子贊並序

清聖祖

蓋自三才建，而天地不居其功，一中傳而聖人代宣其蘊。有行道之聖，得位以綏猷；有明道之聖，立言以垂憲。此正學所以常明，人心所以不泯也。粵稽往緒，仰遡前徽，堯、舜、禹、湯、文、武，達而在上，兼君師之寄，行道之聖人也。孔子不得位，窮而在下，秉刪述之權，明道之聖人也。行道者，勳業炳於一朝；明道者，教思周於百世。堯、舜、文、武之後，不有孔子，則學術紛淆，仁義湮塞，斯道之失傳也久矣。後之人而欲探二帝三王之心法，以爲治國平天下之準，其奚所衷焉！然則孔子之爲萬古一人也，審矣。朕巡省東國，謁祀闕里，景企滋深，敬摛筆而爲之贊曰：

清濁有氣，剛柔有質。聖人參之，人極以立。行著習察，舍道莫由。
維皇建極，維后綏猷。作君作師，垂統萬古。曰惟堯舜，禹湯文武。
五百餘歲，至聖挺生。聲金振玉，集厥大成。序《書》刪《詩》，定禮正樂。
既窮《象》、《繫》，亦嚴筆削。上紹往緒，下示來型。道不終晦，秩然大經。
百家紛紛，殊途異趣。日月無踰，龔牆可晤。孔子之道，惟中與庸。
此心此理，千聖所同。孔子之德，仁義中正。秉彝之好，根本天性。
庶幾夙夜，勖哉令圖。遡源洙泗，景躅唐虞。載歷庭除，式觀禮器。
摛毫仰贊，心焉遐企。百世而上，以聖爲歸。百世而下，以聖爲師。
非師夫子，惟師於道。統天御世，惟道爲寶。泰山巖巖，東海泱泱。
宮牆萬仞，夫子之堂。孰窺其藩，孰窺其徑。道不遠人，克念作聖。

户部尚書、文華殿大學士臣張玉書奉敕謹書。
康熙二十五年七月初四日。

（碑存鄭州市文廟。王興亞）

御製四子贊

清聖祖

顔子贊

聖道早聞，天資獨粹。約禮博文，不遷不貳。一善服膺，萬德來萃。能化而齊，其樂一致。禮樂四代，治法兼備。用行舍藏，王佐之器。

曾子贊

洙泗之傳，魯以得之。一貫曰唯，聖學在茲。明德新民，止善爲期。格致誠正，均平以推。至德要道，百行所基。纂承統緒，傭明訓辭。

子思子贊

於穆天命，道之大原。靜養動察，庸德庸言。以育萬物，以贊乾坤。九經三重，大法是存。篤恭慎獨，成德之門。卷之藏密，擴之無垠。

孟子贊

哲人既萎，楊墨昌熾。子輿闢之，曰仁曰義。性善獨闡，知言養氣。道稱堯舜，學屏功利。煌煌七篇，並垂六藝。孔學攸傳，禹功作配。

户部尚書、文華殿大學士臣張玉書奉勅謹書。

康熙二十八年閏三月十六日。

（碑存鄭州市文廟。王興亞）

重修城隍廟大殿拜廈二門記

【碑陽】

右先子以神道設教，合幽明爲一致，其有功德於民者，皆載在祀典。故五嶽祀三公，四瀆祀諸侯，即門行中霤亦列五祀之內，使人心皆知敬畏爲非。至於建都立邑，乃一方民命所繫，亦應有神靈以護持之，此後世聖人所以仿嶽瀆之制，而有城隍之封也。自奉敕建廟以來，所在尊祀與學宮並重，非他淫祠可比，率皆以時時修理，無敢荒廢。伏望我鄭靈佑侯尊神，威靈顯赫，有禱輒應，其賞善罰惡，屢有明驗，固我鄭人所永奉而反祝也。奈歷年久遠，廟宇摧殘，中遭寇焚燹□修□，迨我朝定鼎之後，民始完聚。又苦功程浩大，難以驟舉，日復一日，凋敝益甚，皆緣首事無其人耳。素有鄰近學校諸生李廌、李紹、□□翰、陰霆，此四人義舉，乃目擊廟貌荒涼，慨然興歎，遂同心協力，共同修補，倡先率作，以首其事。善人弓瓏、楊爾蘊不憚煩勞，持疏募化，以□□有本廟住持陽正之弟子侯來儀，英年練達，爲之掌理，以任其責，由是鳩工合作，殘缺者補之，損壞者易之。□□而□□□□之，又從而黝堊丹臒之如新，增華爲潤。迄今大殿、拜廈、二門，壯麗異常。廊廡門垣，尊嚴可仰。謹將衆善姓名勒於碑陰，以紀成功[公]，兼示來者。後有化者，相繼修葺，世永賴云。

康熙三十年歲次辛未十月小春之吉。

原任奉直大夫、知鄭州事陳一魁。

奉直大夫、知州事何錫爵。

州判、前署州事張爾質。

原任吏目饒大達。

吏目胡煌。

訓導吳駿。

署原學學政舉□徐杜。

郡舉人黃志清熏沐拜撰。

郡庠生介賓李鼎熏沐書丹。

住持陽□官吳明正暨弟子侯來儀、徐來禮、姚來智。

石匠：李寬、陳進忠、陳進孝。

【碑陰】[1]

□□□教諭郭文麟，府訓導焦械人、黃志清、王業弘、張慶發、李代棟、雷文清、王錫德，拔貢郭永鎮，貢生孟禹緒，□生張慶襄、張慶彬、周同、毛愷，訓導魏宣化，監生周名芳、劉振基、孟襄、荊璜、魏贊化、田允良、杜秉謙、羅懋詢、常一典、楊自昇、張寬，候選訓導侯甸、李作揖、魏詵生、楊文譜、郭沖、魏世達、常靜，例監生李英、陰成名、魏城、李□、魏峻、毛藎。

□□□、周文炯、周元功、侯奮武、劉效武、胡傑、張彩綬、趙萬里、李如松、陰霆、馮翰、李紹庚、李鼎、魏世經、弓克勁、張慶譽、魏定邦、劉上、趙名世、荊陽孕、陰天曉、邢有綸、□□□、沈法興、羅經、陰苞、張墨綬、毛九彩、羅懋善□、張慶雲、袁可培、王可久、宋□、劉慎、張□績、王賓、弓伸、杜瑾、劉紹健、張暻、□□。

□□□、董日昌、張大功、盧當、吳生有、毛九功、王業新、徐咐鳳、曹義、周岷、岳瑞征、海生雲、陰永瑞、王言綸、海淵、魏三聘、王世俊、王宣、王寧、劉敏、李岷、荊岷、楊□。賈良言、李璜、喬遷、金延祚、王時太、趙殿印、賈世復、陳撰□、陳國禎、王業浚、□牛進賢、楊一心、趙琛、王珩、陰天旭、任汝英。

□□□、馮晅、王符、宋大業、段瑋、賈□、焦成允、弓強、毛恪、陰景煌、楊加猷、孫啟賢、趙鑒青、□光祚、弓誠、弓載雲、弓爾珵、弓載朝、弓載鼇、弓璺、弓載彝、弓自淳、弓峻、郭永□、沈溢、郭九錫、趙名世。信商王泰來、弓纘、楊不蘊。生員張龍光、生員張犼。信士魏榮仁、魏世林、魏魁、□構、栗貴新、朱一經、劉太成、劉芳評。

□□□、□□□、曹克已、喬興旺、喬興龍、崔尚文、翟進寶、岳訓、梁啟、梁奎、郭起□、魏克孔、劉貴、張蘭、魏克孟、魏世常、魏世旺、金璿、許成林、馬進禮、弓執振、楊田、安分、邢居忠、王進才、弓秉儀、張□維、宋效景、蘆安、宋永禎、王壬仁、

---

[1] 碑文爲立碑人姓名，分列二十九排，排四十人，下部有殘部分，缺錄。

劉琛、王禎、周文恒、馬成貴、周文星、馬成瑞、周卜惠、周進志、周文魁。

□□□、□□□、胡三泰、王守道、荊純、荊紀、王愷。荊世碩、郭景燦、魏益祿、劉道、張克念、鄭子新、時登第、孫進、安志正、時永玉、化進學、毛協、司聚、趙啓文、崔尚選、袁加實、唐時道、曹貴、史崇保、史崇聖、宋榮宗、曹振德、王道昌、牛自省、蘆□□、蘆克□、王東、王福住、白奇德、侯秉漢、曹福蘆、道興、張耀宸。

□□□、□□□、徐□、徐强、徐惺、徐勇、王星、郭尚素、荊善、張明玉、鄭加乾、鄭坤、張文保、羅奇、賀文奇、張化鳳。

張標、任禦世、楊得春、宋明昌、宋復興、宋之秀、衡自發、魏宣化、侯足旺、侯求現、侯景點、侯名標、侯思慶、張福寺、侯思智、侯璜、侯景懷、侯士崗、侯士文、侯士臣、賈之奇、賈撫真、賈之傑、賈見德。□□□、蘆代陽、蘆世宓、劉緒文。劉弘亮、劉緒業、王泰生。

劉成業、劉足、梁玉魁、劉羡興、劉春興、劉如臣、唐美、朱春、劉鍨、劉蘊、劉潔、劉道興、梁廷儒、王璞、王珣、姚欽、陳孟冬、燕大儒、鄭普、朱會、杜成德、李有才、申有海、常進才、李成、耿生三、申懷峰、方奇德、申自天、袁滿庫、陳治家、黃治世、□□□、康成鳴、張九賢、康戈治、康曉禮、曹松。

曹世明、張浩然、張花然、宋門昌、宋之秀、燕進章、任朝重、王進才、王須、劉玉秋、侯得成、米加成、張守印、魏子文、曹自友、劉大乾、宋春、孫龍、化進忠、薛應福、彭亮、蘆應玉、孫奇名、單文昇、單秋、單文星、弓緒、蘆志文、徐印秀、蘆志仁、陳中林。

□□□、□□□、曹武、王業凡、孫顯玉、趙有德、劉乾、劉奇英、井大臣、楊國太、楊自勳、楊福、袁自山、袁自友、王玉洲、常獲祿、馮世吉、王世俊、楊毓秀、劉尚學、張克貞、崔光璧、李加昇、楊坤、張本明、張貴世、王世傑、張可士、賈春英、王景珩、李克振、李景清、李安、張文、張護。

□□□、李□□、李明旺、陳光友、李璧、李賓、李隨、賈國太、張元文、王三女、王運、□□□、喬□、婁成業。會首夏明政。約講夏明勳。夏文秀、夏明典、孫壯、姚珮、喬臻、薛變龍、薛時杳、王成基、朱治家、張光成、姚文魁、姚悟、馬國士、花子星、祿正德、祿自宇、趙進孝、陳堯、喬做標、祿正斗。會首弓續、王棟、安志高、李□尚。

□□□、劉□□、劉□□、王耀□、蘆愷、張義祥、馬國圖、許自德、王明才、曹聲□、侯玉□、□□、李□□、喬□□、孫通、王敬臣、白弘業、崔顯陽、劉中坤、白應秋、郭洪、張喜光、劉柱、張奇德、武永康、康有德、樊潑、劉廷珍、周自富、魏繼素、趙國民、賈文貴、張秀、朱松、李三耀、化勳、劉林、魏永祚、陳顯明、□□□。

□□□、□□□、□有典、弓瑋、宋纘聖、宋龍、張弘陽、張作聖、夏靖、單□□、王敬臣、許成、劉立□、朱振德、陳治邦、韓明、鄭仁斗、楊鳳宇、陳秉純、陳玉明、王牧、許朝卿、李滿箱、李守福、劉鼐、唐國金、陰奇、朱棟、程自友、石茂、孫玉秀、張亮、安坤、安六星、安乾。

□□□、安文美、郎昭、郎公、趙永太、朱文信、時孟學、牛尚來、彭光、鄭應福、□士淳、□九功、高亮、王大忠、張玉文、王志奇、弓克勤、弓克□、李江官、劉奇、張彩、曹忠興、曹忠貞、李朝宗、宋得才、任略、張文炳、段文普、雷旺德、陳貴喜、李義春、王全、劉清、王灼、張峋、王化譜、王瑋、楊雲、燕玉、劉聚東、王太。

□□□、□□□、劉全、趙耀順、弓繼成、趙德、韓自祥、徐文志、徐文星、徐瑞、徐文德、蘆振、朱恭讓、靳玉秀、白琪、聶崇福、周選、周續、張好玉、張文玉、周同先、陳堯道、周文灼、楊文昌、楊明玉、李振芳、胡佩、田禮、張顯素、胡顯旺、張翼、張明典、薛體秀、李法、馬順、李明世、李榮、劉一洪、韓文成、邢見、陳三謀、常學詩。

□□□、孟惟臣、張廣太、郭昇雲、□見德、高起秀、杜生道、董世俊、張其猷、祝登科、樊可魁、陳啓□、張世賢、寂端、陳自有、陳光道、孫立、郭瑞圖、常芬、陰成龍、丁明仁、陳光仁、陳光孝、陳光耀、陳□標、高得亭、陳順、陳珍。會首生路、邵三奇、田自才、張登、張國甯、崔士陽、張奉吉、翟國信、張玉路、得旺、楊自良、李沖賢、孫德。

□□□、李□、王士奇、常三太、弓傑、劉得府、杜瑞、司立國、司璉、司金、劉鉅鼎、陳定國、司立旺、司文炳、司文太、司璜、司方、蘆進如、蘆進倫、蘆可教、蘆蘭、師印。會首岳良玉、彭臣、張仁、鄭光先、崔堯第、史存正、弓昌前、弓宗石、鄭宗孔、弓昌嗣、弓無伐、弓琛、弓福、弓作貴、弓聘、李性恒、胡青、孟自德、楊自太。

□□□、牛魁、陳文清、曹克明、楊鳳春、張秀。會首王玉官、李進、郭自、李復興、高文昇、王士魁、王玉順、李天玉、荊信、王章、何忠惠、陳朝啓、許淳文、余國芝、陳國文、葉兆瑞、陳朝卿、方昭應、吳應剛、沈存信、方昭印、李彭年、陳一鮮、□克孝、崔孟元、崔□聖、侯重恩、王咸。會首高斗、郭方洲、楊起鳳、陳登魁、樊德盛、杜玨、陰士功。

□□□、王廷揚、袁可仁、王士魁、郭思好、孟江、王芳言、朱懷德、朱仁、王封魯、孫廣、杜得祥、高卓、杜進學、劉捷、魏法武、翟東海、郭景信、劉喜道、袁可友、王守文、張桂芬、張允、王崇德、郭景節、曹堯、孟世傑、張文耀、路自福、李耀祖、張存智、劉連、程方漠、陰陽官、劉源。把總王國。陳天清、王花、楊得先、張憐、朱化鳳、曹日大、劉□漢、王配名。

□□□、程士俊、趙近城、靳奉德、王振玉、蔡紹明、徐弘友、黃廷玉、陳進學、郭永户、張名揚、馬一琳、荊落、楊起龍、高澤、劉尚見、楊自全、朱大志、沈自德、張盛何、李丙法、孟懷信、李光照、鄭立成、冀大成、朱國祥、崔文德、何成惠、陳進好、孫氏夫王瑞、高氏男劉應科、侯氏男馮子忠、秦氏男孫忠。

衆會首王有德、高進侯、陳士登、陳子忠、劉光玉、帖天祿、魏世花、秦魏斌。祥府聶東心、王九德、崔龍、李玉斗、周天寶、趙秉海、王枝梅。

□□□、陳□道、王秀、崔謙、李若宣、蘆式、李世忠、齊以禮、□生春、馬希如、米珍。會首趙義。袁耀星、雷應春、方□成、□文明、張進友、劉志文、袁欽、陳良柱、陳高、岳忠、白林秀、時行、劉繩文、李還元、楊志鮑、及第劉志禹、吳君聘、樊瑞、陳獻功、劉玉蘭、李榮、楊茂文、雷起□、牛起雲、牛明德、王福有、馮思見、朱玉才、郭景玉、賈尚智、朱文宇、劉元整、趙明俊、海瀚、張連、□自玉、黃克寬、閆中恭、陰岩武、高明楊、李聰貴、張振漢、馬順、張昶德、劉自好。

　　□□□、白金昇、臧旺、白立業、孔貴全、任鎔、燕大儒、鄭會、吳果、白侯、白孛、白成功、劉璣芳、常梅、楊得友、崔鸞、李得功、陳肅、鄭士新、李廷蘭、李春耿、桂芝美、蘇通、鮑文章、蔡文慶、王佐、杜行、荊方祥、范林、王大龍、張耀、趙林、周文熠、陳順剛、趙明佐、李化鳳、付景友、李彥士、鄭瑞林、崔如松、賈之貴、焦崇孝、醫官任連昇。僧官海竹。僧珍。楊敬、張乃績。北京人王有祿。弓緒、蘆鼎。

　　□□□、李氏夫李顯貴、魏氏夫李之燦、楊氏男李貴全、陳氏男李逯祥、王氏夫劉天茲、賈氏夫李天順、任氏男李文燿、何氏夫連守良、柴氏夫劉立化、謝氏男楊自勇、魏氏男李卓、韓氏男李□、荊氏夫楊景、張氏侄楊志□、趙氏夫劉巷、蔡氏夫王進孝、王氏夫任克□、□氏夫任克全、楊氏夫□□□、柳氏夫王成益、張氏男楊志林、王氏夫王國侯、李氏男劉法瑞、荊氏夫劉宗遠、楊氏夫劉咸遠、田氏孫閆聖、楊氏男張宣。總化主楊氏夫弓纘、張氏男李九志、崔氏夫程自星、張氏男王時興、閔氏侄袁耀星、李氏夫張文龍、李氏夫賈見德、田氏夫朱朝旺、徐氏男朱林、安氏男梁大賓、田氏男蘆天壽、梁氏男丘起太、任氏男王道昌、魏氏夫程瑋、王氏夫劉福振、田氏男蘆克文、田氏夫蘆秀、荊氏男張錦、羅氏夫徐茂、李氏夫曹信、李氏男張聿、張氏夫李成海、蘆氏夫劉自立。

　　□□□劉氏男彭臣、劉氏夫王景河、侯氏男彭霈、王氏男康榮、趙氏夫鮑文師、彭氏夫鮑林、張氏夫陳喜、張氏夫成功、吳氏夫王景林、彭氏夫張應斗、任氏夫劉傅、段氏夫劉可用、蘆氏夫劉之才、黃氏夫趙鳳春、彭氏夫賀龍、鮑氏夫彭明、於氏夫李廷奇、劉氏男朱振禮、王氏夫劉玉印、付氏夫謝璽、常氏夫謝國民、楊氏男荊□□、邢氏夫陳讓、李氏夫邢素德。會首王氏男樊自立。陰氏夫樊有進、宋氏男樊國璽、耿氏夫武來康、杜氏夫樊自立、任氏夫馬龍圖、王氏男張起鸞、朱氏夫劉振德、劉氏夫劉月、趙氏夫張通、康氏夫袁朝勳、劉氏男陳大章、李氏男馬世亮、侯氏夫劉進元、李氏男化進元、王氏夫趙林、邢氏夫任□世。會首付氏夫周倫先。劉氏夫周維先、雷氏夫生員周文煃、李氏男監生周名芳、劉氏夫周文英、張氏夫周文煥、蘆氏夫周紀先、朱氏男周珅、荊氏男朱□、朱氏夫監生周名芳。

　　張氏夫路閆□、陳氏夫張存信、魏氏夫張存禮、王氏男劉□明、趙氏夫王自友、張氏夫祁景信、劉氏男安世□、劉氏夫王守文、梁氏夫胡明倫、張氏男羅文傑、陳門時氏、郭門時氏、劉門李氏、荊氏侄魏法玉、王氏男魏法孔、楊氏男張蘊、范氏夫張桂琴、李氏夫景鳳、韓氏夫白應冬、彭氏樊大魁、劉氏夫李有林、王氏夫趙□、李氏夫趙重□。化男王琮、□氏夫邢察倫、王氏夫邢俊德。會首王氏夫王業龍。李氏男朱□美、李氏男陳玉貴、朱氏夫劉光宗、燕氏男陳潢、邢氏夫宋鳳、朱氏夫宋龍、孫氏男李□文、祁氏男宋璧、王氏夫楚秀、萬氏男化章、宋氏夫彭蘭櫳、周氏夫宋化鳳、程氏夫許培、陳氏夫李中玉、王氏男生員宋選。會首劉氏男米京。蘆氏男周侯、張氏夫周統先、侯氏夫周文、張氏男周文光、路氏夫周俊典、劉氏夫周名昇、鄭氏夫周文法、周氏夫袁上培、朱氏夫周繩先。

生員毛九彩妻□氏、王氏男監生□□、生員郭九錫妻閆氏、張氏男生員□□、生員喬遂妻□氏、弓氏男貢生張慶林、貢生張慶襄妻劉氏、鄭氏男生員張翹、生員王符妻蘆氏、毛氏男帖天佐、陳氏夫王廷貴、生員劉慎妻王氏、杜謹妻李氏、路氏男生員劉子英、生員張乃武妻安氏、徐氏夫樊雲、趙氏夫劉淵、宋氏男宋文美、生員李溢妻黃氏、張氏男楊瑞震、張氏侄李九志、蘆氏男李永昌、魏氏夫梁繼德、蘆氏夫李蘭芳、曹氏男李耀祖、高氏夫李宗德、蘆氏男李永太、任氏男劉雨、楚氏夫牛崇德、張氏夫牛□官、李氏夫王好良、蘆氏夫王道、夏氏夫郭忠旺、王氏夫杜進孝、喬氏夫宋瑞、鄭氏夫鄭山、喬氏夫郭維漢、張氏夫徐化蛟、鄭氏夫徐進孝、楊氏夫王海、司氏夫徐化朋、馬氏夫徐化林、侯氏夫耿輔臣、劉氏男徐化鷟、肇氏男張素、王氏男張訓宗、王氏男張奇有。

（前八人姓名，字殘）生員劉敏妻□氏、劉□妻劉氏、生員劉錫極妻岳氏、劉氏夫趙果、楊氏男生員張慶學、於氏男生員張翮、舉人張慶發妻王氏、鄭氏男生員張旭，生員張翮妻弓氏、生員張翮妾孫氏、貢生孟禹緒妻徐氏、貢生孟召緒妻沈氏、閆氏男監生魏峸，生員黃之龍趙氏、胡氏夫毛成章，張氏夫劉大成、□門黃氏、劉門鄭氏、胡氏夫弓廷錫，生員魏定邦妻孟氏、劉氏夫貢生王顏緒、生員陰□□妻張氏、趙門陰氏、陰氏夫劉曰禮、生員陰永瑞妻張氏、劉氏夫張慶啓，生員劉效武妻弓氏、生員劉淑堯妻張氏、生員陳寵妻趙氏，郭門張氏、劉門趙氏、貢生焦方妻張氏、生員李紹廉妻曹氏、會首張氏夫王松、雷氏夫王家哲、蘆氏夫孟見周、任氏男王道昌、張氏夫王玹、張氏夫王瑣、蘆氏夫王澤深、王氏男王三畏、魏氏男鄭恭宗。

□□□□□，蘆氏男劉文太，蘆氏夫楊廷林，楊氏男趙□清，荊氏夫楊瑞隆，劉氏男冉汝彥，朱氏男古士友，邵氏男許來奏，閆氏夫劉漢卿，王氏夫荊四來，劉氏夫蘆愷，古氏夫李進，蘆氏夫陳尚德，常氏夫楊樹昇，鄭氏夫張起龍，張氏夫蘆第新，張氏男劉復業，周氏男陳子亮，鮑氏夫燕大權，弓氏男楚士和，朱氏孫燕建章，秦氏男李才，張氏夫張守才，化氏男李春，趙氏男□□，

□氏男邢氏、□□□□□、白氏男□□□、女會首妙玹、妙會、妙□妙柱、妙愛、妙倫。岳氏夫劉贄、杜氏男劉文虡、羅氏夫王得道、趙氏夫劉鼎、李氏男呂之伸、李氏夫馬成德、劉氏男王文炳、張氏孫任靖、姚氏孫劉文英、弓氏夫尚德法、韓氏男劉性、任氏夫趙文秀、馬氏男方林、會首羅氏男唐自順。生員陰天曉妻羅氏、生員□□德妻雷氏、邢氏夫翟吉兆、生員王可久妻馮氏、蘆氏夫劉降□、楊氏男毛性、劉氏男□□。

（碑存鄭州市城隍廟。王興亞）

醉翁亭記刻石[1]

宋歐陽修撰。

蘇軾書。

清康熙三十年，新鄭高有聞刻。

環滁皆山也。其西南諸峰，林壑尤美。望之蔚然而深秀者，琅琊也。山行六七里，漸聞水聲潺潺，而瀉出於兩峰之間者，釀泉也。峰迴路轉，有亭翼然臨於泉上者，醉翁亭也。作亭者誰？山之僧智仙也。名之者誰？太守自謂也。太守與客來飲於此，飲少輒醉，而年又最高，故自號曰"醉翁"也。醉翁之意不在酒，在乎山水之間也。山水之樂，得之心而寓之酒也。

若夫日出而林霏開，雲歸而巖穴暝，晦明變化者，山間之朝暮也。野芳發而幽香，佳木秀而繁陰，風霜高潔，水落而石出者，山間之四時也。朝而往，暮而歸，四時之景不同，而樂亦無窮也。

至於負者歌於途，行者休於樹，前者呼，後者應，傴僂提攜，往來而不絕者，滁人遊也。臨溪而漁，溪深而魚肥；釀泉為酒，泉香而酒冽；山肴野蔌，雜然而前陳者，太守宴也。宴酣之樂，非絲非竹，射者中，弈者勝，觥籌交錯，坐起而喧嘩者，衆賓歡也。蒼然白髮，頹乎其中者，太守醉也。已而夕陽在山，人影散亂，太守歸而賓客從也。樹林陰翳，鳴聲上下，遊人去而禽鳥樂也。然而禽鳥知山林之樂，而不知人之樂；人知從太守遊而樂，而不知太守之樂其樂也。醉能同其樂，醒能述其文者，太守也。太守謂誰？廬陵歐陽修也。

（碑存鄭州市博物館。王興亞）

大學士劉統勳、脅辦大學士兆惠等奏報楊橋決口合龍，詩以誌慰

辛巳十一月。

秋霖河決致災侵，億萬蒼黎繫念深。特遣重臣資碩畫，善能集衆益詳斟。功無時已歌寧信，事在人為語允諶。倍價那愁薪不屬，（豫省草直每束例九分，以鄰近多被水，准其倍

---

[1]《醉翁亭記》為宋歐陽修撰，蘇軾書。堪稱書法藝術中的珍品。宋元祐六年，蘇軾在開封應劉季孫之請，用楷、行、草三體書寫了《醉翁亭記》原文。明隆慶四年，河南新鄭人，文淵閣大學士高拱，從鈞陽徐穎南氏處，得其所藏草書《醉翁亭記》墨蹟本，第二年即請著名篆刻家、書畫家文彭摹勒刻石，並命其門婿劉巡運回河南，置於鄢陵劉氏家祠（世稱鄢陵碑）。其後，蘇軾所書墨蹟長卷遭焚，鄢陵刻石又磨損不清，高拱後裔高有聞於康熙三十年據其家藏舊拓命工重刻，立於新鄭高氏祠堂，世稱新鄭碑。此刻石共二十四方。其中十三方為《醉翁亭記》原文。五方為蘇軾記述寫此文的緣由與落款，另六方為趙孟頫、宋廣等人題跋。一九五九年，新鄭碑被移至鄭州博物館保存至今。滁州醉翁亭景區同樂園內草書碑為新鄭碑的翻刻。

給，拜集工述。）抒誠早勝玉還沈。柏冬歸舊神哉沛，刻日傳嘉慰以欣。不築宣房築靈宇，佑民鞏堰翼來歆。（工竣時，日晴風順，回瀾迅捷；靈貺昭應，因命即工。所建河神祠，親題匾額，申爲民報祈之意。）

（碑存鄭州市黃河博物館。王興亞）

重修土地廟小引

鄭之坤方，離州十有五里之墟，有一劉家莊，莊東偏有土地廟，不知創自何代，建自何人，其由來久矣。既係劉氏之莊，必劉氏先人所建也。況閱大亂之後，必有起而重修之者，但歷年久遠，簷瓦凋敝，牆垣傾圮，不惟非所以妥神靈，非所以壯觀瞻，神其何所憑依，祐一方人物乎？適有善人劉湛清、光顯、光敬、□□慨然興善念，曰神者人之主也，廟貌不□□神其何安？遂向衆商議，鳩工修補，今以修之成，欲其廟貌重新也。無奈莊小人少，財薄力微，不能期年告成也。故自康熙己卯，越康熙庚辰，至康熙辛巳，而始告厥成焉。雖無雕梁畫棟之美，而簷瓦牆垣，亦庶幾煥然一新。爲財其作善之深心，與衆人善功之浩大，使湮沒不傳，不獨有以騭善志，毫非有以示來茲也。故勒之以石，永垂不朽。俟後之覽者，亦將有感於斯文。

會首：劉湛清、劉光顯、劉光敬、李曰朴、李福、王化行、李金誠、李瑾、李秉信、李巖、郭景節、魏進寶、劉澄清、劉光俊、劉濟太、劉光裕、劉光明。

石匠張天斗。

木匠袁宗寶。

畫匠胡□龍。

泥水匠馬天福。

康熙五拾壹年壬辰月丙午吉旦。

（碑存鄭州市劉寨關帝廟東牆。王興亞）

重脩城隍廟樂樓記碑

城隍廟大殿前，舊有樂樓，其來已久。座南面北，風吹雨打，明柱欄干皆已朽腐，前後房椽皆已摧折，上棚磚瓦皆已解褪。有郡侯張公，自蒞任以來，日以治民事謝神事爲兢兢。每逢朔望瞻拜，矚目發虔，以爲享祀神明，莫大乎禮樂。粢盛豐潔者，禮也；歌舞賽者，樂也。禮以敬神，樂以和神，今樂樓殘毀，非所以肅觀瞻而格靈爽也。爰是先捐清俸，整修戲樓地宮，工程浩大，難以遽成。郡中有善紳候選州同魏詵，仰體侯意，率領生員范師仁等，募化衆善，舉於康熙五十年三月，至五十三年三月，明柱欄干，□換礎石，方椽磚瓦，盡換新料，美奐美輪，璀燦奪目，斯飛斯翼，巍煥改觀。仰視壯麗，可無負乎創建之君子，俯察磐固，又常望後起之善人。工既告竣，爰勒貞珉，以志不朽云。

　　郡歲進士段瑋撰文。

　　郡庠生李本嘉書丹。

　　康熙五十五年歲次丙申夏月穀旦。

　　原任鄭州正堂王克明。

　　奉直大夫、知鄭州正堂事張鋐。

　　州判張菁。

　　儒學學正劉承。

　　訓導賈亮選。

　　捕廳王謙。

　　原任遂安縣副堂張慶。

　　歸德府夏邑縣教諭王業弘。

　　原任懷慶府獲嘉縣訓導張慶彬。

　　原任南陽府桐柏縣訓導焦方。

　　衛輝府淇縣訓導張慶雲。

　　丁卯科舉人蕾永清。

　　壬午科舉人弓載雲。

　　壬午科舉人張翔。

　　原任陝西定靖衛守御王藎。

　　貢生王瀾、于俊、袁枚、段瑋、鄭延宗、胡勃、劉子寬、陰永祺。監生尹允良。陰成名、董一瑄、孟勱、魏世道、張慶啓、羅□諫、郭涝、魏竣、毛正、董之葳、弓安國、林珍、張寬、宋遜、陳珂、孟勖、荊廷琅、焦打、李居嵋、曹涇、孟惺、張龕、李盛、弓甯、孟栗、魏弘猷、常靜、羅懋讓、弓寀、李大閑、王秉讓、冉汝鍇、魏贊化、孟惇、喬楷、孟之仁、魏譓、張晉、羅憲曉、朱珩、魏恭、孟志文、聶章。

　　生員徐鎔、宋大業、王廷佑、趙珠、劉上、陰天旭、馮翰、羅緯、郭永裕、張墨綏、王時太、曹浣、李雯、張用世、張翹、黃之葳、劉效武、郭九錫、羅懋譜、陰苞、郭溶害、莊雲、陳寬、荊廷璜。

　　主持張陽，徒張來信、孫復甯。

　　　　　　　　　　　　　　　（碑存鄭州市城隍廟。王興亞）

明銀臺魏公祠堂記

　　郡人毛汝諟

　　明銀臺魏公，家居，死寇難。余少聞遺老談其事甚悉。己卯，鄭人白於官，樹碑東郊紀公殉難處。余隨鄉士大夫拜碑下，覺公凜凜有生氣。今歲春同人徵詩，余有"野外骨寒餘勁草，城頭時過憶孤忠"之句，羣以為詩史。然恐不足闡公遺烈也。既而公之來孫鎰奉其尊公屏其先生書造余，再拜曰："先通政公殉節垂八十年，生平懿行，恐久而湮沒，今吾家將為公立祠，君其記之。"余曰："公誠宜有祠，祠宜記，余烏足勝其任。雖然，余高祖母，公姪也，曾伯祖副使公，少館公家，訓公孫。既又與公接踵官於朝，公壬午死寇於家，副使甲申死太原，又接踵殉國難。知公莫若余，余何敢固辭。"乃於其祠落成而為之記曰：

公偉丈夫也，行修於家，望隆於國，惠澤在人，令聞廣布，朝野之所倚重也。初登第，以中書恤刑北直，多所平反。寇有德等三十餘人為盜誣，公廉其冤，悉釋之。有德等感泣，相率從公服役，終身揮之不去。公嘗謂人曰："士大夫以詩酒為風雅，留心案牘為俗吏。夫國家大務，何者為俗？如但飽食官糈，受成俗吏，可謂風雅乎？"居朝伉直，數陳時事。忤要人，出知保定府。保定舊因遼餉急，履畝加徵，貯銀八十餘萬，以神宗大行，未解部，事久，而公閱冊知之，為請於上憲，盡散各屬納戶。三州十七縣之民，莫不感恩尸祝。天啟癸亥，舉卓異，除授通政。時逆璫魏忠賢當國，勢張甚，日與其黨羅織士大夫之不附己者殺戮之，中外股慄。公獨正色不阿。忠賢雅重公，以公之姓名與己若行輩，欲聯為昆弟，遣所私屢要之，啖以美官。公笑曰："刑餘臭腐，乘機弄法，如冰向日，立見其消耳。吾以七尺軀作天子喉舌而結援，是人乎？"不應。且以婦寺擅權，子姪多世襲濫名器，奏白朝廷，謂錫爵之榮，非大功不授，此輩止可優以金帛，不可使犯公議、毀朝常。又有"速殛元兇，清君側之惡"一疏，逆璫大怒，欲置之死。會熹廟崩，未果。其後逆璫誅，公乃安。此公生平氣節，卓乎大者。

公前後立朝數年，事數主，公忠丕著。如神宗朝彗見，詔求直言，公則有灑灑數百言，切中竅要。神宗在位，久不事事，刑官缺人，獄多淹繫死，家屬數百人，聚苦長安門外，無與請命者。公則立言之。光宗即位十餘日不視朝。公則有上元輔方從哲《調護聖躬·冊立東宮》一書。熹宗即位，公則以崔文升用剝伐之藥，損傷先帝，謂元輔不宜代文升出脫，抗言不回。他如請釋劉光復，救高攀龍、劉宗周、鄒元標、萬燝等疏，不一諄諄以崇正黜邪為念。吏垣魏大中為逆璫誣，下獄掠治，無敢視者。公攜大中長子入獄，嚴戒吏卒。俾善事魏公，無加害。時論壯之。懷宗即位，首上疏言三事，曰逮獄，曰獄死，曰追贓。上然其說，命逮死諸臣，盡免追解，釋其家屬。公又言："三案天下之公議，《要典》，逆閹之私書，宜投水火。"悉蒙俞允。公嘗曰："事期有益於國，功不必歸之己。言在能明其是，過不必諉之人。"噫！此又公居官言行之梗概也。崇禎五年，致仕歸，布衣疏食，訓課子孫，不復問戶外事。未幾，流寇猖獗，李自成自秦渡河，屠城掠邑，中原騷然，公憂形於色。或言公無城守責，宜去，公不應，日同州守為防禦計。賊擁之東城脅降，公罵不絕口，賊環坐城頭，令公跪，公復大罵曰："賊奴！吾恨不能手及爾首。朝廷大吏為賊屈膝乎！"遂遇害，時崇禎十五年五月四日也。公蓋家居十年，死於難。嗚呼！此公所為偉丈夫也。

其平居，孝友謙和，恂恂然不敢上人，則又所稱良士君子，鄉閭遠近，罔不悅服云。國朝定鼎初，優恤忠節，祀公鄉賢。公卒距今數十年，孫曾蕃盛，為郡碩望，繼自今相與繼公之志，述公之事，發公餘慶於無窮，公其不朽矣乎！

公諱尚賢，字明實，萬曆庚子舉人，丙辰進士。

祠成於康熙六十年辛丑某月日。

（文見乾隆《鄭州志》卷十《藝文志》。王興亞）

重修清真寺映壁牆記

清真寺之有映壁其來舊矣，所以蔽內外觀瞻也，久歷年所，風雨圮壞。鄉老牧大定目睹心惻，約合李、馬二姓，各輸己資，共成善舉，移舊址於寺東，去東界三尺五寸，廊其舊規從未修理，數日而工告竣，以壯大觀，煥燃一新。特勒貞珉，以示善舉，不可不傳世。以爾牆東北尚有三尺五寸，後人不得沉沒云，是爲記。

鄉老馬寬、馬心亮、李武、牧大定、李斌、牧育英。

雍正三年歲次乙巳五月六日。

（碑存鄭州市北大清真寺大殿卷棚南側牆壁內。王興亞）

重脩進膳侑膳二司並金神像記

【額題】萬善同歸

原捕[補]葉縣儒學訓導張慶彬，侯[候]選州同魏詵，侯[候]選州同魏惠，侯[候]選州同張慶啓，侯[候]選州同魏弘猷，侯[候]選縣丞孟惺，貴州威寧府通判魏鎰，甲午科武舉人羅憲昂，浙江平湖縣丞張如鐸。

貢生王瀾、張如湛、張翮、胡世程、趙元、常懷智、劉士鏞、監生陰成功、楊森、李進、荊岐、張寬。

監生劉鳴呵、楊湛、趙法文、崔文彩、生員曹克振、王泩、張魁、張翻、張大業、王愚、時文選、張如良。

總會首楊雲。

生員李謙、王如琯、李之荃、王鋮、李丕則、劉洧兆、周珮、郭永裕、李峒、沈溢、周廷燎、吏員傅作寶、王中成、王倉洲、汪文俊、王一德、儒童樊國棟、賀全忠、劉乃尉、楊犟、張如霞。

賈璜、王宗智、晉國玉、靳文禮、翟作新、趙鳴鳳、劉士奇、方順、張天才、王玉忠、邢建勛、王克恭、申仁、孫魁吾、李存智、劉永福、曹克元、王天宗、付協、王正、張辛、楊進福、張弘德。

生員陳良棟、生員趙世奇、王作哲、王天梅、趙汝明、陳愷、邵江、邵起略、王有才、馬登雲、趙孝、邢浚、賈引、趙顯爵、吳子雲、穆尚晉、韓自旺、劉文瀾、修備會、劉湛、宋典、劉裔昌、張敏、王升賢、任俊秀、劉如沂、黑孝友。

弓昌、周文爌、張雋、王秉哲、孟男、朱行、盧崑。

韓玳、陰龍、朱祥、彭魁、孫大賓、海洪、喬君成、馮世英、張榮成、朱天瑞、牛宗玉、康玉山、劉溫、趙懷治、荊可禎、孫振財、冉汝讓、劉天璋、孟師望、楊士傑、盧旺、吳進朝、劉懷璧、李斗。

任素善、傅琨、張浚、楊顯信、劉光全、熊相魁、陳加有、李成功、康俊、李甘、李夢麟、李英、盧聚義、王世隆、楊希文、李得時、吳有、耿琰、王三世、李斗廣、宋應徵、謝國泰、丁天錫、王之棟、孟爾德。

會首楊雲金、頂會李法時、鄭光耀。

中嶽會社景明、王彝、張柏盛、汪之信、周昌、吳子襄、張雲、崔光璧、高進道、樊可觀、盧振聲、羅憲相、朱英、冉汝權、雷需、盧進忠、孫振才、楊子民、孟昇、侯印秀、王士安、呂文喜、王錫。

於爽、赫孝友、朱明世、岳明升、宋魁吾、張秉祿、陳玉道、武士昌、邵進財、劉之安、劉法、周金龍、楊作禮、楊作幹、楊作禎、常應選、張述、張倩、趙臣、王國柱、王道生、閻汝、許鍾、劉宗周、段士義。

羅朝友、謝鎰、喬柄、高文亮、穆尚鳳、劉心照、李玳、周紹文、張武緒、□治國、□□儒、許□成、王海岳、和升、王景福、牛自往、田宗舜、聶松、□進順、范龍、苗衛宗、陳福、楊自禮。

閻聖謨、師景林、薛偉、薛澤、李斗進、孫有義、馮文燦、王進朝、祿世文、薛璽、楊春章、孫大儒、孟子久、陳選、黃純、杜秉建、張正行、司欽玉、任弘道、楊珣、張海、張本直。

住持張來信，侄復寧。

石匠高三益。

皇清雍正六年臘月吉日立。

（碑存鄭州市城隍廟。王興亞）

文廟重修記

學正李洛州

自古帝王治隆俗美，率一興學明倫爲本，仙鷺來舞，麟鳳志祥，載在典冊，歷歷可考。近世號吏治者，一切法度從事，而黌序膠庠，幾爲茂草所鞠，無怪治之不古逮也。

按鄭郡學宮，修於順治六年，再修於康熙三十九年，規模壯麗，丹艧晶瑩，嗣歷三十餘載，風雨剝落，漸多傾圮。予於雍正己酉蒞任，未聞有議及之者。逾年，爰出俸錢，修補崇聖宮神龕一座，格扇四，東西兩配並名宦牌位一座，悉整修如式。閱兩載，霪雨瀑布，黌門至西廡土地祠、明倫堂，牆垣胥就傾頹，階左右且不免羊馬跡焉。用裁尺一疏，率吾庠弟子王天植、張如鐸輩，議捐六十餘金，諸處修葺，煥然可觀，時雍正癸丑年也。其餘頹廢，工費浩繁，歲比不登，所爲二簋時也。損而用萃如時何。乾隆戊午春，清苑張公下車後，禮士重道，以興賢育材爲汲汲，目擊黌宮摧殘，不禁憮然者久之，曰：「此予之責也夫。」越兩月，亟請公項卜吉鳩工，市梓材駕瓦，敝者易，圮者舉，數旬殿廡復巍然，其諸祠宇堂齋、文昌閣、射圃廳，望皆丹碧堊黝，輝煌奪目。外至周垣，胥爲修築，如屏藩保障，無昔日荒煙蔓草矣。於是，釋菜告成，都人士咸舉手頌曰：「鑠哉盛乎！歷年廢墜，一旦底於大成，皆我公之力也。」公來牧是邦，其撫字殫心，故黔首不致疾額。其干濟練達，故河伯胥爲效靈。其折獄引經，不讓雋不疑之學術；其發奸摘伏，有如于廷尉之公明。一時循聲四起，歌來暮而興賢育材之心尤汲汲焉，非所謂學道君子深識治本者歟！繼今多士游于斯，歌於斯，當無不感奮興起，取青拾紫，皆公門下桃李也。雖然，古來掞華摘藻之士不乏其人，及考生平行誼，多有遺憾焉。歐陽子所謂竊悲其人言語工矣，文章麗矣。無疑草木榮華之飄風，鳥獸好音之過耳也。始知士君子立身行己，務以聖賢遠大自期，篤志積學，德業可光史冊，著述可藏名山，方無負朝廷建學明倫之意，與我公興賢育材之心也已。昔范無擇修袁州學，記之者李太伯，至今膾炙人口。予謭劣遠有弗逮，而我公之政教口碑，不在范公下，故不辭固陋，搦管以誌盛概云。

雍正七年。

（文見乾隆《鄭州志》卷十《藝文志》。王興亞）

城隍廟迎送鑾駕碑記

嘗思幽明相通，神人一道。余考《周禮》，天子之儀仗曰藻，衛駕所至處曰行在，御駕所至曰駐蹕，聚五關羽爲隆。是知王者舉動，皆有逵於上曰羽葆，旌旗曰綪筏，儀仗可觀。下而公侯，下而卿大夫，品其秩，分定其儀衛，此在人道，固甚昭昭也。而神道亦然。我鄭城隍尊神爵封靈佑侯，坐鎮一郡，賞善罰惡，朝巡暮查，間有出入，知閫閾之界，前後左右，應有儀衛扈從，寧待陽間排列，助其威光。第春、秋鬼節，祭祀無主殤鬼，國家巨典也。州主請神駕臨壇，大放施食，每見廖廖數夫，往來迎送儀仗，不有殊覺暗淡少色。有會首劉發科、趙發文、楊言舉等約會本郡士民，善男信女，捐貲造製鑾駕。前乎後擁，旌旗蔽日，文器武具，班班整齊，而且鼓吹雜奏，樺燭布列，即侯伯公卿之儀仗，不過爾爾，一以壯觀瞻，一以肅神威，遙想壇中無數殤鬼，其或望旌旄而旋風前迎，未可知也。數載來，遇鬼節祭期，闔郡士民兒童走卒，快瞻赤幟翻翻，爭著翠華冉冉，咸相慶曰擲熟食，灑甘露，施食在僧道，招魂呼鬼，應在儀仗也。恐時久物敝，勒石爲碑，望其後繼，屬余而爲之記。余曰："此迎送鑾駕，余所□戲歎美者久矣。其何以辭！"

大清雍正十二年歲次日季春上浣之吉。

奉直大夫、知直隸鄭州事紀錄六次於林。

鄭州吏目陳可發，係順天府宛平縣籍，戊申正貢。

候選儒學訓導陰章敬撰。

郡儒學廩膳生員張如鐸沐手書丹。

郡後學張如坤篆額。

總會首：袁鈺、岳錦、劉發科、金玉相、趙法文、劉法向、楊言舉、袁鑑。

住持：姚來智、張來信，徒侄張復甯、侯復傑、鄭復全、康本好、楊復鳴、高復元、楊本立、王會元、谷復端、楊復祥。

石匠高官。

碑陰題名修理碑坊使銀貳兩貳錢。

（碑存鄭州市城隍廟。王興亞）

城隍廟樂樓石柱楹聯

傳出幽明報應彰天道
演來生死輪回醒世人
雍正乙卯。

（楹聯存鄭州市城隍廟。王興亞）

重修三仙廟碑記

或有問於余曰：天地神明，救人苦難有諸，曰有之。然救其可救者，身幹可不救者，□□之救也。有人於此，敦孝弟，循禮義，不幸而罹於苦難，將急救之。抑或舉動雖然出於失誤，不係有心，苦難及焉，神也救之。亦多有罪過，似在非宥，悔心未泯，尚可更新。苦難之遭，神亦救之。倘有良□□表，甘從邪枉，逞暴戾為得計，懷譎詐而罔人，怙匿不復省改，無日無□□彰善惡，有常理焉。斯人之苦難，天降之也。神明固慈，不與天佐，得而救諸。嗚呼，強家騙室，未嘗不奉神像，甚且攫金而刲羊，報祭神□□致彼昏，不知尚冀免禍而幸福其可得乎。祇見其遇而已矣。余因殿之重修，聊贅數言，如為世之躬，即惛淫而媚神求福者。

會首張大有等重修。

觀音堂餘銀三兩三錢入三仙。

儒學增廣生員徐秉禮誠心拜撰。儒童張家祿沐手書。

乾隆元年陸月拾五日吉旦。

（碑存鄭州市金水區張家村。王興亞）

文廟重修記

州守張鉞

聖天子得道崇儒，覃敷聲教，薄海之內，莫不蒸蒸興起。中州實居畿右，吾鄭肇自周封，溯厥前徽，名賢輩出，豈不居然文物之邦哉！歲戊午，余承乏茲郡，首謁學宮，乃見榱桷傾頹，廊廡不飾；尊經之閣，風雨漂搖；習射之亭，榛蕪蓊翳，不禁怦然動，悚然懼，即欲整理，而工鉅用煩，力有未逮也。期月後，舉州之事，漸有次第，得閒款之不關於正者六百餘金，乃命匠克期偕司繹及庠士誠干者，各董其事，壞者葺之，廢者興之，向所缺者增建之，內外周匝黝堊而丹碧焉。工既竣，進州之士而詔之曰：＂學校之設，所以明禮樂，敦孝弟，貯經史以培倫理，植人材以輔治功。下無不教之俗，上有必行之化，自古以來，繫幾重矣。況值右文盛世，正明良喜起之秋，士人誦詩讀書，又貴躬行實踐。今廟貌聿新，鼓鐘具在，撫俎豆而襲衣冠，當深思夫聖賢幼學壯行，學優則仕之義，卓然自立，而不為世欲囿。庶幾菁莪棫樸，復見髦之盛乎！且吾聞善學者能自得師，鄭固中州之名郡也。周程之理學，韓范之經綸，遠不數百年，近且百餘里，出為名世，虛為名儒，彰彰在人耳目。郡士倘力取而效法焉，安見不可企而及也。余將拭目俟之。＂[1]

乾隆三年。

（文見乾隆《鄭州志》卷十《藝文志》。王興亞）

重修城垣記

州守張鉞

鄭城之甃以磚也，在有明之季，其後日漸崩裂，幾經修治而不完者，固多也。乾隆三年，余奉簡命來守是邦。既蒞任，即周閱四城，堞址齾蝕，睥睨半頹，自南迤東，以北為尤甚。乃請之各憲，酌撥某款若干，集夫役，計工料，悉心經畫，凡幾月而工竣。乃為文以記之曰：古者列國分疆，相其地脉，時其陰陽，隍之城之，大小異等，崇卑有制。官司者，嚴啟閉以重樞機，譏奸慝以衛良善，故曰＂國之干城＂，又曰＂北門鎖鑰＂，隆隆雉堞，非止壯觀已也。鄭居省會近輔，大河北流，梅峯南峙。稽之史冊，春秋則晉、楚交爭，漢、唐則羣雄蟻鬭。迨明季，土流肆燄，蹂躪摧殘，鄭之為鄭，不幾憊哉！

我國家承平既久，休養生息，鄭城以內萬家鱗比，廬井秩如。城以外畎畝繡交，桑麻

---

[1] 民國《鄭縣志》誤將此碑與《關帝廟重修記》（見本册第23—24頁）合二爲一。

渥若，冠蓋往來，商旅輻輳，蓋庶幾乎富庶之邦矣。而今垣頹垛落，攀附可登，無復金湯之固，豈古之所謂重門擊柝以禦暴客者耶？且夫先事而無綢繆之謀，既雨乃為桑土之計，此亦殊失申畫郊圻，慎固封守之意矣。則茲之勤乃垣墉正，所以捍乃牧圉也，詎非急務哉？從此磐石永奠，水旱無虞，入其郛而聞絃誦，適其野而覼耕耘，熙熙皡皡，相率而游無事之天，毋曰彈丸，依然望郡，則鄭之厚幸，而維城是賴也乎！

是役也，錙銖悉自公給，功易竟而民不勞，若夫土疏風勁，版築時勤，後之君子責也。並以告繼余之官斯土者。

乾隆三年。

（文見乾隆《鄭州志》卷十《藝文志》。王興亞）

大清國河南開封府鄭州北門京水鎮女會建立城隍廟碑記

【額題】冠記

嘗思賞善罰惡者，神之不沒乎人善也。而建碑書名者，人之不掩乎衆善也。有如京水鎮女會首孟氏者，去年方成進傘之功。今歲又有完衣之美，倘不□□碑記，非惟無以見孟氏之善，而衆善亦且淹沒弗彰矣。爰是勒諸王貞珉，以爲永傳不朽云爾。

會首孟氏侄宋成緒、會首劉氏孫趙興、會首張氏男李喜、會首劉氏夫李加爵、會首楊氏男李琢、會首談氏夫李偉、會首丁氏男孟克觀、會首李氏男李祥、會首翟氏夫張爱民、會首劉氏男邹仁、會首張氏男李福、會首孟氏男王純、會首藍氏男崔復興。

宋氏男李定国，宋氏男刘永洪，邵氏夫郜進遽，藍氏男田福祥，孟氏男謝良福。

李家庄：

孫氏男李臣，王氏夫李沖君，楊氏夫李選，

王氏男李欽，張氏夫李堂，李氏夫李耐，

王氏男李若春，張氏男鮑林，邵氏男王継禹，

晁氏男王拔，藍氏夫張治恭，董氏男張紹良，

蘆氏男張承良，鄒氏夫張弘明，郭氏夫張智，

□氏夫張起秀，時氏男邵惠，劉氏夫韶福，

范氏孫邵济興，靳氏男邵立成，張氏□□□，

鄭氏□□□，靳氏□□□，李氏□□□，

謝氏□□□。

趙家□：

崔氏□□□，李氏夫□□□，刘氏夫□□□，

宋氏夫□□□，毛氏夫趙尚□，郭氏夫趙修□，

弓氏夫趙成□，張氏男趙保成，翟氏男張中有，

魏氏男李竹，宋氏男常魁，朱氏夫宋継堂，
張氏夫郭連，趙氏夫張成福，許氏夫崔良之。
河村：
蕭氏夫牛恒，李氏夫路登雲，馬氏夫于學程，
張氏夫楊本直，田氏夫楊本性，許氏夫楊本生，
□氏夫邵仁，□氏男常夢雷，趙氏夫楊梅，
□氏孫□□河。
□□：□氏夫李希賢，□氏夫李希傑，
□氏夫藍永光，□氏□宋言，□氏□宋章，
□氏□□珍。
東西崗：
孫氏男李從，邵氏男李拔，翟氏夫孟文祉，王氏夫藍名亮，張氏夫藍名忠，翟氏男任省田，
田任氏夫白生輝，張氏夫李效唐，王氏夫李翼，
薛氏男張瑄，翟氏夫郭鳳，邵氏夫田錫，
劉氏夫田沐寅，王氏夫田生强，王氏夫田丕祥，
王氏男張璧，張氏夫張景孔，劉氏夫張継孔，
王氏夫李廣，李氏夫蘇□成，王氏夫宋璿，
宋氏男朱超，任氏夫宋名世，王氏夫宋存殷，
李氏夫宋英，李氏夫宋存義，王氏男宋大齋，
邵氏男孟俊京，張氏夫孟俊英，韓氏男孟俊柱，
弓氏夫孟喆，張氏夫劉澤，朱氏夫范師関，
李氏夫史延潘，陳氏夫藍渭，邵氏夫馬文信，
李氏夫孟克星，朱氏夫李庄，芦氏夫常永祺，
李氏夫孟克祥，蘇氏男劉小，何氏夫吳文芳，
張氏男張忠，許氏夫孟文第，沈氏夫趙永年，
李氏夫趙珩，雷氏男万道，張氏夫任千英，
冉氏孫翟沛，苗氏夫翟玉珵，娄氏男翟瑆，
薛氏男翟廷輔，張氏男翟廷選，劉氏男翟潤，
沈氏夫翟廷拔，孫氏夫翟廷瑞，宋氏夫翟玉琳，
宋氏夫翟玉珮，張氏男李儒，劉氏夫李仲昌，
宋氏夫朱恭秀，張氏夫宋棟，任氏夫朱恭行，
李氏男張漢輔，鄭氏男張行寬，連氏男劉浩，
王氏夫王捷，鄭氏夫王善統，孫氏夫藍允，
張氏夫梁國選，王氏夫梁國輔，薛氏夫李柱，

陳氏夫張大生，竹氏男孟文忠，刘氏夫王点，
邢氏男張士俊，許氏夫李太，付氏夫李廷言，
宋氏男刘淵，金氏男孟克仁，孟氏夫殷良奇，
張氏夫孟奇，姚氏夫刘要，押氏男李光前，
張氏夫刘定邦，王氏夫張連，宋氏夫芦玉林，
李氏夫芦玉才，宋氏夫芦玉奇，孟氏夫于耀先，
楊氏男張士貞，李氏男孫廣居，張氏夫朱廷貴，
李氏男邹丕成，陸氏夫趙允良，韓氏夫郜仁，
張氏男李俊，李氏夫王祖堯，薛氏夫張三，
弓氏夫張景兆，杜氏夫張岐山，周氏夫馮廷福，
李氏夫白得珍，魏氏夫藍睿，張氏夫孟文興，
田氏男李傑，薛氏男袁根柱，田氏夫王欽，
宋氏男刘臣、張景祥，趙氏夫翟俊美，
王氏侄翟澐，李氏夫翟淳，宋氏夫崔復興，
刘氏侄崔大徑，任氏夫崔復振，王氏男王廷極，
柳氏男王口極，王氏男王河，孟氏男王祥，
喬氏男謝仁，宋氏夫田振。
男會首：孟文玉、孟克進、宋大齋、孟文孝。
道官：姚來智、張來信，徒侄楊鳴。
石匠高官。
大清乾隆四年歲次已未三月十八日立穀旦。

（碑存鄭州市城隍廟。王興亞）

豁免灘糧記

州守張鉞

昔大禹之平水土也，則三壤以成賦中邦，而我朝取民之制因之，按地之畝，定糧之額，法綦善哉。顧濱水沙灘之地，出沒遷徙，倐忽無常，正昔人所謂朝桑田而暮滄海者，蓋不可以成例拘也。初，鄭北鄉胡家屯、崔家墻及大小藍莊諸處，距黃河近者三里，遠者五六里，田疇廬舍，可居可耕。迨後河忽南徙，且愈徙愈南，衝嚙所及，汪洋彌漫，民恐陽侯之遽怒也，避而他適，向之田廬盡成澤國，即有一二依高苫草為偷安計者，如雁鳧之棲蘆葦然。計地坍沒二百七十餘頃，一切地丁漕米，問諸水濱。雖雍正十二年蒙赦，而乾隆四年綜核新舊，逋至三千有奇。每當征納之期，鞭朴未加，哀號環籲者，衣鶉面鵠，無復人形，余惻焉傷之。夫撫字心勞，催科政拙，陽子之言，至今傳為美談也。目擊其艱而不為

請命，司牧之謂何？乃條具情形，上之各憲。適藩憲朱將入覲，余復面悉委細，指畫利弊，公愷惻之心，見於辭色。既而敷陳丹陛，得旨：行撫軍雅覆奏，盡與豁免。而一隅之民困始蘇矣。且夫古之守令，事權畫一，凡利弊之切於民者，皆得以便宜行之。後世科條日煩，動掣其肘，不但不敢為，且不敢言，即言之，而上之人不能遽信而速行，則亦徒言之而已。今鄭民之困於灘地也，按籍則有糧，而計畝則無地，屢為詳請乞免，而又每以慎重額賦，檄叢往來，動須時日。向非藩憲念切民瘼以入告，而濱河之哀鴻嗷嗷，余茀心傷之已耳。積年久而逋賦日益多，幾何其不流亡以盡也哉！余既宣佈朝廷寬大之恩，撫藩轉請之力，又深幸色言之得以上達也。敬述其始末，以為記。

　　乾隆四年。

（文見乾隆《鄭州志》卷十《藝文志》。王興亞）

崇聖祠記

　　州守張鉞

　　水源木本，義達古今。故自一命而上，莫不伎口顯揚，而非常之人，非常之典，歷數百年若有待者。關夫子氣壯山河，名昭日月，而其先代褒崇之禮，缺焉無聞。至世宗憲皇帝，方進封三世爵皆公，郡縣春秋致祭，豈非蘊之久而發之光耶？鄭例有祠，而向奉主於土穀之廟，因陋就簡，瀆孰甚焉。余乃即武廟之後，芟蕪闢穢，拓地數弓，建室如制，界劃基址，磴以爽也。窆棁楣礎，整以繆也。窗棨洞豁，繚垣環廻，宜燥濕而戒擾褻也。有龕有几，有檠有鼎，奠厥位而恭厥祀也。庶其神之妥之乎？因思向之官斯地者，非不欲為余之所為也。或迫於歲月，或困於簿書，又無好事者共成其美，遂因循不舉耳。余歷事稍久，訟庭頗清，捐俸一倡，而孝廉陰君章等踴躍趨赴，解囊任勞，工餼稱而落成速，善之不可泯沒者也。記而勒之貞珉。

　　乾隆七年之某月也。

（文見乾隆《鄭州志》卷十《藝文志》。王興亞）

重修南城樓記

　　州守張鉞

　　余修鄭城之五年，南門樓復毀於雨，亟諏日擇工，還其舊觀，而加整焉。夫麗譙之設，慎封守，瞻雲物，有居高臨下之象。而城必有四，猶地之四維，人之四支，缺一不可也。茲樓據城之陽，簷牙翬飛，鷗鴛鱗接，匠石雖無累丸之技，而更上一層，髣髴元龍百尺矣。公餘之暇，間嘗登臨，則嵩高遙拱，汴水分流，具山川之美焉。村塢煙墟，星布棋列，徵生聚之繁焉。一目清曠，微風飄裾，又以見化治之盛，有阜財解慍之休焉。乃知樓之甚有關於吾州而非徒設者也。昔有夕陽樓，蓋亦在城之上，而義取諸西，今遺址渺不可問，惟因玉溪一詩，尚想見其花明柳暗，若令人摩揭不盡者。樓僅以人傳也，向使有好古之君子，隨時補葺，名流餘韻，應猶未墜。余故深懼茲樓之過眼雲煙，與夕陽同慨也。既新之，而鐫其歲月於石，後此者或登而攷焉，曰是輪奐而向明者，某某之所經營也，人詎不以樓傳乎！

乾隆九年。

（文見乾隆《鄭州志》卷十《藝文志》。王興亞）

重修熊兒橋碑記

郡人進士張如絨

州南城之外有橋曰熊兒，其來久矣。地處衝塗，與焉負販所必經。平時水淺沙明，安流瀰瀰，一至春夏淫潦，梅泰兩山之水陡發，挾諸污澤渟瀦之泛濫者，羣奔赴於橋之下，橋以易傾。過此者，多病涉焉。余叔祖一再修，前郡守張公且三修之矣，皆旋即於圮。余伯凌霄有志興造，因歲比不登，工程浩鉅，逡巡未敢發。歲甲子，二麥豐收，人情悅豫。時郡守張公經過是橋，憫行人之病涉也，慨然起而修理之，首捐清俸以倡，闔郡之樂善急公者，亦咸踴躍從事，而屬余伯董其成。念是橋向只一洞，猝遇淫潦，波流湍激，壅遏汨沒，以故傾圮立見。今欲爲久遠之計，非多其竅以洩之不可。顧苦無石，欲遠取於山，費更不支。適州北之東趙鎮，有閘久廢，遺石甚夥，請於張公，輿而致之。度以匠尺，石皆尋丈，凡用車牛數百輛始集，共計灰若干，排樁架木若干，工師若干，經理人若干，而橋之規模畧備。於是，選日興工，擴舊址而稍長之。南塊之聯岸者，易土以石，捍衝刷也。向一洞者，今增爲兩，分其流以殺水之勢也。逾半載而工竣，約費數百金，豈非甚盛舉哉！夫杠梁之制，著在《考工》，誠利涉之要務。故子產乘輿濟人，君子譏之。今之鄭猶是古之鄭也，張公蒞任，歲歷八周，潔己愛民，寬猛兼濟，所謂政通人和，百廢俱興者，公真有之。而人能信之，不贅論。即此橋而觀，爲百姓計長久，爲地方除險阻，其功豈不在古賢大夫之上，而汪濊之澤，且與河流俱永耶！余伯自以桑榆晚景，得奉公指爲，畢其力以襄盛事，而竟先人未竟之志，附驥益彰私心，更有厚幸焉。乃命余爲文勒石，以垂不朽。

乾隆九年。

（文見乾隆《鄭州志》卷十《藝文志》。王興亞）

關帝廟重修記

州守張鉞

孟子所謂浩然之氣，至大至剛，塞天地而無外者，求之三代以後，公其有之。當時，奮起干戈之際，乃心漢室，華容一戰，足以褫阿瞞之魄，而區區孫權、瑜、肅之流，固不足以當公也。奈何運移炎祚，大業不成，樊口、荊州，滔滔江水，公其有遺憾乎？雖然，千百年來，通都大邑，學士文人，以及僻壤遐陬，牛童馬卒，無不廟公重公，□公之英風駿烈不置。今天子崇封特沛，禋祀有加，直與尼山相並。竊意天之嗇其生前，而豐其身後，於公有獨至焉。

鄭之有廟，歷久相沿，規模畧備。余之拜公者屢矣。見樂樓、馬亭、旁廈，漸有圮毀，屢欲興修，尚未逮也。甲子夏旱甚，既雩於山川雷雨之壇，復虔執瓣香面公曰："旱魃爲虐矣，百姓焦灼矣，公忍恝視而不拯之耶！若廟貌之不莊，固牧之責也，敢不任諸？"越日，而甘霖大澍，田疇沾足，農以有秋，於是，咸頌公之神，而許牧之誠。余曰："噫！公之靈氣，葢於天地遊，太虛無物而有物者也。故夫日麗風恬，春融秋爽，可想見公之喜；嶽移海立，電掣雷轟，可想見公之怒。充周昭示無往不在者，何必於鄭，何必不於鄭？何必於廟，又何必不於廟耶！古有鼓鍾而山應者，感物之理然也。況人之道本通乎神，則即謂公之憫余誠，而蘇此一方民也，無不可。"工始於某月，竣於某月，共費緡錢若干。記之石。[1]

乾隆九年。

（文見乾隆《鄭州志》卷十《藝文志》。王興亞）

重建西城樓記

州守張鉞

鄭之有夕陽樓也，相傳在州治西，玉溪生詩云："上盡重城更上樓。"而王士貞之《過鄭州》也，亦有"夕陽山映夕陽樓"之句，則今之所謂西城樓是也。當茲樓之創始，飛簷層閣，巍然聳踞雉堞之上，憑檻遠眺，華頂行峰，隱隱指顧中，誠有如柳柳州所云"西山爽氣在我襟袖者"。歲久屢易，已漸失其舊。邇來更棟木腐敗，垛址齾蝕，乙丑秋，淫雨過度，樓忽傾頹。余擇日鳩工，計木若干，磚若干，工役之費若干，共捐若干金。棟楹梁桷，板檻之腐黑撓折者，易之；葢瓦級磚之破缺者，整之；赤白之漫漶不鮮者，黝堊之。而茲樓於是乎又煥然一新矣。且夫亭臺館閣，環奇偉異之觀，豔稱一時，流慕千古，如蘭亭梓澤者，何可勝數？然祇以供騷人墨客之游覽，卒之勝地無常，不數傳而垣頹棟折，盡付之荒煙蔓草中。後之人即欲起而修葺之，工程繁鉅，又虛耗無益，以故爲力也難。

是樓也，雖無畫棟雕梁之飾，而屹然峙於兌方，爲國家壯金湯，爲地方固封守。無事登臨其上，遙吟俯暢，逸興遄飛，而有事亦可嬰城固守，以禦暴客之警。豈尋常臺榭亭池，徒爲費無益之舉哉！爰志其歲月於石，非張余之功也，盡守土之職也，並以質後

---

[1] 民國《鄭縣志》誤將此碑與《文廟重修記》（見本册第18頁）合二爲一。

之登斯樓者。

乾隆十年。

（文見乾隆《鄭州志》卷十《藝文志》。王興亞）

呂祖軒建亭記

州守張鉞

猶龍氏道德五千言，清遠玄妙，而白太傅稱其不言仙，蓋不欲以仙之說惑人也。然安期、羨門之徒，自古有之，至秦皇、漢武惑之愈深，去之愈遠，簡冊所傳，徒供笑談耳。《神仙傳》雖不足盡信，閱之亦令人意思蕭逸。有唐以來，靈異昭著，莫過呂祖。其舉進士也，不無用世之志。及遇鍾離權，言下頓悟，撒手懸崖，何其了了！既已飛騰九界，盤礴六虛，時復遊戲塵世，以示其拔輪超劫之苦心。而雄詞妙句，彪炳耳目間，人之敬奉較他真仙爲尤甚。余少時讀書，鄉園高陽孫生善扶乩，余每操瓣香問前程事，蒙仙賜詩指示，雖微言遠引，俗見難測，迄今回思，約略有合者，仙之貺我厚矣！鄭之西郊有呂祖軒，背城面野，地頗閑曠。久欲增建，而公私奔瘁，鹿鹿簿書，遷延歲月，仙其有以鑒我乎！乙丑冬，郡之紳佩以創亭來告，可謂先得我心，前輟俸倡之。期月落成，奠以石基，周以廻闌，入牕四面，可以邀月，可以迎風，花光午靜，柳露晨流。眺覽之餘，不復作塵寰中想。仙乎，仙乎！蓬壺閬苑不可知，倘挾劍飛行，俯視下界，當必一聲長嘯，海天空矣！爲語鄭人，勿以亭小而忽之，即與黃鶴之樓，吹笙之臺，同觀也可。因泚筆而爲之記。

乾隆十年。

（文見乾隆《鄭州志》卷十《藝文志》。王興亞）

州治西南隅劉家寨創建白衣堂小引

陰陽不測之謂神，況菩薩以普濟爲心，慈航爲懷乎？夫日監在慈，護庇固無不周，而入廟生敬，供獻胥動以忱，惜無人起而倡焉者。茲有會首李俊毅然任曰：是村也，身之所托，用以棲神，心總虔也。适璘於裏，爰是輸金捐貲，鳩工餱財，不旬日，而聖像焜耀，廟貌巍煥。此曰人心之所鼓舞，寔屬菩薩之所勸興也。告竣勒石，豈曰誇善，聊以俟後之君子踵事增華云爾。

會首李俊、郭□□、劉琰、李茂、劉憲章、李法、劉勤、劉六章、劉葳章、郭喜法、郭□福、郭貲、郭喜是、劉玢、劉良彩、劉良棟、荊顯濮、劉成、孫成林、李景綸、李景□、楊大勳、劉理、郭全。

陳店施銀三錢、荊門張氏施銀一錢。郭柱施錢一百文。

鄭雲五施錢一百文。魏之隆施磚一百。王寬施錢五十文。

木匠荊理。

泥水匠和君碧。

畫匠張壽。

石匠孟信。

乾隆拾貳年歲次丁卯桂月上浣穀旦。

（碑存鄭州市劉寨火神廟西牆。王興亞）

重修先賢子產祠記

署守何源洙

鄭之有子產祠，由來舊矣。康熙歲辛未，先大夫恭膺簡命，來守是邦。簿書鞅掌，日無寧晷。語云："成民而致力於神，弗遑也。"尋遷南陽守，歷任滇南。時余方髫年，先大夫庭訓之下，嘗諄諄命洙曰："予蒞鄭時，城東隅有先賢子產祠，月吉例應躬謁，瞻拜之下，恒思寬猛相濟爲蒞治良法，服膺不能釋。承乏五載，敢云優優布政，猶幸此邦民人得稍安輯，不至狎玩畏懼，則先路之導我多矣。第念舊祠湫隘，日就傾圮，不足以妥神靈而垂永久。謀所以恢廓而鼎新之，遷檄旋至，迫於限期，厥志未遂，至今有餘憾焉。"語畢，猶咨嗟歎息，余雖幼穉，承命不敢忘，嗣徽每一念及，輒怦怦不能已。洎長，筮仕許昌，乾隆歲丁卯，奉憲委攝篆茲土。余拜，捧檄而喜，私幸得承先大夫未竟之志，又恐五日京兆，稍因循致蹈前此之悔也。下車後，謁祠廟，見子產祠與俞公祠相連，比俞公祠者，州民尸祝前任循守者也。兩祠俱湫隘傾圮，亟謀恢廓鼎新之策。率衆捐貲鳩工庀材，不數旬而工竣，衡宇雙峙，煥然一新。紳士請於余曰："歷任循守奉新余公、遼左王公、澤州張公、奉天劉公、昌平陳公、西安張公，暨尊大人中憲公，遺愛同流。中憲公雖有專祠，均宜與俞公一堂俎豆，而在天之靈始愜，州民之心始慰。"爰奉安諸神位，顏額兩祠曰"循良"，曰"惠人"。爲之記。而類及之其增建屋宇、地畝糧數，則勒之碑陰，俾有所稽考。夫豈僅以承先志爲兢兢哉！後之過是邦者，睹斯記也，鑒余所以默識不志之忱，繹先大夫諄諄調洙之意，推行其寬猛相濟之旨，政誠民和，古之遺愛不至今存乎？又寧獨余一人，以繼志述事爲幸哉！

乾隆十二年。

（文見乾隆《鄭州志》卷十《藝文志》。王興亞）

重修印月軒記

署守何源洙

印月軒爲呂祖祠。建蒞西郊，當南北孔道，輪蹄雜沓，塵土飛揚中，忽得此清淨境，便行李，息塵勞，入門小憩，則煩襟盡滌，俗念頓消，恍置身洞天福地。以故騷人逸客，吟嘯流連，往往留題疥壁。其門旁石刻"蓬萊仙境"四字，俗傳仙筆，或云摹自邯鄲仙祠，未知果否。門內則軒窗四廠，柏陰滿庭，宜風宜月。先大夫蒞鄭時，置"松扉柏道"一聯於軒中，紀其勝也。軒連先大夫德惠祠，余承乏於丁卯秋，每月吉展謁，過此憩息，眺望平疇，遠風遙青，當户輒心曠神怡，徘徊不欲去。惜簿書鹿鹿尚未諳，朝霞夕靄，雨態煙鬟，作何變幻；隴雲驅犢，牧唱晚歸，作何閒曠；初月吐翻，落影銜山，作何清幽，又令人夢想無已。異時與二三同調，作旬日游覽，領略盡致，庶不負此軒之大觀矣！祠之前亭，經前守張公率衆建葺，余既書舊額以顔之。其大門三楹，暨左右繚垣，日就傾圮。余因倡捐俸金，與紳士李子永寧、賈子育英、魏子鏡、魏子如熊、馬子生午，共力修理，架棟甃牆，並爲平治甬道，塗墍補缺，頓覺改觀。蓋以靈岩古洞亦藉雲封，道骨仙姿，必端眉宇，正如祠之有門户、繚垣、甬道也，可不繕完修整歟？既落成，余喜其克襄盛事，且以便行李，息塵勞，誕先登岸，咫尺仙凡，即以作濟人利物之功，亦無不可。是爲記。

乾隆十二年。

（文見乾隆《鄭州志》卷十《藝文志》。王興亞）

前太守何公祠堂記

郡人曹汝峨

何公，吾鄭之賢太守也。諱錫爵，字晉侯，號澹園，奉天正黄旗人，原籍信陽，遷居廣寧。康熙二十九年，以定邊令卓薦，膺命來守鄭土。甫下車，集父老，訪民間疾苦，利興弊除。以學校關名教也，則振興之；以支河資灌漑也，則議復之；以科派累理民也，則肩任之；以地畝多侵佔也，則清丈之。至於杜苞苴，雪冤獄，嚴保甲，去浮糧，作養人材，無累行户，種種善政，不可枚舉。蒞鄭五載，時和年豐，民懷吏畏。《詩》曰"樂只君子，民之父母"，又曰"貽厥孫謀，以燕翼子"，殆公之謂歟！方公始至則歌來暮，及公升任則思攀轅。郇雨召棠，同揆先後。士民爰是，捐金擇地，於城西印月軒之北隅，創建祠宇三楹，供奉生位，俾四時瞻拜。非公政教入人之深，感人之久，何以思慕不置如是哉！及公分守南陽，尋攝府篆，正己率屬，循卓彰彰可考。康熙三十九年，特擢平涼刺史，目擊瘡痍未復，田野污萊，即竭力撫循，加意賑恤，民賴以安，至今猶尸祝之。後以憂去，服闋，補授滇省順寧刺史，未抵任而卒。比櫬北還，道經鄭地，父老子弟牲醴迎祭於道者不絕，哀聲振林谷，扶送越境不止，是民之於公死生前後無異也。乾隆十二年丁卯，公之哲嗣魯存公復署鄭篆。士民聞命之日，舉欣欣有喜色而相告，曰："鄭人不及見公久矣，今得見公之子，一如見公也！"慰藉實甚。魯存公抵任，肅謁祠宇，潸然泣下。而部民歡欣傳述，觀者如堵牆。紳士且制聯額，具牲牢，趨蹌助祭。祠宇雖屢經修葺，第歷久不無剝落。魯存公刻期繕修，庶民鳩工恐後，丹臒藻飾，五十六年之遺愛，煥然一新焉。公之政績，載入《八旗通志·循吏傳》。竚見崇祀名宦，俎豆千秋，不更慰吾民之望也哉！當公治鄭之年，公之哲嗣未生，峨始成童，以不及見公之行事，而得諸父老傳說，默識不忘。且以今日民情之思公愛公，更樂公之有令子，以輝映後先媲隆，堂構冀加，惠吾鄭者未艾，愈不能忘也。爰不揣固陋，誌其巔末，勒之貞珉，則斯堂也，當與昔賢子產祠並峙不朽矣。是為記。

乾隆十二年。

(文見乾隆《鄭州志》卷十《藝文志》。王興亞)

前鄭州知州何公祠堂記

河陝副使張學林

鄭於開封為屬邑，車軌四衝，地多瀉滷，北濱大河，築堤防護，歲歲調發。雍正間，嘗升為直隸州，已而如故，自昔號為緊望不易治云。予昔承乏開守，按部其地。迨後蒙聖恩擢巡河朔，旋量移虢西，七八年間，每緣公事入汴，又數數假道，輒聞州人士頌前牧廣寧何公之賢，考其歲月，距公剖符之日已五十餘年矣。未幾《八旗通志》成，公名列《循吏傳》。傳稱公治鄭五載，杜苞苴，雪沉獄，除苛政，興水利，創立學校，減免田糧，士民感悅，為立生祠，與予所聞於鄭人口碑者無異。《通志》奉明詔纂修，秉筆者皆名宿鉅公，考覈精詳，其言猶信。公於康熙十八年籤仕寶雞令，歷遷平涼知府，復補順寧，未任而卒。迹公仕宦三十餘年，大抵在秦豫之效，當是時，承明季兵燹之餘，瘡痍未復，繼以削平三孽，民勞甫息。公起家關東，從龍世閥，能不以武健嚴酷為治，撫循凋瘵求瘼，煦濡長養，以上副天子宵旰焦勞之憂，憫元元之意。故襆帷所蒞，皆著聲績。而其在鄭，善政纍纍，尤以興水利，減田糧為最，德澤恩溥宜乎鄭之人，至今尸而祝之，不能忘也。《傳》又稱公赴任順寧，而以喪歸也。道經鄭州，士民攜牲醴迎祭者，不絕於路，哭聲振林谷，扶送五十餘里。嗚呼！吾嘗慨然於司牧者，號為新人之官，然當其在位之日，泛泛然以分相臨，而其心不服，及去官未久，閭閻之間，已不能舉其姓氏，甚或詬厲隨之。此亦當思其去矣，顧往往諉於民俗之薄，時勢之不可為。觀公之治鄭，與鄭人之戴公，其能無洒然汗下，內愧於心乎？乾隆七年，公之哲嗣源洙以選拔銓授許州州判，兩攝縣事，隸子屬下，志操甚厲，殆足肯公堂構者。今歲秋，又委署鄭篆。當公刺鄭日，君尚未生，一時耆老歔息，見公之子如見公焉。君下車日，即詣鄭人所建公生祠，肅謁行禮，顧瞻棟楹，摩挲碑版，悽愴感懷，不能已已。祠在州廨之西，民居櫛比，不能稍拓。於是，塗其漫漶，補其殘缺，無侈於前，足垂於後。工既訖，適予過鄭，君謁予文為記。予既素慕公之嘉績，又喜公有令子振其家聲，方將勖其無忘負荷之艱，以慰邦人之思，而繼公為理者，亦庶幾嗣餘響於方來云爾。爰不辭固陋，而為之記。

乾隆十二年。

(文見乾隆《鄭州志》卷十《藝文志》。王興亞)

重修惠人循良兩祠記

陝州牧龔崧林

予自束髮受書，即嗜左氏，口吟手披，至大夫之生平，慨然想見其爲人。非獨欽爲博物君子也，蓋深慕其行事焉！獨以不獲親歷其地，考其遺風爲恨。長仕豫，知大夫有祠於鄭。公事過之，得拜祠下，仰瞻榱桷，俯察几筵，遺愛如存，低徊留之不能去。然祠宇亦湫隘剝落矣。戊辰之夏，又往過之，則墨者黑，堊者白，堂廊而敞，基闢而廣。居民告予曰："此吾郡何公捐俸重新也。"祠之東堂三楹，祀循良州守，自故明迄我朝凡八人，爲婺源俞公、奉新余公、遼左王公、澤州張公、奉天劉公、昌平陳公、西安張公，其一則吾何公之先大夫，治鄭五年，愛民如衆母。今署任何公，能濟其美，景仰先賢，此祠之所爲重新也。嗟乎！鄭大夫古之遺愛也。考鄭於周爲鄶，鄭武滅鄶徙封，施新號焉。十四傳至簡公，勢寖不振，南逼楚，北鄰晉，無歲不有諸侯之師，加以世卿侈汰，民生其間亦重困矣。乃自鄭簡十二年以後，歷定、獻、聲四主四十餘年，兵無大刃，朝無廢事，外靖內寧，民樂其業，非大夫之力不至此。嗟乎！大夫古之遺愛也！大夫爲國民之良，其行事品題於至聖，詳載於先賢左氏，散見於諸子百家。立身行己，咸進平道，敷政治民，尤足師則，而要可以惠人，一語概之。且夫最難治者，民也。結之以恩，恩習則替，替則翫，翫則驕，驕則輕於壞法。故即一州言，戶不下萬，此萬戶之民，未必皆賢。爲之長者，好言寬厚，彼且狎而翫之，縱恣行私，流毒謹愿，追於令甲，所傷實多。夫父母之愛子，小則色怒，大則予杖。子弟畏威，其率必謹。假使姑息於始，棄絕於終，養其毒而厚其敗，則亦爲父母者之過也。善乎水懦民翫，火烈民畏，大夫之訓，誠權衡輕重，治世之良模也。顧恃勢而任刑，刑滋者民僞；逞志以立威，威積者民怨。大夫之糾以猛，不任意而任法，任法而一寓之以德，但使民畏其法，而非畏其人，此所以爲衆母稱惠人歟！予於大夫告子太叔數言銘之座右，藉以寡過。今見何君之新大夫祠，而知鄭民之愛戴何公，與何公父子之濟美也。其來有自，且益徵大夫之治民，足爲萬世居官之楷法，行之而無不效，則信乎古之遺愛也。爰盥手而爲之記。

乾隆十三年。

（文見民國《鄭縣志》卷十六《藝文志》。王興亞）

御製平定準噶爾告成太學碑

清高宗

遼矣！山戎、薰粥，旃裘毳幕之人。界以龍沙，畜其駔奊。雖無恒業，厥有分部。蓋自元黃剖判，萬物芸生，東夷西夷，各依其地。謬舉淳維，未爲理據，皇古莫紀。其見之書史者，自周宣太原之伐，秦政亙海之築，莫不畏其侵軼猾夏是虞。自是厥後，一二奮發之君，慨然思挫其鋒而納之宥。然事不中機，材不副用。加以地遠無定處，故嘗勞衆費財，十損一得。搢紳之儒守和親，介胄之士言征伐。征伐則民力竭，和親則國威喪。於是，有守在四夷，羈縻不絕，地不可耕，民不可臣之言興矣。然此以論漢、唐、宋、明之中夏，而非謂我皇清之中夏也。皇清荷天之龍興東海，撫華區。有元之裔，久屬版章，歲朝貢，從征狩，執役惟謹。準噶爾厄魯特者，本有元之臣僕，叛出據西海，終明世爲邊患。至噶爾丹而稍疆，吞噬鄰蕃，闌入北塞。我皇祖三臨朔漠，用大破其師。元惡伏冥誅，脅從遠遯跡，毋俾遺種於我喀爾喀。厥姪策妄阿拉布坦，收其遺孽，僅保伊犁。故嘗索俘取地，無敢不共。逮夫部落滋聚，乃以計襲哈密，入西藏，準夷之勢，於是而復張。

兩朝命將問罪，雖屢獲捷，而庚戌之役，逆子噶爾丹策凌能用其父舊人，乘我師怠，掠畜於巴里坤，擣營於和卜多，于是而準夷之勢大張。然地既險遠，主客異焉。此勞往而無利，彼亦如之。故額爾德尼招之敗彼，亦以彼貪利而深入也。

皇考謂我武既揚，不可以既允其請和，以息我衆。予小子敬奉先志，無越思焉。既而噶爾丹策凌死，子策妄多爾濟那木札爾暴殘，喇嘛達爾扎篡奪之。達瓦齊又篡奪喇嘛達爾扎，而酗酒虐下尤甚焉。癸酉冬，都爾伯特台吉策凌等率數萬人來歸。越明年秋，輝特台吉阿睦爾撒納和碩特台吉班珠爾又率數萬人來歸。朕謂來者不可以不撫，而撫之莫若因其地、其俗而善循之，且毋令滋方來之患於我喀爾喀也。於是，議進兩路之師，問彼罪魁，安我新附。凡運餉、籌馱、長行、利戰之事，悉備議之。始，熟經於庚戌之艱者咸懼蹈轍。惟大學士忠勇公傅恒見與朕同，而新附諸台吉則求之甚力。朕謂犁庭掃穴，即不敢必，然喀爾喀之地必不可以久居。若而人毋寧用其鋒而觀厥成，即不如志，亦非所悔也。故凡禡旗命將之典，槩未舉行，亦云偏師嘗試爲之耳。塞上用兵必以秋，而阿睦爾撒納、禡木特請以春月，欲乘彼馬未肥，則不能遯。朕謂其言良，當遂從之。北路以二月丙辰，西路以二月己巳，各起行喀密。瀚海向無雨，今春乃大雨，咸以爲時雨之師，入賊境，凡所過之，鄂托克攜羊、酒、糧糒迎恐後。五月乙亥至伊犁，亦如之。達瓦齊於格登山麓結營以待，兵近萬。我兩將軍議以兵取，則傷彼必衆。彼衆皆我衆，多傷非所以體上慈也。丁亥，遣阿玉錫等二十五人、夜斫營覘賊向。賊兵大潰，相蹂躪死者不可勝數，來降者七千餘。我二十五人，無一人受傷者。達瓦齊以百餘騎竄。六月庚戌，回人阿奇木霍集斯伯克執達瓦齊來獻軍門，準噶爾平。是役也，定議不過二人，籌事不過一年，兵行不過五月，無亡矢遺鏃之費，大勳以集，遐壤以定，豈人力哉？天也。然天垂佑而授之事機，設不奉行之以致坐失者，多矣！可與樂成，不可與謀始，亦謂蚩蚩之衆云爾，豈其卿大夫之謂？既克集事，則又曰：苟知其易，將勸爲之。夫明於事後者，必將昧於幾先。朕用是寒心。且準噶爾，一小部落耳，一二有能爲之長，而其樹也固焉；一二暴失德之長，而其亡也忽焉。朕用是知懼。武成而勒碑文廟，例也，禮臣以爲請。故據實事書之。其辭曰：

茫茫伊犁，大幹之西。匪今伊昔，化外羈縻。

條支之東，大宛以南。隨畜獵獸，蟻聚狼貪。
乃世其惡，乃恃其遠。或激我攻，而乘我緩。
其計在斯，其長可窮。止戈靖邊，化日薰風。
不侵不距，不來其那。款關求市，亦不禁訶。
始慕希珍，終居奇貨。吏喜無事，遷就斯愞。
漸不可長，我豈懼其。豈如宋明，和市之爲。
既知其然，飭我邊吏。弗縱弗嚴，示之節制。
不仁之守，再世斯斬。篡奪相仍，飄忽荏苒。
風沙革面，煎犂披忱。集泮飛鴞，食黮懷音。
錫之爵位，榮以華裾。膝前面請，願效前驅。
兵分兩路，雪甲霜鋒。先導中堅，如鼂錯攻。
益以後勁，蒙古舊屬。八旗子弟，其心允篤。
二月卜吉，牙旗飄颻。我騎斯騰，無待折膠。
泉涌於磧，蕪茁於路。我衆歡躍，謂有天助。
匪啻我衆，新附亦云。黃發未覯，水草富春。
烏魯木齊，波羅塔拉。台吉宰桑，紛紛款納。
牽其肥羊，及馬湩酒。獻其屠耆，合掌雙手。
予有前諭，所禁侵陵。以茶交易，大愉衆情。
衆情既愉，來者日繼。蠢達瓦齊，擁兵自衛。
依山據淖，惟旦夕延。有近萬人，其心十千。
勇不目逃，掄二十五。曰阿玉錫，率往賊所。
銜枚夜襲，直人其郛。揮矛拍馬，大聲疾呼。
彼人既離，我志斯合。突將無前，賊橫鞬韄。
案角鹿陲，隨種束籠。自相狼藉，孰敢攖鋒。
狐竄鼠逃，將往異域。回部遮之，兇渠斯得。
露布既至，告廟受俘。凡此葳功，荷天之衢。
在古周宣，二年乙亥。淮夷是平，常武詩載。
越我皇祖，征噶爾丹。命將禡旗，亦乙亥年。
既符歲德，允協師貞。兵不血刃，漠無王庭。
昔時準夷，弗恭弗順。今隨師行，爲師候尉。
昔時準夷，日戰夜征。今也偃臥，知樂人生。
曰匪準夷，曰我臣僕。自今伊始，安爾遊牧。
爾牧爾耕，爾長孫子。曰無向非，豈有今是。
兩朝志竟，億萬基成。側席不遑，保泰持盈。

乾隆二十年歲次乙亥夏五月之吉御筆。

（碑存鄭州市文廟、輝縣市文廟。王興亞）

御製平定回部告成太學碑

清高宗

　　建非常之功者，以舉非常之事。舉非常之事者，以藉非常之人。然亦有不藉非常之人，而舉非常之事，終建非常之功者，則賴昊蒼篤眷，神運斡旋，事若禍而移福，機似逆而轉順。順天者昌，逆天者亡。故犁準夷之庭，掃回部之穴，五年之間，兩勳並集。始遲疑猶未敢信，終劼劼以底有成。荷天之寵在茲，畏天之鑒益在茲。爰敘其事如左：

　　達瓦齊之就俘也，伊犁已大定矣。無何，而阿睦爾撒納叛。彼其志本欲借我力以已成。時也，人心未定。佐饔者甞一蟣肆狂，萬狙應響，蜂屯蟻裮，不可爬梳。畏難者羣謂不出所料，準夷終不可取。並有欲棄巴里坤爲退守謀。然予計其衆志不齊，將有歸正倒戈者。於是，督策將帥之臣，整師亟進。既而，伊犁諸台吉宰桑果悔過勤王，思討逆賊以自贖。此天恩助順者一也。

　　二酋大小和卓木者，以回部望族，久爲準噶爾所拘於阿巴噶斯鄂拓者也。我師既定伊犁，乃釋其囚，以兵送大和卓木波羅泥都歸葉爾奇木，俾統其舊屬。而令小和卓木霍集占居於伊犁，撫其在伊犁衆回。乃小和卓木助阿逆攻勤王之台吉、宰桑等，阿逆賴以苟延。及我師再入，阿逆遂逃入哈薩克。而霍集占亦即收其餘衆，竄歸舊穴。此天恩助順者二也。

　　準夷之事，前紀略見梗概，茲不復紀。紀興師討回之由，則以我將軍兆惠在伊犁時，曾遣副都統阿敏道往回議事，小和卓木乃以計誘阿敏道而拘之。及我師抵庫車問罪，彼攜阿敏道以來援，至中途害之及從行百人。彼猶逞其狂勃，抗我師顏，且敢冒死入庫車城，乃雅爾哈善略無紀律，致彼出入自由。然我滿洲索倫衆兵士，無不念國家之恩，效疆場之力，故能以少勝衆，逆渠懼而兔脫。此天恩助順者三也。

　　知償輚之無濟，掄幹材之可任。時將軍兆惠以搜剿準夷餘黨，至布魯特部落，已款服其衆，因命旋師定回部。於是，克庫車，存沙雅爾，定阿克蘇，略烏什，收和闐，師之所至，降者望風，直至葉爾奇木城下。而我軍人馬，周行萬有餘里，亦猶強弩之末矣。二酋以其逸待之。力統數萬人與我三千餘人戰。我師之過河者纔四百餘，猶能斬將搴旗，退而築堡黑水，固守以待。此天恩助順者四也。

　　萬里之外，抱水救火，其曷能濟？乃予以去年六月，即降旨派兵撥馬，欲以更易，久在行間者耳。故兵馬率早在途，一趱進而各爭前恐後，人人有敵愾之憤。此天恩助順者五也。

　　副將軍富德及參贊舒赫德董率師進援，以速行戈壁中，馬力疲，值狂回據險坐俟，頗有難進之勢。夫援軍不能進，則固守以待者危矣。而參贊阿里袞，驅後隊之馬適至，夜擣賊營。我師內外夾攻，彼不知我軍凡有幾萬，握炭流湯之徒，自相蹂躪，顧命不暇，於是，解黑水之圍，鹿駭獐驚，遁而保窟。我之兩軍，合隊全旅，以廻阿克蘇。此天恩助順者六也。

既而，彼料我必再入，泰山之壓難當，乃於我師未進之先，攜其部落，載其重器，跳而遠去。而葉爾奇木、哈什哈爾二城之舊伯克等，遂獻城以降。參贊明瑞一邀之於霍斯庫魯克，副將軍富德再陷之於阿爾楚爾。於是，離心者面內前途者反斾。二酋惟挈其妻孥及舊僕近三百人，入拔達克山境。此天恩助順者七也。

人跡不通之境，語言不通之國，既已雀殿，寧不狼顧？其授我與否，固未可定也。然一聞將軍之檄，莫不援旗請奮，整旅前遮，遂得兇渠函首，露布遙傳，此天恩助順者八也。

夷考西師之役，非予夙願之圖，何則？實以國家幅員不爲不廣，屬國不爲不多。惟僅守成之志，無希開創之名，兼以承平日久，人習於逸，既無非常之人，安能舉非常之事，而建非常之功哉？然而輾轉輻湊，每以艱而獲易；視若失而反得。故自締始以逮定功，雖予自問，亦將有所不解其故，而不敢期其必然者。故曰："非人力也，天也。"夫天如是顯佑國家者，以祖宗之敬天愛民蒙眷顧者深也。則我後世子孫，其何以心上蒼之心，志列祖之志，勉繼繩於有永，保正基於無窮乎！繫以銘曰：

二酋僭德，始亂爲賊。是興王師，投怨以直。
伊犁既平，蕆爾奚屑。徐議耕闢，徐議戍設。
以噢以咻，伊予本懷。豈其弗戢，圖彼藐回。
彼回不量，怒臂當車。戕我王臣，助彼狂狙。
始攻庫車，僨轅敗事。用人弗當，至今爲愧。
悖逆罪重，我武宜揚。易將整師，直壓彼疆。
阿蘇烏什，玉隴和闐。傳檄以定，肉祖羊牽。
二酋孽深，知不可活。狼狽相顧，固守其穴。
桓桓我師，周行萬里。馬不進焉，強弩末矣。
以四百人，戰萬餘虜。退猶能守，黑水築堡。
聞信達都，爲之傷悼。所幸後軍，早行在道。
督敕速援，人同怒心。曾不兩月，賊境逼臨。
賊境逼臨，彼復徼隙。馬繼以進，賊境夜斫。
出其不意，賊乃大驚。謂自天降，孰敢鋒攖。
大鞣大膊，如虎搏兔。案角隴種，誰敢回顧？
黑水圍解，合軍暫旋。整旅三路，期並進焉。
賊偵軍威，信不可支。挈其妻孥，遁投所依。
所依亦回，豈不自謀！豈伊庇猿，而受林憂。
利厥輜重，無遺盡掠。遣其都丸，遂來獻馘。
並以稱臣，捧賚表章。將詣都門，奏凱班師。

前歌後舞，尸逐染鍔。溫禺鬟鼓，露布至都。
正逮初陽，慈寧稱慶。亞歲迎祥，郊廟告成。
諸典並舉，皇皇太學。豐碑再樹，豐碑再樹。
敢予喜功，用不得已。天眷屢蒙，始之以武，
終之以文。戡亂惟義，撫衆惟仁。布惠施恩，
寰宇共喜。古不羈縻，今爲臣子。疆闢二萬，
兵出五年。據實書事，永誓乾乾。
乾隆二十四年歲次己卯十二月之吉御筆。[1]

（碑存鄭州市文廟。王興亞）

清真寺公置供養三掌教地畝碑記

從來立教者必有以資之而教乃興，掌教者必有以養之而用乃贍。吾鄭之有清真寺，教衆聚拜之所也。數衆公請三掌教，真領袖之人也。第由明以迄大清，數百年來，掌教者有三師，而養師者無恒業。迨雍正九年，虎老師與把李石老師道其事，鄉老□□□□□邦、馬文援、馬國孝、石渠總其成，約教衆或輸貲材，或捐地畝，共計其數若干，分給三掌教老師耕種，以爲供養貲，自置地持而□□□曰："茲地也，乃養師行教之資，非一人一家之私業也，地隨位轉，糧隨職行，師用不乏，傳道有人，教門永興，在此一舉。"夫□主爲聖之誠心，動興教興道之善念，善念既遂，愛賜靡涯，兩世福慶，受曷極哉！第莫大之舉，不有以紀敘之，所以□□□。先是乾隆十九年立石紀言，固已人著其名，資舉其數，地標其畝，然制度狹小，行不整齊，來閱者□□□有鄉老□□□祥、金珍、李大經等重鐫新碑，以圖壯觀，是亦有光吾教者也。爰述其始末而爲之序云。

清真後學□□□[2]

皇清乾隆二十六年歲次辛巳荷月吉日立石。

（碑存鄭州市北大清真寺望月樓前。王興亞）

東里書院置義田碑記

【碑陽】

鄭州知州加三級紀錄[3]

---

[1] 此碑下半部字多模糊，不可識認。

[2] 以下爲捐資人姓名，字多模糊不清。

[3] 以下字殘，無法識認。

乾隆三十二年歲次丁亥之穀旦。

【碑陰】

東里書院義田段落畝數悉開於後，

計：

南長陸拾捌丈貳尺貳寸，

三柳□□□東西畛，拾陸丈伍尺玖寸，

北長捌拾肆丈玖尺伍寸，

計地拾捌畝零肆分毫釐貳係玖忽。

南寬□拾□□□

楊林□□□畛，中長壹百零柒丈。此段內除周

北寬□拾□□□

家墳地寬肆丈三尺，長柒捌尺，除折靜［淨］地三拾三畝零三分貳厘。

（碑存鄭州市文廟。王興亞）

建脩樂樓碑記

嘗聞三皇五帝以前，有郊禖聖母焉，養育化神，配享于天，以故姜嫄禱而生契，起有夏四百載之基業。簡狄禱而生稷，開有周八百年之統緒。其裨益於後人者，固歷歷可考也。鄭郡郊禖廟，不知始于何時，而士農工商禱祀而求子者，不可勝數。每逢三月初一日聖誕良辰，演戲慶賀，男女會集，自古皆然。現今之頭門即昔日之樂樓。時值聖會，人稠地狹，寔難容留。我祖癸巳恩科舉人宋諱淇者，齊會捐資，買地一畝有零，將樂樓移於廟門以南，不數月而工程告竣。迨年深，日以風雨摧殘，傾圮在地，至今已有五十餘載，無人修理。竊思樂樓之設，原以慶賀聖誕，仰答神恩，非細故也。幸有守廟住持候［侯］一林者，竭力脩補，殿宇垣牆，煥然一新。特念廟門以外，獨少樂樓，報答神庥，因請男女會首，結緣募化，重建樂樓。工程既完，乞余爲文。余不勝嘉美之至。謹序所知，以示後之樂善者云。

郡庠生宋學朱沐手撰文。

男生員元超沐手書丹。

生員宋學朱、□□□捐銀拾兩。

李日昇、監生陰如霦、生員陰秉黍、候選州同王光世、廩貢生魏遇、貴魏、喬年、監生羅憲昱、監生程章、生員盧俍、生員羅瑗、武生魏振標、監生張顯。

廩貢生魏遇榮、歲貢員宋學富、廩膳生員王隨、增廣生曹資深、監生陰秉乾、貢生張如載、得意號、元吉當、豐裕當、張世忠、生員張維新、雷臣。

平□、任重遠、陳宗亮、王魁元、張鎰、王仟、夏瑚、陳復興、申景太、崔漢、張化雨、李觀光、宋捷、候選布政司理問孟柄基。

邢光宗、趙乾、杜芳、韓起祥、郭烹程、朱兆祥、徐國良、羅統、王成、張世行、張策、程祿、史福、康元功。

趙河祥、胡資、王福、程好義、王貴、王寬、張世有、郭成、魏榮、朱萬全、刘松、刘淇、張玉、卜孟臣。

趙世德、趙世有、武生刘武超、趙潤、李有福、吳台、陰生金、監生王錦、夏夢龍、李有、弓立體、許敬、刘世保、鄭保安。

沈淇、王貴財、常善德、魏德□、王士彥、王欽、刘敬遇、任有、生員喬東乾、宋良、喬見龍、楊萬春、陳得登、李章。

壽昌号、永盛号、聚盛號、刘峨、張貴極、付溫、王順、周應宿、刘和、魏行、蘊真堂、通興号、元隆号、金玉号、永發号、恒盛号。王法文捐壽壹駕。

丹盛号、元興號、天順号、夏盛思、李成玉、臧發文、賈世祥、刘天爵、任孝、魏作、杜恭、徐□□、邵起法、楊文、袁玉太、魏全。

王恭、李福、徐良臣、刘惠、宋魁、燕有雲、楊祥、聶奎、楊明、楊他全、牛成林、魏見、崔得君、魏天雲、徐恭、張連、刘萬年。

米永萬、姚得安、楊進禮、常孝忠、張中孝、谷成玉、王文、□昂、李姜、宋天保、李有合、趙敬、刘平、鮑文諒、張孝臣、張隆春。

會首刘太旺、張殿元、梁朝、吳家富、刘子恭、張照德、刘文中、王堯、袁大壽、張進朝。

會首張如璧、張隆春、岳儒、謝金隆、張榮春、謝福春。

會首王欽、王明、王乾、王國臣、王守貴、任祥、曹邊、曹標、程功全、程克儉、宋百福。

會首路良才、路良棟、刘五路、蘭羅法、路希聖、羅克儉、路謹。

會首郭仁、郭起、郭千鳳、李如德、李如標、弓洪河、王百有、楊秉太、崔法柱。

王魁元捐化十工。謝永寧捐化十工。

畫匠王魁元。

鐵匠金第三。

木匠王珍。

泥水匠王家祥。

泥水匠樊文孝。

油匠朱萬全。

石匠王彭祥。

住持侯一林，徒楊陽志、張陽貴、金陽福。

乾隆四十五年歲次庚子三月穀旦。

（碑存鄭州市城隍廟。王興亞）

上諭碑

【碑陽】

清高宗

乾隆四十七年七月日奉上諭：本日據薩載奏，接准廣西撫臣朱椿咨拿回民海富潤案內之改紹賢等三犯，當即轉飭查辦，解赴江蘇撫臣。究申一折，所辦殊屬非是。此案海富潤有抄錄回字經卷及漢字《天方至聖實錄年譜》等書，其書內大意，約略揄揚西域回教之意居多。回民持頌經典，自唐、宋以來，早已流傳中國，現在相沿舊本，在回民中俱屬家喻户曉，並無謗毀悖逆之語，則是回民之各奉其教，即與此時僧道喇嘛無異焉。能盡人其人，而火其書乎？

此案前據朱椿奏到，既經降旨，通飭各省督撫毋庸查辦，乃薩載接准朱椿咨會，並不權衡事理之輕重，邊行飛飭各屬，將改紹賢等搜查押解究審，如此矜張辦事，殊非大臣實心任事之道，實屬可鄙可笑。薩載久任封疆，在都撫中尚屬老成歷練，明白曉事之人，乃亦與朱椿之初任巡撫，遇事茫無主見者相同，能不知所愧乎？夫凡地方官吏，遇有奸民倡立邪教，及惑衆斂錢之事，自當實力嚴查究辦，務淨根株，以除風俗人心之害，若回教民人各省多有無論，西北省分居住者固多，即江省一帶零星散處，其飲食作息，俱與平民相等，不過不食狗豬肉耳！如以傳習經卷與邪教悖逆之書一例查辦，則安分守法之回民，轉至無所措其手足，且從前山東王倫及甘省王伏林等滋事，不法回民中即有首先奮勇打仗者，即上年蘇四十三之事，其舊教回民倡議率衆協同官兵剿捕，甚爲出力，經朕節次獎賞，則朕之視回民人皆吾赤子，各省督撫安得其二之乎？現在所辦此案，查拿之改紹賢諸人，雖以據薩載摺內聲明，業經遵旨概行省釋，其書籍、板片亦即給還，並當出示詳晰曉諭回民，務各循分守法，各安本業，毋致驚惶擾累。但各省督撫，若因此有旨遂致，因噎廢食，將地方實係邪教重案，亦籍詞慎重，姑息養奸，竟置不辦，則是誤會朕意，不度事理，將來發覺時，恐不能當其罪也，將此通諭中外知之。

乾隆四十九年嘉平月十四日敬立。

【碑陰】

廩生金溶、生員李澄清、首事馬祥興、首事帖維德、師長把克善、教諭金萬鍾、教諭梅歧山、師長李有智、師長石璽、首事沙金龍、首事李棠、童生古來珍、師長白生光、楊天才錢一伯文。生員沙雲峰錢一伯文。虎得林錢一伯文。李有仁錢一伯文。牧維忠錢一伯文。把榮錢一伯文。生員馬中鵬錢二伯文。李天順錢二伯文。帖維德錢二伯文。舉人馬飛鵬錢三伯文。監生虎文魁錢二伯文。舉人李鳳泡錢二伯文。監生牧魁錢三伯文。李棠錢錢一千文。增生沙萌錢五百文。舉人虎榜元錢二百四十文。生員把錢二百文。監生李衡錢一百文。張嵩錢一百文。沙王魁錢一百文。監生沙生林錢三百文。金璜錢一百文。牧維德錢一百文。虎惠錢一百文。李紹祖錢一百文。張大魁錢一百文。

馬成義錢一伯文。帖唐錢一伯文。虎義明錢一伯文。馬玉魁錢一伯文。舉人虎占鼇錢一伯文。沙旺錢一伯文。李傑超錢一伯文。古成孝錢一伯文。馬何錢一伯文。虎鏡錢一伯文。馬國才錢一伯文。孫顯名錢一伯文。張維忠錢一伯文。馬霖錢一伯文。帖萬鈞錢一伯文。古祥生錢一伯文。生員沙金玉錢一伯文。楊忠孝錢一伯文。李銳錢一伯文。舉人張金榜錢一伯文。沙有禮錢一伯文。趙宗海錢一伯文。馬有祿錢一伯文。沙應周錢一伯文。馬瑞錢一伯文。

李富善錢八十文。高殿魁錢一伯文。馬□斌錢八十文。李富貴錢一伯文。馬重錢一伯文。馬文魁錢一伯文。沙明有錢一伯文。虎文成錢一伯文。馬瑞錢一伯文。沙中義錢一伯文。生員李逢庚錢一伯文。楊□錢五十文。馬□乾錢一伯文。牧大有錢一伯文。馬中斗錢一伯文。虎□□錢一伯文。馬□□錢一伯文。生員帖仕龍錢一伯文。李長貴錢一伯文。馬德錢一伯文。張人忠錢一伯文。馬福天錢一伯文。李向賢錢一伯文。馬學□錢一伯文。馬大□錢一伯文。監生古濟曾錢一伯文。王□□錢一百文。□□□錢一百文。

楊文□錢五十文。馬□。李□女。牧□光、馬文魁、生員海來□、馬景、馬廣順、李蒼桂、張大全、孫士魁、馬攀龍、虎士□、李百勝、把□有、馬有孝、把天一、馬□□、李□、馬天有、生員帖傑、金□珍、藍國泰、錢五十文。□龍錢五十文。張□禮錢五十文。□璽錢五十文。海生全錢五十文。

帖□錢五十文。李山錢五十文。蘇□功錢五十文。□□錢五十文。古□魁錢五十文。李長□錢五十文。□明錢五十文。蕭克己錢五十文。李得全錢五十文。石□錢五十文。李有才錢五十文。馬□林錢五十文。牧懷先錢五十文。把梅錢五十文。生員牧萬年錢五十文。馬錦錢五十文。□相林錢五十文。把有才錢五十文。馬法舜錢五十文。楊世忠錢五十文。□□錢五十文。馬□門錢五十文。王福錢五十文。馬成年錢五十文。帖順錢五十文。帖生金錢五十文。馬良錢五十文。虎□宗錢五十文。[1]

（碑存鄭州市北大清真寺進院甬道左側。王興亞）

上諭碑

清高宗

【碑陽】

乾隆四十九年六月初一日內閣奉上諭：甘省逆回滋事，先經革職總督李侍堯等奏稱，此事因小山回匪田五等謀興新教起釁。朕以該犯等欲倡興新教，何必糾眾謀逆，降旨飭詢。始據該督將本年正月內，由田五即至靖遠哈得成、哈彥家，商同謀逆各情節覆奏。又據西安將軍傅玉奏記之，甘省居民僉稱：眾回匪於上年五月節修理石峰堡，並約定本年五月五

---

[1] 以下十七字殘。

日起事，通渭等處亦據報稱，係同日被賊搶劫等語，是賊人肆逆不法，早已預蓄奸謀，並非因爭教而起。夫內地回人其來已久，我國家威稜遠播，平定準部、回部，西域咸隸版圖。新疆回人年班入覲，往來絡繹。內地民人亦多至新疆貿易，其有查對經卷、講習規條者，相習爲常例所不禁。遂有紅帽、白帽、新教、舊教之名，其實新疆之回人正其舊教。且現在內地回民所習之教，所頌之經，皆與喀什噶爾、葉爾羌等處回人經教無異，原無新舊之別。況內外均屬編民赤子，順者恩有必加，逆者法無可宥。今賊首田五已就殲斃，其餘黨馬鬍子、李鬍子等，膽敢於光天化日之下，聚中鴟張，攻城掠堡，即屬回民之中邪教，如僧中之白蓮教之敗類而已。昨已令大學士阿桂、陝甘總督福康安前往督辦，並派京兵及飛調四川屯練降番暨阿拉善、鄂爾多斯各處蒙古兵丁，到彼協剿，大兵雲集，諒此妖魔小丑，自無難逃就殲除。至阿桂、福康安於剿滅賊匪後，只須將賊人經過，煽誘之處，所有平時與賊勾結知情，及賊人起事後代爲往來送信，接濟糧食之人，即係邪教亂民，必須實力搜捕正法，毋使如李侍堯之養□□□。其餘並未從逆之回人，不必更分舊教、新教，皆係良民，概無庸波及，以免株連。總之，督辦此事，只當分別從逆與否，邪正之殊，不必論其教之新舊，即如僧道原非例禁，而白蓮等邪教之必應查究者，亦以其左道惑民聚衆滋事也。嗣後阿桂等奏摺內，凡從逆回匪，俱稱爲邪教，不必復分新舊教名目，俾回民等咸知朕洞悉其教根源，不分畛域，斷不肯因滋事賊匪，將無辜守法良民，一併株連之至意，將此通諭中外。並著阿桂、福康安及各省於凡有回民處所，謄黃遍貼，宣示告之。欽此。

乾隆四十九年嘉平月十四日敬立。

【碑陰】[1]

（碑存鄭州市北大清真寺進院甬道右側。王興亞）

重修東里書院記

知州王如金

子產不毀鄉校，孔子稱其仁。今之書院猶古鄉校也，豈可聽其荒廢乎？慨自龍門鹿洞以來，天下郡縣始知延置名師，到國朝，重以掌教之稱院長之目。我鄭州向有東里書院者，以子產故里名，創自乾隆甲戌歲，安公而恭建。因膏火不貲，遂至中圮，歷年於今，僅存堂室，左右兩齋暨羣屋皆不庇風雨，而亭以傾，是殆將聽其廢也。今畢秋帆中丞，以天子門生持節中州，振興文學，群［郡］邑書院，咸得師資。丁未秋，諭邀吳中名宿王雲上先生爲艮齋傅御之弟，主鄭講席，文品卓然。是年冬，予權鄭州牧，見先生寄居他屋，不禁悚然曰："是予之責也。"此間舊列州牧到任，鹽、典兩商鈞執贄金。見予至，鹽商、典商循舊規致送，予却之，固請未允。至此而良得計，即以是爲修葺資，其不敷者以俸足之。

---

[1] 字多模糊不清。

不半月，堂齋既葺，亭復屹立，維時督學使劉公在鄭試事，既竣，命駕臨書院，集諸生訓以勤學爲事，且顏其堂曰"敬業"，名其亭曰"景山"。顧名思義，當夜亹亹於下學而上達也。是役也，仍舊貫耳，僅藉商贄官俸，與民無累而事成，庶幾無忝於不毀鄉校之義爾。子產爲政三年，輿人誦之，予治其地，即師其人云。

乾隆五十三年。

（文見民國《鄭縣志》卷十六《藝文志》。王興亞）

大清乾隆己卯科舉人牧天顏撰五夢歌

一夢五十年，得正道非等閒，爲何不把功來辦？恁爲非不端，全不信真詮，苦苦只把紅塵戀，貪榮華，好心寬，墳坑一問何言答飛仙。

一夢五十年，不醒悟罔徒然，百歲光陰如閃電，把作證不宣，撇五時朝參。復生怎將真主見，回答難，好傷慘，無常一到程程受熬煎。

一夢五十年，早回頭撇塵凡，飛仙不定何時喚，忙追悔前愆，怕討白門關。罪人難進主宫殿，苦難言，好可憐，撻算廠上一站數千年。

一夢五十年，憂死後搣空拳，萬貫家產拿那件，惟有隨身乾辦，念鎖拉橋顛險，細似牛毛快如劍，親眼見，好兇險，柴火聲嚎起黑煙。

一夢五十年，撇命令不交還，御問廠上難撻算，把文卷自宣，好羞愧。抱怨親朋財勢都無干，好心酸，但見惡蟒咬一口，疼痛幾千年。

耆老帖明遠、賽鳴岐立石。

（碑存鄭州市北大清真寺禮拜殿門前卷棚北側牆壁。王興亞）

修建火神廟碑記[1]

予劉家村，莊值鄭坤，地處幽僻，居人鮮少，僅十室邑耳。抑且富少貧多。每遇報賽延賓，無地可資。於是，衆相議曰："既居同村，即同一家，盍共建一地，以備不時之需。"甲寅歲，謀得一地。丙辰，架瓦屋三楹，可以賽神，兼可以延賓，誠一舉而兩美具焉。而尤慮後有釁端，又共議立石。凡屬劉家寨子孫，除正月奉祀火帝真君外，不得塑粧神像，不許小事穢褻，故並誌以垂後云。

李永康 ⼈ 四百文。

李維魁 ⼈ 七百文。荊元勳 ⼈ 六千文。

劉永壽 ⼈ 四百文。劉天祥 ⼈ 一千四百文。李百祥 ⼈ 三百五十文。

荊載輔 ⼈ 一千五百文。韓桂森 ⼈ 一千文。荊遇庚 ⼈ 二百文。

---

[1] 標題係補加。

岳懷瑾仝二百文。

刘良貴仝二百文。羅朝業仝三百文。

李永福仝七百文。郭寅仝四百文。刘志成仝四百文。

刘永振仝四百文。刘萬壽仝四百文。李廷碗仝四百文。

郭輝四百文。刘永恭仝三百文。刘萬德仝二百文。

李浩四仝百文。張立功仝二百文。郭聚仝二百文。

李永清仝一百五十文。李廷友仝一百三十文。刘永彥仝二百文。

刘永秀仝一百五十文。

刘太玉仝二百文。李永振仝二百文。李柏林仝二百文。

張九河仝一百文。曹桂仝三百文。刘永佑仝二百文。

刘永久仝一百五十文。刘永興仝一百五十文。

郭尔官仝二百文。荆志丹仝一百文。荆元功仝一百文。

刘永道仝一百文。張廷友仝二百文。李嘉友仝二百文。

郭臣仝二百五十文。刘申仝一百文。刘玥仝二百文。

刘永魁仝一百文。郭永福仝三百文。刘永旺仝一百五十文。

張文炳仝二百文。張文煥仝一百五十文。刘永德仝一百文。

刘剛仝一百五十文。宋梅仝一百文。刘永立仝一百文。

刘永梅仝二百文。郭昌明仝三百文。李相同仝一百五十文。

刘進材仝二百文。刘尚賢仝一百文。郭爾正仝一百文。

刘亮仝二百文。羅爾林仝二百文。荆在全仝二百文。

張進忠仝二百文。

南寬兩丈九尺五寸，北寬兩丈六尺五寸，中長十八丈一尺。

木匠張廷友。

泥水匠高白。

石匠王彭祥。

皆大清嘉慶元年歲次丙辰六月立。

（碑存郑州市刘寨火神廟西牆。王興亞）

金妝聖像序

【額題】萬善同歸

州治西南隅，離城十五里許，中解保刘家寨，舊有關帝廟、白衣堂，日久年遠，聖像減色，有本村善士李伯祥、張廷友素切好施，因約本村及附近善士等，各捐餘貲，不數日，聖像一新，故勒石以志不朽。是爲記。

會首：李伯祥、張廷友各錢五百。

荊載輔錢一千五百，荊載全錢二百，羅尔林錢二百，韓桂森錢七百，劉伯龍錢五百，羅朝岳錢二百，荊元烈錢一千八百，荊良仁錢一千八百，荊良爵錢一千二百，荊良善錢一千一百，劉太榮錢二百。

劉申仝二百，劉大革仝二百，袁文仝一百五十，李性仝一千，

荊元□仝一百五十，李永柬仝六百，劉永泰仝一千一百，劉天祥仝七百，

李廷琬仝七百，劉永銀仝八百，李浩仝八百，

李永振、劉永佑、劉萬壽、曹貴、郭寅、劉萬得各仝五百。

張成宗仝一百，劉志成仝四百，劉永功仝四百，劉永福、劉聚、張立功、李廷友各仝三百。

劉永鰲、劉永立、郭昌明、郭官、郭臣、郭順、劉剛、李伯林、鄭永福、劉天申、劉天順、劉永秀各仝三百。

李永清、劉天玉、劉進財、劉永合、張文炳、李加友、李伯桐各仝三百。

劉永恩仝一百五十，劉天吉、張文煥、劉永道、劉永魁、劉萬福各仝一百。

宋美、張九河、荊志符、荊元功、劉永德、劉良成各仝一百。

石匠孫繩武。

画匠岳懷珍。

大清嘉慶伍年岁次庚申伍月仲浣之吉立。

（碑存鄭州市刘寨火神廟西牆。王興亞）

重修城隍廟進膳司碑記[1]

州治靈佑侯寢宮右側有殿宇五楹，名爲進膳司，自古侯王城隍，職列侯爵，陰陽一道，建立王廚，敬事神聖，由忍坐視，邀請男女會首數餘人，共相募化重修廟。

郡武生宋元超沐手選［撰］文並書丹。

鄭州正堂龔，

鄭州學正堂蕭，

鄭州學副堂王，

防鄭營左，

鄭州右堂候補府知萬欽。

會首宋學朱、李中錦、陰桂新、申程方、雷旺、雷玉□、劉汝同、劉汝沐、於坤、馮明榮、□□□、宋丙南、趙廷相、朱曜、康悅、楊大忠、沈清太、陳英、劉蒙、李人功、

---

[1] 標題係補加。

孟全有、金殿卿、恒昇店、□□店各一千元。隆號、郭照午各四百。永興號、公盛號各二百。長茂號、□隆春、春昌號、劉汝□、監生喬渭□各二百。蘇北董秉浚銀一錢。

張大成、協興號、王□、丹盛號各二百。張降培、元興號、□興號各一百。

宋□□、宋□□、宋尚忠、三和號、宋□、宋光祖、陳琬、張明倫、王澤深、周位□、王錫印各二百。

周□、程忠山、張奇、於得門、陰鵬翬各錢二百。陰棠五百。陰秉泰、陰鵬□各三百。

臧可用一百。牛振邦、楊永按、振興館、陳彬、荊榮、劉玉、常□、李金□、王永□各錢二百。

翟長春、朱全孝、張吉、張永興、劉德隆、劉珍、賈行、荊鴻義、荊家純、王本植、荊元宗各錢一百。

劉臣、東永興、西永興、于靈川、于用中、于誠中各錢一百。鄭永太、鄭文明、張桐、于道寧、生員林一百。周士傑、田沃、李丙丁、周永康、張廷召、張□、李沐，錢二百。

朱會保、朱會良、於公蒙、朱福各二百。芦明燕、武宋忻、余朴、宋元俊、李元太、原益康、林馮天、王殿元、李桂、李得禎、李大有、邢永貴各錢一百。

劉倫、陳士俊、趙廷桂、周勤、周如意、劉耀先、魏玉、李盛旌、申□均、李斌、王坤各一百。

北二十里鋪、朱守業、唐學孔、魏大禮、李安濤、李良相、李良輔各一百。

李良忠、李贊、李錦、朱宏業、劉廷召、李文明、李會雲、李□一、朱有才、靳大奇、曹成各錢一百。劉功、裴秀、柳旺蒙、成花店、馬進京、吳振西、樊文學、王文有、李順、夏亮各錢一百。

岳克亮、□士德、趙鋒、劉英、賈進、賈和、賈行、賈德、賈可慶、賈淑英、賈萬良、賈淑望、賈淑裕、賈淑臣各錢一百。

劉光遠、劉光達各五錢。王林、胡克明、李輝宗、王朝桂各銀二錢。

劉光曾、宋林，銀三錢六百。

崔起先、劉春林、王廷俊、張澤昌、張大有、張秀□、張成□、崔六、李明倫、黃居中、陸占元、蒙來號各銀七百。

馬程萬、胡進秀各二百。

崔□、陳伯亮、王伯林、陳定元、夏盛□、朱倫正、熊績、常儈、李文明、王祿各錢一百。朱振宗、朱振廷、朱振遠各二百。

朱振寰、朱明、朱枚、田振發、孫玉山、楊松林、常致和各錢一百。

武欽、周耀、周鷹楊、周立德、邢珏各錢二百。趙鳳、趙同。

大清嘉慶七年六月上浣之吉。

（碑存鄭州市城隍廟。王興亞）

重修後窑殿碑記

【碑陽】

【額題】台斯米

　　清真寺爲善樂地，碑誌無傳，未詳創建之始，寺內大殿、二拜殿、一俱五楹，檐連趾接，中通如一，前月樓，後窑殿，左講堂，右客舍，又有兩廂出其前，浴房在其側，雖規模狹隘，而拜主有地，亦足樂也。不意壬戌署月望日，窑殿傾圮，既無以肅觀瞻，又難以勵功課，教長患之，謀於鄉老諸公□□，各捐資財，昌助其費，約計得金三佰餘千，不數月而工竣，煥然一新，□□落成，因題其額，曰爲善最樂。殆亦/[1]其地，而吾教之之意云。/固，是爲記。

　　庠生李澄清沐手撰文並書丹。

　　大清嘉慶七年歲次壬戌嘉平月上浣。

【碑陰】[2]

（碑存鄭州市北大清真寺望月樓前。王興亞）

修建碑

　　司曹

　　嘗聞禦災患則祀之。苟憑依無地，將禱□何從，此廟制之興，所由不能已也。乾隆□□，旱既太甚，二公宛轉救護，祈禱甘霖，所謂有禦災捍患之能者，其在斯乎！余父暨村中父老深感其德，欲立廟祀之。不幸父志未遂，忽焉而沒。余丕承厥緒，復約闔村各捐貲費，鳩工庀材，而廟制一新。雖曰體親心，實所以妥神靈備享祀云爾。工竣爲文，以誌不朽。

　　會首業儒荊上林撰文，捐錢捌仟文。

　　李永康錢三百。劉永壽錢五百。李永才□□□。李百祥錢三百。劉永立錢二百。

　　荊載輔錢一千三百。韓桂森錢三百。荊戴全錢三百。李惟魁錢三百。荊永功錢五百。

　　荊良仁施地寬四丈，長五丈。

　　荊良善千三千五百。荊良□錢五千。□廷□錢四百。□□□錢五百。□廷琬錢四百。□□□錢四百。曹海錢三百。張明錢三百。劉永彥錢二百。郭昌明錢二百。荊□振錢二百。劉□德錢二百。李□同錢二百。郭聚錢一百五十。羅朝□錢一百五十。劉之成錢一百五十。張文炳錢一百五十。

---

[1]　/處碑文殘缺。

[2]　鐫刻捐資人姓名，字多模糊不清。

劉申、劉玥、劉永恭、劉永合、李廷林、劉永秀、郭□官、劉永魁、李嘉有、劉永佑、劉萬倉、郭玉各錢一百。

李廷相、郭天申、劉天玉、劉萬□、郭輝、張文煥、劉天吉各錢一百。郭順、劉剛、李廷□、劉天順、張□孝、宋美、郭振宗各錢一百。

木匠張廷友。

泥水匠張明。

畫匠岳懷珠。

石匠王遵平。

庄地三分三厘三毫三系三忽。糧七厘三毫。

嘉慶十四年歲次己巳十一月上浣穀旦刻石。

（碑存鄭州市劉寨關帝廟東牆。王興亞）

趙天檜墓碑

趙三公天檜諱高太君慈儉之墓

長男旺，孫文訓，曾孫九方，元孫邦彥。

二男居，孫取旺，長子文德，曾孫九天，元孫竹元、竹晏。

三男松，孫文潤、文保。取文保長子九功，曾孫九欽，元孫邦禮、邦政。

四男康，孫文光，曾孫九麟、九有。

嘉慶二十三後陽月朔旦立。

（碑存鄭州市高新區溝趙鄉溝趙。王興亞）

關壯繆廟重修碑誌

【碑陽】

聞之誠能動物，蓋忠義至性之同然。天下後世乃尊之戴之，設廟象以俎豆之。幾莫知所爲而爲者，若我關夫子奉丹誠之心，發爲浩然之氣，其感人爲尤甚也。鄭治西南隅齊里保後河盧［蘆］村，舊有廟三楹，屢經重修，日久就圮。眾會合約捐貲，欲竣其工。奈村中戶口甚少，困者居多，盡力而爲，貲猶不足。幸我帝君，感其誠心，因亦默佑。辛巳春，四方居民焚香祈祝者，無不響應，願捐金以贊勸之。由是鳩工庀材，整理法象，煥然一新，遂爲當世之巨觀也。夫四方居民，心甚不一。一朝推恩，羣情踴躍。此中感乎，似有陰倡。誠通乎物，物以誠應。固如斯之，不言而同然乎。王弇州曰："至誠無息，惟漢前關壯繆甚以當之。"其信無歟！工竣之後，以文囑余。余因瞿然於誠之不可揜，固無待於後之人，称帝称王称聖賢，而始信其浩乎沛然於天地間也。故樂爲誌其事於石。

鄭郡儒童盧榮學撰文書丹。

會首芦蘆興義捐仐一千，王福康仐一千，芦德純仐一千，芦興松仐一千，芦嵩高仐一千五，芦德慧仐一千，芦敦化仐一千，耆老芦興德仐一千，芦興太仐一千五百，芦兆凤仐一千，耆老芦价仐一千，芦興弼仐一千，芦兆臣仐一千，芦興河仐一千，芦崇華仐一千。

路守葉仐三百文，王福甯仐七百文，王金貴仐五百文，王金良仐四百文。

芦教仁、芦德貴、芦德成、芦崇文、芦崇元、芦崇旺、芦德興、芦崇會、芦德據各仐五百。王天明仐五百、芦崇光、芦崇興各仐四百。

芦兆級、芦崇獻、芦崇約、芦崇章、芦崇樸各仐三百。芦崇林、芦崇學、芦興旺、芦德□、芦崇彬、芦崇誠、芦興烈、吳永泰、罗鳴山各仐一百。

刘保仐三百，芦德保仐三百。

芦賈氏、芦郭氏、宋鉄妮，各仐一百。舉人孫莫春、孫家禎、李義、李全富各仐五百。王德明、張河、張海、刘長興、陳榮各仐二百。

張文明仐一百文，孫欽明仐一百，宋兆龍仐二百文，李□□仐一百文。

王文助、李大富、郭永安、冀永壽、車根羣、郭成貴、刘善秀、王廷槐、荊良聚、陳潤各仐一百。

陳國尚仐三百文，日元號仐三百文，李成祥仐二百文，張鈞仐二百文。魏万蒼、張鋝各仐一百文。

楊松、郭守選各仐一百，郭守善、郭生財仐五十文。王俊才仐二百文，曹興仐三百文，徐永福仐二百文。

木匠荊良万。

泥匠李澤君。

石匠孔繼有，捐仐五百文。

畫匠孫繩武，捐仐五百文。

大清道光元年歲次辛巳十二月中浣敬立。

【碑陰】

【額題】萬善同歸

康文炳一千五伯。閻庚興、李信各仐一千。增生楚自俊、郭尔時、張化明、路俊、崔大德、芦貴倉、王同、門常太、荊良澤、鍾有奇、李巢、門万有、□懷、周治文，各捐仐伍伯文。吳永德、趙景福、荊元化、路宗三伯五十。王年琨、王自俊、黨太、門宗唐、楊行卓、張青芝、耿介、田之文各捐仐一伯。閆□□、荊樂林、王喜、刘瑾、刘常治、刘鎔、朱義、時喜、梁風各捐仐四伯文。

孟義、李有福、郭常有、郭順、李玉林、刘月曉、周和、李榮、刘本信、刘攀桂、李曹、閆卓、張新葉，各捐仐三伯文。李朝君、宋賢、芦德耀、趙麟亮、趙九卿、趙金鏞、宋文大、朱允中、李崧、章士喜、謝俊起、李百林、李明福、楊丙、許河、刘景雲各捐仝二伯文。

監生王道成捐仝五百。監生徐東啓捐仝三百。張鈞、王順各仝五百。徐桂鳴、閆宗翰、閆隆万、王秉恪、刘漢、賈良聚、荊暢和、王梅、路万有、吳永安、李金懷、陳喜忠、陳武忠、宋克奇、侯順德、侯蘭、荊元功、李德福、鄭天順、張玥、李純、荊兆勤、荊元敬、趙天祿、孫成祿各捐仝二伯文。

張全三伯。朱靜、李鍾秀、李常太、聶良儒、王振興、徐顯期、羅聰、芦興烈、周合、王奇、冉景增、侯蘭、王雲龍、呂貴、吳英傑、王廣明、荊紫來、荊元魁、張光全、張長德、張洪海、李心良、芦德亮、田興財、吳坤、潘運、王臣、魏永安各捐仝二伯文。

黃榮、崔勒、刘法、鄭琯、刘順礼、刘景太、王福倉、王洪道、王全、陳占春、張安、鄭九州、鄭臨莊、生員鄭丕功、李儉、芦崇儉、張深德、謝玉山、賈魁、趙興周、張平、李蕭、弓讓、鄭朋、荊良行、李本貴、岳中文、張万全、陳全各捐仝二伯文。

陳□功、閆明、張景山、董松、刘欽、刘載恩、刘犟、刘濡、刘奉官、閆有、刘魁元、陰大可、閆隆會、李德全、王常生、趙鍾珩、婁希福、李珅、刘掇桂、楊順、陳可成、宋卯會、宋文柱、宋茂海、宋桂林、宋文合、歐斌、李廷棟、刘文保各捐仝二伯文。

荊甸侯、刘垌、羅義、刘万魁、刘万福、刘崗、張渭珅、張法、刘芳、閆尔朴、王道明、尹銘、張君、靳尚選、于忠、趙万成、王欽各捐錢二伯文。呂喜、閆尔行、張如意、張庫、張進、姚中方、張全義、張魁義、李金生各捐仝一百六十文。

宋法順、谷有德仝一百五十文。李德祥、□永山、閆尔全、田自有、朱華、李有德、閆隆春、刘寅、荊良有、陳貴祿、張治、羅景禹、王禮、吳懷玉、李福明、賈建、荊有万、刘金山、刘存誠、刘漢、刘宣、李冉、李福至、元兆、張誠、閆尔時、閆尔成、鄭休、羅攀柱各捐仝一百五十文。

刘永寧、荊良好、閆尔經、羅揚、清戴全、閆尔觀、荊良功、刘敬祖、李大德、李常五、於万興、張淨、孔兆銳、鄭天祥、李玉蘭、李盛功、門尔彬、刘自福、趙文全、姚進財、鄭獻、鄭來聘、徐文。儒、張中、張春、刘子祥、刘忠各捐仝一伯文。

梁藍坤、刘傑、胡全、李金魁、李勁、李富、李九祥、李金成、周夢、周天成、周傳德、周傳道、周万倉、周永祿、陰法孟、賈清、周成德、郭選、鄭樂善、閆尔德、刘申、王順、張世有、鄭忠、王有德、孫家光、王天祿、□朝相、李尚祥各捐仝一伯文。

閆尔平、閆尔玉、蒲國貞、蒲玉中、蒲建中、蒲元和、李重陽、林德、崔良弼、刘□、李玥、李鶴、刘祥、李芳、帖有財、刘壽、芦興隆、安有、張廷豢、楊文、陳有、李□順、王相臣、賈崙、張瑞、賈崇、賈万和、刘龍各捐仝一伯文。

閆□□、荊樂林、王喜、刘瑾、刘常治、刘鎔、朱義、時喜、梁鳳、婁相林、高文。席李氏、刘儒祖、周永山、荊□、荊□、王□、李長壽、徐思順、馮義方、馮會、孟□、馮清文、李貴、閆尔貴、刘良能、鄭起鳳、宋克臣、宋万廷各捐仝一伯文。

刘祥、張万法、周文廣、趙克祥、趙文太、刘長庚、常信、閆作濟、聶田臣、李長壽、王松、閆永路、劉虎、張東周、周運興、王丙、周旺、方景太、王清明、王興、陳方□、胡□□、鄭秉□、鄭秉忠、鄭秉寅、鄭乾、鄭河太、李景唐各捐仌一伯文。

李合、李之韜、朱桂、朱万善、石鈞、張合興、李鳳翔、生員馬申錫、登仕郎席文魁、李長春、劉士倬、耆老劉文明、劉□□、同盛號、吏員徐成斌、劉祥、徐東皐、郭丙德、張冰、梁曰政、張如惠、郭生陳、郭尔世、郭尔傳、郭尔煥、郭尔信、郭尔明、郭尔超各捐仌一伯文。

曹玉章、陳榮、路□□、路□太、路洪喜、路洪明、路洪高、路統純、羅府、陳玉文、曹万春、曹万德、曹万良、曹万有、王來選、王□、□九興、陳步魁、陳步周、陳常、吳振、吳官、杜道明、葛清林、李金財、李金貴、王德亮、陳義、王□□各捐仌一伯文。

王德金、崔元吉、馮坤、劉才、劉士點、馬成、劉士全、馬福、馬太、劉士俊、劉士成、孟曰有、閆作秀、葛禮、時興旺、閆林、李福、郭尔周、郭尔林、郭尔明、孟興、王善□、王玉京、王殿元、王九福、王尚□、王富財、王繼有、王來超、王運隆、王運周、王遇□、王官誠、王大林、王秀、王會普、孫紹、孫信、孫兆□、孫太、孫聿修、周超、崔良貴、田心靜、周淑恭、周鼇、周玉、周信、崔順、張全各捐仌一伯文。

馬成錢二伯。

（碑存鄭州市中原區後河蘆村。王興亞）

聆聽祖考之遺訓

嘗思木有本，水有源，人有祖。祖固不可一日而忘也。善始祖失傳，寤寐難安。因於乾隆五十五年間，偕同再□弟子佩□□□四縱萬山，竭力叩問，欲得始祖生居何村，生理何爲，兄弟幾人，既沒何年，殯埋何地。朝夕論詢，惟有聶家寨正西西南墳影兩個，墳影雖有，墓向莫知，有一老翁答曰：爾高祖兄弟三人，玉旺長次，墓向辨知不實，現有莊西北五十餘步，係爾高祖玉旺墳墓，巍巍而彰，以何不可也。方得其址，意欲認之，不意爾從弟及從堂侄、四從孫相繼而亡，余心甚慟。我四人不能共成其事，今余年已七旬有九，血氣衰竭，心神正亂，惟勒石以志之，方不負我四人諮詢之苦矣。於是，偕同從弟立功，年七旬有二，同命三從侄□、□從堂孫春秀，四從孫順等志。

高祖諱玉旺，墓向，及其所生曾胞祖諱奉祥，二曾祖諱奉魯，二人及俱葬於膝下，左右有序。曾胞祖所生兄弟七人，長堂伯祖諱喜光，次諱喜花，三諱喜坤，四諱喜泰，五諱喜彩，俱葬於右。六諱喜燦，遷葬八打寨嶺。七諱喜文，康熙三十年遷葬於東北百十餘步，丁山癸向。曾祖所生喜輝一人，葬於膝下之左。而今自高祖至從堂伯考、叔、胞叔，以及吾輩大約二百，人丁衆多，生沒無窮，遷扶不一，難以撰書刻敘。因以就書於碑，以志於萬春矣。予忖度之，若不及時勒石以志，恐歷年久遠，後世子孫瞻望弗及，莫識祖宗之名之墓，而木本水源不已於始祖湮沒，並弗傳也哉！

計塋地二畝，丙山壬向，長二十四弓，寬二十弓。

勿忘稼穡之艱難。

大清道光二年歲次壬午窹寐月寒食節合族仝立。

（碑存鄭州市上街區矗村，文見《矗寨村志》。王興亞）

改建盧醫廟碑記

郡人进士趙興周

戊子歲之四月，余以內子病醫無驗，聞鄭治東四十里有盧醫神者，禱輒應，余齋宿往行。距六七里，積沙山立，連亙若峰嶺，蜿蜒入，忽開平衍勢，四面皆百步，中微凸有敗垣在焉。瓦礫堆積，殘碣欹臥，中一井深不及仞，口僅容瓶，汲而嘗之，水甘冽，異尋常。士人曰："此即禮盧醫處也。"廟向與村近，國朝猶重修之。百餘年來，風旋沙卷，人難安居，徙而去者接連，三四里村仍以廟名，而廟之遺址，蓋湮沒於砂磧中矣。是歲春，有丐者病痨瘵，依廢牆憩，默祝求神藥，取井水飲之，疾頓已。遂告村人曰："盧醫顯聖矣。"不數日，四方雲集，喧傳靈應。由此近村受福者齋心視香火，願布施者署銜名，積半年約得數百金，乃相地於村之巽，此枕平巒，南面瀠水，高即闊平，蓋神山仙島也，而改之功於是乎起。工既竣，屬余爲之記。余喟然曰："此一方之福兆也！人向善則神依之善，人有疾厄則神必保護之。盧醫之靈，固日在天壤間，而忽於香寂煙沈之餘，施靈異以佑安平，想默鑒此方之人，敦孝弟，尚忠誠，故托雲山舍藥之意，以示作善降祥之符，則今日之因病而醫，實欲醫人心而使俱歸於無病。其所以勸勵斯人，俾知感應之捷，有如斯之赫奕顯爍者，固不必藥即丹砂，井即上池，爲可以生枯而起朽也。"余故因其請。余文而樂道夫神之所以靈，以爲向善者勸，並詢其功之顛末以誌之。工起於某年某月上旬，竣於某月中旬。殿三楹，拜廈如之，垣四周，門南向。

道光八年。

（文見民國《鄭縣志》卷十六《藝文志》。王興亞）

道光十一年五月十八日重修三聖堂三仙殿碑記

常占魁四千。李長三千。朱賀二千。永發号二千。張澤朗一千。

陳榮一千。張深鎰一千。宋澤常、裕成店、黃永寬、劉宗炎各一千。唐□、林五、王振倫九百。李万年□百。

大河北藍庄：藍茂儒、藍茂敬、藍茂榮、藍茂雲、藍茂文、藍孝成、馮有德、梁福各二百。李景堂、李□元、劉經元、董元忠、潘桂林、李春榮、宋青山、史全德、楚全邦、李天奇、□培長、藍茂清、生員臧拔方、宋化南二百。楊秀、臧可成、雷振魁、李登雲、曹富、魏同安、任天文、賀万福、賈讓、臧廷臣、弓元魁、曹克□、邵起鳳、臧有、楊坤、楊亮、宋元嵩、宋元崗、宋元崔、宋泮、王珩、王天祥、時溫、劉占魁、燕振、芦法文。

曹庄：康文彬、康文煥、康文灼、康劍、康銀、邢仁、康文玉、康瑄、康錞、邢方、許法、曹永命、張景春、□鄭氏、趙劉氏、朱孫氏、邢常氏、邢曹氏、張劉氏、劉馬氏、曹宋氏、孫徐氏、曹常氏、□劉氏、□郎氏、康□氏、史趙氏、李張氏、宋□氏各个二百。

東街：姚敬、張禮、張鳳材、焦連中、王文魁、□文太、李錄、常俊、楊善、蔣有成、侯廷柱、李振亭、李敬、趙在田、王起□、岳敬、李廷會、陳復新、陳發澤、和忠孝、郎玉林、閆興、鮑振標、芦自立、劉成、宋丙南、宋□柱、宋建修、王□□三百。任成□、宋東山、鮑方、路廷臣、張隆春、劉宗堯、周功、王□、金保聚、裴永魁、李廷照、李人睦、恒大號、趙西成、李同文、劉克純、劉聿修、魏榮、夏雲登、曹殿甲、常建寅、雷雲上、常建祥、王和合、廣有號、瑞興號、和盛號、發裕盛號、天芝堂各个八百。陰門太、牛淮才、靳明聖、李相林、邵洪心、徐萬箱、趙亮、潘丙南、□□班、任廷□、張廷俊、□哭□、王西德、閆有法、閆大福、閆大學、黃全、閆進福、閆廷桂、閆廷周、閆廷學、王常、閆大有、閆大成、閆大士。

郭村：朱蘭、陳洪、王元舉、申月珂、朱懷仁、劉德元、胡朝殿、任玉魁、任公興、芦上文、張金墀、張元、朱東楊、張學勤、張廷魁、李□榮、梁惠、林聚号、鮑振全、金□二百。張法順、張純、王岐山、李法、户先、牛振邦、芦得平、高明、吉復店、趙福、孟信心、王光堯。[1]

（碑存鄭州市城隍廟。王興亞）

永垂不朽

昔聖王以神道設教，蓋以神非人而以顯靈，非神何能展其敬。神與人固相資而不相者也，況老爺管理陰郡，保障一郡，其聲靈赫濯，更顯著焉。勒諸石者，頌功或稱德，前人記之詳矣，何敢復爲贅敘？今□□良、陰化明、善士王君聘等，率領合會人等，禮拜三年，雖非□是要壯福，盡虔誠之心，亦不可使之淹沒，而不□□陳俚語，以垂不朽。

李同德、路發□、會首王君、張祥、陳萬、王門□氏、王門姜氏、□門□氏、王門□氏、王王張李馬□□□□王王

橋□王王輅、朱永祿、王門張氏、朱□□、朱□□□、朱門王氏、朱大更、朱□□、朱保□、王□、朱黑、賈萬□、王□、張門□氏、張門王氏、朱門□氏、朱門張氏、朱相、朱道存、□門黃氏、□□、孫門許氏、李門□氏、朱建衆、朱六成、朱六□、康□□、朱□□、張貴□□爾□□□才□□森、□□□、□喜、□□順、□□明、朱□成、袁門王

---

[1] 該碑中部截斷，下半部字殘未錄。

氏、朱□清、□西銘、□□□□□□□□、貢生李□□□□□、王門□氏、□門陳氏、□□、魏門□氏、劉□、張馬、劉祥利、□□功、□□□、張士□

道光拾伍年歲乙未桐月。

（碑存鄭州市城隍廟。王興亞）

西關南巷接送會碑記

【額題】永垂不朽

自古通都郡縣，舉祀城隍。蓋以城隍之靈，爲一郡一邑之保障，民之食其德而報其功者，固不在畏冥罰而懾幽鑒也。我鄭靈祐侯每於清明、十月朔，輦巡街衢及近城村落，莫不備香火、張燈燭，笙歌鐃鑼，以揚神庥，是亦春祈秋報之意，藉以除災祲，驅厲疫，年穀順成，天剳不作之夙志也。西關南巷士民迎送三年，安平康樂，婦孺歡悅，民之福也，神之庇也。應勒諸石，以表微誠云爾。

會首高宗義、王恩文、高宗魁、李廷魁、孟逢吉、高魁、李才、李師侗、崔元龍、趙清揚、田潤、常永清、李作謀、劉永齡、周清元、崔明、趙萬義、邢魁、劉萬全、劉景元、劉進財、李生、張同義、李東斗、馬德修、孟振東、高應太、李東瀛、孫發旺、王蘭、王復礼、李廷会、郝永春、周景隆、雷名相、孫□、王生、王福、鮑瑞。

道光貳拾年歲次庚子清明節立。

（碑存鄭州市城隍廟。王興亞）

皇清例授武略騎尉隅菴荊公（秉方）暨德配尹安人合祔墓誌銘

【誌文】

皇清例授武略騎尉、隅菴荊公暨德配尹安人合祔墓誌銘

候選知縣、戊子科舉人、姻愚姪常啟南頓首拜撰文。

候選儒學訓導、歲貢生、愚晚生宋聿修頓首拜書丹並篆蓋。

公姓荊氏，諱秉方，號廉夫，隅菴其字也。與吾居最近，重以姻誼，嘗與其嗣希淳公晨夕過從。因悉公懿行焉。己亥夏，安人壽終。庚子冬，公又長逝。益慨老成凋喪，莫覯耆德矣。越數月，希淳將營葬事，持狀請誌銘，余不敢辭。據狀：

公始祖自山右遷鄭，居黃崗寺村。初時家乘散佚，名字不可考。自五世祖文德公以來，世有陰德，子孫繁盛。公祖塼復遷城內，生子五，各立門户。公父行二，諱銷，字子俊。性淡泊，不事家計，遂至空匱。公兄弟三人。公居長，從師受讀，事親最孝。年十七八，見父母艱窘，遂廢學，佐人貿易，博貲養親。後兩弟稍長，無多材能。公為之成室家，各生子女。待哺者日衆，公略無懈志。乾隆五十一年，子俊公易簀，公罄力殮藏，悉為稱禮。

時公在史某銀鋪內充夥。後史歇業，公乃自立鋪面，家漸充盈。為二弟恕菴公捐職從九，三弟正菴公援例入監。事太夫人，每食必具甘旨。而正菴公不甚就范圍，公憂之。然暗施開啟，絕不向太夫人談及，恐傷太夫人心也。以故公之孝友，親屬咸歎服焉。且公視財甚疏，每以提攜困窘為念。姑母李家貧年老，公一力贍養，葬埋從豐。表姪魏，赤貧無度。公招至己家，為出貲娶妻。今其兒女粲粲成行也。公外家素貧不能婚嫁者，悉給以貲財。嘉慶十八年，歲饑，郭某欲鬻其妻。公聞之曰：若每在吾家傭工，予安忍此耶？且其二子尚幼，母子一離，瀕於危矣。吾不可以不救。或止之曰：歲且大荒，能悉拯之乎？公曰：孟子論仁術，有見不見之分，吾但盡吾心而已。卒使其家得以完聚。鋪夥王某，領本游蘭儀，乾沒二千一百千，自為慚沮，不敢來見。公一笑置之，曰：上南沈司馬虧吾萬餘兩，吾未嘗與之較，茲其戔戔者耳。更有浙紹張某，嘗戤公銀水，後張老邁無所依，孑然一身，棲止公鋪。公待之如師，始終不倦。既而物故，公出財殮殯，事事無或苟。張有素蓄，其婿來，公欲付之，而苦不謀面。稟州尊為之立案，罄囊與其婿而去。嗚呼！公粗識經書，而重義輕財，覼縷難悉。豈非天資篤厚，出於至性哉。安人佐公治內政。方其初貧時，能得翁姑歡。翁既棄世，事孀姑尤謹，廿載如一日。處妯娌勞則親任，衣物必推讓。公生平義舉，多贊成之。待奴僕尤厚。嘗囑子媳曰："汝父由約而豐，非關運好，亦非算精，往往人實負己，略不追索，且施財於不報之所，秘而不宣。意者厚德載福，其信然耶。汝輩當恪守之。"於此見公與安人度量宏遠，若出一轍矣。

公生於乾隆二十八年十月初五日亥時。終於道光二十年十二月初四日寅時，享壽七十有八。安人生於乾隆二十八年四月十一日辰時，終於道光十九年六月十六日辰時，享壽七十有七。子六：長志清，早逝；次志洛，即希淳也；三志乾，出繼堂叔諱秉泰，早逝；皆尹安人出；四志遠，出繼堂叔秉政，生四子；五志恒，早逝；六志振。皆崔如夫人出。女四：長適毛氏生員名大章；次適陰氏廩生名鳴鶴，早逝；三適張氏名兆榮，早逝；尹安人出；四適孟氏武生名應奎，早逝，崔如夫人出。孫一：士啟，志清出，早逝。孫女四：長適張氏名國彥；次字范氏；三字常氏；四未字。皆志洛出。辛丑十一月將合祔於城西南二里之新阡。銘曰：

天道冥冥，有初有卒。維至德之感乎，若源泉之不竭。閨閫良朋，儀型卓越。相敬相和，與存與歿。塚域既成，松楸清樾。環城堞兮嵯峩，銜梅峯兮一突兀。

孤哀次子志洛、志振，降服子志遠泣血納石。

道光二十一年歲次辛丑十一月上浣。

（拓片藏河南省文物研究考古所。李秀萍）

移建岳鄂王祠記

郡人進士趙興周

鄭治城隍廟之東，居中曰顯報司，奉岳鄂王像於司之左，贈安遠軍承宣使、雲寧遠軍承宣使張憲，居王兩腋配享。牛將軍臯、王將軍貴，執戟侍左右。咫尺之地，法象端嚴，凜凜有生氣。道光十九年，岳氏族釀金金妝，余爲之記勒諸石。越二年壬寅，重修城隍廟，余與岳少尉輯五督理之，瞻拜至王所，不覺喟然曰："不世出之人，英靈塞上下，忠誠揭日月，僅僅分司之餘地以祀，毋乃褻甚！"輯五遂慨爲己任，復約族衆，聚貲百餘，建祠於東廊之東。殿三楹，門南向，爲木龕，設象於中，諸將軍仍分左右侍，特鑄奸檜長舌像，縛跪階下，圍以玲壁，正門與廟直。旬餘日而工竣，時遠近士民焚香頂禮者相接武，咸曰："斯舉也，其直協人心之同然矣！夫匹夫匹婦一節之奇，鄉人愛而慕之，且專祀之，以冀無忘。況忠武偉烈如王者，即閎其殿宇，盛其冕服，尚不足以壓人情之尊戴，而雲、憲諸將軍出死力，任戰功，莫不欲列之祀所，分享俎豆，以顯爍其忠勇，此天理之在人心，誠有不容自已者，特移建之舉，無或倡其議焉耳。"而吾謂王之深入人心者，尤不在此。當其擒楊么，破曹成，復隨、鄧，襄陽之戰，偃［郾］城之捷，赫赫奕奕，史不勝紀。由此還二聖，恢中原，皆指顧間事，千古後亦第與韓、劉諸人，共稱中興名將已耳。乃奸回擅權力，主和議，遂致蹙召班師，矯害元良。檜之肉固豺虎所不食，而高宗始則專命寢閣，書賜精忠，委任之明，非不可用，何忽即昧信讒，甘心臣虜？宋祚之亡，實基於此。論者謂天欲傾覆太宗之裔，故使其顛倒瞀亂，以成吾王忠孝之名，其信然歟！史家或以分屬君父姑置，未減後之人切齒痛心，無可發泄，僅鑄奸長跪，俾受風日雷霆之暴擊，牛羊牧豎之踐踏，而吾王端拱垂旒，擬之天上，冤獄之恨，藉以少抒。此專祠之設，所以胥老幼婦孺，莫不竟誠悃以奉祠享也。余特表改建之意，以傳於後。

道光二十二年。

（文見民國《鄭縣志》卷十六《藝文志》。王興亞）

篩海默穆都哈墓誌

鄭西關外金水之陽，有篩海墓，相傳爲西域異人，初至鄭寺，告衆曰："默穆都之哈，如疾不愈，希諸穆民殯焉。"及其歸主，衆爲浴殯時，奇香滿室，衆豁然知爲篩海。夫道德不巍巍如山之高，學業不淵淵如海之深，斯不堪名爲篩海，而既以是名，其德其學，可想知矣。若夫真誠通主座，代人求鴻恩，此固其能事者。是以有爲其墓修亭者，有爲其亭前修房者，有增額者，更有爲之築垣者，有旁修瓦房三間傭人看墓者。且仕宦往來，多有拜謁者。夫有景落於前難每繼墓後，《禹貢》故鄭治西。兑周村有邑庠生金甲第之德配馬氏者，爲之砌石，因屬予序。義不獲辭，略爲之志云。

清優附生馬雲祥沐手撰文並書丹。

兑周村金門馬氏敬立。

道光二十三年桂月上浣重修。（錄自李興華、馮今源編：《中國伊斯蘭教史參考資料》，寧夏人民出版社1985年版，第1315頁。王興亞。）

山海默穆都哈大人墓碑

【額題】真主說：的確，真主喜愛的人們沒有恐懼，也沒有憂愁。[1]

道光二十三年桂月上浣重修。

馬耿光捐修。

山海默穆都哈大人墓

教長牧臨清、馬振九、沙登嵩、李殿元。

監生經廳舉人馬忠義、沙鳳來、馬其昌。

武舉古金龍、沙繼善、□□元。敬立。

（碑存鄭州市老墳岡。王興亞）

捐施海灘寺香火田碑記

郡人進士趙興周

《鄭志》乾亥之間，梅峰南峙，汴水北環，重岡疊巘，橫亘東西數十里。忽而路轉巒回，四圍矗立，於村墟林莽中，飛閣琳宮，巍然在望，有所謂海灘寺者，不知創始何時，而流丹聳碧，蓋由來一大寶刹也。前輩施主捐貲置地，爲佛前香火及僧衆養瞻之資，歷年久遠，屢經修葺，或工費不給，暫行質當地畝，以敷其用。寺之南有田六畝零，早歲質錢三十餘千。吾族孫捐衛千總名翻字凌九者，因老母多病，發願佈施，祈保康強，兩載餘，健倍他日。於癸卯歲，備價回贖同官產，行交寺僧深奎管業，並還原契。僧以如此大檀那，不可不泐石以誌，因以文請於余。夫樂施，善事也；爲母祈福，孝行也。昔范文正以附郭田贍窮族，時人高其義。此所施田雖有限，而挾愛親之心，竭禱祠之誠，其平日承顏之意，頤養之節，知無間也。釋家所云即心是佛，其謂是乎！自茲以往，有慕義而起者，將施金日富，培植日增。旃檀瑞象，常炳耀於紺園梵宇間，俾遊於斯者，觀感興起，俯仰今昔，油然而生孝弟之心焉。即謂之洞天福地可也，又何必慈燈普照，法雲遍覆，執覺一切衆生之說，始可以渡迷津而登彼岸哉！

道光二十三年。

（文見民國《鄭縣志》卷十六《藝文志》。王興亞）

---

[1] 此處碑文係阿拉伯文，今譯成漢文。

續修結義廟碑記

郡人趙興周

道光辛丑歲，署鄭州事實夫馬公菏任，以前牧伯青崖王公率紳民修城池，暨南郭熊兒橋，邀余董其事，兩年工甫竣。而西門外樂、善、社稷三石橋，皆圯於水，水潦降，車徒輒苦之。結義廟在西郭之坤申方，傾圯尤甚，復邀余監工修理，越月蕆事。時冬深寒冱，其楹棟榱桷，神龕門屏數事，樸斲丹臒，未及整備。乙巳秋，士信保約賞續成之，將泐之石，乞文於余。竊以結義之說，正史不載。據《蜀志》，關、張初依先主，恩若兄弟，於稠人廣坐中，侍立中［終］日無倦容。其間顛沛離合，始終不渝，總以扶漢室，鋤曹瞞，滅孫吳爲同心，非止雲長公之秉燭達旦，辭印封金，爲炳然獨有千古也。天地之經，倫紀之重，昭若日星，固若金石，以是爲義，孰逾於斯，結義之名，蓋以此也。嗚呼！大丈夫盟心誓死，竭忠赴難，何必指天日涕泣，而後爲異姓而骨肉哉！然即執《演義》諸說，以爲繪像立祠所，自來而祠之中，垂拱者肅然深穆，列坐者居然齒敘，俾入斯廟者，咸知朋友一倫，分兼君臣，情同手足，瞻拜之餘，忠義勃焉。庶亦人心風俗之所由振發而感泣也。余故謹誌其畧，並敘工之巔末，誌之石，以爲之踵而修之者勸。

道光二十五年。

（文見民國《鄭縣志》卷十六《藝文志》。王興亞）

南馮保進香碑記

【額題】萬善同歸

嘗思神人□道，幽明一理，顧人之感，何知也？《書》曰："至誠感神。"是神之格與不格，以視人之誠與不誠耳。我郡靈佑侯尊神，賞罰無私，澤及萬姓，監觀者有赫，恩被四方，每逢聖誕良辰，士女雲集，各盡虔誠，稱極盛焉。今有南馮保善男信女進香三年願滿之期，勒諸瑱珉，豈以旌人善敬以答神功云爾。

鄭州生員羅井沐手撰文。

滎陽縣廩生陳秉融書丹。

賈砦：會首王盧氏、賈徐氏、賈王氏、賈劉氏、賈劉氏、陳閻氏、賈氏、賈劉氏、賈王氏、賈丁氏、賈高氏、陳劉氏、賈李氏、賈楚氏、賈閻氏、賈鄭氏、王賈氏、賈趙氏、賈崔氏、賈段氏、賈王氏、陳羅氏、劉祥莊：楊張氏、于梁氏。

劉祥庄：楊劉氏、耿孟氏、賈王氏、朱高氏、耿張氏、朱劉氏、楊賈氏、賈王氏。

佛崗：李張氏、李侯氏、王蔣氏、陰常氏、吳張氏、李劉氏、姜李氏、宋李氏、李張氏、李程氏、李李氏、劉劉氏、于張氏、毛張氏。

高砦：荊刘氏、荊張氏、荊張氏、荊楊氏、張賈氏、張荊氏、曹高氏、路王氏、高王氏、王李氏双會。

十八里河：王胡氏、王邢氏、李魏氏、刘梁氏、任楊氏、盧於氏、李王氏、盧海氏、盧程氏、盧曹氏、刘盧氏、盧李氏、盧趙氏、張□氏、盧王氏、盧王氏、刘張氏、盧李氏、盧崔氏、盧王氏、王鄭氏、盧王氏、賈□氏。

高安：高揚李氏、歐荊氏、歐郭氏、盧□氏。

三官廟：宋馮氏、刘張氏、羅刘氏、王郭氏、楊王氏、胡郭氏、郭雷氏、胡賈氏、張韓氏、張□氏、張王氏。

王胡砦：王張氏、王李氏、刘朱氏、王賈氏、王張氏、王郭氏、王海氏、王盧氏、王曹氏、王胡氏。

咸豐貳年歲次壬子三月十八日勒石。

（碑存鄭州市城隍廟。王興亞）

東里書院碑記

知州王憲

鄭州天中書院，創自明季，至乾隆乙丑重修，甲戌後改爲東里書院，其爲造士地者，亦有年所。道光戊戌秋，予奉檄蒞是州，凡向之廢墜者，或修或創，次第舉行。政事之暇，即以造就人材爲急務，延師聚徒，弦誦稱盛焉。其時經費未能充裕，思振興之，以襄文治之隆，而急公未遑也。甫越二年，因升擢祥河，以致不果，心竊歉然。咸豐甲寅，長樂黃君見三，以名進士攝篆於州，屆粵匪竄擾之後，兵差絡繹，貲費蕩然，朝夕詰戎，未遑文事。而黃君以教化之宜先也，導宣文學，振起士民，復以膏饍之無所出也，首倡捐廉，躬親勸諭。於是，一時士大夫咸各踴輸，將爭先恐後，遂捐集制錢三千四百千有奇，交發殷實富户生息，連舊有租稞，歲入三百餘串，選擇茂才王等董理其事。並延請學正宋君主講，訓導王君監院，録所生等各二十七名，給予膏火，其每月課試花紅，仍由州捐賞。當此時事孔艱，儀度不妨從簡，樽節籌畫，餼廩絕不虛糜，蓋規模已臻粗備矣。適丙辰正月，予復由陳郡移守開封，黃君已將卸篆，當經詳細釐定章程，籲請存案。次年，黃君及廩饍生王道純等，復以書來請文之石。予惟鄭肇自周封，文獻固國也。彈丸之地，雖無高山大麓，瑰異奇觀，而瞻梅、泰之嶺，溯京、汴之源，加以鳳臺溫泉，映帶其間，惟地靈，故人傑。昔所稱東里多才，而尤著者厥惟子產，觀夫教我子弟不毀鄉校，其惠人之政，至今稱頌不衰，可見風俗之表倡在士人，而士人興起在教化也。黃君奮身儒科，出而爲宰，所至有政聲，今銳意經營，條約可傳，風規足繼，已克臻於人文化成。而予亦得藉手以慰積年未遂之初心，並仰副國家化民成俗之美意。紀述之事，其何敢辭，爰具始末，勒之貞珉，而爲之記。

咸豐七年夏月。

（文見民國《鄭縣志》卷十六《藝文志》。王興亞）

重修東里書院碑記

知州黃見三

書院者，人才所從出也。國家雅化作人，庠序修明，復於郡縣城會之地，各建書院，延明師主講席，羅英俊之士讀書其中，立爲規條，以定其志，給之膏火，以贍其身。而士亦爭自琢磨，講文章，求經濟，敦品行，厲廉隅，上之明體達用，將爲天下之名儒，次亦謹度束身，不失一鄉之善士。書院之設所由與學校媲隆也。鄭州舊有東里書院，創於隴西安公，宏獎名流，立持風化，法良意美，數十年來，士林業嘉惠焉。兵燹之後，經費蕩然無存，考課闕焉不舉。余於甲寅秋攝乏是邦，溯東里之遺風，訪講堂之舊址，四壁僅存，不勝茂草之感。回首三山肄業，登鰲峯，浴風池，十載傳心一燈，有味名師之講貫，良友之規磨，賢公卿之獎勵，依稀如昨。一行作吏，不能推身受者以及人，非飲水思源之義也。爰捐廉爲之倡，廣文宋君曉崖、王君子餘，亦情殷造士，各以振興文教爲己任，廣集紳耆，共議修復。於是，互相勸勉，而膏火之貲以備，而書院之廢復興。余方以瓜代有期，不獲登斯堂，與諸生敦詩說禮，共追大雅之風，於心有餘憾焉。又恐其去後，而事中寢也，爰爲親定章程，詳之上憲，正士數人董其成，並敘其緣起，勒之於石。至培士類、振人文，余雖有志，而未逮也。敬以俟後之君子。

咸豐七年。

（文見民國《鄭縣志》卷十六《藝文志》。王興亞）

路氏宗祠戒律

宗祠之修，原以安先靈，而展孝思也。此地總宜清口潔淨，不許目爲公地，任意出入。如讀書一節，乃光前裕後，爲天地間一善事。第異姓先生在宗祠中坐誦，未免視爲閑所，而輕乎先靈矣。只許本族人在宗祠中讀書設教，至若經布、安機、縈罩、念經、乘涼、睡臥、避寒、烘火、待客、宿人、唱戲、寄箱、藏器、放木、盛口、積柴、耍拳、學棒、踢介、打飛、吃酒、着棋、擲口、抹牌，諸惡風俗，切當禁止。至於花木之類，只宜添修，不許毀壞。若有不可約束者，或族長敕笞，或同族處罰，或送官究責，慎勿視爲等閒，各宜凜遵。

路氏家族八則：一戒不孝杖四十，二戒不弟杖二十，三戒行淫杖八十，四戒戲言杖一十，五戒爲匪杖四十，六戒賭博杖一百，七戒唆訟杖一十，八戒行兇杖一百。

以上條規，有人犯者，稟族長正同處，或族長正因私口不理，同族人無論老幼，共許稟官。特立。

大清咸豐九年歲次乙未孟冬月。

（碑存鄭州市二七區路寨村。王興亞）

積金會公議碑記

　　吾教遵行之道恃乎經，經之所傳賴乎學，經學之設丞丞焉。況吾鄭清真寺經學之所，由來久矣，然欲興吾教之隆，不無以助之，則其教不立；不無捐資以助之，則其教亦不立。故以馬君恩召與其好善樂善之心，以爲勸善歸善之意，共約積金賞相助功程。一則曰奉王，再則曰尊聖，吾教大興，近悅遠來。志之於石，永垂不朽。公議罰約，開列於後：

　　一、議會中人等不許半途而廢，半途不算，會中佃錢與他無於；

　　一、議會中錢文不許私自外借，外借壹百，罰錢壹仟，入寺公用；

　　一、議會中錢文不許獨專生息，專放壹仟，罰錢貳仟，入寺公用。

　　馬存基、沙鴻漸、把梓、金超、劉世臣、虎玉臣、把掄元、馬宗祥、金鳴駒、賽鳴岐、蘇式洵、古晉、馬恩召、馬生、古道興、虎凌雲、沙占元、帖廣祿、馬應甲、馬西、金棟、沙西山、海鳳池、馬宗三、馬雨、沙繼三、石萬春、楊來、李法聖、把西林、謝來祥、馬桂森、白受采、白無玷、金文朝、牧振清、金兆南、石長福、馬得青、復盛館、虎振山、李發旺、馬宗富。

　　耿明德刻石。

　　大清咸豐拾年歲次庚申貳月立。

（碑存鄭州市北大清真寺禮拜殿前南壁側牆上。王興亞）

重修白衣堂火神殿記序

　　夫廟一妥神，所以振一方之風氣，亦所以佑一方之人民者也。村之震方，有白衣堂火神殿，自楊公矗如、楊奉好等創立，矗公廷純繼修，迄今世遠年湮，廟宇傾圮，神像剝落，合社共議重爲修理，由是而堂殿神像，丹艧璜垣，煥然一新。厥工告竣，諸君欲開石志之，求序於余。問補葺之費，乃君之捐貲乎？諸君皆曰："村中間有火神社，每歲嘉平獻戲酹神，皆按房地派錢，至嘉慶二十一年，除費外，剩錢一千五百文。有楊化行之母安氏善心勃發，願將所剩錢，率子出放生息，數年間，積錢六十餘千。誠女中丈夫也。延及道光七年，楊化行將錢交會，因而合社同管隨年生息，今已累至百十餘千。雖則人爲之力，何莫非神功之默佑哉！是以修廟獻戲，與官事集派，皆費其餘利也。"余得其故，因爲之序，勒諸貞珉，永垂不朽云。

　　例增耆儒登仕郎馬象乾撰文書丹。

金妝張松年。

鐵筆王志學。

泥水吳雙進、安景祥。

大清同治六年歲次丁卯孟夏餘月上浣穀旦立。

（碑存鄭州市上街區聶寨村，文見鄭州市上街《聶寨村志》。王興亞）

滎澤大工紀功碑

　　滎澤汛大工合龍之秋，滎、鄭紳民請樹碑以紀河督高要蘇公之功德，而屬耕雲以勒石之文。耕雲雖未從事是役，而習於蘇公，且悉於是役之顛末與在事者之賢勞，則又安敢以誚陋辭？爰據事而直書曰：嗚呼！觀滎工之失事及後之所以成功，而知其皆天也。方軍事之殷，使相合肥李公開張秋，引黃入運，爲長圍困賊於滄、瀛、德、棣之交。夏多霪雨，黃、運並漲，七年六月二十八日，逆首張宗愚伏誅，全股蕩平。而滎工十堡即於是日漫溢。噫，異哉！天既以水爲滅賊之助，則水不得不漲，水漲即不能無失事。失事稍前數日，則賊仍不可滅。且滎工十堡，首受黃河出山之水，地疆口；故口門不刷深，而大河不奪溜，過此而東，則其害有不可思議者。河之患，史不勝書，烏有必待其時、必得其地如今日者，豈非天哉？

　　往年河工失事，河督具疏自劾，而請簡重臣於朝，以議堵合。蘇公曰："食焉而不事其事，非忠也；十羊而九牧、一車而兩御，非謀也。"故不循前事，而引以爲己任。是時，皇上稔蘇公之賢，又以中丞錦州李公自大名凱撤歸，知二公之必能相與以爲有成也。故悉以事權畀二公，曰："毋欲速，毋見小，毋狃積習而失事機。凡汝所請，朕不汝靳。汝或不共，朕不汝貸。"於是，李公兼籌賑恤，堵沁口，濬惠濟河，往來相度。公則由石橋進駐花園口。十月二十日，西壩開工，十一月初四日，東壩繼之。先是公泣涕而禱於河，願以身代百姓。至是，復疏於朝。凡茲文武進賞退戮，請以軍法從事。衆益用命。正壩既成，邊埽土櫃後戧暨引水之龍鬚溝，先後訖工。又添築魚鱗、雁翅等埽，而於金門之前，加築蓋壩，於是大溜挑入舊河，口門水深僅兩丈許，挂纜合龍，越三日而氣閉。時則八年正月十五日也。

　　是役也，計用銀一百三十餘萬，視前此大工所費裁十之一二。核名實，汰浮冒，不拘成法，不恤人言，一意孤行。始終其事者，則開歸陳許道紹公諴之力爲多。然非蘇公之寬簡宏毅，則紹公且不能安於其位；非我皇上之聖明信任，則蘇公烏能克壯其猷，非神祇之效順，願蒼昊之垂慈，又烏能使創不鉅，痛不深，事半功倍，若燭照數計而操左券乎！故曰皆天也。歌曰：

　　汉塞瓠子兮，魚弗柏冬。唐疏无棣佹，駉駫楫通。我皇嗣服兮，平賈奮勇。九坎孰思兮，曰惟蘇公。謂公耄期兮，沐雨櫛風。謂公文德兮，介色戎容。河伯效靈兮，降神於叢。兴兴文蛇兮，恍蟻惚馮。雖䤡陂復兮，黃鵠兩童。搴茭沈玉兮，告厥成功。斥鹵膏腴兮，畝獲數鍾。雁集中澤兮，魚兆豐年。何以頌德兮，鉅石是礱。民所難名兮，帝鑒其忠。

賜進士出身、按察使銜、署河南糧儲鹽法道尹耕雲撰文。

候補知州、借授鄭州州判夏子賢書丹。

五品銜、候選訓導馮汝駿篆額。

榮鄭棻紳恭立。

耿明德刻石。

同治八年正月上浣穀旦。[1]

（碑存鄭州市花園路口西，文見《豫河續志》。王興亞）

恭頌誥授通奉大夫二品頂戴河南按察使司按察使紹大人德政碑

粵稽玉牘降臨，春汛靜桃花之浪；金堤告竣，秋風挽《瓠子之歌》，洪波化為安瀾。順軌消其叠漲。蓋降割雖係乎天心，而禦災終憑乎人力也。恭維紹公誠，字葛民，才由天賦，學本練成。儕王、謝之名門，等崔、盧之望族。奉簡命而來中土，任重司空，展素懷以治河渠，策高賈讓。乃歲當辰位，令值秋初。揚波激怒，始駕浪以作濤；胥泛呈威，忽隨風而抵岸。水性非懦，神功難施。訝鯨波之千層，乘蟻穴而一潰。然而瓜漂蔓分，決非全派，竹馳箭注，流僅一支。障川固難以為功，作事要自有專任。惟公呼天拯溺，按地察災，緣是賑饑，向闕請命。宸陛既頒鴻詔，使臣迅即鳩工，慮不惜乎旁參，謀惟歸於獨斷。乘時作事，量役募伕。冒風霜以失容，履冰雪而徒步。至於輸石他山，督工牽纜，竹伐淇水，呼吏負薪，雖一簣而必親，誠片時之莫緩。放繼長增高之勢，成移山填海之形。計功乃乎三月，作鎮永固於千秋，安濁流於河伯，引順勢於谷王，洵所謂靖乃官常家聲無替者也。因恩公祖父禮部尚書勤直公升諱審，字賓旭，典禮春官，總戎夏政。螭殿承恩，閱兵馬於山左；虎幄運策，擁節旄於中州。緣途不期供給，到處悉免逢迎。猶必督我武伕，勿驚趙令之鶴；諭彼賢令，莫饋羊君之魚；宜其存勵清操，沒享隆祭者矣。公先大人署清河道寶公諱字夢蓮，初由蔭補，繼以薦陞，歷任名州，治興百廢重新，泮水科占七人。禮重禱祀，建敢略乎神壇，志關勸懲，修原放乎史體，加以舞樂設而廟儀隆，囹圄空而民冤洗。保甲立，規盜戢，青隴水泉，通利溝，穿白渠。正供不爽，絲毫靡俗，立除淫蕩。以故雙岐競麥野之秀，兩牡徵馬庌之靈。孰非善政與善教兼施，天心與人心交應者乎？況乎守保陽而聲華如故，巡清河而治化愈隆。豈獨文治經常，兼能武功濟變。兵惟訓心，團練極三千之眾，賊已喪膽，奔竄避十萬之師。非徒逆難犯順，正因勇以濟謀也。厥後，積勞成瘁，因

---

[1] 該碑已斷成兩截，倒在原合龍處鐵牛大王廟遺址附近。

疾倦勤。欲奉萱堂，遂辭楓陛，歡承菽水，暇課芝蘭。官箴家法，一遵呂子之書；義學祭田，常守希文之訓。宗親悉爲體恤，子弟□以功名。一門濟美，數世映輝。肯堂肯構，擬宋室之三蘇；吹壎吹篪，媲燕山之五桂。伯也螫聲於曹部，仲兮馳響於瓊林，幼弟尚當總角，應登童子之科。先徽猶在人心，盡入名臣之傳，垂名萬古，不其然歟？我公保障一方，宜勞四瀆，作中流之砥柱，挽既倒之狂瀾。惟能窮源竟委，力制游從。此守轍循途，性歸下就。風正一帆，平泛朝宗之浪；泥沈六斗，永恬歸海之波。能勿仰恩惠以遙瞻，紀功勳而獻頌！

同治八年。

（碑存黃河水利委員會鄭州河務局院內。王興亞）

州治南南馮保離城十五里東劉祥西賈寨會首楊君名官賈君名國璋耿君名俊暨領合會人等進香於城隍老爺位前三年完滿碑記

會首：

劉祥：楊王氏、賈曹氏、耿劉氏、楊李氏、楊王氏、黃楊氏、荊閆氏、朱賈氏、楊盧氏二會、陳閆氏、楊馬氏。

劉砦：劉鄭氏、李賈氏、郭張氏、耿李氏二會。

三官廟：羅王氏、楊荊氏、郭李氏、申李氏、張申氏、張李氏。

賈砦：賈楚氏二會、賈萬全、賈陳氏、賈劉氏二會、賈張氏、賈荊氏、賈王氏、賈劉氏二會。賈薛氏、賈劉氏、賈邱氏、楊郭氏、賈劉氏、陳荊氏、賈馮氏。

荊庄：王郭氏、荊張氏、荊王氏、魏蘆氏、荊王氏、胡劉氏、荊王氏、王李氏。

高砦：荊盧氏、安張氏二會、王張氏、王荊氏、荊張氏二會、路邢氏。

崗劉：梁孫氏、梁袁氏、梁閆氏、胡王氏、劉王氏、梁張氏、王梁氏、王荊氏。郭趙氏、王李氏二會、王劉氏、鄭安氏。

佛崗：三會趙李氏、陰李氏、劉陰氏、陰常氏、姜孟氏、姜荊氏、宋李氏二會、吳劉氏。

十八里河：朱李氏二會、宋歐氏、耿張氏、王耿氏、張朱氏、陳劉氏、鄭任氏、王耿氏、朱劉氏、朱王氏、朱劉氏、朱劉氏、王李氏、李李氏、王歐氏、李郭氏、李王氏二會、孟歐氏。

王喬氏、王孫氏、王賈氏、郭路氏、劉郭氏、王劉氏一會、魏曹氏、李馬氏二會、李姜氏、徐閆氏二會、歐郭氏、歐張氏、高王氏、王劉氏、張李氏二會、歐朱氏二會、盧方氏、劉常氏、劉賈氏。

清同治九年歲次庚午桐月中澣穀旦。

（碑存鄭州市城隍廟。王興亞）

重修城垣濠塹記

山東知州王蓮塘

國家設郡縣，置城池，造橋梁，凡以爲民也。軍興以來，各府州縣但報城工，無不仰邀保獎，可以見朝廷之愛民也深，而保民也至矣。甲子冬，余自雍邱來牧管城，下車巡視一週，見夫城修矣而仍多圮，濠浚矣而南淺。集郡人士語之曰："茲土爲四達通衢，咽喉重地，戎馬所必經也。城池若是，烏足備守禦衛生乎？"衆曰："然。前州守唐公以妖氛屢逼，建議興修，惟瘡痍之餘，官民交敝，費巨莫從出。幾經籌畫，乃累提團練經費數萬金，舉城之薄者培之，圮者築之，挑浚濠塹，閱年餘，甫告竣，於同治初年，加結申稟，蒙各縣委員驗收。"余曰："然則士庶有獎敘歟？學額有廣歟？"衆曰："未。"余曰："苟能城與濠一律完善，再於雉堞內增建小房，俾守陴者藉庇風雨，當力爲請。"衆曰："唯待籌資謀始。"余遂捐廉倡首，鄭之人咸樂輸恐後，刻期興工，無如逆孽頻來，屢作屢輟，疊更寒暑，事始蕆，復兩葺南門磚橋，重建西廓石橋。南壅城將傾亦築之。東門以地勢高不過仞，更宏敞之，俾與三門等。先後間七八年，捐資囊空無吝，董事者終始罔懈。工竣，特申文請獎，奉旨增學額文武各一名，議敘多人。鄭之得以有捍蔽邀曠典者，胥公力也。請爲文泐石，永垂不朽。余赧然曰："嘻，是皇上之恩也，鄭人之義也，余何力之有焉？"衆請之堅，不獲辭及屬崖略如此。

同治十年仲秋。

（文見民國《鄭縣志》卷十六《藝文志》。王興亞）

清真寺積金會碑

聞之洪蒙開天運曆，千秋而不廢，至聖立教／[1]

真主普慈之日。奈世風澆漓，人心不古，明德煉性之事，每／

真主洞澈幽明，燭照靡遺，立懲治之方，以儆愚頑，示慈憫之念，以後／

遐邇異域彌新，又恐其遺而未周，並傳諭我穆罕默德至聖，宣佈真主之教於齋月中者，以齋月爲至貴之月，傳聖貴之言，比戶張燈頌經月始終，內潔虔誠，外肅衣冠，同登拜主之堂，輝煌四壁，絢爛盈庭，於此而心可明，於此而性可定，／

於此而勿替也。是爲序。

清真後學運同銜雷湖□嘉／

儒／

教長馬萬祿、淑修業、馬俊才、沙長□。

---

[1] 此碑／處以下殘。

總管賽鳴岐。

耆老□□□錢一千、耆老把六德錢一千、耆老古道興錢一千、耆老李來祿錢一千、耆老馬雙林錢一千、耆老李德全錢一千、耆老張鼎立錢一千文。

耆老□□□錢六百文、武生海鳳錢六百文、耆老牧從化錢六百文、耆老牧光清錢六百文、耆老馬廣業錢六百文、耆老白玉興錢六百文、耆老蘇式洵錢六百文。[1]

大清同治十二年歲次癸酉□月。

（碑存鄭州市北大清真寺禮拜殿前。王興亞）

清真寺積金會碑

從來經學之設，以育人才，人才之聚，須備供養。供養，乃經學之要事也。吾鄭清真經學自阿衡及列位師長，均有久遠學用，惟於遠方來學之士，供養獨缺。夫道以人傳，非人才無以明道；財能□道，非儲積何以成才？有馬君恩召、賽君鳴岐等道念甚熾，知最要莫如興學義舉，非輕計衆擎不難舉事，同心協力，共約積金，累年積蓄若干，現當地二十畝，共當價壹佰壹拾貳仟整。托主相助，永遠生息，養學育才，庶於吾教奉主遵聖之道，不無小補也。是爲序。

清真教生從九品牧方州沐手撰文並書丹。

教長馬俊才、馬萬祿、沙長新、沙修業。

馬恩召、沙占元、金棟、馬日西、李法聖、白受采、金兆南、虎振山、沙鴻漸、虎玉臣、賽鳴岐、馬生帖、廣祿、沙西山、沙繼三、把西林、白無玷、石長福、李發旺、把梓、把掄元、蘇式洵、古道興、馬應甲、海鳳池、石萬春、謝來祥、金文朝、馬得青、馬宗富、金超、馬宗祥、古晉、虎凌雲、馬西、馬宗三、楊來、馬臣森、牧振清、復盛館仝立石。

孟繼祥刻石。

同治十三年。

（碑存鄭州市北大清真寺禮拜殿前。王興亞）

路氏祖塋碑

為宗祠前增買地基，祖塋重修牌樓，制買介石等項立石，既買地文約、捐錢數目開列以後，以望永垂不朽云爾。

清光緒元年歲次乙亥臘月吉日立石。

（碑存鄭州市二七區路寨村。王興亞）

---

[1] 以下捐錢人姓名與錢數，字殘，多不能辨識。

趙四公墓碑

【額題】流芳百代

恩賜壽官　　　考趙四公諱康
皇清　　顯祖　　　　之墓
例贈孺人　　妣 宋王 孺人

趙氏祖塋舊在村之東北隅百步許，自前明來，人眾族繁，地不足用，至有祖諱康公另卜吉地，敦請風鑒，遷於村之正東，離家半里許，立為丁山丑向。有於光緒三年歲次丁丑三月清明節，勒石志墓，詳敘山向，以永垂不朽云。

承重曾孫邦榮、次孫趙九有勒石奉祀。

大清光緒三年歲次丁丑三月清明節立。

（碑存鄭州市高新區溝趙鄉溝趙。王興亞）

創建龍王廟碑記

【額題】流芳百代

《禮》有之：「非其所祭而祭之，名曰淫祀。」至於龍王不然，龍王者，百龍王也，龍行雲施雨，龍王財成天道，輔相大宜，使時和年豐，無水旱災，則其立廟而祀之也，顧不宜哉！州治中解保□村西南數百武，黑龍王洞，自乾隆八年旱魃，為村人祈雨澤，始感靈應而築之，至四十七年，復重修焉。□奈淺薄，數十歲崩危，已難復葺。會首事等念於眾曰：凡妥靈，在肅觀瞻，□則如是□□其奚依眾建廟？於是，派貲本村，兼募近之樂善好施者。得金百餘千，塊庀材鳩工，數旬而神宇告竣。貲復金粧關帝廟、白衣堂、土地祠神像。囑予為文。予喜之事神有恆，因以感神之功，人正大也。是為記。

郡庠生荊來章撰文。

男元朗書丹。

共□畝地四分正。東西寬四丈二尺，南北長五丈七尺二二寸□□□□八厘七毫六絲。

各廟樹木損一枝罰仝一百文。關帝廟前桑樹不在會。

會首：耆老李百祥仝六百四十文，荊風林仝五千五百五十文，劉萬魁仝三千二百三十文，荊良澤仝六千五百文，李廷棟仝一千六百七十文，李廷琬仝四千七百四十文，荊上林仝二千五百文。

田士元仝五百，劉萬壽仝一千，荊戴莆仝八百，荊紫來仝一千，監生荊冠羣仝六百，荊元化、荊元□、武生荊耀兩、荊廷策、荊□端、荊志福、荊□□、荊元章、荊良□仝五百。

□□□仝五百，□□□仝五百，

□□□、荊良□、羅□□、荊志富、荊協□、荊良端、郭冠□仝三百……[1]

荊元丙、王有德、劉壯恩、荊良和、荊良法、張全仝各三百。蕭士全、劉廷□、□□仝各□百。

李廷壁仝二千五百四，荊應林仝四千五百，劉保氏仝一千七百六，郭玉仝一千二百一，

郭運太仝二千零四十，耿介仝一千九百二十，張文炳仝一千九百一，劉萬善仝一千百六，

李風池仝一千七百七，李廷與仝一千四百，李廷鏞仝一千二百六，李夢魁仝一千二百一

李廷桶仝一千一百，劉永立仝九百六，李萬長仝八百四十，李師羣仝七百二十，劉太仝七百四十，劉萬貴仝七百三十，郭昌林仝七百四十，劉剛仝七百，郭生仝六百九十，郭生貴仝六百八，李□松仝六百七十，荊在全、曹海仝各六百。劉萬里仝四十，劉萬喜仝六百四十，張喜仝六百二，劉萬德仝六百，劉丙辰、曹朗、李風一、荊元起、海揚各小仝五百。李聚仝四十，劉儒仝二百。郭昌明、劉永秀、劉太□、李俊民、李□□、李□□、□□□、魯成立各仝□百。

荊元芳、李三林、羅萬保、李師朝、劉丙成、訓丙太各仝二百。

木匠荊良河。

泥水匠張生、金□木。

石匠□會元。

畫匠吳懷珍。

大清光緒三年歲次癸未□月。

（碑存鄭州市劉寨火神廟西牆。王興亞）

重修火神殿並水口碑記

【額題】風調雨順

州治坤方劉家寨建立□火帝廟，由來已久，但年深日遠，磚瓦脫落，廟貌失彩，不惟無以壯觀瞻，亦且無以妥神靈。村中李君東文暨耿君直、劉君成，目睹心傷，喟然嘆曰："予村有火神殿三楹，以祈年報賽，更□□借為款賓之所，誠義舉也。先人創之，後世宜補葺之。"遂約眾商議並修補村左水口，各捐貲財，以勷盛事。不數日，煥然一新，而功告成焉。余假館廟宇訓蒙童，除其事，諸位成友求文於余。余也才淺學疏，不敢貽笑大雅，亦惟即其事之巔末，序捐貲者某某，督工者某某，永垂不朽，以為後世之踵而起之者勸耳。如曰文焉，何以為文。

儒童路光照沐手書丹。

---

[1] 以下三排，各有十人姓名，仝各三百，字多不清。

李東文仝三百文，耿道仝四仟文，劉成仝六百文，李□才仝二仟一百文，李明德仝二仟一百文，李水龍仝一仟一百文，荆學文仝一千八百九十文，耿仁憲仝一千八百文，張永太仝一千五百九十文，荊隆春仝一千五百文，徐萬清仝一千二百文，劉天興仝一千一百一十文，補用同知直隸州候選知縣李國政捐仝二仟文。

荊士興仝一千一百一十文，耿豢仝一千三百文，張永成仝一千二百文，

劉福壽仝一千一百一十文，胡德明仝一千一百文，李東豢仝九百二十文，陳廷瑞仝九百文，李青林仝九百文，李東潤仝七百五十文，耿張氏仝七百五十文，李國旺仝七百五十文，王元仝六百三十文，張五德仝六百文，郭李保仝六百文，李東道仝五百七十文，陳文俊仝五百一十文，荊隆遇仝五百一十文，劉聚仝五百文，耿啟昌仝五百文，李東懷仝五百文，和新成仝五百文，郭長萬仝四百八十文，荊隆群仝四百八十文，□□□仝四百十十文。

荊隆德仝五百文，李國治仝三百六十文，李國同仝三百五十文，李國定仝三百三十文，荊黑妮仝式百七十文，李東柱仝式百七十文，張定發仝式百七十文，郭鐵柱仝式百七十文，劉士春仝式百七十文，劉三德仝式百四十文，郭名揚仝式百四十文，耿仁貴仝式百四十文，

郭太元仝式百文，蕭文章仝式百文，耿仁心仝式百文，張天乙仝式百文，李東山仝式百文，劉德順仝式百文，李東武仝式百文，李國賓仝式百文，李東平仝一百文，張景正仝一百文，李國□仝一百文，李國綱仝一百文，耿仁安仝一百文，李東興仝一百文，李東亮仝一百文，李東儒仝小一百文，劉得印仝一百文。

木匠李水龍。

泥匠荊士德。

石匠李心泰。

油匠徐東保。

大清光緒拾年歲次丙申荷月中浣立石。

（碑存鄭州市劉寨火神廟西牆。王興亞）

創修東門外磚橋記

郡人宋運貢

東門外舊有橋梁，自城濠淤後廢棄，迨有年矣。每逢大雨時行，山水自南而下，城內之水由城門出者，並匯交流，幾無涯矣。凡官商車輛，以及行李往來，冬夏皆甚苦之。辛巳冬，山左王懿齋權篆斯土，施濟人之惠，續遺愛之風，有廢皆興，無利不舉，舊書院之傾圮者，移建之；大石坡之水衝者，重修之。茲又倡捐助資，創修磚橋，約生等董其事。更於巽隅築堤，以捍客水，永免跋涉之患，不月餘而工竣。謹立石，而為之記。

光緒十年八月。

（文見民國《鄭縣志》卷十六《藝文志》。王興亞）

移修東里書院記

郡人閻壇

書院之設，所以興文教，造人材，即古鄉學之遺意。鄭之鄉校，見於《春秋》。鄭之書院，由來已久。明以前文獻無徵，基址莫考。明季魯公天中書院，城南門之東，即今之魯公祠是也。魯公當逆闖焚掠之時，盡心民瘼，有大造於鄭。國初，鄉先輩籲請上憲爲公建專祠，即以天中書院爲公祠，酬其德也。迨乾隆十九年甲戌，隴西安公而恭移建於黌宮之西偏，易名東里書院，局勢壯闊，惟地甚窪下，當夏月積潦，四面皆水，不無浸鹵之患。雖不時修葺，旋修旋圮。邇來課試，輒以貢院代之。遂日就荒廢，無議興者。光緒七年辛巳冬，山左王公成德號懿齋，以甲科權篆斯土，下車伊始，即以勵人材，振文教爲急務。訪求舊書院，見棟桷摧折，廊廡傾欹，欲就舊址而新之，又恐不能永固，爰擇吉卜方，得異隅公地一區，即南公館，既爽塏，亦宏敞。欣然曰："此文明佳兆。"因約寅紳捐廉爲倡，並邀請四鄉急公好義者，捐輸三千餘緡，庀材鳩工，構後閣五楹，講堂五楹，東西課房各五楹，頭門三楹，二門一楹，文昌樓一座，照壁一座，東西兩廂樓則仍其舊焉。由是廣廈宏開，諸生肄業其中，將見勵志前修，通經致用，處爲純儒，出爲良吏，不徒工文藝、掇科名而已。此則王公屬望諸生之至意，而諸生所宜自勉也。

光緒十年十月。

（文見民國《鄭縣志》卷十六《藝文志》。王興亞）

後河蘆禁賭碑文

竊思勸善規過，朋友之道也，即鄉村不宜，然□□當驗今之世。俯察鄉村之侶，往往徇夫欷而不從夫理，謀其□□而正其誼。游蕩失業，不顧父母之養；日夜賭博，惟圖財利之私。甚有誑罔之輩，以利誘人之子弟，虛詐之□□，以利敗人之品誼。是以匪僻日生，傷親屬而不□□在日，多干□國憲而不恤，其人之入於不善者，大都然也。□□流弊，可勝道哉！日睹時勢，不禁心焉傷之。於是，公商議，時立條規，以爲賭博者戒。如犯者，罰戲三日。□□有不從者，稟官究治。庶可以振人心，厚風俗，睦鄉鄰，安里居。□□云，古道難復，亦可維世俗於不敝也。今特敘勒石，以垂不朽云。

開封府儒學生員兌榮□

儒童劉步□

會首蘆德糧、德□、德□、德□、德□、德保、德□、德□。

蘆德□、德□、德□、德□、德□、德□、德□、德安。

文有、行□、文修、文明、行□、行富、行貴、金貴。

大清光緒拾年歲次甲申拾二月中浣敬立。

（碑存鄭州市中原區後河蘆村。王興亞）

修葺古塔記

郡人張國源

鄭治開元寺有古塔焉，失修者幾易代矣。歲癸酉，武林張公暄，字春庭，牧茲土，顧而愀然曰："是塔也，古之遺也，鄭之鎮也，其廢興不得謂與一州氣運無關係。都人士盍念諸其各出資爲修補計。"僉曰："願爲公助。"於是，刻日興作，不數月而址基完固，擬蕆事後泐石記之。張公移任，事遂寢。今以城工記事碑文及此，吾郡人士恐斯舉之歷久湮沒也，誌其厓略如此。

光緒十一年六月。

（文見民國《鄭縣志》卷十六《藝文志》。王興亞）

滎澤八堡碑

老灘土堅，遇溜而日塌。塌之不已，堤亦漸圮。今我築壩，保此老灘。灘不去則堤不單，守堤不如守灘。[1]

題滎澤汛八堡新築石壩。大澂。

（碑存河南鄭州市黃河博物館。王興亞）

重修望月樓碑記

【碑陽】

【額題】贊善題名

望月樓者，齋月望月之所也。未審創自何年，日久損壞，教衆目睹心惻，欲修者久。丁亥歲，教衆等坐寺謀重修事，僉曰："工程浩大，非強有力者，不能勝其任也。"時有銘三沙老師、慎五馬老師，及總管紹南馬老夫子曰："欲興鉅工，必求慣於修工之人，不有古鈞馬老師維勤公乎？前設教吾鄭，曾興工兩次，首北陪殿，次南講堂，今斯舉也，殆惟此公可任歟！"衆皆僉然稱善。於是，具關書，修聘禮，延請馬老師辱臨。甫下車數日，即同師長首事等，邀衆謀動工事，衆心歡悅，各捐貲財共若干金，以預修工事。工始於丁亥歲，終於戊子年，越兩寒暑而工告竣。落成之日，僉曰："斯舉也，雖屬衆人之力，而要其

---

[1] 清光緒十三年，河道總督吳大澂堵塞鄭州石橋河決口後，又修滎澤八堡石壩，工竣勒石。

克勤於始，弗懈於終，則我馬老師之功居多焉。"而馬老師則曰："不有君等，仆其束手無策矣，仆何敢言功哉！抑吾聞之，謀之者人也，成立者主也。苟無主命，雖有人謀不成焉。仆又有何功之有？"衆皆唯唯。勒石之日，命予爲文。好自惟固陋愧無以應，不獲已，爰謀之紹楠馬老夫子，幸蒙指示，用述其巔末，以誌不忘云。

清真後學儒學生員牧鎮藩沐手撰文。

儒童古化源沐手書丹。

在任候補直隸州、特授開封府鄭州正堂馬玉麟，

三品銜、補用府兼襲騎都尉加一級雲騎尉、江蘇候補撫民府馬玉田捐銀三十兩。

大清光緒十四年歲次戊子季冬之月上浣。

（碑存鄭州市北大清真寺望月樓前。王興亞）

鄭工合龍處碑

【碑陽】

鄭工合龍處

【碑陰】

鄭工堵築漫口，經始於光緒十三年十二月二十日，訖光緒十四年十二月十九日竣工。欽差督辦禮部尚書高陽李鴻藻、前署河東道總督義州李鶴年、前河東總督覺羅成孚、河南巡撫望江倪文蔚、今河東河道總督吳縣吳大澂勒石紀之。而係以銘，銘曰：

兵夫力作勞苦久，費帑千萬堵兹口。國家之福，河神之佑，臣何力之有？

清光緒十四年刻石。

（碑存鄭州市黃河博物館。王興亞）

瘞鶴銘並序

瘞鶴銘並序

鶴壽不知其紀也，壬辰歲得於華亭，甲午歲化於朱方。天其未遂，吾翔寥廓耶？奚奪余仙鶴之遽也。廼裹以玄黃之幣，藏乎兹山之下，仙家無隱晦之志，我等故立石旌事篆銘不朽。詞曰："相此胎禽，浮丘之真。山陰降跡，化表留聲。西竹法理，幸丹遂辰。真唯仿佛，事亦微冥。鳴語化解，仙鶴去莘。左取曹國，右割荊門。後蕩洪流，前固重扃。余欲無言，爾也何明？宜直示之，惟將進寧。爰集真侶，瘞爾作銘。"

1. 空碧草堂石墨
2. 心畫
3. 瘞鶴銘並序華陽

4. 真逸撰鶴壽不知
5. 下紀耶，壬辰歲
6. 樂亭中午
7. 缺。
8. 有我立石旌事篆銘
9. 不朽祠曰相此胎琴
10. 之幣藏乎山下仙家
11. 甲午風化旌朱郭耶
12. 定奪之處也廼以元黃
13. 竹溪解化厥土惟甯
14. 雲水無垠長空渺渺
15. 後蕩洪流浮丘著經
16. 余故無言爾週何徵
17. 龍門走鼓華表留聲
18. 前固重扃爽埛勢掩
19. 缺。
20. 石刻貼門爰集真侶
21. 瘞爾作銘降山真宰
22. 丹陽仙尉江陰真宰
23. 是碑原本上皇山樵書。
24. 或謂即陶貞白也。刻於焦山。石高八尺，字十二行，今裂為五。墮入水中。
25. 光緒丙申，爍鄯上。自丙申爍鄯上。自修居士，重加審定，勒置鐵廠。之年五十又三。

李國治印

衹叟子號自修居士。

清光緒二十二年丙申李國治刻。[1]

（碑存鄭州市博物館。王興亞）

重修城隍廟戲樓記

自余官豫，歷正陽、沈邱、登州、洛州，邑凡祠宇載在祀典者，圮則築之，隙則葺之，

---

[1] 《瘞鶴銘》於南朝梁天監十三年，刻在江蘇鎮江焦山壁上，楷書。宋以後崩落江中。清康熙甲午陳鵬年募工挽出，共二十五方。置於鐵廠庵。現存二十三方，缺第七、十九方，行、草、隸、篆四體。序號係補加。

敞則塈之。歲時禱祀，必誠必恪，所□民祈福也。戊戌春，自臨洮移牧是邦，謁城隍神祠，殿廡皆□規模粗備，獨酬神演劇之臺，頹廢不治，其不足以壯觀瞻，猶未無以答神祐、順輿情，則誠司牧之責也。爰捐廉爲州人士倡。州人士中之公而義如馬紳汝驥、李紳啓元連三者，遂相率而興起，鳩工庀材，鏤椳刻桷，輪奐□美，丹漆外敷，翬然煥然，而成是臺。繼自今湼犧尊，調鳳律，舉凡忠孝節義，可欽可慕，可歌可泣之事，一二窮形盡相，於是臺獻，以感觸檮昧，發聵振聾，非謹如桓寬所謂椎牛擊鼓，戲倡舞偶也，豈不甚善！抑余更有說，傳之言曰："黍稷非馨，明德惟馨。"又曰："民不易惟德係物，神所憑依將在德矣。"不明德而薦馨，雖甕□在左，簠簋在右，感格之效弗應，矧區區乎一俳優之臺。竊領州人士渾噩其風，□龐其俗，以名德徼福於神祇，是則余之志也。故樂爲之記。

　　權州事鄭州牧昆陵湯似慈撰文。

　　鄭州學正朱炎昭儘先，鄭州訓導王鶴山，儘先千總鄭州把總常奎照，六品銜鄭州使目陳鏞。

　　丁酉科拔貢檜陽靳鶴書丹。

　　首事附生高介田，增生邢秉鈞，癸亥武進士李啓元，甲子舉人馬汝驥，監貢李連三，附生趙畏三，從九孟論，廩生陰善承，貢生虎守智，義□從九曹寶澍，監生陳榮絨，附生趙家辟，武生虎長昇，從九程廷瑞，從九馬厚福。

　　木匠樊山。

　　泥水匠王恩普。

　　油匠趙金太。

　　畫匠馬應選。

　　鐵筆王廷祚。

　　住持道正司趙合祿門□□敬立。

　　大清光緒歲次著雍閹茂嘉平月仲浣。

（碑存鄭州市城隍廟。王興亞）

修建關帝廟捐資碑

　　□錢一千六百文。□□文錢一千四百文。

　　□□成錢一千零四十文。□士□錢一千八百六十文。

　　劉□□錢一千五百文。陳文聚錢一千四百三十文。

　　□德□錢一千二百四十文。□□□錢一千零六十文。

　　□□旺錢一千零五十文。□福壽錢一千零四十文。

　　王□元一千一百文。李東潤錢九百三十文。

　　□□□錢六百六十文。李東生錢六百四十文。

□國□錢六百一十文。劉隆遇錢六百。劉聚錢六百。

李□懷錢五百八十文。李□柱五百八十文。

□張萬五百八十文。耿裕昌錢五百二十文。□□順錢四百七十文。

□□□錢四百七十文。□□□錢四百七十文。□□□錢四百。

□□□錢四百文。李□明錢四百四十文。李東武錢四百。

劉明德錢三百。劉三妮錢三百四十文。

劉黑妮錢三百四十文。李劉保錢三百四十文。

郭明德錢三百二十文。李東成錢三百文。李國定錢二百一十文。

李林山錢二百一十文。李靖林二百文。劉平□二百文。

劉荊保錢□百□□文。李國茂錢一百六十文。

郭貴妮錢一百三十文。劉得意錢一百二十文。

李東□錢一百文。李□妮錢一百文。李國福錢一百文。

□玄妮錢一百文。劉得順錢一百文。李國賢錢一百文。

李□妮錢一百文。李鄭氏錢一百文。[1]

（碑存鄭州市劉寨關帝廟西牆。王興亞）

重修城隍廟欞槅碑記

　　/修葺所固有也。至寢宮之欞槅，不知創自何人，出自何手，覓其斷碑並□崐山遺跡，尋其殘石，亦□□□□之說，大抵皆班垂殳斨類耳，蓋亦云古矣。觀其所製，玲瓏透露，精密活動，翬飛□動，植之形，無一不□□□□□，亦吾郡之一巨觀也。弟年久膠解，風吹木裂，不能無剝落耳，迨日甚一日，剝落殆半，古跡將隳，不□□□肅觀瞻，補修苦無名匠。留心尋訪者久之，時或有名匠，亦往往望而色沮，見而袖手，蓋有不得一焉。適有□□□張梁劉領袖，吾輩即能勝任，但細密難以卒成，工程浩大耳。馮生應聲曰："若□任此工費木料，吾自有方，不足難也。"於是，善男信女，共勸厥事。有任維世婦曹氏、生員周玘、楊氏男張玉、張氏男張沖、馬氏男朱文等，遂大起修補□未壞者，其精密活動如故也。豈其維神降靈，俾古蹟勿壞耶！豈班垂殳斨之生復耶！不然，何其已壞而不壞□□然，何而心胥安，神人可謂兩無憾矣！然匠氏之巧不可沒，而衆善之功為甚大，爰勒貞珉，以志不朽。

　　/上浣之吉。

　　/徐

　　/河僉判張有

---

[1] 該碑前缺，標題係補加。

／亮選

　儒學訓導焦方

　／撰文。

　／書丹。

　舉人周元超、監生宋遴、監生羅懋譞、生員李機、生員荊峒、生員周嶓、生員周珮、生員周玳、生員宋選、生員時文選、生員楊國棟、生員李奇略、生員張芙、生員劉效武。

　吏員劉逢原、張翼、王秉良、王秉讓、王秉權、陳昌言、李渤、張文祥、李法坤、朱應徵、朱可受、楊景連。

　史弘勳、趙璧、周琛、周璘、周珵、陳紀、吳嘉禎、張九功、周正、宋鳳、宋鷟、張標。

　張之德、周才、趙自明、李松、劉保、袁懷道、趙起龍、劉發科。

　南頂會首彭貴等捐銀肆兩貳錢。生員沈溢、宋□。

　監生荊岐、監生魏贊□。武陟縣王玠、牛化麟、馬林、白琯、張玉才、朱成先、李進元、吳進賢、閻世才、閻珍、王起生、盧寧、盧弘猷、馬圖、常思忠、白尚智、白成功、李時敬、李鼐、李天爵、常□斗。

　劉思明、趙林、劉法、趙荣、侯尔贊、李進才、朱光先、周□、周印、白一林、劉起龍、張玉智、□潘□、張文昌、李文秀。

　會首許宗武、吳□□、吳長生、王起鵬、陰白官、王大、王業盛、唐文□、王諫言、曹作新、周纘、石璜、李文松、鄭信。

　朱印高、蔣文堯、郭守法、李珠、陳略、李□□、周道興、吳生□、王鳳成、常立珍、李生彩、王亮、劉珂、李進忠、許明倫、宋鳳、許文魯。

　會首周天保、張自修、馮景運、孫德、張俊、魏祥雲、李重印、□自勤、李枝、徐光全、邵先通、魏來賓。

　會首劉湛、司成府、監生魏世道、生員安國英、李永和、兌世方、劉淇、劉尚玉、李雲、□□傑、王佐、白啓德、魏世科、魏世琳。

　會首□□□、王景林、王景德、李□方、康成禮、曹名臣、李文緒、常自德、常瀨、常淡、□思敬、李自美、楊景運、吳進朝。

　住持張陽印，徒張來貞、陳來、陳來怛、張信，徒孫馮復成。

　木匠劉士傑、梁進成、董名貴、王超文。

　畫工曹中□、劉奮科、朱文。

　石匠陳奇，長男得位，次男得全，侄陳得元。[1]

（碑存鄭州市城隍廟。王興亞）

---

[1] 該碑上半部失存，／以上文缺。

馬君獨行碑

知州葉濟

縣之北有鎮屹然曰京水，濱大河，襟帶索、須、賈魯諸水，風物秀異，有聞人，而馬氏爲之最。地方有大工役，靡不從事，聲薄遐邇，學子莘莘，後先相望，蓋其留貽者遠矣。公諱春和，字藹人，別號古愚。事親至孝，未成童即喜讀，數十年如一日。補博士弟子員，食廩餼，改教職，蓋將以仕而隱者，小試其端，而天亦若靳之。性恬淡，暇輒手卷以吟詠自娛。授徒梁園，從者十人，口講指畫，了無倦容。病學者之不能貫串也，爲編《四書分類》、《孔子家語》以教之。比年以來，士夫談新學，釋名物，往往一切唾棄於中國至德要道，輒夷不屑措意。公於旁行斜上之字，矇箴瞍誦之無不讀，讀輒抉其精者，以與先聖相印證，故能轉移風氣，而不爲風氣所轉移，字梳句櫛。注《家語》若干卷，病亟，授其子超然，曰："我一生心血盡於此矣！"鄉居恂恂，與物無忤，子超然能其學，有聲於時。公歿之日，門弟子相與謀所以永之，乃撮其犖犖大端，以樹之石。

（文見民國《鄭縣志》卷十七《藝文志》。王興亞）

重修大殿滾白碑文

夫大殿、滾白，原係重地。風雨摧殘，日久損壞，非惟無以壯觀瞻，亦且有害於聖教。長教首事等顧而憂之，曰："大殿，禮拜之所，宣講聖言。滾白，山海之墓，隱寓真靈，苟或破碎，何以宣聖言而庇真靈乎？"所以約衆捐貲，爲修理之。殫精竭慮，不數月間功成告竣，煥然一新。諸位鄉老羨董事諸君奇績昭著，人心悅服，誠有功於寺內，揚名於一方也。雖非峻宇雕牆，可備游目之樂，而潤屋靜室，亦可蔽風雨之患，因而旌表虎君壽亭、沙君棟臣、虎君閣臣、馬君信乎、馬君勳臣、沙君茂林，同心協力，共辦公事。差強人意，謹爲之序。永傳勿替，以冀後人慕其義舉，踵而修之，庶幾前創後述，並垂名於千古也。

郡庠生馬士瀛撰文並書丹。

光緒三十三年十一月十七日仲浣穀旦。

（碑存鄭州市北大清真寺望月樓前。王興亞）

登封市（登封縣）

重修白龍王廟碑記

河南府登封縣城東曲高保人□，見在楊家庄、王家村周□居住，舊有古刹白龍王廟□子孫殿，日久風雨透壞。今有善人王乙□等眾重修，合捨資財，保一方風調雨順，國太民安，萬古流傳，列石刻名于後：

王家本□朝二百餘丁，後次大亂，至清朝止，有□□□□

買岳養聖、王市見、王乙界、王□□、

買岳養性、王□雙、王國寧、王修□、張大知、王守春、王國康、王□□、

張大運、王守秋、王國治、焦桂林、王乙朱、王喜聖、張大、王乙榮、王國有。

鐫字匠袁時習。

木匠梁三。

泥水匠張魁。

大清順治六年十二月二十五日。

（碑存登封市城隍廟。王興亞）

重修玉皇溝玄帝殿並金神碑記

【額題】碑記

登封古蹟陽城，而山外方，邑西少室之右，舊有玉皇行宮，雷祖、玄帝、龍王、馬王，由來久矣。威靈顯赫，祈禱有應。上古之紀，創建何時，如漢、唐、宋、元宋葺，歷歷可考。至明代，碣記要更繁，旱則禱於龍池，甘霖立見磅跎。於是而穆宗皇帝御製文祭，又概可見也。季末，逆孽盤踞數年於茲，碑磬碎，門牖盡，書厭棘木遍地，廟院鳥獸交接神門，致殿宇損壞無存，而法像暴露，靡依辛際。聖主掃蕩羣醜，奠安天下。余避寇山東十餘載，於改華五年，回里居住，憑以其性命一理，虔誠主廟宇，鴻甫集募化之不前，余置簿請印，而縣主張某下車三日，隨樂捐資，勸得三十餘人，如□聖殿，某匠作工價一一不敷，而一理募之四方，陸續畢償。嗣後又極力籌化重金，玉皇、上帝並各殿神聖建門窗，盡為從新，而煥然可觀者，住持之功，真其大焉。雖然，住持與余承衆華善之資財，成聖神盛事，乃余等止一藉手原為衆善之後浮圖尖而已。特勒石以為異日勸云爾。

文林郎知登封縣事滿洲張朝瑞施銀一兩。

山主逸人張德辰並書。

時大清順治八年歲次辛卯季春中浣之吉。

（碑存登封市少室山東麓玉皇溝廟內。王興亞）

御祭中嶽嵩山文

清世祖

【額題】御製祭文

維順治八年歲次辛卯四月丁未朔越七日癸丑，皇帝遣太常寺卿段國璋致祭於中嶽嵩山之神曰：

惟神環通八表，雄峻中天。統會陰陽，交暉日月。朕誕膺天命，祗荷神庥。特遣專官，用申殷薦，惟神鑒焉。

知登封縣事張朝端、教諭尚應世、訓導曹稷芳、典史陶崇榮立石。

（碑存登封市中嶽廟黃籙殿。王興亞）

喜公和尚舍利塔銘

師諱慧喜，字心悅，別號寒灰，係北直滿城劉氏子，生於嘉靖四十二年歲次甲子，奉命入院於天啟四年歲次甲子，圓寂於崇禎十二年歲次己卯十二月十五日也。欽依祖庭太少林寺傳曹洞正宗住持第二十七代祖師寒灰喜公大和尚舍利塔。

大清順治九年歲次壬辰重陽日，祖庭二十八代傳法門人海寬，剃發曾孫自知，曾孫性常、性好，云玄孫玄照、玄用等仝建。

（銘存登封市塔林東部喜公大師舍利塔上。王興亞）

少林寺寂印知禪師重修十方禪院記

【額題】重修碑記

少林溪南有佛一龕，茅簷數間，額曰"十方禪院"，蓋寺中之郵亭，行腳之旅舍也。其來之久，近代興復於中牟田民部首鳳與靈山會公和尚，說者猶傳其施齋田七十餘畝，坐落碾子庄云。兵火之後，勝事淪沒，巍巍佛龕，鞠爲茂草，而寺中耆宿患主是院田者乏其人，□懇寂印禪師主其事。扶頹植傾，徹故易腐，丹碧有次，繪塈有法，晉接有舍，安居有室，鍾梵以時，供帳飲食各以其等。不閱歲而告成。四方緇素飲食起居，咸獲其所，乃稱爲震臣祇園。余肄業少林與興禪師有年，談翰墨之契，躬覽其勝，隨喜之餘，其孫玄用請記其年月。時大清順治十年八月二十一日也。禪師諱自知，字寂印，都人王氏之季子也。隨明福藩至洛，即家洛陽焉。披剃於□□前二十七代嗣祖寒灰喜公之法嗣聖宗賢禪師門下，侍喜公左右。聆一乘旨，得正法眼藏，力行不倦，復參學於今，賜紫二十八代嗣祖涵穎海公門下，不泥文字，直求西來大意，就裏箇中機□圓敏，涵公蓋許爲人天師云。示之偈曰：

"宗教從頭一串穿，就中活潑祖師傳。弥天香噴嵩山桂，萬頃風波駕鉄船。"

狄泉居士范崑雲石甫撰並書。

皇清順治十年歲次癸巳八月下浣。

登封縣武進士傅而□。

舉人傅而□。

貢士傅而保。

施財檀越山西趙守□、梁騰虹、梁若虹、劉加增、劉節用。

　鄭萬圓、趙印□、梁鳳喈、張于京、牛進文。

　賈士良、靳學善、牛星耀、牛一智、牛倫中。

　王之奇、王之國、王之和、朱吉□。

山西傳戒比丘王性智。

孟津縣□□尺廣慧。

南下報恩寺僧性融施銀拾兩。

鞏邑劉治體刊。[1]

（碑存登封市少林寺对面玉皇殿。王興亞）

重修少林寺記

傅景星

　蓋聞一燈照世，光變通天之日月；五葉發花，香傳大地之叢林。而禪家衣鉢，直指單傳。因得皮肉骨髓之不同，斯佛之所由選，而僧之所繇及第也。粵稽少林禪寺，係天下佛門之祖庭，始自魏孝文帝創，棲跋陀。及達磨西來，面壁九年之後，二祖神光立雪傳法以來，祖祖相傳，燈燈相續於是。升堂入室，選佛印心，爰開不二法門，雲集十方賢聖。玄津寶筏，金繩覺路，故海寓衲子靡不果腹而實歸，諦聞而劃醒焉。沿曁明興之世，業發皇覺之祥，宏敷華鬘，大闡宗風。乃以末業式微，揭竿四起。野猿悲而出谷，飛鳥為之驚棲。於是，風沙迷目，梵宇穿雲。即緇流法侶，祇虞山不高、林不密矣。洞天福地，鐵甲金戈，而少林千百年祖庭遭赤眉夜占南山禍及之，險乎危哉！不為綠林衆嘯之巢穴者，幸有堂頭彼岸大師，法諱海寬，字涵宇，直隸內邱王氏子，紹隆祖位，嵩少主席。鞏法雨之金湯，存佛輪於劫火。此道未喪，一燈長明。秉正法之權衡，摧邪魔之宮殿。而後乃變換滄桑，復還佛土。升法王之寶座，係一線以中天焉。大師既□衣鉢，為佛門正主，繼往開來。為選佛計，能不為選佛場計哉？忽耳通舌本，感動人天，西方好音，為勤上智。際分守許公、分巡范公各現宰官，身修菩薩行，欲補缺陷之乾坤，而還世界於平掌。稅駕少室，相與捐

---

[1]　碑後三行字，難以認識。

貲，而換新之。庀材伐石，選匠集工。肇始於壬辰孟夏，告成於癸巳仲秋。凡單傳大殿，法喜、禪悅兩堂，至於武聖祖師鐘樓、藏閣、山門、方丈，悉次第畢就。金碧輝而㞺靚煥，彩映祖庭，而光霏性焰。因索余言，庸勒不朽。夫余言能不朽哉？佛氏之不朽者，菩提妙心也；聖學之不朽者，盛德至善也。今兩台以聖德至善，成大師菩提妙心，方開萬葉寶蓮，炯干慧炬，寰區佛子云耳，得所皈依，而況重以甘棠蔽芾，湛露晞微哉！有斐君子終不可諼兮。今清皇定鼎，三教維新。祝聖壽之無疆，而載佛日於重期者，夫且永永，固不待余言不朽也。愧不文，而為之記。

順治十年。

（文見葉封、焦欽憲《少林寺志・藝林・碑記》。王興亞）

重修少林寺碑記

艾元徵

海內之巍然高峙而為望者，莫五岳若矣。岳之奠乎中者，則維嵩焉。亙古以來，代有禋祀。至漢武元年，帝於此山間，呼萬歲者三。於是崇其封號，禁三百里內，不許伐木，令典可考也。中有太室、少室二山，太室為峯者二十四，少室為峯者三十有二。而峯之中者形勝獨擅。梁武通天元年，初祖達摩來自西土，世無人識。冷坐此山九載，精靈貫於石壁，歷百千禩不改也。昔祖以迦裟授二祖慧可，曰"如來以正法眼藏付迦葉。輾轉至我。今付汝，滅後二百年，衣止不傳。"後至六祖慧能，其衣果止。非不欲傳，蓋時勢不得而傳也。曹溪《壇經》載之詳矣。太室、少室各有初祖道場，時有興廢。今惟少林一寺，謂之祖庭，為天下法王之位。嗣其教者，已二十八代矣。寺僧以禪宗武功輩出，天下之僧咸就教焉。

今我皇清，景運維新，法古而治，三教之道，不為偏廢。大宗伯以沙門海寬來紹此，統駐錫之，曰：寺以兵燹之後，風雨飄搖，棟宇剝蝕，半廡傾頹，觸目興嗟，謀欲修葺，而力不有逮。乃發善念為疏乞大師和衛公為文，以弁其首。貽之於藩臬諸當事，而大方伯徐公曰："此維藩者之所宜計也。"遂詣中丞公而晉言："□初祖道場，佛法攸繫，燈燈相續，以繼宗風。巍乎梵刹，未可令其就圮也。□有以修葺之。"中丞公曰："爾為嶽牧，職有攸司。修廢補缺，惟爾是。"乃捐俸為倡，以告同事。一時咸喜歡之心，以證佈施之義。隨其豐儉，而作用緣。予以奉命祭告，得履嵩嶽。時方鳩群材而召百工，初為修葺之舉，曾幾何時，而來長安者，僉云頹然之古刹，而已煥然改觀矣。工既竣，寺僧欲以其始末勒於琬琰，以告夫後之君子。乞予文而誌之。詢其所葺建者則方丈立雪亭左右十間，西退居正殿五間，大天王殿一座，兼左右二間，洵可以垂於不朽矣。遂擱管而為之記。

順治十年。

（文見康熙《河南通志》卷四十八《藝文志・碑記》。王興亞）

修建天地冥陽水陸賑孤薦祺三載功勳圓滿碑記

【額題】千古芳名

東蘇村社首李括、李葉俊。

河南府鞏偃師登封三縣各保人氏開列於左：

登封縣郭店社首關衛國、關來喜、關道真、溫槐、季繼孔、關喜國、趙進忠。

鞏縣雷家坡社首雷自海、雷自道、雷九皋、雷燦然、雷春雨、雷守府、雷九袍、雷九州、王伯人、王三益、王允庭、王九德、王門□□、王門千氏、張可立、李九學、李五芳、李玉葉、李文中、李□□□、李門馮氏、韓強、李三重、韓本禮、李登明、李景、張門李氏、曹聚。

魯莊社首姚文近、張世芳、張林芳、□□有、王文安、王景耀、王氏、張仁、周□□、周□□、祁三餘。

立木頭社首王三恕、李門高氏、王啟賢、趙門王氏、楊一夏、趙于河、楊之暢、李門李氏、焦子秋、楊門□氏、李氏慶、李邦定、王門楊氏、正門張氏、王門劉氏、李門孫氏、王自修。

桑家溝社首楊門王氏、□□□、王永慶、王一傑、楊思恭、王門張氏、楊門馮氏、王門李氏、致侍養、楊門馮氏、李門李氏、馮士俊、張良士、王門路氏、張進科、崔于陽、豆喜、□□□、馬世□、呂天民、李□友、黃加第、王丁。

立木頭社首楊甯國、楊所蘊、李進紅、馮忍思、李茂功、劉一法、李有貴。

石灰廠社首朱文學、朱書昇、劉仙旺、王金成、張守文。

東侯堤社首孫敬、楊門常氏、李門劉氏、孫秀、孫旺、任門楊氏、王門張氏、任門李氏、楊文斗、孫傑謙、黃門王氏、李門邵氏、李門孫氏、張門姚氏、李門邵氏、孫志□、劉門邵氏。

南侯堤社首劉海龍、荊三貴、荊門喬氏、荊存善、南世大、賈有賢、荊斯民、荊三悅、荊五悅、李九官、劉三傳、荊門楊氏、李門張氏、劉振聊、馬門李氏、李自明、劉良冬、荊三玉、南世才、劉振景、劉傳遠、馬玉閣、李通、李門李氏、李門劉氏、馬□龍、周澤蒲、常三龍、周門賈氏、王三思、荊門柴氏、賈文龍、王選。

堤東頭社首王進寶、曹門張氏、焦玉林、曹門吳氏、萬中明、曹林、馬新、焦振、路寬、曹門鄭氏、路來進、朱子成、楊守分、魏加□、周加□、原文士、原應川、原自明。

蘇村社首馬國柱、馬登方。

偃師縣府店鎮社首丁門宋氏、裴門楊氏、盧世鳳、王自新、潘門楊氏、劉門郭氏、武門劉氏。

偃師縣雙塔社首郭沖霄、張君祿、喬文斗、喬文魁、喬文璧、韋守志、喬正□、郭一通、裴門楊氏、韋門韓氏、盧門韓氏、郭景春、郭景瑞、郭景遠、郭景秀。

登封縣太后□社首：崔邦用、□□、崔邦甯、崔期祚、王振元、岳門白氏、王□文、陳體心、陳門丁氏、陳奇、崔邦瑞、王曰喜、王門姜氏、陳子才、黃學書、黃門王氏、黃門馮氏、□門白氏、黃門陳氏、劉奇、劉門崔氏、崔冲珍、郭弘昇、楊門陳氏、文門柳氏、楊門王氏、梅門秦氏。

社首楊大福、焦旺□、高欽、李化龍。路意、李守民、崔氏。

順治拾壹年歲次仲春望旦之吉。建會勒碑，釋子祖文，徒清運、孫淨穩。

石匠單□□、劉□則□鐫。

（碑存登封市少林寺。王興亞）

重建十王殿東廊八間記名碑

【碑陽】

嵩山中嶽廟，居五嶽之中，鎮地配天，鍾靈毓秀。從來帝王或親詣封禪，或遣官行禮，雖鍾虞□易而尊崇罔替，其規模弘敞，棟宇輝煌，有非言詞所可罄者。正殿九間，莊嚴異常；兩廡九十二間，亦皆金碧射目。兵燹□成焦土瓦礫之場也。惟十王殿則□面南塑像，爲左右兩廡之領袖。有本縣社首范子立、趙得友、孫思敬、王有才、李茂德、鄭門袁氏、姜應科、范新秀、張門□氏、曾門□氏、王門孫氏，密縣社首邵明孝，本廟道官高常平，俱於順治十年，四處募化，重建東廊房八間，於十二年告竣。今以十方善信之資財，共襄盛舉，恐其時遠年湮，列石垂於後世不朽云。

申佑震撰文書丹篆額。

文林郎登封縣事田升，儒學教諭海內格，訓導張爾聞，典吏党文輝，道官李真美。

住持賈常曾。

社首王自英、郭邦好。

社首靳門李氏、王門白氏、李門范氏、鄧門郭氏、史門胡氏、王正端妻孫氏。

【碑陰】

本縣：王□□、陳□□、王□□、□□□、康□□、康□□、康□□、龍登選、孫大廣、□國揚、馮四□、□□□、宋□□、□□□、孫□□、靳□□、靳□甲、杜國才、□□□、□□□、王廷文、郭□□、□□□、張國安、睢□進表、睢□進成、朱□□、劉□□、張□奇。

襄城縣：社首□□□、□□□、□□□、□□□、□文□、□盡忠、會首李悅等，□□□□、郭□□等，馬□□等，首常門□□、許定學等，張□臣等，李□道等，王文選等、李□玉等、□登第等、□忠禮等、趙鑑、□亮等，湯定忠等，□匠李國英、金匠湯定忠、油匠王進魁、薛進孝、劉光平、楊□才、張□全、趙□□、朱才、劉□明、張

鄭州市 81

文德、劉化啓、張相、程可潔、劉登振、李□邁、史春第、王□□、□□□、□明、趙成瑞等，□□張可林等，張□□、□□□、□門郭氏、王門□氏。

郟縣：張洪智、劉忠、解進孝、郭福、王治生、□美、崔府、周白墨、李洪、王門李氏、□顯□、李□□。

太康縣：李□璋、張□雀、□富、鄭萬交、劉春、□□□、郭行□、李三耀、司從治、趙應登、社首史上義、劉士生、彭敬、李望、王朝玉、王有才、雨生林、馬秀、鄭云釋、陳山、王有□、辛射工、社首辛長信、社首古用□、社首張章□蒂、楊□元、梁門王氏、□□□、馬門史氏、李門王氏、張門程氏、陳門王氏、張門劉氏、□門李氏、陳門□氏。

□自□、李士田、李應田、李□土、會首□□□、周□□、史登科、史□、□□遙、趙太、趙國甯、徐朝現、李國金、周洪涼、劉進禮、□□在、鄭海。

鄭州：尚可禮、王國林、社首楊名年、王宗湯、崔世英、馬奇□、□門三曰、會首李恩、陳生丕等，鄭萬水、朱化弛、段廷孝、會首喜發、郭現閃、馮永讓、鬱登傳、□化□、□□□□、□門□氏。

許州：□邦全、晁自云、□門冀氏、會首李云祥、魏氏秀□門、□□奉、郭□□、□門□氏、□門□氏、□門王氏、□門張氏、李門□氏、劉門王氏、劉門王氏、劉門□氏、魯門高氏、□門張氏、會首□□仁、□應登、會首王進成等，會首□□欽、李加賀、宋國奇、會首王國印、瞿懷甯、楊尚賢、□王娼顯等，社首□恩等，社首□□□等，社首張眘召、孫□國、苗□又、羅大涪、王文煥、張志寬、張來、□門□氏、□門劉氏。

密縣：魏門劉氏、□住、韓□序、□山禮、韓四靈、李四分、李有瑩、韓三傑、李□□、韓四、韓起女、劉萬良、□門胡氏、趙門姜氏、□首張□□等，趙友、梁□林、宋□宜、□三福、□□□、□□□、牛寬、王九龍、趙□、魏□衡、王倫才、王正孝、□□成、陳□□、□門楊氏、張紀、徐門武、董國卿、侯天龍、宋□合、□玉山、宋宜遠、陳□魁、陳□巳、周惠、劉建、冉士祖、李士明、許士龍、劉科、□巳、李有誠、張門常氏。

本廟道人：□□□、□□□、耿真京、王帶□、王元明。

長葛縣：靳立才、吳起交、社首張世福、社首□□□、王世□、張四河、社首□□等，社首□福□、李公文、社首李□文、孟眷志等，宋□榮、徐志頗等、柴正、尹翟仁、□□禎。泗水縣：全可行、李國倫、袁自樂等。

滎陽縣：陳小□、張洪恩、韓啓、果□□、楊□、□□□、□□□、□進周。

祥符縣：張善□、朱□揚、李□光等，趙涇等，張如愛、李廷美、□□□、張□、□光音、邢□云、馬□、□登現、黃玉德、劉國玉、當□□、王國祥、耿□□。

新鄭縣：郭天忠、高□□關庭、李原□、李□□、□□□、□□□、張戚大、□文道、□倫□等，□□□、□當□等，柴□□、郭仁信等，□□高□□□、郭登旺郭應樓□□民自高、□□□文好等，劉文□等，趙長太、張洪德、劉明玉、□□□、劉明新、劉□□、任□學、馬□、劉鳴鳳、劉□□、侯□□等，□□往等，張學高、李中臬、□□□、□顯□、李文□、□□□、立守吾、常□、常光。

王常魁、王□□、□□□□等，□□。

汝州：□□□、社首霍選。

尉氏縣：王廷蓉、□□□、□□□、蔡□□、閻進孝、王□龍等，郭良玉等，陳貝、□聖□等，□□竿。

扶溝縣：□□□、朱又□等，穆化林、陳進□等，牛門馬氏、李之道、白中元等。

河南府：生員潘名。

魯山縣：孔新魯、鄧友、王登第、王道周等，姬同現、楊光祿等，沈西□、段必顯。

禹州：張允中、常門□氏。

西平縣：劉法等，魯三奇、□奉奇、□□林、劉三贛。洛陽縣：□生玉、劉□□、□□□、楊□□、強大□白門張氏。

懷慶府：王□□、□□國、王□□、□□□、楊起望、吉東龍、王國□、陳元道、張思□、段式□、王興長、謝□焉、□□□、□王□□、張德孝、張紀、任□飛、馬元朝、李允辭、王文士。

衛輝府：李昌和、□□□、周□昌、牛進□、徐門□氏、□□□、□□□、□□□、楊門劉氏、陳門楊氏、彭門付氏、楊門□氏、翟配守、□□□、□□□、□□□、□□□、張□□。

山西客人：張玉成、李君山、段必盛、合正連、衛如吳、趙子貴、王元禮、高丁、馬百心、原大□、李加常、蘇三星、張兆興、侯於長、王少峰、張四德、陳中、拓春、楊化林、郝友協、王天楷、張起、宋盛、王四緒、杜允舉、張宗孔、王官勤、王士茂、李日元、閻曾俊、田見□、李昌敬、馬云俊、趙自英、張積善、周喜、張乾、李守訓、劉俊澤、王美玉、王士奇、張目田、張福、汪云□、曹洪印、張惟曾、王起龍、董奎鷗。

臨潁縣：李之□、□□史、□□□、楊□□等，□□□、李立旺、胡來奉、韓□起、董□□等，□□□、□□□□、胡素春、□□明、首李申周等、□豐。

通許：社首張永弟、張奇保、張學玉、張名忠、張名孝、張乙俊、張昌後、張云高、張云大、張化育、張福忠、張龍何。

洧川縣：社首郭子英、□交、□□□、□□□、張□□□、張得寬、喬自成、姚□雨等，杜□□、□□□、楊□□、郭西□、王□□、張乾、王自□等、□□□、朱□珍。

鄢城縣：張□□、石□□、張門弟子劉大超、社首范欽、范汝、范現文、楊明。

邱曉、□□禮。

□縣：□□□、□臨奇、樊文、張治、□□念、□□竹、高文科、高文治、樊□□、□□順、趙玉□、常玉奇、郭出美、郭出□、□□□、王又新。

本縣：王大強、趙守和、趙守本、趙守邦、朱登云、董三省、李一銳、趙守國、董景

鄭州市　83

太、史待遇、張在云、張瑩方、李三言、宋永成、宋可言、宋甫國、劉登望、董可相、張大木、李子貴、張大壽、□先、李合方、□□□、程世□、弋文□、□□□、□門□氏、□門張氏。本縣：張□□、張□□、王如福、王祚然、耿□登、王艮化、黑國望、蘆曲表、付起魁。

鞏縣：王其賀、趙王氏、王牛氏、□和氏、郝陽奎、藺有福、趙辰忠、孟門曹氏、劉□□、□門文清、於文秀。

偃師縣：鄔廣器、□大艮。

□□□、□福忠、李國□、范國忠、范□、范廣、付登雙、張禮道、陳□云、王文秀、丁維中、溫尚智、董只孝、蕉宗妃、孫應士、苗守道、范□義、任國祥、凌尚弟、范友祥、范景夏、范景禮、劉洪才、范旺□、王洎□、馬□興、任可□、楊進莊、王啓茂、袁文可、袁文斗、□自才、楊賢、廖艾德、□□、李□冬、□□□、□□高、郭美、趙□□、郭文、□斗南、首郭文□、□□、□守□、□□□、□□□、□□。

梁□□□、王□□、劉國□、張名□。

王□、□□道、□□□。

趙來、柴□珠、李國玫、侯三福、李門宋氏、張奇裕。

李□□、時大有、□□□、王□旺、□梆、郭應科、王洪業、□定國、張明、趙世明、王胡、郝進忠、□世強、王國治、尚□升、王國彥、王國正、付九德、丁國才、陳登云、王變□、李得龍、丁福、李廷喜、王庫、王□來、劉守業、郭斗、葉大膏、黃世魁、邢忠禎、王工、劉遇民。

洧川縣：社首郭自英、劉春召、吳國忠、陳惠民、薛文交、李重莊、李邦虔、陳文學、馮中良、尚東義、劉忠玉、石國榮、劉如茂、齊閔、張自端、戴應選、吝□梟、王釋禮、白友才、原國明、李文明、劉起泰、范德忠、張□□、□□榮、□□申。

鄭□□、□□□、□□□、李三楊、王自乾、張順、劉克昌、王自茂、王祚名、曹化民、王守己、劉奇、王要、張從、王自振。

鄭州：首郭撫民、首王進忠、萬柳東、趙進孝、郭府成。

大治寶瓶、主匠吳講、溫克敬、弋文光、楊廷祥。

禹州：申自明、李玉明、薛光榮、張□中、楊振邦、貢生席所琦、李□義、魏登云、會首吳忠榮、李門沈氏、彭門□氏、侯定□、會首程忠明、劉邦昌、□應魁、會首王可富、□□□、□□□、李孟堂、楊起□、□□林、惠歡□、張守雙、□□□、□□□、□□□、□□□、□□□、□□□。

□□□、連□□、李□□、楊□□、連王□、趙門崔氏、□加□、連洪□、連一鄂。

社首楊旭猷、王可□、張□、張門朱氏。[1]

---

[1]　最下一排字殘。

木匠任性友、李茂德、董自成、張國揚、蘆國道、董興、于首林、翟可興。木作施銀七兩五錢。

泥水匠葛冬、張九德、任性友。

畫匠朱庠九、康守煥、方可大。

石匠朱貴、王之國。

清順治十三年季春刻立。

（碑存登封市嵩陽書院碑廊。王興亞）

御祭中嶽嵩山文

清世祖

維順治十八年歲次辛丑八月丁未朔越祭十五日酉，皇帝遣通政司通政使致祭於中嶽嵩山之神曰：

惟神環通八表，雄峻中天。統會陰陽，交暉日月。朕誕膺天命，祗荷神休。特遣專官，用申殷薦，惟神鑒焉。

分守河南道河南布政使司參政翁長庸，分巡河南道河南等處提刑按察司副使錢光泰，河南府知府朱明魁、推官黃綬。登封縣知縣阮振益立石。

（碑存登封市中嶽廟黃籙殿。王興亞）

重修佛殿碑記

【額題】萬善同歸

蓋聞佛自西來，厥功偉矣，德莫大焉。妥靈無地，固非所以示尊嚴，而神像凋敝，暗淡無色，尤非所以肅瞻視、壯威儀也。但工程浩大，非一手一足之烈。少林寺僧海潮心竊憂之。諮謀於眾，募化貴官達人以及善男信女，各破慳囊，爭樹功德。從此，庀材鳩工，飛彩流丹，殿宇標輪奐之美，神像昭新麗之光，不且以一時之盛舉，宏□□之遠謨哉！予將拭目以觀厥成。爰敘數言，以當左卷云。

嵩前劉淼撰文。

張學周書丹。

督工：李志倫、趙永福、李志德、王士行。

化主趙復性。

主持海潮、海河，徒□雲，徒孫永魁。

（碑存登封市城隍廟。王興亞）

蔣馨繪蘭碑

蔣馨繪
詠蘭
癸卯
王國政題
托身山崖穴自閑，三經春風靜閉關；誰把靈限鋤出谷，幽香從此滿人間。

（碑存登封市少林寺碑廊東壁。王興亞）

創建老君殿碑記[1]

/ 前弊可革善溝則後利可久。此蠱之卦所以有"先甲三日，後甲三日"，
/ 本義以為，聖人之深戒也。里之北有下清微宮者，鍾二室之秀，氣壯
/ 其地吉，其神靈，不卜可知。內有
/ 一座，前人之創建已久，風雨之漂搖可危。父老扼惋者素矣。惜口有
/ 幾而殿之前後，有栢樹貳株，隕黃就槁，遂共徘徊其下，謂物之成
/ 可因財就事也。於是，伐樹易金，鳩工度材，舍其舊而新是圖焉。此
/ 冥漠要亦人事之幹蠱而得中爾，不可以不誌。爰序而勒諸石。
賀君德、賀國柱、賀君立三人施檁一根。
王獻策、李可信、王朝興、賀桂遵、耿通、王君道、賀君授、耿鈞、賀吾龍、王喜康、王士瑛、王新民、賀口倫、賀吾宝、賀君榮、賀君惠、郭鑄、賀君敬。
窑匠趙加祿，泥水匠楊邦臣，石匠許世英、賀君友，施艮二錢。
住持郝來口，門徒賀復滿、武復清。
乙巳仲春癸未日邑庠生耿兆麟盥手拜撰。

（碑存登封市城隍廟。王興亞）

彼岸寬禪師靈骨之塔銘

祖庭太少林禪寺欽命錫紫傳曹洞正宗第二十八代彼岸寬憚師靈骨之塔
时大清康熙五年六月望四日立。

（銘存登封市塔林東部彼岸寬禪師靈骨之塔上。王興亞）

御祭中嶽嵩山文

清聖祖
維康熙六年岁次丁未八月十七日，皇帝遣户部左侍郎艾元徵致祭於中嶽嵩山之神曰：

---

[1] 該碑上半截丟失，錄文爲下半截文字。

惟神環通八表，雄峻中天。統會陰陽，交暉日月。朕躬亲政務，祗荷神庥。特遣專官，用申殷薦，惟神鑒焉。

河南府知府朱明魁，登封縣知縣阮振益，儒學訓導張國俊立石。

（碑存登封市中嶽廟黃籙殿。王興亞）

重修嵩山大法王寺碑記

賜進士第提督河南學政按察使司僉事前兵部職方清吏司□捕郎中加一級武林史逸裘撰文。

賜進士第中憲大夫直隸大名道河南按察使司副使前任內翰林秘書院檢討邑人耿介書丹。

賜進士第浙江□□使司運副前江南督糧道參議內翰林秘書院編修加一級邑人傅作霖篆額。

己酉春孟，余自洛旋汴，過嵩高、憩少室。見四面皆山，大熊少熊諸峰，環拱如立。而二室之間，有古剎焉，隱嶙相望。時試事孔迫，未獲訪其勝迹。越庚戌之冬，太史蔣先生過蘇門，謁百泉孔廟。時廟貌剝蝕，且將就圮，乃遺余箚謂："崇儒尊聖，此學使者事。百泉之廟，爲先賢講學處，亟宜修復之，尊聖道也。"比渡河，尋有嵩、少之行。越數日，復遺余箚謂："太室之陽，有法王寺焉。昔神光說法，地湧金蓮之處，今荒落日圮。東魯適庵禪師，肩關深息其中。適公幼爲名儒，長而皈釋，佛氏清淨之說、儒家性理之言，表里條貫，洞晰精微。此剎亦亟宜修復之，□□佛教也。"夫道以教爲修，而儒與釋異學。余昔受知太史公，知公學究丘、墳，理窮河、洛，素以闢異端、尊聖道爲任，今一則以修孔廟屬余，再則以修佛寺屬余，何居？目前此公視畿輔學政，余承乏兩河學政，往往以振興士行、修舉文學相助勉。天竺古先生之訓，曾未之前聞，今一旦休沐歸，邂逅適公輒神□妙語，稱讚不置，豈學以時移，情因境徙？如謝太傅之禮□遁，陶微君之詣遠公，其寄託，有由然耶？抑佛氏清淨之說，與儒家性理之言，謂有所謂同修共貫者耶？非耶？昔夫子刪《詩》序《書》，布六經於宇內，凡以扶□人心，著遏惡揚善之烈；而儒臣奉命司學，無不期紹宣統緒，爲多士風。然而絃誦之業，可以勵□□而不能及愚樸；圓像之悟，可以迪上智而不能導庸材。任風華之責者，恆鰓鰓慮。佛氏之教，一意慈悲，垂示因果，使愚夫婦共相唱替而皈依之。俾善□以生，惡念以祛，或亦可以佐風化之所不及歟！然則儒與釋，又何學之異？而聖廟既修後，又安得不繫念於佛祖說法之地哉！後適公至，因延禮於藩臬諸監司大夫之前，以及河南郡，次彰德郡，次懷慶郡，諸守令各有捐助，共成勝業。適云承大願，力光裹祖庭，苦行勞心，誠瘁交至。創工於康熙十年辛亥夏六月，告成於十一年壬子冬十月。凡修後大殿七間，鐘樓一，繕葺東西廡十二，創建丈室，東西共六十，方堂三，其次竈汲礦錯之室凡十，加以繚垣，新之戶墉，而寺復振焉。

是寺也，建於東漢明帝永平年間。釋教來震旦之始，創沿既久，名亦屢易，而大法王寺之號，自宋迄今未之有改。教之邑乘，志其背負高嶺，俯瞰諸山，爲天下形勝之區。適公爲余言，即余過少室時所望之古刹也。余向者望而不能親其地，今稍迥遠而復繕其宮，芒鞋筇杖，仿佛之間，如再及焉。倘儒釋之因緣，亦有夙邁與？姑不見論，惟以其慈悲之說，亦有近於遏惡揚善之意，故隆其教，以爲助理聖道之大端。余承太史公命修百泉孔廟，而記其事，今爲倡修嵩丘時蘭若，而安得不並記之？太史蔣公諱超，字虎臣，金沙人也。

大清康熙十二年歲次癸丑仲春穀旦，邑學生焦欽龐摹勒上石。

住持比丘僧曹洞宗弘庸，執事僧普明、傳錫　　　　立石。

石工常養浩鐫。

（碑存登封市法王寺。王興亞）

重修嵩陽書院記

【碑陽】

天下之事，與之相習，則相忘；與之相觀，則相益。夫人從事道德之途，苟無人焉；觀摩效法，相率而就，於頹落聞有人焉。其行能超越尋常萬萬上焉者，必贏糧景從，其次亦聞風而勵矣。不幸而當世無之，則詩書之內有傳人，其行能超越於今世萬萬也，考論尚友，望古而自淑，不亦可以跂進於聖賢之域也哉！

登封接迹伊、洛，其學術風教不甚相懸。又嵩嶽多奇，四方達人高士自遠而至，學者苟有向往之心，不患無觀摩之益。而自宋以來五六百年，卒未有起而名世者，由於振興之無自也。先是崇福宮有太室書院，建自五代周時，宋至道間賜《九經》，景祐間重建，改稱嵩陽書院。廢於金、元。明嘉靖間，知縣侯泰即嵩陽觀故址復建書院，祀二程先生，仍曰嵩陽，諸生以時講業其中。又廢於兵燹，無半椽片甓之存，即漢封將軍三柏亦焚其一。予每過，徘徊慨息，思興復之未暇也。今年二月，始相度故基東南十許步，築堂三楹，庖湢門階，以次而及，繚以垣五十丈，並護二柏。於內有宋韓公維、呂公誨、司馬公光、程公顥、頤兄弟、劉公安世、范公純仁、楊公時、李公綱、李公邴、倪公思、王公居安、崔公與之，凡提舉主管崇福宮者，皆大賢名世，可爲吾黨矜式，以名宦中無祀，祀於此。落成，爲之言曰：賢人君子之在天下如蛟龍然，所至蒸雲沛雨以澤生民，即潛伏在淵，而靈異之踪數千祀後人猶知敬之。夫程、呂、馬、范諸公，嵩不能有之也，棄之朝廷，而嵩始得而有之。即嵩亦不能常有之也，或一至焉，或再至焉，或係銜及之，隔之異域，卒不一至焉，而嵩終得而有之若此者，豈非道德文章可師百世而然乎？彼王安石、蔡惇、蔡卞、黃潛善、韓侂冑之倫，當其魁柄在握，有生人殺人之權，又未嘗不趨畏之，及身敗名滅，所至人爲之諱，即子孫亦不欲人知之，安望異世之士師法之俎豆也哉！吾黨觀法於此，而考其學術淵源，光明偉俊之業，以諸先生爲師，則在朝朝尊，在野野重，何患觀摩興感之無，自而誦詩讀書日習而忘之也。[1]書院西南十餘步有豐碑，爲唐相李林甫頌述明皇丹成之辭。文章麗秀，字畫精警，未嘗不可愛翫，而一聞某姓名，則詆嗤隨之，亦未始不可爲君吾黨戒也。夫樹碑以圖不朽，迄今千年，而碑尚新，豈非天欲不朽林甫之名也哉！出乎彼則入乎此，請擇於斯二者。

　　登封縣知縣楚黃後學葉封謹撰。

　　邑庠後學焦欽龍書丹。

　　石工常養浩鐫刻。

　　康熙十二年秋九月朔日。

（碑存登封市嵩陽書院。王興亞）

明宗洪鏡和尚覺靈之塔銘

　　嵩山永泰禪寺莊嚴□開恩孝祖明宗、洪鏡二位和尚覺靈之塔

　　清康熙十三年佛誕日。

（銘存登封市少林寺塔林。王興亞）

耿介等人題《大唐碑》[2]

　　康熙甲寅重陽後一日，同焦錫三、傅金臣來□，觀紅葉，竟久乃去。

　　耿逸庵題。

　　康熙十三年。

（碑存登封市嵩陽書院。王興亞）

重修黃蓋峰中嶽行宮碑記

　　高一麟

　　嵩之東麓曰黃蓋峰，由太室中峰脫卸而下，以上時有黃雲如蓋，故名。峰之巔中嶽行宮在焉。鑿石之銳者爲平基，約數丈許，構大殿三楹，拜殿三楹，不繚垣，不立重門。牆外咫尺餘，皆懸崖絕壑，罔敢逼視。創始者不知何代，惜無斷碑殘碣可考也。歲久風雨侵

---

[1] 耿介《嵩陽書院志》卷二載文終於此。其下，據乾隆《登封縣志》錄文補。

[2]《大唐碑》全稱《大唐嵩陽觀紀聖德感應之頌碑》，位於登封嵩陽書院大門前西。通高九百零二厘米，寬二百零四厘米，厚一百零五厘米，是河南最大的石碑。係唐李林甫撰文，裴迦篆額，徐浩書丹。碑的兩側與碑陰有從北宋熙寧年間到民國年間的遊人題字，共計二十三條。

蝕，半就傾仄，憑弔者惻之。去年春，邑侯鄉甯王公以奉祠展拜階下，見其破瓦攲壁，錯雜於亂石磋砑中，慨然曰："此峰為廟後主山，而殿宇頹圮，觀瞻不肅，□所以尊嶽靈也。"乃集邑父老謀修葺之。時三月廟會，四方商賈雜遝輻輳至，咸願布金，共勸不逮。用是庀材鳩工，視舊址稍加敞，棟梁榱桷皆增而大之。措置蟠固，結構穹窿，施以丹堊，繪以金碧，煌煌乎稱鼎新焉。工成，邑侯落之，余以陪侍，得恣登覽。南望箕山，則巢、許清風習習，可坡襟而當。西則少室插天，若張右臂。東俯盧巖、龍潭諸勝，則蟻封蹄涔，星羅棋置，而布之腳下。世傳中嶽為五土之主，於此峰得之。行見廟貌重建，明神居歆，時和年豐，民安物阜，將在斯矣。揆厥所由，邑侯修葺之功，何可沒哉！爰搦管而為之記。

（文見景日昣《嵩嶽廟史》卷十。王興亞）

重修周公廟碑記

昔周公營洛，洛宜有周公祠，因已曷爲乎復建於吾登之東南隅？則以當日測景之表在，是好古者遂推原所自而崇祀之也。當日立表之意，測日景以求地中，蓋爲營王城故也。立表原有五，而中表在潁川陽城，此表宜是。既於此得所爲地中矣，則王城宜營於嵩圮之陽。碩西去此百八十里，而營於洛水之北、邙山之南，何歟？考測景求土中之始，蓋在攝政之四年，政拮据，將蓑謀室眾之日也，其意惟期阜安百物耳，苟爲風雨之所會，陰陽之所知，如射者得中侯焉，足矣。豈□拘拘於侯中之□而後得會合之所哉？若夫嵩前之地，山水叢雜，其不足以容王畿也，人固知之矣。所以因以前帝都多在西北，或平□、或蒲坂，據上游也。周以後，帝都每在豫中，或洛中，或汴京，位王中也。獨怪夫測地之形，較難於知天。天有星辰之躔□，日月之得道，周天之象數，舉目畢見；地則崇山峻嶺，多障疑也。江河□甚紆曲也，道里既不可以中繩墨，而善視者不能見百里。而曆象測天，植表最已，或十餘所，或且至二十餘所，則是盡中國之境，而測之歷代，卒莫有定說。

何周公僅立五表？東西南北僅去十里，而毫芒之途中，雖可指見。嗚呼！非大聖人孰克幾此山。由此觀之，周公之靈，固千百年如一日也。當日創建斯廟，吾知從中表起見也。而今昔之□，事周公則不崇以是前吾夫子，而振起斯文者，非周公也耶，則此廟固宜與文廟並永今古者也。自前代鳳梧陳先生重修而後，已更兩代，歷時既久，風雨及鳥鼠之患，日就傾圮。時滏邑侯萬父母新政，巡歷至此，深痛廟之久而或廢也，於是，捐廉俸食，會輟公鳩工，旬月之內，煥然復新矣。時領其事者，府庠生杜子季甫也。於落成，屬予紀萬父母之政。予曰："萬父母不嘗捐俸新學宮乎？茲復爲此，是欲使吾登知禮樂、文物之爲重，而持此以爲治吾登之首務也與。誠不可不以此意勒石，以告登之人。因並推考言之，或曰激水之天中，亦測景之所也。彼曆家治曆事也，何足以相蒙歟？"

欽命遣祭中嶽賜進士禮部右侍郎楊正中。

知登封縣事知縣萬姓蘇。

李如琦撰。

杜預書。

大清康熙十五歲次丙辰仲秋吉旦。

（碑存登封市告成鎮觀星台。王興亞）

嵩山祖庭大少林禪寺第二十五代住持凝然改公禪師塔銘碑記

【碑陽】

【額題】改公禪師塔銘碑記

嵩山祖庭大少林禪寺第二十五代住持凝然改公禪師塔銘碑記

登封縣學生焦欽寵錫三甫撰並篆額。

蓋事有曠百世而相感者，余不知其心何。非前之人有以垂裕於後，烏能使後之人景仰追慕於無窮也？吾是以有感於第公代月嵩和尚嫡孫凝然改公禪師。師，明洪武年間，住持少林第二十五代，法諱了改，凝然其號，姓任氏。邑金店人。迄今三百年所矣。浮圖七成，峻峙盤固，人天瞻仰，無古無今。竊惟二桂真傳五葉嫡派，面如滿月，口似懸河，紹西泉之宗風，登少室之法座，化身證法，津梁盡設。於五乳峰前，不動道場。寶塔久樹於少陽溪上，孰意年深歲久，因而時移代遷，鵲換鳩居，靄冷獅臺之目，狐潛兔窟，烟迷鷲嶺之雲。每令長老興嗟，應屬鬼神呵護。茲有遠孫等慶口大發虔心，僉謀善愿，再闢祇林，重開鹿苑，爰加施度，遂爾鼎新。鹿野雞林，用恢崇構，龍章豹隱，頗海舊觀。昝日昂霄，舍利之珠爽朗；奪烟爭霧，長明之鏡復圓。《易》垂"幹蠱"之文，《詩》賡"孝思"之句。從此法輪恒轉，行見寶铎口搖。口參廢興，既怳成其一夢；拭目香火，堪永燦夫三華。于是珥笔而系之以辭曰：

　　偏關浮中，遷謝匪停。鐵緄終制，金穴可崩。維茲佛法，覺性所成。向斷與常，匪成而生。誰則重來，而能蔚興。得此鼎峙，如日月燈。道行法嗣，詳勒珉貞。二室三華，夫誰與京。

口部楊思昌提清奉旨征討山西湖廣河南等處地方提取少林寺武僧守備道宗、慶盤、道法、慶餘、同賀、鉉清。

廣生、宗鄉、道時、道曇、慶光、慶山、同田、同貴、鉉從、鉉台。

廣姓、宗願、道胡、道名、名廣勒、慶志、同祜、同述、鉉鎮、鉉魁。

廣美、宗好、道宗、道錄、慶奇、慶讚、同收、同清、鉉机。

廣口、宗相、道權、道府、慶孝、慶旺、同鶯、同碧、鉉正。

廣華、宗彥、道江、道素、慶覓、慶祭、同根、鉉平。

宗房、宗順、道可、道慈、慶信、慶大、同旺、鉉朱。

宗享、道景、道隴、慶明、同興、鉉丹。
永泰寺：不二、古鎰、普涓、廣玉、廣悟、廣定。
僧會司：祖師、祖心、祖曉、祖林。
僧會司：濟淨、淨賢、濟□、濟□、濟□。
峕清康熙十六年歲次丁巳三月清明日吉旦。
第十三輩法孫慶□、孫祖元方、真德等仝立石。
汾水石匠武之尚刊。
【碑陰】
【額題】萬古流傳
改公宗派姓氏
武之尚刊。

（銘存登封市少林寺塔林改公禪師塔前。王興亞）

遊箕山洗耳泉測景臺題詩

當年選勝立臺隍，日影天中受較量。
未有亥心通造化，誰能建制測陰陽。
三春策馬探奇路，萬樹桃花笑昔壤。
風景不馬朱人物，殷懷俗美尚成康。
飄然蟬蛇避箕陰，煙霧茫茫何處尋。
瓦甔不炊列澤櫓，悄聽匿山禽薜蘿。
香隱高人夢逸鶴，翔睨遜國心鄰叟。
攜瓢喜見過清泉，浣月和附洗耳泉。
康熙十六年。
萬姓蘇，豐城人，康熙十四年任登封知縣。

（碑存登封市告成鎮。王興亞）

重修千佛閣疏

焦欽寵

粵自靈山暮歲，以鹿苑轉輪。師林揭要，獨付迦葉。迤傳二十八祖，乃至達磨大士。寶珠南耀，德水東流。梁武帝之庭，聖諦不契。於是神光參討，斷臂安心。而如來正法眼藏大行於震旦之方。雖宗分五派，教續千燈，有律、有講、有禪。惟少林寺提衍評唱，借教明心，兼斯三者，得稱祖庭焉。大雄殿之後，為法堂，為方丈。方丈之後，鑿山為閣，以奉毗盧。千佛飛棟，連甍巍然，煥然迥出林木煙雲之外，最稱雄麗。數十年狂飆之所震撼，靈雨之所飄擊，遂使梵王法界、祇園珠林，簷摧鳥翬，曉風寂鈴鐸之響；瓦碎鴛鴦，夜月遊鼯鼠之跡。四方遊屐至，曷以瞻崇；息心了義者，無所托止。善白緣公，憫然興念，欲復舊觀。通計財物，約費千金，時詘舉贏，良非易事，欲走燕趙秦晉間，持疏募化。余素非佞佛，而嘗謂其平等心與吾儒忠恕未為刺謬，倘由此念擴而充之，即不必為聲聞、為圓覺、為菩提薩埵而宏濟，願欲無有出於此念之外者。仰祈同志於其所至，泚筆應之。毋徒委為有漏因果，生怠忽心。他日勒石二室三華之間，功德無量。

（文見葉封、焦欽寵《少林寺志・藝林・碑記》。王興亞）

嵩陽書院講學記 [1]

【碑陰】

【額題】嵩陽書院碑記

　　戊午之冬，余奉命視學中州。越明年嘉平上浣，校士入洛，事竣，取道嵩少間。山勢僛巖，林樾蕭瑟，松檜斑駁而蒼鬱，尚有漢、唐時所植。時方雪始霽，山風忽起，猿鳥亂鳴，心目曠然，誠不自知囂塵之遠也。山之北麓，舊有嵩陽書院，為宋代諸賢講學之所，歲久傾廢。邑逸庵耿先生以名進士起家，官禁近，蓋以斯道為己任者，休沐里居，毅然修葺，讀書其內，諸生遂多從之遊。其學不以藻繢為工，不以名聞利養為業，痛濂、洛之緒久湮，務求上接性道之傳。居恆以澹以寧，裘一襲，菜一盂，朝夕默以通其悟而言以暢其宗。每揭義利之辨、天人之防，以示學者。余過之，先生方坐皋比，列生徒，質疑問難於其前。余亦得微聆其緒論，不禁聳然異之。繼更為余設茗粥蔬筍之供，宛若康節百源，山中風味，余蓋不敢不飽焉。其西偏，先生更自為齋三楹，適當漢柏之中，邀余坐良久，益令人凌兢之氣消。嗚呼！敦教化，成風俗，余竊有責焉。顧日就期程，走道路，其所以使士子赴繩尺而較優劣者，不過一日之文墨而已。即或孝悌廉讓風義素著之士，未嘗不即為獎賞之；其害焉者，未嘗不亟亟懲誡之；然相勉在俄頃之間，相求憑官師之說，旅進旅退，又安能涵濡漸漬，使多士皆能悉其所以然而蒸蒸不能已也。故余不得已于六經誦習外，更為刊刻條約，使皆習《孝經》。臨試，輒先詢其能習與不能習，俾皆識敦其本而復其初誠。以孝之為道，自天子、諸侯、公卿、大夫以至士庶，人無不有所當盡。近之，雖在子弟之間，遠之，天地之大，無不可以一貫而相通。將無多士或

---

[1] 此碑鐫刻嵩陽書院碑文六篇，碑陽與碑陰各刻三篇，碑陽有張塤《嵩陽書院記》、湯斌《嵩陽書院記》、耿介《創建嵩陽書院專祀程朱子碑記》；碑陰有吳子雲《嵩陽書院講學記》、郭文華《嵩陽書院程朱祠記》、竇克勤《嵩陽書院記》。本書按撰文時間順次分別輯錄。

可即尋常日用中，悖逆不作，和順日生，地察天明，神明彰矣。當亦爲行遠自邇，登高自卑之一助乎？而余終以爲不能長養涵育，使常如一堂之謠請爲較切也。耿公乃能追白鹿之遺徽，仿鵝湖之舊事；修之身即以示之人，得諸內即以語諸外；官守之所不及規，程度之所不能喻，皆可以使之心解而志得。嗚呼！可謂賢矣。且其學首主敬，敬其身，未有不能事其親者矣。事其親，未有不益淬其身者矣。余望多士以孝，而更有耿公主敬以作之基，則其輔教化而裨風俗，于以上報聖天子之麻命無難也。昔嵩少多隱君子，在唐有李拾遺渤者，昌黎韓公屢招之仕，以爲朝廷光寵。今耿公則非素未登朝者也，其實有意于正學之廣暨乎？余雖不敢自附昌黎，而拔茅連茹之意，固未衰也。時同來者，爲登封令張子壎，余門下士也，仁心爲質，固亦有志于道，而且厚加意于斯民者也。于是，泣書以爲記。

中州督學使者龍眠吳子雲識。

後學焦欽寵拜手書。

康熙十七年。

（碑存登封市嵩陽書院。王興亞）

創建中嶽行宮拜殿碑記

嘗聞嵩嶽在中州，繇胚胎剖判之初，鍾造神秀之氣，鎮壓厚地，奠安一方，噴薄風雷，蒸騰雲雨。乙太史璇璣察乾文，知其協星辰之定域，以陽城土圭測日景，知其屬天地之正中。萬山四顧而來向，峭壁高聳而直立，非他名山鉅鎮可比。其爲人所尸祝而崇奉者，宜不向通都大邑與窮陬僻壤也。茲潭沱村之東，舊有中嶽行宮，代遠年湮，創建莫知其始。而正殿三楹，煥然維新，則重修於仝君諱仁也。獨是立廟之制，既有正殿以棲法像，不可無拜殿以薦馨香，陳俎豆於烈日風塵，行叩祝於荒煙蔓草，神之羞矣，抑人之恥。幸有信女仝門高氏，目擊心悼，喟然歎曰：「惜吾婦人，不能神人光願，捐貲十兩，以爲達官仁人君子倡。凡善男信女，能輸資財，出粟米者，繼吾志而爲之，安在衆流不成滄江，多木不構大廈乎？」而閆子諱運行者，則奮然興曰：「莫爲之前，雖美難彰；莫爲之後，雖盛不繼。統理之責，愚其任之。」於是，募化四方鄉親，朱提與青蚨交施，車牛共人力齊助。不數月而赤白交映矣，榱桷之粉繪矣，棟桷之輝煌矣，簷溜之蠹截矣。旭日明媚，夾殿之飛翬；朝霞卷舒，助峰巒之起秀，庶俎豆不陳於風日，叩祝不歷乎荒草，微高氏、閆子之力不及此，豈可輕之？善舉弗彰乎？因刻石而爲之記，請予敘其功德焉。予竊思創建補葺，固在積功之家，節取人善，亦屬人生之責。故不敢計文之貽笑大方，爰記貞珉，用勸後人。

潁谷後學邑庠生韓琮瑞六氏沐手拜撰書丹。

木匠閆運奇、段洪仁。

石匠晉鳴珂。

畫匠毛光先。

（施銀姓名，字多模糊不清）

龍飛康熙十八年歲次己亥孟秋上浣立石。

（碑存登封市中嶽廟。王興亞）

嵩陽書院程朱祠記

【碑陰】

　　古之教人必以學。其著於家與黨與術，則有塾，有庠，有序；其著於國，則有學。然有輔其教之所不及，而可以明道勵俗，使士咸翕然知學之所在，則書院爲重。夫書院不概論，而嵩陽書院其最著也。剏於五代周，盛於宋，廢於元、明。嘉靖初，邑令侯泰建有兩程祠，書院祀兩程，尊其人，重其地也。嗣歷兵燹之餘，塵飛景滅，故址無存。楚黃慕廬葉公來宰是邑，取有宋以官謫崇福宮者凡十四人合祀之。夫以有宋諸公與程、朱並祀，意善矣。然祀之不於其倫，識者譏之。至於程、朱，蓋同道者也，皆有功於聖人者也，祀程而不及朱，亦非也。余年友耿逸庵志先賢日久，丁巳春捐金修建，仍書院舊基搆堂三楹，程、朱合祀焉，當矣。余不敏，竊志於學，其於天人主敬之旨，時兢兢焉，顧以仕嬴海，不獲共朝夕爲憾。

　　戊午秋，逸庵以程、朱祠寓書於余，余乃捐俸以助。明年己未，功乃成。是時，長洲牖如張公甫宰是邑，慨然以興學勸士爲務，迪以古訓，風以詩書，以故來學者日益衆，書院日益顯，而程、朱之學日益昌。故祀程、朱者，尊道統，端士習也。夫學必明其所主，而道貴崇乎其正。先王之造士也，有《詩》、《書》、《禮》、《樂》以正其趨；有進退之節、周旋之度，以習其耳目心志；有格致誠正、修齊治平之道，以明其體，達其用。又且春夏秋冬，隨其時而教之，小成大成，因其候而導之。而要其大旨，在使人知聖人之道之所歸，以相率而勉於學，凡異端邪說舉不得而亂之，故其爲教之永，可以傳之千百萬世而不可以廢。及三代衰，先王之教不明，而異端蜂起，邪說橫行，倡之以虛無之學，惑之以禍福死生之說，舉世靡然相尚，而堯、舜、禹、湯、文、武、周、孔之道，寖以微滅。不有人焉起而正之，而其道幾絕。有程、朱者，出於數千百年之後，而爲之闡其微言，晰其指歸，使二帝三王、羣聖人之道，如日月江河之流行於天地間，而不可磨滅，俾學者從事其中，有以識夫仁義中正之旨，明夫誠僞敬肆、公私之辨，而不惑於所趨。嗚呼！其功大矣。故曰祀程、朱者，尊道統，亦端士習也。余不幸不獲從遊於程、朱之門，猶幸其得以往來其地，如入其室，接其人，聆其言論，而瞻其語默動靜進止之儀，雖謂程、朱至今存可也。後之學者，苟崇乎其道之正，而明其學之所主於焉，志程、朱之志，學程、朱之學，以上朔夫堯、舜、禹、湯、文、武、周公、孔子之道，勉而赴之，切磋而砥礪之，則志氣由之強立，習尚由之淳厚。其有關於人心風俗，豈淺鮮哉！

　　康熙十九年歲次庚申夏五月。

文林郎、原任知寧津縣事、內升中書科中書舍人郭文華撰。

男英敬書。

（碑存登封市嵩陽書院。王興亞）

嵩陽書院碑記

【碑陽】

嵩陽書院，宋提舉管勾諸賢遊歷處也。金、元時廢於兵火。明嘉靖間，知縣侯泰建二程祠，今廢久矣。邑之賢大夫耿逸庵先生，憫人心之佸溺，痛風俗之澆漓，慨然以斯道爲己任，乃推本於源流承傳之人，崇祀程、朱夫子，特立祠焉。中搆一堂，顏曰"麗澤"，傍書"君臣、父子、夫婦、昆弟、朋友之義；博學、審問、慎思、明辯、篤行之目。"定《輔仁會約》，集諸生每月初三日課文，十八日講學，寒暑風雨不輟，誠今日之鵝湖、白鹿洞也。世之呫嗶者，揣摩舉業以博取功名，雖文詞爛然，科目赫奕，於身心性命之理置而不講，毋怪乎真學失傳而人心風俗於焉大壞。先生文章理學，爲世大儒，由史館洊歷，風紀清操，仁聲昭然在人耳目間。既而厭膴仕、甘林泉者十餘載，讀書、窮理、爲善，惟日不足。大約以敬爲體，以恕爲用，歸本於存誠。先生第去書院五里許，時而策蹇，或徒步，正襟危坐其中。每與睢州湯潛庵太史、上蔡張仲誠先生手札往還，發揮聖學無餘蘊。讀其所輯《理學要旨》一編，深切著明，悉宗之程、朱夫子者也。原夫歷聖相傳之道，自堯、舜、禹、湯、文、武、周公、孔子，而後孟子一人而已。孟子沒千百餘年，程子起而接其傳，紫陽夫子詳序之矣。按登邑，古陽城地，堯所遊，禹嘗避位，周公測景於此，程、朱子曾領崇福宮。由此觀之，歷代之聖君、賢相、名儒無不遊歷其地，尋淵溯源，聖賢之道統萃焉。然則書院之廢興，確有氣數存乎其間，而亦人心風俗之所大係也。先生興復之功，豈可緩乎哉！余因之有感矣。余幼遭坎坷，甫習章句，輒馳情世務。及壯，糊口四方，追逐者勢利，幾希所存，牿亡殆盡。間嘗晨鍾猛省，欲求放心，茫無下手。因思于治民之日，洗心滌慮，復我夜氣，此念人所未信也。今者謬令登邑，先生告余正心誠意之學，且述程子當年移晉城令時，座右書"視民如傷"四字，日以教養相勸勉。余聞教兢兢，潔己愛民自矢，凡所興除，必詣書院請命，先生直言無所隱。會歲祲，民嗷嗷待哺，先生散穀助余濟荒，非先生與人爲善之一徵耶？登邑，嵩嶽鍾秀，人物代生，先生能令變化氣質，砥礪行誼，究心于天人理欲之辨。而四方學者，曉然知宋儒。嵩陽書院得先生復振，無不向風慕義，立雪其門，從此真儒輩出，關、閩、濂、洛之統于今有傳人乎。書院前後數楹有位次，漢柏鬱茂，二室聳峙，箕山潁水曠然在懷。先生每偕人士講學談道于清泉白石間，恍然有浴沂咏歸之樂。噫！鳶飛魚躍，無之非道。得此意者，升堂入室，可從先生遊書院也矣。

知登封縣事長洲後學張壎謹撰並書。

光欽登封縣學博遂平秋一李泓新野宜庵時之聖率諸子講學于嵩陽書院，時康熙壬戌中秋前一日也謹題。

學人焦欽寵。

康熙十九年庚申孟秋。

（碑存登封市嵩陽書院碑廊。王興亞）

嵩陽書院記

【碑陽】

嵩陽書院在登封縣城北，建自五代，宋初與睢陽、白鹿、嶽麓號四大書院。其地負嵩面潁，左右少室、箕山諸峰，秀矗雲表，中天清淑之氣，于是焉萃。至道中，賜九經子史，置校官，生徒至數百人，稱最盛。二程子嘗講學于此，後人因建祠。明末兵亂，傾圮殆盡。

國朝崇儒右文。知縣事黃州葉侯封建堂三楹，祀二程、朱子，而以地鄰崇福宮，凡宋臣之帶崇福宮銜者，皆祀之。葉侯既遷京職，邑人大名兵備副使逸庵耿先生介，家居講學，以程、朱爲道統，所宗不當與諸賢列，復蠲貲建堂三楹，遷主崇祀。又作講堂三楹，顏曰"麗澤"，旁署兩齋，曰"博約"，曰"敬義"，書舍若干楹，庖湢門垣具備。自康熙十八年春，至次年秋訖工。知縣事長洲張侯壎，以興起斯文爲任，月吉講學課藝其中，多士彬彬向風。逸菴作書屬余爲記。余適承乏史局，方恨不得從事几席，與聞緒論，其何敢辭？然逸菴之意，豈欲余記營建歲月而已乎？或欲有言以告多士也。

竊以孔子教人之書，莫詳于《論語》。當時及門稱顏子爲好學，當與終日言而不違者，今所記不過問仁、問爲邦二章而已，然天德王道備矣。顏子謂夫子循循善誘、博文約禮，今他無可考。即二章思之意者，虞、夏、商、周之禮樂制度，即所謂博文；而克己復禮之訓，即所謂約禮與，特學有體用，問有先後耳。《中庸》言明善誠身而列其目，亦自博學審問始。孔子言知不廢多聞多見，而語子貢以一貫，則又以多學而識之者爲非，其所以一貫之旨，終隱而不發，即與門弟子言求仁之方。爲仁之要多矣，而仁之體，則罕言也。豈聖人之過爲隱與？及讀《易乾卦象傳》與《中庸》首章，而後知道之大原莫明于斯也。蓋道之大，原出于天，而仁者，天道之元也。知天人同原，則知吾心與天地流通而往來無間。民胞物與之念，油然而生，而戒慎恐懼自不容已。故程子謂"學者須先識仁"以此也。然仁之爲體，非可口傳耳授也，在人之默識耳。孔子自十五志學，至能立、不惑，五十而後知天命也。以大聖人而若此，則知命亦難矣。今之講學者，聚數十百人于堂而語之曰天命云何，心性云何，將大本大原，皆爲口耳影響之談。學者于俄頃之間，與聞性道之秘，其不至作光景玩弄，視《詩》、《書》爲糟粕，禮儀三百，威儀三千，爲粗迹也，幾希矣。斯亦講學者之過也。夫道無所謂高遠也，其形而下者，具于飲食器服之用，形而上者，極于無聲無臭之微，精粗本末，無二致也。孔子語顏子曰："非禮勿視，非禮勿聽，非禮勿言，非禮勿動。"而語樊遲曰："居處恭，執事敬，與人忠。"聖人與上智中材所言皆不越是。蓋以天命流行，不外動容周旋，而子臣弟友，即可上達天德。所謂無行不與者，此也。所謂知我其天者，此也。今功利詞章、舉業技藝之習，陷溺人心。士子窮年矻矻，志在利祿名譽，而天之所與我者茫然也，是其學迥非聖人之學矣。夫《中庸》之博學，將以篤行也；顏子之博文，將以約禮也；大《易》之窮理，將以盡性而至命也；《大學》之格物，將以修齊治平也。今滯事物以為窮理，未免沉溺迹象，既支離而無本；離事物以言致知，又近于墮聰黜明，亦虛空而鮮實。學路久迷，習染日深，偶爾虛見，未為真得。非默識本體，誠敬存之，綿綿密密，不貳不息，前聖心傳何能會通無間？故曰"苟不至德，至道不凝焉"。嗚呼！豈易言哉。逸菴之學，以主敬為宗，以體天理為要，可謂得程、朱正旨矣。吾懼學者之易視之也，故因記書院而詳之，欲其深思而自得之也。張侯明經起家，治行多可紀，于逸菴相與有成，尤足嘉也。吾又懼來者之不能繼，故備書之以告後之君子。

賜同進士出身日講官起居注翰林院侍講明史纂修官中憲大夫睢陽湯斌撰

康熙十九年庚申秋八月。

（碑存登封市嵩陽書院。王興亞）

嵩陽書院記

汪楫

書院之名，古未有也。三代盛時，教始于比閭，設于州鄉，本于家塾黨庠，以達于王國，蓋天下無人不學，無地不建之學以教也。周衰，王政廢缺，青衿城闕，《詩》用為刺。孔子躬神聖之資，而世莫能宗。乃論次《詩》、《書》，修明《禮》、《樂》，舉古司徒、樂正所為造士鄉國者，退而與七十子之徒，修之洙泗之間，後世講席之興昉此矣。迨並爭于戰國，而秦坑焚之禍烈。唐、宋設科，以詩、賦、帖括取士，天下靡然競于聲，偶詞章功利之習，而不要于本實。宋儒輩出，往往依山谷授講，徒多者至數十百人，而嵩陽、嶽麓、睢陽、白鹿四書院為最著。夫道德禮樂經書之寄，或在庠序，或在山澤，雖教無終晦，而寄焉者異矣。

嵩陽書院在太室之麓，距登封縣城五里，即五代周所稱太乙書院者也。歷金、元迄明，置廢不一。至國朝康熙十八年，乃擴而增修之，迄今十餘年。規制始稱閎備，則邑人逸庵耿先生經營興復也。先生以館閣近臣，出秉方岳，退居箕潁之間，著書講道，[1] 屹然以絕學為己任，躬行實踐，[2] 確守程、朱于孔門，言仁言孝之旨，體認精切，而一歸于主敬。立教不尚高遠難行，以制舉之業，士子所賴以進取，不待督責而自勸，因其所習，引之于

---

[1] 乾隆《登封縣志》無"著書講道"四字。

[2] 乾隆《登封縣志》無"躬行實踐"四字。

道，使證聖而繹經，士類翕然宗嚮。余曩者承乏史局，每從睢州湯潛庵先生聞其概。己巳，奉命守河洛，竊幸近先生之居，得以造廬請益，迫于職事未遑。今歲春，始克肅謁先生于嵩陽，入書院[1]仰接几席之盛。先生謂余不可無言，余逡巡避謝。因念象山先生在南康時，首提義利之辯，即以科舉之學反覆開發，考亭謂其切中學者隱微深錮之病。昔呂伯恭以舉業教浙中，言非此則講堂前有草深一丈之譏。然則于舉業之中，示人窮經，反躬明理，著己以默，消其幹名而好進，古今一也。[2]今聖天子右文重道，文教誕敷，刊經書講義，頒之學宮，所以風勵之甚。至先生復爲之倡明于下，即士人進取之業，使之體驗于身心，推行于日用，以暢四肢而發事業，其功偉矣。夫天下郡邑之廣，莫不有學士之從事于學者，非功令不遵，非六經、孔孟之言不習，誠能真知而實踐之，固可仰追三代之盛矣；乃責以聖人之道，或茫乎莫知所從，人則學焉而不精，習焉而不察之過也。余故仍取先生立教之旨，爲河洛之士一推言之，以應嘉命。雖然，余豈僅爲河洛之士言之哉！

康熙年間

（文見耿介《嵩陽書院志》卷二。王興亞）

嵩陽書院雙柏賦並序[3]

甲寅秋，書院初成，敬恕主人清晨乃邀良朋，載酒來遊其間，徘徊古柏下，歌《棫樸》之章，浩然興懷樂已，既而嘆曰："甚哉！柏之可以喻學也。"客曰："天地之性人爲貴，以其秉陰陽五行之秀氣，而賦質與凡物殊也。今柏一物耳，而吾子謂其可以喻學，何也？"曰："二氣五行，化生萬物，物得其濁，人得其清。五常之性，人固有之，物亦宜然。乃人或戕之，而物則不改其度，子慎無岐視夫物也。"客笑而不答。於是，援筆爲賦，其辭曰：

何大造之灝灝兮，始一氣之鴻濛。既兩儀之絪縕兮，普資生以爲功。睹朕兆之方萌兮，乃根荄於黃鍾。嘉品物之咸亨兮，橐籥夫萬有而不窮。爰曲直以爲性兮，秉幽貞以爲姿。挺剛健而不屈兮，亦輪囷而離奇。俯清溪之瀠洄兮，復亘帶夫屭屭反。感後凋於歲寒兮，歷千古其如斯。本既通於溟渤兮，末乃干青雲而上之。閱靈椿於海嶠兮，陋嶧陽之孤桐。豈新甫之所產兮，徒侶夫徂徠之松儼。正笏垂紳之端士兮，躋鏘翱翔乎禮樂之宮。自非表乾坤之正氣兮，曷特立乎天地之中。值嵐光之夕照兮，疑非雲而非煙。靈鳥愉悅而集其上兮，白鶴舞其蹁躚。好風來以婆娑兮，明月出而娟娟。騷人坐愛以吟詠兮，隱士矢寤寐而盤桓。覽羣彙之紛敷兮，獨淡靜以自安。挹沉瀣之夜噓兮，適天性之自然。骨幹嶙峋而枝扶疏兮，高明而克之以沉潛。厥德合於無疆兮，與博厚而相延。資潤下之膏澤兮，迺固結

---

[1] "入書院"三字，據乾隆《登封縣志》補。

[2] "然則于舉業之中……古今一也"句，乾隆《登封縣志》作"昔賢立教之深心，固有不謀合者。"

[3] 此碑共兩塊。現存"疆兮"以下碑石一塊，前一塊無存。據《嵩陽書院志》卷二補。

於重泉。得黃離之烜耀兮，光輝發越而鮮妍。念樵夫牧豎之往來於其下兮，經百鍊而愈堅。挹朝曦而披和風兮，藹元善之發舒。厲霜雪之勁節兮，豈甘自處夫卑污。伊小大之有秩序兮，何謙遜而容與。能擇地而處夫嵩之麓兮，雖明哲其奚如。陵谷變而不改其柯兮，洵守貞而不渝。雷轟電掣而不慴兮，力能敵乎萬夫。受陰陽之氣而取之不奢兮，深砥礪夫廉隅。始託體於合抱兮，譬登高而自卑。終矗然其蒼莽兮，志上達以爲期。緬虛懷而仰止高山兮，信端嚴其可師。葉葉相承而無躁心兮，久念茲其在茲。日長月益而不能自已兮，悟進德修業之以時。含真抱樸以全內美兮，豈炫鬻夫華滋。偃蹇磊砢於山之阿兮，有似於遯世而不見知。亂曰：屻崒郁蔥，洪惟嶽靈，默護持兮。盤紆參錯，陰森窈窕，相敝虧兮。清淑其氣，磅礴渾淪，得天厚兮。樂山之體，敦龐醇固，仁者壽兮。寒暑推遷，鈞陶籤溢，老其材兮。造物所植，沐雨櫛風，控埏垓兮。遠接羲農，中更黃虞，歷三代兮。西引若木，東窺扶桑，垂鬖髿兮。安土不流，樂天不憂，其任運兮。斂乎若寂，憺乎若忘，其處順兮。

敬恕堂主人耿介書於嵩陽書院之麗澤堂。

宛陵劉興鑴。

康熙十九年庚申秋八月。

（碑存登封市嵩陽書院碑廊。王興亞）

麗澤堂題額

麗澤堂

康熙十九年庚申秋八月耿介題。

宛陵劉興鑴刻。

（額存登封市嵩陽書院碑廊。王興亞）

嵩陽書院記

【碑陰】

耿太史逸庵先生倡道嵩陽，其學務以洛、閩爲宗旨，孔、孟爲要歸；其教人，務以主敬爲根本，行恕爲推致。總欲體天地生物之仁，以不負天地生我之意。邑之北舊有嵩陽書院，僅餘一祠，先生因其故址，大爲修理，特祀程、朱，與學者往來講習其中，一時儒行蔚然丕盛。會長洲牖如張公來令茲邑，更崇尚先生學，樂與人明賢聖之道，闡程、朱之理。每值會文講學之期，必單騎至書院，以無懈厥事。時予來訪道逸庵先生，坐敬恕堂且兩月餘，因得屢與書院內備觀講習之盛焉。先生曰："子盍發明學問之旨，爲書院記之。"予辭不獲命，再思之。予辱先生知最深，先生之學，固人所共聞見者，予若更爲揚詡，人將謂阿所好也。予不敢，且恐非先生意，謹撮其素所聞於先生者，而略爲之言曰：

嗚呼！聖學之相傳，蓋有至易而至精者乎。堯、舜、禹之相授受，曰："人心惟危，道心惟微。惟精惟一，允執厥中。"堯命中而舜，即示以人心道心之別，益以惟精惟一之功，以求無失此中。則中，其至易至精者乎！是中也，自堯、舜闡之，已自羲皇傳之者也。自羲皇傳之，實自天地啓之者也。"維天之命，於穆不已"，此乾元之所以統天也。人於其中，得元亨利貞之理，爲仁義禮智之性，於是，人而渾具夫天之體矣。以此驗中，何人無之？而其後有什佰千萬之不相同者，豈以此中有難能與抑思此中也者？不越乎人倫日用之常，而有天命流行之趣，非甚異于人之事？是固古今不易之庸道也。庸則人人可至，不庸則馳于高遠而不可訓；庸則世世可守，不庸則炫于新奇而不可久。體乎中庸之道，以歷之于君臣、父子、夫婦、昆弟、朋友之倫，而行之以知仁勇之德，從事于博學、審問、慎思、明辨、篤行之務。而本之以盡性致曲之誠，純之以戒懼慎獨之功。而進底于闇然日章素位而行之域。時而窮也，則遯世不見，知而不悔；時而達也，則禮制可以興，九經可以舉，鬼神可與同其微顯，天地可與同其悠久。徹上徹下，無非中之體段；爲斂爲散，無非中之存發。孰謂中之道，非天下之庸道；中庸之德，非天下之至德也哉？況乎前有伏羲、神農、黃帝、堯、舜以開其統，繼有禹、湯、文、武、周公、孔子、孟子以大其傳，後有周、程、張、朱以纘其緒，而斯道何嘗一日泯于人心乎？察而識之，存乎其人；擴而充之，先有其要。《孝經》曰："身體髮膚，受之父母，不敢毀傷，孝之始也；立身行道，揚名于後世，以顯父母，孝之終也。夫孝始于事親，中于事君，終于立身。"子思子亦述夫子推明舜、武、周之大孝，達孝而極之，塞天地，橫四海，無所不通。嗚呼！此又中庸之道之所以貫乎天德王道之終始也與！陽城居天下之中，將必有繼我逸庵先生後以求得。夫聖學相傳之中，而不自戾于庸者。不知其有以許我乎，抑否乎！

柘城後學竇克勤頓首拜撰。

宛陵劉興鑣。

康熙十九年歲次庚申秋九月。

（碑存登封市嵩陽書院碑廊。王興亞）

創建嵩陽書院專祀程朱子碑記

【碑陽】

書院之來舊矣。中祀兩程，遭罹兵燹，遂圮。前令楚黃慕廬葉公，始爲堂三楹，以終宋之世，凡帶崇福宮銜者十四主合祀之，兩程、朱子與焉。余謂書院宜重道統，程、朱例有專祀。寓書於前督學使者莊靜庵先生，及傅叔甘表兄、郭元甫同年，多寡咸有捐資。於是，直南爲殿，專祀程、朱。會邑侯長洲牖如張公豈弟作人，弘獎不倦，鼓舞振興，嘉惠尤篤。因別搆一堂，顏曰"麗澤"，爲朋友講習之所。又建觀善堂、輔仁居，博約、敬義兩齋，並旁舍若干區，庖湢粗備，門垣整飭，煥然改觀。爲文以紀其歲月，復推其義而言曰：古今之所以有賴者，道爲之也；而古今道之所以有賴者，人爲之也。道之大原出於天，其命於人，則爲仁義禮智之性；感於物，則爲惻隱、羞惡、辭讓、是非之情；見於事，則爲君臣、父子、夫婦、昆弟、朋友之倫。有此人則具此理，雖聖不能加，愚不能損也。自人未必皆率性而行，則修道之教於是乎立，而道統之傳有自來矣。韓昌黎有言曰：堯以是傳之舜，舜以是傳之禹，禹以是傳之湯，湯以是傳之文、武、周公，文、武、周公傳之孔子，孔子傳之曾子、子思、孟子。自是以來，《詩》、《書》煨燼浸尋。漢、唐以及五代，功利之習中於人心，異端復從而蝕之。吾道之在天下不絕如線，有宋之世，河南兩程夫子親見濂溪，得不傳之學於遺經，以興起斯文爲己任。明道嘗曰："吾學雖有所受，天理二字卻是自家體貼出來。"伊川亦謂："人只有一個天理須索要存得。"嗚呼！十六字之心傳，至此且數千百餘年矣。如孔門顏之克復，曾之忠恕，思之誠明，孟之仁義，言雖不同，而旨則一。若夫"天理"二字，何其包含廣博，蘊蓄精深，統括而無餘也。至於曰誠、曰敬、曰恕，皆所以開聖人之閫奧，示學者以階級，俾有所持，循而優游，以臻夫天理之域。由是歷龜山、豫章、延平，以傳之朱子，表章六經四子之書，發揮河洛之微言大義，使斯道燦著如日月經天，江河行地，有耳之所共聞，有目之所共睹，雖異端亦不敢與吾道抗。固宜其食報無窮，國學術序黨庠而外，勝水名山咸俎豆而勿替也哉。雖然，陸象山言之矣，東海有聖人出焉，此心同，此理同也；西海有聖人出焉，此心同，此理同也；南海、北海有聖人出焉，此心同，此理同也。千百世之上，千百世之下，有聖人出焉，此心此理亦無不同也。若是，則人皆可以爲程、朱矣。奚必登其堂，瞻其廟貌，儼其衣冠劍履而始謂之曰"此程、朱也"。試反而察之吾心，見孺子入井，其能不怵惕於中乎？見卑污之行，其能不去之若浼乎？動容之間，不油然起遜順之心，於他人之善惡，不昭然別其是非乎？凡此皆天理發見之端也。循是端而存誠以體之，持敬以養之，行恕以擴充之，則盡性爲至命之本。希賢爲希聖之基，又從而居其地，論其世，讀其書，想見其人，以一身爲古今大道有賴之身，在學者之自勉焉耳矣。

後學耿介謹撰。

年侄郭樸書。

康熙十九年庚申冬十月。

（碑存登封市嵩陽書院碑廊。王興亞）

漢嵩高邑題額

漢嵩高邑

知登封縣事長州張壎題。

康熙庚申冬。

（碑存登封市嵩陽書院碑廊。王興亞）

李之茂遺命施地記

大清國河南府登封縣，父庠生李公諱之茂，遺命施助泉寺前左、右香火地一分。

不孝男、賜進士、原任臨晉縣如瑜，遵奉遺命，賜與寺僧湛現管業。係本山山主候選州同孫男李長發、貢士李如璜、生員李如林、舉人李如琦、生員李如璉、貢士李如明、化主蔡恒升、劉廣運，住持比丘僧空寂慧、法徒湛現、湛源。

石匠武發揚。

康熙二十年肆月吉日。[1]

（石存登封市嵩山五指嶺助泉寺。王興亞）

百思箴並序碑

耿介撰文。

伊門後學李佩蘅書丹。

《洪範》："曰思曰睿，睿作聖。"《易》曰："君子思不出其位。"《孟子》曰："心之官則思，思則得之。"吾人事不合於天，則直事不思，則能隨處加一番體察，自然止乎義理，而無過不及之正道，豈囗乎哉！作《百思》以自箴。或曰：心一而已，而思則百不幾於紛紜乎！曰天下囗舍而同歸，百慮而一致，放之可彌六合，卷之則退藏於密。思雖百心未於不一也。一者何？曰敬而已。敬則心常存，心常存則自不妄思。此人其至簡至要者歟！

爲子思孝，爲臣思忠，爲兄思友，爲弟思恭。

爲夫思義，爲婦思順，從師思尊，交友思信。

發念思誠，存心思正，持身思嚴，執事思敬。

立志思堅，爲學思勤。考業思審，造道思濱。

察理思密，析義思精。取善思周，精德思崇。

品格思端，器宇思廣，才猷思練，謨見思朗。

容視思莊，顏色思溫。氣質思變，德性思化。

動作思端，言語思慎。匪僻思純，仁賢思近。

精神思聚，才華思斂。尤悔思寡，恥辱思遠。

知過思改，見善思遷。趨向思定，功夫思專。

有欲思窒，有念思懲。人欲思減，天理思增。

幽獨思凜，衾影思愧。禮去思遵，清議思畏。

---

[1] 此碣石撰、書人姓名不詳。

視則思明，聽則思聰。是非思眞，好惡思公。
見惡思避，見賢思齊。見利思恥，見義思爲。
行己思厚，責人思薄。宮室思度，衣冠思樸。
處貧思樂，處賤思安。處富思施，處貴思謙。
親故思篤，宗族思睦。過墓思哀，入廟思肅。
祭祀思誠，賓筵思潔。玩好思屛，逸樂思節。
處榮思辱，居安思危。持滿思傾，履盛思衰。
當始思終，見微思著。處心思平，接物思恕。
居官思廉，臨民思惠。道合思進，不合思退。
事上思忠，卸下思寬。得恩思報，有怨思捐。
煢獨思恤，患難思救。遇災思賑，不足思助。
强梁思禍，好勝思敗。子弟思訓，僮仆思飭。
側常思敦，倫紀思盡。義命思循，問學思進。
辛酉孟冬望日。
敬恕堂主人耿介自伊門後學李佩蘅書。

（碑存登封市嵩陽書院碑廊。王興亞）

嵩陽書院記

徐乾學

嵩陽書院剏自五代周，時稱太室書院。宋至道、祥符中並賜《九經》，其時甘露降講堂，守臣以聞。景祐二年重建，改稱今名，賜祠額。至金、元廢。明嘉靖中，知縣嘉定侯君泰即故址爲二程祠，以二程子嘗講學其地也，而末年燬于兵火。本朝知縣黃岡葉君封築堂三楹，以祀有宋提舉主管崇福宮程、朱而下十四人。葉君既解龜去，其鄉鄉先生耿逸庵介復建堂三楹，遷二程、朱子主特祀之，又作講堂曰"麗澤"，旁列兩齋曰"敬義"、曰"博約"，書舍若干區。知縣長洲張君壎爲竟其事。于是，先生聚其鄉之賢雋，肄業其中，而屬張君寓書于予爲之記。

余惟三代盛時，自閭黨鄉遂，以達于王國，無不立學之地；自冑子至庶民子弟，無不學之人。而又擇卿、大夫之致其仕而歸，能以道得民者爲之師，日從事于《禮》、《樂》、《詩》、《書》，若繪布稻梁服食之不可斯須去也，以故道德一，風俗同，而人才不至于皆窳。自嬴秦燔書，漢、唐以來，學或興或廢，其所以教者，皆非古法，于是有志于學者，相與擇勝地、立精舍爲羣居講習之所，多至數十百人。書院之設，幾幾重于學校矣。然其間盛衰之故，豈不因乎其人哉？宋時四書院，嵩陽與睢陽皆今河南之地，時中原新脫五季鋒鏑之阨，一二哲士聚徒講授，朝廷就褒表之，加以二程子過化之地，學者趨焉如水歸壑，可云盛矣。而其後講堂、學舍不免鞠爲園蔬。溯至道、祥符至有明嘉靖中，其間曠廢，蓋亦四百餘年。而侯君始改建，與諸生講業其中，又百餘年，而先生與張君乃廓而新之，復古書院之舊學者于此，固千載不易得之時也。先生之教人，以程、朱爲宗，一切放言詖辭舉無所用，而所謂敬義、博約之大指，固聖賢全體大用，會于一原之學。先生乃欿然不自足，嘗質疑于上蔡張先生沐、睢州湯先生斌。上蔡嘗過嵩陽講主敬，義極暢，睢陽作記，病今人空言心性，謂天命流行，不外動容周旋而盡子臣弟友之事，即可上達天德，皆與先生意相發明。噫嘻！古所謂卿、大夫致其仕而歸，能以道得民者，先生是已，又得上蔡、睢州以共相倡導，而張君廉潔慈惠，適爲邑宰于斯，又能承先生之教以興起後學，豈非學者之幸哉！雖然，不可以無慮使學者于斯，徒狃于科舉積習，相務爲干祿之具。其聰明有才辨者，或爲奇衺淫僻、虛無悠謬之說，以求炫人耳目，則固程、朱之罪人，而于斯道何望焉？無亦循循《詩》、《書》、《禮》、《樂》之中，自下學而上達，以庶幾聖賢盡性至命之絕業，將由一州一鄉達之天下，自此學術人材可幾三代，此誠先生起興斯人之志，予所日夜望之者也。輒書以復張君，俾質之先生焉。

（文見耿介《嵩陽書院志》卷二。王興亞）

嵩陽書院講學記

林堯英

海內之爲書院者四，而嵩陽居其一。地據太室之南，即漢嵩陽觀故址，改爲太室書院，自五代周始也。宋景祐間賜額今名，金、元時廢。明嘉靖中，知縣侯君泰重修之，後毀於兵燹。康熙八年，余友知縣黃州葉君封築堂三楹，祀宋提舉崇福宮十四人。今更闢其堂專祀二程、朱子，又旁構學舍，集士之有志者，肄業講論於其中，則太史逸庵耿先生之所締造也。蓋先生於程、朱之學，心體力行積歲月，復與睢陽湯孔伯、上蔡張仲誠兩先生往來切劘，一時中原人士喁喁然向風。癸亥春，余校士洛中，竊心往從之，會淫潦大作，試事劇不果。是歲之秋，中丞華亭王公延先生於大梁書院，余列坐隅，聞講《太極圖說》、《孝經疏衍》，則益心儀先生。先生訂以後會。今歲三月試竣，出天津、陟緱嶺、過轘轅關，宿邑之館。厥明，謁先聖廟，遂肅事於書院，伏謁程、朱三夫子，叩龜山諸儒於別院，諸生環列，請先生開導益切，始講《論語》一貫章。余不揣謬，呈《克己復禮瑣說》以就正，先生以爲可與語道。瀕行，引晦翁在南康時，與象山講義利章勒石故事，謂今日之會不可無記，復以洛閩傳授之遺相勖。閱累月未及報，郵書諄屬，遂不辭固陋，乃言曰：

天生人而異之，以性存之於一心，形之於踐履，達之爲豐功偉伐，窮之爲守約樂天，大約弗越盡己及人二端。程門二夫子之學，所謂識得仁理而誠敬存之者，其宗旨也。由是傳之龜山、豫章、延平，至朱子而大暢其說。然則朱子之學，謂非得伊洛之源哉？今天子風厲宇內，崇尚實學。先生本二程、朱子之訓，俾洛士聞之，又欲與閩之士共聞之，推而廣之，以達之天下，引掖來學之心，如是其至而以絕續之業，孜孜致誨，余何足以當之耶？竊觀朱子以後，由宋迄明，代有講習。自烽燹以來，文公書院舊在武夷五曲，堂基僅存，以是歎閩學之不克振也。雖然，余即不足塞先生之望，使持是訓也以語於鄉之人，安知不有人焉聞風興奮，如昔時直鄉諸儒，或亦二程、朱子之所默爲啓者乎？則洛學之有造於閩也，且世世矣。盡己及人之間下學所宜單心也，可不勉乎哉？不然，悠悠忽忽，日復一日，豈惟自遠於程、朱之門，抑亦弗自振拔，爲先生羞，余滋懼矣。登封令王君又旦實心向學，其所修復，有裨於斯地甚備，余記成因屬之，以質於先生，用志弗諼云。

（文見耿介《嵩陽書院志》卷二。王興亞）

御祭中嶽嵩山文

清聖祖

康熙二十一年三月，上以疆圉底定，遣內閣侍讀學士加二級圖納致祭中嶽。

祭文曰：惟神尊臨方夏，位正土中。統會陰陽，均和寒暑。朕祇承神佑，疆宇蕩平。特遣專官，用申殷薦，惟神鑒焉。

（碑存登封市中嶽廟黃籙殿。王興亞）

嵩陽書院題記

光欽登封縣學博遂平秋一李泓、新野賓庵時之聖率諸子講學於嵩陽書院。時康熙壬戌中秋前一日也。學人焦欽寵謹題。[1]

（碑存登封嵩陽書院。王興亞）

創建嵩陽書院藏書樓碑記

耿介

康熙二十一年壬戌，撫軍王大中丞華亭先生，恭膺簡命，來撫中豫，仁義互用，教養兼施，矚大利大害，興除不遺餘力。暮月之間，吏肅民懷，庶政修和，於大梁書院開壇講學。介以固陋，親承德意，從容言及嵩陽書院。先生睹言嶽降之勝，拭目洛學之興，慨然節損清俸，建藏書樓五楹。選時鳩工，辨方審勢，掘三尺許，適符舊基，階級儼然，鋪地

---

[1] 刻於《嵩陽書院碑記》碑石西側面。

磚皆細膩潤澤，非近代物。東西南北，長短廣狹，與今日所定不爽毫髮。嘻，異矣！豈書院將興，地之靈氣轉復歟？考之志書，其為甘露所降之講堂，或驛致經書，俾生徒肄業之地，皆不可知。豈有宋至今日，運值五百之期，當聖天子崇儒重道，方岳大臣講學之會，斯文晦而復彰，大道絕而復續歟！樓成，憑檻四望，中天清淑之氣，郁紛磅礴，與一時教澤文風相輝映。敬承先生之命，一言以紀其事。

自龜龍圖書洩先天之秘，而後精一執中，衍為心傳十六字，斯文之統實肇於此。至吾夫子而刪定贊修《易》、《詩》、《書》、《禮》、《樂》、《春秋》，遂如經天之有日月，行地之有江河，無一時不昭著，無一時不流行，使賢、智、愚、不肖，胥陶鑄鼓舞於大造之中而不自知。然夫子嘗曰："予欲無言。"及及門弟子平居，言仁言孝終日。言又筆之為書，垂之至今，以詔後世，則何也？其傳道於曾子曰"吾道一以貫之"，而教顏淵則曰"博文約禮"，其自言曰"我非生而知之者，好古，敏以求之者也"。豈聖心淵深亦如天之元氣渾淪，必待龜龍圖書而後見歟？曾子《大學》以格物致知為第一義，子思《中庸》原本天命而必歸於修道之教，孟子謂"博學而詳說之，將以反說約也"，蓋本體功夫備矣。嗣是以來，異端淆亂，百家破裂，高者流於虛寂，卑者溺於辭章，孔門博約之訓不明於世。有宋濂溪太極一圖，與洙泗言仁之旨，互相發明，而伊、洛、關、閩繼之。曰"涵養須用敬，進學則在致知"；曰"書以維持此心，一時放下則一時德性有懈"；曰"存此心於齊莊靜一之中，窮此理於學問思辨之際"。言本體即不離功夫，說功夫仍歸於本體，學者誠能隨事精察，返之於心而體認之。以太極為主宰，而變化從時，則吾心有《易》矣；溫醇篤厚，得性情之正，則吾心有《詩》矣；知治本於道，道本於心，則吾心有《書》矣；敬以直內而收束，檢制於矩度之中，則吾心有《禮》矣；與天地同和，而乖戾之氣不形，則吾心有《樂》矣；存天理，遏人欲，則吾心有《春秋》矣。《易》、《詩》、《書》、《禮》、《樂》、《春秋》皆統會於吾心，而復推類以盡其餘，則由周、程、張、朱子以溯孔、曾、思、孟之道，上符堯、舜精一之統，千載如一日也。所謂由博反約而一以貫之者，其在斯乎！其在斯乎！不然，馳騖浩繁而本原之地不講，縱使讀盡天地古今之書，與面牆等耳，豈中丞先生翔建藏書樓之意哉！

康熙二十一年。

（文見耿介《嵩陽書院志》卷二。王興亞）

御祭中嶽嵩山文

康熙二十三年十二月，上以時邁省方，遣戶部右侍郎鄂爾多致祭中嶽。

祭文曰：惟神宅中永峙，峻極常尊。統會陰陽，交暉日月。朕欽承泰運，時邁省方。肅若舊章，專官秩祀，神其鑒焉。

（碑存登封市中嶽廟。王興亞）

嵩陽書院碑記

王日藻

　　嵩嶽宅天中，為陰陽風雨之會。漢、唐以來，往往有天子之車轍馬跡焉，其間琳宮貝闕不可勝計。中有以書院稱與岳麓、睢陽、白鹿碁列而為四者，則自五代周昉也。夫五代日尋干戈，中原雲擾，聖人之道，綿綿延延，幾於不絕如綫矣。而書院獨肇於斯時，豈非景運將開，斯文之未墜已始基之歟。迨有宋，五宿躔奎，兩程夫子應期而出，先後提點嵩山崇福宮，昌明正學於時。濂、洛、關、閩遞接薪傳，俾尼山之渺旨微言，昭昭若揭日月，則諸儒之功，誠不容泯滅也。顧滄桑屢易，書院興廢不常，昔時藏經之所，已無復有存者。一二考古之士，徒尋殘碣於荒煙蔓草中，良可深慨。今幸煥然維新，有加於靈光之舊矣。為之追考沿革之由，其顏曰"太室書院"者，則五代周之所經始也。其更曰"嵩陽書院"者，則故宋景祐之所塈塗也。其燼於金，礫於元。別即嵩陽觀廢址築室以祀二程夫子者，則故明登封令嵺城侯泰之所改卜也。其再罹兵燹，伐棘披蓁，復築三楹以祀二程夫子，並祀有宋提舉管勾司馬溫公以下十有四人者，則本朝登封令楚黃葉封之所興復也。其增築專祠，特祀二程、朱夫子，並廣闢學舍以招集生徒者，則邑人耿太史介及今令長洲張壎之所擴而大之、踵而成之也。其中有祠、有堂、有居、有齋、有旁舍、有義田、有庖湢之所、有麗牲之碑，繚以周垣，翼以廊廡，而規制始大備。

　　夫理學之不明非一日矣，豈盡運會使然？功無人焉，表章絕業，扶起墜續，以至此耳。茲當聖天子投戈講藝、崇儒右文之時，薄海內外莫不蒸蒸向化。登邑僻處萬山中，賴有賢士大夫增修茲院，率邑之譽髦，講學弦誦於其中，倡之一隅，俾四方聞風慕義，於以矩步先賢，扶掖來學，不幾與鵝湖、鹿洞後先媲美哉。

　　余奉命撫豫方，以興起文教為首圖，值茲書院鼎新而無一言紀其事，非所以崇道統、勵儒修也，抑余因之有感焉。按邑誌，嵩陽舊以觀名，乃羽人棲真之地也。昔漢武好談神僊，其時，文成武利之徒，紛紛競以其說售，故鑾輿幸嵩時，觀中三栢咸受將軍封。後千百年而書院興，理學熾而百家衰，猶之日月昭而爝火熄。雖二將軍嶙峋蒼翠，巍然尚存，為問今之春誦夏弦與昔之天風步虛孰勝？當必有能辨之者，於是乎書。

（文見耿介《嵩陽書院志》卷二。王興亞）

嵩嶽玉柱峰彌壑和尚塔記

　　師諱行澧，號彌壑，浙江臺州府寧海縣，胡氏子。崇禎丙子四月初五日生。十七歲從雪竇石奇云禪師剃染，二十三歲圓具寶華山見月體律師。十八歲得法於報恩浮石賢禪師，開堂凡六處：蘇州楓江法華寺，崑山趙陵興福寺，徐州開元寺、開化寺，燕京西直門外西林延壽寺、彰義門內大祚長椿寺。康熙甲子十一月初八日，示寂於汴城大相國寺，越明年乙丑四月入塔。世壽四十九歲，法臘二十七年，嗣法十五人：隆祚、隆峻、隆玉、隆學、隆郎、隆機、隆杲、隆永、隆律、隆慧、隆汾、隆榮、隆見、隆淨、隆元。分巡河南通省、河道按察司副使信官祖文明全男弟子祖彬建塔，並置守塔香火地。

康熙二十四年四月既望立石。

（碑存登封市法王寺。王興亞）

川上亭等刻石

川上亭[1]

康熙二十四年夏。

（石存登封市逍遙谷。王興亞）

江西瑞州府同知焦公賁亨墓誌銘

耿介

康熙二十三年七月，焦公丘園先生寢疾，召余至榻前，從容詢及嵩陽書院，因贈書二種，命置之藏書樓為諸生誦習，目視余，若有欲言者而未言。余拜受歸，而公逝矣。余哭之慟，視其室，圖書簡編、杖履簞瓢而已，歎息者久之。越明年月日，嗣子欽嘉等狀其行授介，使為銘以表於墓道。余雖生也晚，然與公始同流離瑣尾於河陽，既而同攻苦為舉子業，同仕閩海、江右，終則同返初服，切琢為聖賢之學，知公最深。公彌留之際，目視余而不言者，意或在斯乎，其何忍辭。謹按狀：

公始祖全，明永樂間居登封。二世祖毅，為邑諸生。六傳而至王父諱子春，登嘉靖乙丑進士，歷官寧夏兵糧道，行太僕寺少卿，中年挂冠，里居三十年，德惠及於鄉人，父老特建祠以祀。考諱一霑，補博士弟子員，早卒，誥贈文林郎；元配周氏，贈太孺人，以貞慈聞於朝，特旨旌表其間，生四子，公居三。公生而岐嶷，未弱冠遊黌序。遭時喪亂，事太孺人備極色養，及丁艱戎馬倥偬時，祭葬皆盡禮。辛巳，寇陷登城，遂渡河，抵河陽，得館，迎兩兄以居，脩脯所入，悉以供兩兄饔飧資。已而，館於西濟，執經問業者屨滿戶外。嘗與友人陳某避賊白澗砦，賊縛其友人父索贖，友人展轉措金不足，公有館穀十金，傾囊予之，而友人父子得全。蓋平生慷慨好義類如此。乙酉科試優等，食餼。皇清定鼎，

---

[1] 席書錦《嵩嶽遊記》卷一載：予少讀《敬恕堂集》，即慕耿逸庵先生之爲人。甫至書院，遍尋疊石溪諸亭，芳草萋迷，莫知其處。後于溪流亂石中，見一巨石，鐫"川上亭"三字，慨然者久之，岸傾石爲水激，故至此也。最後於溪東岸上，披荊棘叢中，見"天光雲影亭"石。又於溪北岸麓，見"君子亭"石，蓋當日逸庵種蓮於此，取茂叔名花意名亭。亭前石，靜庵題"果行育德"四字。集內《川上亭序》云："乙丑夏，得隙地，引水澆竹，鑿池種蓮，作小亭子於崖畔，顏曰川上。"

以戊子舉於鄉。己丑、壬辰，連上春官不第。乙未，闈中義已為本房首荐，主司竟以數字黜落。是年揀選，丁酉，除福建興化府推官。

閩故邊海多事之區，又歲輪直入省會，案牘填委。公性明敏豈弟，不喜深刻。每值讞決，或獄有毫髮疑，燒燭午夜，咨嗟太息，必求其生乃已，用是先後多所平反。攝泉州司李七閱月，綰莆田、仙遊兩縣篆各月餘。漳郡驛丞崔某遭搆陷，至鬻子女不能償，公廉得其情為雪之。福清令梅某受羅織，案驗數年，公力白其冤得釋。泉州都司顧某以株累羈留，公為請寬宥，並贈路費使歸。大兵在興養馬，派取米草輒億萬，小民破產難供，公力請當事得減派。奉委督造戰艦，集八郡水手於漳郡，飢困載道，公請令按籍給米，人得沾惠，死亡者更助其掩瘞。時瀕海三十里皆令內徙，老幼顛踣載道，公奉委查海，皆寬其期會，從容安輯使得所，由是古田、將樂四縣之民歡聲雷動，曰："焦公生我也。"仙邑去郡百餘里，往時解米悉派夫役，至郡更苦需索，公攝篆，改令舟運，歲省夫役千餘，因定為例。其他善政，固更僕不能數。暇則獎借文士，四庠以文藝就質者數十人，公皆折節下之，貧者更待以舉火。庚子，公校闈墨，得士唐響等五人。冬，復校武闈，得林邦憲等十人。壬寅，擢江西瑞州司馬去，百姓兩為刻石紀其德，士大夫刊布歌詩誦之。門下士、父老追送數百里至南臺，人進一觴，涕泣攀卧不忍去。既抵瑞州，明年計典，以前任贖鍰未清註誤，雖部議赦前獲免，而公拂衣之志堅，已飄然去矣。

甲辰歸里，於祖塋旁闢五一園，建乃止軒，日遊息其間。與邑令葉井叔商搉，成《嵩山志》，參之《山海經》、《水經注》，於諸形勝皆作一小引，位置聯絡，爽然快目，可謂有功山川矣。余修復嵩陽書院，遠近來學者日眾，推公主壇坫，公引繩持衡，文風丕變。

公體貌修偉，氣度沖和，雖獨居危坐，終日無惰慢之容。與人交，洞達坦白，終始如一。雅好讀書，寢食未嘗去手。學深博無涯涘，而涵泳義理，言行悉準諸道。仕宦七年，家無長物，惟守太僕公破屋數椽，僅蔽風雨．布衣疏食，恬淡自如，一切世味紛華不以嬰情，曰："吾庶幾不愧先人清白家聲也。"足跡不出里門幾二十年。於後進有才氣者，汲汲推挽成就之。晚與余為性命之學，先儒語錄、格言，手抄成帙，日用省覽。詩古文詞皆卓爾不羣。所著《嵩山志》外，有詩文二卷，藏於家。

（文見錢儀吉《碑傳集》卷九十。王興亞）

重建慈雲菴碑記

嵩山於五嶽為最尊，而少林又天下名藍祖庭。其崇巒之錯峙，仙館之昏冥，與龍象之翕集，時在夢想中而未之至也。

壬戌春，余參藩大梁，嶽翠時來几案，心益嚮往之。乃職守雜沓，卒卒無須臾之間。閱三年甲子冬，以陪祀一至山中，則已久經劫火，法堂草長，宗徒雨散矣。慨然久之。偶步自千佛殿西，見灌莽荒穢中，散瓦數椽，風雨不蔽。僧允石咨嗟指余曰："此白衣大士殿也。昔創於魏孝文帝,規製極為弘敞。中更寇亂,廢圮至此。"余有動於中,捐俸倡脩。暨而撫憲王公慨然樂助,闔省同事竸相贊余。遂擇於乙丑之五月,庀材鳩工,殿堂門廡煥然畢具。頓幻寶坊,視昔有加。共計為工三萬八千五百餘,為費一千三百三十餘兩。以丙寅十月竣事。允石伐石來徵余記。余於是深感劫運之逢,佛亦不免。而因緣適合為最奇也。昔嵩少盛時,宸遊屢經,名賢踵至,題詠嘯歌,殆無虛日。數十年來,適丁末造,有情世界已經大火輪,猛利烹煉,神焦鬼爛,此嵩少疊罹兵燹,□然如昆明劫灰,而大士亦委順於淒清冷澹者有年。今天路擴清,慧日重朗,已積四十餘載矣。孰知今日者,余啟其端,衆相擎舉,功成不日,如此其神也。論佛之為道,日中一食,桑下一宿,視身與幻等,色與空等,其甍紺宇與一茅一葦等,大圓鏡智中倚所差別而梅梅焉,讕讕焉,鼎新之,金碧之,赭堊之,豈佛意哉?雖然,既已鼎新之,金碧之,赭堊之,不數時而其宮頹廢,其容塵垩,其色(炲㶿),非所以肅視聽示依皈也。聞之,給孤園內黃金布地,獼猴江上,寶樹成行。彼西土中自有無限崇奉,則取頹廢而還以鼎新,取塵垩而還以金碧,取(炲㶿)而還以赭堊。揆之情理,詎曰不宜。且余之意非特此也。凡夫情識,必有觸斯感,故入宗廟而敬心生,陟墟墓而哀心生,登琳宮貝闕而清淨之心生,見輪掌螺紋、金臂珠腋而悔過滌非之心生。瞿曇之教,豈非補王政之不及,佐吏治所難施者歟?其為功斯世,固並行不悖也。況夫白衣大士以大悲運大願,弘大道,濟大苦,拔救一切。使刀途血路,風扇業迴,銅柱鐵床,塵飛侵息,舉弓燭之,□□蕃之,慶胥於大士祈之,此一時大中丞、賢司牧不約而同,心如一心也。僧允石與其師鵬化勤於焚修,俾世守之;他日徒若孫尚其重規疊矩,時勤修葺,以永香火於歷劫不壞可乎?是為記。

康熙二十五年歲次丙寅九月之吉。

河南布政使司管理通省驛鹽仍以副使分守開歸河道加一級三韓張思明薰沐拜撰。

邑後學焦成欽書丹。[1]

焦欽成書

嵩山於五嶽為最尊,而少林又天下祖庭。林巒錯峙,時在夢想中。壬戌春,余參藩大梁,岳翠時來几案,心益嚮往之。乃職守雜遝,卒卒無須臾。間閱三年,康熙甲子,以陪祀一至山中,則已久經劫火,法堂草長,宗徒雨散矣。慨然久之。偶步千佛殿西,見榛莽荒穢中,散瓦數椽,風雨不蔽。僧尤石咨歎指余曰:"白衣大士殿也。昔創於魏孝文帝,規制宏敞。中更寇亂,廢圮至此。"余有動於中,捐俸倡修。暨而中丞王公慨然樂助,闔省同事竸相贊予。遂擇於乙丑之五月,庀材鳩工,殿堂門廡煥然畢具。丙寅冬竣,允石、伐石來徵余記。余維嵩山勝時,宸遊屢經,名賢踵至,題詠嘯歌,殆無虛日。數十年來,適丁末造,疊罹兵燹,而大士亦委於淒清冷澹者有年。今天路擴清,慧日重朗,已積四十餘年

---

[1] 此文又見於葉封、焦欽寵《少林寺志·藝林·碑記》,二者差異較大,茲將《少林寺志》載文錄出。《少林寺志》載文係張思明撰。

矣。孰知今日者，余啟其端，衆相擎舉，功成不日，若此之神也。凡夫情識，有觸斯感，故入宗廟而敬心生，陟墟墓而哀心生，登琳宮貝闕而清淨之心生，見輪掌、螺紋、金臂、珠腋而悔過滌非之心生。瞿曇之教，豈非補王政之不及，佐吏治之難施者歟？宜大中丞與賢司牧不約而同，心如一心也。僧允石與中師鵬化勤於焚修，俾世守之；他日徒若孫尚其重規疊矩，時勤修葺，以永香火於歷劫不壞可乎？是爲記。

康熙二十五年冬。

（碑存登封市少林寺。王興亞）

君子亭刻石

君子亭[1]

静庵題。

康熙二十五年十月。

（石存登封市逍遙谷。王興亞）

光風霽月其襟懷刻石

光風霽月其襟懷

景日昣題。

二十五年十月。

（石存登封市逍遙谷。王興亞）

慈雲菴恭塑白衣大士聖像記

【額題】新塑大士像碑

從來精藍名刹，顯晦盛衰，亦繫時會，有福慧鉅公開之於先，必有信心繼起潤色於後。俾雁園紺宇，猊座金容，次第完好，無少欠缺。稽諸往牒，蓮絮不誣。如嵩少千佛殿西，夙有白衣大士一殿，蘭椽藻井，久號珠宮，數十年來，頻經劫火。以傾欹於荊棘灌莽者久矣。頃歲在丙寅，因緣會合感動檀那，以宰官身作佛事，一倡百和，於是，瓊階復煥，貝闕重新。固已爲古佛再建道場，名山大開生面矣。然而層甍霞從，寶像未成，功德尚須

---

[1] 席書錦《嵩嶽遊記·與張牖如書》云："丙寅，竇先生于水竹之間建君子亭。丁卯，于南岸急流漈洄處建觀瀾亭。己巳，於川上亭對過處建天光雲影亭。合而觀之，諸亭之作，位置次第如畫。康熙丙寅十月十日，靜庵爲泌陽教諭，寄銀三兩造亭，見靜庵《尋樂堂日錄》，即所謂君子亭也。"

異日，亦一時之缺事也。余謂有其舉之胡不欤焉！爰竭凡財，仰襄勝果。於三月之吉，延名手鏤塑，迄八月十五日而後畢工。現雪衣之瑞像，結抱送之妙容，香花珠絡，光照大千。余又爲廣募，一切器供悉具，頗擅莊嚴。庶幾即相見，法法以相生，使四方瞻仰者數志旋消，善心畢露，豈非慈雲完好之一快歟？鵬化師同其徒允石師率其後人，鐘魚罔懈，於萬斯年。余不禁歡躍，泚筆而爲之記。

佛弟子吳義陽薰沐拜撰。

邑後學焦欽成書丹並篆額。

焚修冠帶住持淨陞，徒鉉奏，孫祖臻　雲依榮乾　仝立。
（秦慧元）

督工僧清乾。

王施仁、呂賢寶同鐫。

造像匠人萬相明。

造龕匠人于所思。

李發祥、張子名、趙□立。

康熙二十五年歲次丙寅十月之吉同立。

（碑存登封市少林寺紫雲庵。王興亞）

法緣大和尚壽塔銘

登封縣正堂王老爺施塔一座，功德無量。

僧会司：法乾、净升。

清康熙二十七年七月徒汝妙立。

（銘存登封市寺西化李溝。王興亞）

萬古流芳

【額題】萬古流芳　日月

河南布政使司管理通省驛鹽仍以副使分守開歸河道加一級張，為懇恩金批准照賞示勒石永遠護法以便焚修事。

本年十二月初五日，據少林寺慈雲菴僧淨陞稟前事稟稱，初，僧自幼披□□跡少林，奈明寇劫之後，祖庭荒蕪，而西偏舊址為魏孝文帝所建大士菴久矣，鞠為茂草。僧夙有志創復，故於康熙二十年用價七兩五錢，憑中買寺僧鉉琳等地二畝，在菴基之西，以俟因緣之至，二十三年十二月，朝廷舉祀岳瀆大典，蒙大老爺駕臨中岳，隨至荒山，目覩淒涼，用深慨歎，念祖庭之工程浩大，一時難舉，計大士片地創建，宏復舊規，較易為力，且可為諸善信勸，以兆祖庭重興地，遂首倡捐，並募闔省之宰官，共釀金一千□百三十兩零，付僧鳩工庀材，建造殿宇，僧寮羣房共四十四間，額曰"慈雲"。又蒙本縣王縣主捐俸五兩，買常住地三分，在韋馱殿之西南，以成方幅。所餘木植，僧俱因材製器，以備供用。今復蒙大老爺捐俸置地一頃八十四畝，坐落偃師縣孫家村地方，以供菴僧。所餘籽粒備修葺，誠計久長而弘願為也。總另造冊，呈電求印永照。第恐日後僧裔或有敗類，不克承守，或有同寺奸僧勾引積棍，妄起爭端，伏乞金批執照並賞嚴示，恩准勒石。禁僧後人不許擅動菴內一磚一草，地內一畝一粒。奸棍亦不得覬覦起釁，生事擾害。庶大老爺之永遠護法，當千年而如新，則僧徒之日夕焚修，更累葉而勿替。將觀感而繼起者，不難眾擎易舉，重新祖庭，以副大老爺接引初心，實無量大福力，而世世現宰官身在□為功德主矣。沾恩上稟驛鹽分守道大老爺施行等情稟道。據此為照。慈雲菴係本道捐資建修。僧人淨陞同徒鉉奏等在內焚修，本道復又捐銀二百五十兩，置買偃師縣呂桂俊地一頃八十四畝，坐落孫家村地方，給僧管業，以供菴內永遠香火。今據前稟，除批准照外，合行出示曉諭，為此示仰本寺各僧人知悉，慈雲菴係淨陞同徒鉉奏在內世世焚修，如有奸僧勾引積棍妄行爭端，許本僧人即稟所在官司嚴拏處。各宜恪遵，特示。

　　　　　印

　　康熙二十七年十二月初九日示。

　　　　　信

（碑存登封市少林寺慈雲庵。王興亞）

雙池碑記

乾坤從來缺陷，端賴乎人以補造物之所弗及。按女媧氏煉五色石補天，天尚可補，而況下此者乎！天地生我，夫豈渺哉！要當體上天好生之心，凡造物之有缺陷處，即出吾力以補之，用是利濟乎人，豈不勝造浮圖九級耶！登邑，山多而水少，雖然，山高而水亦隨云。予嘗登嵩少絕巔，其上蓋有流泉云。獨崿嶺無水。崿嶺，古轘轅關，為登封門戶，行旅商賈往來如織，歲時不絕，上下石磴間六七里許，喘息汗浹，思小憩，飲涓滴水，不啻若所謂玉露瓊漿焉者。廣惠菴施茶有年，因乏水則買驢負馳，挽車運載，遠取諸數里外，行人苦之。僧惻然，乃相地穿井，數年纔深若干尺，井益深石益堅頑，鐫鑿永日，不盈一掬。古有以火鍛石，沃醋激之。石酥，工可易施，深則此法莫可致。凡幾井終不及泉，棄之。或曰："與其水之遠且深也，曷若取之襟帶間，鑿地為陂，灰石鋪氅雷鳴。水自高山奔瀉，蓄涿者於中，冬夏不涸，庶可供養十方行旅，不亦一勞而永逸也哉！"僧矢其願，無其力，惟俟其所遭而已。康熙丁未，邑紳耿逸庵太史捐修溥濟池，蓄水濟衆，行人德之，旱則虞猶未足。邑侯河東王公治登六年，多善政，越己巳，慨然節俸，又作一池於溥濟池之西，視舊規而曠深之，題曰共濟，示不遺前躅也。行人益德之。嗟呼！前後曾幾年，而雙池繼成。曉汲夕飲，取之不盡，用之不竭。望之若聯珠合璧，佛氏所云無涯功德水，非歟！並稱法施，同登善果。二公其仁矣乎！仁者，體上天好生之心，爲心而能利濟乎！人以善補造物之缺陷者也，拮據修理，僧珍之之力，亦不容沒。昔景泰禪師居羅浮山，其徒以無水爲患，師卓錫於此，泉湧數尺。晏公嘗講經會善寺，故無水，一老人聽講，公知爲龍也。以乏水告。於是，泉生階下，人呼爲龍贈泉。事近荒唐難信，孰若雙池利賴，誠無涯涘云爾。

康熙二十八年六月吉日。

邑樗林老人焦欽寵爲之記。

弟焦欽成書。

（碑存登封市嵩陽書院碑廊。王興亞）

嵩陽書院新立道統祠記

古今有治統，有道統，皆君相師儒共爲任之者也。以治行道，天於是生堯、舜、禹、湯、文、武、周公以立乎上而治益隆。以道佐治，天於是生孔子，以修乎下而道不墜。統之所在，惟孔子爲集其成，歷於萬世學術，以明人心，以正邪說，暴行者不得作，所以爲賢於堯舜。而自周公以來，未有敢與之並者。雖然，孔子之聖，聖於古帝王卿相，而古帝王卿相之道，則傳於孔子。生平祖述，憲章羹牆，夢寐未之有忘焉。蓋起孔子於今日，必以得見堯、舜、禹、湯、文、武、周公而後快，即起堯、舜、禹、湯、文、武、周公於今日，亦必以得見孔子而後快。無他，此心同，此理同也。故從孔子而上遡於堯、舜、禹、湯、文、武、周公，猶之祭川者先河而後海，祭山者先配林而後泰山。夫固有所本也。乃世之誦法孔子者，往往自周、程、張、朱諸賢始，不敢及於堯、舜、禹、湯、文、武、周公，豈賢希聖，衆人希賢，各循其途，未可一蹴而至耶。意古之說簡，今之說詳；古之旨微，今之旨顯。先從其近者而取法耶，或者帝王卿相，未可並列於馨宗，抑山岨水深之區，古聖人不安其俗耶？非然，何其宜祀之而莫之祀也？登封在唐、虞爲陽城，在周爲洛邑之東，帝堯之所遊，大禹之所避，周公於此正日景，宅土中焉。縣東隅舊有大禹廟，告成里有周公廟，雖帝堯無專廟，而此三聖人過化存神之地，則覽其山川，眺其遺址，孰不肅然遠望，喟然歎息也哉！且士自入小學，咸知孔子，及讀《詩》、《書》、《易》、《禮》，並知堯、舜、禹、湯、文、武、周公。儻有告之曰此數聖人者生於某里，居於某鄉，曾稅駕於某都，其有不即塞裳欲往者，非人情矣。凡此者，所謂性善也，所謂良知也，所謂仁義禮智我固有之也。不於此而感動之，彼將何以培育長養，日引於聖人之域焉？今嵩陽書院建於宋，修於明，至今日而鼎盛，是吾道昌隆之會矣。先聖有殿，諸儒在旁，而堯、禹、周公，不相炙於一堂，寧獨崇德之禮有所未備，後之涉二室者，欲訪帝堯、大禹、周公之軌跡，莫有能告之者，其誰之過歟？爰擇藏書樓前，闢階基，飾軒楹，以祀三聖，顏曰"道統祠"。止奉三聖人者，以其過化存神之地也。抑又有說焉，治統得道統而盛，道統賴治統而光。今聖天子表彰孔子，冠絕百王，大禹、周公次第褒舉，心源所傳，比於堯舜，不謀而合。治統道統千載一時。士生其間，而不能希踪夔、龍、畢、召，雖經年呫嗶，究於斯道有何重輕？故書院之建，必曰周、程、張、朱，此引而進之也。今並及唐、虞三代，此推而上之也。惟推而上之，則孔子之道益尊，而治統道統皆在是矣。董其事者，登封令昌寧王又旦也，例得與書。

　　河南巡撫閻興邦撰文。
　　清康熙二十八年立。
　　宛陵劉興鑄。[1]

（碑存登封市嵩陽書院碑廊。王興亞）

嵩陽書院創建道統祠碑記

耿介

　　道之所以窮天地亘古今而不變者，以承其統者，之有其人，不可變也。然道統與治統恒相關，而其間分明行焉。達而在上道行，窮而在下道明。究之，行可兼明，而明不可兼行也。堯、舜、禹、湯、文、武、周公，或為君，或為相，道行于上。而時雍風動，地平天成，太和在宇宙間，此以治統為道統，而行可兼明也。至吾夫子則不得其位，而刪定贊修以傳之顏、曾、思、孟、周、程、張、朱，不能行之一時而實垂諸萬世，此道統與治統遂分，而明不可兼行也。然則以行道而兼明道之任，以治統而兼道統之責，誠曠千百世而難遘者也。恭遇聖天子，在上接堯舜精一之統，執中以運天下，海宇底定，萬邦協和，迺駕幸闕里，釋奠先聖，親灑宸翰，書萬世師表，其于先賢生長遊歷之地，皆御賜匾額，頒發經書，重道崇儒，越古軼今，是千百世之治統道統萃于一人矣。念中原為陰陽風雨四時之所和會，龜龍圖書實啟天地之秘，慎簡儒臣，總率方岳，任行道明道之責，而我撫軍公祖閻大中丞先生以元老碩德膺茲寵命，來秉節鉞，慈嚴互用，剛柔相濟，朞月之間，治化翔洽，頌聲洋溢，乃修復大梁書院，禮聘名宿講學論文。復考太室之麓舊有嵩陽書院，在宋為四大書院之一，捐發清俸，鳩工庀材，創建道統祠。以嵩丘古陽城地，堯所嘗遊、禹避位、周公測景于此，三聖人皆道統所關，宜並崇祀。噫！余于中丞先生刱建之意竊有窺

---

[1] 此碑無刻立年月及撰書人姓名。文載《嵩陽書院志》卷二。《縣志》卷十七《學校志》作《嵩陽書院新建道統祠碑記》。

焉。蓋千聖相傳一道，千聖傳道一心。堯禹周公之心，即舜、湯、文、武之心也；舜、湯、文、武之心，即孔子之心也；孔子之心，即顏、曾、思、孟、周、程、張、朱之心也。心者何？敬而已矣。我中丞先生之撫中豫也，舉事動念，皆有聖天子在其意中。而振肅紀綱，宣布愷澤，使大河南北千里之地，吏守清白，農安耕鑿，士樂詩書，民物熙熙，等于淳古。乃不惟道行一時，且慮及天下後世，選勝名山，倡明道統，嵩少箕潁之間輪奐煜然，使四方往來過此者，登其堂、入其室，儼若古聖遺徽在人耳目，而秉懿好德之念油然而興，則先生之以行道為明道，又何如與？然此猶其行道之端也。他日位躋臺鼎，燮理調和，明良一德，佐聖天子執中之運，開一代見知之傳，使治統道統合而為一，微先生其誰與歸？則今日剏建之意豈偶然哉，豈偶然哉！爰是不揣迂鄙，濡筆而為之記。

（文見耿介《嵩陽書院志》卷二。王興亞）

王永福施財碑記

　　大清國河南開封府陳杞二縣各保人氏，在朝山首道王永福等率衆朝嶽進香修醮，於初祖庵，幸遇重修佛殿，各捐飯資，以助小功之煙。猶如大海一杓之水，何足道哉！自康熙二十八年來朝，不意佛然一新，雖人力所爲，實佛力之洗蕩也。喜賀不盡，故勒其石，以爲萬載不朽云。

（碑存登封市少林寺。王興亞）

與道為體刻石

　　與道為體[1]
　　賓靜庵題。
　　康熙三十年辛未五月四日。

（文見席書錦《嵩嶽遊記》卷一。王興亞）

源頭活水刻石

　　源頭活水
　　賓靜庵題。

---

　　[1] 席書錦《嵩嶽遊記》卷一載："按賓靜庵《日錄》康熙三十年辛未五月四日，同耿逸庵先生題石，川上亭曰'與道爲體'；天光雲影亭曰'源頭活水'；觀瀾亭曰'有本如是'；君子亭曰'果行育德'。今惟君子亭題石猶存。"

康熙三十年辛未五月四日。

(文見席書錦《嵩嶽遊記》卷一。王興亞)

有本如是刻石

有本如是
寳靜庵題。
康熙三十年辛未五月四日。

(石存登封市逍遙谷。王興亞)

果行育德刻石

果行育德
寳靜庵題。
康熙三十年辛未五月四日。

(石存登封市逍遙谷。王興亞)

趙光祖造像記

康熙十三年、二十二年、三十二年，連年吉日，善人趙光祖等進像興山，祈福保安。過所願去，先祖登真。現在父母，福田茂昌。己身延命，三災不染。八難無侵，出入吉祥。晨夕安泰，福祿照臨。
清康熙上元甲子壬午四月初一。

(碑存登封市少林寺初祖庵。王興亞)

毗盧教主如來千佛碑

【碑陽】

毗盧教主如來千佛
清康熙上元甲子壬午己月。
趙光祖立石。

【碑陰】

大清國京都順天府、河間府
達摩禪宗、天泉圓光、少庵顯宗、清領大衆各處立會善學好虔誠，重興少林寺初祖庵建殿，進供佛像，修閣祈福，保安施財善人。[1]

（碑存登封市少林寺初祖庵。王興亞）

功德無量碑

　　嵽嶺□廣惠庵主持施茶僧清寶，稟爲叩懇□天恩，俯賞印照，以廣洪恩，以垂不朽事。竊照嵽嶺□，係古軒轅關也。北至嵩嶽，南鄰禦寨。兩山相交，徑道崎嶇，中乃咽喉之處。西北秦晉大道，東南齊楚通衢，商賈行旅，寒暑勿阻，絡繹不絕。國初定鼎之時，值饑荒方平之後，樹木麻林，荊棘茂盛，虎狼當道，行人被傷，盜賊潛藏，客商失貨。寶師祖目睹心痛，苦志發願，囚關刺骨，捐軀募化。爰是芟榛莽，平砠礫，誅茅爲庵，煮苦飲人，離水八里，甚爲艱難。甃石池以蓄水，構草盧以舉火。因而創建山門、佛殿、僧舍、牆垣，迄今四十餘年。一切行人，冬月望火以禦寒，夏日求水止渴，苦無瞻養，難以永久。蒙前任衆老爺大發慈悲之念，慨賜格外之恩，賞給印照，得以開墾山坡石田，聊充施茶之費。僧祖孫師徒，竭力拮据開荒，成熟地段入冊行糧；□□□□□□□□□□□□□□□□□祈青天仁慈老爺大開洪恩，賞賜印照，刻石傳世，以垂不朽。上稟文林郎□□□□□間山張批□入香火，勒石永照。
　　稟。
　　東周菴化主張登治、喬作珍、張廷貴、喬作模、蔡秀枝、王牧民。
　　廣惠菴住持僧清寶，徒□□。
　　康熙三十三年七月二十三日。

（碑存登封市廣惠庵。王興亞）

御祭中嶽嵩山文

　　康熙三十三年十月，河南布政使司布政使李國亮賫欽頒御書"嵩高峻極"扁額懸殿內。
　　祭文曰：惟神克配乾符，永奠坤極。蟠際兩儀，吐納五緯。屹立中州，輯寧八表。陰陽協和，霖雨時若。我皇御宇，禋祀咸秩。惟嶽巖巖，緬懷祇肅。宸翰親揮，光騰巒嶂。敬懸廟宇，永永作鎮。茂膺神庥，於萬億載。

（碑存登封市中嶽廟黃籙殿。王興亞）

永泰寺道重和尚塔銘

　　莊嚴示寂恩師道重和尚□□□靈

---

[1] 下爲善人姓名，字多模糊。

清康熙三十四年四月吉日，孝徒、孝侄慶生等立。

（銘存登封市永泰寺。王興亞）

替公和尚壽塔銘

勅賜祖庭少林禪寺提舉僧□□中鉉替公和尚壽塔
清康熙三十四年徒鉉魁、孫祖欽及重孫等立石。

（銘存登封市塔林西南部。王興亞）

創建張公祠堂碑記

　　今之傳舍其官者無論。已間有市惠於民，一時攀引則有之。去後之思，十不得一焉。即或甘棠遺愛直道固然，一經蓋棺，謳思與弓劍俱化。求其碑立峴首，竹哭雷陽，百不得一焉。再數十年後，情與境遷，欲訪遺事，故老無存，漠然徒見山高而水清矣。噫，苟非深仁厚澤、淪髓浹骨，亦烏能歷久彌光，令人嘖嘖稱道，弗置若是哉！無他，思有淺深，報有久遠。隨感而應，固其所也。

　　三韓張公之蒞吾登也，蓋在國朝草昧之初，其時鴻羽未集，鷹眼未化，村落丘墟，土田荒蕪，一望榛莽，狐兔穴城，市中凋殘之狀，傷心駭目，長民者脫之肆應長才鮮不棘手。公年方弱冠，英毅老成，甫下車，即慨然以父母責自任，謂此孑遺，非予不能噢咻而安全之。用是廣招徠，勸墾闢，時復單騎下鄉，進強梗者諭以大義。不數月，刀劍變犢牛。衙署毀於寇，前令因陋就簡，僦居民舍。公捐俸重建之。一木一石，悉躬自辦理，民不知勞。□□復修學宮，建先師殿。簿書之暇，雅意作人，文風丕振。戊子、辛卯間，中式者凡六七人，皆出門下士。他如築城郭、纂邑志、立義塾、課織紡、掩遺骼，種種治蹟，未易悉數。五十年來，登之所以熙熙皞皞，咸遊化日者皆公賜也。以循績內召。去之日，登人士扶老攜幼擁送百餘里，號泣不忍別。嗣以直指楚中，道經嵩少，僉曰：父老來矣。相與望風趨迎，悲喜交集。公一以溫言慰之，信宿而別□□如前。及歿，闔邑縞素拜哭於去思碑下，至涕泣不能成聲。已乃連命籲控上官，從祀名宦。後此古賢令祠有祀，嵩陽書院諸賢祠有祀，春秋俎豆將享不忒，第未設有專祠耳。越四十餘年癸酉，韋菴父母復宰斯邑，於公屬猶子，其性行如公，其才干如公，其撫字教養諸法亦罔弗一一如公。登人士思公而不得見，見如公者如見公焉。思公治蹟而不得見，見治蹟如公者亦如見公焉。爰是覲□□遡舊德，釀金庀材，卜地於少林之達磨影室右，特立數祠祀公。構殿三楹，繚以周垣，不兩閱月而告成。金碧輝煌，蓋歸然一大觀矣。或曰：立祠於通衢，表循吏也。深山窮谷，無乃非宜。竊謂不然。公為人恬靜，所以皆實政，不矜名譽。置諸通衢，非公志也。況此面對少室，背枕五乳，翠柏蒼岸，環列左右，宅幽而勢阻，雅與公素心相孚。構堂設奠，誰云不宜。余垂髫受知於公。廉公所以治登者最悉。故於落成日，為臚其在登實政，與夫登人士建祠之由，搦管而紀其事。

公諱朝瑞，字祥如，遼東廣甯人。由貢生，順治五年任登。秩滿，遷河南道御史，巡按湖北，多異政，楚人戴之。

峕康熙三十有五年歲在丙子三月上巳之吉。

邑後學高一麟記。邑後學焦欽成書並篆額。上党常治嚴鐫字。

儒學教諭王邠、儒學訓導孟鑄、典史邵文元。

鄉紳焦欽寵、高一麟、郭瑛、景日昣、趙璿、傅錫嘏、耿都、傅錫隆、傅而丞、蘇景韓、蔡靖、傅以旦、焦欽謨、傅論、傅而襄、王右弼、劉紘憲、何孕聞、張銑、傅而藩、傅□、耿枚、周傳、張楷。

生員胡朝華、裴泰、申其潤、焦欽若、劉綰憲、傅錫疇、□鼎、郭文旦、劉錢、常克亮、焦欽宸、傅錫袞、耿棟、謝運泰、傅錫圭、傅清憲、謝鋐、謝錞、張表、張爾益、張爾廉、張鑄、胡定清、耿濩、杜楓、申珆、張璧、杜瑞、王之輔、申兆昌、吉長發、張翰、范濟歐、傅楷、山人曹德耀。

鹽運司商人李中樞、耿爾耆。

山西陝西商人馬化鳳、李學惠、李應宰、馬永慶、王丕基、蘇俊士、常時聖、馬柱生。

四合屬張自振、李國楨。

清乾吳清霽。嶽廟常住張旅桂、賈太祥。

候選吏員張守星、常廷弼、張國瑞、傅天恩、于治、杜瑾、李德章、楊應聲、李穎捷。

少林寺僧清陞、清寶、慶周、照元、鉉林、清慧、祖法、同禧、宗林、祖德、清顯、清住、真隆、鉉柱、如超、真魁。

常住僧道興、同迎、鉉智、祖連。

初祖庵住持祖善、清泰、清居、清印，凈真。

永泰寺尼僧道安、道坤。

永泰下院尼僧慶祝。

祠堂焚修住持僧清平。

□□□□公直范守義、耿宗孟、張明性、李之鼎、宋尚選、崔豔明、馬云龍、劉彪、楊景泰、馬錦秀、趙□。

督工鉉奏、關獻盤、清乾、劉起沛、薛孟全立石。

（碑存登封市少林寺。王興亞）

少林寺初祖庵創建張公祠堂碑

【額題】創建張公祠堂德政歌碑

公諱朝瑞，字祥如，遼東廣寧籍。順治五年，涖登牧民，在任五載，奉旨內召，擢為湖北巡方御史，迄今四十九載，德入人深，至今難忘。公係三韓巨族，曾祖宗為國捐力，開展疆土，功在天下，是國家之勳臣。子孫食其天祿，忠臣孝子，世奉衣冠，此所謂天報吉人之不爽也。謹將實政列後：

　　到任方值纔定鼎，伏莽未靖民難生。土寇餘黨根未除，竭盡心血費調停。
　　為國為民真君子，賊寇盡化為良民。城垣倒壞無保障，百樣生法修築城。
　　巨寇張陽踞禹州，鄰封受害日日警。殺戮男婦如蒿草，道路斷絕無人行。
　　撫院駕臨到郡府，申請立剿獻鹹功。婦女盡招本夫領，一家團圓賀太平。
　　文廟平燬無片瓦，聖牌暴露遭雨淋。士子逃竄於四方，捐俸修葺奉先聖。
　　士人聞風歸故里，斯文重興聖道隆。土寇變亂衙署壞，焚燬一掃盡太平。
　　公到登邑無駐車，暫借民房布仁政。捐俸購買木植料，先蓋大堂課民生。
　　大門二門齊築起，煥然一新盛世景。招撫難民歸家園，蓬蒿遍地怎支撐。
　　鑼築杷樓胡擺拚，焉能糊口度平生。公睹此景潛淚下，捐俸給民牛與種。
　　至誠感動天心佑，五穀豐登真太平。家給戶足民安堵，並無號寒啼饑聲。
　　路不拾遺耕讓畔，夜不閉戶婦子寧。公慮民富多生懶，散給紡車課民工。
　　家家紡織不斷絕，戶戶書聲四境聞。地不改闢盡熟壤，民不改聚日日盛。
　　公識地理查風水，重立萬羊一石碑。此碑創立年深遠，遭遇土寇把碑傾。
　　公雇人工碑立起，一科中舉有七名。地方安然賴公力，公乃鳳目重瞳睛。
　　辨明陰陽曉吉凶，實望公常撫登邑。何期內召到帝京，陞為湖北都御史。
　　福星轉到湖廣省，萬民無計留住公。百姓如失怙與恃，日日思想血淚零。
　　百姓感德無由報，蒼天兼佑降福星。迄今四十餘年後，又遇張公到登封。
　　誰料又是前公侄，伯前侄後多奇政。先聖後聖同一轍，百姓因此觸感興。
　　修祠立碑闔郡力，不日成之誌生平。許多德政難盡書，略述幾條垂後人。
　　此中全無虛譽事，頂戴天臺兩授恩。

大清康熙三十五年歲次丙子三月上巳之吉。

沐恩民張明性叩述。

邑庠生張璧敬書並篆。

督工劉起沛、鐘奏、范守義、薛孟、湯乾、關獻蓋。[1]

（碑存登封市少林寺。王興亞）

順公和尚之塔銘

敕賜祖庭少林禪寺順公和尚之塔

---

[1] 以下開列闔縣民姓名一千五百八十二人，字小，多不清晰。

清康熙卅五年三月廿日立。

徒洪玉、洪浩。

（銘存登封市塔林東部順公和尚塔上。王興亞）

御祭中嶽嵩山文

清聖祖

維康熙三十六年歲次丁丑八月戊申朔越三日庚戌，皇帝遣日講官、起居注、翰林院侍講加二級特默德致祭於中嶽嵩山之神曰：

惟神位次鶉首，峻極中天。統會四時，坐奠八極。朕以剿除狡寇，三履遐荒，又安中外。今者祇承神佑，塞北永清。用告成功，專官秩祀，惟神鑒焉。

禮部八品筆帖式正藍旗華善。陪祭河南等處提刑按察使司分巡南汝道僉事級羅文現，河南府知府加五級張聖業，登封縣知縣加二級張聖誥，儒學教諭王邪，儒學訓導孟醱，典史邵文元合立。

邑人焦欽成敬書。

（碑存登封市中嶽廟黃籙殿。王興亞）

重修大法王寺碑記

予以己巳赴嵩陽書院，居歲餘。講誦之暇，時出遊覽，渡七星澗，陟三公石，抵玉柱峰下。西北煙巒之際，隱隱露殿脊，或日麗霞明，琉璃絢爛。土人指點示予曰："是爲大法王寺古刹也。"寺踞太室之勝，老栢、銀杏蔚然蒼翠，若千百年物。予欣然欲往。石徑齟齬，乏濟勝具不果。又與友人約中秋借宿僧寮，步待月峽，看月出。屆期，復以陰雨輟行。

寺僧離垢，諱傅淨，邑葛氏子。幼從適庵和尚，祝髮適庵。□人文士隱於禪，遍歷名山，卓錫茲寺，金沙將虎臣先生雅重之。爲延譽各上官，助資修寺，寺以益恢。逮離垢爲寺主，茹素飲泉，恪守戒律，不染塵市氣。知予居嵩陽，懇□切遊其宇，愧無清緣，但領其意而已。戊寅，予再赴嵩陽，聞離垢方從事土木，奔走無寧晷，亦不獲造訪，話其事之詳委，乃至是而工告竣矣。離垢兄葛明志跋涉二百餘里，請爲之記述離垢之言曰："寺自先和尚重修以來，將三十年。山高風勁，漸自傾圮，僧室無剩物，不能托鉢行乞，籌之大衆，白之宰官，育寺栢，以興寺工，事乃粗辦。因出邑令韋庵張公所給照，並公前後捐資數目，曰匪此則工不能興，寺之傾廢無日矣。其巋然存於今□於後者，皆公之澤也，是不可以不記。"予思嵩陽書院，自耿逸庵先生歿，岌岌乎有茂草之憂。張公下車，親臨講堂，集髦延師儒，捐金捐穀，置田置器，其嘉惠爲無窮。人皆謂紹明聖緒，振起人文，循政之先務，固當如是。而其餘力，亦復施及梵宇。蓋守土之官，古跡在境內者，不宜聽其覆沒，而一體爲懷，即緇流亦以廣廈庇之，不限於彼此也。以是如張公之政，靡廢不興，靡人不欣，豈獨招提維新，僧徒戴德哉！若離垢者，在釋言釋，修所宜修，不耗土民之財，而裕鳩工之資，可謂善自營構，可繼師志矣！於主嵩陽之教，倡伊洛之學，切磨後進，佛法因果所不能言，而述其顛末，紀其歲月，則有不能辭者。至其規模次第，了然如在目，又可作臥遊以償宿願也。所修後殿七間，天王殿、伽藍殿、六祖殿、東西禪房各三間，前後門樓二座，院牆四十餘丈。工起於康熙三十六年，竣於康熙三十九年。任其事者，住持僧離垢，成其事者，邑令□張公也。

賜同進士出身、徵仕郎翰林院檢討、前翰林院庶吉士、牟陽冉覲祖撰文。

邑後學焦欽成書丹。

邑庠廩膳生員李毓桂篆額。

文林郎知登封縣事加五級閭山張聖誥重建。

本寺住持傅淨，徒一慧、一秀 仝立石。

上党常治嚴鎸。

康熙三十九年。

（碑存登封市法王寺。王興亞）

皇清扶溝縣儒學教諭傅子肯堂（枅）墓誌銘

【誌文】

【額題】嵩谿之樗

歲進士候選儒學訓導年家友生高一麟拜手撰。

傅子肯堂，以明經廣文扶溝，卒於官。無有狀其行者。乃慈王太夫人辦葬事，丐余爲誌，鎸諸石樗。余與肯堂，師弟也。廉其生平最悉，情弗忍辭，勉焉誌之。肯堂諱枅，號嵩谿，所稱其字也。先世睢州人，自始祖振鐸吾登，遂家焉。歷代多簪纓。迨乃祖伯濟公，領丙子鄉試解額。乃尊左啟公，年十七，登辛卯賢書。厥志皆未大遂。嗣而光之，在肯堂矣。肯堂週歲失怙，寄養外祖家。呱呱襁褓，幼多病。八歲就外傅，來從余游。生而奇穎，善讀父書。授以句讀，即了大義。經書子史，日課數萬言，輒過目成誦。里黨號曰神童云。比舞象，舉子業成，爲學使者所器，拔入庠。越明年，補博士弟子員。天性孝友，事孀母維謹。諸姊娣俱鬻田辦嫁。尤工詩賦，工書，工古文辭。與三唐兩漢諸名家相揖讓。時携新安呂氏併孟津王氏諸昆季游，訂性命焉。紆青拖紫，唾手可就。緣家貧母老，鮮爲禄養地。遂循例捐貢捐教職。於辛酉秋任扶溝教諭。年少才高，慮不無驕氣凌人。而肯堂一以謙德處之。與之游，披霽月焉。與之語，飲醇醪焉。訂會課士，文運蔚興，宜其舉於鄉而歌鹿鳴者踵相接也。時學宮圮，觀瞻不肅，悉蠲俸，同邑令合修之。不□月告成，罔竭民財民力。有盜獄株及子衿者，乃憤然曰：桃僵而李代乎？立爲昭雪，闔庠戴德。其崇禮學校類若此。蒞任十年餘，毫不干預縣事。課士之暇，靜坐讀書，雖酷暑嚴冬，手弗釋卷。讀而病，病而嘔血，嘔已復讀。或有止之者，謝曰：死生有命，於書乎何尤。然竟坐此，遂以不起。卒於康熙壬申六月初九日。詎生於順治己亥正月二十二日，享年三十有四。無子，以本宗姪烺承嗣。所著有《西園詩草》若干卷，未授梓。於壬午年九月十三日葬於碑子村之新阡。嗚呼惜哉！聞之才人多厄，肯堂其厄之甚者。翰苑仙品，僅以青氊終，厄於遇。耄耋人所恒有，而顧弗享一中壽，厄於年。伯道之憂，書香誰續，厄於嗣。茫茫天道，可知乎，不可知乎？嗚呼惜哉！銘曰：

顔淵早世，李賀無年。修文作記，此也有焉。玉埋抔土，珠墜重泉。千秋茲壙，景彼前賢。[1]

康熙四十一年九月。

（拓片藏河南省文物考古研究所。李秀萍）

□□□□□□□□考選內閣中書舍人左啟傅公（而師）墓誌銘

【誌文】

□□□□□□林院檢討前翰林院庶吉士年家眷弟牟陽冉觀祖頓首拜撰文。

□□□□□□□山西汾州府寧鄉縣知縣年家眷晚生新安呂履恆頓首書丹。

□□□□□候選訓導年家眷弟嵩陽高一麟頓首篆蓋。

□□□□□□即耳食孝廉公名。既讀其遺稿，併嵩陽所撰諸碑刻，知爲天才宿慧，博學卓識，益慨□□□□□恨未及見也。惜早世。嗣方呱呱不能爲行述。誌典闕如。今年秋，擬遷葬。從弟大匡寓□□□□□公。公後丐余爲文，補納壙石。道遠鮮所考問，無狀譜可稽，謹即囊所得於傳聞者次之□□□□公姓傅氏，諱而師，字左啟，號餘不。少年名孝廉也。其先睢州人，自遠祖廣文於登，愛山川□□□家焉。一再傳至公器公，諱文登，進士，官刑部員外。嗣堂構相承，書香不替。數傳至元赤公，諱□良，爲公王父。以恩貢歷官蘇州郡丞。子姓益繁，家益大。冠蓋簪纓，翩翩乎鵲起焉。丈夫子四：長伯濟公作舟，公父也。丙子科領解額，官吏部司務。次仲擊公作楫，邑庠名士，贈文林郎。次叔甘公作霖，進士，由翰林院編修出督江浙糧艖。次金臣公作礪，武進士，官保安衛守備。公生而岐嶷，甫學語即通曉四書六經大義。八歲就傅耿逸庵先生。日誦萬言。爲文援筆立就。奇崛典奧，如江河倒頃，奔騰莫遏。人目爲奇童云。尋以解額公遭貝錦之難，失所怙。事孀母郝太夫人以孝聞。時王父尚在，□痛厥考，弗及侍養，以孫代子，晨昏定省無曠禮。夜則挑燈慈母膝下，讀而哭，哭而復讀。苦雨酸風，未嘗不泪盡繼以血也。叔君太史公每器之曰：此吾家千里駒也。光祖德者，其在斯乎。比舞勺，補邑庠增廣弟子，文思益大進。

---

[1] 該誌刻於石棺蓋上。

於孟津學憲公子陶前属館，甥文安公覺斯則伯嶽也。樂衛唱酬，日相切劂，詩古文辭俱卓卓臻絶頂。年十七，領辛卯科鄉薦。少年英發，聲甲兩河。華亭繹堂沈公以翰苑觀察中州，慕公名，延之釣臺，纂修通省志。天纲細目，釐若列眉。筆法酷類史遷。一時共事諸賢，皆閣筆家居。主詩文兩壇盟。嘗謂文宗先秦，次韓、歐。詩宗漢魏，次李、杜。餘者紛紛節取之可也。□論光明正大。後進攻帖括、商風雅者就正焉。罔弗得其意以去。遠近徵詩文傳記，戶外屨相接，悉裁答之，無倦容。性愛博覽，自天文地志，下逮星相醫卜等書，一涉直抉閫奥。爲人謙抑和藹，雖世居華胄，少年掇巍科，而自視欲然，毫無矜驕慍怒色。盖素所蓄積然也。當壬辰，計偕北上。以叔君分校禮闈避，弗就試。後三困公車。缘母老無以爲禄養地，乃循例赴部考選。先是以嗜學屢致嘔血，已遂卧病長安。比肩輿歸，竟沉疴不起矣。嗚呼惜哉，公著作等身，僅以《枕煙亭詩集》行世。餘猶蠹箱塵架，未付剞劂，豐城劍氣，豈無有繼起而識之者乎？尚其俟諸。

　　公生於崇禎八年乙亥五月初四日午時，卒於順治十八年辛丑七月二十六日卯時，享年二十有七。淑配王夫人，爲提督山東學政按察司僉事孟津王公鑨女。生男一，曰枅。才學有父風，廩貢，官扶溝縣教諭。娶禹氏，汜水縣歲進士任歸德府永城縣儒學訓導禹公諱都女。孫男一，烺。聘洛陽庠生來公諱頤女。女三：長適甲戌進士任陝□西寧兵巡道沈公諱加顯男附監生候選州同知夢周。次未字，早卒。次適癸丑進士兵部尚書諡忠節呂公諱維祺孫，己亥進士福建道御史呂公諱兆琳子，選貢候選教諭復恒。公舊葬郭家村，今卜於康熙壬午年九月十三日遷葬於碑子村之新阡，祔解額公墓傍，從所本也。銘曰：

　　箕孕而嶽降兮，公之來也。馬倚而鳳吐兮，公之才也。純德玉溫，鴻藻金煉。海內楷模，天中文獻。滕閣之序，昌谷之編。彼君子兮，胡不大年。淵也匪殀，彭也匪壽。千秋兹壙，泰山北斗。行與嵩、潁同久。

　　康熙四十一年九月。[1]

（碑存登封市中嶽廟。李秀萍）

第一禪宗碑

【額題】第一禪宗

　　此直河間府敕建昊天金闕、三清玉主、五老三官、王母聖閣、福神八仙、鉢堂隱潛内居遺留後續嘉靖敕封天泉居士。

　　西來東初出一人，出細妙法鎮少林。六度曹係百丈海，數世臨濟列聖分。唯明李公開闢教，直指單傳立教門。燈燈相續何重樂，又有能人興少林。[2]

---

[1] 右上方缺一角。

[2] 下刻顯宗清領大衆姓名，字多模糊不清。

康熙四十四年三月。

（碑存登封市少林寺初祖庵。王興亞）

六祖手植柏碑

六祖手植柏從廣東至此。

大清國朝大河間二府善人，禪宗天泉圓光少奄顯宗清領□大衆□千佛菩薩祖□韋馱經懺閣殿宮磨亭建新從立碑。

住持清泰徒淨意。

清康熙上元乙酉辰月吉日。

功德善人趙光祖馬氏、楊成福王氏、陳世祿王氏、楊成安馬氏、王孫、楊成明劉氏、劉太德、楊朋、翟□　合家仝叩。

等立石。

（碑存登封市少林寺初祖庵。王興亞）

翰林宋公墓碑

清康熙五十三年二月十二日

陝西道事巡視南城陝西道監察御史年家眷晚生景日昣拜題。

特賜恩貢生吏部選儒學教諭王長人填諱。

皇清外翰林宋公之墓

公諱夢呂字磻生，號熊庵，順治辛卯科鄉貢進士、庚戌科揀選例贈文林郎改授河南開封府鄭州河陰縣教諭，行六，生於萬曆庚申，卒於康熙壬辰，元配晉氏，生於萬曆己未，卒於康熙癸未，合祔新阡。

孝男宋綿祚，孝孫祺，曾孫紹曾立石。[1]

（碑存登封市潁陽鎮北寨村。王興亞）

周公測景臺暨新廟碑記

廬陵陳鳳梧

登封縣東南三十里許，有先聖周公測景臺，迄今二千餘載，巋然獨存。考之《周禮·大司徒》職曰："以土圭之法測土深，正日景以求地中。日南則景短多暑；日北則景長

---

[1] 該碑左下角殘。

多寒；日東則景夕多風；日西則景朝多陰。日至之景，尺有五寸，謂之地中。天地之所合也，四時之所交也，風雨之所會也，陰陽之所和也。"蓋周公相成王，定都於洛陽，立土圭以測日影求地中。其制度精審，有非大聖人不能作者。所謂考諸三王而不謬，建諸天地而不悖，質諸鬼神而無疑，百世以俟聖人而不惑者也。先周公而聖者，曰堯、舜、禹、湯、文、武，達而行道於上；後周公而聖者，曰孔子、孟子，窮而明道於下。惟周公以元聖任行道之責，而兼明道之功。觀之六經則可知已。《易》有六十四卦爻辭，所以著陰陽變化之妙也。《書》有《無逸》、《立政》諸篇，《詩》有《豳風》、《文王》、《清廟》諸什，所以明修身治天下之道也。《春秋》雖未有辭，然本魯史之舊文，實祖周公而寓一王之法也。至於《周禮》、《儀禮》，則斟酌損益，極深研幾，盡制禮作樂之妙，極經天緯地之文。前乎千萬世之既往，後乎千萬世之方來，蓋未有能過之，亦未有能易之者也。周公之功，其可謂盛矣。孔子之道，實傳自周公，故曰："甚矣吾衰也，久矣吾不復夢見周公。"自昔論大聖人者，必以周、孔並稱，而漢、唐以來，祀於學宮，率以周公爲先聖，孔子爲先師。自後尊孔子爲先聖，而學者不復知有周公矣。故愚嘗建議，以周公、孔子並祀於學，而未之舉也。己卯之冬，承乏汴臺。明年春，公牒稍暇，乃稽圖經，得所謂測景臺者。亟檄有司，葺其頹壞，芟其繁蕪，以復古制。臺之北，舊有周公廟，久而湮廢，後令重修之。殿廡門牆，煥然一新。扁曰"先聖文憲王廟"，蓋唐所封爵諡也。乃遣儒官祭告，仍著爲定式。歲以春秋次丁，有書刊號致祭如儀。庶以表示元聖之製作，而系千古之瞻仰云爾。崇德服功，豈止於是哉！有司請文紀其事，謹拜手稽首而爲之書。其承檄修復，則知縣韓錫、典史李崇學也。而觀星臺在廟之北，相傳亦周公所築，因並及之，以傳疑云。[1]

康熙五十三年甲午。

（碑存登封市告成鎮。王興亞）

重修乳峰庵殿宇記

古乳峰庵者，乃少室之勝地也。舊有佛殿一座，不知創自何年，亦不知重修幾次。但查歷年以來，並無碑碣可稽，是以無可考究。至康熙辛卯年來，殿宇又經毀壞，神像煙塵蒙垢，見者不能不慘目而傷心。幸有焱修住持僧吉言，會同上下附近善士，矢志募化，協力重修，一舉成功，煥然一新，神得其所，人幸觀瞻。其功告竣，四方善信，慨賜資財者，不可以湮沒也。爰勒石以聞。

時康熙乙未季春吉日。

---

[1] 《說嶽》卷十五云："《周公新廟記》，陳鳳梧碑在本廟。康熙甲午，予以憂居在里，追隨偃令邑侯勘旱災，矩於臺後之廣胤殿。慨傷台廟之圮毀，聖像之剝落，覓金修復。建正殿儀門，修台築垣，易階磚以石，一切毀敗，俱經維新。役未竣，予以起復，迫期北上。是役也，大中丞鹿公佑布金爲多。碑尚未立。"

里庠喬希舜撰書。

石工許世棟、許世英。[1]

（碑存登封市石道鄉乳峰庵遺址。王興亞）

重修黃蓋峰中嶽行宮碑記

竊嘗曠觀宇內，天下之名山有萬，而嶽居其五。西之山如屏如障者，為太華，其行為秋，其位為兌。其北則恒山，鬱鬱葱葱，位坎而司冬者也。南顧霍山之嵯峨，於宮為離，於氣為夏，東南巨鎮，實與泰岱並雄。四嶽各于其方，而嵩獨峙一其中。稽之《詩》曰"崧高維嶽，峻極於天"，未常不歎太室之山平瞰中原而不與羣嶽爭雄者也。維嶽高大，為衆山之鎮；維神英靈，為羣神之宗。觀其體勢，磅礴扶輿清淑之氣，其以應靈集秀，陶鑄人文，無非昭嶽神之靈貺也。凡幸生茲土者，蒙嶽神之庇；即遠處遐方者，亦未常不被嶽神之德澤也。

歲值三月聖會之辰，四方賓旅商賈鱗集輻輳，南連吳、越，北通秦、晉，其熙熙攘攘往來不絕者，踵相接也。非嶽神之靈應，而人心竟勸，何以能如是哉，適陝西商人樊必成、周玉等，操其贏居，珍玩貨殖，茲土效陶朱公之所為，其獲利成百倍焉。

嶽廟後黃蓋峰巔，有嶽神故宮，風雨飄搖，不無傾圯。成、玉等昔常糾同志，捐重資，修營補葺，重輪重奐，金壁莊嚴，頓復其珠宮紺殿之觀者，皆諸君之功德也。去歲供奉神燭，必誠必敬，雖庭燎之光，亦諸君明心見性之笈耳。夫神非人實親，惟德是輔，諸君荼敬誠格，事神惟謹，而神有不降之福乎？嘗讀《易》曰，東鄰不如西鄰之祭受福，《詩》曰："神之吊矣，貽爾多福。"夫敬神則受福，觀《易》與《詩》，言實與君等，信之非虛諛也。雖然，樂善好施者，人之情也，時和年豐者，神明之貺也。設人樂施，與而年不豐登，雖欲從善，不能。今幸逢聖天子御極五十有四載，萬邦俱已協和，庶事俱已咸康。且諸福之物，可致之祥，俱已畢集。陰陽和，風雨時，年谷豐登，民安物阜。嶽神以福聖天子者，福天下之民，而即以福天下之民者，福天下之商賈也。成、玉等蒙神之休，荷天之寵，宜誌之不忘，爰刻石頌德，以垂不朽云。

時大清康熙五十四年歲次乙未三月望日。

賜進士出身敕封文林郎掌江南道事陝西道監察御史景日昣撰文。

邑庠生張壁敬書並篆額。[2]

陝西西安府涇陽縣纓帽行客人：樊必成銀五兩二、周朝先銀四兩、馬祚昌銀四兩、李

---

[1] 捐資人姓名，字多模糊。

[2] 該碑下部的捐資商人名字為小字，今照錄，以備查用。又，正文中言樊必成、周玉為倡捐人，但捐資人中無周玉。周朝先應是周玉，朝先可能是其字。

玉印銀六兩、張芝信銀六兩二、李成印銀四兩、王朝柱銀四兩、姚有恩銀四兩、郭崇義銀三兩二、馬易昌銀三兩、李蔚銀三兩、趙玉宗銀三兩、張超銀三兩、高金桂銀二兩、楊運通銀三兩、陳升銀三兩、韓時林銀三兩、梁宗義銀三兩、龐雲成銀三兩、張居福銀二兩、劉大儒銀二兩、李張梅銀二兩、段允祉銀二兩、牛良臣銀二兩、李尋白銀二兩、劉級銀二兩、李春榮銀二兩、王錫瑛銀二兩、向大用銀二兩、姚國安銀二兩、謝文玉銀二兩、岳良相銀一兩、李雲銀一兩、姚良銀一兩，趙壁銀一兩。

　　三原縣客人：劉漢璽銀三兩、楊奇銀三兩、劉士魁銀三兩、李純銀二兩、崔獻理銀二兩、梁範文銀二兩、張甫財銀一兩、王大林銀一兩、劉國錫銀一兩、張起鳳銀一兩、葛起懷銀一兩。

　　同州李全經銀二兩。

　　華州武淵修銀二兩。

　　高陵程天眷銀一兩。

　　山西平陽府大平縣客人：柴正業銀一兩。

　　曲沃趙盛越銀二兩。

　　河南開封府陳州客人：仲起元銀二兩。登封縣社首功德主王貫一兩、張聰銀三兩、趙財鬥銀三兩、張鵬銀二兩。

　　督工信士邑人傅天眷仝立石。

　　車夫唐起雲、李應祥。

　　刻字張顯騫、李仁。

（碑存登封市中嶽廟。王興亞）

普渡林上塔銘

山東清源傳律普渡林上太尊浮圖位

康熙五十四年立。

（銘存登封市會菩寺東塔院普渡林上和尚塔上。王興亞）

欽公和尚壽塔銘

敕賜祖庭少林禪寺圓寂恩師嵩邱欽公和尚壽塔

康熙五十五年十月立。

孝徒清寧及孝侄、侄孫等立石。

（銘存登封市塔林西南部。王興亞）

魁公和尚覺靈壽塔銘

敕賜祖庭少林禪寺圓寂恩師魁公和尚覺靈壽塔

清康熙五十五年十月吉日。

徒祖欽、祖良、祖權，孫清瑞、清寧。

（銘存登封市塔林西南部。王興亞）

游少林寺序

傅而師

河山老大，古剎猶存；日月劬勞，遊人莫負。歲當丙申之夏，入山則夏氣成秋。時遭庚癸之餘，到寺而餘香未爐。吾邑狂士，越嵩麓以探奇；津口名流，過轘轅而選勝。流連面壁，憶象教之開於胡僧；頻仰穹碑，知禪林之肇於魏主。六朝如夢，蕭條翡翠之林；一葦何心，冷落袈裟之地。遂乃躡碧殿，歷紺園，躋層臺，攀曲磴。呼酒入煙岈，乍從竹里遇閑僧；獻詩坐石棱，忽過橋邊逢野鹿。綠水載鐘聲飛渡，墨雲同鳥翅彎環。聆瑣細之禽音，誰來峰頂；折猗儺之椒葉，我問溪頭。音不雷同，葉或小大。偶有樵人砍木，丁丁似在雲中；不乏牧子騎牛，蠢蠢時來籬外。於是，逍遙木路，偃息蛇床。俯鉢盂之高岑，何知遇虎；眺蓮花之御砦，不憚騎龍。靈雨過清溪，山山滴翠，碎翻水府之天；古霧障幽谷，樹樹縈青，難覓峽腳之地。撥蘿尋徑，復逢瀑布之岩；拋石沉潭，欲碎蛟螭之爪。捫蒼旻而相礙，跨珠樹以何妨。至於鐵笛落而晚嵐凝，宿鳥歸而遠岫暝。梨園度曲，則南園之老猿潛聽；簫管葉歌，則緱嶺之仙笙助響。松濤聒夜，衣裳生星月之紋；枕簟入林，魂魄遇鸝鵪之夢。所愛者，木魚錫杖，聲光不類於市朝；所談者，古鬼癯仙，瀟灑全離乎機杼。時而風吹別澗，浮邱與王子偕來；自知興埒前賢，吾輩視蘭亭並駕。好花戀客，細草留人。聽今古之升沉，審陰陽之盈縮。縱鄢裏之徵兵助餉，集此可以判年；寄乾坤於一笠一瓢，放言真能忘世。他時來寺，寺豈忘予？一語辭山，山若惜別。行見紅飛雨屐，人攜大始之霞。從此綠貯一心，夢繞空林之罄矣。

康熙五十五年。

（文見葉封、焦欽寵《少林寺志·藝林·碑記》。王興亞）

重修白衣閣並創建拜臺碑記 [1]

【額題】重修白衣閣並創建拜臺碑記

---

[1] 此碑與康熙五十三年《重修白衣閣並創建拜臺碑記》刻在同一方石碑上。

康熙五十六年重修諸公勒於石：

席坤、王運新、宋維垣、李應才、牛文斗、馮奇遇、李長吉、范存義、王紹禹、張□□、宋維升、席繼忠、王龍長、趙方昞、宋昞、趙方瑞、喬昞鳴。

受業門人庠生陳祉、庠生王丙古、庠生李士英、庠生王輔、廩生秋益、庠生胡錫疇、監生傅論、庠生陳一炳、耿曉、庠生王譚□。汝州庠生孔興祖、庠生陳辰、庠生喬廷論。

偃師庠生郝丕顯庠生□□。

鞏縣庠生同人偃師庠生楊廷諫。商州諸生袁爾昌、庠生劉□、庠生溫□、庠生袁士愷、庠生張越、庠生苗秀□。

禹州庠生耿□、庠生溫□□、王偉、陳貞、焦怡。

裕州宋希□、王元□、鄭國選、李世卿。

偃師陳兆昌、李世譽、增生王廷□、庠生王敏、監生楊志英、張□。鞏縣：陳兆瑞、庠生楊起秀、李會善、庠生楊廷論。張合奇、陳□。

偃師崔鳳翥、張省。鄢陵：魏明德、鄭□□、畢永太、李泰。禹州：袁九疇、耿□楊志楷、崔珩、田爾□、劉中興、庠生魯頌美、庠生劉東雙、庠生戴夏□、庠生王□、庠生胡兆□、閆□□、庠生屈登朝、庠生李士奇、庠生卓祇、張□、趙□。[1]

仝立石。

（碑原存登封市盧店街，現存嵩陽書院碑廊。王興亞）

康熙五十六年重修大法王寺碑記

古法王在今寺後隙，於嵩剎為最古。蓋創於漢明帝永平之十四年。先是八年，帝聞西域有神，其名曰佛。遣使之天竺求其道，得其書。及沙門攝摩騰至京師，置鴻臚寺。數年，其教寖廣，西僧來者益多。因作寺，以處其徒，蓋因鴻臚得名。嵩陽之法王與嵩陰之慈雲、洛都之白馬同時，並作為佛教入中國作寺之始。蓋在達磨四百年前。

魏明帝青龍間，更名護國。晉永康時，於護國前另建法華，即今寺所在。於是一地兩剎，而法王之名掩矣。北魏作閑居，創少林、嵩陽道場。招提接比，法王舊剎，修飾缺如。《伽藍記》載：洛陽內外一千三百六十七寺。嵩高中有閑居、嵩陽、棲禪道場，中頂升道之名，而法王不載。迄宇文建德中，除浮屠，燼經像，沙門還俗，於是嵩之梵宇，自法王下一切俱毀。隋仁壽年，建舍利塔於此，因茲第興復，更名"舍利"。至唐太宗貞觀間，敕補佛像，復名"功德"。於是，賜莊以安禪僧，今告成東寺，賜莊跡也。比開元時，奉安御容於中，又名"御容"。迄代宗大曆間，增名"廣德"，仍法王舊額。逮後唐廢壞之餘，分為五院，沿歷代護國、法華、舍利、功德、御容舊稱。宋初乃合，因復名曰"大法王寺"，

---

[1] 以下開列門人姓名眾多，字模糊。

迄今因之。此沿革之大概也。

　　當其盛時，駐蹕所經臨，名公卿驂乘旄蓋，至止比踵。金刹與靈臺比高，宮殿共阿房等壯。木衣綈繡，土被金紫。比其衰也，月明山空，惟荒殿古柏頹然於層嶺迷靄中而已。寺背依嵩嶺，左右峻峰，俯瞰南岫，排列雁擁。古樹之大者，高日參雲。幕屏蘿幄，碧欄紅亭，與日波翠巘，回互映發，踞嵩陽形勢之冠。而自金、元以降，嵩僧著者多濫國公、司徒等爵諡，大約駐錫少林、會善、法王，絕遠塵囂，豈好誼者固避而不處與？歷代高僧輩見，乃自衝禪師慧昭以外，塔墳累累碌碌，少所表異，何與？左嶺元珪塔，骨子固遭控劫，石函猶存，碣誌如新，斯固法王名僧也。而誌獨傳其居龐塢，何與？寺所從來甚久，當有貞珉，而遍蹟無一存者。即唐、宋間，崇飾據誌籍所書，亦當有紀事之什，而俱無一載。相元魏、周、唐之間，釋教三遭擯廢，金石蕩然盡與，抑當時無作者，其文遂湮沒不彰於後與！有明三百年間，國家不甚崇浮屠，時梵刹無大盛衰，法王之墜興而屢矣。而荒殿殘燈，線線油油，以至於今。我朝學使者史逸裘，偕主壇僧適庵，興其廢缺，徂今復四十餘年。今僧離垢承師未竟之志，復增葺而潤色之，喬喬皇皇，堅樸渾致，四閱歲而落成。余以庚寅遭憂歸里，暇則時時策履於中，晤離垢上人，服其椎樸篤實，不斤斤談禪講法，無言而躬行，其功課在講誦，而用心致力，惟以興舉古刹，積數十年願，始竟厥志，可謂繩行之錚錚者矣。予不讀佛書，而樂與上人遊，故幸其功之有成，而又以古刹無碑誌可紀，遊者或昧於原委，因爲記之如此。

　　賜進士出身中憲大夫鴻臚寺少卿□正四品俸前陝西道監察御史汾南道監察御史邑人景日昣撰文。

　　邑庠生□□書丹並篆額。

　　功德主袁其素、李毓馨、張蘿熊、黎覲光、李藏馨、白門張氏。

　　化主劉光祚。

　　功德主生員景日晖。

　　住持傅淨徒一慧、一秀，徒孫三乘、三曉　立石。

　　鐵筆常馨、李永祥。

　　皇清康熙五十六年歲次丁酉秋季穀旦。

（碑存登封市法王寺。王興亞）

先師汲妙塔銘

不孝徒性忍為清故先師諱汲妙字通玄建立塔一座
時清康熙五十六年丁酉孟秋上浣吉日立。

（銘存登封市少林寺西北李溝。王興亞）

博然朝公恩師之塔

清寂親教博然朝公恩師之塔
時康熙五十九年季春月吉旦立。
門人祥住、祥普、祥熙、祥臣，孫璉通、避光、澄順、淹永、澄心。
譽頌出家離業為志。[1]

（銘石存登封市會善寺。王興亞）

宣和花公大師靈塔

宣和花公大師靈塔
曹洞正宗三十二世宣和花公大師靈塔
清康熙五十九年季春月吉日立。[2]
門人福海等

（銘石存登封市會善寺。王興亞）

今開山林題記

今開山林
時皇清康熙年庚子九月九立。

（石存登封市會善寺。王興亞）

首傑和尚塔銘

制江蘭溪弘宗青霞叢道傑尊窣堵位
康熙五十九年立。

（銘存登封市會善寺東塔院首傑和尚樓閣式塔上。王興亞）

佛定和尚塔銘

曹洞正宗三十一世後，開山和尚上佛下定意公之塔

---

[1] 此塔已毀。
[2] 此塔已毀。

康熙六十一年孟秋立。

（銘存登封市會善寺東塔院、佛定意公和尚之琉璃塔上。王興亞）

仁育題刻

康熙六十一年
仁育
知縣韓江楊世達書。

（碑存登封市城隍廟。王興亞）

義正題刻

康熙六十一年
義正
知縣韓江楊世達書。

（碑存登封市城隍廟。王興亞）

重修捲棚記

　　城之置，所以衛民也。城隍之設，所以庇民也。故有城則有廟。廟由來已久矣，其葺也亦不知凡幾矣。而捲棚三棟，創於明嘉靖三十七年八月初六日，倡之者則淨廷、程舉等募化襄成也。葺於大清順治十一年二月二十五日，董之者王貢，捐資獨修也。余來守是邦，見梁壞不支，葺而新之，擴而大之，易三棟而為五，雕飾增華，以稱廟貌。時康熙六十一年歲次壬寅十月初九日。竹苞松茂。主之者，余也。相度規模，貢生景暉也。董役督作，吏員牛天禎也。鳩工庀材，鄉民何元士、薛玉、劉德、尚君國、李端、杜如璋、楊春茂也。肇創有自，勤葺有力，均不可沒。爰為之記。
　　登封縣知縣韓江楊世達字輯五號兼齋，題並書。
　　邑庠生員張璧沐手鈎勒。
　　康熙六十一年十一月。

（碑存登封市城隍廟。王興亞）

御祭中嶽嵩山文

清世宗
　　維雍正元年歲次癸卯二月辛亥朔越初三日癸卯，皇帝遣內閣侍讀學士瓦渾岱致祭於中嶽嵩山之神曰：

惟神宅土居中，極天表峻。儲精二室，被德羣生。朕鑽受丕基，新承景命。竊念皇考膺圖以來，百靈効順，四海從風，享昇平六十餘載。茲當嗣位之始，宜隆祀享之儀。特遣專官，虔申昭告。惟冀時和歲稔，物阜民安。淳風遍洽乎寰區，厚德長敷於率土。尚其歆格，鑒此精誠。

欽差內閣侍讀學士瓦渾岱，讀祝官內閣撰文中書舍人祁鼐臣，禮部七品筆帖式四級滿都。

陪祭官河南府知府軍功加三級紀錄七次劉天爵，登封縣知縣楊世達，儒學教諭陳九容等立石。

（碑存登封市中嶽廟黃籙殿，文見乾隆《登封縣志》卷十《壇廟記下》。王興亞）

重修佛殿碑記

【額題】重修佛殿碑記

從來吉慶之福，惟善人能收之，而積善之事，亦惟善人能為之。馬峪水峪寺，舊有□□□□為佛殿一所，年深日久，以致風雨剝落，幾於傾圮殆盡。住持僧如燦目擊心傷，久欲補救，苦無所資。幸蒙李君諱默錦者，廣為募化，以勸盛事。而善男信女亦遂各出貲財，略無吝色。故前此傾圮殆盡者，而於今無不煥然改觀焉。此真所謂積善之事惟善人能之為也，而吉慶之福又豈不為善人收之也。以故功成告竣，今以俚言誌其美，亦曰俾後之樂善者有感而興起也云爾。

化主李默錦／[1]

邑庠生徐□□撰文。

王魁書丹。

大清雍正二年歲次月吉旦。

（碑存登封市城隍廟。王興亞）

耿介墓碑

皇清誥封中憲大夫顯考逸庵耿公府君恭　人　妣　傅　李氏之墓

雍正六年。

（碑存登封市城關鎮西關。王興亞）

重修周府庵大殿金裝神像碑記

【額題】萬善同歸

邑癸卯正科舉人候選知縣劉甡沐手拜撰。

---

[1]　／以下，字多模糊不清。

偃邑庠生王輔敬書。

盛衰之數，雖關氣運，豈不視乎人事哉！當其盛也，必有人焉創未有之規，成巍煥之觀。及其衰也，必有人焉肆暴殄之舉，隳已成之模。而其轉衰爲盛，尤待有人焉整頓葺理於其間，使剝者復，否者泰，而後踵事增化，基雖因乎舊而功實倍乎創。凡事皆然，即佛寺之興廢亦豈有異哉！少林南偏舊有周府庵，寺僧所謂南退居也。考居之源委，肇自勝國有明。當明之時，佛教播宣宗室，周藩素瘻癱患。寺有務緣上人，釋迦之出而覺世者也，與周藩有宿契，遇於汴城道上，噀法雨，施經讖，得梵唄之妙用，王之沈疴不藥頃愈。因弘發善願，出內帑之儲，供伊薄之饌。且闢南岡勝土，建大殿，創精舍，增山門，凡藏經閣、香積廚、金園滿布，成寺南巨觀。而神像則金碧輝煌，榱桷則丹艧黝麗，周尚則牆垣高原，焚修則地土膏腴。此皆出三府之錢，不假民間之絲粒者。志曰"周府庵"，示不沒周藩之善也。迨明末季，兵燹猖獗，殿宇悉化灰燼。其灰餘之僅存者，則漸就傾圮而不理。數十年來，鳥鼠瓦礫，令人觀之慄然泚出，竟無有過而問焉者。此殆氣數之衰而佛教一大劫也。庵中住持年逾七十耆臘矣，不忍神之戴日披星，有淒風苦雨之慘也。自計生平所蓄，倉庾之贏餘者若干，鬻寺木而得價者若干，鳩工庀材。大殿山門，次第落成，而資遂告匱矣。適有善士姜君與寺僧友契，率善信百餘，建醮庵中，見棟宇維新，而神無不備不周之憾。此雖不及昔之壯麗，而神貌壯嚴，足令慧日常圓，智雷遠震。若姜君者，殆亦與佛結歡喜緣，成沙門之盛舉者哉！予故於功竣之日，樂爲濡筆，以紀其盛。姜君名懷先，妻黃氏，邑中潁畔人。住持僧名同秀，得並書焉。

龍飛雍正七年歲次己酉二月吉旦立。

（碑存登封市文物保護管理所。王興亞）

梁先生墓碑

梁家惠，字樹百，號紫庵。文學太老師字聖若公之仲子也。先生氣度渾厚，孩提時，即知孝親敬兄。至成童，勤學不怠，甫弱冠遂入庠，既而應諸生試，量置第一，補弟子員，學愈純而德愈劭。邑太史耿夫子逸庵理學宗匠，主持嵩陽書院，聞而延之，立爲齋長，以爲及門表率，授以理學要旨。先生即心解力行，逸庵夫子深加器重，數載而旋里，逸庵夫子親至其廬，訪之誠，慕之深也。其時，列乎門牆者屨滿戶外。時自乙丑歲，執經函丈，得與陳子炳、李子英等共侍几席，親炙道範，雖學焉未能，然熟察詳記至合，猶能造其萬一。先生以洗心養性爲本，寡嗜欲，薄滋味，無疾言遽色、窘步惰容，凡嬉笑里近乏語未嘗出，依不忍去。先生壽七十有二，一空而逝，毫無休第苦。先生可謂得生之順歿寧之道矣。生二子：長思哲，次應臺。□長繼祖，次纘祖，永桃[桃]有人，寢熾不察可知。所著有曰《積祿蒙洗心堂箴》，門人嘗竊以私淑焉。諸□即盛暑亦必衣冠，燕居亦必端莊，值元旦亦手不釋卷。每朔望命門人背講《孝經》，小□又授門人□□□長□得失，月終驗學，

□消張長，晚間及□人同宿書室，提□警覺，夜不寐。雖父兄之課子弟不是過，然□先生固樂此不爲疲也。且集約里中同志，行社倉，積穀濟貧。古人下之憂而憂者亦不於講。歲癸酉，逸庵夫子歿，邑侯閆山張公慕其賢，復延先生講學嵩陽書院，先生爲關逸巷夫子，敬懇之□接引後學，四方翕然信服，自數百里外來從遊者接踵，復因親老歸養，就學之衆與前不□，異至而戌歲，以明經薦□，□生已衰老，亦時勸門人各襄。

門人邑庠生胡錫疇沐手撰文。

邑庠廩生王午基沐手書丹。

清雍正八年二月中浣之吉。

【碑陰】

【題名】

受業門人：

庠生陳祉禹州、庠生王丙居偃師、庠生王輔偃師、庠生楊蓋卿鞏縣、庠生薛吉人偃師、庠生楊廷諫禹州、增生袁爾昌、庠生劉林、庠生溫學易、庠生袁士惴、庠生張越、貢生苗委卿禹州、耿遑、庠生溫學詩、王偉、陳貞、庠生焦怡禹州、宋希哲偃師、王元卿、鄭周選、李世卿偃師、陳兆昌、李世舉偃師、增生王廷獻、庠生王敏、監生楊惠英聯、張燾鞏縣、陳兆瑞、庠生楊生秀、李會善、庠生楊廷倫禹州、張含奇形、陳燦卿、崔鳳壽、張省鄢陵、趙明德、鄭克、畢記太、李蓁、禹州袁九疇、耿或、楊志楷、崔玠、申爾論、劉中興、庠生魯頌美中牟、庠生劉志臨洛陽、庠生王溥禹州、庠生胡兆圖、庠生閆永祚盧氏、庠生屈登朝、庠生楊士奇偃師、庠生卓社授禹州、張顥太康、趙綸盧氏。門人衆多，不能悉載。仝立石。

（碑存登封市嵩陽書院碑廊。王興亞）

悟真大和尚之墓碑

【額題】名垂不朽

圓寂師祖號悟真元公和尚之墓

清雍正九年三月二十七日，徒孫真學、真富等立石。

門徒淨泰、清居分別葬孟縣金山寺、禹州眼明寺，長孫真常葬龍泉寺。

（銘存登封市少林寺塔林中部西側。王興亞）

重修盧醫廟碑記

語云："善事必待善人。"以爲此說是也。嵩山居天地之中，周圍二百里，羣山共列，其東南三十里許，有山自東滂石淙河南岸而來，書志不載，俗名鳳者，乃曲河之勝地也。山之巓有真武廟，後有盧醫廟、廣生廟，萃建於其上。予常攜酒肴與二三知己，步山椒而登焉。覽嵩少諸峰從翠，觀平洛潁水之波流，不禁心曠神怡，寵□□忘。既而平視箕陰，追視洗耳高風文，不勝山河如故人物已非之感，思良久，因而步廟院，清風拂人衣裙，衆皆依石而坐，少憩，棋者棋，奕者奕，弔古論今，雄談快飲，予默然無語，捧蓋而仰視，見盧醫廟卷棚頹損。盧醫廟、廣生廟微有懷意，因指與衆議曰："此若急爲，不復以廟之傾敗爲修補，廣可爲永久。"衆皆以爲然。但不知善念之動乎何人意？越二年，己酉春正月，環方諸公之論說來，已忽夕陽在山，人影散亂，衆皆崛起而歸。大約酌其盈虞，施爲銀兩，又募化鄉人若干，於鳩佳會在焉，旁有靳君車爵議及此，即與孫君祥、劉君□約酌其知已登覽時，議爲修補，以圖永久。意相合，鳩工庀材，飾其棟，堊其牆，庚戌之秋，其工告竣。予聞之，因思今無忌不今視昔，後有作者，以將有感於斯文貴悅，遂不顧愚妄，姑爲俚言，以表功德，以旌善人後視。

清雍正玖年歲次辛亥肆月吉日。

（碑存登封市告成鎭。王興亞）

清微宮地界碑記

文林郎知登封縣事加三級王穎梁、文林郎登封縣紀錄一次姚世理，住持道士劉逍源委託縣尉徐霖詣察清微宮故址立石。

其四至：東至車路，西至溝底，南至官路，北至山根。

皇清雍正拾貳年歲次花月吉旦。

（碑存登封市嵩陽書院碑廊。王興亞）

溪南柏記

劉餘祐

大少室，自竺仙卓錫，梵聖開燈，諸祖傳法，歷朝崇化之地。無言上人掛衲主持，玄風遐播。以故檀那瞻向藩王，敬禮不禁。萬鎰之施用，資祇園之布。爰拓南坂，鼎創精藍。薙荊架寓，聯楹八區，以居其徒侶。寮後藝柏，幾半谷麓。此非一朝一夕之辦，一手一足之勞也。鷟林（沱）擴，刹景增朦。嚴加陀於有象，振象教於陵夷。斯其功德，詎淺鮮云。且係周殿下遵奉瞿曇之懿意，普宏耆臘之盛心。凡在披祝，永以成守。若或剪伐條枚，弛毀成業，無論貽玷法門，自取阿鼻之墮，而開罪世綱，亦難逃斧鉞之誅。敢以誦言，用告來茲。[1]

----

[1] 葉封、焦欽寵《少林寺志・藝林・碑記》謂："歲丙寅長至，因采輯故跡，至少溪南白衣殿。前有殘碑臥階下，洗讀之，知爲劉邑侯衛柏之言。跌去一角，其柏於雍正十三年敕修寺日，庀材伐取一空。急采此文入志，俾後人見此如見柏云。"

雍正十三年。

（文見葉封、焦欽寵《少林寺志·藝林·碑記》。王興亞）

達磨祖題開光碑記

【額題】流芳萬代

鞏縣回郭鎮遊山社各處善士信女隨心佈施全塑。

乾隆二年。

（碑存登封市少林寺。王興亞）

登封縣正堂加六級施斷入書院歲修地一百二十三畝碑

公諱奕簪，字佩其，號錦溪，福建泉州府安溪籍晉江人。由己卯孝廉，通籍仕譜。前治內黃水永濟，無不頌聲載道。雍正乙卯，來宰吾登，政通人和，百廢俱舉。中嶽神既捐俸修復，白龍王廟亦一力創建，其爲閭閻祈福計者，可謂周至矣。復念嵩陽書院爲興賢名區，下車以來，即加意作養，思流遐邇。每臨課試，環顧院中房廊數十間，年久將傾，不有歲修之資，難以永存。迄庚申春，適邑龍泉寺有應沒官田一百三十畝有奇，逐漸斷歸書院，歲計所入，酌資修補。是年，秋雨侵剝，道統祠、藏書樓勢幾不支，已賴其力，煥然一新。自今以往，隨年經營，次第修理，行見斯院完好如初。興復之功，誠一日而千古也。尤可紀者，書院祭祀曩無成規，公命將新莊租銀三兩六錢永作祭費，歲於仲秋舉行，禮歉稱是，庶無廢墜。重道崇儒，不且彰明較著歟。並勒貞珉，俾後之同有是心者所從事矣。

邑丙辰科舉人候選知縣焦如蘅撰。

邑肄業生張學詩書。

經營人馮其禮。

石工劉彬鐫字。

乾隆五年歲次庚申九月望日嵩陽書院肄業生童仝立石。

（碑存登封市文物保護管理所。王興亞）

登封縣額題

登封縣

乾隆五年重修。

知縣陳士駿。

（碑存登封市城隍廟。王興亞）

古嵩陽樓題刻

古嵩陽樓
知縣陳士駿題。

（碑存登封市嵩陽書院。王興亞）

清故顯考鄭金亭公墓碑

顯考諱懷瑜，號金亭，行一，生於順治三年，卒於康熙十五年。生平慷慨好義，不拘小節，家傳忠厚，尚勤儉，奈天奪之速，享年三十有一。悲夫！

其先世南陽人也。自明初，始祖諱雍，字和甫，公與弟順甫、得甫徙居登封大金店，歲荒賑饑，捐米麥千余石，有司上聞，敕賜義民，祀鄉賢祠。厥後子孫繁衍，雖未掇巍科爲顯官，然書香相繼，膺一命作，貢監遊泮水者數十人，有明三百年間頗稱盛焉，名字皆載鎮北祖塋石碣。迨明末流寇肆虐，兵亂相仍，國朝定鼎以來，存者僅十之一二。

吾祖諱世顯，號耀宇，係出長門，生於明，長於清，卒葬西北新塋曾祖之旁。吾祖生子二：長即吾父，卜葬茲土；次懷印，另葬他地。吾父生子二：長即不孝惠，次名體。惠生子一：名紹先，生子二：長名直，次名勤，皆業儒。直生子一：名天爵，尚幼。勤生子二：長繼先，次纘先。繼先生子一：名莊。籲！披枝者，探本溯流者，窮源不敢忘所自也。

況後之視今，亦猶今之視昔，不勒諸貞珉，恐世次莫考，因命上鐫石，使後人知譜係之所由來云。

不孝男惠、體，孫繼先、紹先、纘先，曾孫莊、直、勤，元孫天爵同立。

乾隆六年歲次辛酉仲春穀旦。

（見登封市大金店《鄭氏族譜》。王興亞）

重脩白龍王殿山門樂樓院墻並金粧神像記

【額題】重修碑記

嘗考先王之定祀典也，有功於世者則祀之，非□□也，不在祀典，恐崇淫祀也。若夫龍王行雲施雨，代天宣化，百穀賴之阜，萬民賴之安也。其有功於世者大矣，豈淫祀者比。登邑東十里許，□寨村舊有白龍王行宮，歷年久遠，風雨飄搖，殿宇敝矣，山門破矣。樂樓傾覆，墻垣盡壞，而神像無色。□□□□□神，神何以庇哉？本村有善人王國壽、王自悅、王聖明者等目擊心傷，爰藉鳩工，垣墻脩整，山門、樂樓則脩之，如殿堂則補之成，神像則金粧之，向之頹然將廢，未幾而煥然一新，勒之於石，非博名哉，賴□□□□□

也猶今之視昔也云。

　　樂正王繼卿撰書。[1]

　　大清乾隆七年六月穀旦。

（碑存登封市城隍廟。王興亞）

重修殿宇檐柱以及門格碑記

【額題】重修碑記

　　進士候選訓導趙帝福撰。

　　邑庠生趙庚敬書。

　　邑東鳳山有盧醫尊神，凡疾患祈禱者無不立應，乃今邑之福星也，但殿宇檐柱及門閣爲雨氣所侵，洞頭村梁君諱廷任字公輔者，於補修捲棚之餘，目擊心傷然，興補葺之。[2]

　　清乾隆八年歲次癸亥六月刻立。

（碑存登封大冶鎮東劉碑村東北之盧醫廟殿前棚下。王興亞）

嵩嶽寺重修伽藍殿記

　　觀山河來年變遷，而知物之成敗，盛衰之理爲之也。盛極必衰，衰極復盛，理固迴圈，物何能違？然其間未有不資人力者，如我嵩山佛寺，十有餘刹，名宇宙者七，而嵩嶽其一也。考其始建自元魏永平二年，隋至明其間盛衰不一，成敗屢□。當明季之亂，此寺殘毀尤甚，浮圖塔外，僅餘片瓦數椽，破殿一二而已。國朝定鼎以來，亦未有起而葺之者，豈非衰極宜盛之候乎？今幸住持心願廣募慷慨之施，重整香阜之宇，大雄蓮閣，次第改觀。禪室、山門潁闊前規，而伽藍寶殿又復告成焉。殿昔偏域，僅有微址。僧欽神明之威德，遵累朝之隆敕，改正南向，居寺之中。於是，覺其楹而庭殖心□其正，而冥歲□煥乎冀棘革□矣。並請良工，肖忠義和敬之容象，□方偉岸之概，鬚眉欲動，宛□如生，神其有靈，寧不是憑是依，永佐慈悲之航乎？嗟嗟！理之盛衰，固緣物見人之善否？亦物著如僧者，詢不愧爲沙門巨擘，而衆士婦皆可謂好善樂施，廣種福德於無邊云。

　　邑庠廪生胡如恒沐手敬書。

　　皇清乾隆九年七月吉旦。

（碑存登封市嵩嶽寺。王興亞）

---

[1] 捐資人姓名，字模糊不清。

[2] 以下文缺。

重脩三清殿碑記

【額題】記[1]

吏員高璐沐手撰並書。

嘗思神有宇以妥其靈，與人有居以安其宅。此固之理之所下異而情不能□然而已。昔也以故白鶴觀北有三清殿，自明萬以來，歷年多踰時久，（砥）縫隳矣，榱桷敝矣。墙壁傾矣，風雨漂搖，神像驃然。觸目心惻，亦誰能安哉。然太息咨嗟者有之，而毅然樂善者少也。幸有生員閻巗慨然首出以為倡，復有善人高世文等以樂為輔，各出己貲，同心戮力，似續始創之基業，仿因從前之舊貫。約因以收其牢，密椓□以使其鞏固，嚴正整紱，棟宇竣起。前之向明會會者，今則軒豁依然矣。昔之真定嘁嘁者，今則深廣猶是矣。緣是恪請畫工金粧神像，不數日而神功告竣。意冥冥中有佑之者乎？然姑勿論，亦惟期神安而人亦安。神心慰而人心亦尉焉耳。故為勒石以志。

功德主高光辰錢六伯，楊金玉錢七伯，高光裕錢七伯，李永年錢七伯，楊自振錢七伯，閻岩錢一千一伯，高世文錢一千一伯，閻克丕錢六伯，楊金聲錢七伯，李宗周錢七伯，閻克疆錢六伯，高世伸錢六伯，何璞錢七伯，高崑錢六伯，馬忠錢六伯，何恭錢七伯，閻錚錢一千一伯，高嵩錢一千一伯，白鎮錢一千一伯，高泰錢一千一伯，劉富錢七伯，高岑錢六伯，王連錢六伯，高壘錢六伯。

布施人

閻克念錢三伯，閻克聖錢三伯，胡召臣艮二錢，陳有福艮三錢，申錫艮三錢，王幹艮五錢，秦連艮三錢，高世福錢八伯，劉起林錢二伯，孫啟禎錢二伯，錢二伯，錢二伯，錢二伯，錢二伯，劉承漢艮二錢，楊恩義艮二錢。劉新、高世鳳、閻克快、王大魁、何大璽、楊思良、閻克鈞、高世太、李永寺、閻克家、劉振漢、高行，以上各艮一錢。

刻字匠曹世榮、朱顯雲，艮三錢。

住持湛九。

大清乾隆十一年歲次丙寅仲春吉旦。

（碑存登封市城隍廟。王興亞）

火帝真君離宮金裝神像碑記[2]

今夫宮室殿宇使必自為建焉，而始能有其，吾將人有寧宇而神所憑依矣。然無憑依而人

---

[1] 該碑上部殘闕，僅存記字。

[2] 該碑上部殘損。

又誰忍以座視，況夫火帝真君居離宮，職自丙丁，下惟有物皆賴以長，□折且萬民感資，以生成帝德，補土湛恩，逮於而得神功，濟水汪惠□乎一世，德泮恩普，疇敢忘焉。以故塑像金神，善人閆克疆已竣其功，而神聖感憑無地，猶未定酹神恩於萬一。於是，有生員□□約請四村人等群相聚，議經營，以□其地，審慎以正其方，若使錢糧，鳩工庀材而厥成告矣。然丹堊未施而文采尚未煥然也，遂延請畫工粉□松棟，極為慕擬，而尊神影像復傳焉。夫然後神得憑依，記事有地，而環吾輩戴者，愈得以為恩以無窮矣。用是敢刻金石以志。

功德主閆克疆錢三伯，李宗周錢六伯，楊金聲錢六伯，閆完秀錢七伯，李永年錢七伯，

高世文錢一千二伯，閆發錢一千伯，王自強錢七伯，高光裕錢六伯，楊金玉錢六伯，高光辰錢三伯，高世口錢三伯，

王連仒六百、高岑仒五百、王忠仒五百、何臻仒七百、高泰仒一千、閆鎮仒一千、高嵩仒一千、閆錚仒一千、高昆仒五百、何恭仒六百、劉富仒七百、高壘仒五百。

布施人

楊自新艮一仒、胡召臣二仒、閆閆克聖仒二百，秦建艮二仒、申錫艮一兩、陳有福艮三仒、高世富仒七百、王口艮五仒、閆克念仒二百、高光耀仒一百、閆有德仒一百、高世信仒一百。

閆珍、高連、袁貢、胡智、孫禎、劉起林、高世盤、李進孝、楊登、閆新、王孝、張朝口、閆克初、高世道、王則堯、郭應聘、楊四道、閆□合，以上各一仒。

王□□、李宗祀、高光相、段進仁、高克朝、王於在高世大、劉承漢、閆克耀、楊思鎮、王□魁、李永祚、高光智、李永秀、楊思義、閆克鈞、劉正漢、高世周、高□、李梅、閆克家、胡召新、李永壽、何□□、楊伯武、閆鈺、高世鳳，以上各艮一仒。

石匠曹世發、朱顯雲艮二仒。

住持海朝。

庠生高瀛洲撰。

善士高崑書。

大清乾隆十一年歲次丙寅仲春吉旦。

（碑存登封市城隍廟。王興亞）

方公和尚壽塔銘

敕賜嵩山祖庭大少林禪寺都耆居上元下白方公和尚壽塔

清乾隆十一年季春吉日。

徒清如、清秀。

（銘存登封市塔林西北元白方公和尚壽塔上。王興亞）

創建關帝顯宮並門樓碑記

　　縣治南庫莊村乃古太平莊也，舊有大漢關夫子廟焉，土人祀之惟謹。殿宇巍峨而神靈以妥，蓋所以欽其恢復漢祚忠勇節義之志者也。嘗夫董卓篡漢，曹賊盜竊神器，炎漢之撲滅得毋已甚。公起草澤，銳意匡扶，其功亦偉矣哉！以故本村善士馮繼善、馮繼升、馮繼恭、李志仁、王聞燦、婁起貴、王亢介、姚宗友、馮繼康、馮璽等，心慕其功，捐金結社，爲創修兩廊並門樓。工未告竣，而繼升、繼恭、志仁、聞燦、宗友俱故。然有繼升之子敏，繼恭之侄坤，志仁之子安，聞燦之子嘉會，宗友之子訓，承先緒仍與同社共成厥功。今者門樓已修，兩廊已立，圖繪公之偉業於牆壁間，誠可爲考古之一助焉。夫公之生平，氣吞河山，光連日月，載在史冊者，斑斑可考，而愚夫愚婦究未之知，然則顯宮亦何可少哉！吾於是而歎諸君之善，諸君之功爲已云。是爲序。[1]

　　邑庠膳生員李士彥沐手拜撰。

　　河南府庠生員文臨□沐手敬書。

　　木匠姚自成。

　　畫匠侯君用。

　　石匠王一珣、吳天相。

　　瓦匠秦金章。

　　大清乾隆十一年七月十五日立。

（碑存登封市東金膳鄉庫莊村。王興亞）

御祭中嶽嵩山文

清高宗

　　維乾隆十三年歲次戊辰五月甲申朔越十一日甲午，皇帝遣河南分巡河陝汝道按察使司副使張學林致祭中嶽嵩山之神曰：

　　惟神雄標峻極，位鎮中央。靈氣鬱蟠，陰陽和會。朕仰承丕緒，時邁省方。載舉舊章，專官秩祀，神其鑒焉。

　　河南分巡河陝汝道按察使司副使張學林，河南府知府陳錫怡，登封縣知縣施奕簪、儒學教諭張鶚薦、訓導牛承德、典史聞源遠。

（碑存登封市中嶽廟黃錄殿西順山房內。王興亞）

---

[1] 粉飾大殿內兩山牆善女姓氏，字多模糊。

千古中傳石額

乾隆戊辰孟春
千古中傳
邑令施篭設立。

（嵌於登封市告成觀星臺照壁。王興亞）

重修廣生殿碑記

【額題】萬善同歸

蓋聞《詩》詠螽斯禮崇高，無非所以重後嗣也。近世建廣生殿而祈禱之，殆猶仿古意而行之者乎！登治南庫莊村舊有廣生殿三楹，世遠年湮，風雨飄搖，牆壁傾圮，神像剝落。適有王君廷文、姚君宗仁、馮君繼善、繼康共吾□□□等目擊心傷，慨以整理修飭爲己任。但念數人之爲難以成大果，而卷石之微可以作太山，於是募化四方，衆善士樂施泉湧。不匝月而厥工善竣，廟貌聖像煥然一新。而有不禱焉爲輒應百男斯慶乎！噫！是役也，踵事增華，用彰前人之締造，而修廢舉墜，將賴後賢之紹述。爰刊貞珉以垂不朽，後之覽者，庶其有感於斯文。

河南府庠生員文臨庚沐手拜撰並書。
後學王元正沐手篆額。
大清乾隆十三年九月初十日立。

（碑存登封市東金店鄉庫莊村。王興亞）

御祭中嶽嵩山文

清高宗

維乾隆十四年歲次己巳建辛未朔日丁丑越祭日甲申，皇帝遣日講起居注官翰林院侍讀學士顧汝修致祭中嶽嵩山之神曰：

惟神位宅天中，德標峻極。陰陽和會，八表具瞻。茲以邊徼敉寧，中宮攝位，慈寧晉號，慶洽神人。敬遣專官，用申殷薦，神其鑒焉。

欽差日講起居注官翰林院侍讀學士顧汝修，禮部筆帖式成海，河南分巡河陝汝道按察使司副使張學林，登封縣知縣施奕篭，儒學教諭張鴨薦，訓導牛承德，典史聞源遠。[1]

（碑存登封市中嶽廟黃籙殿西順山房內。王興亞）

---

[1] "中宮攝位，慈寧晉號"，乾隆《續河南通志》首卷四《聖制》書作"宮攝位晉號"。

重修嵩山中嶽廟碑記

　　蓋聞屈伸往來，參贊化育者，神明之道也。蒸雲騰雨，生成萬匯者，方嶽之功也。馨香俎豆，升中告虔者，朝廷之禮也。趨事赴功，踴躍恐後者，子來之忱也。然非天福有道之君，陰陽調，年穀熟，祀典修，萬民化，不能合數者，而各拯其致。河南之有嵩高山，襟成皋而一環汝、俯大河，鳳翥龍盤，離奇夭矯，而泰、華、恒、衡周乎其外，譬五行之有土，數極於十度周於天。當璿璣之中央，司闔辟之樞紐，巍巍乎大居正焉！宜乎歷代帝王有事于四嶽者，莫不有事于嵩高也。廟制三代以前不可考，漢孝武帝幸嵩山，從聞山下呼萬歲，詔增祠，並以山下三百產奉祠，則嶽之有廟由來舊矣！元魏建廟於東南嶺上，大安中遷神蓋山，即黃蓋峰。唐開元敕封嶽神為天中王，宋加封為天中大帝，戴冕垂旒，申殊典也。後此帝王或警蹕崇巒，或遣官致祭，悉尊禮罔後。從我朝定鼎百有餘年，雖東岱山邀寵鸞和，而伊洛草木未被龍光，父老欣欣延頸，望我皇上龍飛御宇十有五載，九域遵路，萬國咸寧。說禮敦詩，士樂菁莪之化；耕田鑿井，農興擊壤之歌。黑齒雕題梯山致貢，重譯髮首航海來王，猗歟休哉！不亦六五帝而四三王，邁前徽而軼萬古也哉！歲在庚午，時維九月，天子將柴望於太室，為生民祈福。階以南陽守臣奉撫藩各上憲之委，往修行在所，兼修嶽廟，燈節前蒞於嵩。其偕之者，內黃令蔣希宗也。夫建大廈者，非一木瓦之集；襄力大功者，非一手足之烈。況嶽廟鉅麗，制擬魏闕。以言乎氣象，則星輝雲爛矣；以言乎規模，則萬戶千門矣；以言乎堂寢階砌，則高低冥迷矣；以言乎台榭廊廡，則東西燦列矣。金時大造九載乃成，有明增修十八月始竣。雖事有繁減，而功非容易。階以菲材，膺茲重任，夙夜兢兢，竭慮殫思，幸藉神威暨各上憲指畫，不致隕越，敢援筆以紀其梗概。

　　廟在嵩山東麓，背倚黃蓋峰，面對嵩邱。昔人謂天下有名邱五，三在河南，此其一也。嶺上有嵩嶽神道碑，嶺之北為雙溪，溪水澄澈，與林綠互映。溪北有石闕，苔痕斑駁，漢所建也。去闕半里許即廟前第一坊。坊後為遙參亭，備行客之展拜也。東西各坊一。天中閣者，嶽廟之皋門也，舊名黃中樓。由閣而入為峻極坊，後為崇聖門。門內東為神庫，守以四鐵人，創自金代。化三門者，取三才變化之義也，與崇聖門對峙。門內東西為四嶽殿，殿後東為東華門，西為西華門，中為峻極門，表瞻仰、標崇高也。東附左掖門，西附右掖門，守以將軍太尉之神。門內為迎神後為填台。填者，土星也，象軒轅之正位，俗訛填為奠，失其旨闊矣。一再入為月臺，統以石欄。上為峻極殿，大九間，簷阿飛舞，與高峰縹緲，神明之所憑依也。東西環繞廊房八十二間，內塑神物果報用警愚蒙。殿後為川廊，寢宮配房。東院為凝真閣，前府二熊，後依太室，西瞻蓮寨，東眺岵密；誠嶽廟之大觀也。今增修敞明，以備宸眺。閣南即恭建御座房，湯穆樸質，不事華靡，遵聖志也。他如黃籙殿，在寢宮之後，明隆萬間建，以藏道築。山之尖為黃蓋峰，上有嶽廟三楹，即魏大安中遺跡也。又有若老君殿、真武殿者，則在黃策殿之西。曰三宮殿、火神殿者，則附嶽廟垣內。其餘羽流所居，丹廚齋舍，不可枚舉。有更新者，有仍舊者，有即下增高者，有移彼就此者。鳩工于仲春，竣事于初秋，中間僅百餘日。謂非我皇上恩澤入人之深，神明佑助，各上憲經畫有方，其能使百工效順，萬姓歡呼，不日成之若是哉！是役也，材木工力需用浩繁。梁棟匠工多購募於南陽，而山材則取自大唐、曲高、王石三里。趨事者雲集，而天街士民尤為好義，其分修則內鄉縣教諭聞啟運、裕州吏目樓幹、唐縣典史韓萬鐘，是宜並志之，以示獎勵者也。

夫禮無不報，自今以往，維嶽神必將篤生人傑，如詩所雲申甫者，又必興雲出雨，福我兩河，多稼宜田。豈惟兩河，嵩高處中州，而四嶽咸在。天子巡一方而四海受福，又必然之理也。將舉世盡登春台，而皇圖益鞏固于無疆矣。

大清乾隆十五年歲次庚午八月穀旦。

河南南陽府知府加二級紀錄九次崔應階敬撰。

（碑存登封市中嶽廟。王興亞）

董榕留言題詩碑

氣蕭天重九，山倒地正中。
高臺瞻皓月，古廟拜元公。
圭尺遺衡在，衣冠雅興同。
攜樽忻共醉，不數晉人風。
乾隆庚午九月下同張漢、王喬梓、劉柱臣昆仲，叠觀星臺即席口占並書。北平董榕。

（碑存登封市告成鎮觀星臺。王興亞）

霄宿少林寺詩碑

清高宗
明日瞻中嶽，今霄宿少林。
心依六禪靜，寺據萬山深。
樹古鳳留籟，地靈夕作陰。
應教半崖雨，發我夜窗吟。
乾隆庚午九秋之杪，宿少林寺，用唐沈佺期初韻。御筆。

（碑存登封市少林寺。王興亞）

古軒轅關題石

古軒轅關
署登封縣印務靈寶縣知衻元方。
乾隆十五年歲次庚午九月穀旦。

（額嵌於登封市古軒轅關隘口門額上。王興亞）

御祭中嶽嵩山文

清高宗
乾隆十五年十月，皇上以慈寧晉號，遣翰林院侍讀學士周長發祭告中嶽。其文曰：
惟神位宅天中，德標峻極。陰陽和會，八表具瞻。茲以正位中宮，鴻儀懋舉，慈寧晉號，慶洽神人。敬遣專官，用申殷薦，神其鑒焉。

（碑存登封中嶽廟黃籙殿，文見乾隆《登封縣志》卷十《壇廟記下》。王興亞）

嵩陽書院詩碑

清高宗
書院嵩陽景最清，石幢猶紀故宮名。虛誇妙藥求方士，何似菁莪育俊英。
山色溪聲留宿雨，菊香竹韻喜新晴。初來豈得無言別，漢柏陰中句偶成。
乾隆庚午孟冬朔日御題。

（碑存登封市嵩陽書院文見席書錦《嵩嶽遊記》卷一。王興亞）

登嵩山華蓋峰酬碑[1]

清高宗
嵩高峻極周雅談，居中鎮東西朔南。宇宙以來鮮比參，時巡秩祀駐絳驂。
殷禮祴事神人欽，一登絕頂衆妙探。宿嗤丹藥求仙邑，無事登封埋玉函。
侍臣告我初寒添，太室黷耽凝雲嵐。我笑謂之正所耽，不宜返轡山靈慙。
神區奧壤貴靜恬，千乘萬騎紛奚堪。策馬減從遵路巉，異哉所見真不凡。
二十四峰左右咸，中為華蓋尊且嚴。俯視羅列如孫男，不須縷指其名拈。

---

[1] 此碑分別刻石立於登封中嶽廟與峻極峰。詩文內容相同。但詩中注文略有不同。當為兩次書寫而成。乾隆《登封縣志》卷一《皇德記》標題作"登嵩山華蓋峰歌"。

少室三十六峰尖，向者背者都包含。以河為帶潁為襟，為唐為宮復為谽。
隆崇案衍藍以痰，崒嵂巀嶭摧嵾嵌。丹黃紫翠青碧藍，聲兮卉歆氣兮馠。
博大富有莫不兼，幻以雲容技華覃。英英靄靄溚曇曇，變遠為近夷為險。
黃山雲海歌德潛，[1] 如遇旦嫱矜無鹽。泰山昔亦陟巇巇，引興未似今茲酣。
携來雙鶴其羽毰，放去聊任王喬驂。[2] 卓午躡景歸驂驔，紛迎老幼圍層嵁。
警蹕不飭就任瞻，尊親亦可民情覘，呼萬歲者奚啻三。
乾隆庚午初冬登華蓋峰作並書。

（碑存登封市神州宮三仙殿前西牆南側。王興亞）

嶽廟秩祀禮成有述

清高宗
明禋親舉備宮懸，德並高峰峻極天。
秩視三公伊古重，名尊五嶽匪今然。
會其有極神如在，勻建於中道豈偏。
肸蠁願陳心所願，篤生申甫佐宜蕃。
乾隆十五年十月。

（碑存登封市中嶽廟中嶽大殿前東御香亭內。王興亞）

御書謁岳王廟詩碑

清高宗
正正堂堂地，巍巍煥煥京。
到來瞻氣象，果足慶平生。
愜我長年願，陳茲祈歲情。
忽聞驚鶴韻，疑有列仙迎。
乾隆庚午十月。

（碑鑲嵌在登封市神州宮三仙殿前西牆。王興亞）

中嶽廟大殿楹聯

清高宗御筆
二室集神庥陰陽式序

---

[1] 中嶽廟詩碑後注爲"侍郎沈德潛近有黃山雲海歌"。峻極峰詩碑無"侍郎"二字。
[2] 峻極峰詩碑後有注"時地方大吏有進仙鶴者，攜至華蓋殿放之"。中嶽廟詩碑後無此注。

三台垂福明風雨以和
乾隆十五年。

（石存登封市中嶽廟。王興亞）

中嶽廟寢殿楹聯

清高宗御筆
包伊洛瀍澗並效靈庥
長衡泰華恒永凝神福
乾隆十五年。

（石存登封市中嶽廟。王興亞）

中嶽廟三仙宮楹聯

清高宗御筆
石室靈虛參秘籙
玉膏凝潤普元符
乾隆十五年。

（石存登封市中嶽廟。王興亞）

中嶽廟行宮楹聯

清高宗御筆
仙館揮弦調潁水
書岩琢句擷嵩雲
乾隆十五年。

（石存登封市中嶽廟。王興亞）

崔岬之父母敕命碑

【額題】敕命
奉天承運，皇帝制曰：任使需才稱職，志在官之美，馳驅奏／[1]
祖乃河南開封府陽武縣訓導崔岬之父，雅／

---

[1] 該碑殘，／以下文缺。

勤於庭訓，箕裘丕裕，夫家聲茲以覃恩，貤贈／
於戲肇顯楊之盛事國典，非私酬燕翼之。制曰：／
奉職無愆懋，著勤勞之績，致身有自宜；／
　　陽武縣訓導崔岬之母，梁氏淑範，宜家令／
　　孝以作忠，茲以覃恩，貤贈爾為八品孺人，／
　　典錫龍章之渙汗，永播徽音。
大清乾隆十六年十一月二十五日頒。
孝子陽。

（碑存登封市大金店鎮文村。王興亞）

御祭中嶽嵩山文

清高宗

乾隆十七年正月，皇上以皇太后六旬萬壽，遣翰林侍講學士朱珪祭告中嶽。其文曰：
惟神位宅天中，德標峻極。陰陽和會，八表具瞻。茲以慈寧萬壽，懋舉鴻儀，敬晉徽稱，神人慶洽。特遣專官，用申秩祭，神其鑒焉。

（碑存登封中嶽廟黃籙殿，文見乾隆《登封縣志》卷十《壇廟記下》。王興亞）

王太老公祖承脩少林寺工程列後

王太老公祖承脩少林寺工程列後
御座正殿五楹，東殿三楹，西殿三楹，東配廡五楹，西配廡五楹，遊廊東西二十楹，淨房二楹，垂花口樓一座，山門三楹，東西僧房二十楹，外大圍墻二百數十餘丈，周府庵圍墻六十餘丈。以上俱創建。
毘盧殿七楹并神龕一座，外月臺一座，白衣殿五楹，地藏殿五楹，達磨殿三楹，孔雀殿五楹，三世佛殿五楹，六祖殿三楹，緊那羅王殿三楹，聖僧殿東西三座共十楹，上神像俱金粧。
鐘鼓樓二座。
東西兩禪堂十二楹，東西兩寮房六楹，以上俱重脩。
藏經新製木櫃八座，訂藏經五千四十八卷。
神前新製龍幔七掛並彩幡。
僧會司海岱。
新舊監司清遷、如口、清戒、元榮、淨性、祖明、真秋、如福，合寺全立。
劉彬刻石。

大清乾隆十七年歲次壬申九月穀旦。

（碑存登封市少林寺。王興亞）

程周俠程周錫記歷代皇帝朝臣恩典碑記

　　登封縣余西里又六甲世襲翰林院經博士加四級第二十三、二十五代孫程周錫，程周俠率合族後裔，將歷代皇上暨各公祖父台崇先恤後，特恩曠典，刻列於石。從來崇儒重道，開國之首務，春祀秋嘗，盛世之弘圖。有宋御極，我程先夫子久獲配享乎大聖特祀，未頒春秋之隆禮，猶俟上蒙天寵。自有明景泰皇帝，念道學淵源，恐斯文失墜，恩詔頒下，詳查古聖先賢，如我先儒二夫子道宗孔、孟，學啟朱、張，表彰六經，功垂萬世。詳其歷歷，始於徽，遷於黃，仕於洛，籍嵩登，管勾西京，嵩山崇福宮講學地也。迨於身沒，卜葬洛城南府店之西。其時，嵩前有二程夫子專祠，一在嵩陽書院，一在城外東關，並建專祠，去城七十里潁陽西，蒙恩頒賜春秋二祭，惠給奉祀，以守蒸嘗，兼詔程氏之裔，凡流寓他鄉者，俱免差徭。本縣父台仰體皇上之意，設備豬羊燭帛，委員代祭，隆乃祀典。後弘治二年，復蒙特恩頒下，程氏後裔改民籍為賢籍，載在家乘。至萬曆年間，蒙本縣丁父台額外弘恩，設置祭田，令程氏後裔，世供蒸嘗。申請督學院恩進奉祀生員程心定，程心恩周旋祠宇。奈崇禎年間，流寇作亂，將前代皇上暨久公祖父台特典弘恩廢弛殆盡，幸我請太祖躬膺景命，首重道統，故先博士程宗昌具呈河南道詳申大院，蒙批行縣，照例委員致祭，優免賢裔。迨康熙仁皇帝三十七年，先博士程延祀又具呈河南府張公祖父台案下，蒙批行縣，照嵩邑編入又甲賢藉，其後薛父台、左父台與施父台皆有恩批，准照往例免充差徭。由明及今，屢蒙恩批，不惟先夫子有光於九泉，更以昭歷代皇上暨各公祖父台崇重先賢，優恤後裔之至意也。但嵩前南有祭所，廟制無存，而潁西所建專祠，馨香不絕，乃於乾隆十五年巡狩有典，百務不遑，而本縣父台應接無時，二祀特典，不獲大伸。有舉人張秉鈞等，貢生李覲光、監生張士號等，生員耿明等具呈，祈復祀典。王父台海內名家，念斯文在茲，崇先恤後，遂批潁西二程夫子專祠，歷有年所，禋祀不修，殊為褻越，仰遵前制，遂發祭資，飭令該管鄉地，每祭買備豬羊交送祭所，虔發香帛諸儀，賢裔驗收，陳設委員致祭春秋，率以為常。茲者祠宇告竣兮煥然更新，祀典復馨兮昭然常存。差徭優免兮無窮特恩，族眾難忘兮感激莫伸。勒石刻銘兮誌不朽云。

　　邑庠生第二十三代孫程起煌丹文氏沫手書丹。

　　十八代孫程世璐、漢、蕭。

　　十九代孫程心印、洪、定、恩、忠。

　　二十代孫程宗革、賜、畎、泰、宗春、閔　賢、秀。

　　二十一代孫程佳禎、祥、元、□、珍、琬、□、□。

　　督工後裔生員程起俊、程越馮、程起翔、程越成、祀生程悅道、祀生程延□、程起鴻、程起昌、程起明、程起廣。

二十二代孫祀生程接聽、程接祝、程接動、程接秀、程接瀾、程接松、祀生程接法、生員程光□、程接□、程接忠、程接□、程接□、程接治、程接績。

二十三代孫程起哲、程起□、程起武、程起羲、程起昆、翟起鳳、程起英、程悅賢、程起茂、程起文、程起亮、祀生程起貴、祀生程起遠、監生程起敏、臨生程起嵩、程起官、程起宗、程起生、程起□、程起立、程起寬、程起太。

二十四代孫程延恪、程延羲、祀生程延顏、祀生程延□、監生程延恕、祀生程延孟、祀生程延堯、程延禮、程延恩、程延基。程延象、程延有、程延信、翟延倫、程延懷、程延印、程延典、程延□、程延□、程延□、程延培、程延壽、程延中、程延治、程延成、程延通、程延□、程延□、程延契、程延貴、程延素、程延仁、程延□、程延璐、程延慎、程延□、程延秀、程延方、程延□、程延□、程延□、程延□、程延周、程延高、程延芳、程延□、程延□、程延□、程延□、程延□、程延文、程延先、程延□、程延□。

二十五代孫程奇、程偉、程仲、程儐、程俊、程社、程程。程立、程倫、程銘、程禮、程經、程□、程欽、程□、程□、程通、程□、程□、程鑑、程潛。

二十六代孫程績洛、程纘洛、程紹洛、程繼洛、程續洛、程綏絡。

龍飛乾隆十七年歲次壬申秋七月穀旦仝立石。

（拓片藏河南省考古研究所。王興亞）

周公廟祭祀記

粵稽古以迄三代，製作之隆至周而大備。然損益百王，斟酌古今醇粹精詳，率皆□元聖周公所手定。周公之明德遠矣。以故祀先師者，前代皆有尊周公，厥後乃專祀孔子焉。夫孔子欽崇前徽，形諸夢寐，生平所企慕，惟以周公為依歸，則周公之聖，足以媲美孔子，概可知矣。然則祀周公者，宜普天率土靡有弗然，豈徒一郡一邑哉？而登邑之祀周公者也，則以測景之故。周公營洛邑，遷九鼎，察天地之中，在豫州陽城。蓋以天地之所合，四時之所交，風雨之所和，陰陽之所會，端在茲土也。爰立土圭以測日景，即景之東西廣狹，以卜歲之風雨□燠，歷乎千載，確不能易。元郭守敬雖易土為石，而尺寸莫敢少渝，然則周公聖也，而且神矣。邑令□王父台欽元聖之德，定祀公之典，甚盛舉也。圭旁有鎮，曰告城。其衿士慮其久而或湮也，思鐫琪珉，以垂永久，請記於余。余里人也，且即生於告城，惡可以不文辭？爰盥手濡墨，序周公之所以聖，並周公之所以宜祀，俾學者知誦法孔子，尤不可不尊崇周公也，是為記。

時乾隆二十年歲次乙亥三月吉旦。

都察院山西道監察史後學郜煜沐手敬撰。

生員張學□書丹。

祀規：每歲春秋次丁，本鎮紳士輪流辦理祭品蠟燭。屠户地方辦理豬羊。

住持海法。

鐫字匠劉彬。

（碑存登封市告成鎮觀星臺。王興亞）

測景臺

製作仰元聖，陽城觀象臺。

建中資治輔，測景佑三千。

地膽依中嶽，天心應上臺。

登臨窺日表，親授指南來。

乾隆乙亥春，來使洛中，經嵩嶽東十里許陽城爲天中，公攝政四年，建臺表高五尺許，上微削。重立三尺許小石柱於上，夏至時刻，周圍無影，諺云："無影塔，天心地膽在此。"

蜀梁山劉士偉。

登封縣儒學訓導蒲城孫承基撰。

生員傅如玉書丹。

劉應明篆額。

住持周穩。

（碑存登封市告成鎮。王興亞）

御祭中嶽嵩山文

清高宗

維乾隆二十年歲次乙亥八月壬寅朔越七日戊申。皇帝遣日講官起居注翰林院侍讀學士提督山東學政謝溶生致祭於中嶽嵩山之神曰：

惟神雄峙中天，德標峻極。均和寒暑，統會陰陽。茲以平定準噶爾大功告成，加上皇太后徽號，神人洽慶，中外蒙庥。敬遣專官，用申秩祭，惟神鑒焉。

欽差日講官起居注翰林院侍讀學士提督山東學政謝溶生。

禮部委署主政加四級鄂賓，河南分巡河陝汝道張學林，河南府知府高趣。署登封縣知縣蕭應植，教諭王大輅，訓導于泮，典史劉元魁。

廩膳生員劉誥書丹。

（碑存登封市中嶽廟黃籙殿西順山房內。王興亞）

重修清微宮地界碑記[1]

歲進士原任開封府原武縣訓導誥封修職佐郎崔撰文。

邑庠武生崔炎書丹。

住持道會司劉清，徒鄧一才、□□□、段一歲、木一恒、韓一坤、張一仁，

徒孫陽和、耿陽謙、高陽丹、李陽春、□陽壯，曾徒孫馮來□、張來其　立石。

密縣石匠段玫、□□。

乾隆二十年歲次乙亥八仲秋吉日。

（碑存登封市嵩陽書院碑廊。王興亞）

凝然改公和尚塔銘並敘

【額題】凝然改長老碑

南汝風穴山白雲禪寺當代住持海月撰。

西路萬安山羅漢禪寺遠孫比丘海龍書。

自鼻祖面壁以來，少林為震旦之古祖庭也，高僧相繼，卓錫於此，厥後奉敕續代，大闡宗風法化，莫茲為盛。卓犖代有其人。若乃祖述少室，憲章曹漢稱宗壇，特起之雄者，唯中興少室雪庭禪師之遠孫凝公也。公之節略詳次載於道行，貞珉特綜其綱，茲不繁具。師諱了改，字凝然，本邑金店望族任氏子也。灵根夙具，慧本生知，歧嶷，絕葷茹，髫齔如不見遊，坐喜跏趺，不樂世煩，居恒靜默，誓故離塵。父母度其志不可奪，因命依少林寺提點訓公披剃，時年二十，圓具後即遍參名宿，深究已躬，諮決心要，隨處漸有，岂發胸中礙膺未除，後參松庭嚴禪師，洞徹玄微，直踏重關，相依數載，盡其底蘊，參詢事畢，仍返故剎隱居二祖庵。洪武二十三年，祖庭虛席，闔邑官紳緇素慕師道德，敦請繼席為少室二十五代之正續也。於是，力謀興葺，前後殿宇僧堂寮舍，煥然一新，數年之間，四眾雲集，萬指圍繞，上堂提唱，祖道重光，誠不忝為雪庭禪師之遠孫也。自知世緣已畢，歸寂時至，沐浴跏趺，說偈而逝。偈曰：壽年八十七，出夕復入夕，撒手威音外，綿綿與密密。骨身塔於相山西麓，嗣後法運循環，隆替不一矣。

乾隆庚午秋，聖駕巡幸嵩山。月奉鄂大中丞命，躬詣少林接駕，次與凝公後裔清寧等每談及祖道，念凝公和尚藏塔雖固，敘銘錦遠矣。如恐歲時滋久，將致湮沒，諄諄以敘銘見囑。余雖諾，而未有以應也。今為丙子春，清寧伐石走書來索敘銘，與誼固弗容諉也。迺理前諾，敘其顛末，而系之銘曰：

---

[1]　該碑正文字多模糊不清。

山川葱鬱兮鐘秀起祥，烏兔往來兮道久弥昌。師無來去兮處空寂而難量。道行超卓兮三十六峰拱蒼蒼，復興大刹兮留雲漢之天章。法海陵遲兮幾湮沒而弗彰。荷聖人之有道兮奕葉重光，眉毛撐漢鼻孔昂藏，功業齊天壤而不磨，聲華與日月而並長。

　　　　　　　薄濟海潮，
　　總禮真雷，管事　淨府如清寂慶，
　　　　　　　如記海生，
　　現年墳社首真秋合族仝立。
　　法親僧會司僧會海璧賀。
　　大清乾隆貳拾壹年叁月初壹日。
　　石匠周合刊。

（碑存登封市少林寺塔林改公禪師塔前。王興亞）

重修雞卵洞觀音閣碑記

　　雞卵洞者，在嵩陽之麓，背屏畫圖，面伏龍狀。太室環繞其左，少室簪峙其右，誠天中一巨觀也。愚於丙子歲，肄業書院，每尋幽疊石溪咕嗶之餘，顧望及之，遂有飄飄欲仙之意。然若信若疑，以爲人間也，天上乎哉？適有洞後，重修觀音閣告成，掌教延愚爲文，目不揣鄙俗，爰爲之詞曰：煥巍峨兮盤溪旁，施彩繪兮接嵩光，嘉善人之功兮山高水長。
　　古鄴劉炎撰文。
　　邑人何若浚書丹。
　　乾隆丙子荷月中浣穀旦。

（碑存登封市文物保護管理所。王興亞）

創修大社殿碑誌

【額題】一片石
　　大清國河南府登封縣大冶里王家村居民社，有王自法建，王良臣統領合社人等創修大社碑誌。
　　王自傑撰書。
　　共費錢一千六百一十九文。
　　賣楊樹錢五千文。
　　八口口社錢一千六百五十九文。[1]

---

[1]　此後四行字模糊不清。

乾隆二十二年。

（碑存登封市城隍廟。王興亞）

林公和尚之塔銘

清故林公和尚之塔
清乾隆二十三年二月吉日。
法徒真有，孫如法。

（銘存登封市塔林東部、林公和尚塔上。王興亞）

創建少林寺南退居永化堂僧會司僧會九如禪祖塔紀

【額題】建塔碑記

　　達磨初祖，自天竺東遊震旦，折葦渡江，駐錫少林。九年傳冷坐之心，五葉啟宗門之緒。而佛法盛於中土，故少林稱祖庭焉。嗣後若慧可，若徹空，若匾囤，若無言，率皆宗提一代，道通八方，海宇衲子，靡不聞風嚮往。然此第傳燈之源原，而非形氣之由來也。蓋人皆受生於父母，釋雖入空門，樂淨土，無染無着，而要其托始，莫不各有所自出，寧得謂源本之誼，一空俱空，一淨俱淨，與清初登之少林寺僧會司僧會諱超永，字九如者，無言堂頭之嫡派，余曾王父之長兄也。卓然有異志，祝髮為僧。工書畫，晰法律，恒衡華岱，江漢瀟湘，無不箸笠，荷裳襪韈石鉢，凡諸選佛之場，足跡幾無不到。至其貫花返錫，惟以少林寺南退居永華堂為修真栖靜之區。禪祖戒行冰潔，機辨泉流，或開堂普說，或入嘗小參，莫不推彼疑城，登之覺岸。允矣鷲林之宗，隱然慈門之堂，無何做仙客之西歸，效真人之東聚，數傳而漸就式微，其裔孫若淨林輩，姿遜龍象，冷落袈裟之衣質□□□，凋零祇園之地，嗣厥徽者竟無其人。即復現身說法，欲其廓然省悟，當亦不可復得之數矣。余每當拜掃之期，過故院荒邱，輒泫然流涕焉。幸當主祖雙者，與禪祖宗支相近，大發慈心，退出地三畝，同余子森料理收籽，積蓄存留閱十載，將地盡行回贖，房屋亦補葺完好，獨禪祖墓未薦塔，惻然心傷。於去冬着六世孫淨林自劉碑回寺，即擬於今春鳩工庀材，創建寶塔，昭示來茲。不意天道茫茫，甫月餘而淨林物故。一切事理無可依靠，仍惟余是任。謹於清明之吉，告成工焉。余雖不能免俗，即謂在家出家奚不可者，爰為之銘曰：

　　嵩高少室，天地之中。大乘氣象，鬱鬱葱葱。惟我禪祖，克紹其風。一朝化滅，萬緣都空。既藏舍利，衬之乳峰。煙舍日月，樹冷楸松。欲尋隻履，杳杳無從。創建寶塔，僧俗斯宗。

　　大清乾隆二十三年歲次戊寅清明之吉立。
　　法親少林寺僧會司僧會海岱天峰和南篆額。

在俗曾孫 ^(陰陽學訓術)_(郡庠增廣生) 張溥 ^(功撰文)_(綏書丹) 元孫 ^(森)_(栗) 督工建塔立石。

法門洞姪曾孫祖□雙校刊。

^(七)_(八)世孫 □有 奉祀。
　　　　如法

元孫 ^(森)_(栗) 督工建塔立石。

（銘存登封市塔林東部九如禪師之塔處。王興亞）

御祭中嶽嵩山文

清高宗

【額題】御祭文

　　維乾隆二十五年歲次庚辰孟春月丁未朔越祭日己酉。[1]皇帝遣內閣侍讀學士上書房行走龔學海致祭於中嶽嵩山之神曰：

　　惟神位正中央，體凝峻極。抑張分次，麗乾曜之七星；河洛鐘靈，奠坤輿於兩戒。四表之陰陽交會，萬方之風雨同和。茲以逆回蕩平，大功底定。慶六師之克捷，我武惟揚。仰二室之巍峨，鴻庥遠庇。敬舉告功之典，用伸秩祀之文。式薦馨香，伏惟昭鑒。

　　欽差內閣侍讀學士上書房行走龔學海，吏部筆帖式富明，河南府知府張珽，登封縣知縣孔毓孜，教諭王發澄，訓導馮徵麟，典史孫佩聲。

　　邑增廣生傅維城。

（碑存登封市中嶽廟黃籙殿西順山房內。王興亞）

重修中嶽廟碑記

　　中嶽廟，自乾隆十五年庚午，我皇上時巡駐蹕，秩祀載舉。親灑宸翰，雲漢天章，與聖祖仁皇帝御題匾額，後先輝映光照千古，越十載，歲此庚辰，宮傅撫憲胡大中丞特爲捐修，經畫營度，委備精核，自本年三月八日鳩工庀材，簡員分任，刻期舉事，費省功捷，至五月二十五日蕆事，計時僅七旬餘，如期蘇竣。微我中丞大人悉人指授，任用得人，體恤工役，俾如子趨父事不几此也。繕完後，於十一月三日躬詣嶽廟，率諸屬吏釋奠告成。禮畢，周覽前後堂寢，徧歷廊廡門亭階城，綠垣堂，則大勢嚴正，廉隅整飭，棟宇峻起，簷阿華朔，寢明庭寬乎而正楹高大，以直向明者喻喻而清，即奧幽者喊喊而廣深，廊腰漫

---

[1] 乾隆《續河南通志》首卷四《聖制》作"乾隆二十四年"。

轉，霞達虹崇，門牙高峙，挂漢刺雲，崇墉四幣，爛者赤城，雖云悉仍舊制，儼同革故鼎新，以合視昔□有過之。

間考廟于西漢孝武元封元年，詔三百户封太室奉祀，後魏太延元年立廟高上，大安中徙神蓋山，唐開元中改造東麓，至宋乾德二年，大中祥符重修，見於盧陳駱黃諸君子所記者，皆可述而誌也。據宋相盧多遜所記，則謂隆人觀瞻，必嚴繪塑，欲世宗重宣閽，廟貌盡輪奐之美。擇貞幹之臣，大增其華，曲盡其美。嚴殿宇，崇門垣，雕梁彩棟，連甍接廡，庭軒洞邃，瞻之肅然。陳知微所記則謂涓吉協辰，梓匠授謨，林衡度幹，因舊煥新，□檻相輝，榜題絢采。駱文蔚所記，則為行廊一百餘間，莫不飾以丹青。至於金代李子樗、前明朱衡所記，一謂耒荷錮輦土，運斤制木，扶傾而正，易故而新；一謂采碩伐堅，鳩工興事，洞開門闕，鈎連枊檻，巖巒生色，日月敞廞。今皆同之無少差異然。知微所記修復之期，始於癸丑季夏，終於丁卯季夏，蓋三閱歲始竣厥事。黃久約所記，始於大定十六年四月，終於十八年六月始竣，即前明天中閣之修，亦始於嘉靖壬戌之夏，終於甲子之秋，皆歷時曠久，方克就緒。

今我中丞大人先定規模而後從事，自本年季春開工，於仲夏工訖，凡修飾正殿九楹，寢殿五楹，陪殿四區，門則迎神、峻極，東西掖門若干楹，左右廊廡若干楹，天中閣高圍若干尺，周垣若干丈，缺者完補，漶者丹堊，計木料一萬百奇，磚瓦、灰石、釘鐵、繩麻、顏料若干，工役勞費若干，統計動用公捐銀四千八百二十九兩七錢八分零。奉一憲總理監修，昔河南知府張君琎也。奉憲飭委督理承修者，偃師知縣高君積厚、登封知縣孔君毓孜也，采買料物，兼平治道路，以便運送。昔鞏縣縣丞戴鑒、偃師典史胡霖、登封典史孫佩聲也，例得書名，以獎成勞。至於己卯，回祿之变，則以中嶽上應大火之次。《國語》云：「祝融降於崇山。」韋昭注以崇山為崇高，崇嵩古字通用，即嵩高也。又以陰陽五行諸書考之巳屬土，填星也，中嶽應之。臚屬木，火生於木，土生於火，嵩居土位，上應鶉火，歲序適逢氣數使然，不关災祥也。准諸天道，按之方位，知其必有合去，因並及之。

賜進士出身特授河南分巡河陝汝三府州兼管水利道前掌京畿道監察御史加一級紀錄二次陳大復撰並書。

大清乾隆二十五年十二月日立。

（碑存登封市嵩嶽廟。王興亞）

敕授文林郎登封縣正堂邱老父師感德碑

公諱，字毅圃，廣東南海人。涖登未及三月，仁恕廉平，循績種種，小大稽□□有繼英瓊山之戴，復於考試棚費，概行除免，絲毫不窘單寒。庶士德之，勒珉□感，永深召棠之戴焉。

敕授文林郎登封縣正堂邱老父師感德碑

文武新生常純孝、吳宗□、曾永昇、韓殿元、朱觀光、李桓□、劉百魁、趙寧遠、王文運、李三、傅師望、劉成連、李炳文、謝青選、劉作賓、于雲□、李杜、劉崧屏、牛立桂、劉占魁、馬炯、秦廷賓、閻光被、胡獻東、黃震、謝武辰公建。

乾隆二十六年七月穀旦勒石。

（碑存登封市城隍廟。王興亞）

御祭中嶽嵩山文

清高宗

維乾隆二十七年歲次壬午正月乙未朔越二十五日庚申，皇帝遣經筵講官吏部左侍郎加二級董邦達致祭於中嶽之神曰：

維神望重嵩高，位臨洛汭。產菖蒲之九節，開貝葉以三花。室辨東西，遙望羣真嶽降，誠通響應，曾傳夾道山呼。茲以慈闈萬壽，懸舉鴻儀，敬晉徽稱。神人慶洽，仰靈祇於嵩嶽；敬奉明禋，修祀典於中州。聿申祇告，特修殷薦，用答神庥。

欽差經筵講官、吏部左侍郎加二級董邦達，禮部筆帖式加二級玉柱，河南分巡河陝汝兼管水利道歐陽永椅，河南府知府級紀錄二十六次記功五次傅爾瑚訥。登封縣知縣邱峨，訓導馮征麒，典史孫佩聲。

廩膳生員劉浩書丹。

（碑存登封市中嶽廟黃籙殿西順山房內。王興亞）

惺智保公和尚墓碑

【額題】永泰寺　日　月

曹洞正宗三十三世恩曾師祖上惺下智保公和尚之墓

清乾隆二十八年仲春。

（碑存登封市永泰寺尼姑墳。王興亞）

文憲王元聖周公廟重修大門戟門碑

元公擅製作，才精推求法，以土圭正日景求地中。追唐迄元，數易以石。今陽城北之測景一臺，其遺跡也。後人□臺作廟，踵事加增，革故鼎新者屢矣。廟之大門一楹，爲梁餘令劉君湛然所重建，後撫軍鹿大人佑興修斯廟，貢生劉鉽易一楹而成三焉，自晉江施明府奕簪倡衆，增修拜殿之後，閱今除正殿完善外，其戟門、大門、一切柱楹梁桷，文磚碧瓦，又遭風雨之蝕。紳士范子宣、劉子師周、杜子大德、吉子超、劉子作宰等，目蒿心慘，謀所以重新之。乃率住持僧如珍廣募善緣，共勸盛舉，庀材鳩工，捐貲輸力，不一其等。未兩月，而戟門告竣。拜瞻之下，煥然改觀。至大門則劉子榮同其姪誥又繼成之。余適過斯地，庠生張子學詩囑余記其事。余惟地以人重，工以人成。元公卜洛而有此臺，臺之立，公之績也。而廟緣臺成。廟之建人之力，公之靈也。夫善作莫如善成，經始不廢圖終。前人重元聖之績而作廟，後人又體作廟之心而續葺之，使不棄前功焉！其諸析薪負荷，垣墉暨茨之意乎？余雖不文，敢淡邑人士尊聖之思，與乃略敘其巔末於左。

　　賜進士出身文林郎原任歸德府儒學教授李舟撰。

　　庠生張學詩書丹。[1]

　　住持如珍。

　　乾隆三十二年歲次丁亥長至穀旦。

（碑存登封市告成鎮。王興亞）

創建白娘娘廟碑記

【額題】日月

　　自古神之有靈，為功於人世者，則立廟以祀之。所以展誠敬，亦以報□恩□□□□□山多柘，□民利□□□爐冶鑄器，以資耕農，而金火娘娘之神□□□□□其大有功於世□歟。鄉善士高君獻等感神之靈，謀以廟祀，募化□□□□□興工，率眾趨事，□可與物曲咸備，匠石偕傭伕並作，不期月而棟宇輝煌□□□儀□□成，佟亦可謂盛事也夫。功既告竣，丐予文諸珉。予不文，聊具顛末，用昭來茲。

　　邑庠生李□程沐敬撰並書。

　　功德主梁天經个三千四百三十，梁繼清个三千二百三十，高獻个三千，袁景溫个三千，梁天印个三千。施地主高天龍、高天榮、高天倫个三千三百。

　　宋義成施个七千，合義號施个三千，李國旺施个千五，席永和施个千五。

　　梁生如、王臣、梁世林、高濱、梁世隆、徐元福、韓寬、楊永倫、何清、李國寧、鍾牛、王亮、袁良、公興号、和利号，以上各施个一千。

　　吳宗振、李天會、朱子敬，以上各施个八百一十三。

　　張大周施个六百。

　　白寧林、梁旺成、梁會林、陳有德、侯標、卞文魁、王振、李國周、卞林、李文秀、祁福祿、高天明、劉建忠、宋意成、程起雷、馮盡倫、鍾文法，以上各施个五百。

　　興盛号、謝有臣、益順号、以上各个四百。

---

[1] 捐資人姓名，字多模糊。

梁金成、高天和、韓進仁、東來、徐万花、以上各个三百。

牛本臣、毛李和、刘木匠以上各个五百。

石匠張丙、梁天□、梁天輝、王東海、趙雷、祁得鳳、馮進朝、王金桓、姚士欽、刘建石、梁繼孟、馮孝全，以上各个貳百。

梁學選、郭守福、張友臣、袁□貞，以上各个一百。

王元倫、□學文、徐万榮、王文義、張國瑞以上各个一百。

乾隆三十三年歲次庚戌小陽月吉旦立。

（碑存登封市城隍廟。王興亞）

劉唐典墓碑

皇清恩賜粟帛耆民劉公府君待贈孺人許太君梁太君三位之墓

乾隆三十三年十月立。

（碑存登封市大金店鎮莊頭村。王興亞）

重修菩薩堂碑記

本廣行多奇，應知神道之不以□狹隔也。但拜謁俱在門外，時爲風雨阻耶，亦展敬者。村有屈秉□二人，欲改借之而告無其力，乃相謀聯社集貲，以奏厥功。社行三年，未及動工，而社中人已力有不支者，□不足決未□□上，二人又急與同姓永德勸化合村人衆，各令捐貲助役，而功及於是驟舉焉。夫事無大小，出首者□□□而三□社而勸捐，由勸捐而催督人工，此中蓋幾費周折，事竣，勒石爲誌，俾觀者咸知來功艱難，勿得使兒童喜戲之入其内，以致毀污金像粉壁，庶神常降福而休徵焉無疆云。

社人李玉良、喬□□、吳大良、屈秉坤、劉二□，共捐錢七五千整。

募化主屈秉德捐錢四百二十文，屈秉友施錢一百八十文，屈□□施錢一百七十文。

屈秉□、李忠、蔣□真、屈宗漢、曹□安、屈玉□、屈□□、□□□、屈□成。

功德主屈九貢捐錢三千四百五十文。

屈□□捐錢四百四十文，□□□捐錢三百四十文，□□□捐錢二百六十文，□□□捐錢二百四十文，□□□捐錢二百七十文。

邑廩膳生員屈秉信撰文並書丹。

大清乾隆叁拾肆年貳月拾玖日吉旦。

（碑存登封市文物保護管理所。王興亞）

重修菩薩堂碑記

功德主屈秉□、同社人李玉良、吳士良、劉仁桃共出錢十五千整。

募化主屈秉德捐錢四百二十文。

屈九貢施錢三千四百□□文。

屈秉□施錢四百四十文。

李曰莊施錢三百四十文。

屈秉見施錢四百六十文。

屈秉恒施錢二百四十文。

屈秉升施錢二百六十文。

屈秉友施錢一百八十文。

吳士俊施錢二百六十文。

屈秉□、李玉恭、莊兵、屈宗漢、曹熙安、李玉忠、屈宗麟、屈宗茂、李國賓、陳興、邵大明、劉惠、屈自強、屈清。

大清乾隆叁拾肆年貳月拾玖日吉旦立。

（碑存登封市文物保護管理所。王興亞）

石淙題刻

石淙

乾隆己丑重九日署河南府知府玉山題。

（摩崖在登封市石淙河崖上。王興亞）

重修菩提寺大佛殿碑記

蓋自鹿苑鷲嶺，慈雲往來，聲聞緣覺，類皆法中龍象。迨梁武間，初祖潛至少林寺，九年面壁，不立文字，心印以傳。宏□、惠能相嗣演法，天花紛墜，金蓮攸湧。而止□教勝高潁蘭若，幾徧巖谷，以故法王、嵩嶽、華□、清涼諸刹，統稱名聖，菩提之建由此而興。地在青羅山之南麓，距車家窑甚近。紫幛金峰，奇特遙拱，清溪幽澗，碧□迴環。古柏挺翠，映殿瓦之琉璃；蒼松作濤，雜鐘磬之梵□。福地芳草，淨域香花。匪獨老衲數輩清心焚修，即環方文人騷客，靡不尋奇選聖，遊目抒懷也。顧邱壑饒足山田□□，住持貧而力薄，無能踵加修整，飄風積雨，剝落時深。以故大佛殿之金碧琉輝棟桷丹楹者，不惟闇淡無色，甚工□漏旁宇，僧真祥顧而憂之。爰謀之諸檀樾，□募於衆，而好善樂施具有同心，一持□應□隨非□丈六之化，直捐布地之金。由是鳩工庀材，擇吉興作，起工於十八年十月，垂成於十九年四月。住持喜出望外，功駐非常，乃□遂選堅爾□其工成之始末，紀其捐施之踴躍，以乞文於予。夫予素未至寺，寺之修，葉公信、李君曾言之鑿鑿，且茲寺有田若干，□善士不責償而歸之僧已，乞予記其事。是僧知予之樂於揚善而不恪其言也，故□之乎未嘉僧之能，洽諸善士之心，並得諸善士之力，以成此工也。而又謁之曰爲□語，爲諸善。頌曰：

諸君盛舉意何如，□義懷仁德迥殊。豈果空王施法力，自知積善勝金□。豐碑此後傳遺事，□容□□□範模，漫道沙彌塗感勒，福田無量己全□。僧曰：此可以壽諸公□。遂持之而去，鐫於石。

邑貢生傅宗榮綿遠菴甫撰。

邑庠生宋世卿書丹。

山西潞安府長治縣天興號李彥熙，捐錢二十一千。

山主李方靈、紫靈。

住持僧明珠，徒真祥，孫如銀、如興，曾孫性良、性法、性善、性□仝立。

石工張瑞鐫。

乾隆三十七年歲次壬辰七月吉旦。

（碑存登封市嵩陽書院碑廊。王興亞）

過少林寺瞻仰初祖面壁敬題一偈

九年面壁後，一葦渡江前。聖諦不契處，只在此中傳。

本室山人了亮鈐。

不說法，不持律，默然終日面朝壁。面朝壁，合着眼。壁朝面，打破壁。如愚若讷大顢頊，萬古人心生荊棘，無迷無悟究何宗，兀坐分明黑如漆。夜中日淒淒，一葦少林壁。跨水逢羊豈有因，風清月白空相憶。空相憶，真不識，絕相超宗為足酬，得皮得髓有何益！須知壁觀婆羅門，密密靈機人莫測。

日長至山陰如如居士何焆並書。

清乾隆壬辰。

（碑原存登封市少林寺千佛殿內，後移至少林寺碑廊。王興亞）

皇清乾隆三十七年歲次壬辰金妝佛像碑記

【額題】□（少）林□（下）院[1]

孫鑄、孫鋭五百。

[1]　該碑上部殘，少、下二字已缺，內容刊列捐資人姓名，字多模糊不清。僅錄其中可辨識者。

文秀、趙廷玉。

田見志、梁鑄魁、張路、白天才、張有德、張□□、張丙、王仁、閆鐸、王佩、何甫全、陳儉、祁文孝、孫世江、何周正、趙由、陳守道、李□壽、□秉良、周□□、史金、孫□□、孫福、孫到、孫幹、孫中、孫世萬、孫□、李□、李玉□、李玉□、梁有年、馮孝雪，以上各二。

金店王□、姜林、姜國金、崔居、吳連、姜陳氏、姜耿氏、姜崔氏、姜劉氏、

崔季氏、丘王氏、李劉氏、宋□氏、吳何氏、崔郭氏、崔白氏、崔張氏、崔祖氏、丘崔氏、崔王氏、丘侯氏、崔王氏。

邑儒童張學周書丹。

住持海朝，徒侄湛文，徒孫寂□。

金粧師安祥生。石匠張柄。

乾隆三十七年。

（碑存登封市城隍廟。王興亞）

特授登封縣正堂加五級紀錄十次曾太老爺清廉正直萬代感德碑

公諱友伋，字同甫，四川成都府直隸忠州酆都縣人。甲子孝廉，辛卯蒞登，迄今三載。仁慈廉明，一切聽斷，謝請托賄賂。柳相寨、張家村、相家塴三地方，有糧漕差務，舊屬余柳里派辦。或偶在余西里協辦，甚覺不便。因具稟公懇仍歸舊里。茲蒙批准，三地方將余西里所辦差務，撥歸余柳里辦理，紳民感佩，為立貞珉，以垂不朽。

舉人張秉鈞、貢生張正己、監生張秉泰、張士鏞、張朝佐、張順、張靖、張宏德、朱文煌、耆民馬秀弼、張秉惠、張克全、張克儉、張讓、李林，居民張秉正、張秉鐎，任兼善、張宏智、張文明、張明義、張宏福。

總理馬立身、胡如寅。

鄉約白金鈴。

張家村：劉相寨、楊家土堖、三村庄紳士里民公立。

乾隆三十八年四月穀旦。

（碑存登封市城隍廟。王興亞）

御祭中嶽嵩山文

清高宗

維乾隆四十一年歲次丙申七月庚午朔越十一日庚辰。皇帝遣內閣侍讀學士歐陽瑾致祭

於中嶽嵩山之神曰：

惟神柳曜分躔，洛濱聳峙。環維翊拱，乘土德而居尊；峻極比靈斯，宅中天而作鎮。風雨因茲而和會，岩巒益顯其靈奇。茲以兩金川小丑削平，大功底定。張國威于九伐，邊徼攸寧。答神貺之三呼，明禋斯秩。敬展欽柴之典，虔申昭告之文。薦此馨香，伏惟歆鑒。

欽差祭告內閣侍讀學士歐陽瑾，捧香帛太常寺筆帖式達桑阿，陪祭官河南府知府加三級隨帶加一級紀錄八次施誠。登封縣知縣曾友伋，教諭兼署訓導呂履謙，典史孫佩聲[1]。

增廣生員傅聯登書丹。

（碑存登封中嶽廟黃籙殿西順山房。王興亞）

重脩少林寺千佛殿記

知登封縣事曾友伋撰並書。

伋少時閱禪宗諸錄，盛推祖庭。祖庭者，少林寺也。少室為嵩山支峯，奇秀甲中州。讀唐賢岑嘉州詩，若身履其境。竊欲遊覽而未能。

乾隆辛卯歲，宰登封，深幸得酬少志，政暇，諸寺周視，殿庭規模宏廠，中懸宸翰聯額，榮光照燭，乃庚午年翠華巡幸時所賜。而茲寺亦於是年重脩。閱今又二十餘年矣。復求達磨面壁、慧可立雪處，髣髴得之。而五乳峯下高阜處有千佛殿，巋然特立，風雨易侵，日就頹廢，伋竊欲新之而未能。癸巳，山左王公來守是邦，閱界至嵩陽少林，謂地經聖主駐蹕，傾圮弗葺，非所以肅觀瞻，始議重脩。一時，聞風踴躍，欲共新之者甚眾。適大中丞徐公按部蒞止，謂興廢復古亦良有司之責也。其樂輸者聽。於是，遠近捐施，不日雲集，迺鳩工於乙未之九月望，落成於丙申之四月朔。翼然奐然，較舊制更廓然改觀焉。伋董斯役既幸副大中丞暨太守鄭重興脩之意，又幸得遂少時之志，用記其始末，並誌捐施各姓名於後，以見眾力之所成，且愧伋之不敏也。

欽命兵部侍郎兼都察院右副都御史巡撫河南等處地方提督軍務兼理河道督理營田徐績

欽命河南等處地方承宣布政使按察使司按察使榮桂、署理河南開歸等處督理通省驛鹽水利糧儲道赫爾敬阿、分守河北兵備道管轄彰衛懷三府等處地方朱歧、分巡南汝光道兼水利事務張廷化、署河南分巡開歸陳許河務兵備道開封府知府王啟緒、署河南分巡陝汝道懷慶府知府陳錫鉞、河南分巡河陝汝道張永貴。

歸德府知府杜、陳州府知府馮、彰德府知府李、衛輝府知府陸、河南府知府施、南陽府知府莊、汝寧府知府伊、署懷慶府知府開封府理問同知祁、直隸許州知州沈、直隸光州知州朱、直隸汝州知州汪、直隸陝州知州升任山西汾州府知府雷汪度。

僧會司淨春、募緣僧海龍。

---

[1] "孫佩聲"三字已被鏨掉，據洪亮吉《登封縣志》補。

大清乾隆肆拾壹年七月吉旦。[1]

（碑存登封市少林寺天王殿後。王興亞）

重建裕公改公祠碑記

【碑陽】

【額題】永垂萬世

自古先王之開國也，欲營宮室，先立寢廟，誠以水必有源，源遠而流水自長。木必有根，根深而枝自茂。則脩祠祭祖者，非所以濬其源而培其根乎。如我始祖雪庭裕公者，乃少林注曹洞一派而開代之鼻祖也。

公諱福裕，字敢問，自號雪庭，太原文水張氏子也。幼具異人之資，目了千言，且慕西來大意，依休林世祖祝髮。元世祖命住祖庭。皇慶元年，蒙奏制贈大司空，開府儀同三司，追封晉國公，其他請狀實行，勒諸琅珉者，筆難以枚舉。自我始祖裕公至二十五代高祖凝然改公者，凡六世矣。攷之高祖世系，乃本邑金店人也。父任信，母韓氏，公自韶齡年絕類羣童，居必端坐，行則徐步。父觀其動止，若有脫塵離俗、援溺拔苦之志焉。遂捨送祖庭，出家投禮提點太祖訓公為師，二十遇度，受具足戒，忽慨已躬大事未明，□明遊參月印長老於香山，涉歷寒暑，亦有年矣。次謁松庭嚴祖師，細密幽淵，並俱通達，性懶應對，情喜晦跡，於是，遁潛二祖庵，盲聾靜坐，攝心涵鎔，再無它適矣。至洪武二十三年，合山慕仰道範，祖庭虛席，敦請。公嚴辭不解。不獲已，順緣而起，乃據猊座揮麈指於祖庭者，凡二次矣。一曰疑然，一曰凝然。我高祖之道範，載之青碣者，亦歷歷可攷焉。古跡公之祠宇建於甘露臺之前，明末，寇盜蜂起，我祖之祠宇亦從此而傾頹矣。切思少室雄麗，實為中天名勝之地。往來行旌駐蹕者，熙熙攘攘，況我祖之道範，雲山蒼蒼，江水泱泱，若使祠宇聽其久廢，不惟無以應至止者之諮訪，亦何以為禘祀蒸嘗之所乎！由是孫等合族捐資百有餘金，選擇吉地，於乾隆庚子春，重建祠堂三楹，牆垣山門，煥然一新焉。雖祠已告成，而祖像未備，又何以肅瞻拜乎。恭請本枝遠孫如紀殫精竭力，敬傳法像一軸，以為中懸之備。凡有識者，莫不喟然歎曰："此真凝然改公在生之妙容也。"《詩》曰："念茲皇祖，陟降庭止。"於乎皇王繼序，思不忘其斯之謂乎。工竣，勒石以誌。伏望後之視今，亦猶今之視昔者也云尔。

---

[1] 碑陰有趙景隆刻人物半身畫像，高一百零三厘米、雙肩寬六十厘米，其中頭部高四十一厘米、雙耳間寬三十一厘米。粗筆淡描，濃眉大眼，頭髮蓬鬆，滿腮鬍鬚。畫像左側刻御馬監太監朱鋿、張遷、盧鼎、尚衣監太監趙安、趙朝、內官監左少監工方姓名。右側刻錦衣衛後千户所擎蓋司實授百户趙自覺、錦衣衛部指揮王福等官職姓名。像下部刻京都無量庵住持性海及本山執事、首座、書記、都提舉、都提點等人姓名。

總理寂慶、淨□。

監脩靜紹、如棟、真秋、湛彬。

書記真珠、淳才。

營辦如璽、湛洪、海珠、海潮、海鍵仝立。

石匠朱洪業、子懷學刊。

大清乾隆肆拾陸年三月吉日。

曹洞正宗派世譜[1]

【額題】碑陰

曹洞正宗派曰：

福慧智子覺了本，圓可悟周洪普廣。

宗道慶同玄祖清，淨真如海湛寂淳。

貞素德行永延恒，妙體常堅固心朗。

照幽深性明鑒崇，祚眾正善禱詳謹。

慇原濟度雪□為，導師引汝皈玄路。

　　　　　　　清　龍

　　　　　　　　淨

保 玉 琨 璞 府 慧 紹 瑛 云 落 學

　　　　　　　　真

性 萬 潜 珠 樂 秋 柱 禹 寶 保 忠 松 良

　　　　　　　　真

蓮 椿 魁 岑 興 美 至 □ □ 寶 來 雙 明 貴 □ □

　　　　　　　　如

浩 文 見 林 容 應 坤 觀 旺 璽 惠 松 棟 璨 □ □ 廣 正 珍 好 □ □

　　　　　　　　妙

隨 江 香 寅 禮 采 敬 義 魁 直 梅 文 □ □ 經 堂 固 □ 信 貴

　　　　　　　　海

鐵 會 清 洞 鑄 旺 林 英 超 臻 亮 泉

　　　　　　　　湛

雷 明 之 蒼 御 水 彬 露 財 雲 惠 雯 深 秀 □ 舜 住 全 桂 慶 喜

　　　　　　　　湛

松 祿 潢 福 真 吉 魁 瑞 相 祥 乙 修 坤 亙 壽 林

　　　　　　　　寂

---

[1] 標題係補加。

照 勤 明 善 福 煥 同 來 悟 閑 安 燈 慶 瑞 林 安 善 徐 舟　龍 興 法 隨
　　　　　　　　　　　　　　　　　　　　　淳
義 璿 玉 有 才 航 實
　　　　　　　貞
奇 喜 合 全 福 慧 進 文
　　素
梅 榮 安 蘭 菊 冰
　　　德
　　　虎

一誌，本祠坐址，係買如紀莊□。東至賣主，西至古祠甬路後牆迤北至古祠前□，東西□□□□，南壹丈寬，北至海岱夥牆。使價錢壹拾捌仟整。

一誌，祖堂祭田地一段。係買如枝同徒姪海振祖業也。坐落寺西牆前。東至路，西至古路，南至河，北至淳山。費價錢三拾□仟文整。

一誌，二門至大門前六丈四尺，西往架房路五尺寬，架房地□坐落西邊，東南北三至海珠，西至溝底。

永泰寺一枝
　　　　　玄
　　　聖 松 虎 昇 先
　　　祖
榮 壽 學 場 海 銀 學
　　　祖
　　　潮 印 旺 錦 群
　　珍
　　　清 傳

（碑存登封市少林寺。王興亞）

題觀景臺詩

蜀漿山劉仕偉撰並書丹。
製作仰元聖，陽城觀星臺。建中資治輔，測景徧三才。
地膽依中嶽，天心應臺上。登臨窺日表，親授指南來。
乾隆己亥。

（碑存登封市觀星臺。王興亞）

二祖庵題額

二祖庵
時大清乾隆四十六年歲次辛丑吉旦。
釋子府立石。

（碑存登封市二祖庵。王興亞）

三峰寺置香火地記

武億

三峰寺在登封縣西八十餘里，地幽而阻絕，故人罕至焉。歲癸巳，予授徒于寺之近邨，閒為之遊。寺老僧某者喜予至，為設蔬果，輒款終日不厭。久之，乃為起曰："自吾居是院，翦除荒穢，賴衆役而成，始積有地若干畝，而又轉募取資于人，人以致其餘，蓋吾所以得之不易如此。今垂將歿，慮後有不奉吾法者，蕩棄以去，則功悉廢矣。願因公文示之，俾其勿忘勿怠何如？"余曰諾。後閒歲，必致人以請，而文終不果為。又未幾，予窮走京師，溜滯者又數年。比歸，則老僧已前歿矣。故予始悔。夫向之憐其老而始許之者。今重無以酬其志，為之感且悲也。方世之人，牽于田盧衣食，百物之奉極，早夜而營之。又窮年未有以已其心戚焉，然若不能脫也。于是，佛之徒出，羣聚罷民，俾易而從。彼之教不耕而食，不蠶而衣，仰給于人而自足，無屋廬居室以棲，無制度規為以禁以域，泊然一無所累于心，而後彷佯徙倚，縱恣于極樂之鄉而歸焉。其說奧美通脫，味之浸淫，不可以意極。故天下爭樂為就其庸者惑。顯達者慕位高，而有力者反為之倡，奔靡波逐，壘壘然相偕以起，雖欲挽之其道，固無由也。由是觀之，則彼之所以勝天下者，以其外物無求，有以自勝故也。今佛之舍盈天下，而其徒能守是者誰歟！自京師以至通都劇邑，勝跡窮鄉僻隅，荒陬漠野，人力之所不至，皆有其徒盤踞于此。然而其人率皆頑鄙不自顧，藉幸為其身謀而已。彼于所欲嗜好有甚不能忍，故好為植財而營私，往往乾沒于興功勸募之費。蓋其計已不遺毫髮，而其中之最狡而黠者，尤能誑誘天下之衆，為所傾貲竭橐，歙入以自肥，而以其所嬴置膏腴，甚者田兼千畝，飾緇服，羣遊都市，反為貪悍無賴者所笑。則彼之中，果何有也夫！其中無所守，固自有以擾于內，則又從而役之，禍福生死，利害得喪，必益無所以固。于是，視其師之說，或若浮寄焉，其心將必以厭苦不勝其瘁，思欲翻然而易趣，亦其勢固然者與！然則今之浮屠，固其易變之機與，而世儒不思于此，乘其怠以急從而奪之，脫其徒有矯然者出，又豈可遽易也與！當老僧之乞予文，方于其經營所置，若獨矜之，以耀于後者。彼亦不知其為世誘所奪也。而予當時未有以告之。今其沒矣，重以吾之言，發其蔽，使夫為之徒者，知力于吾之所望，其勢順而其返于聖之道，不難也。

乾隆四十七年三月。

（文見武億《授堂文鈔》卷六。王興亞）

重修二祖庵碑

溯自跋陀開創，達磨西來，以宗倡少室，是爲鼻祖之法力也。□環少林皆山也。禦寨峙乎其南，述者其西南二山，望之蔚然而聳□者鉢盂峰。然臨於臺上者，卓錫泉也。臺後有闕，朱牖懸額。

國朝不之重葺。歷年既多，不能無風雨雀鼠之弊。自積拾餘年來，幸有助者，克遂其志，於是，招匠庀金百有幾拾，命余勒石以啓後世。余思精藍名，今則慧日重新，金碧流輝，而數拾年之煙沒□峰而謁斯庵者，必曰功德如天浩蕩，難名與神善也！[1]

大清乾隆四十七年。

（碑存登封市文物保護管理所。王興亞）

永明瑞公和尚浮圖銘

曹洞正宗第三十四代永明瑞公和尚浮圖

上永下明瑞公和尚浮圖

曹洞正宗第二十四代乾隆四十八年季夏立。

（銘石存登封市會善寺。王興亞）

重修瘟神殿記 [2]

先王以神道設教而祀典隆焉。故敬神凡以庇民而瘟神□□，逐瘟厲之氣，而使之下生其庇民更有功者。邑隍廟右建瘟神殿，屢經重新，曩年以來，風雨損剝，雀鼠所妒，幾傾圮矣。道會司一梅劉上人慨然興修，率其徒李陽還廣募善男信女，各破堅城，以竣其事。廟貌巍煥，神像一新，較從前更盛焉。夫莫爲之前，雖美弗彰；莫爲之後，雖盛弗傳。

傳有上人之功爲振作，將以傳諸同志，其所以防護而修葺之，皆自不謀而合矣。五瘟下□百福駢臻，敬神之道在此，庇民之道即在此，洋洋乎所關非淺鮮哉！

登封縣知縣曾友俊捐銀五兩。

---

[1] 以下捐資人姓名，字多不清。

[2] 該碑下部缺失，此爲該碑上部文字。

署登封縣知縣蘇宗時捐銀肆兩。

儒學教諭陳封捐銀貳兩。

儒學訓導張博文捐銀貳兩。

城守營許鑑捐銀叁兩。

鹽捕廳孫佩聲捐銀叁兩。

大清乾隆四十八年歲次癸卯六月。

邑辛卯科舉人劉崧屏沐手撰並書。

（碑存登封市城隍廟。王興亞）

重修天王殿碑記

【額題】流芳百代

吾潁崇法寺天王殿，其來已久。重修不知凡幾。奈碑碣荒落，無從考信。今其存者，僅有雍正年間劉重修一碑，去今將六十餘載，風雨飄搖而屢來侵。椽托瓦解，危若累卵。不乘勢改為旦夕具覆壓矣。本鎮宋公諱世卿等儕□目擊其狀，慨然以重修自任，於是，寺僧清慶功同□寺等化主勸善閭里，所捐善金未滿半百，宋公即出囊金二十餘千，一改舊營新，其堂兄□復六百初亦化主者，代弟經營，勤勞罔休止，捐貲外復輸己囊，勤以厥事。不知功為弟之功，財為己之財。惟竭力圖，庶以厥功為移舊地□石悉易以磚，前年兩簷各起門□，神像則金碧輝煌，粉壁則采色炫爛，化鄙樸為光耀，誠善觀矣。事既告竣，謀列貞珉。宋公以兄力多，願推為功首，其兄以弟實首善，堅辭不居相讓，久不決。究之弟倡於先，兄贊於後，功德適相傳也。兩人固宜並垂不朽乎。□子世□不好善者勿論已好焉。而或困於財屈於勢，有是心而掣肘莫能行，斯固無如善，何若無不因於財，不屈於勢，一時□概善事如羽毛之輕，金貲穀幣，取諸囊中，無吝色。觀其舉動，不絕類仁人君子，樂善不□之為及詳察，隱微區區寸腸，則又惟其以善名為奇貨，而欲身居之以□當世聞譽若兩人者，其於善又何如耶。今宋西元善之在小且鎊深道，至若和氣雍容成斯舉。弟推功於兄，兄讓德於弟。其有一毫，擅名求名之意否予□者。善事告成，廟貌一新。功德，固若□弟之功德也。然吾所以多之者，不以其解囊行善為異，於涇涇者之閉戶食粟已也。惟是交相推遜，各當讓善不居之意，洵可□□兄難弟矣。後之覽者，非獨興起為善之心而尊卑之等，長幼之序，父子兄弟之情相親，鄰里鄉黨之相睦，□□於是，有感發焉。風俗之淳厚，或在於此矣。

功德主監生宋復興、宋世卿占錢十千。

監生范韋誥捐錢五百、宋文喜捐錢二千、劉俠捐錢五百。

生員李勝田五百、范征遠二百、宋長城一千三百。

邑庠生李騰甲子震氏沐手撰文並書丹。

陰陽生劉允庚。木匠范章福。塑匠張希萬、朱中福。石匠王萬成。

住持清亮立石。

大清乾隆肆拾捌年歲次癸卯仲冬□□□□穀旦。

（碑存登封市城隍廟。王興亞）

御製中嶽廟詩

清高宗
重新中嶽廟告成，撫臣李世傑請碑記，因疊庚午虔祀詩韻命泐石。
庚午禋迴心每懸，嵩雲南望德參天。卅年以久事宜作，此日維新理合然。
廟鎮中州崇莫並，殿臨黃道正無偏。敬吟長律當碑泐，希佑黔黎惠澤宣。
乾隆四十八年。

（碑存登封市中嶽廟。王興亞）

御製嵩陽書院碑

清高宗
書院嵩陽景最清，石幢猶紀故宮名，虛誇妙藥求方士，何似菁莪育俊英。
山色溪聲留宿雨，菊香竹韻喜新情，初來豈得無言別，漢柏陰中句偶成。
朔日御題。

（碑存登封市嵩陽書院講堂前東側御碑亭基址上。王興亞）

武敬齋墓誌銘

武億
某之族兄敬齋君既卒殯于家，且六年，遭君之配又卒。其子永譽將合祔于兆，遣人走請銘，不果。既聞余亟南行，乃離喪次纍然服凶服，自徒跣，垂涕以告曰："先人之存自少居里閈，非有奇特，足震耀于世，而某又無似無以發明先人之跡，唯叔氏舊館吾鄉，與先人最相慕近。僅以叔氏所見知而樂道者，自狀以請，使幸有聞于後。"余謹諾。誌曰：

君武氏，諱修己，字敬齋，世為河南登封人。力學，好持節，犖不苟與世交，一鄉畏重之。乾隆某年，應提督學政試，入為縣學生。當是時，君尚年富，已著聲稱，奮然自勵，欲勉終始其業，會家多累，生計日益煩，君度勢不可他屬，則歲月營度不避糾結者，凡三十餘年，終不易，竟積瘁以歿。初，君遭兄物故，遺子永清幼，君督教之過甚，小有失，輒不怡累日，自惋恨此吾不幸，驕以成其過。乃引與對，且飲泣曰："汝早失所依，依者獨有叔，今叔且老矣，汝不早知自立，汝雖幼，如失教何。"永清果感悟，檢束如成人。君居余西里，里故有社倉，司儲納者，歲議鄉一人主之。久且因緣幸冒轉售其欺，鄉人歎為畏途。有與應是役者，輒引匿不出。會永清為人所牽，既不獲謝，君挺出，以身左右其閒，至更易乃已。君凡視永清累如己累而強力肩任者，皆是類也。君貌坦易，視之怡如也，不好以氣加人。然性尤介，立遇鄉曲細人之不中理者，必面折之。再不聽，即坐中走避以去，終不復與齒。君生康熙四十三年十二月初一日，卒乾隆四十三年閏六月二十七日，年六十有三。配馬孺人，與君無違德，後君之歿，實乾隆四十九年七月十七日，而生則以康熙四十二年十二月十五日也，年七十。君上世不可考，聞族之老者，皆傳為遷自洪洞，後居余西里之武家寨。寨因武氏名者也。曾大父三樂，大父加名。父應魁。子一，永譽，縣學生。卜于四十九年九月二十七日，奉君暨配馬孺人從塋先塋之次，距寨百餘步。孫一，喜元。女二：長適張甲翰，次適杜其武。余知君者，又重永譽之請，不可以不銘。銘曰：

士不得遇，著稱一鄉。唯躬寒蹇，盡瘁無方。士苟而遇，跳身彷徉。窘蹐旁睨，貽邦國殃。吁嗟乎君，篤行不違，以鞭策駑，脫其羈繮。又從擾之，使舞而翔，厥家終庇，道以孔長。是不有政，以顯德行，我誌埋石，潛德其光。

乾隆四十九年九月。

（文見武億《授堂文鈔》卷六。王興亞）

重修白衣閣並創建拜臺記碑

【額題】重修白衣閣並創建拜臺碑記

晉沃生員辛勳篆額。

里人國子監太學生牛執中撰文並書丹。

有閣於人心風俗也，豈伊朝夕之改哉。吾廬居四山之中，/[1] 大夫盧微君結廬斯地，以此而得名。每日不必有此閣也，然而地以人□□□□□有白衣閣三楹，/偕諸同社曾經重修，未嘗有拜臺、屏垣也。戊申歲，復約□□□□□□□□□世俊、馮子湧源、席子思誠、薛子如璠，鳩工庀材，依其舊址而再新之，外增拜臺，圍以牆垣 / 數閱月而諸工告竣。

功德主列左：

耆老韓聚才錢五千。

耆老李世俊錢五千、崔旺錢五千。

監生席思誠錢四千、薛如璠錢三千、馮湧源錢一千五百文、牛執中錢一千。

刻字張瑞，錢貳百文。

金粧常懷智。

木作李世旺。

---

[1] 該碑 / 以下，字殘。

乾隆歲次五十三年仲秋立石。

(碑原存登封市盧店街，現存嵩陽書院碑廊。王興亞)

重修諸殿金粧聖像碑記

　　事以有所因而爲創則易，章於松而不肯為則難。本寨下清微宮，岂其來久矣。□地□環繞，岡嶺起伏，而其中蒼松翠柏，異卉奇花，四時之景無窮，遊人時寓目焉。內有玉皇大殿、老□聖殿、三官尊神拜殿，歷久頹敗，聖像闇淡，時以起瞻拜者如在之誠。住持敬請山主議伐樹貨之，以為修理之資，不足稍募化之。於是，□三人董其事，遂沽柏樹數株，得金百有餘兩，以舊所募化約有□人，遂鳩工以起事，見前人所脩未竟其事者，次第完之，於諸殿無不漸次脩整丹護，而金粧之。夫事不切身，視為緩圖者眾矣。即為之，亦觀望不前，同心協力者寡矣。雖事屬易為，以有因而告竣不難，然牽於私或不肯承為己任矣。而十三人者，當農功迫忙之時，毅然不奪於私計，庀材鳩工，親執其勞，爭先恐後，秋毫無侵漁，旋觀厥成。而□十三人猶謙讓下德，以為因財興事非甚盛舉，無可記述者。余則嘉其好善之誠，用則之義，襄事之和，始終，無可，誠是真可以勸後世而紹前休，不可以不誌也。因忘其言之不文，以勒諸貞珉云。

　　吏部銓選濟源縣儒學教諭乙酉科拔貢生王嘉士沐手撰文並書丹。

　　功德主 /[1]

　　大清乾隆伍拾柒年吉日穀旦。

(碑存登封市城隍廟。王興亞)

重修廣惠庵大佛殿三佛閣並山門金粧聖像碑

【額題】日　月

　　崿嶺□居天地之中，背五乳，面二室。危崖闊落，古樹蒼茫。地僻而幽，路崎而險，爲□□□門户，洛秦之咽喉也。昔雲堂上人飛錫至此，覽山川之形勝，審地勢之廣狹，遂創建廣惠庵於山側。夫庵名廣惠，蓋以雲堂上人担水施茶，往來商賈，停步止渴，每人而惠之，故命名焉。其中有大佛殿，殿前山門，殿後佛閣，同時建立。丹臒輝煌，盤螭飛虯，規制雖小，誠勝境也。迄今世遠年煙，風雨飄搖，棟宇牆垣漸就傾圮。所賴有人以重新之，庶不沒創始之苦心乎。幸五世孫海注，號樂溪者，仰瞻廟貌之傾頹，惻然動念，謀諸僧衆，苦心經營，減膳積金，以重修為己任。奈工浩費廣，不能一時並舉。於乾隆三十八年修山門，四十八年修大佛殿，五十八年修三佛閣，鳩工庀材，次第補葺，閱二十

---

[1]　該碑 / 以下，字模糊。

餘年，工始告竣。噫！樂溪已備已哉！雖然，廟貌改觀，煥然一新，而神像蒙敝，依然猶舊，何以臨對越而肅祇敬乎？所賴有衆善士捐囊資，施勠埜，塗丹臒，飾彩色，無多日而神像崢嶸，成藻繪之文。當此之時，予遊少林，過轘轅，入庵瞻仰。甫至山門，見端冕垂裳，千載如生者儼然□□關帝聖像也。夫□公生而精思垂動，猷於三國，沒而靈應，題神聖於累朝，瞻仰者巍巍而栗栗，蠱蠱而嚴嚴，有不肅然起敬者哉！復登大佛殿，三佛閣，覺心悟三空，形超六塵，法性如如，若指迷津，皈依者空空而洞洞，虛虛而無無，能不默然屏息也哉！今而後，凡花□來歆仰觀廣惠庵者，知爲雲堂刱建，樂溪重修，亦可謂克繩祖武，永傳不朽也。故妄固陋，聊序巔末，以勒貞珉。若助財善士姓名統勒於左，以昭示來茲云。

　　偃邑緱東監生楊太室撰。

　　楊鳳儀書。

　　陳文勸捐[1]。

　　善士許全　　　　　一刄，

　　楊士卓施艮一刄七仒，

　　陳士德施艮一刄二仒，

　　賈成樸施艮七仒。

　　善婦李門程氏施艮三仒，李門李氏施艮三仒。

　　廣惠庵住持僧如旺法徒侄海□、海□、海□捐三刄，

　　法孫湛□仒□　湛□□□　捐艮二仒。

　　元孫淳福保　勒石。

　　大嵣嶺住持僧海琚捐艮二刄。

　　畫匠安庭書。

　　木匠耿孝。

　　石匠李中。

　　旹大清乾隆五十九年歲在甲寅中秋穀旦。

（碑存登封市文物保護管理所。王興亞）

---

[1]　以下列善士、善婦姓名及施艮數，字多模糊不清。

郜煜墓碑

公諱煜，字重光，號含貞，康熙甲午舉人，歷任監察御史、國子監□監丞、中書科中書、浙江平湖、嘉善兩縣知縣。

皇清誥授奉政大夫都察院山西道監察御史顯考郜公　　　之墓

　　　　　　　　　　先妣王氏　宜人李氏

子基賢、□賢，孫祥麟、德麟立石。

（碑存登封市萬羊崗南、少林小區路南。王興亞）

重修水峪老君洞戲樓記

【額題】永垂不朽

趙之權撰文。

王省靜書丹。

今之演戲於神，殆其遺意與水峪之南麓，地□愛寶而煤出焉。說者以為太上之力，既於麓之北鎮為神祠，復於洞之南成為戲樓，由來舊矣。□□□而今謂其於老君洞，尤何焉者，何哉！考之老子內傳，太上□君名重□□□□□□李其姓，唐之明皇，其苗裔也。[1]

乾隆六十年閏二月立。

（碑存登封告成鎮水峪村老君洞。王興亞）

劉鏞題記

雨後雙禽來占竹，深秋一蝶下尋花。[2]

（碑存登封市會善寺大雄寶殿東側觀音殿。王興亞）

甯公和尚壽塔銘

親教恩師心雲甯公和尚壽塔

清嘉慶三年二月立。

（碑存登封市甘露台西坡山上。王興亞）

---

[1] 此文為節錄。

[2] 題記未署年月。

重修東石橋碑記

嘗讀《陰騭文》云："行時時之方便，作種種之陰功"。又云："造千萬人往來之橋，終歸之於百福駢臻。而覺世真經，亦於造橋修路終歸之於凡有。所祈如意而獲，未嘗不歡善，積慶餘之昭昭不爽也。文家村北溝，邑東西往來路也。舊有橋一座，自傾地後，行者苦之。余偶策蹇或徒步過此，雖小水之隔，陡狹之徑，每每窘步，則負載擔挑者及用畜物駝運者艱難而可知仁矣。茲有太學生侯公靜方，侯家人□也。其孀母惠氏年近八旬，樂善不倦，發願重修。公奉命弗敢怠，即擬出己資，工與文家村諸善士謀，緣橋舊址損壞，稍移近上爲便，而本村崔公慨然施路焉。橋舊石不足，本村諸善士歡欣鼓舞助石數百車。又有心有餘而力不足者，亦助工焉。公家距此地二十里，構茅庵居之。身先督率，暴露勤苦，饑寒弗恤也。蓋惟深體母氏行善之心，故勇往敬謹如此，其積善何如！橋既成，吾知負載擔挑者及用畜物駝運者，永遠如履道之坦坦矣。豈小補？然則侯公之因孝積善，與諸善士之樂於成善，均堪不朽。余聞其事，聊記數言。異日來至橋上，回想從前之艱，當爲己夫快之，又當爲人大快之矣。

甲寅科舉人邑人飈齋氏傅墀夔撰記。

後學邑養生郝沐手書丹。

大清嘉慶三年歲次戊午三月穀旦。[1]

（碑存登封市文物保護管理所。王興亞）

御祭中嶽嵩山文

清仁宗

【額題】御祭文

維嘉慶五年歲次庚申春二月甲申朔越二十有四日丁未。皇帝遣國子監祭酒玉麟致祭於中嶽嵩山之神曰：

惟神極天稱峻，宅土居中。昭靈響于登封，三呼萬歲；麗璿躔于分野，高應七星。五方之風雨同和，八表之陰陽交會。朕寅成鴻典，戀舉崇儀。茲以嘉慶四年十一月二十六日，恭奉高宗，法天隆運，至誠先覺，體元立極，敷文奮武。孝慈神聖純皇帝主配享圜丘禮成。特遣專官，虔申昭告。惟冀降神多吉，資人代於天工；興雨知時，俾土宜於稼穡。欽臚庶品，佇錫蕃厘。

欽差國子監祭酒玉麟，齎送香帛禮部筆帖式保昌，署河南府知府沈清直，河南府通判佛敏。登封縣知縣黨懋修，典史麻廷璿，教諭翁而遜，訓導曹作楫。

---

[1] 施路橋主侯、助車工等姓名，字多模糊。

廩膳生員謝特賜書丹。

（碑存登封中嶽廟黃籙殿西順山房內。王興亞）

敕賜祖庭少林禪寺西來堂塔院碑

【額題】徹妙禪師之碑

川背音禪院書記比丘廣易撰文。

古亳興善寺住持比丘德山書丹。

蓋聞釋氏法傳清節祖派，衍於天潢，拈花垂範，權寔益彰，鷲峰示滅，初肇當來之機；葱嶺貽□，始印五葉之宗。我始祖，前明欽賜紫衣戒壇，傳曹洞正宗第十九世公諱元通，字徹妙和尚。銘曰：

幼懷臨深履薄之志，長成出類拔萃之操，夙習宴坐，打破重關，每逢朔望，上堂豎佛說法，無不是西來大意。有徒二人，長諱祖善，字福緣。次諱祖定，字壽緣。祖善公，潁川趙氏生。而童年耆德雅博，律論圓具，岫雲山過稱柏靈禪師，渙然冰釋，得義諦之真旨。迄康熙八年於五乳之麓，有鼻祖道場，神光立雪斷背處。彼時茂林密松，深草荒煙之中，虎盤狼踞，猿啼狐嘶。二公披荊斬棘，創寮舍，安禪傳戒於斯焉。又于十三年監修本山孔雀十三殿，後徙洛邑東興福寺，住持善公有道四人，碑陰刻石。專我定公，洛川鐘靈，幼讀上第，謝簪入釋，窮研三藏，學究五乘，遊覽江淮河漢，數年後，隱於上方山谷，有徒三人，碑陰刻石。於丁卯之秋，至大梁，北渡封丘大集村，雲鶴庵住持。其時古木號風，野花泣露，迺今力持聿革新。後屢傳，迭於本邑龍泉寺、淳于寺、記善寺、使君廟等，祥邑太平寺十方院、太山廟、大王廟等悉稱少林下院，示不忘本也。歲值嘉慶辛酉者，老幼咸集祖院拜掃，報本追遠之外，四眙青山，崗峰擁翠，地居六合，慈雲呈祥，鬱鬱蒼蒼五乳之林木，潺潺譖譖九峰之水源。感物興懷，潛焉出涕。始歎木有本，水有源，而祖塋無碣，先德弗彰，支派無傳，誠沒殁之缺而徹妙公之遺憾也。由是合族命工礪石，沐手恭修家譜，鑿泐統緒，敬立碑誌，用垂不朽。

大清嘉慶七年歲在壬戌二月下瀚立石。

合族仝立石。

（碑存登封市少林寺。王興亞）

敕賜祖庭少林釋氏源流五家宗派世譜

【碑陽】

【額題】釋氏源流五家宗派世譜圖

釋氏源流五家宗派世譜定祖圖序

蓋聞釋氏五宗源流者，起自莊嚴劫七佛以來，號至釋迦文降靈之後，爲竺乾震旦兩土傳法之始祖也。及至我佛末後拈花，迦葉破顏微笑，世尊曰："吾有正法眼藏，涅槃妙心，付囑飲光，廣令傳化。由是頭陀授印傳心。輔化西天，疊起二十八代，傳至菩提達磨畢矣。"後達磨復持佛祖一枝正法眼藏，並世尊衣鉢，航海西來，東至嵩山少林寺，面壁九年，又立爲東土之始祖也。自是繩繩繼繼，代代不絕。二祖有磁州慧可大祖禪師，三祖有舒州僧燦鑒智禪師，四祖有靳州道信大醫禪師，五祖有黃梅弘忍大滿禪師，六祖有曹溪慧能大鑒禪師。

自六祖下兩枝並出，一曰青原思禪師，二曰南岳讓禪師。其後鼎立五宗者，又以二師爲始祖也。青原下出石頭遷禪師。石頭遷下復分二枝：一曰藥山儼禪師，二曰天皇悟禪師。藥山下出雲巖晟禪師。晟下出洞山價禪師。價下出曹山寂禪師。曹山自擬曹溪。凡隨所居之曹爲號，由是尊曹溪之祖洞山之師，遂創立曹洞一宗也。天皇下出龍潭信禪師，信下出德山鑒禪師，鑒下出雪峰存禪師。

雪峰存下復分二枝：一曰雲門偃禪師，從此雲門遂自創雲門一宗也。二曰玄沙備禪師，玄沙備下出地藏琛禪師，琛下出法眼益禪師，從此法眼遂自創法眼一宗也。又南岳下出馬祖一禪師。一下出百丈海禪師，百丈海下亦分二枝：一曰黃柏運禪師，二曰溈山祐禪師。黃柏運下出臨濟玄禪師。從此臨濟遂自創臨濟一宗也。溈山祐下出仰山寂禪師，從此仰山遂自創溈仰一宗也。

爰自六祖下分青原、南岳二大枝，其二大枝下復分曹洞、雲門、法眼、臨濟、溈仰五小枝，是爲五宗，以應一花五葉之讖，此乃天倫有序，源遠流長之定勢。從聖君賢臣併五家明眼宗師，互相校閱，了無私隱，遵奉聖旨，頒入藏典，昭穆臚列，井井有條。況兼曹溪祖堂，以青原居左而南岳居右，乃千古不易之格，不隨世代變遷者也。近代有等黨護，門風不通，議論者不遵。皇藏顛倒，倫常口龍潭，法嗣天皇，要硬差他嗣於天王悟下。況祖燈諸錄並《五燈會元》，又苦無所謂天王悟也。今無故捏出一天王，悟祖燈不載之人，揩入馬祖門下，教龍潭兒孫之爲德山雪峰者，率領我家雲門法眼兩宗，辭了石頭，一路改上馬祖家，填想我龍潭德山雪峰、雲門法眼諸祖，在常寂光中，必痛哭流涕，而稱冤不已也。悲夫，悲夫！彼則又復杜撰《嚴統》一書，將我少林洞上一十八代真參實悟之祖師盡行削去，一筆抹殺，意欲吞併五宗，獨霸獨王，雖曰假公，欲雄臨濟一枝，實爲濟私，獨雄彼之一己而已。此乃欺君滅祖、不忠不孝，可謂獅子身中蟲，自食獅子肉，是可忍也，孰不可忍也！或者曰《中庸》之有言，何以息謗曰無辯？今和尚何辯之有諄諄耶，寬應之曰，汝不聞孟夫子之言乎？余豈好辯哉，余不得已也。我等既爲人王、法王之忠臣孝子，宜當效明教，嵩上萬言疏爲道不爲名，爲法不爲身，豈忍袖手坐視，見義不爲哉！

夫禪雖分於五派，而水源木本於少林，以應二株嫩桂久昌之讖，故嵩山少室爲震旦五宗衲子之祖庭也。寬既紹隆祖位，主席少室，忝爲天下佛門之正主，務以疏決正派，斥呵異端爲事，即今目擊源流法脈，私竊紊亂。若此，恐漸之愈長；微之愈著。唇皮竭而牙齒寒，魯酒薄而邯鄲圍矣。以故謹接皇藏《景德傳燈錄》，編集五家宗派源流世譜，定祖圖，並五宗法眷，正枝傍出，沿流分派，淵源所之一類相從，彙成一帙，付梓刊行諸方，使我世代云仍辨魔揀異，歸正捨邪，知師資授受之有源，衣鉢傳持之有本矣。是爲序。

禪門正枝旁出花聯葉綴五家宗派圖譜：原夫禪分五派者，自從曹溪六祖下並出青原、南岳二大枝。其後鼎立曹洞、雲門、法眼、臨濟、潙仰五宗者，俱本二師爲始祖也。其一，青原思下出石頭希遷禪師，遷下又並出二中枝：一曰藥山惟儼禪師，一曰天皇道悟禪師。

曹洞宗

自藥山儼下出雲岩曇晟禪師。晟下出洞山良價禪師，價下出曹山本寂禪師。從此立曹洞一宗，而有少林祖庭併江西□章兩派：一少林雪庭裕禪師，立曹洞根本一宗，計七十字派曰："福慧智子覺，了本圓可悟。周洪普廣宗，道慶同玄祖。清淨真如海，湛寂淳貞素。德行永延恒，妙體常堅固。心朗照幽深，性明鑒崇祚。秉正善禧祥，謹愨原濟度。雪庭爲導師，引汝歸鉉路。"一江西豫章洞山下，曹山本寂禪師以下立曹洞根本一宗，計五十六字派曰："清淨覺海，圓弘廣悟。本真常慧，性置祖道。興隆傳法，眼普周沙。盻定心安，佛圖永固。續燈等洞，宗遐昌繼。萬年提衍，禪學大明。理總統五，派輝朗天。"至第十二世慧經禪師入江西壽昌，旁出曹洞一枝，計二十八字派曰："慧圓道大，興慈濟悟，本傳燈續，祖光性海。洞明彰法。盻廣弘行，願證真常。"經下又旁出博山大艤禪師立曹洞元來派一枝，計二十字派曰："元道弘傳一，心光照普通。祖師降法眼，永播壽昌宗。"又自少林洞宗下第六世旁出一枝，計二十字，傳入順德蓬鵲山興化寺，派曰："了因明祖道，覺海永洪宣。普度大千盻，同登般若船。"又鵲山派下至第四世大方祖通禪師，乃少林洞下第二十五世尊宿係寬之曾祖也，遷居內丘都城鄉崇思寺至海寬又復四世矣。於大明崇禎十二年己卯秋，既紹隆少室祖位，主盟曹洞一宗，遂遵受業先師覺字爲中興一派之祖，復新出一枝，計一百二十字派曰："覺海洪宣授，傳宗正脈遐，衍善慶福隆，自性周遍本，來圓通真智，妙理清淨澄，明寔相寂照，慈憫利生平，等普度方廣，權衡教啓賢，哲戒行克功，學籙悟達法，在信能止觀，定慧聞思修，崇莊嚴品位，玄契參同德，充果滿佛圖，續燈秉持心，印師範寰中，我願如是世，宜敦從彼岸，爲祖貽訓云，仍嗣先昌後，萬代□常興。"又順德東開元寺賈菩薩萬安禪師亦旁出曹洞一枝，俗呼爲賈菩薩一宗。計三十二字派曰："廣崇妙普，洪勝禧昌。繼祖續宗，慧鎮維方。圓明淨智，德行福樣。澄清覺海，了悟真常。"又順德西天寧寺虛照大師係元太保劉秉忠之師，亦旁出曹洞一枝，俗呼爲劉太保一宗，計一十六字派曰："弘子友可，福緣善慶。定慧圓明，永宗覺性。"至十二世無極明信禪師，復續宗派，計十六字派曰："性能廣達，妙用無方。蘊空置際，祖道崇昌。"又順德府北淨土寺乃萬松禪師受業之所，立曹洞一枝，計二十字派曰："行從慧智立，貫徹入環中，化統三千盻，弘開洞上宗。"至第四世智洪禪師，又岔曹洞一枝，計二十字派曰："智信定德寶，志善了道行，妙淨本明真，正法惟思敬。"又續新派曰："敬謹修持，功成福慶，纘續心燈，圓通自性，普度大千，權衡曹洞，衣鉢傳來，萬松祖令。"又洪智派下十一世妙相決定禪師，於燕京良持署建清淨庵，度天花淨禪師，復岔曹洞一枝，計二十八字派曰："淨□香然，喜敬宗萬，光瑞寶顯，朗燈世盼，皓月宣圓，照通天了，道貫乾坤。"晟下出洞山良價大師傳雲居道膺禪師等一十九人，從此又創立曹洞一宗，派曰："良本寂淨，道德通明，清淨法界，世代永興。"至第七代義青通玄大師紹隆祖位。又立曹洞一宗，派曰："通正法要，廣弘禪宗，仗佛神力，世代宗庭。"廣慧大師下第十代祖山善古通夾奇峰禪師又立曹洞一宗，派曰："通達正義理，洞祚錦成弘，光照無窮盡，登高大蠱生，明鏡祥玄妙，寬洪海印傳，宗紹綿還續，道滿永周圓。"廣慧大師下第十五代祖心禪師，號弘宗，又立曹洞一枝，計三十二字派曰："弘宗妙行，智慧圓明，覺道永興，普德昌勝，真性堅固，應化千聖，般若同體，紹隆曹洞。"廣慧師下第十七代圓澄禪師，號湛然，紹隆祖位，傳法九人。又立曹洞一枝，計六十四字派曰："慈光徧照，達本心空，止觀雙持，見自性佛，三道互嚴，和融秘密，洞徹法淵，究竟無作，從體起用，果後施因，隱顯俱該，變現平等，大願輔得，六度十力，登涅槃天，入薩婆若。"廣惠大師下第二十代智海禪師，號東淨，高淳人，周氏之子，幼歲出家，紹隆祖位，接前派常字下又續曹洞一枝，計三十二字派曰："源從天性，般若通澈，曹溪一派，佛法金湯，傳授萬世，賢聖欽仰，五葉花開，菩提果香。"廣慧大師下第二十一代德道禪師，果州人，何氏之子，中歲出家，樂禪智耀大師本宗天皇靜覺明顯等爲皇派二十八代，尊宿也傳法五人，從此又立曹洞一枝，計四十八字派曰："覺明顯聖，乾坤寂靚，萬法歸一，禪心作用，應現十方，佛祖欽重，天皇尊宿，承嗣曹洞，兩派本同，互相校正，代付續宗，永世興勝。"廣慧大師下第二十二代厥旨，奉節人，許氏之子，幼歲出家，承嗣慧門大師付法，二人從此又立曹洞一枝，計四十字派曰："德性超方廣，真乘戒定宗，嚴弘法慧鑒，祖道永興隆，本寂光玄妙，崇觀義正通，遠空彌極印，照覺大巍雄。"行秀師下第三代慧元禪師，號玄素，丘氏之子，中歲出家，紹隆祖位。從此又立曹洞一枝，計十六字派曰："慧道普聞，德福常義，從正惟澄，信崇理契。"福裕大師下第十九代德禪師，又自立曹洞一枝，計二十字派曰："玄宗妙法增，智慧寶崇真，性海光如月，虛空體一同。"慧元師下第十五代理升禪師，係兆州人，李氏之子，幼歲出家，承嗣林琇國師傳法。二人又自立曹洞一枝，計四十字派曰："理契超明德，大道無說默，清淨真如性，體包貫太虛，法揚三千盼，海震現紅門，蓋世吾宗尊，祖脈古從北。"

雲門宗

二自天皇悟下出龍潭崇信禪師，信下出德山宣鑒禪師，鑒下出雪峰義存禪師，存下又並出雲門、玄妙二小枝。一曰雲門文偃禪師，從此立雲門根本一宗，計二十字派曰："伏曇從廣政，了性悟真如，德智圓通品，方知紹祖燈。"文偃大師傳錄密悟真禪師香林澄遠禪師，又立雲門一宗，計十六字派曰："文悟正法，惺覺心性，優曇花香，福緣善慶。"至第四代雪寶重顯法宣大師，紹隆祖位。又立雲門一枝，計三十二字派曰："法海禎祥，萬億賢聖，皓徹心宗，性明寂淨。本來空無，覺道禪定，智慧深遠，世代興勝。"雪寶大師下第四代法雲，惟白佛國祥正禪師，紹隆祖位，續續傳燈覽入藏，從此立雲門一宗，計三十二字派曰："祥正密印，傳授千聖。人無一法，天地同性。悟了自知，心喜意慶，吾道昌隆，承嗣祖命。"雲門祖師下第五代佛日契嵩悝法憚師纘續傳法正宗等入藏頒行。又立雲門一枝，計三十二字派曰："悝悟性宗，心花開放，禪定解脫，智慧無量，福德昌遠，如天浩蕩，一印千世，萬代興旺。"雲門祖師下第九代優淨禪師，余杭人，張氏之子，幼歲出家，紹隆祖位。又立雲門正宗一枝，計四十字派曰："優曇從廣政，了性悟真如。德智圓通品，方知紹祖燈，心悅輪放光，萬法總歸空，照徹三千界，八面體玲瓏。"釋迦佛授記雲門第一宗青原爲導師，付囑向上乘，東震又偃傳，續代宗興隆，唐古遠世來，威鎮乾坤中。優淨大師下第六代了悟禪師，號闊如，藍田人，李氏之子，幼歲出家，紹隆祖位，本宗西天承嗣政舌大師付法七人，又立雲門一枝，計三十二字派曰："了明覺性，佛心本同，一貫文道，默然守中，無法可傳，說也是空。悟後自知，世界方尊。"優淨大師下第六代了境禪師，號念空，係曲沃人，趙氏之子，幼歲出家，利行公案。玄幾宗派，流通於世，又立雲門一枝，計三十二字派曰："了覺性海，福德智慧。圓明通廣，清淨戒體。大道興隆，萬世尊貴，續代繼宗，紹佛果位。"優淨大師下第十代祖印禪師，係夷陵人。楊氏之子，中年出家，紹隆祖機付法，三人又立雲門一枝，計二十字派曰："清淨皆能仁，了悟真覺性，妙相遠本道，祖宗明戒宗。"祖印大師下第七代廣願禪師，犖昌徽州人，劉氏之子，幼歲出家，得佛法分，又立雲門一宗，計二十字派曰："願法慧福德，方廣正圓融，本朝興實際，無爲顯神通。"廣願大師下第二十代宗法禪師，古表尉遲有坐神住南畫續代傳法六人，又立雲門一枝，計六十字派曰："宗祖繼洪源，德廣了心田。清淨成無上，妙法普真傳，覺性如星月，悟通太極玄，虛空同一體，般若光輝天。雲門爲導師，尊古思青原，歷代永興勝，萬世續花聯。"

法眼宗

二宗玄沙師備禪師，備下出地藏桂琛禪師，琛下出法眼文益禪師，從此立法眼根本一宗，計四十字派曰："祖智悟本峕真，法性常興勝，定慧廣圓明，覺海玄清印，佛天通三寶，萬聖承此會，同登般若船，誓度衆生盡。"文益禪師付天臺德韶國師等遂自又立法眼一枝，計四十字派曰："文益紹佛德，福智慧圓明。清淨真如海，祖道永興隆，行深般若理，蘊空覺性通，了悟恒常妙，世代法眼宗。"至第三代永明延壽紹宗之大師譯《宗鏡錄》等頒入藏典，從此又立法眼一宗，計四十字派曰："紹隆至道，佛法廣明，萬教文理，一貫徹通。參悟玄機，如日當空，普照大千，不出自心，青原傳授，續代稱尊。"法眼祖師下第三代永安道原紹世大師繼續《景德傳燈錄》，御覽入藏，從此又立法眼一宗，計二十四字派曰："紹繼祖印，三界獨尊，福慧雙全，德行廣明，大法眼藏，悟道昌弘。"法眼祖師下第十二代淨度禪師，號西方，安康人，金氏之子，幼歲出家，紹隆祖位。又立法眼一宗，計二十四字派曰："淨智妙圓，體自空寂，明無聖解，了然菩提。一通萬法，如是功德。"祖心大師下第六代法道禪師，號興運禪師，係建州人，王氏之子，幼歲出家，紹隆祖位，遊化輝縣住草堂寺，刊宗派廣錄板，流通於世，從此又立法眼一宗，計四十八字派曰："法本空無，因談顯宗，阿耨菩提，自性暢弘。心光朗耀，蓋世通明，覺知神靜，正法方興。紹隆祖位，德佛權衡，不青公案，一斷澄清。"祖心大師下第二十九代聖果禪師，號天宗，關中人，秦氏之子，幼歲出家，紹隆祖位。又立法眼一宗，計四十字派曰："果證三菩提，福祿洪深慶，善德道義寬，從因妙寂靜，青原付囑來，按續傳燈正，世尊親授記，眼派千古盛。"聖果大師下第十一代善性禪師，陽城人，馬氏之子，住靈岩寺，自立法眼一枝，計二十四字派曰："善德道義，福海洪深，原崇法慧，廣智圓明，從玄妙性，了本真空。"善性大師下第九代宗眼禪師，號郎舜，衡州人，羅氏之子，幼歲出家，嗣祖慧命付法五人，從此又立法眼一宗，計二十字派曰："宗名湛妙智，本性慧圓融，清淨常戒定，道成嗣祖燈。"

【碑陰】

【額題】碑銘　流芳

嗣祖燈□法眼益祖下第十六代祖真禪師，號慈如，永平人，李氏之子，幼歲出家，遊化秦城，大興佛法，又立法眼一宗，計三十二字派曰："祖真心印，智悟圓明。慧通性海，天地同根。萬法一依，了無可分。立妙至道，自古間親。"

祖真大師下第九代慧雲禪師，長安人，亢氏之子，幼歲出家，紹隆祖位。又立法眼一宗，計四十八字派曰："慧日照世，普盻清淨。堅固自性，大圓滿鏡。平等莊嚴，五智相應。微妙觀察，成所作用。菩提心華，佛祖正令。續入傳燈，萬代興盛。"

慧雲大師下第五代法梅禪師，係荊門人，楊氏之子，中歲出家，續代祖位。又立法眼一宗，計二十字派曰："法慶真如海，性相普圓融。福慧智子覺，華嚴大智通。"

臨濟宗

又自南岳懷讓祖師下出馬祖道一禪師，一下出百丈、懷海禪師，海下亦並出黃蘗溈出二枝。一自黃蘗希運禪師下，出臨濟義玄禪師，創立臨濟一宗，計二十字派曰："慧正普覺智，圓通湛寂清。廣演法界性，永遠德弘宗。"至第八代湛寂禪師，係武康人，陳氏之子，幼歲出家，又立臨濟一宗，計四十八字派曰："湛然法界，方廣嚴宏。彌滿本覺，了悟心宗。惟靈廓徹，體用周隆。聞思修學，業觀常融。傳持妙理，繼祖賢公。信解行證，月朗天中。"至第三十世法鑒禪師，嗣法門人福慶，號雲岩禪師，旁出臨濟一枝，計三十字派曰："福德宏慈廣，普賢覺道成。利益無邊量，宗本永興隆。妙悟恒常滿，自性證圓融。"又自十四世盻源禪師，嗣法門人性金，號碧峰，又旁立臨濟一枝，計四十八字派曰："智慧清淨，道德圓明。真如性海，寂照普通。心源廣續，本覺昌隆。能仁聖果，常演寬宏。惟傳法印，證悟會融。堅持戒定，永繼祖宗。"又碧峰下第三代鵝頭禪師，於北京西山建萬壽戒壇，橫出臨濟一枝，計二十四字派曰："清淨道德，文成佛法。能仁智慧，本來自性。圓明行理，大通無學。"又碧下第四十七世祖定禪師，入閩住雪峰山，復旁出臨濟一枝，計二十字派曰："祖成戒定慧，放光正圓通。行超明實際，了達悟真空。"又碧下第九代真淨禪師，係咸陽人，劉氏之子，幼歲出家得佛法，又分立臨濟一枝，計十六字派曰："真源覺海，悟本崙清。淨明瞭智，祖道隆興。"

清蓮大師下第十一代智寬禪師，號幽間，衛輝人，黃氏之子，中歲出家，又立臨濟一枝，計十六派字曰："智慧德廣，福利圓明。性海妙用，了悟真乘。"真淨大師下第五代悟空禪師，係湧州人，姚氏之子，中歲出家，又續臨濟一枝，計二十字派曰："悟本成等妙，應修戒定章。元尊行理實，古世慧從昌。"悟空大師下第十六代古道禪師，係藍田人，馬氏之子，幼歲出家，承嗣實公大師，付法二人，又立臨濟一枝，計三十二字派曰："古道興隆，真修寂淨。悟如來禪，覺菩提性。肇文殊智，成普賢行。丁明本體，復元從聖。"

　　碧峰下第十一代性安禪師，號守心，隆平人，幼歲出家，本派妙字，訛傳性非，又立臨濟一枝，計四十字派曰："性海定澄湛，廣化法量寬。榮潔周弘濟，悟靈顯正宗。一果融惟鏡，亙古三最中。輝鑒明祖覺，萬機縱皈通。"碧峰下第十二代性良禪師，號清元，南康人，毛氏之子，幼歲出家，續派又立臨濟一枝，計三十二字派曰："性定空遠，幼復力興。永傳大道，廣開先心。法周覺遍，能灰所潛。正此如夢，以了本元。"碧峰下第十三代寂光禪師，號三昧，係揚州人，錢氏之子，中歲出家紹花山，又立臨濟一宗，計二十字派曰："寂戒元澄定，信理妙行融。從思間修福，紹隆佛祖心。"

　　寂光下第三代，元清禪師，號參一，係雲夢人，宋氏之子，幼歲出家，住至山大妙寺，又續臨濟一宗，計二十字派曰："大智德勇健，觀照萬法通。本性周沙界，應現臨濟宗。"碧峰下第二十四代隆果禪師，號昱晟，係南昌人，中歲出家，紹隆祖位，從此又立臨濟一宗，計三十二字派曰："昌隆正宗，道本源洪。智超佛祖，性悟真空。慧蓮光照，乾坤澄清。覺皇法旨，世代永興。"祖定大師下第九代圓信禪師，剃度了義，號雪嶠，又續臨濟一宗，計三十二字派曰："□圓弘頓，教傳心宗。戒定慧法，全機化功。仁義禮樂，如海澄清。嶠公正派，遵古臨禎。"祖定大師下第十三代明慰禪師，號無擇，係潛江人，承嗣別峰大師，付法二人，從此又立臨濟一宗十六字派曰："明知佛性，隱顯心中。悟徹玄妙，方會上乘。"

　　溈仰宗

　　二自溈山靈祐禪師下出仰山慧寂禪師，從此立溈仰一宗，計四十字派曰："崇福法德慧，普賢行願深。文殊廣大智，成等正覺明。仰山真師子，顯密一貫通。提衍禪學理，世代永弘宗。"□至第四代崇福禪師，係臨潼人，幼歲出家，本宗終南又續溈仰一宗，計二十字派曰："慧寂光崇妙，清淨禮大乘。玄文輝世界，萬派祖道興。"玄法大師下第五代清智禪師，號慧真，幼歲出家，承開印通大師，付法十一人，又立溈仰一宗，計四十字派曰："清淨微妙善，道德本圓明。了然真覺性，智慧悟中成。禪宗方廣定，顯法願弘深。福利無邊□，乾坤一貫通。"以上禪門五派，原宗大綱，流行天下，其餘不從正枝正葉接派分宗，唯憑各人一時家風。興勝隨機，自立一枝，尚有三十餘家，不知自何宗岐，至此俱無實考。一概不定信也。來者須明正派，切莫涉於別岐，欲窮始末本根，以斯為指南定式云爾。

　　原夫空劫以來，混沌威音，那畔鴻濛，開闢三極。始分天地。已覺眾生而稱為聖人。佛續代而各立宗旨，毘婆尸佛造化萬物為初，葉如來莊嚴乾坤世界，毘舍浮佛，教人參悟玄機，拘留孫佛傳法，授受世代，拘拘那含牟尼如來付囑累迦葉，然燈迦葉佛紹隆位，然燈佛遊化諸國，星分一方，各自稱尊。迦葉佛法嗣二人，釋迦如來惺覺而紹隆佛種，盧懷尊者，遊化秦城大國，大闡宗風，賜誥無壞覺佛，終南顯道，始立西天一宗。計六十四字派曰："覺智慧圓，法性玄妙。明瞭思修，能洪祖道。志廣成清，續宗演教。誓願行深，寂光曾照。輝古騰今，周天朗耀。瑞遍沙界，終南爲號。傳佛心印，四恩總報。世代永興，提衍經鈔。"至第十一代修真大師，係漢中人也，周氏之子，中歲出家，紹隆祖位。又立西天一宗，計二十八字派曰："真覺圓明，思惠廣性。智清淨道，德弘了悟。正法行海，湛戒本守，繼祖徹宗。"

修真大師下第十二代淨魁禪師，號脫凡，新野縣人，齊氏之子，中歲出家，世席祖繼，從此又立西天一宗，計二十四字派曰："淨妙圓通，性智本宗。常明覺悟，萬象真空。西天正派，歷代興隆。"至第七代婆須密多尊者，付囑一名，佛陀難提二名，佛圖源澄難提二名。佛圖源澄游化中國，壽五百歲，大顯神通。付道安祖師，應化西國，在中華一百餘載，大禪宗風。安傳慧遠大師，創立東林一宗，計五十字派曰："慧曇道光照，法界普澄清。蓮香遠聞智，見性可傳宗。天元古正義，三藐菩提心。圓融真如理，嶟雲現瑞通。本覺明一顯，東林萬世恒。"

遠公祖師下第三十七代雲風禪師，號曇壽，崔氏之子，中歲出家，繼登紹代法道長沙，從此又立東林一宗，計二十字派曰："雲雲曇花現，清淨智慧光。性海寂照通，真如妙蓮香。"雲風大師下第十一代性鑒禪師，號本光，池州人，趙氏之子，幼歲出家，紹隆祖位，從此又立東林一宗，計三十二字派曰："性海寂照，萬古恒存。真如妙理，清淨源澄。應現三千，心光普通。遠祖傳來，一乘法門。"性鑒大師下第三代寂融禪師，號自真，黃岡人，幼歲出家，大闡佛事，從此又立東林一宗，計四十八字派曰："寂行功全，智遍理極。繁興同通，善權攝授。羣品願續，遠永蓮宗。西方獻心，匡嶽東國。瑞意金容，慧月洪深。萬派慈雲，映徹千峰。"

迦葉尊者下第十八代伽耶，含多尊者，傳法二人，一名鳩摩羅多，二名鳩摩羅什羅多，世席祖繼，遊化中國，譯諸經，入弘戒律論，大吼秦川，敕賜聖誥，性宗國師，遂自創立羅什一宗，計六十字派曰："性貫乾坤，圓滿智慧。千古傳來，明心見地。禪宗湛海，永遠如是。惺覺方授，囑累萬世。紹隆佛種，道德悟智。阿耨多羅，三藐菩提。常樂我淨，沙界仁義。信受奉行，德代祖位。"

羅什祖師下第三十二代世一大師，號聞天，係華州人，郭氏之子，幼歲出家，紹登祖位，從此又立羅什一宗，計六十字派曰："開門禪宗，覺悟聖心。觀照神性，意識本空。乾坤一貫，了無方真。萬法同體，不二何分。壽命洞天，福慧昌隆。佛祖傳來，續代繼燈。承嗣先賢，永遠常興。羅什一派，千古恒通。"

世一大師下第四十代繼宗禪師，係南陽人，孫氏之子，中歲出家，紹隆祖位，自立羅什一宗，計二十八字派曰："繼續祖慧，了得悟法，宗招廣付，師運湛寂，攸隆通性，輔妙明正，覺印心源。"

　　迦葉尊者下第二十四代師子尊者，得受二人，一名婆含斯多，二名洪密阿惠，婆含接續師子，洪密遊化普國，坐鐵盆山舜子之地，大顯神通，陽城七處創立阿惠一宗千字，萬世昌隆者。後有達磨又到，立爲東土之始祖也。傳至青原下出石頭希遷禪師下，復分三枝，一曰天皇道悟禪師，二曰天然道明禪師，三曰藥山惟儼禪師，續爲九祖，永住世席天皇。付囑龍潭崇信大師，從此又立創天皇一宗，計十六字派曰："道崇宣義，廣運禎祥。壽命齊天，福慧永昌。"

　　天皇下第五代□晏興聖廣明大師，付囑子義運心禪師等一十三人，從此又自立天皇一宗，計五十六字派曰："廣大福慧，明行圓滿。應正等覺，聖智真全。嗣續祖燈，普度人天。紹隆玄化，傳授法眼。參悟心地，性海來源。乾坤一貫，會徹默然。道本無訖，萬世昌遠。"天皇下第十代命詔禪師，號承思，鳳陽人，郭氏之子，幼歲出家，紹隆祖位。又立天皇一宗，計七十二字派曰："文有宗詔，法普弘演。淨因修約，均秉果圓。無上正覺，周遍大千。應現刹海，心空自然。禪定解脫，一體同觀。任性逍遙，放曠隨緣。付囑萬代，皇派如天。釋迦長子，尊貴妙玄。繼世紹隆，祖道恒遠。"天皇遂悟不思義，如來下第十四代慧日禪師，號貫照，荊州江陵人，朱氏之子，中歲出家，承嗣福智大師，從此又立天皇一宗，計六十四字派曰："慧大智通，體鮮景蒙。真心明瞭，性相圓融。恒遠深廣，福德超隆。天皇法旨，永紹正宗。吾祖聖誥，不思義尊。總統萬教，聲佛權衡。威鎮南極，三界慈仁。無上妙用，歷代常興。"天皇下第十五代永康大師，號月天，泗川人，王氏之子。幼歲出家，紹隆祖位。又立天皇正枝一宗，計一十六字派曰："永寧千界，佛門曾輝。法輪常轉，淨覺明德。"

　　永康大師下第十三代淨祿禪師，號即本，漢中人，宋氏之子，幼歲出家，紹隆祖位，去化付法六人，又立天皇一宗，計六十四字派曰："淨覺明顯，菩提果成。大千普度，永遠利生。開示悟入，佛圓續燈。善慶遐衍，本來性能。宗教周遍，慈憫深洪。平等均濟，維方修宗。學允理具，賢聖克功。果衡在已，萬世興隆。"

　　淨祿大師下第三代明公禪師，號長安，奉域大國人，米氏之子，幼歲出家，紹隆祖位。又立天皇一宗，計三十二字派曰："繼代紹祖，龍子神孫。恒沙知識，談古論今。正法眼藏，涅槃妙心。付囑仁者，三界至尊。"

　　明公下第四代派源祖師，係長治人，李氏之子，中歲出家，承嗣祖繼。又立天皇一宗，計三十二字派曰："派從曹溪，分宗繼代。道明德行，蘊空自在。萬法中王，青原傳來。紹隆祖位，印通千界。"派源大師下第六代滿覺禪師，號大圓，關中人，幼歲出家，紹隆祖位。又立天皇一宗，計四十八字派曰："學了諸法，性相本智。天皇一脈，普傳天地。嗣祖昌遠，百千萬億。修證悟道，聯芳至至。釋迦長安，陸十五世。續代繼宗，紹隆佛位。"

　　淨祿大師下第九代大惟禪師，號宗室，中歲出家。入金雞山，法道大興，從此又立天室一宗，計四十字派曰："大成聖智，了義修崇。理事無盡，行海廣融。歸宗墳香，法界圓通。天性至道，心悟慧能。上古惺覺，繼祖續燈。"

大惟師下第三十三代上界禪師，金陵人，朱氏之子，幼歲出家，登法王位，立創天皇一宗，計二十字派曰："上志功成秉，惟懷敬誼存，真性妙智理，海棠如法雲。"

上界師下第九代誼釪禪師，號明善，涇陽人，王氏之子，中歲出家，登法王位。又立天皇一宗，計七十二字派曰："誼存先宗，昳兆傳來。永遠如是，接續皇派。千代興勝，長樂世界。從聞思修，悟證蓮臺。入三摩地，毘盧性海。覺道禪定，智慧平懷。清淨戒行，心花自開。照徹乾坤，應現如來。福壽圓滿，佛稱善〔哉〕。"

淨祿大師下第三十三代宗海禪師，號默含，漢中人，劉氏之子，中歲出家。繼登祖位。又立天皇一枝，計八十字派曰："宗教本同，禪理性真。海藏靈文，玄妙上乘。福慧圓滿，參悟心明。如來萬德，大智弘通。行解祖意，正法徹清。定中觀照，惺覺千生。凡聖一體，般若密門。尊世授記，人天普聞。各證涅槃，續代繼燈。紹隆祖位，皇派永興。"

宗海師下第五代禪明大師，號淨覺，高陵人，劉氏之子，幼歲出家，登法王位。又立天皇一枝，計七十二字派曰："禪宗神性，心月輪光。明星觀面，徹悟通朗。乾坤一貫，體遍十方。佛法現前，威鎮當陽。大智慧樂，聖道遐昌。果證菩提，般若信香。聞思修學，世界吾長。正覺妙理，千古恒常。傳付萬代，嗣祖聯芳。"

永康大師下第十三代淨樂禪師，係潞安人，王氏之子。中歲出家，紹隆祖位。又立天皇一宗，計二十字派曰："淨覺明宗教，通寶普天知。瞿曇佛敕印，萬聖證菩提。"

淨樂大師下第六代通勝禪師，號萬德，係金州人，韋氏之子，幼歲出家，紹隆祖位。又立天皇一宗，計二十字派曰："通達無量義，妙法貫三昧。悠曇分陀利，勤祖證菩提。"通勝師下第六代人妙玄禪師，號真應，係衛輝人，黃甫氏之子，幼歲出家，紹隆祖位。又立天皇一宗，計四十八字派曰："妙光輝耀，法海禎祥。照徹利度，聖神欽仰。曾受祖印，心華開朗。見性成佛，世界無上。天皇正宗，至尊聯芳。歷代傳法，萬古久昌。"

妙玄大師下第十一代剎方禪師，安康人，金氏之子，幼歲出家，紹隆祖位。又立天皇一宗，計三十二字派曰："剎方光照，智慧玄通。大解真體，萬景輝崇。頓悟延果，福德昌隆。行願洪廣，永繼祖宗。"剎方大師下第九代大宗禪師，號道勝，大師武功人，康氏之子，幼歲出家，紹隆祖位。又立天皇一宗，計三十二字派曰："大道無形，真悟本空。元心須究，若會自明。如同太虛，寂靜一輪。顯出聖光，照耀祖庭。世代昌遠，天皇正宗。"

丹霞天然道明大師，付囑翠徽學妙覺性禪師等五人，從此又創立天然一宗，計十六字派曰："天性覺悟，智慧圓滿。法海禎祥，廣妙深遠。"

覺性大師下第十三代廣集禪師，號雲來，長安人，馬氏之子，幼歲出家，紹隆祖位，付法一百四十五人，又立天然一宗，計六十四字派曰："廣妙智慧，圓滿通真。文義正志，道德行清。淨覺明湛，顯法性宗。淵海洪教，秉承祖燈。惟繼了悟，佛寶普同。瞿曇心印，萬聖知聞。天然一派，亙古至今。本證菩提，歷代常興。"

廣集大師下第十四代德林禪師，號棟如，□氏之子，幼歲出家，紹隆祖位，從此又立天然一宗，計二十四字派曰："德行清淨，覺明本心。照徹性海，繼代昌隆。萬世興勝，天然正宗。"德林大師下第五代覺玉禪師，號寶曇，幼歲出家，紹登祖位。又立天然一宗，計二十字派曰："淨覺明湛然，法性淵海洪。秉承紹祖繼，惺悟本圓興。"

覺玉大師下嫡子明仙禪師，號萬通，長安人，朱氏之子，中歲出家，受佛法印，登王寶座，又立天然一宗，計六十四字派曰："淨覺明心，如太虛空。禪定智慧，法界寬洪。悟如神性，意識方澄。照見本來，圓地一聲。直出天外，聖忠稱首。肘後玄機，佛傳至今。若能會得，了無上乘。世席祖代，百意昌隆。"

乾隆五十九年歲在甲寅告職僧會司灝春沐手敬錄並書額

僧會司僧會真桑、耆舊淳才、公直沐有[1]。

嘉慶七年歲次壬戌正陽月穀旦

合寺大衆同立石。

石匠李君召鐫字。

（碑存登封市少林寺。王興亞）

會公和尚之塔銘

莊嚴圓寂老祖靈山會公和尚之塔

清嘉慶八年，八世孫清瑞建。

（銘存登封市塔林東部靈山會公和尚之塔上。王興亞）

鳳凰山重新盧醫廟金粧碑記

【碑陽】

古來稱神醫者，首推岐黃，次扁鵲，次倉公。然岐黃去今已遠，《素問》諸篇，皆兩漢人僞造。惟扁鵲生於晚周，當時既宗其術，龍門復詳其法，所云秦越人視病洞見，肝膽五藏者。天生此人，直將爲萬世生民計，而史乃托之神聖者，誤也。其廟州郡多有，而縣治鳳凰山一祠，靈應尤甚，豈子晉駕鶴而盧醫跨鳳，仙人之嗜好略同歟！明高文襄公暨吾遠祖贈文林郎之茂，因舊址而恢廓之，後之踵接武者，累累相繼。所以二百餘年，棟宇日隆，雀鼠不能害。固都人士之樂善好施，亦神之福被者廣，而利濟者宏也。然而歷年滋久，風雨摧殘，丹雘率已無存，黝黑不免改色。往年邑某過新鄭，新鄭人因文襄公故，每欲指金，以新此廟。夫遠人不忘前型，附近者當復何如？吾叔祖更新公暨張子穎率衆善士等，亟修理而葺治之，俾神彩煥然一新，亦栖桊手□之思也。而庀材鳩工，不數月而工告竣。其列

---

[1] 以下二十一人姓名，字多模糊。

座神像，不敢妄有增益，重始也。而繪畫之精，丹臒之巧，營構之密，則前人讓未遑焉。

予里人也，先君子嘗肄業於此，因本其事敘之，庶幾斯憚者，諸君之實有功於此廟，而彼此互勸，則樂善好施之憂，且方興即未艾。至廟創始何年？重修者歲次？或自有碑，或不必究其詳者，皆不便道也。

禹州：監生郭純學銀一兩，監生李經邦銀一兩，楊東明銀一兩，監生吳剛振銀一兩。

密縣：武庠李榛銀一兩，耆老王明銀一兩，張海銀五錢，監生陳紀銀三錢，王敬來錢五百，冉曜臣銀五錢，武庠高元魁銀五錢，冉文儒錢三百，冉之澤錢三百，新順興錢二百，趙生善錢二百，張國泰錢二百，張國璽錢二百，趙先志錢二百，張宗孔錢二百，孫貴錢二百。

曲高里：監生張祥錢二百，監生李樹榮銀三兩，吳松林銀三兩，王延慶銀三兩，吳儀銀一兩，吳述先銀一兩，趙大先銀一兩，李□錢一千，監生李□□銀一兩，吏員徐幹銀一兩，徐□銀一兩，馮永明銀一兩，馮芝銀一兩，監生焦林銀一兩，邑崔三合銀一兩。

鞏縣：趙建錢一千，楊士武錢一千。大營里：貢生張位丙銀五錢，張永川銀一兩，王登雲銀一兩，監生張永生銀一兩，吏員王甲革銀一兩，監生王科員銀一兩，王立賢銀一兩五錢，生員郭奠城銀五錢，梁梅銀五錢，郭武類銀五錢，生員王秉鑒銀五錢，貢生趙生輝銀一兩，庠生李應君錢四百，鍾百成錢二百[1]。

化主米□錢二百，李興有錢二百，潘永清錢二百，張□錢二百，楊志錢二百，張念祖錢二百，張志高錢二百，張成□錢二百，張成□錢二百，陳慶貴錢二百，趙□錢二百，趙瑞銀三兩，李生銀錢三百，冉□錢三百，冉□錢三百，監生蔡祥錢二百，薛如錢三百，馮人□錢五百，冉森錢一千，恒順號銀一兩，趙殿友銀三兩，趙珩錢一千，趙□錢一千，趙□錢一千，趙六興錢一千。

辛酉選拔候選教諭李久元撰文。

邑庠生李久迪書丹。

清嘉慶九年歲次甲子仲春穀旦。

【碑陰】[2]

（碑存登封市嵩陽書院碑廊。王興亞）

御祭中嶽嵩山文

清仁宗

【額題】御祭文

維嘉慶九年歲次甲子三月朔越祭曰癸巳。皇帝遣太常寺卿邵自昌致祭於中嶽嵩山之

---

[1] 以下三人姓名及捐資數，字殘。

[2] 開列捐款人四百九十餘人姓名，字多模糊不清。

神曰：

惟神輝躔柳度，秀毓芝根。宅乎地而居中，極於天以表峻。乘土功而雨會，登穀斯豐；瞻嶽色而雲祥，防兵先徹。茲以三省之大功既藏，四方之和。聽允孚宜，凱樂以揚休；山乎如答，第武功而紀債。嶽降堪憑，鑒此宓芬，尚其昭格。

欽差太常寺卿邵自昌，河南府知府趙其璿，登封縣知縣党懋修，典史麻廷璿，教諭翁而遜，訓導柳廷芳。

廩貢生謝特賜書丹。

（碑存登封市中嶽廟黃籙殿西順山房內。王興亞）

重修山門外圍牆栽柏記

蓋聞少林者，少室之林也。寺者，乃修道之士所處之地也。夫叢林者，乃佛聖唱演妙法之始。天下叢林第一之祖庭，代代欽修，世世崇奉。護寺古柏蒼翠，有千百餘株，損之不堪，未能補茸。山門前有外圍牆七十餘丈，以被風雨傾圮，狼狽之甚。寺中大衆，朝夕坐觀，無資培補。乃以勤儉爲事，方年積月累，若力捐修，則不日而工告竣焉。復立東門額曰："天中福地"。西門額曰："釋氏源流"。適有黃河北善士施送柏穰二百餘株，衆僧種植位置得宜，小柏森森，牆垣一新，則神光注照而自有福歸，因泐石以記其事云爾。

合寺衆僧全立。

嘉慶十二年餘月穀旦。

（碑存登封市少林寺。王興亞）

重修山神廟記

登封縣大古里龍門前，有山神廟一座，不知起自何代。今有善士王克銘等，閔其傾頹，鳩工修理，神廟煥狀，良可觀也。工成之後，故勒石以記之云。

王克銘、王克建、王克勤、胡曰貴、李光前、李忠、李長太、李万貞、李万全、李万秀、弋宗平、郭進興、李万福、以上每人人三百文。

李法人二百文，李旺人五十文，李長潤人一百文。

石匠韓國忠。

嘉慶十二年冬月立。

（碑存登封市城隍廟。王興亞）

御祭中嶽嵩山文

清仁宗

【額題】御祭文

維嘉慶十四年歲次己巳三月辛酉朔越祭日己巳。皇帝遣理藩院右侍郎策丹告祭於中嶽之神曰：

維神嵩高奠禮，峻極蟠基。壽星以豫野分躔，福地則坤儀聳鎮。祥開中土，會陰陽風雨之和；秩視上公，蠱伊洛潤瀘之表。茲以朕五旬開袠萬寓，臚歡爰舉鴻儀，用申虔告。遣具僚而持節，蠲吉日以升禋。扶輿鐘太少之靈，藹祥光於望秩；戀典洽庋懸之祀，軼故事于登封。庶鑒精禮，丕釐蕃祐。

欽差理藩院右堂兼管廂[鑲]紅旗蒙古副都統加一級紀錄十次策丹，太常寺筆帖式何世城，護理河南河陝汝道事河南府知府劉元吉，署河南府事候補知府郎錦騏。登封縣知縣李雲興，典史徐墟，教諭翁而遜，訓導靳殿華。

廩貢生謝特賜書丹。

（碑存登封市中嶽廟黃籙殿西順山房內。王興亞）

觀星臺石柱對聯[1]

石表寓精心，氤氳南北變寒暑。
星臺留古制，會合陰陽交雨風。
嘉慶十四年。

（柱聯嵌於登封市觀星臺大門前檐兩側石柱。王興亞）

曹洞正宗三十五世紫雲檀公和尚之塔

曹洞正宗三十五世
上紫下雲檀公和尚之塔
嘉慶十五年孟春立。

（銘石存登封市會善寺。王興亞）

敬獻關帝廟祭田碑記

敬獻關帝廟祭田一段，坐落庫存庄村東坡。東至劉天敬，西至李全性並李全倫，南至

---

[1] 石柱高三百一十厘米，共四面，面寬二十二厘米。楷書。

李全倫，北半至路，半至閻姓墳。

四畝五分行糧。

此地內有文姓墳地六分外，有記埋墓塚西北。

此地西邊有李全倫種地路一弓寬。

獻祭田王者士子景明孫楨典。

守廟馮進朝。

接修道房一間，栽栢樹二株。

鄉約李全廉。

地方李鈺。

地紀郭殿揚。

石匠張柄。

邑庠生員王耀普書丹。□□□敬栢樹二株。

李萬寧車牛扯碑一天。

大清嘉慶拾陸年陸月二十七日合村仝立。

（碑存登封市城隍廟。王興亞）

後河村規矩碑

【額題】勸民究過

昔三王以鄉三物教萬民，以鄉八刑糾萬民。當其時，人無僻俗乏遠薄言，皆忠信，行不方倚歟休哉，何其盛也。況天下者，由鄉而積。鄉俗善天下可不煩而理。孔子云："里仁為美。"又曰："觀於鄉而知王道之易易。"鄉之宜有規矩也明□。邑西三十里許，後河地方向有鄉規久矣。將合事每難於成而易改從，多勤始而怠終。於是耆老紳士戶人鄉約等，更繼規矩而立，□約後勒諸石，使一鄉中共知所勸勉云。

一、犯壞人墳墓及誣人壞墳墓者，鄉約鄰人察實處明外，罰錢一千整。

二、犯酗酒滋事者，處明罰錢五百文。

三、犯賭博，罰開賭人錢一千；罰賭者五百文及本地方人誣賭誣盜者，察明罰錢一千。

四、犯窩娼及駕土妓訛人者，察明罰錢五百文。

五、犯盜人物件者，察明將所盜物件包出外，罰錢五百文。

六、犯收進外來混徒滋生事端者，處明罰錢五百文。

七、犯一切訛詐等事者，鄉約鄰人察實察明外，罰錢五百文。

以上數條有不認罰者，俱送官法處，至於所罰錢文，本年鄉約經營，以備公用。

大清嘉慶十八年四月吉旦立。

後河保地方建石。

（碑存登封市後河村。王興亞）

登封縣正堂黎太老爺面諭永免書役人等飯食合寺衆僧世代感恩碑

【額題】永垂不朽

嘉慶二十年歲次乙亥仲夏吉日穀旦。

登封縣正堂太老爺面諭永免書役人等飯食寺衆僧世代感恩碑

僧會司海山、海寧、海會。

耆舊真寶、如容、真定、貞喜、寂間、真參。

公直海峰、寂林、寂善、海定、寂來、□□。

監院如合、貞丁、寂良、淳□、海水，仝立。

（碑存登封市少林寺。王興亞）

禁約事照告示碑

【額題】流芳百代

署河南府汝州直隸州正堂加十級紀錄二十次熊，爲禁約事。照得登封縣少室山北麓有少林寺，建於後魏，復立於隋。寺中古蹟甚多，所有初祖殿、三世祖佛殿、毗盧殿、達磨殿。乾隆年間，均蒙御製匾額，欽頒懸挂，以隆佛門香火，洵爲中州古刹。本署府筮仕豫省十餘年，責任民社，未克訪勝瞻禮。夏初，暫權府篆，接奉憲行，欽遵諭旨，查緝逆犯到地。察其在寺僧人耕種、焚修，並無匪犯踪跡。惟聞該邑書差人等，每遇公事下鄉，輒至寺中需索飯食，又直頻年欠收，致令僧衆艱於度日，若不即加禁止，必至古寺廢棄。除飭登封縣並該邑僧會海山一體知照外，合亟出示曉諭。爲此，示仰該寺僧人知悉，該僧衆務須安分焚修，不得容留外來游匪在寺，以重宸翰而守古蹟，毋得違誤自貽伊戚。嗣後，再遇差事，登邑書差人等，仍敢來寺需索飯食，許即指名具稟府縣衙門，以憑查拿究辦，斷不寬貸，各宜凜遵毋違，特示。遵。

告示。

押

合寺仝立。

嘉慶二十年五月二十七日。

右仰通知。

（碑存登封市少林寺。王興亞）

重修玉皇殿碑記

聞之闕則宜補，破則當修，理有必至，實事有固然也。維玉皇神殿，粵自重修以來，於今百有餘歲矣。榱桷特崩，几何幾敝。往來行人非不目覩心傷。然或以貲財之難捨，或以募化之非易，雖有重修之意，可徒托諸空言己耳。今幸有白君賢妻王氏，力捐己貲，又有黃君賢妻崔氏，既力捐己貲，復募化四方，黽勉從事，才數月而功告成矣。殿宇煥然改觀。神像金彩奪目，及玉皇暖閣亦創修之。而有耀以視前此之鄙陋蓋迥不相侔矣，是知非眾善之施財，固不能鼓舞於其始，非崔氏之料理，又何以觀成於其然乎。余嘉其善，誌之以垂不朽云。

黃淯清沐手撰文並書。

功德主 /[1]

住持僧□□，徒□惠。

大清嘉慶二十年歲次乙亥十月既望。

（碑存登封市城隍廟。王興亞）

重修七顯廟碑記

【額題】萬善同歸

南嶽廟舊有七顯神祠，保佑生民，靈應不爽，前人之備述矣。溯是廟由來，蓋建於嘉靖年間，迄今已百餘歲，風雨飄搖，傾圮殆盡。鎮信士怵然心傷，意欲補殘缺，增舊制，遂各出己資，復募化本鎮及四方，共得錢數十餘千，鳩工庀材，畫棟雕梁，其始一間，今作三間，廟中更有神洲殿、廣生殿，亦多殘缺。爰是俱為補修，一時並舉。斯時也，非第七顯廟制度完備，而神洲、廣生兩殿，亦莫不煥然改觀。雖曰人為，豈非神佑哉？成於己卯之冬。爰勒石刻名，永垂不朽云。

邑庠生王捷三沐手撰文并書丹。

功德主監生閆人尚施一千文，鄭□誠施二千文，李廷槐施七百文、□生邵丞宗施一千五百文，陳□太施三百文，陳玉□施四百文。

貢生賈峰五施錢二千文，舉人全士昇施錢一千三百文，舉人□德□施錢一千文，王發山施錢五百文。

住持遍周同經營募化。

旹大清嘉慶二十四年歲次己卯小陽月吉旦立石。

（碑存登封市城隍廟。王興亞）

敕賜祖庭少林禪寺善公和尚壽塔誌銘

嗚呼，佛之道亦從矣。古今不乏高才，且講清靜寂滅之學，而不可語知佛者，蓋惟佛

---

[1] /以下，字多模糊不清。

持守是心而已，非真空，空無用於世也。於維善公可謂知之矣。

公姓席氏，名淨府，字善修，原籍偃師府店人。初捨身延壽庵，為甯公禪師之潔胤，時方數歲，笑言不苟，動作即驚。其長，孝，比年十五，寧公已悉以事委之，而公以循分守，正克丕振其舊業。少林稱海內第一叢林，常住事頗煩劇，公以正直為衆僧推服，迺籌其中。十年有奇，蓄貯裕如也。

宜陽之西，有光皇廟者，廢為榛莽矣。公經營數載，廟貌巍然。漠山之巔，泊乎晚年精神愈壯，焚脩二祖庵，亦復煥然而維新。呼，公之勞何如也，公之才何如也。抑聞之方純皇帝初年，駕幸嵩嶽，公以山林比邱，能與聖天子面談而奏對悉當，旋蒙特旨賞賚聯匾，客食以示優沃。烏乎，公之德之不更有徵也。吾聞有大德者，必得其壽。公以雍正六年正月三十日隨緣而生，於嘉慶二十二年六月十四日隨緣而滅。遐齡九十。謂非公之大德所致乎哉。余數載館漠山，日與公之徒真寶游。聞公常曰："但存心裡正，佛即在此間。"嗚乎，公之洞達佛法如斯，以視世之徒況室空空者，真不可同日而語矣。因樂為誌而銘之。銘曰：

道本無象，存之一心。本心作事，不欺不侵。如是本持，乃登梵林。於維善公，器宇沉沉。能見其大，壁立千尋。浮圖不朽，少室之陰。

候選教諭己酉科拔貢永甯程震頓首拜撰文。

特授登封縣僧會司僧會海湧沐手敬書。

大清嘉慶二十五年歲次庚辰仲夏六月十三日建塔。

石工李方瑞刻。

（銘存登封市少林寺塔林甘露臺西山坡上。王興亞）

御祭中嶽嵩山文

清仁宗

【額題】御祭文

維嘉慶二十五年歲次庚辰十一月朔越丁卯日。皇帝遣河南河北鎮總兵官西哩德克巴圖魯馬濟勝致祭於中嶽之神曰：

維神宅土居中，墟溯軒轅之治；極天比峻，地生申甫之賢。朕纘受丕基，新承景命，竊念皇考膺圖以來，乾坤訢合，風雨和同。函夏慶乎乂安，廣輪征夫柳豫。茲當嗣位之始，宜隆遣祀之儀，特沛絲綸，用升圭幣。惟冀山靈感應，聿鍾二室之祥；祀典輝煌，允視三公之秩。尚其歆格，鑒此精誠。

欽差鎮守河南河北等處地方總兵官加三級西哩德克巴圖魯馬濟勝，欽加道銜知河南府事隨帶加二級又加四級紀錄十二次張立勳。登封縣知縣王殊澤，教諭建業，訓導高得雋，典史楊基。

廩貢生謝特賜書丹。

（碑存登封市中嶽廟黃籙殿西順山房內。王興亞）

題天光雲影

天光雲影

清嘉慶庚辰，嶺南宋湘草書。

（銘存登封市會善寺寺內。王興亞）

御祭中嶽嵩山文

清宣宗

【額題】御祭文

維道光元年歲次辛巳八月戊寅朔越十日丁亥。皇帝遣河南南陽鎮總兵段琨致祭於中嶽之神曰：

維神靈昭二室，秀起三台。白霧青炎分野，應七星之曜；玉人金像登封，效萬歲之呼。宅土居中，墟記軒轅之舊；極天稱峻，賢思申甫之生。朕懋舉洪儀，虔修殷薦。茲以道光元年四月初六日恭奉仁宗受天興運，敷化綏猷，崇文經武，孝恭勤儉，端敏英哲，睿皇帝主配享圜丘禮成，特遣專官，敬申昭告。惟冀陰陽和會，正日景於垓埏；風雨均調，欣土宜於稼穡。尚其歆格，鑒此精誠。

欽差承祭官河南南陽鎮總兵官段琨，偃師縣知縣富查布，署登封縣知縣李統梧，教諭建業，訓導高得雋，典史馬為作。

廩貢生謝特賜書丹。

（碑存登封市中嶽廟黃籙殿。王興亞）

道光年重修廣慧庵碑

軒轅關舊有廣慧庵，周圍地畝皆香火也，屢進歲荒，度支不給香火，典當者殆盡，廟宇頹壞者大半，往來行人目睹心傷，而眾山主亦莫不扼腕，歎曰："廣慧庵蕭條如斯，僧幾無為僧矣。"嘉慶二十二年間，楊克聚、卜永和、郡庠生楊鳳儀、邢建學、李學林、廩膳生陳柄楠同心募化，李君萬坤捐錢一百四十千，丁君芳、丁君文、丁君美、丁君綠捐錢一百一十九千五百，監生楊天錫捐錢九十五千□□□□□□□□，欽賜壽官陳君士功捐錢六十九千，王君希道捐錢五十一千，鄉耆楊君士振捐錢五十千，李君秀^{學成}捐錢五十千，陳君岱捐錢三十千零五百，韓君修信捐錢三十千□□□□□□□□□□千，邢君建會捐錢六千，回贖香火，重修廟宇，養僧施茶，永守弗替。迄自今厥功告竣，不敢沒諸君之盛德，爰勒石以誌不朽云。

清道光三年九月立。

住持僧海琚等同立石。

石匠黃永興、曹國俊、曹國英鐫刻。

（碑存登封市中嶽廟竣極殿月臺東側之下。王興亞）

華嚴寺流芳百代碑記

從來莫爲之前，雖美弗彰，天下事未有不以創始爲貴者也。登封縣四十里有華嚴古寺，係少林下院，雲物晶朗，林越權雅，洵爲之園勝境。惟佛堂西偏，猶餘隙地。真松及如英創修殿宇作爲培補，於是，謀諸眾僧曰："觀音大士默放慧眼，廣開覺路，常化以萬眾，以牖愚蒙，可使掩沒而不彰乎？久聞六個門頭一個關，五門不必更遮攔，任他世事紛紛亂，堂上家尊鎮日安。禪林之內，要以六祖爲重也。正以建廟繪像以爲修養者勸。"眾僧聞言唯唯。因於佛堂西偏，創修殿宇三楹，中繪觀音大士，旁繪六祖聖像也。戊辰之春，歸自嵩嶽。禮毗盧畢，寺之僧揖余而言曰："嵩嶽之遊樂乎？"余曰："然。山水甲於天下。"既而設茶果，餐玉版，談禪雨花，而後陳其始祖圓寂，開闢山林，多歷年所，古柏數株，變銀五十兩，迄今幾費經營，積至三百余金，修理重成，敬請作記。余曰："嘻，善哉！變通財利，慧也。不勞募化，廉也。立廟株林，仁也。建功梵宇，義也。因心而施，不憚劬勞，勇也。相時而動，廣結法緣，智也。"余所以而樂，樂而歌曰：

登中嶽兮逍遙遊，夕陽照兮山寺投，會大羅兮講善事，話一席兮足千秋。

汝郡儒學生員王玉山撰文。

釋子湛昌沐手敬書。

本寺一門如英，徒海倫，孫湛文，曾孫寂性理。

一門真忠

　　　均

一門如學，徒海一□湛昌，曾孫寂路。

　　　徒□池□。

一門如容，侄海祥，孫湛德，曾孫淳。

　　　梁

　　　渡雙

一門如合，徒海月，孫湛石。

　　　琴

　　　旺

一門海貞，侄湛惠，孫□叔寂明。

一門海東，曾孫貞禮。

一門如海清。

石匠趙□□。

木匠王發秀。

道光三年孟冬穀旦。

（碑存登封市嵩陽書院碑廊。王興亞）

祖師臺重修戲樓碑記

【額題】祖師臺

白鶴觀南[1]

祖師臺焉。考遺碑 /

風雨浸淫，臺東 /

建牆垣，重修 /

助為理，三村人等 /

成焉而戲樓墻牆垣 /

髮短氣壯矍鑠哉。

邑庠生 /

功德主：耆老高柱亻六千、人工□，閆光表亻六千、牛工四，生員閆長吉亻七千、牛工四，耆老□□□亻六千、牛工三，耆老何立志亻二千、人工三、牛工五，李天才，閆本貞亻二千二百、牛工七，高學法亻二千、人工三、牛工五、生員高作範亻二千、牛工五，高萬錄亻一千七百、人工□、牛工五。

高万安，高光錄人工三，張福人工二，閆本孝人工四，孫安良人工一。

閆長鑄，高學士人工三，高飛人工三，賀逢人工一，何□人工一，陳忠人工二，王興明人工一，高万包，以上各亻二百。

馬廷元錢三百，李清一、高學曾、高學成、高瑞、王鳳閣、張守全、張元和，以上各亻三百。

石匠趙榮。

泥水匠王聚、耿法。

道光三年。

（碑存登封市城隍廟。王興亞）

金粧閃電聖母碑記

【額題】流芳百代

嘗聞善不可夫，則知善貴相繼也。而善之所以相繼者，可徵諸禮神之事焉。庫莊西舊

---

[1] 該碑上部有殘缺，此僅錄所存可識部分；下部字多不清。

有閃電廟一所，創修於崇禎四年，重修於乾隆二十四年。斯神禱雨之靈，悲往事者已詳言之矣。迄於今，世遠年湮，廟宇雖固，而神像已昏暗無色，門牆亦殘缺破壞。不有以繼之，則前人之善不幾泯乎？故本村丁壯户口，素皆有修葺之心，尚未及舉，幸馮孝士之妻程氏，因其夫有志未遂，修文王京爰謀及於劉建策之妻梁氏，暨李錞之妻張氏，馮玉珩之妻吴氏，王世琮之妻王氏募化本村，更及鄉里，資財既足，而後劉、梁氏命其胞侄劉毓奇經理之。工及三旬，神像既焕然改觀，門牆已燦然聿新，前人之善於是繼矣。夫是以詳厥始終，勒諸貞珉，以爲後之悲往事者善善相繼云爾。

  後學王丕興拜撰。

  監生劉毓堯校正。

  邑庠生員王躍普書丹。

  邑庠生員劉維常篆額。

  大清道光四年十月吉。

（碑存登封市東金店鄉庫莊村。王興亞）

重修關帝炎帝廟碑記

  韓子云："莫爲之前，雖美弗彰；莫爲之後，雖盛弗傳。"天下事大抵如是，故繼志述事，不必僅在一家也，即里巷之中，其承前而啓後者，亦相接踵焉。庫莊西北隅舊有關聖帝君殿，下設兩廊，繪畫聖功。院東更有炎帝神廟，皆創建於有明，重修於本朝。枕箕山，帶潁水章矣。然歷時既久，暗淡無光，仰其下者，各存修舉之志，特未嘗聚會而商謀也。幸值時和年豐，歲晚務間，住持陳來禄邀請本村父老宴集廟中瞻拜之，素願復動，遂慨然以補修金粧爲已任。又恐力微勢寡，弗能成功。於以募化本村更及他方，庀材鳩工，同心共濟。行見美哉，輪哉奂矣。廟貌巍然而改觀，如在上，如在旁，聖像焕然而生輝。當斯時，神靈既妥，禋祀神者之心亦慰矣。工竣勒石，徵文於余。余思斯役也，修廢舉墜，固昭前人之功烈，有基勿棄，尤期後賢之紹述，因敘其始終，永垂不朽，以爲後世之有志者勸。

  邑庠生員馮金西沐手拜撰。

  邑庠生員王耀普沐手書丹。

  邑庠生員梁高魁校正。

  邑庠生員劉維常篆額。

  大清道光四年歲次甲申十月吉日立。

  主持陳來禄。

  木匠劉丙炎。

  畫匠李春興、楊佩。

  漆匠李德行，施錢一千文。

石匠張建祿，施錢一百文。

（碑存登封市文物保護管理所。王興亞）

公議碑記

【額題】公議碑記

都邑有常例，鄉區亦有常規，然後各樣事體照依辦理，上與下可以相安無事而分爭不起。大冶里三甲差務原以十名夫辦理，而灰堆一溝應照□名夫辦差。自有一鄉約管理至地方手中應辦之差。灰堆溝亦照十分之二原許夏秋糧二十四斗，不滿三石，准折差辦。嘉慶十八年以前舊規如此，至十八年以後之於今，不遵舊規，往往闊收不已。因於道光三年十二月十五日，幸值尤太爺愛民如子，灰堆溝户人以准分辦，以均苦樂，以更急公等調具稟蒙批，一切差務，照依舊章辦理。十八日又以再稟等詞復稟蒙批。如地方派差不公，盡可赴縣具稟，全批至當，不敢不遵。因將十八年收糧規數目並呈詞官批，俱載於石以爲永例。

灰堆溝户人同立。

大清道光四年歲次甲姑先上旬吉旦立。

（碑存登封市宣化鎮。王興亞）

重修初祖庵山門碑記

初祖庵盤居五乳峯中，山水迴繞，層巒環列，登邑之聖地也。庵內舊有山門一座，不知創自何時，歷年久遠，風雨飄搖，殿宇毀折，神像腐敗，觀者莫不目覩心傷，不忍坐視剝落，因募化四方善男信□□女，秉捐己財，先將山門四面落地從新，神像金粧，周圍院墻更煥，此皆住持勤儉募化之力也，恐世無□不朽。

湛霞仝二千，曲發瑞一千，生圓曲龍光三百，曲邵二百，曲淨塵一百。

偃邑：金庄神像。張王氏五百、武董氏五百、丁張氏乙千、陳化氏五百、張衛氏三百、張康氏二百、趙氏二百、史王氏二百、王丁氏二百、張董氏二百、鄭閻氏二百、武陳氏二百、李善氏二百、李王氏二百、劉李氏、王張氏、王張氏各仝一百。

鞏邑：王許氏、藺石氏、閻張氏、袁丁氏、趙丁氏、呂丁氏、張周氏、李高氏、劉趙氏、宋陳氏、張徐氏、丁常氏、王杜氏、王陳氏、臧劉氏、楊李氏、姬張氏、張徐氏各仝一百。 韓趙氏、李韓氏、姚韓氏各仝一百。

姚頭師傅洞溝仝一千一百。

王楊氏錢二百、魏高氏、張自信、張根信、楊永文、王永孝、楊增祿、楊得祿、王黑漢、張貴安、賈鵬章、張昇乙上各仝一百。楊劉氏、劉劉氏、王李氏、西口子、胡董氏、楊李氏、楊喬氏、楊閻氏、楊郭氏、王馬氏以上各仝一百。

高家涯：化主李山清、千總李遠山、李玉鳴、李永安、李山聚、武王氏、武劉氏、李段氏、李宋氏、王楊氏、賈師氏、賈訾氏、陳王氏、李曹氏、李皮滕各錢乙百。

刁家溝：刁懷晏、刁全忠、刁均、刁自德、刁忠、刁儀鳳、雷成富、李永成、李蘭、刁富有、劉克潤以上各仝一百。唐繼曾、雷成義各仝二百。

唐洞：李鴻稽施錢乙千。

山家店：化主陳士功施仝二百，楊文廣、陳芳各仝一百，楊玉生、陳士芳、王林川仝二百，楊士君、陳萬泉、楊鳳林仝二百，楊士忠、陳秀、楊天錫仝二百。

參家店：化主楊士信施仝五百，中昌窑施仝乙千，陳士璋施仝五百，曾盛施仝三百，蘇鳳鳴仝二百，楊萬金仝二百，王同仝二百，張進仝乙百，王林洲仝乙百，胡金箱仝五百，李興仝二百，熊興義仝五百，陳金梁仝二百，丁宏仝二百，王炳寅仝二百，楊士貞仝二百，蘇葛仝二百，劉師仝二百，梁潔頌仝二百，高提先仝一百，楊士敏仝乙百，楊士梅仝乙百，楊士賢仝乙百。

鞏邑迴郭鎮：邢礼、趙文標、顧有才、邵松苓、李金榜、邵道成、楊忠苓，以上各錢二百。邢協和、張其椿、夢書、李大水、黃興號、太元堂、王成書，以上各仝乙百。魁盛號仝二百，趙元宗仝二百。

東栢峪溝：劉文彥仝二百，徐松林、李萬吉、王同□、王立柱、王勛、劉信魁、馬有容、劉文剛，以上各錢乙百。

偃邑：劉來福仝五百，陳九都仝五百。

塢立村：化主李趙氏仝二百，李陳氏仝二百，焦志仁仝二百，溫爵祥仝四百，賈福申仝二百。

郭店：李金花仝五百，溫福、李二安、王進興、張自良、劉行吉、賈金全、梁忠鎖、李金榮、張朝玉、張朝林、張恒溫、郭孟朝、丁慎先、郭唐氏、李張氏、王楊氏，以上各仝二百。李王氏、李□氏、焦曾氏、韋王氏、郭雷氏、李徐氏、劉石氏，各錢乙百。

閏從關：溫太一百，溫平一百，韓應奇一百，王榮一百，張朝進一百，劉耀錢一千，劉忠川仝五百，劉天德仝五百，李學林仝五百，李萬富仝三百，李世全仝三百，李世臣仝二百，李學秀仝一百，蘭永才仝二百，丁芳梅仝二百，楊真富仝一百，陳君仝一百，張興耀仝一百，李大有仝一百，沈雙仝一百，李全吉仝一百，邢日富、劉三、邢寬各仝一伯。

大清道光歲次乙酉年孟秋月吉日。

住持僧寂潭徒置淳庫倉七月初五日立。

（碑存登封市少林寺。王興亞）

重建二祖庵碑記

【額題】流芳百代

肇自跋跎開創於北魏孝明帝。達磨西來，是爲鼻祖。九年面壁，始傳□□。神光立雪，侍受心印，得稱二祖，姓姬氏，武牢人。於洛都香山寺，禮寶靜禪師，祝髮受其於永穆寺，求法師背，至隋文帝開皇十三年圓寂，葬於□州滏陽縣東。唐德宗諡大祖禪師，法□天花，地湧金蓮，生其五葉，聯芳□□相緒□處人聞香傳大地叢林，皆神光二祖之法力也。夫惟其西望之蔚然而耸翠者，鉢盂峰也。實天之鍾秀於茲，而□至人之托棲也。南對巘岩，石區方坦，覓心處也。亦治有卓錫泉也。廟貌巍峩，以及歷年既多。本庵住持海存、海安不忍坐視，余不辭拮据，勤勞蓄積，募化四方，克然動念，善男信女各捐貲財一百餘金，幸□其志，鳩工庀材，勸勳其事。山門、東西陪殿，以並周圍院牆，煥然一新，功程浩蕩，海內聲揚。余雖不敏，輔推諸君葺理之功者，於斯爲記。

原任僧會司海涵撰並書丹。

現任僧會司寂璉。

住持湛紳，徒寂□、寂□、寂□，孫淳□、淳□、淳□仝立。

大清道光五年十月吉日。[1]

（碑存登封市宣化鎮。王興亞）

皇清始祖甄公考諱濟守妣孺張氏合葬之墓碑

皇清始祖甄公考諱濟守妣孺張氏合葬之墓

山西癸丁穴，深六尺八寸。

本姓氏族，自山西洪洞縣遷居河南中嶽嵩山南麓登封縣東一帶，於清順治七年，遷居禹州西順店張翁店。康熙二十九年，遷居三峰山南杜家莊。

元孫麟、魁，來孫永允、芳、耆、吉、傳、聚、元建立。

大清道光柒年歲次丁亥三月上浣吉旦。

（碑存登封市杜莊。王興亞）

御祭中嶽嵩山文

清宣宗

【額題】御祭文

維道光九年歲次己丑陋正月丙申朔越二十二日丁巳。皇帝遣鎮守河南河北等處地方總兵官帶尋常紀錄三次楊明魁致祭中嶽嵩山之神曰：

維神居貞左洛，挺秀東瀘。太室高標，刻王蘊圖書之秘；中州屹鎮，測圭征風雨之和。降神則申甫宣勤，奏凱而壬林洽禮。茲以回疆耆定，逆裔俘誅，張九伐於遐陬；櫜弓志美，

---

[1] 所列捐資助工姓名，字多模糊不清。

聽三呼於福地。薦幣明虔，敬告武成，伏惟歆鑒。

　　陪祭官河南河南府通判德勳，登封縣知曾際虞，典史馬為作。署洛陽縣縣丞翁琳，洛陽縣教諭李篯，登封縣教諭李鶴清，訓導黃汝雯。

　　邑廩貢生謝特賜書丹。

（碑存登封市中嶽廟黃籙殿。王興亞）

重修嵩山少林寺碑記

　　嵩山之有少林，爲中州之名刹著矣。雖靈異顯應，儒者勿傳，而其跡之詳於志乘，以及見於人之題詠者甚衆，固莫不知爲招提之勝境也。然自魏迄明，代加葺治。莊嚴佛土，踵事增華。大抵崇尚虛無，以所利益不足深論。至我朝乾隆庚午，高宗純皇帝翠華巡幸，駐蹕於茲，觀覽之餘，親灑宸翰，山川藻耀，花木有輝，則寺之足以增重，益可想見。余自奉命撫豫，凡農田水利，義倉學校諸大端，之有裨於民者，方與闔屬僚吏請求次第興修，汲汲有所不暇，何能爲釋子棲禪之地崇飾土木，以莊觀仰？乃於丁亥歲，詣祭中嶽禮成之後，憩息寺中，見夫正殿雖尚完固，而東西鐘鼓樓已漸欹傾。至御座房以及御碑亭，雕敝光臺，不禁怵然。竊念古昔聖王一遊一豫而爲之，民者且歌詠其事，以至沒世不忘，何況聖祖之手澤如新，□□□可以不知愛護乎？亟□捐□修治西，河南太守存君亦率所屬欣然捐俸，以勷厥成，凡捐金三十七百餘兩。經始於丁亥秋，至戊子冬而告竣。費不巨而民不勞，由是天章爛然復興，殿閣輝映，炳乎若卿云之禮縵也。推□意也，上體朝廷法祖之心，即率□野知尊王之義，於以民安物阜，感召休和，則所以納羣生於福林者，其利益亦大矣。爰因善治輟工，樹石而爲之記。

　　兵部侍郎兼都察院右副都御史巡撫河南等處地方提督軍門兼理河道屯田加三級楊國楨撰。

　　章潘江書。

　　道光九年歲次己丑二月日立。

（碑存登封市少林寺。王興亞）

立規斷賭碑

　　嘗人生各有當務之業，而開場誘賭實爲一方之害。世人不察，一入其途，小則玩物喪志，大則傾家敗產。其爲害也，豈淺鮮哉！因茲大冶鎮東南隅十餘里許，有三漢□暨大小龍門□社人等公同商議，恨已往之不悟，念將來之可改。恐習染已久，急驟轉，因規以禁之。規立以後，知有姑違不遵者，罰錢五仟，充公演戲以警衆。不受罰者，公呈具稟，聽官定奪。□姑恐衆也，實欲革前舊染之污俗，開後人咸與維新之正路耳。是爲記。

　　邑庠孫大章撰並書丹。

大清道光十年歲次庚寅孟夏立。

（碑存登封市宣化鎮。王興亞）

重修三清殿祖師殿創修山門院牆碑記

蓋聞少室為嵩山之副，嵩峰為宇內之祖山，前臨箕、潁，為之襟帶，後接佛境，為之屏藩，殆中州名勝地也。登邑城西十五里許少室之前，古有清微宮一座，內有三清殿三間，年深日久，風雨損壞。本宮住持劉益順，積金五十千文，於道光七年重修建新，又道光十年重修祖師殿三間，創建山門一楹，以及周圍院牆四十餘丈，木料磚瓦工價共花費錢一佰六十餘千，募化各邨中錢不足一佰千文。今則殿宇煥然一新，山門院牆完好無缺。是工之興，雖只壯一時之觀，而不知實為千古之遺徽也哉！謹勒石，以誌不朽云。

嵩陽道人黑凌岸沐手撰文並書丹。

大清道光拾年歲次庚寅十月吉日立石。

（碑存登封市大冶鎮清微宮。王興亞）

重修並金粧神像築垌碑記

【額題】流芳百代　日　月

惟恩足以感□顓蒙之志氣，德足以震動惇閔之性情也。內要鎮東南十餘里龍門口，舊有佛祖，靈應異常。凡問雨課晴，自無或奕邅，遂被膏祈禱者，慮其廟貌頹敗，神像暗淡，因為黝堊粉飾，煥然一新。復宜□神雖有歌臺，棲優尚無其所。驟遭風雨，容之無地。今有善士李（弋）君諱朝輝□□慨然施地築垌，以為棲優之所，容人之地。豈非佛祖之恩德，有以感默矣，其志氣震動其性情，予敬勒石，以垂不朽云。

□宜垌氣無年。

大小會首□□□。

儒童楊行修撰文並書丹。

又有善士董君志行植槐樹四株。

堂學治仝二千三百。周言友、景大林、景清標、董自行、楊志計、弋國士、弋朝貴、王莫福、栗百蘇，每人仝一千。弋國振、李國地、吳化復、王國越、趙忠、弋國珍、□友聚、李德□、劉□府、弋朝棟、李年福、景有功、景清祥、弋國忠、吳祥信，每人仝三百。[1]

---

[1] 以下捐資人姓名，字多模糊不清。

大清道光十一年歲次辛卯孟夏立。

（碑存登封市城隍廟。王興亞）

皇清待贈修職郎静庵王公（中孚）暨元配吳孺人墓誌銘

【蓋文】墓誌銘

【誌文】

皇清待贈修職郎静庵王公暨元配吳孺人墓誌銘

　　静庵王公，余舊東也。嘉慶癸酉歲，館於其家。接談間有古道，飲食起居有節。余深服其善學善養。道光壬辰歲，公忽捐館。安厝有日。其長君丐余誌石。余愧無學，辭不聽。謹按：

　　公諱中孚，字心一，號静庵。居邑東王家村，一大族也。其先世崇尚忠厚，耕不廢讀。傳至翼狐公，有才干，援例入太學。生瑞庵公，有迺父風。静庵其季也。雅好清静，篤志芸窗。賴伯兄理事，公是以得專於學。早入黌序。二公性純孝，生養死塟，均以禮。及析居，兄弟有讓德，鄉黨稱孝友焉。公初習舉業，三戰不捷，因委家務於長君，携季男暨孫，下帷教讀，無間寒暑。尤慮鄉鄰貧不能讀者，捐田立塾。凡人子弟皆得入而肄業。前邑侯曾公按例題請正八品職銜於公之季男，兼贈額聯。嗣李邑侯亦題其門。至遠近親族，竪碑、建碣、懸匾，皆以署名為幸。公可謂立德立名者乎。公元配吳孺人，性幽閒，恪守姆儀。於歸後，孝事翁姑，恩遇臧獲。凡公有義舉，悉慫恿而贊成焉。生丈夫子二：長萬瞻，太學生。次清波，由庠生義叙修職郎。女二：長適禹郡郭振邦，次適周邑徐元章。孫一，炳文，萬瞻出。公生於乾隆癸酉正月十七日，卒於道光壬辰四月初一日。吳孺人生於乾隆癸酉十一月廿七日，卒於嘉慶甲戌二月十二日。卜吉道光十二年十月十二日，合塟村之東阡。

銘曰：

　　卓哉静庵，玉潔冰清。學切為己，惠及蒼生。賴賢淑之內助，襄義舉以有成。雖未向青雲而奮步，自可高月旦以注評。巍巍乎嵩峰叠翠，紗紗乎潁水同行。思道貌而不見，敢效秋梢之蟲鳴。

　　邑庠生愚弟謝北恩頓首拜撰。

　　歲貢生候選訓導眷晚生岳振東頓首書丹。

　　庠生晚學生馮念祖頓首篆蓋。

　　大清道光十二年歲次壬辰小陽月中浣之吉。

　　不孝男萬瞻泣血納石。[1]

（碑存登封市嵩陽書院。李秀萍）

---

[1] 該碑中間對角斷裂。

立石斷賭碑記

　　從來富貴由於耕讀，貧賤出於賭博。人自應以耕讀爲業，賭博爲戒。想嘉慶十八荒年以前，匪類甚多，開場留賭，村中極受牽累。荒年以後，匪類死亡、逃走，村中甚是清淨。恐下輩再生匪類，因立石斷賭，永垂不朽。

　　孫橋莊地內俱不許賭博，如有犯者，每人罰錢二千，開賭人加罰充公。倘不遵罰約，許村人付知鄉地人等稟官，按法究治，追悔莫及。再記。

　　道光十三年二月吉日合村仝立。

（碑原立於存登封市徐莊鄉水峪寺，現存城隍廟。王興亞）

特授文林郎登封縣知縣李太老爺感戴碑

【碑陽】

　　公諱清廉，字介亭，江南安徽潁州府潁上縣。

　　特授文林郎登封縣李大老爺感德碑

　　僧俗等人仝立。

　　道光十三年四月吉日穀旦。

【碑陰】

　　流芳[1]

（碑存登封市少林寺碑林。王興亞）

邢家鋪公議勸戒申明條約碑記

　　嘗聞食者民之天也，故政以之為首，治民之道在於務本。大農者，乃民之本也，民能勤力農，倉廩充盈，則家給人足，歲時伏臘烹羊、炮羔斗酒，自勞何樂如之。我邢家鋪，地處山峽，石厚土遇，多連遭荒歉，人民困之。用度維艱，在安分守己、敦本奉法者，亦惟順天聽命，而遊手好閒、不安於義命，而又興販行竊、為匪不法等情，勸時救急之舉，不可不亟明也。於是，合街公議，凡害農釀禍之人，或被查出，或被訪聞，除鳴官懲治外，理合以為勸戒。又議演戲三日，歲以為常，俗厚而務本之道行矣。並刻石立碑，以垂永遠。謹申條約於左：

　　一、禁不許拉盜板賭，如或有之，合街公保，錢文公出，鄉地作首。

　　一、禁不許私竊他人五谷，入場捆擔者，罰錢兩千；入地私竊者，罰錢壹千。

---

[1] 開列捐資者姓名及捐資數額，字多漫漶。

一、禁郊野□植果木，雜村不許私剪、私伐，犯者罰錢兩千。罰錢俱從入公充工。

嵩陽居士杜懷志撰文。

後學張玉休書丹。

鄉約張浪先、地方顧隆，周而復始。

岂在大清道光十三年歲次癸巳十月穀旦合街公立。

鐵筆匠李盈刻石。

(碑存登封市城關鄉邢家鋪。王興亞)

禁賭碑記

【額題】 日 月

嘗思士農工商自有正業，無何游蕩之徒弗務正業，偏以賭場為快。本危也而以為安，本災也而以為利，迨至棄田宅、敗品行、壞心術、辱家門，不念成立之難如登天，一旦覆墜之易若燎毛也，詎不大可傷哉。且也父兄威之而不懼，親友勸之而不悟，其心何述哉！爰是環方公議，預設嚴禁，士為士，農為農，工為工，商為商，依然盛世之民矣，其樂何如耶？脫不然，定行罰示，開列於後。如有犯賭者，每人罰仐三千正。或一切悖理，眾人公議，同鄉地送官究處。

東西至雷石崖，南北至圓嶺。

遇紅白事打發乞□□漏二糖。

何臣仐二百。

張進、梁文興、張之連、姚喜全、張庸平、姚林、吳之桐、吳之俊，上各仐一百五。

張成聚、梁文祥、張定、張文景、徐玉友、孫德、朱丙、劉來章、李全雷、梁文林、梁朋、姚喜忠、姚宗魁、陳□、何玉全、何玉材、何玉奇、何文學，以上各仐一百。

任丑、梁吊、王宝三、楊中庸、鄭進義、張之法、張嵩福、張嵩倫，各仐五十文。

王之富、張四、張柱，仐卅文。

大清道光十三年十二月初五日立。

(碑存登封市城隍廟。王興亞)

重修捲棚月臺金妝神像等碑

【額題】善長良造

重修捲棚月臺金妝椿神像、東山牆磚換石頭、西山牆外新幫石垣、代年前翻瓦戲樓前坡並傳碑。

李守身撰並楷書。

鐵筆匠李夢坡、崔百魁。

清道光十三年。

（碑存登封市大冶鎮西施村。王興亞）

御祭中嶽嵩山文

清宣宗

【額題】御祭文

維道光十六年歲次丙申二月辛卯朔越十五日戊辰。皇帝遣河南河北鎮總兵官謝金章致祭於中嶽嵩山之神曰：

　　　　維神位定中央，體臨四表。太少則基分二室；懷柔而秩視三公。峻極於天，當風雨陰陽之會；宅中為鎮，控澗滬伊洛之流。蘚書傳割櫓，神清輝生四字；柳度合壽星，分野瑞應三呼。茲以慈壽延洪，愉臚中外，徽稱晉奉，慶洽神人。准尺有五之土圭，彌征安阜；陳三十二之玉璧，備致嘉祥。練吉以升馨，展隆儀而迓福。鑒歆來格，永荷神庥。

欽差河南河北鎮總兵官謝金章，陪祭官河南府通判呂紹奎，登封縣知縣何其祥，典史魏瀛，教諭丁錦堂，訓導張毓昆。

邑庠生劉銘書丹。

（碑存登封市中嶽廟黃籙殿。王興亞）

特授登封縣正堂何太爺勸捐濟貧民碑

監生王琨捐錢三十千，監生王燦捐錢三十千，欽賜九品侯永清捐錢十五千，監生郭喜召捐錢八千，監生耿玉吉捐錢六千，張裕安捐錢五千，陳顯捐錢四千七百文，陳百萬捐錢三千七百文，李天中捐錢三千六百文，監生高萬林捐米五斗，郝杰捐米四斗。

管收錢米經營場中事邑庠生王迪吉。

場中受勞人：廩生王鳳鞠、監生王垣素、王成德、王拱、張修、監生王采綬、王鳳桂、王定一、王公綬。

總約陳昭、鄉約耿光接。地方賀廣明、賀有經。

差役杜其順。

後學王漸皋鶴亭氏書丹。

大清道光拾六年歲次丙申四月立。

（碑存登封市城隍廟。王興亞）

廟莊東嶺修橋碑記

太學生趙公印克家者，所稱積善人也。其舍橋梁修道路不一，而廟莊東嶺之路爲尤著。是路也，有來久矣，然嶙峋崎嶇，縱橫路中，不惟大小車馬有難通，即徒步歎維艱，□前有□公曾修治之。/[1]

道光十八年歲次戊戌孟夏□□吉旦。

（碑存登封市告成鎮。王興亞）

皇清例授武德佐騎尉候選守禦所千總怡亭楊君（雲祥）墓誌銘

【蓋文】

皇清例授武德佐騎尉候選守禦所千總怡亭楊君墓誌銘

【誌文】

皇清例授武德佐騎尉候選守禦所千總怡亭楊君墓誌銘

賜進士出身誥授奉直大夫掌貴州道監察御史稽察鴻臚寺事務前翰林院編修國史館協修徐光亨撰。

賜進士出身誥授中憲大夫日講起居注官翰林院侍讀學士文淵閣直閣事咸安宮總裁教習庶吉士乙未科會試同考官鄉試同考官丙申科會試同考官丁酉科福建正考官倭仁書。

賜同進士出身誥授奉政大夫欽命巡視北城戶科給事中前翰林院檢討武英殿纂修袁玉麟篆蓋。

禹州楊君儀九，與余交近十年。一日詣余，愀然曰：某幸得成人，不至流於不類。及爲指揮，有以養其廉隅。皆伯氏怡亭之力也。伯氏下世已五年。卜今冬與原配李宜人合窆於東阡之祖塋。某將歸視封窆。以少伸其意，請爲誌之。謹按：

君諱雲祥，字呈五，號怡亭。爲學博懷野公長子。生二歲，即出嗣伯父澤普公。澤普公早卒。配李太宜人，青年矢節，性剛毅。比君稍長，教之極嚴。少不帥，則以鞭笞。從事君輒和顏跪受，得釋乃已。又恐傷本生母羅太恭人心，遇事必善爲隱飾。以故兩母氏爲娣姒數十年無閒言。戚黨閒觀君之事李太宜人，不知其爲嗣子；觀君之事羅太恭人，又不知其爲出嗣子也。懷野公病革，呼君語之曰：汝有肝膽，爲他人任重多矣。吾亦有一事，今以託汝。汝季弟年幼不羈。吾沒後，恐其失教而比匪人也。汝雖出嗣析居，當爲吾約束之。君泣受命。懷野公捐館踰月，君即爲儀九擇名師，閒置家塾中。夜輒往察其勤惰，五日一驗其課程。如是者三年。命應童子試，獲入泮。數年，適部中奏開事例。君謂仲氏曰：季弟三赴鄉試不售，不如借徑以圖上進，庶少慰先人於地下。而仲氏以宦途險巇，恐

---

[1] /以下，字殘。

累生計，執不可。君乃慨然獨任。為儀九捐授兵馬司正指揮，揀發中城，歷調四城。京師食用昂，君為資助，前後計萬金。又恐家人有違言，每暗為設措，俾無乏。嗚呼！其可風也。己少習儒，因治家，不克卒業，援例捐守御所千總。

生於乾隆四十五年十二月二十日子時，卒於道光十四年十二月十一日午時，享年五十有五。原配李宜人，生女二：長適郡李公振西，次適登邑弋公定。繼配王宜人，生子二：長夢陶，太學生。次夢謝。孫一，寶善，夢謝出。李宜人能執婦道，生於乾隆四十五年吉月吉日吉時，卒於嘉慶十一年五月初四日戌時，享年二十七歲。以今道光十九年十月二十二日申時，與君合葬於東阡之祖塋。爰為之銘曰：

不得見者君之容，不可泯者君之風。瞻彼東阡兮為君幽宮，祔以原配兮肅肅雍雍，宜爾子孫兮鬱鬱蔥蔥。

（誌存登封市嵩陽書院。李秀萍）

重修水峪寺少林下院地藏佛殿碑[1]

登邑西南五十里許有二熊山，山頂有黃龍池，南轉而下，寺名水峪，寺內北有佛殿，西有地藏寶堂，歸大地山河，金輪繞中天，日月是佛，與地藏真一四方保障也。但歷年久遠，廟貌傾頹，聖像減色。住持僧淳修之徒孫素端，久欲重修，獨立難成。因募化四方官貴紳商，善男信女，各捐貲財。工起於己丑冬月，竣於丙午仲春。廟貌聖像煥然一新，奉威靈而無止，抑神力而無不□。大之則彌於宇宙，細之則攝□亮厘。實僧人素端之功也。丐余誌石，以垂永遠，不揣鄙陋，爰為之敘。

誥封武信騎尉、附□張錫九敬譔。

秦齋書丹。

住持淳修徒孫□寬，曾孫德明新。

大清道光貳拾年仲春月吉辰日立。

（碑存登封市城隍廟。王興亞）

登封縣正堂告示碑

【額題】永垂不朽

特用知州登封縣正堂加十級紀錄二十次何

為諭禁事。照得少林寺為自古名剎，各處僧□無不仰望。該住僧等自應謹遵法戒，恪守清

---

[1] 該碑中間斷裂。

規，以肅叢林而重體制。乃近聞各房頭僧人往往交結俗家，容留匪人，或邀約酗酒，或聚會賭博，甚至朋比窩娼，構串結訟，種種妄為，殊堪痛恨。除劄委僧會司隨時訪拿外，合行出示嚴禁。為此，示仰闔寺僧人知□，自示之後，該僧人等務宜洗心滌慮，各自焚修，諷頌經卷，耕耨農田，凡俗家諸色人等，概不許私相往來，亦不許干預外事，窩藏匪人，滋生事端。倘敢故違，一經舉發，定行加等治罪。至俗家人等，不准在寺內外設賭。佃戶人等另住一處，不准與僧家比鄰同居，以示分別。如有□□□□□等，立即稟請究逐，各宜凜遵。特示。

　　右仰通知
　　大清道光二十二年三月初八日。
　　告示
　　合寺仝立

（碑存登封市少林寺。王興亞）

敕授奉直大夫登封縣正堂何大老爺世代感德碑

【碑陽】

道光二十二年歲次壬寅季春吉日穀旦。
敕授奉直大夫登封縣正堂何大老爺世代感德碑
僧會司德武、湛壽、湛□。
耆舊淳福、淳怡、寂臣。
監院寂文、海珊、貞印、湛舉、真定、貞遇。
公直湛文、淳建、德魁、如界、索雲、寂金、如有、湛行。
石匠耿文郁刊。

【碑陰】

敕授奉直大夫登封縣正堂何大老爺世代感德碑

【額題】大清

特用知州登封縣正堂加十級記錄二十次何諭禁事。
　　照得少林寺為自古名剎，各處僧教無不仰望。該住僧等自應謹遵法誡，恪守清規，以肅叢林而重體制。乃近聞各房頭僧人往往交結俗家，容留匪人，或邀約酗酒，或聚會賭博，甚至朋比窩娼，構串結訟。種種妄為，殊堪痛恨。除札委僧會司隨時訪拿外，合行出示嚴禁。為此，示仰闔寺僧人，□□自示之後，該僧人等務宜洗心滌慮，各自焚修，諷誦經卷，耕耨農雨。凡俗家諸色人等，概不許私相往來，亦不許干預外事，窩藏匪人，滋生事端。倘敢故違，一經舉發，定行加等治罪。至俗家人等，不准在寺內抹牌聚賭。佃户人等另住一處，不准與僧家比鄰同居，以示分別。如有犯者，訪常住等立即稟請究逐，各宜凜遵，特示。

右仰通知。

大清道光二十二年三月初八日。

告示。

合寺仝立。

僧會司德武。

耿文郁鐫刻。

（碑存登封市少林寺。王興亞）

城隍廟大殿捲棚石柱題刻 [1]

城倚嵩隈瞻廟貌巍峨功同嶽峻
隍通潁浦睹神威煊赫鑒比波清

嵩少著威靈福善禍淫全恁電照
水庸肇禋祀禦菑捍患永奠雷封

司善惡賞罰之權彰善尤嚴癉惡
居陰陽和會之地理陰罔戾扶陽

道光癸卯中秋。

（碑存登封市大冶鎮城隍廟。王興亞）

公議總約派差條規

每歲四村不論何人充庸，總約差錢，不許多派分文。差緊，揭債利錢，往返盤費，俱派入差中。辦差回來，向各村鄉約說知，限十日內，將錢交足，總約不許遲延。如有鄉約疲玩，交錢不足，出十日外，再有利錢，即算在本鄉約身，與別村無干。每年四村，按地方與總約對勞金十二千六百文，如有總約沒派錢文，查出，罰戲一臺，並將勞金裁去。若不受罰，各村紳民稟官究處，言出必行，決無更改。

每歲十二月初一日，火神殿還願算帳，憑總約所說，俱不許格外生勻，狂言亂語。其後，鄉地不許無田產人替充。

龍王頭、唐莊西鎮、楊莊、垌上等村同立石。

---

[1] 共有石柱六根，對聯行書，字徑14×13厘米。

清道光二十四年正月。[1]

（碑存登封市唐莊鄉火神廟。王興亞）

創修關帝廟月臺暨補修樂樓記

　　大冶之東鎮，舊有關帝廟，棟宇巍煥，樂樓簦峙，蓋以妥神靈，備觀瞻也。廟貌雖華麗而臺榭未具，樓制雖崇而不久洊敝，里之人祀其中者，咸感歎焉。甲辰春，東鎮諸善士集同商議，因材輸貲，鳩工庀物，於月臺則創建之，於樂樓則補葺之。人心勇躍，不幾日而工已告竣。自是神之靈愈以妥，而備觀瞻者亦益悠遠無窮矣。因刻石以誌不朽云。[2]

　　清道光二十四年歲次甲辰孟夏。

（碑存登封市大冶鎮東街關帝廟殿廊前壁。王興亞）

石羊關橋碑記

　　距城四十里許有石羊關，其地固屬□□□□，潁川舊有禹郡白沙鎮，吳君修造義橋，□□□□尚安。迄今歷年久遠，河水泛濫，行人將□□□，使有以開其端者，無以竟其緒，豈不墜□□□者，有邑監生趙君諱克家者，慨然施地舍□□資，以免病涉之艱，是□克昔與梁之遺風□□之。吾想人之欲善，誰不知我。吳君創之於前，□趙君繼之於後。誠所謂以善繼善，樂善不倦者。善宜揚不宜隱，況趙君素性好施，修路捨茶，義舉頗夥，茲又有此懿行，不更足我歟！余故敘顛末，俾勒琬琰以旌之。是爲記。

　　此地連一段，坐落費莊北嶺，東至路，又至吉六，西至李七，南至趙荷緩，北至李七。四至分明，行糧九畝，種此地者，每歲寒露造橋，不可違期。書爲記。

　　嵩麓處士王維漢撰文。
　　玉溪居士趙長治書丹。
　　大清道光二十五年歲次己巳孟春□浣吉旦。

（碑存登封市告成鎮。王興亞）

崔萬順夫婦墓碑

　　岳父崔公諱萬順府君
　　　　　　　　　　　之墓
　　岳母楊氏太君

---

[1] 該碑無撰書者姓名。
[2] 以下捐資者姓名，字多模糊。

昔父母生吾姊妹四人，遇凶年，大姐、二姐失滅無踪。今吾姊妹兩人，念父殯於荒丘，母葬於荒郊，兩地睽違，女心傷痛。今各遵夫命，僅備衣衾棺木，啟父母合葬於祖塋，既不致父有睽孤之傷，又不致母有冷略之憾，稍慰雙親之靈，報親恩於萬一乎，於理為順，於心始安。聊陳數語，以表寸哀。

　　婿例貢常儒林、范顯德、甥范口榜立石。

　　道光二十五年二月二十九日吉旦。

　　祭田一段坐落四址／[1]

（碑存登封市大金店鎮文村。王興亞）

重修清涼寺六祖廟碑記

　　嘗思人得乎時，赫赫其聲，神得乎地，濯濯厥人。今清涼寺，素有六祖廟一座。時久年湮，風吹雨漂，鞏固之勢，頹然莫存矣。袖手旁觀，心實不甘，起意重修，功鉅難成。因以勸勉四方積善之家，各捐己資，以助其力。迨具今兮，鴻功告成。碑其建兮，為文以記。況此地業已與嵩陽接壤，而其靈氣所發，左有清微共向，右有乳峰來朝，潁水作帶於前，少室為屏於後，四壁周圍成勝境也。神聖位居於斯，亦固其所。嗣是而後，遐邇善車，驅車來臨，入境告虔，僉曰：此則清涼寺之大觀也。得毋低徊於其下而不能去也耶。

　　郭登衡撰文。

　　王貫三敬書。

　　大清道光二十六年孟秋吉旦。

（碑存登封市少林寺碑林。王興亞）

明義民四世祖和甫公墓碑

　　登邑之鄭志，齊衰踵門，拜且泣曰："志不孝，天禍我家，俾我父隕身，然吾父之家業，誠為不易。今其已矣，葬且有日，則吾父之澤不幾湮沒乎，敢乞先生之言，以垂不朽。"予憫其慘怛，遂不辭而書之。

　　夫處士姓鄭，諱雍，字和甫，乃南陽之右族也，徙居登封大金店。曾大父諱班，次父諱本，次諱彥忠。譜牒不存。處士之天性淳厚，家業殷固。常以義方訓其子侄。每有周濟貧乏之心，故於正統辛酉歲，朝廷舉行救荒之政，拔其富者輸粟，因其多寡而與之，立碣表門。處士承命，即輸米麥千餘石。有司俱以名聞，特旨敕賜，以義民旌表其家，蠲其雜役，其榮華極矣！不意有疾，將屬纊前，子侄諭予曰："我父與汝父三人，乃同胞也。長弟

---

[1]　／以下，字多模糊。

順甫，早逝，甫有子禮；次弟得甫，年將逾邁，有子會爲邑庠生，其篤志學問，以圖前修，禮善治家，幸勿墜先業。吾子志，一聽命於叔父，與兄弟永遠同居，庶不乖乎人倫，亦不孤旌表之意。吾斃後，葬與吾弟同域，則體魄相依，不負同氣之義。汝子姪不違遺囑，則吾瞑目於地下矣。"言訖而逝，乃正統八年二月初三日也。於是，奉柩北岡，與叔父而合塋。嗚呼！積善之家，必有餘慶，理固然也。況處士有旌表之榮，其歿也躋上壽，而又子姪之詵詵食報，正未有艾也。予不善文，故述其概，以昭潛德，於是爲之銘。

　　王通判撰。[1]

（文見登封市大金店《鄭氏族譜》。王興亞）

鄭氏本宗三祖墓表文

　　粵自世顯太高祖承先啓後以來，上而溯之，則淵源有自；下而數之，則世次可考。太高祖生子二，次諱懷印，即吾高祖也。高祖生子四，長諱鑒，即吾曾祖也。曾祖生子一，諱文先，即吾祖也。三祖之靈在天，三祖之靈在地，而三祖忠厚之盛德，炳如日星，昭昭如前日事。是以學之宦遊粵西也，上體九重之覃恩，遠紹三祖之成憲，立心行事，聿本家傳，固可約略言之。忠以奉上，絕奔競於大人之門。厚以待朋，敦古處於僚友之際。不縱衙役，不寵家人，馭下必以忠矣。不容非刑，不羈訟事，臨民必以厚矣。庫項不侵，倉項不支，儉以昭其忠也。額外不征，賄行不受，節以見其後也。有時火炎蔀屋，濟難拯災，厚而將之以忠矣。有時寇起市塵，安良除盜，忠而賜之以厚矣。凡學之歷任藤縣、修仁、陽朔等縣，其所以出身加民者，非三祖之忠，不敢存諸心。非三祖之厚，不敢見諸事。守官箴，繩祖武，凜凜然跬步尺寸之弗離。蓋不敢以後人不肖，致墜先人之家聲也。而垂裕後昆，庸有極乎！學致仕家居，追厥宗親，念夫高祖以前已八代，高祖以後又六傳，不勒諸貞珉，將三祖之貽謀，歷年久遠，湮沒弗彰，後之人或有數典而忘其祖者矣。故爲斯文，立石以誌之。

　　道光二十七年歲次丁未九月穀旦。
　　元曾孫博學撰文並立石。

（見登封市大金店《鄭氏族譜》。王興亞）

追宗旌善滎陽鄭氏墓表

　　在昔盛德之親，莫爲之後，雖盛不傳；而白令德之子，莫爲之前，雖令不彰。鄭穎濱年兄，以中州名孝廉，作宰藤邑，種種善政，口碑載道焉。己卯秋，余典試粵西，年兄入

---

[1] 此碑大明正統八年立，崇禎元年三月重立。乾隆四十九年三月新修碑樓。道光二十七年九月重修。

廉，始得相遇聚談。公事之暇，出其制藝兩冊及所擬試題三篇，奉讀之下，英思壯采，得未曾有，是文章與事業爭鳴齊輝，其托基知不同尋常之燕貽也。嗣於燈下談心，因歷溯父母生前之盛德，潸然泣下，囑余爲文以記之。余始悉年伯父光漢公，耕讀爲業，忠厚傳家。尊兄值分產以昭讓，愛侄曾除地以捐監。農事之餘，惟日以課子教讀爲務。出就外傅，待先生忠焉且敬，禮奉函丈，而德衍薔余，雖古之賢父不是過也。年伯母劉孺人，係名宦之裔。良善，濟貧窮，姑勿論其他，即待乞人一事，設火以禦寒，燙飯進食。倘遇鰥寡孤獨殘疾，賜粟賜衣，額外加惠，此彤管未及之淑德也。以故，縉紳先生競稱賢母焉。前朱孺人少亡，蓋闕如也。

夫以余之相去也遠，不獲親炙伯父伯母之德行，聊以年兄之德行推之也；不獲親聆伯父、伯母之德名，聊以年兄之德名卜之也。《易》曰"積善之家，必有餘慶"，年兄學問治術，聲震粵西，誠令人因末憶本，而樂誌其盛之所從來，以徵德蔭於無窮也。是爲記。

賜進士出身翰林院編修歷任河南廣西主考加三級安徽泗州年愚侄楊殿邦頓首拜撰。

男博學率孫襄洛同立。

道光二十七年九月穀旦。

（文見登封市大金店《鄭氏族譜》。王興亞）

面壁石贊碑

少林一塊石，都道是箇人。分明是箇人，分明是箇石。

石何石，面壁石。人何人，面壁佛。

王孫面壁九年，經九年面壁，祖佛成。祖佛成，空全身。全身精入石，靈石肖全形，少林萬古統宗門。

高安蕭元吉譔。

僧會司德武立石。

道光戊申秋。

（後存登封市少林寺碑廊。王興亞）

施地移修戲臺碑記

【額題】　日　月

施地，善事也。繼施地以成其事，亦善事也。登邑碑樓寺，自天保八年創建，古足跡也。但寺廟之地甚□，香火之地無多，憾事也。幸太學生楊君□德者，禹郡白沙人也，有地三畝，在寺前也。孫文喜、李萬福等□□施地於寺，以廣演戲之寬，以補香火之資，雅意也。楊君慷慨應允，並無吝嗇。善何如也！吾邑慕其好善，請贈匾額，不沒善也。孫、李等募化鄉貲，相助相濟，善事乃成也。噫，是舉也，非施地不能補其缺，非鄉貲不能成其事，非孫、李等亦不能全其功。所謂施地善事，繼施地以成其事，亦善事也。由是寺前之地寬闊可羨也，演戲之台移修甚固也。香火之地，垂裕於後世也。列諸琬琰，以識之宜也。

此地東至官地，西北二至路。

南至李榮祥、□□三畝。

邑庠生張履祥撰。

邑庠生張奎光書。

首事孫萬喜一千，李萬福五百，耆老吳敬儒五百，耆老李宗週三百，李□德五百，□張□、張萬福十二千，□□□、韓連□十二千，史家輝、張錫□五百。李永錫五百，張章五百，張予德五百，□梁秀五百，李□朝五百，董殿五百，趙方周五百，馬禎一千，張永春五百，張振方五百，梁同科五百。李秀連、孫萬□、張□路、李□柱、趙學書、李文逸、梁榮宜、李志超、梁金波、張□秀、張□林、李新建、李瑞璍、王振聲、賈連珍、白萬林、高慶堯、黃文耀、李瑞潘、張世孝、郝□書、史建安、李元春、李春陽，以上各五百。張自安四百，耆老馬允升四百，耆老張振國、董文祥、張萬朋、李善舉、李朝海、李培、孫守征、張松林、孫逢寅、賈如信、張□德、梁旺、張鼎新、李元太、孫永祿、李秀忠、張以筠、李芳馨、張朝林、耆老張旺、孫萬選、孫榜元、孫銘祀、趙大裕、李興太、賈學智、張萬祿、趙振本、孫萬福、□□太、馮允惠、□富臣、焦文明、賈如惠、徐玉升、李進書、孫應福、梁思和、馮運生、梁應科、趙隨源、孫□增、梁舟、孫予信、李永安[1]

大清道光二十九年歲官己酉梅月。

（碑存登封市城隍廟。王興亞）

盧崖寺石額

道光庚戌三月吉日刻。

盧崖寺

比丘僧遍照率衆創立山門。

（額存登封市下盧崖寺山門。王興亞）

御祭中嶽嵩山文

清宣宗

維道光三十年歲次庚戌五月壬辰朔越五日丙申。皇帝遣河南南陽鎮總兵圖塔布致祭於

---

[1] 該碑最後三排，字不可識。

中嶽之神曰：

維神作鎮寰儷九霄而極竣；鐘靈太室，定四表而居中。朕纘受丕基，新承景命。竊念皇考御極以來，撫圖贊化，握鏡調元。風雨守匕其和甘，中外同其複福。茲當嗣位之始，宜修遣祀之儀，用薦馨香，特申咒告。惟冀山口乎應瑞，允符吉亥之忱；嶽降征祥，重荷生申之祝。尚其歆格，鑒此精誠。

欽差承祭官河南南陽鎮總兵官圖塔布，陪祭官署河南府通判唐錫籌，登封縣知縣舒亨熙，宜陽縣教諭周自怡，登封縣教諭薛作楫，訓導郭官城，典史張善培。

邑庠生劉鎔書丹。

（碑存登封市中嶽廟黃籙殿。王興亞）

重建少陽橋碑記

【額題】流芳百代

蓋聞聖教東流，法傳中國，佛來西域，著迹少林。少林者，居少室之陰，五乳峰環繞，少溪河瀠洄，是以名山稱第一焉。寺前舊有少陽橋，不知創自何時。考厥由來，相傳爲龍脈所關，往來朝山所便也。但年深日久，爲暴水衝圮，遺址今無存矣。寺中有僧會司德武公者，當盛夏水漲，睹驚濤相隔，而竊歎橋之不可少也。乃與監院僧寂文公言曰："少陽橋爲一寺呼吸之處，所係非輕，豈容闕而不補哉？"因會常住各執事並門頭僧衆，共議重建。會曰："此盛事也！修之焉容緩乎？"爰是募匠傭工，鑿山礱石，以刻期經營。凡一材一用，悉監院親理，衆執事均受跰胝。僧會司募化，各門頭又捐資財，通力合作，閱三載而功告竣。橋制闊十有六尺，長十有八丈，高與闊相等。費以緡計，約有七百餘千。除募化各捐外，常住蓋獨任焉。夫以數百年之頹廢，一旦煥然改觀，非有爲之倡者克成此美備乎！行見彩虹摩霄，偃月覆地，不惟可以受書題柱，而往來庶阻氣脈得通，既足彰前人之德，亦可啓後人之善矣。謹沐手誌之，以垂不朽云。

邑庠生焦士元撰文。

邑增生李嵩陽書丹。

僧會司德　□界、淳祥、淳樂、□峯、貞林、行書、□法、素雲、淳志。

耆舊淳□。

公直淳文、淳舉。

監院寂文、湛壽。

衆執事寂昇、真定、貞印、寂金、行常、淳建、淳玉、永文　合寺同立。

匠工車榮富。

道光三十年八月穀旦。

（碑存登封市文物保護管理所。王興亞）

贊達磨面壁圖有序

磨面壁圖[1]
知登封縣事奉化舒亨熙贊
太室沙門了亮敬寫。
一葦渡江，九年面壁。妙相遊天，精誠貫石。
悟上乘憚，具大法力。釋教初開，惟師第一。
足色足空，不生不滅。片影空山，千秋靈。
嵩山少林寺殿後供摩石一具，約高二尺許。上有黑紋如人狀。相傳為初祖達磨九年面壁影也。神僧精誠所著理感然。□修黃嶠大令囑高僧智□鉤磨泐石並作贊，囑余書之。點綴名山亦韻事也。余亦附偈於後。偈曰：

此石何年生，此影何年印。我現見如來，還從此石問。佛氏本□門，空空為上等。翻笑老頭陀，多此一片影。

清道光三十年十一月刊。
江東初汪暾識於嵩陽官署。

（碑原存登封市少林寺千佛殿內，後移至少林寺碑廊。王興亞）

登少室寺

古刹蒼茫隔紫煙，長松掩映稻花田，千僧歸院頻□戶，遊客隨緣不施錢。
興到捫蘿探曲洞。睡餘推枕聽鳴泉，欲窮漢武巡遊事，繞遍回廊認舊鐫。

鄂東王溥[2]。

（碑存登封市少林寺碑廊。王興亞）

□□□題《大唐碑》詩

嵩陽□□□□山，□□觀漢雙柏齊。住豈要將軍名號，尊□同象雨乾坤。等聞歷盡千秋劫，□取嵩陽老樹根。
道光庚戌重陽後五日，豫漳道□滋□□□□□□□。
道光三十年。[3]

（碑存登封市嵩陽書院。王興亞）

---

[1] 達磨面壁畫像高二十二厘米。
[2] 王溥，書法甚佳。道光中，官至四川大竹縣典史。
[3] 該碑有十四字被人敲砸，又有三字漫漶，不可識。

梅老父臺善政碑

【碑陽】

【額題】公議除政碑

七月十三日，武生曲作礪以防舊除弊請批勒石等詞具呈。蒙批。

查差役奉票追捕錢糧，或勾攝公事，本不准絲毫累鄉民，所稱議及飯錢之說，殊屬荒謬，不准。

錄面何老父臺批，據呈該處飯鋪章程，爲衆人剪除積累，深堪嘉賞。該鋪戶等自應永遠遵行，違規混開，殊屬不合。著該鄉地等飭令遵照章程，按日開銷毋違。凡差役一名，每日飯錢一百文。

大清咸豐元年前八月十五日，曲高里紳民立石。

【碑陰】

四鄉善男信女捐錢姓名開列於後。[1]

（碑存登封市嵩陽書院碑廊。王興亞）

祀嶽禮成至少林觀達摩面壁影石贊

知河南府故城賈臻作

經歷天津張瑛書

祀嶽禮成，至少林寺觀達磨面壁影石，因贊：

是人是石，是佛是僧。是精氣神，凝聚而成。

本無我相，何色匪空。本無定在，不滅何生。

師目不識，孰識師容。不息則久，久則徵。何以貫之，惟一誠。

儒耶釋耶，人耶石耶，冥冥者迹耶。

清咸豐元年中秋之月。

（碣石存登封市嵌少林寺碑廊北壁。王興亞）

慈雲堂額及門聯

【堂額】慈雲堂

【門聯】誰開東土西方法

---

[1] 開列善男信女姓名，字多漫漶。

人在千崖萬壑間

祀岳禮成歸道少林書似德禪證足。

賈臻楷書。

咸豐辛亥秋。

(嵌於登封市少林寺慈雲堂。王興亞)

嵩嶽寺重修白衣菩薩殿碑記

蓋聞善始者尤必善終，善作者亦必善成。嵩山玉柱峰下有嵩嶽寺，古刹盛地也。寺內有白衣菩薩大士神祠一殿，其始不詳所自。然歷代增修補葺，繼繼承承，至今不絕。自康熙四十四年僧道達募化重修而後，迄今百有餘年，風雨飄搖，廟貌傾圮，神像黯淡，無以壯觀瞻，即無以肅拜跪。住持僧覺純等目睹心傷，因募化士庶，得錢若干，鳩工庀材，不數月，面貌與神像俱煥然一新，則可謂善作而善成矣。菩薩之靈蹟亦昭昭矣。工既竣，因將募化施主姓氏，勒諸貞珉，永垂不朽，其亦不沒人善之意也，用以勵世之好善者。

邑增廣生李允迪頓首拜記。

孫祖惠薰沐書丹。[1]

住持覺純、覺來，侄昌明、昌羣，侄孫隆池、隆渠、隆福、隆喜、隆太，重孫能貴、能珍立石。

石工趙長發雕刻。

大清咸豐五年歲次乙卯梅月穀旦。

(碑存登封市少林寺碑林。王興亞)

合寺僧俗公議規矩碑

嘗思爲僧以念佛爲本，爲農以耕種爲先。念佛則無是無非，更可超凡入聖；耕種則不饑不寒，尤足講讓興仁。甚矣！清規宜守，而本分宜安也！但近經兵荒，匪人蜂起，混迹□道，借遊滋事。有入田竊取禾稼者，有黑夜砍伐樹木者，更有結隊成羣謀□搶奪者。合寺均受其累，寸□實屬難堪。因同公議，設立規矩，以杜匪類，以端風俗。所立條規開列於後者，按規致罰。如不受罰，合寺人等送官究治。如此則歸真返朴，本業各安，行見爲僧者，皆有道之品；爲俗者，均有餘之家。外侮□屏，禮義□興，其受福爲□□矣。因勒石永爲聖戒云。

邑庠生焦士元撰文並書。

---

[1] 以下化主姓名，字多模糊。

一、議砍伐墳中樹木者，勿論晝夜，罰錢五千；地中樹木，罰錢二二千，黑夜加倍。

一、議竊取禾稼者，罰錢一千。黑夜加倍。偷棉花者亦然。

一、議各色樹果許吃不許拿，犯者罰錢一千，黑夜加倍。問明主家者不罰。

右條有犯，定罰不恕。若有大於前條者，隨時酌罰。徇私者，罰錢五百。

合寺僧俗仝立。

大清咸豐五年六月吉日。

（碑存登封市少林寺碑林。王興亞）

補修法王寺地藏王菩薩大殿碑記

【額題】流芳百代

夫法王寺，古之名刹也。其後院大殿乃地藏王菩薩同十王諦聽、二祖神光講經說法之所。當其時，只說得天花亂墜、地湧金蓮。上神爲之皈依，下民爲之瞻仰。苟非深得我佛心傳無上妙道，安能感格地藏王菩薩現金身，施法力，威鎮崧陽，福陰中州也哉！而況地接伊洛名勝之區，雄踞太少形勢之地。崧屏環其後，潁水繞其前，景幽勢險，宛然塵世洞天；高嶠拱其左，峻嶺列其右，落花流水，恰是人間仙境。予抱煙霞痼疾，泉石幽癖，訪道參禪，來至登邑。遊覽嵩高，而見其地僻人稀，遠塵絕俗，不禁流連往復而不忍去。隨寄居僧舍，棲遲其間。每逢天朗氣清，必登高遠眺。或吟風弄月，或酌酒賦詩。最善四面雲□遠山岫，一灣溪水透碧泉。鳥語花香觸處好，風流雲散自閑匕。一日，齋靜坐。身困神疲，閑步西廊下，待月嵩門前，左顧右盼，偶睹廟貌魁偉，爰然想昔年之隆盛，世遠年湮，因感風雨飄搖，喟然歎今日之凋零。幸有本寺高僧祖□，以菩提心，發慈悲念，不惜跋涉勞苦，處處力爲募化，感動男女善心人，樂爲布施，由是借大眾之貲財，成補修之功果，復得煥然重新，巍然改觀。因立石垂芳，屬予爲序。予雖譾陋，亦樂爲之記述云爾。

古杞臥云樵夫煙霞了撰文並書丹。

石作匠人趙長發鐫。

大清咸豐五年歲次癸卯巧月中浣穀旦立碑。

本寺主持僧人通遂、徒侄、徒孫立石。

（碑存登封市法王寺。王興亞）

禁焚山林碑記

山者，宣地潤以雨露。宣著自處山者產也。煎以炎火產生，似難任千人之求，取利益無窮。縱一炬之歡娛，動植立盡，牧牛羊猝兮，無從欲樵采兮。徒延守目不僅高人遊眺，濠梁之興索然已也。寺西鉢盂峰，乃三十六峰之一。甘泉星映，龍池襟流，五乳抱前，玉屏枕後。距少室之上游，跨外方而特秀，在西頭□得髓卓錫於茲，香火延接，遺迹猶存。此二祖庵所由名也。而林木豐茂，佳氣鬱葱，真令我一回仰止，一回嘉賞。斯雖山牲之疑結有然，亦實所寺僧辛苦朝夕培養之功高焉。近有無知愚□輒萌鄙吝，恨不能罄山所有，竟忍使棄貨於地，因利生忌，因忌生毒，膽敢私智自逞邊人，玉石俱焚，青松杳矣，童禿堪傷。窺諸天地大生之心，佛祖慈悲之念，當不其然。時寺尼僧俗公商歷禁，嗣後有放火焚山者，或入林竊木者，指物罰錢。如不受罰，送縣究處。議定之時，余記其事。余不護辭，免從衆意，用勒諸石，垂戒將來，□□警心，則寶山也，而陷阱矣。慎旃慎旃。

穎谷晚樵王東林撰文並書。

少林合山僧俗公具。

咸豐陸年陸月吉日。

住持僧湛峰立石。

（碑存登封市少林寺碑林。王興亞）

重修萬嵩寺暨創道房碑記

从來事有由起，功有由成。紫云之右，自康熙五十五年始有萬嵩寺者，其建修也，劉公、車公新創。其捐地也，車公道奇所施，迄今百餘歲矣。而風剝雨蝕，漸見傾圮之慮。倘弗急爲修葺，一旦而棟摧瓦飛，將何以肅觀瞻而妥神靈乎？幸有車君永祥、世文者，一鄉之善士也。謀諸住持靜池，即施地之籽粒，計香火費用外，存放蓄聚，積錢六千，欲施興作。而恐不足，又復募化四方，得錢若干千。於是，鳩工庀材，經營興作。殘缺者補之，暗者新之。雕書丹青，無不煥然可觀。功竣之時而資尚有餘，即殿左建修道房兩楹。

是役也，起於咸豐六年八月，落成於十二月。茲值勒石，囑余作文。余鄙陋無學，豈敢云作乎？亦僅叙其顛末，以誌焉云爾。

太學生王之堂宣政氏撰文，子以莊書丹。[1]

大清咸豐陸年十二月吉日。

（碑存登封市少林寺碑林。王興亞）

咸豐年重修清微宮碑記

真武殿、元武殿、金粧二殿神像及前三清殿神像，又完葺周圍宮牆，修蓋道房十餘間，供桌俱全。余自孩提，即從師求道，積六十餘年。其入門不爲不早，而越日不爲不多矣。奈質性愚魯，杳無所得，其於五千言徵旨，億萬世之清教，每遇仰思，未嘗不惶愧無地。

---

[1] 以下佈施者姓名，字多模糊。

所習見者，宮居少室之前，後有九峰環抱，酷似蓮花。左則金牛嶺，右有黃沙嶺，彎曲雙護不啻肘臂。而前之當戶而秀者，筆架峰也。重疊回顧者，潁之三源水也。至於曉日初上，夕陽返照，交牙錯起，臥箕長眠，兩熊之景色，偕來雙乳峰之秀氣，皆出於三十六峰，遙相輝映者，誠佳趣也。

余性拘謹而簡樸，不喜繁雜世務，日於上香之餘，三戌之暇，率徒輩耕種宮旁石田，亦已久矣。且歷年來，東真武殿、西元武殿，敝壞殊甚，幾無一蔽風雨，神其能罔怨罔恫乎！此住持之責也。余因獨肩其任，謹備磚瓦之具，材木之需，粉飾之物，用工匠之支費，重修兩殿，並金粧兩殿神像及前三清殿神像。未已也，又完葺周圍宮牆，牆外建大聖殿，旁蓋道房，養栽柏樹七十餘株。今功已竣而事已畢，因援筆勒石，序其始終云。

生員劉振德撰文。

主人書丹。

鞏義劉蘇村拔貢劉瑞律、劉瑞圖祝香資。

住持劉益順等立石。

李戰林刻石。

大清咸豐八年桃月吉日。

（碣石存登封市西少室山陽清微宮。王興亞）

重修初祖庵大殿千佛閣並山門碑記

余觀少林之西麓，佛有初祖庵，盤居五乳峰中。羣巒列翠拱，向有情接嵩嶽之靈派，含少室之精華，仰瞻千岩之境，俯察萬壑之秀，且有古松偃蓋，老柏參天，三花繞座，五葉芬芳，古達磨西來成壁，老神光斷背安心，乃釋家之勝地也。凡宰官長者遊覽，明儒賢哲歌吟，莫不曰山明水秀，人灵地傑，登邑之勝境，天中之福地也。恭維初祖庵者，乃達磨大士傳法之地也。經始不知創於何時，考之碑跡，乃後魏孝文帝之所建也。自唐、宋以來，屢為重修。自清朝康熙年間，有趙光祖重修以後，近今百有餘歲，以致祖殿、佛閣、山門、禪堂盡被風雨損壞，金像多闇淡而無色。時有西來堂前院僧人淳進、淳典目覩心慘，不忍坐視，遂動重修之念，二師發心整理，不憚拮据之勞，胼胝之苦，朝夕謀慮，日夜躊躇，意欲自為修補。奈功程浩大，獨力難成。無奈先伐本庵柏樹數株，補入功程，復又募化四方，並捐己財，以勤厥事。擇定動工於咸豐丙辰，工宣於戊午，越三載而工告竣。前後諸殿、東西禪堂以用周圍院牆，盡皆煥然一新，以成鳥革翬飛之盛。是日，功果圓滿，勒諸貞珉，以敘其事，以記其歲月而已。是為記。

現年僧会司德武、耆舊寂金。

住持僧人淳蒼、淳進、淳典、淳洛。

貞和、貞居、貞年、貞法、貞芳、貞月、貞兴、貞□、貞□。

素利、素貴、素榮、素明、然素、素有、素喜。

得信、得變、得水、得路、得乾。

合院大衆重修立石。

畫匠蘇春雲、□□□、□□□。

泥水匠史東往。

偃邑馬□□□□刻石。

旹大清咸豐捌年仲秋之月穀旦。

（碑存登封市初祖庵。王興亞）

崇福宮免差役執照

欽命河南等處承宣布政使司布政使加五級紀錄一次祥，為給崇福宮免差役人等[1]給執照，宮內道士刊石，當謹存留。日後凡有勒索惡詐等事，准該住持追究。

准此。

住持劉元陽。

隱士劉少峰等同立石。

清咸豐十年正月二十六日立。[2]

（碑存登封市崇福宮。王興亞）

御祭中嶽嵩山文

清文宗

維咸豐十年歲次庚申六月癸未朔越祭日癸酉。皇帝遣河南歸德鎮總兵官慶旡文致祭於中嶽嵩舊之神曰：

惟神基凝地厚，位宅土中。炳柳宿以分躔，雄豫州而作鎮。備風雨陰陽之和，會二室騰輝；控澗渡伊洛以來，同三公視秩。茲以朕三旬展慶，九寓臚歡，懋舉崇儀，虔修祀典。詩歌嶽降四方，瞻峻極之形；史述嵩呼萬歲，協登封之頌。允符胖室，庶鑒精誠。

欽命承祭官河南歸德鎮總兵慶文。陪祭官署河南府分府王繼先，同知銜登封縣知縣章慶保，教諭王止孝，訓導郭官城，典史朱立勳。

邑庠生李葆善書丹。

（碑存登封市中嶽廟黃籙殿。王興亞）

---

[1] 以下字迹模糊。

[2] 碑首殘，額下題"執照"二字，其兩字中題"崇福宮"三字，執照正文十二行，行滿二十六字，楷書，字徑二厘米。

禹州張玉和施地碑記

蓋聞《易》言積善，又言揚善，《書》言作善，又言口善。惟有積善作焉者，開其先而乃有揚焉彰焉繼其後也。禹州有善民張玉和者，因其煢獨，遂發慈航，將所置六畝三分地，共糧五畝一分，坐落寺東，其地南北畛，東西二至高姓，南至磷，北至路，四至分明。情願施捨於普照寺，以為永遠香火。時年六旬有七，言明所在一日，以為糊口之資。至沒後，盡歸寺內管業。且有葬所，誠善舉也。寺僧湛春恐汩沒人善，因勒貞珉，以垂諸不朽云。

大清咸豐拾壹年十月吉日立石。

（碑存登封市城隍廟。王興亞）

嵩山法王寺宗派之碑

傳曹洞正宗第三十九世會善智水亮書丹。

震旦國自達磨祖師傳法以來，至六祖以後分爲五大宗派。法王寺乃曹洞一支。自江西壽昌慧徑禪師下第四世博山大顙禪師，又立曹洞宗派計二十字派曰："亢道弘傳一，三光普照通。祖師隆法眼，永播慧呂宗。"

謹將本寺開山以來老和尚可考法諱及後人諸僧開列於左：始祖傳淨一、慧一，秀三、乘三，曉，以下失考，近代照崑、照傑、照海，通修、通德、通瑞，祖梁，師敬，師筵、師亮、師禪。

龍飛同治三年歲次甲子春二月之中浣。

（碑存登封市法王寺。王興亞）

公立條約碑[1]

皇清定鼎以來，君咨臣儆，庶績咸熙，其間蒙麻被化者，莫不薰其德，而願謹諄良之俗，睦淵任恤之風，遍寰區焉。亦安有所謂憑空訛賴，赫詐鄉愚之事也哉！奈近年以來，粵匪逼界，皖捻臨境，在上者軍興旁午，剿撫互用；在下者口身攸關，堵禦不暇，以故小人者流乘機竊發，非無中以生有，即指假以爲真，借公事以濟私，起風波於平地者，往往而有也。緣是援方老幼輩戢相尤曰："此風不息，支曼難治。"乃邀同鄉地公立條約，嗣後復有誣賭、誣竊、誣娼，諸凡無確無據，憑空滋事者，衆共攻之。輕者交局詰責，重者送

---

[1] 標題係補加。

官究治。縣呈狀則聯姓名，費錢文則按地畝，庶小人詭詐之異，自而將來雍睦之俗可望也夫。是爲誌。

例貢生宗甲山撰文。

孔林職龔呈麟書丹。

告成鎮、東北溝、北溝、馬家溝、雙廟溝、肖家溝、毛氏溝、竹園村紳民仝立。

大清同治四年季春月上浣吉旦。

（碑存登封市告成鎮。王興亞）

御祭中嶽嵩山文

清穆宗

【額題】御祭文

維同治四年歲次乙丑三月丙申朔。皇帝遣河南南陽鎮總兵趙鴻舉致祭於中嶽嵩山之神曰：

維神雄標伊洛，秀繞澗瀘。豫野分疆，輝耀瞻壽星之次；坤儀奠位，崔巍仰太室之區。降神則申甫勤宣，奏凱而壬林禮洽。茲以金陵告捷，玉宇清塵。張肆伐以揚威止戈，有慶聽三呼而紀瑞。薦幣明虔，祇告武成，伏惟歆格。

欽差御祭大臣署理河南南陽鎮總兵官趙鴻舉。陪祭官河南府通判張桂，同知銜署登封縣知縣牛緒儒，教諭王止孝，訓導李三陽，典史朱立勳。

附生申書山書丹。

（碑存登封市中嶽廟黃籙殿。王興亞）

十村公議鄉規碑記[1]

內究生，外奸興。種俾□變難圖□，古在昔□彰痺是□□□□非弗率，致使井疆之殊□以懲奸，行王風化之成。今年來□□□寇則弗用灵之民義可□□，可殺人，可越貨，可攘故□列在四民者，事被吟農几無以加□，農工几無以為人材之飭化，商几無以之阜通，此民之所仰□□心而泣血也。

吾鄉素本有舊規，今更□秦大老爺曉諭，立為程式，竊禾稼，盜樹木，窩賭窩娼，□告無須煩勞，酌議罰之。至若搶人牛羊，更搶人子弟以索財貨者，或畏死□因弗□官究除。凡犯規者無論骨肉，無論故舊，悉以規矩從事。強悍不遵□□送官發落。所費錢文，不得虧里□一家。

邑庠生王心星炳菴氏撰文並書。

---

[1] 該碑中間斷裂補合。

大清同治四年歲次乙丑下浣穀旦。

（碑存登封市城隍廟。王興亞）

清創建潁京城隍供棚碑記

竊聞丹堂而後入室堂者，維何正大高明，即供棚之謂也。從來廟宇之室，原以□神供□之堂，亦以此□祭之禮，所以載於《虞書》。隋唐之文，所以詳於《周書》，共相之，不可不護也明甚。昔潁京城隍廟創造重修，獨缺供棚。今合社人等相商評議，共有締造肇修之願，遂爲工之創建。念爾之難之，共緣募化四方，共襄是舉。半著皆是福田，□銖亦成正果。時曰自容喜□□蓮花，善□人同而雲集。於是，□□於始克慎，□以《詩》云"經之營之，不日成之"，其斯之謂與，追至□相告竣□後默無者，忽有觀者如堵，繪帝座於北極，咫尺不達，□書呈於南滇，輝煌在即。□故肆□□記□映蘋藻，馨香通六堂哉。皇哉，懿乎樂哉！善雖小□未始，非潁鎮一巨觀也。余遂援筆而做歌曰：

□□□萬善同歸，藏彙捐著名姓，百代今流芳。

邑庠生王西漢祥云氏沐手撰文。

邑庠生王式之范一氏沐手書丹。

首事監生郝萬義施義錢一千，孔廣泰施義錢一千，王垂恩施義錢一千，王承恩施義錢一千，鄭玉貴施義錢一千，范用路施義錢五百，孟克進施義錢五百，王居泰施義錢五百，郝來生施義錢五百，孟發榮施義錢一千。

龍飛大清同治伍年冬拾壹月吉日立。

畫匠刑東。

木匠安國泰。

刻字王清漢。

住持劉金才。

（碑存登封市嵩陽書院碑廊。王興亞）

重修三清殿金椿神像碑記

縣治之北，舊有老君洞，後靠嵩峰，亦作錦屏。云石岸上有嵩陽洞三座，其椿神澤靈，威名千古。創建不知何代，暨改建草堂，年深日久，風雨塌壞，勢不可支，弗修且日就圮。老君洞住持馮希坤請於神，不忍坐視，發願興工。心思去舊換新，獨力難成，而四方樂助者，雲集回應。功程未動，馮公羽化飛升。其嗣道人朱誠都求予言，以紀其事，因募化四方，眾善士目睹心傷，各捐資財以助成功，礱石芳名，亦可永垂不朽云。

偃邑儒童薛璿璣經應工事。

燕魁元沐手敬書。

住持朱誠都。

同治七年歲次戊辰季夏中浣吉旦。[1]

（碑存登封市老君洞無極殿。王興亞）

箕陰摩崖題記

潛龍潭

箕陰避暑處

王澤翰題。

函谷

焦喜年題。

溪溪澗冷

郭中和題。

同治戊辰。

（摩崖存登封市東金店鄉箕山龍潭處深長山澗的兩崖石壁上。王興亞）

皇清太學顯祖考甄公諱詮字宰衡妣郭氏孺人之墓

　　長太學生承先，生三。長太學生挹清，生二，長業儒世芳，次世臣。次候選直隸邠州郎武生廷爵，生二，長業儒世傑，次太學生世卿。三太學生廷蘭，生二，長業儒世豪，次太學生世祿。

　　次貢生守先，生三。長生員廷芝，生二，長太學生世華，次貢生世昌。次太學生廷璧，生五，長世泰，次世彥，三太學生世盛，四世隆，五世法。三附貢生廷元，生三，長太學生世德，次業儒世禎，三業儒世俊。

　　同治拾年貳月中旬仝立。

（碑存登封市盧店鎮瓦窰溝村甄家溝甄氏先塋。王興亞）

重淵疊巘題刻

重淵疊巘

同治壬申刻。

---

[1] 下列捐資人姓名，字多模糊。

佳堯年題。

(摩崖在登封市石淙河最南崖。王興亞)

重修老君堂金椿神像碑記

邑北十餘里承天宮，居嵩陽之中，最靈秀者，寶光燦焉。創始之日，未暇詳考。而世遠□非所以妥神靈，壯觀瞻也。魯、寶、許、禹、密、洛、偃、嵩、鞏、登，各善士目睹心傷，慨然以募化□□而金碧輝煌，廟貌煥然，此固善心之所感，而威靈之默助也，固記其事，並列姓氏於後。

同治十三年歲次甲戌季春月中浣吉日穀旦。

(碑存登封市文物保護管理所。王興亞)

蔣莊河橋碑記

本水發源於登，迤東滙於蘆溪、淙溪，又東滙於老虎潭，勢忽南迤，汪洋已甚。每屆秋冬，行者苦之。有費莊村壽官趙君諱居正，與其少君太學生克家、克己、克念，慨然施地若干畝，令他人耕種，收穫以作每歲建造橋梁之資。其在趙君忠厚傳家，原非以此博名。然以此善心善事，曾何忍心聽其湮沒而弗彰。故蔣莊李君萬天、孔林朝，伴官李天德、李殿奎、李榮甲、李松富、李松發，太學生李光輝、李光遇、李大德、李宗義、李聚坤，石羊關宋文公，耆老趙瑜、劉□□，曲河馮天才、馮萬年、馮大有同立石，以誌之。

邑庠生溫如芝撰並書。

(碑存登封市告成鎮。王興亞)

重修關帝廣生三官閻王並創修火神殿碑記

大礜之南有伏牛山者，乃登邑之屏藩也，山自西來□□，東出□□登境界外，其中間兩嶺□□□□大蘋山□□者為西送表，□而關帝、廣生、三官、閻王諸廟在焉，稽□自始建者清初左右，□邊□落，而□百年間，鳥飛兔遷，假松柏以長令□伯而師滋苔鮮而爭潤，其赫聲濯靈惕人心，自殆超出塵埃外焉。近因代遠年湮，廟貌頹□，棟宇□□荒煙，階砌半委茂草，兼之神像剝落，金壁暗淡，歲時拜敬，遠近咨嗟，鄰眾尤惻然憐憫，思為重修之計，第念規模廣大，功程浩繁，倘□□□□□□□□□觀厥成，是以躊躇□□，不免□有難。邑村有張公景運、張公永長、田公大林、郝公文花，仗義陳財，慷慨首出，邀集□□□□□□□□□□為文造朾頭，轉致四□□□□□□□無事空□化募，而白鏹日集，亦不必緣門托鉢而青蚨時來。□□□□□□□□□□□□□□□□，七月初四日□□□□□□□□依然□垣□□然而神像爛然，黝堊丹漆，舉以法伊乎瓊宮瑤室，龍堂貝閣，飛自人間矣。繼因余財奉盡，相慶□□於廟院□□□□□□火神廟二檻□□□之工整，約與諸廟等。厥工告竣，人夫和會。遂演戲三日，敦靖四方親友以落之，既而囑余為文，以記其事。余不文，□□□□之不得於□□□略為述之，俾知斯役也，二張公、田公、郝公□願為其難者，至衆全事□□不違，卒能共勷盛舉，以底以自成，亦非易□□。

  關帝社花錢拾仟整。

  席尚賓沐手撰文，施錢三百文。

  李應科沐手書丹，施錢四百文。

  石匠王金新。[1]

  大清同治十三年季春之月上浣吉日。

（碑存登封市石道鄉西送表關帝廟。王興亞）

重修老君堂金粧神像碑記

  邑北十餘里承天宮，居嵩陽山之中，最靈秀者，寶光燦焉。創始之日，未暇詳考，而世遠年湮，非所以妥神靈，壯觀瞻也。魯、寶、許、禹、密、洛、偃、嵩、鞏、登，各善士目覩心傷，慨然募化，以而金碧輝煌，廟貌煥然。此固善心之所感，而神威靈之默助也。因記其事，並列姓氏於後。[2]

  偃邑：大化主王聖社捐仐六千五百文、趙元辛、李永海捐仐二十千文。

  嵩邑：化主李□云捐仐兩千文。

  魯邑：李龍江捐仐七千文、李建平捐仐三千文。

  □□：化主宋靜修捐仐三千，李林貴捐仐三千，張王氏捐仐三千文。

  偃邑：化主陳□□、趙五林、楊五方，以上各仐二千。

  楊□□、□丙寅、張萬立，以上各仐一千五百。

  同治十三年歲官甲戌季春月仲浣吉旦。

（碑存登封市城隍廟。王興亞）

重修螽斯殿碑記

  嘗思皇天無親，惟德為親。鬼神無嘗享，享於其德。以故維皇建極之聖，《關雎》起王化之原，《螽斯》征家道之隆，尤為民生之大本乎。□寨東頭，舊有螽斯殿一座，來百有餘

---

 [1] 木匠、功德主、施錢、首事人姓名，字多模糊。

 [2] 捐資人姓名，字多不清。

年。廟貌又被風雨傾頹，將何以致對越之誠？於是，信士等人聚首相商，遂協力募化百家，功成，尚非勒石，恐無以彰人善，後時繼起之無人焉。因立石永誌不朽云。

首事王□太、王廷衛、張啟鳳、王□闇。[1]

賀良喜、王保綏、王□寬，各个五百。

王作相、王□□、王□□，各个四百。

李炳元、王承恩、王恬，各个三百。

王芳、王浩、宋朝元、楊箴、王允泰、王柏之、王老三、王□、王永修、王槐之、王啟秀、王□□、王□□、王□□、王□□、王仁德、王旺、王快□、王寬、王時昇、王之鎮、王允昇、鄭二旺、王元、王□盛、王天乙、王特之、王春祥、王西成、王和成、王昇命、王六十、王春來，各个一百。

大清同治拾叁年三月上浣穀旦。

（碑存登封市城隍廟。王興亞）

創建伽藍殿碑記

【額題】千載如新

聞之聖王之制，祭祀也。在周莫盛於孔文宣，而後文宣而聖者誰？在宋莫大於岳武穆，而先□而王者何人？君子曰：古今來求其無虧，上承文宣，下闡武穆者，其惟漢室之關公乎。且夫之見祀於宇宙也，亦孔多矣。唐、宋、元、明，姑無深考。自國朝定鼎以來，上而京都省會，下而山陬海濱，凡為民之所居者，莫不有廟以祀之。況我劉碑地方，鳳山蒼蒼，溱水洋洋，固登邑之名地，又□之佳境哉。於是，環村紳民屢議建祠，酌量公中所積錢文若干，復為募化錢文若干，且又公舉閻公□□、從九張公全安以董其事。二公晝夜固維始終經營，自壬申季冬工起，至癸酉仲冬告竣。妥神靈，壯觀瞻，固一時之義舉，亦千古之盛事也。工暨齊，事宜敘，爰為勒諸王貞珉云。

邑庠生張奎光沐手撰文並書丹。

化主監生趙玉珍。中和窯捐个三十千。天成窯捐个三十千。

化主監生趙月桂、馮法、李雲、高一寬、趙金成、李福元、孫合、趙雙德、張松、王金成、劉雙有、張三學、李大忠、秦同升、吉貴、盧正元、姚來瑞、景鴻、馮雋成、王敬、史海、以上个二百文。

各村首事

王溝：史運、監生賈從先、賈光林、張万裕、賈建文。

西劉庄：監生李良儒、趙丙南、趙柱、趙光元。

---

[1] 首事人姓名和捐錢數目，字多模糊不清。碑下部人名，字模糊，無法辨認。

庄頭：壽官吳振明、李素選、焦文昌、李錦第、壽官焦文祿、從九張祥林、壽官張東陽、張璞、党建元、壽官張□亭、從九梁天乙、張□祥、張□厚、梁文德、梁書升、張金朋、張河清、張景祥、監生張學彰。[1]

大清同治十三年歲次甲戌季春之月上浣穀旦立。

（碑存登封市城隍廟。王興亞）

御祭中嶽嵩山文

清德宗

【額題】御祭文

維光緒元年歲次乙亥六月丙寅朔越三日戊辰。皇帝遣南陽鎮總兵趙鴻舉致祭於中嶽之神曰：

維神作鎮寰區，儷九霄而極峻。鐘靈太室，定四表而居中。朕纘受丕基，新承洪祚。竊念穆宗皇帝御極以來，闡符贊化，握鏡調元。風雨兆其和甘，中外同其提福。茲際膺圖之始，宜修遣祀之儀，用薦馨香，特申昭告。惟冀山呼應瑞，允符吉亥之忱；嶽降征祥，重荷生申之祝。尚其歆格，鑒此精誠。

欽差河南南陽鎮總兵趙鴻舉，知府用鄧州知州調署登封縣知縣黃緝昌，登封縣訓導兼攝教諭王國平，河北鎮標下河南營協防登封汛經制外委李興仁，六品頂翎河南府登封縣典史劉長祺。

邑庠生李葆恒書丹。

（碑存登封市中嶽廟黃籙殿。王興亞）

重修觀音堂火星閣舞樓拜殿記

【額題】於斯萬年

且自恩推滄海，普慈悲於紫竹林中；德殿離宮，煥文明於紅雲影里。觀音火星其為靈非昭昭哉！我鎮有其廟暨舞樓、拜殿等，昔人創之，固所以祀天神，亦所以培地脈也。迺經風雨以消磨，多歷年所，睹鞏飛之象貌，半就凋零。苟非救弊扶衰，不終抱殘守缺乎，因藉錙銖於里薰，聿興幹補之經營，翻陳出新，鳥革鞏飛。曩時頹靡，塗丹飾粉，倍增今日暉光。夫致誠恪於神明，作善原非邀福，而溯降監於幽，報施□□無憑，爰即父老之鴻幼，敢舒淺陋以短引。

星聯張光直撰文並書。

---

[1] 該碑下部人名，字模糊，無法辨認。

功德主立本誠、玉興恒。總理徐含章。

公直三益號、何有彩、義順正、長順永、順成義、張秀昌、慶源順、貢元馬騰云。

公宜孫玉兆、全盛李、萬順仁。

化主孫玉璠、李良寬、魯金瑞、馬及賢、張秀文。

化主郭朝福、徐文中、徐文明、李守先、董樹梁、余登魁、陳萬慶、范永仁。

化主魯國興、崔福顯、王有明、徐朝旺、魯金升、劉克從、董長富、管台黃大立。

石工鄂大□。

木工王□師。

化［畫］工周鳳池武。

觀音堂住持　姜本明　　呂合处
　　　　　　張須，徒　王忠
　　　　　　藩榮　　　程和平

　甘□人、

孫　郭齡、

　劉永先、孫張元吉　仝建。

　左永堂、

大清光緒六年歲次庚辰小陽月穀旦立。

（碑存登封市少林寺。王興亞）

重修嵩陽書院記

【額題】嵩陽書院碑記

　　古者家有塾，黨有庠，州有序，至國始有學。立名各殊，而考其實義，大要與後世之書院、學宮相等。我朝崇儒右文，凡各省郡縣既立學校以資表率，又聽其自置書院以備觀摩。學校所以觀其成，而書院所以致其力也。嵩陽書院爲四大書院之一，前代屢有廢興。至國初耿逸庵先生始慨然修復，聚士子講學其中。邑人士從之遊者率能矩步繩趨，彬彬有古儒風，一時文教稱極盛焉。戊寅春，余宰是邑。見其地據太室之麓，北倚中峰，西跨少室，前俯箕潁，實□一邑之勝。惜乎弦誦闃如，其院中牆垣、房舍皆傾圮，剝殘殆盡。夫以詩書名勝之區，聽其頹廢若此，詎非守土者之責乎！適吾邑紳耿君健侯請曰："往者比歲旱荒，四民失業，幸蒙招集流亡，民氣漸蘇，惟書院之荒廢如故，耕者有資，奈讀者何？"余欣然曰："公之及此言也，是一邑士子之福也。書院之盛，自逸庵先生倡之。今日之役，非君誰屬？"因擇邑人之殷實者勸之出資，並捐廉以助。鳩工庀材，諏吉興修，更得焦廣文堯年相助經理。於是缺者補之，壞者易之，舊者新之，凡三歷寒暑，工乃竣。講堂前新修一池，開渠里許，引西溪灌注之，是亦源頭活水之思也。夫嵩嶽居天下之中，書院又得溪山之勝，前代名儒，國初諸老已後先輝映矣。士生其間，誠能追踪伊洛，力紹前哲，安在今之不古若耶？余之汲汲焉不忍聽其頹廢，固有厚望於今之學者。是役也，其費錢仟餘緡，其捐資皆善士也，並附開姓氏以爲樂善者觀。

　　知登封縣事調補滑縣呂憲瑞謹撰並書。

　　大清光緒七年歲次辛巳孟冬朔日立石。

（碑存登封市嵩陽書院碑廊。王興亞）

清監生玉田公墓碑銘

　　厥考人世，位列仲行。忠厚和平，種種異常。幼年失怙，孝敬高堂。寢疾八月，未解衣裳。恭兄愛弟，事事相量。賊巢贖侄，生死俱忘。朝夕撫兒，惟恐有傷。有無相通，視族稱揚。緩急共濟，里黨留芳。精通醫術，溥濟四方。歿後感德，匾文相償。若考生平，述之不遑。勒之貞珉，嵩高穎長。

　　附貢生張瑞風拜撰。

　　大清光緒八年歲次壬午二月吉日立。

（文見登封市大金店《鄭氏族譜》。王興亞）

東園記碑

　　人不能建德業施聲稱於後世，僅逍遙於園圃焉，抑亦末矣。間嘗披古名園記如平泉綠野諸勝，不禁廢書三歎。古君子勳業爛然得怡悅其性情者，非苟然也。余少習誦讀，曠然遠想，冀有以表異人環，不有於淺近，乃才有不逮，由異路就未僚，當其始尚不敢有菲薄也。竊欲少有建樹，爲騰達之基，不至匏□一方，寂寂終老，今十餘年矣，才疏計拙，株守無成，廨□傾圮，不得已葺而整□，官舍如隱居，聊以自娛，且在箕潁□少間，勝地可以園，廨東偏舊有池，浚而種蓮，復植雜花，映帶左右。北爲深澗二，外接以廊，□曰小蓬萊，非□自其名，亦以寄鄉思也。西有亭，因□槐而名之亭。南編籬爲界，葛花纏繞其上，籬外菊畦畦，南平房曰飛洲，小橋通焉。洲上爲瀛臺，暇時登眺，□峰四合，或屹立而傲，或偏而恭，或起伏□，周旋於際秀色空濛大□眉宇若□爲主人青者。余生長海隅，宦遊嵩嶽，果前身爲香案□，故今生□迹不離名山，而結緣爲獨厚歟！□東稍石爲山閣，踞其樹□□□與臺並峙，亦小園之勝既焉。夫向之所期，非不遠□天□行年□百，夙念頓消，視古之勳業，爛然得怡悅性情，其度量之盛，□何如也。然較賓士齷齪，擾擾塵壤，逐名利紛華，以汨其心，曾未知一邱一壑，一花一草之間，趣者不尚足多哉！

　　蓬萊□堂劉長祺跋。

光緒十年歲次甲申夏五月中浣。

（碑存登封市嵩陽書院碑廊。王興亞）

劉長祺集句

蓬萊延堂劉長祺集句。

教喧亂石中，飛泉漱明玉。卻下水晶簾，嵐光破崖□。

光緒乙酉秋八月中浣。

（碑存登封市嵩山懸練峰下。王興亞）

告成善橋碑

橋梁建設，所以便行人往來也。憶昔盛時，十一月徒杠成，人無寒裳之苦。十二月梁成，冬無濡軌之擾。古聖王發政施仁，未有不盡心於橋梁者。告成鎮西南里許，舊有瀨川，昨前建橋未定成規，有至冱寒之日，而未成者，行人□□興歎，人之病涉者，不知凡幾。東劉莊善士郭中元攜弟中選、中和，觸目心傷，捨地八畝，每年所收籽粒，以作建橋之費，出一己之財，濟萬人難，善莫大焉。□□比□方人等，蒙其德。施此地課糧四畝八分，遂地，約□令橋規。九月十三日到小滿，此橋損壞，即速修補，如有不尊，公議丟地。

石板溝、告成鎮、隔子溝、袁窑、楊家溝、韓李家莊、郭溝、東劉莊、箕山左右、立箕、太陽溝仝立石。

邑庠生韓西庚撰文並書丹。

大清光緒拾貳年九月。

（碑存登封市告成鎮。王興亞）

皇清例贈文林郎候選訓導杏圃鄭公墓誌

余向讀《書》至"作善降祥"，讀《易》至"善餘慶"，未嘗不欣然羨也。然求之古往今來亦不多覯，茲於年伯皇清例贈文林郎候選訓導杏圃公遇之矣。謹按公行狀：

公諱紹學，字宗魯，號杏圃，先世有諱雍、字和甫者，自南陽遷登之大金店，遂家焉。前明正統辛酉，捐穀千石賑饑，朝廷敕賜義民，享祀鄉賢。十一世至公祖維翰公，性剛毅，勇於爲善，有丈夫氣。子四。其子贈廩生員嵩帶公，即公父也。平生以教爲業，多所成就。生子二：長念茲公，議敘鹽運司知事，是爲公胞兄。

公幼聰慧，長多疾，未能力學，年四十始遊泮。咸豐年間，捐授儒學訓導，性寬宏，從無疾言遽色。時以施濟爲心，親族有不能婚嫁者，必多方成全之。德配王孺人，通許訓導位南公曾女孫、邑庠生迺順公長女，幼嫺女訓，慈祥成性，凡公所之爲善事，孺人内助功居多。子三：長伯樵，名釗，早歲采芹，余癸酉選拔，丙子鄉試兩次，同年友也；次名鎧，太學生；三未室而殤。女二：長適賀門，次適太學生梁棟材室。胞侄二：鏴、鈞，皆太學生。孫六：德滋、德沛，童試已有聲；餘雖幼，皆知向學，識者有以知鄭氏必昌其後也。

公生於嘉慶十四年六月十一日吉時，卒於咸豐十一年二月十七日巳時。享年五十有三。孺人生於嘉慶十四年九月十三日吉時，卒於同治十二年三月初七日吉時，享年六十有五。皆因兵荒寄葬兩地。今柏樵欲爲啓遷合葬，乞余誌其墓。余謹援筆而誌，係以銘。銘曰：

昔歲舊塋，今日新阡。卜吉合祔，子孫綿綿。書香不替，彌億萬年。

翰林院庶吉士刑部主事年愚晚張泳頓首篆蓋。

翰林院編修年愚侄楊佩璋頓首撰文。

邑舉人盧氏縣儒學教諭、年姻侄劉棟樑頓首書丹。

男釗納石。

大清光緒十五年嘉平月穀旦。

（文見登封市大金店《鄭氏族譜》。王興亞）

少林寺五言賦

昨上風穴山，今到少林寺。去年此地遊，冒雨亦秋季。一歲一巡行，往返如梭織。衆山盡童童，獨此更蒼翠。古柏列成行，粉壁空呈藝。回頭問山僧，感慨思往事。殿宇多傾頹，庭階亦蕪穢。雕梁畫棟間，暮燕雜朝雉。徘徊復徘徊，愧我守土吏。民力不能興，國帑從何賜？商之登封令，百計籌一二。集金且支撐，聊表扶持意。安得萬黃金，布地爲興廢。相約在明年，秋期應再至。

壬辰十月朔，巡行憩少林，見殿座傾圮，較去年更有甚焉。爲之慨然不置，會勉軒大令權登封篆，商百金，暫爲保護，實獲我心，爲賦五古，即用顧亭林先生《少林寺》原韻。

光緒十八年十月。

（碑存登封市少林寺東梅山房後庫房南山壁。王興亞）

重修元聖廟碑記

邑之東南三十里有告成鎮，背嵩面箕，潁水經其前。山川之勝，爲吾登最。《孟子》所謂"禹避陽城"，即其地也。鎮北爲元聖廟，載在祀典，春秋不廢。廟之前有一臺，名曰"測景"。考之邑乘，茲地居天下之中，《周禮》以土圭測日影，此其址也。廟之後爲觀星臺，與測景臺屹然並峙，象天法地，同爲前聖之製作。宜如何保護之，以垂來茲，所惜歲久失修，風剝雨蝕，見者惻焉。合鎮紳士戶人等一傾囊槖，更多方廣募，以集腋成裘之計，繼乃鳩工庀材，諏吉興作。

是役也，經始於光緒乙酉春，落成於光緒丙戌夏。所有正殿、拜殿、前後兩臺、後殿、卷棚廡周圍垣牆，一律重新。工既竣，囑序於余。余維測景之制，詳之於《周禮》。《周禮》一書作自周公。茲廟之建，其爲公之靈所式憑無疑矣。公等踵而續修之，祀典賴以常新，古制藉以不沒，信非設寶刹，建浮圖，尋常之舉所可比。謹記其巔末而爲之序。

辛亥科舉人現任尉氏縣訓導劉惠麟撰文。

儒童張明倫書丹。

大清光緒十九年季夏之月中旬穀旦。

住持永清。

（碑存登封市告成鎮。王興亞）

沈守廉題並周元釗和詩

浙西沈守廉留草。

西有少室山，其中多古寺。

少林名最崇，建自梁之季。

紺宇何荒涼，秋風語促織。

碑碣沈夕煙，層巒減蒼翠。

豸節巡行臨，下問衆僧藝。

詎料近時功，大異昔年事。

周覽增感歎，殿傾基汙穢。

國帑遽請難，乏金聘謝雉。

補修允倡捐，兼商府屬吏。

廣布慈惠心，彈林亦受賜。

一朝輪奐新，功德頌無二。

昨蒙寄詩來，尤見拳拳意。

愧五百里才，轉賴爲興廢。

樾陰願長依，瓜期又將至。

吳江周元釗謹和。

光緒十九年歲次癸巳季秋立石。

（碑存登封市少林寺碑廊。王興亞）

皇清恩進士候選儒學正堂諱曉亭字旭初李老夫子德教碑

【額題】恩蔭士林
　　　　嘉惠後學

　　先生諱曉亭，字旭初，光緒八年成覃恩貢，家居授徒，不求仕進。或勸通籍，弗顧也。先生天資英邁嗜學，帳設潁濱寨，數年口講指畫，悟至夜分，無倦色。及移館於家，雖老不衰。出其門者，以故各有成就，從可知教澤之津逮遠也。庚寅夏，因病而歿。聞者莫不悼之，況於親炙者乎！古人有言曰：雖無老成人，尚有典型。夫老成云亡，安得猶自典型哉！此泰山梁木所以不免頹壞之感也夫。先生葬有日矣，及門思勒石，以誌不忘焉。余操觚為文記，並撮述崖略於古，以當友門之請。

　　候選訓導韓文林撰文。

　　王維禎書丹篆額。

　　庠生薛金鑒、庠生麻清華、儒童梁青雲、增生王維禎、儒童程德潤、庠生白文燦、庠生劉炳文、庠生韓西庚、儒童劉玉田、儒童郭之田、儒童段連璧、庠生李光華、監生程書銘、張國藩、劉錫光、楊永發、段連潔、段連陞、張世中、張秉權、張文英、李清漢、趙峻德、王武栓、朱光肇、李光榮、韓依仁、劉聚昌、袁田敬、王秉文、申丕顯。

　　門人、石工唐國宗仝立。

　　光緒十九年歲次癸巳十二月二十二日穀旦。

　　　　　　　　　　　　　　　　　　　　　（碑存登封市城隍廟。王興亞）

玉皇中王下殿金妝神像記

　　大抵工之興也，有所成之／[1]
　　玉皇、中王二大殿，稽所由來，建諸／
　　無不敗壞，君子倡而止之，莫不慨然歎曰：是廟也，何以妥神靈，／
　　者既廢，興起設廟，請首事等計□□力，有古柏五株，售錢若干，／
　　興工，不日而廟貌依然壯觀，獨神未及金妝，而浮屠一夢不醒，豈不／
　　首事等期成此工，及工已成，不忍二之湮沒弗彰，願作文勒珉，以垂不朽。／
　　才不敏，辭至再三，不獲已而後抒其鄙見，非最作文以垂不朽，聊以誌不忘也。
　　邑庠生王德鑄陶金氏沐手撰書。
　　功德主：高長清三千二百，楊廉二千，李友白六千，高超俊六千，高存仁三千二百，

---

　　[1] 該碑中間字多模糊不清，／以下文缺。所錄爲碑上部及下部之文字。

何泰建二千，閆人朝三千，高振朋、高振生六千，李合芳五千，高超林三千，高口成一千五百。

高仁惠口千，高仕第四千，楊文明五千。

高永福三千，李含三千。

周基楊、劉有、史元旦、高本遷、高和尚各一千。

大清光緒貳拾伍年／

（碑存登封市城隍廟。王興亞）

欽旌故儒童鄭進學之妻閆氏節孝碑記

余讀文信國書，三復歌辭，正氣賦形之說，未嘗不慨然興也。曰："此人心之所以不死，而天地之所以不敝乎。"夫是氣，郁於陽，爲奇男子，爲烈丈夫；萃諸陰，爲貞女，爲節婦、孝婦之數人者，其事與心，大都凜然稟正，赴湯蹈火而不悔，白髮而不貳者也。古之史氏一編之中，忠義有傳，烈女有傳，不虛也。

余自秉鐸靈邑，復修忠義、節孝兩祠，又搜舉節數十人，羅而上之，撫臣以達於朝，事畢，適歸。有林子丹者，走告余曰：鄙人一內子，爲金店鄭閆氏之女。鄭閆氏者，年十九，即稱未亡人，撫兒守義，兒殤，志彌堅。孝翁姑無懈意，翁暮年患癱瘓，動作需人，侍湯藥、撰扶履，殷勤扶持六年之久如一日。翁姑歿，喪葬盡禮。又取二門子以延其嗣，六十八以壽終，其節與孝，里巷人猶樂道之。翁在日，嘗與門人曰：吾無子，勝有子，皆孝婦力也。家有此婦，而不蒙國恩要恤者，吾死九泉下目且不瞑。今皇上諭各邑紳士採訪節孝，氏已奉旨入祠矣。今其後裔，欲揭懿行，復表之於道，願先生爲之辭。余曰：是吾所謂白髮不貳者也，不知史氏爲之立傳與否，要其事與心，固足以風矣。

方今日世道人心尚堪問哉？雖業詩書，拖青紫，猶有能持特操事其上，治其躬者乎？斯其廉恥之道喪，而禮義之防潰，骷骸屈曲漫浸，以釀今日之禍而靡有底止，豈所得之氣，固殊與抑習於澆薄，未能奮然思，所以自勵耶。而其自視猶之魁然也，於婦人女子何責焉？乃世風之靡靡如此也，節婦之卓卓如彼也。故敢筆之貞珉，以爲寡廉鮮恥而驕其身名者愧。

己丑科舉人前靈寶訓導薛云青撰。

邑廩膳生崔西華書。

男鎰立。

光緒二十八年三月中浣穀旦。

（文見登封市大金店《鄭氏族譜》。王興亞）

性潔梅公塔銘

曹洞正宗第四十一代性潔梅公大和尚之塔。

【碑陰】

【銘題】性潔和尚塔記並頌

焦翰苑撰。

嵩陽居士黃升公書丹。

光緒三十三年孟冬吉日，徒侄德雲立石。

（銘存登封市會善寺南照壁下偏西處納性潔梅公塔上。王興亞）

王智會夫婦墓碑

王氏先塋皇清王公府君諱智會並武太君二位之墓碑。

長子朝敬、三子朝福、五子朝義及其後代名字。

次子朝宣、四子朝伸、六子朝臣及其後代名字。

監生宗聖、監生宗湯、監生敬則、監生貫三、監生立則、監生印斗、九品印升、九品印玉、九品化遠、九品印錫、九品清秀、九品清選。

清宣統三年二月立。

（碑存登封市大金店鎮白村東地王氏老墳。王興亞）

重修玉皇殿月臺金粧神像十帝閻君殿聖仙聖母殿金妝神像門窗院牆碑文

【額題】流芳百代[1]

聞之莫為之前，雖美弗彰；莫為之後，雖盛弗傳。本宮玉皇殿，前人碑記創脩而後重脩者不一而足。延及近世，同治二年八月間，小閤王寇至宮中，毀壞本殿門窗，又經風吹雨漂，損壞本殿棟宇，此重脩之雅尤當其時者也。信婦王門耿氏，蓄心已久，故一日者懇囑三子福河曰："作廟翼人世之快事。汝兄弟四，□兄福海、福全務農，弟宗周讀書，惟汝一人營事，獨不可竊比前人出首興功乎。"孝心年福河聞慈母之言，感尊神之德，□造情殿不顧，謀於鄉鄰紳士亦不顧，募於眾鄉鄰戶人，惟與兄弟商議，先撥己財為脩殿之費，後勞己身監脩殿之功。第□約閤閤者未幾而鳥革呈象，椓橐橐者未幾而鞏飛壯觀。其成功之速，若有神助者然。因囑余為文，以誌不朽云。

---

[1] 該碑中間斷裂。

豫省師範畢業王宗周沐手撰書。

功德主：監生王福海、監生王克勤、壽官李永清、李守本、壽官張明倫、壽官李榮，各十千。陳天成五千。

王化南、九品王惠南、九品王道南、貢生王明卿、監生王德潤、王墀端、九品賀登義、耿法遇、九品王保泰、壽官盧長清、九品李守範、貢生楊守經、王芝煥、壽官李守順、王友仁，各五千。王墀卿、王新科、王明弼各四千。

王興奎、王成一、韓吉升、監生王延錦、王澤渙、監生李守臣、壽官李守身、李秉材、李王氏、李永清，各三千。王振元、王天云、王連貴、王文錦、陳洛書、王文賓，各二千。

王根起、賀二良、王生吉、賀思恭、王富仁、李守基、李守正、王殿陽，各二千。王光義一千、王鼎元五千、王深意、耿二照、王張栓、王迎進、王萬清、王成、王柄、王西公，各一千。

王喜、王長成、王秋、王根來、王克明、耿全德、王秀、王蓄、王賢、李守陽、壽官李守倫、李守明、李守業、李守善、李樹華、李守訓、王進有、王創、王娃，各一千。

監生張云花、監生張雲成、賀安、□德俊、王遂生、賀德發、賀德才、賀全有、鄭如德、王模糊、王光裕、曹進德、王建信、王□然、安長福、安學仁、王□棟、武金源、武□党、賀三春，各六百。

王支元、□天元、王福元、王仁卿、楊□興、王中興、路河周、鄭三清、王周、王全貴、王中良、王趙名、王學、賀平、王二貴、蘇振生、段連棟、王永潤、賀振德、賀恩，各五百。

王遂喜、王歧山、王長福、王五、王韓氏、李青在、王五生、王大狄、王□□、王欽勺、王書進、李守信、王元、李洛、王嵐亭、李生秀、王張林、耿守清、□逢江、耿守仁，各五百。

李萬年、尤逢明、賀呼、宋世卿、王秋貞、牛保、王鎖、王新正、李聚、王崇賢、鄭平、栗成義、王香永、王悅義、賀年成、賀萬壽、紀金娃、紀金合、紀黑、王柱，各五百。

王延齡、劉春華、李景榮、畢三成，各四百。王尾□、李銀□、李欽□、王九□、賀三、鄭□、王春□、安東□、賀□□，各三百。王石滾、王有之、高青山、武有齡二百。

賀興、王長柱、王花全、王意、王三尾、王重修、武歡、王群、賀來娃、賀思明、王大全、王向、李長清、王九、王老人、李石滾、武西萬，各三百。

陳金煥、李才旺、李景奎、李應舉、李廷、王玉林、耿九、鄭德洋、賀福、趙朝、賀報、李天福、李天五、王國祥、鄭双起、賀連登、武六齡，各二百。

郭宗文、王夢周、張萬年、秦成、王福綏、李揚、邵松運、王貴、楊秋、楊水、王慶、王同、王道、王桓之、劉五才、王振、武立齡，各二百。

鄭八、畢云清、董狗、王國幹、鄭窩、賀群、趙双喜、賀水娃、賀福水、賀下娃、賀金生、宋世相、宋世法、宋毛、王偏、王去娃、武奎盛，各二百。

王金、刘迁、刘学油、王水娃、楊生芳、賀口、畢把、王末、王開公、王牛、薛虹、賀金水、畢秉陽、賀金成、趙四娃、賀猛虎、賀秋、賀燕，各一百。

陳運、宋功二百。

王良、王玉振、王國保、李狗卯、宋合，各一百。

木匠張元。石匠関景新。

住持史老十。

大清宣统三年五月吉日上浣穀旦。

（碑存登封市城隍廟。王興亞）

新密市（密縣）

關帝廟碑記

當炎漢式微之際，羣凶竊據，豪傑蠭起，帝不勝憤忿之心，欲信大義於天下，跡起協扶漢室，忠義炳于日星。歷代褒崇，或以王，或以帝，豈獨有私于帝，誠以帝之功德巍巍，其食報固應爾也。

蘭於大清定鼎五年，筮仕密邑。竊以治民事神，皆爲政之急務，而兵燹虔刈之慘，毒流祠宇，焚燬無餘。蘭於文廟、寺觀創建修葺，次第新之。獨帝君廟在甕城內，湫隘不稱，豈所以崇祀典而妥靈爽乎？惓惓於懷，迄今五載，恐瓜期屆，而志莫遂也。乃於壬辰秋，卜地於城西門外，庀材鳩工，建造大殿、拜殿各三楹，左右廡、樂樓、大門、墻垣、禪室，一一完備，費越千金。匠作夫役，量鉿工價，咸歡呼踴躍，未百日而工竣，是皆帝之威靈默相之。入廟者，仰瞻榱桷，輪奐巍峨，庶幾益思所以崇敬哉！

奉天鐵嶺衛歲貢清順治五年密縣令李芝蘭撰文。

順治五年。

（文見嘉慶《密縣志》卷七《建置志》。王興亞）

學宮碑記

韩繼文

學者取法聖人，期於明禮適達用，展疇采於當官，留功名於汗簡。以無負我大聖人宮牆之望，而後此心始爲愉快。故凡宦跡所履，莫不苾芬祀事，聊罄尊崇於萬一。頃緣乾坤鼎沸，廟貌傾頹，裸獻無所，而精誠莫達，蒿目扼腕，亦蒞政服官者之所同也。

密學燬於兵，數年於茲矣。前任崔侯建正殿五楹，僅屬草創，尚穿風日。其戟門、兩廡、崇聖祠、明倫堂，俱蕩焉無存；宮牆淪落，過者興嗟。今李賢侯以遼左世胄來守茲土，謁廟之初，不勝於邑。即慨然捐俸，為通邑倡。黽皇經畫，量日鳩庀，首大成殿及欞星門，丹堊重施，輪奐增美，使人知聖域之崇嚴，愈切仰止之思也；次建崇聖祠三楹，使人知淵源自出，雖聖人亦有親也，而孝思不可以不隆；次建兩廡十四楹，列祀名賢，使人知作聖有階，盡人可至，雖後儒亦能袝也，而景仰不可以不切；次建戟門三楹，明倫堂五楹，宮牆外望，邃密閎深，使人知五教敷於斯，五典惇於斯，而聖功王化庶幾可第而興舉也。侯之嘉惠於密寧有涯哉！是役也，經始於戊子十月，落成於己丑六月。不勞民財，不煩民力，而成此莫大之功，為密士造無窮之福。文不敏，辱在宇下，睹茲媺蹟，不能已於言，謹識其畧如是。他如侯之盛美，別有記載，固更僕莫能數也。姑俟異日載歌棠芾焉，可矣。

順治六年六月。

（文見嘉慶《密縣志》卷七《建置志》。王興亞）

邑侯李公重建敕封白龍王廟記

公諱芝蘭，號毓秀，遼東鐵嶺衛人。於順治戊子閏四月蒞任，清白矢心，嚴神明於屋漏，平怨御下登，蒼赤於衽席，洎至治馨香，格於上下者乎。越明年，政通人和，庶務底於績，諸廟式其休，所以人悅神依，鮮有不常懷常享焉。無何歲當夏秋之交，立旬大旱，公愀然曰："誰使無禾無麥，非吾任也哉！"遂齋沐於七月念，且躬自步禱於三十里之外柏崖山有敕封白龍王廟。甫祝畢，而水溢，既水落而雨施，是何其感應，帷影響其敏哉？更可奇者，獨密境內被其膏潤，四圍全不及焉。諸紳衿國人踴躍而賀曰："公之至誠所動也。"公曰："神之靈應所感也，予何力之有，可無以報神乎？"於是率衆挾瓦持磚，捐俸命匠置材，合大殿、拜殿、三門，交成於不日，統金像真形、站神，俱煥然一新，猶未已也。左關聖帝君廟，右衛房、聖母殿，垣墉涂茨，罔不綢繆，稱善於都休哉！兼喜而志之一，以載神之法力無邊，以垂公之功德不泯。是為記。

清順治六年歲次己丑菊月之吉。

儒學教諭耿奎章薰沐頓首拜撰。

原任山東道監察御史、巡漕七省巡按、山東巡按、順天掌北京畿道事禹好善。

儒學訓導許藎臣。

（碑存新密平柏鄉白龍廟。王興亞）

密賢侯李公異政瑞應合邑立祠永戴碑記

公以清廉明敏，布流膏之政，沛化雨之仁，四民戴焉，咸嘖以口碑，稱如天歌孔邇，值己丑夏秋之交立旬夏旱，公步禱於三十里之外柏崖山敕封白龍王廟神前，痛自引咎。少頃，霖雨沛作，歲則大熟。詢至治馨香，格於神明，果如是效且速哉。密紳衿國人歡呼，澤明慶洽長流之麋之也。爭相立祠，以寄永懷，雖然，聊盡其一班耳。公保惠多端，與除非二，德協召、杜，功類龔、黃，立興漢卓及傅並美，如堂無異矣，當另碑誌以祥明，以實跡而備識之者，詎禱雨有應一事之乎哉。是為記。

公諱芝蘭，號毓秀，遼東鐵嶺人。

儒學教諭耿奎章頓首拜撰。

大清順治六年歲次冬月穀旦立。

（碑存新密平柏鄉白龍廟。王興亞）

惠政橋記

韓繼文

密城西郭外有深澗，澗水盈涸不常，非橋梁不濟。而密之龍脉，發於嵩高，蜿蜒東來，遇水界止，則城郭不得受氣焉。過峽引龍，尤惟橋梁是賴。舊有橋，石甓相半，不甚堅完。崇禎壬申，大雨，圮于水，經亂未能復，迄今咸以為憾。我李賢侯之蒞密也，將及四載，政兼三異：未嘗恃鈎箝而奸得，未嘗勤敲朴而訟理，未嘗工催科而賦足，未嘗窮隺符而盜息，未嘗廑綜核務姑息，而民畏且愛。即其簿書之暇，修舉廢墜，凡境內舊蹟，次第興復。率以百世為量，費且不貲，而民未知病，此必有不令而行之術焉。客冬乘農隙，議修茲橋。宵旰籌畫，不煩士民，捐金五百餘兩，糧二百石，庀材鳩工，選石棄甓，期垂永久。時出相視，以均勞逸。民不怨讟而趨若子來，工無滯溜而成以不日。跨海鯨鯢，垂天蠮螉，投杖澗壑之上，臥影波流之中，可謂惠而知政矣。興作之始，西郭水涸，忽湧甘泉，以資工汲；檻楯不備，苦難猝辦，虔禱山靈，遂掘得石楯，念餘章恰符規制，靈異若此，謂非濟人之誠所感歟。橋既成，侯之功於是不朽矣。謹記。

順治七年。

（文見嘉慶《密縣志》卷七《建置志》。王興亞）

重修螽斯聖母殿志

洪山古有螽斯殿，建之于何代不詳。□□□□自誰氏絕跡，殘但美哉！昔人樂善向心施□□向惡名，余每欣之羨之，嘉其寶叢哉，心也。亡□向有范君謂余曰：不未重修，無以彰，則修不□前人無以屬後人。余始因向選良匠、徵巧土□。重修姓氏鐫之于石，以為後人鼓午云爾。

社首范進智妻趙氏、張然顯妻陳氏、王景順妻馬氏、寇明見妻張氏、魏龍妻袁氏、李明珍妻魏氏、李有妻周氏、張有妻李氏、王臣妻楚氏、趙全妻魏氏、齊進寶妻王氏、楊朝勳妻張氏、楊世恭妻胡氏、陳奉禮妻張氏、陳奉彩妻寇氏、陳林妻范氏、張門李氏、侯門張氏、張鳳翱妻白氏、張懷珍妻劉氏。

泥水匠楊記光、田廣；石匠張存奇

住持趙木勳。

岢順治十二年伍月仲夏吉日立。

（碑存新密市大隗鎮洪山廟。王景荃）

重修金粧聖母殿神像記

　　聖母殿原系五間重簷，於順治十二年改作四間。百子圖皆毀壞，五彩色俱蒙塵垢。翱與族兄張明生居鷩輿之下，朝夕遊覽，目睹不安，慨然有粧塑之心，奈獨力難成。因聯眾約會每人出錢百文，穀黍二斗，俱系明、翱收管備貨於人。積錢百千，遂命塑匠塑百子圖於兩山，教畫工繪五色彩於金身，神像棟宇煥然一新。恐因年久遠，後人不知其詳，故鐫字於石，以示來茲。

　　大清國順治十四年歲次丁酉孟夏四月吉日。

　　邑庠生張鳳翱書丹。

　　社首張明，社首生員張鳳翱、張子粥、張子煥、張錦、張士彩、張士奇、張繼祖、張繼孔、張建昌、張繼貞、張定、王之俊、王之秀、王之選、王詔、王鴻儒、王之益、侯之宣、寇天緒、寇江、寇皆、寇慈珍、生員寇自新、寇來芳、寇來會、寇來盟、屈獻筆、屈印祖、屈龍芳、郭節、楊朝勳、李臣、李顯、樊柄、孫懷珍、陳繼之、陳起家、陳奉關、陳奉林、陳三強、陳天福、陳其禮、陳學語、陳學智、陳尚俊、陳有武、陳國坤、陳國教、陳國成、陳起祿、黃家會、周振武、關崇儒、左大貴、宋之武、宋士奇、宋家才、劉崇正、劉崇光、楚才、黃才、賈三性、賈學義、賈文仕、蘇明見、趙全、齊進迎、王張、劉尚忠、李子選、巴圖柄、許良、呂國寵、生員張鳳羽、范進知、王知聖、陳愷、宋之孝、張明男張繼凡、張鳳翱男張定國。

　　住持赴本燭。

　　塑匠朱。

　　畫工李萬邦、王貞祥。

　　石匠張有奇。

（碑存新密市大隗鎮洪山廟。王景荃）

重修卓君廟碑記

　　翁深

　　密城內東北隅，有卓君廟。蓋漢太傅卓子康舊祠也。子康曾爲密令，稱循吏，密人思之。思之故祠之，宜也。歲久罹兵燹，廟燬。富平李君來令密，攷邑乘，修廢典，不旁募士民，獨出其俸餘鼎新之。君子曰："李君可謂通經博古，事鬼不淫者矣。"《禮》，士大夫之饗祀者有二：里居以高節盛德，惠澤桑梓者則祀之於其鄉；服官能使教化大行，著異政，捍災患者，則祀之於其筮仕之郡縣，外是非諂則誣。狄懷英黜淫祀以千計，特存四家，江南韙之。今《漢史》載：子康新莽時，託病去官者十五六年。建武初，徵爲太傅，封褒德侯，節可謂高矣。鄉人誤認其焉，輒不較，雖學近黃老，然亦人所難者。密人訟其長吏，不繩以大法，而譬之人情，其人慚悔而去，教化大行。蝗起河南諸郡國，獨不入密境，豈非所謂著異政，捍災患者耶？夫如是又何忒於饗祀耶！余又嘗讀《漢史》，自宣帝嚴兩千石之選，綜核名實，得人爲盛，然以武健從事，徃徃失之過察。卓以長者之意矯之，不特惠密，亦以救漢治之衰也。如此，則凡爲首令者，皆當於此乎取則焉，又何疑於李君之追崇之也？或曰："何不書太傅，書褒德侯而必書君？"曰：太傅，天子之上公。褒德者，朝廷之大爵，非密人之所敢私也。且其爲密時，無此官，無此封也。密人亦祀密之君而已，故曰宜也。嗟乎！卓君往矣，自漢迄今，幾兩千年，密之人猶君之，密之令猶追崇之，密可謂不負卓君哉。然皆自卓君不負密始也。後之君於密者，其亦有感於斯舉也乎！

丁酉十月書。

（文見嘉慶《密縣志》卷七《建置志》。王興亞）

敬一亭碑記

知縣王珏

明世宗詔天下學宮建敬一亭於明倫堂後。且為之箴，並列范子心箴、程子四箴以垂訓。豈曰亭也，而亭之云爾哉？誠以學宮者，人才之所自出；敬一者，聖學之所以入也。自密城淪胥，學宮蕩為瓦礫。聖朝御宇，休養生息，二十年來，次第修舉，密始有學。然殿廡外僅有明倫堂，無復議及此者。余每惕然傷之，非傷亭之圮也，傷敬一之義不明，寄學宮於空名，沒人心於功利也。夫人而既讀聖人之書，則必為聖人之徒；既為聖人之徒，則必學聖人之學。何為視、聽、言、動失其則？君臣、父子、夫婦、昆弟、朋友之倫墮其行也，是學聖人之學，而不知心聖人之心也。夫聖人之心，敬一而已，心之發視、聽、言、動而已。敬則能慎其獨。一則能止於善，不敬則不一，不一則不敬也。此教化之所歸，敬勝惟一之傳，與日星雲漢昭著於天而不可磨滅者也。使由此而一人之行修，移之於一家，一家之行修，推之於鄉國天下，有不人才出而風俗成者哉。余小子承流宣化，責有攸歸，亭之重建，意蓋有在。嗚呼！密之人士游茲亭者，讀范子之箴，當思心之所以正；讀程子之箴，當思視、聽、言、動之合禮；載觀明世宗之箴，凜凜乎朝廷之法不敢輕犯。庶幾心得其心者，亦學得其學矣。密人士尚勉之哉。

康熙二年。

（文見嘉慶《密縣志》卷七《建置志》。王興亞）

重修觀音堂碑記

寺前舊有觀音堂，創修不知始於何代，□兵火以後糧。寢□其之者未嘗不歎，然修之無人也，□確□□□蔭出分資為之，慨然□□□後舊像雖。重修為文，刻以記其□，邑

□□景春謹將施錢生眾姓名開列於後。[1]

　　康熙七年初春。

（碑存新密市超化鎮觀音堂。王興亞）

遊超化寺記

　　趙御眾

　　超化古寺也，相傳為周定王時建。凡上中下三剎，雖廢後存碑記可考。而中寺餘址尚有，隋開皇浮屠蓋溱洧之源也，水繞園圃，四時長清，兼以竹荷鶯花。唐、宋最盛。明末寇盜大亂，密人即巘為寨避之，遂成村落。予來流寓愛而卜居十年，末題其風物山靈相，笑可知矣。庚戌早春，偶成四首，聊以識我山水緣耳。嗟乎，寨以寺名，寺以寨存，予作不工，又借寺與寨附青雲矣。

　　超化傳名古，溱源記水經。波鷗幾點白，野圃四時青。寨聳餘天險，溪回得地形。此鄉宜美俗，方不愧山靈。

　　中剎尋餘址，依稀舊地平。穿崖存一佛，流水失三生。塔破開皇宇，村留超化名。西來無大意，古柏與風聲。

　　下寺今猶在，荒涼野樹中。門開閑佛日，竿倒幻幡風。僧飯廚煙動，春嵐水面空。定知寂滅樂，朝暮不聞鐘。

　　春月上東嶺，川烟數百層。石灘疑汐漲，村火似漁燈。虛白群生息，高深夜氣憑。山空人獨立，良悟倚枯藤。

（文見《超化志》。王興亞）

創建山神廟記

　　密超化有山焉，曰分水嶺，乃二郡南北通衢也。其間多蛇異蟲，而為民無害者，不可勝數，先民。之恐往來行。民驅除其不詳，還於今時久矣。廟頹夷，□有懷柔善人□□郊居者，各捐資財，□其□制，更建石宇，不數□□首曰創建山神廟記，乃或者曰神之來舊矣，茲云創者□□述而實作焉，故曰□也。是為記。

　　大清康熙□□孟夏。

（碑存新密市與禹州市交界處分水嶺山神廟前東側墻壁上。王興亞）

---

[1] 開列施錢者姓名，字多漫漶。

城隍廟碑記

　　山東東阿進士密縣令李居易撰。

　　城隍司土之神，其稟命於帝，與邑宰等。故享厥祀。潔其牲，不獨為雉堞之崔巍，隍池之深浚也。立廟棲神，人敬斯至，神固不在漠漠焉矣。予來承乏，覯廟舍傾頹，不敬莫大於是。乃庀材鳩工，抽其椽之腐者，補其瓦之解者，鱗次其榱溜簷櫨，若寢若殿，若東西廡之朽者，圮者，凡料若干，工若干，迄落成，未嘗敢害民之力與財。乃酹酒奠神，召父老而諭之曰："神之為靈昭昭也，常在汝老日用間。特汝父老以神視廟，以廟視神，而不知以人事神。故神與人不相接，而人乘怠氣，率多罹王法，嬰三木，囚囹圄耳。汝父老其有率子弟孝友信義急公趨事者乎？或若不孝、不友、不信、不義、不急公趨事者乎？當其念之動，汝自沉吟思維，將進忽止，將止復進者，汝耶抑神之誘其衷也。事行既著，邑宰旌其善而表之，或按其律而罪之，為笞、為杖、為徒流、為絞辟極刑，汝曰宰官耶，吁！是亦神之為也。神不神於神而神於宰官，宰官不神於宰官而神於百姓之自善、自惡、自賞、自罰。嗚呼！故立廟棲神，是勸汝父老若子弟以敬也。汝等不以心與神合，是雖欲邀福於神，神其享諸？官之法在，神其赦諸？"於是父老咸曰："向以廟事神，而不知以心事神，今聞諭矣，敢不戢志！"於是命工刻之石。

　　康熙十一年。

（文見嘉慶《密縣志》卷七《建置志》。王興亞）

重修郎君廟碑記

　　竊嘗讀漢史，至於誑楚間出受項燒殺一事，未嘗不歎紀將軍之忠烈，為漢臣第一也。當滎陽之圍益急，使絕往來，路禁采樵。漢即有三傑諸將，猶釜魚籠鳥耳！藉非有乘王車而黃屋，在口誑為食盡降楚之說，在楚不之域東觀，而漢王亦何得出西門遁去也。以故易世而後，深山窮谷感其忠烈，每為之立祠以祀，洵以在國則舍身救主，在鄉必捍患禦災，俎豆馨香，永永弗替，雖祠毀而感為之重修者，良非無以也。惜乎！當日論功行賞及與三傑諸將，即雍齒亦封侯矣。而紀初無一爵之班，亦可悲云！

　　邑歲貢魏陳象謹撰。

　　龍飛康熙歲次癸丑夾鍾下浣之二日。

（碑存新密市文物保護管理所。王興亞）

縣治碑記

　　縣令衷鯤化

　　令承天子命，宰一邑，將以和神人，齊上下，除彫瘵之弊，開樂利之源。其臨民聽治之地，必規模方正，堂階高朗，以尊朝廷而肅體統。密舊治燬於兵，瓦礫蕩然。迨我聖清定鼎，草昧初開，履任者以西分司代之，相循四十餘年。偪隘殊甚，且介在廟寺間，陽陷乎陰，往往多不利。則舊制當復，不待智者而決也。然或以爲傳舍，或以爲不動公帑則損己而賈怨。余心竊非之。念前人不爲而待之今，今復不爲而待之後，是終無可爲之日也。夫無藉而創者，難爲力；有藉而興者，易爲功。今見在官舍諸材尚多可用，遂毅然詳請各憲，卜吉於舊址興作焉。區畫丈計，董役分工，木料之橈朽者易之，磚石之破缺者補之，邑紳士復樂意急公，量輸物料。計用舊材十之七，增新材十之三。雖層簷鱗次，不下百五十楹，不兩月而落成。援命役撲除灑掃，潔牲牢，祀司土。禮畢，肅吾冠帶，登堂視事。既退，不禁慨然太息曰："嗟乎！是煥然一新者，即向者瓦礫之場也。"萍踪宦跡，孰爲樂此以淹歲月？然乘時則速，借便則省，正可爲異日惜經費、紓民力而還其舊觀，即所以尊朝廷而肅體統也。則斯役也，詎容視爲緩圖哉！是爲記。

康熙二十二年。

（碑存新密市城内，見嘉慶《密縣志》卷七《建置志》。王興亞）

尊經閣記

縣令衷鯤化

夫經不以閣而後尊也，學宮必尊之以閣，入學宮者，未有不望而知爲尊經閣也。然相與習其名而忘其義，烏乎可。蓋天之生民，雖同此秉彝，而成己成物，與夫大法大倫之所在，非聖人筆之於經，則學者亦無由以計論其大綱細目，以爲從事之途，故名其閣曰尊經，尊聖學也。按密舊志有閣三楹，遭逆寇焚燬。四十年來，凡有事於學宮者，僅修補殿廡，以祗承春秋之祀，未有議及尊經閣者。癸亥夏，余來茲土，齋心謁廟，悚然念之，以爲經不尊將何以爲學也！越戊辰二月，始克相敬一亭後基，庀材鳩工，刻期集力，自矢獨任其費。而邑之鄉先生及博士弟子聞之，咸來相厥事焉，而閣遂告成。於是，巍煥肅宮墙之觀，宏廓洞弦誦之響，登閣祭酒，式樂式康。乃進博士先生而揖之曰："此聖人笈庫之寄也，司教事者敬之哉。"又進諸弟子而揖之曰："此聖人提命之訓也，列黌序者勉之哉。"雖然，更有說焉。夫宰縣者主法，法莫備於律；職教者主學，學莫備於經。然而，畔乎經即入于律，危微之介，人心道心之幾，不可不慎也。故律所以止惡，而經所以導善，人自復其善，自易其惡，則經常先而律常後矣。五倫，經之律也；百行，經之例也。嚴吾之律，精律之例，匪徒好之，實允蹈之。善乎！王新建之說尊經也，曰："求之吾心之陰陽消長，而時行焉，所以尊《易》也；求之吾心之紀綱、政事而時施焉，所以尊《書》也；求之吾心之歌咏性情而時發焉，所以尊《詩》也；求之吾心之條理節文而時著焉，所以尊《禮》也；求之吾心之欣喜和平而時生焉，所以尊《樂》也；求之吾心之誠僞邪正而時辨焉，所以尊《春秋》也。"夫如是，則六經律之一心，一心律乎萬善，進之爲尊主庇民之業，退之爲守先待後之功，是閣不虛建，而經不虛尊也。嗟乎！吾日見夫入學宮者之有人也，而切切焉爲密人士望之；吾寧謂密人士遂以予言爲不謬也，而實切切焉爲學宮期之。故不揣固陋而記之如此。閣五楹，高二丈許。自二月始工，迄六月落成，凡百二十日。始終董其工者，爲廩生傅勳雲。

康熙二十二年。

（碑存新密市城內，見嘉慶《密縣志》卷七《建置志》。王興亞）

門坊泮池碑記

國朝耿奎光

《易》曰："觀乎人文，以化成天下則尊禮。"先師裁成後學，不朽之事業於是乎在。密學經兵燹有年，聖域蓁蕪，科目曠絕，邑人士惋惜久矣。今李侯臨菼以來，修舉廢墜，善政累累，莫可殫述，而於學宮首加意焉。捐橐營建，自欞星門以內，明倫堂迤前，靡不鳩庀而落成焉。輪奐丹堊，翬革鳥飛，靈芝呈瑞，奎閣煥光。識者已卜，密地人文駸駸然有改色矣。而侯謂徵諸神，不若徵諸人，爲之多方教育，勤省課以考其業，時勸勉以勵其成。會有鄉闈之役，猶汲汲焉捐金募工，改甃泮池，樹萬代瞻仰；建騰蛟起鳳坊，冀人文之競奮，公殆爲密人士萬代之瞻仰乎！事竣，勒珉以垂不朽，將與召之棠峴之碑並美齊芳矣。余雖不斐，敢不述之以示後。

康熙二十二年。

（文見嘉慶《密縣志》卷七《建置志》。王興亞）

檜陽書院碑記

嘗誦《大雅·崧高》之篇，而嘆山岳之鍾靈遠也。漢、魏以來，潁川郡名賢接踵，殆難更僕數，至宋，程氏二子出，倡明理學，孔子之道賴以不墜，尤其著焉者也。近代如新鄭高文襄，禹州馬瑞肅、洛水呂忠節，後先相望。而月川西川云浦諸賢，尤能導源河洛，類皆挺生崧嶽之墟。其豐功偉烈，碩德宿學，足以彪炳一時，聲施後世。密近接崧東，且居大隗溱洧之間，相傳為黃帝訪道處，亦神臯奧區也。豈遂闃然無人起而追踪前修，為密之山水生色耶？而密之名，乃特以令此者之卓太傅著。夫太傅抽簪新室，封爵建武，上接西漢經術之終，下開東漢名節之始，雖治密事蹟別無可考，而其"律設大法，禮順人情"二語，則立身行己之道，實為密之人士教之矣。余菼任五載，觀密之人士，多天資聰穎，能讀書之才，則蘊蓄於前，安知不發越於後？況崧麓令秘所結，磅礴鬱積，意必有特立奇偉非常之人出而振川嶽之光者。此亦有司所當風勵造就之也。余凤有志乎此，因於西街置地，創建檜陽書院，講堂、齋房、廊廡、庖湢俱備，為學子肄業之地。又置田歲收租入，以充延師膏火之資。揭朱文公白鹿洞學規于堂壁，附以象山義利之說，俾諸生朝夕服習焉。庶幾得窺天人性命之旨，致修詞立誠之功，以備朝廷舉賢任能之用。將見文章事業後先媲美，川岳鍾靈信為不爽。于以上慰太傅於馨香蘋藻之餘，是則余之志也已。

江南蕪湖例監康熙二十二年密縣縣令衷鯤化撰文。

康熙二十七年。

（文見嘉慶《密縣志》卷七《建置志》。王興亞）

助泉寺裝修佛像碑記

粵以福由德臻德緣善致，虔誠乃時福之詮衡，敬信為育德之藻鑑。存誠於口，必感天乘；□吉慶彰信於外，自然鄉黨攸尊。惟信與誠乃獲福之要務焉。近密邑之乾地三十里許，有古寺名海會者，昔古蒙□祖師說，決感龍王，默惠其泉，因更名月"助泉"也。邇來殿宇年遠，累經雨號風摧，聖像凋殘，叵奈塵封蛛綱，氣象廖落，光景蕭條，時有本□善人申輔民等睹景動念，慷慨輸誠，遂同住持僧湛現周全募化，走結四方，乘仁人施金惠粟，賴君子給料捐資，由是命匠興工，塗暨妝塑佛象，丹堊彩繪，彩色一新，殿宇維新華麗，則金光奪目。與夫朱亭粉堊輪奐鮮妍，階陛庸窗，梵砌修飾，今則功成事就，索余著文，珉石鐫銘，名垂千古。余恐滴水乏添江之勢，撮土無增嶽之能，固不揆襪綫之才，操觚聊志其梗概云爾。

康熙二十八年歲舍曆維龍集太荒落月佛光鍾中浣日立石。

平安靜主吉林數謙若和尚撰。

江南新安天萃繪。

（碑存新密市牛店鎮助泉寺。王興亞）

文峰塔碑記

知縣衷鯤化

青烏氏率以建制之吉凶相恐喝，儒者多信之，過矣。夫世之信數者崇術，信理者黜數。要之見理不真，為數不精，各相齟齬，其是非亦難定耳。密治東南隅，舊有浮屠數級，明末燬於兵，密人士往往以不利科第為憾。夫儒者以毀淫祠，攻異端為事，至於科第而又求庇于浮屠，是何其言行之剌謬耶！密自兩進士外，無掇巍科名當世者，豈果文峰故耶？吾聞舜舉童土，尹育空桑，是未必以文峰而兆君相登巖廊也。今其人曰：巽地文明之象，于理是矣，而數未必然。又曰：卦氣之相剋，於數得矣，而理又不必通。然世之通理數者幾人哉？其或因塔之建，如磁之引鐵，珀之拾芥，氣類感而理數符，亦未可知。又何必不信其理，不信其數，而必不為耶？于是仍舊址，計工而築之，高二丈五尺，從密人請也，要之掇巍科，顯當世，豈盡文峰之賴也乎！

康熙二十九年。

（文見嘉慶《密縣志》卷七《建置志》。王興亞）

利涉矼碑記

知縣袁良怡

密東馬漢河，邑之要衢也。左通汴省，右達洛陽。其有公私之迫急者，遇水潦輒不得過，行旅患之。前事袁君欲礱石以爲矼，工未半而山水暴漲，盡圮，于是，往來者復阻。余蒞任後，念茲事最爲急務，因相度地勢，於上流五里店之西建焉。伐石煆灰，不月餘而功竣，名之曰"利涉矼"，蓋取諸《易》之義也。在《易》之《需》曰："利涉大川"。需，須也。飲食之道也，食必資於五穀。凡吾民之糴糶往來者，則利涉之。次曰"蠱"，蠱，壞也。凡有子之能裕其家，能幹其父之蠱者，孝子也，則利涉之。次曰"頤"，頤，養也。觀頤自求口實，是吾民之口實，觀上以爲養也，則利涉之。次曰"渙"，渙其羣而不黨聚爲奸，以害吾政者，則利涉之也。而未濟求濟，無忤於人，不逆於天者，則亦利涉之。非是族也，不得以利涉言。以故獨於"訟"，則有不利涉川之戒。然訟之大象曰"窒惕，中吉"，言不終訟也。不終訟而吉，即涉，亦何嘗不利哉！然則利涉之時，義大矣。涉者勉之。

康熙三十三年。

（碑存新密市東三里馬漢河。王興亞）

超化寺韋馱殿碑記

怡治密之三春，家君就養在□關邑□□□□西已有超化寺，竹木煙水，魚稻鶯花，爲宋、元名人遊賞地，蓋□往觀焉。□□□與而往□□□□溱洧二水，屬僧人曰："是鄭風所謂渙渙瀏清之水也。"及鄰而四望仰眺者，□寶塔□□□□所造八萬四千中之塔也，迨北旋而入寺，則有金剛殿，有大雄殿、有超藍殿，躊躇□倚喧□□，讀唐、宋以來詩，字雖漫滅不悉辨，然嚴如秦篆禹碣，令人靜對則恍然神囑。僧人復又曰："是即王庭筠所吟。"夫龍園護樂久守，山寺平安，塔無恙之殿也，乃不意獨有韋馱殿者，創於隋，興於唐，今則再□□□清學士□□□步肯出一言，以□彰之誠，令鳩工庀材者之湮沒焉。家君曰："我韋馱當日之欲身而化四大部□也。"殆□□□磚施濟衆之意，厥後而北，俱盧洲為步履之□也。□□□為感應之所，不及屆此，其心即□□□□心此其事，即人各有能有不能之事，所以善作者必□其善成。善始者不必其善終。□□□□□且非爾，僧家所得而有文，何容□□□□□之足云哉。僧明言而四曰：有人父母□□可以養心。夫怡遂北面□□詩書、是說以授之僧勒石，垂於不朽。

家居候選同知敕封文林郎□□□□湖廣公安籍興國人。

皇清康熙叁拾肆年歲在□□□□正六品改授建□□府□樂縣敕封文林郎今補河南開封府禹州知密縣事袁良怡□□□□拜撰。

生員張作拯書。

（碑存新密市超化鎮超化寺。王興亞）

重金粧坐化洪山神像碑記

大清國河南開封府禹州城東北二拾五里子金各里人氏，不同見在古城周圍居住，各發善心。

會首：夏智、張文德、楊李周、張文會、李春華、王洪、李自洛、趙文士、李開玲、翟之才、翟之俊、唐玉書、張三放、李重義、穆之梁、張文炳、王太、梁起景、馬凍、黃廷傑、王朝印、霍子雲。

康熙三拾捌年三月日吉旦。

（碑存新密市大隗鎮洪山廟。王景荃）

金塑伽藍碑記

鬼神者，造化之跡，未為不正，自邪誕妖妄之說競起，而世人之傳樂奉祀多有□於邪正之辨失。密邑東南二十里許黃固寺舊有伽藍□□□，伽藍尊神所稱威鎮中外，福庇多方，神之正也。豈魑魅魍魎者所可同日而語哉。而士民之傳崇奉禮固其宜也，但履年久遠，其間而神像破壞，學子有善人周三常、周應元大發虔誠，捐資募化，其廟宇已云告成，□□金身□□其所居之。神明助，未免猶有怨同之虞，幸有晁門呂氏、崔門周氏，糾眾立社，積蓄錢財，塑形立像，彩繪金妝，敬成神明之像，然如化者端有頭拍，呂氏、周氏合會之人等贊助募緣，善人周三常、周應元同心共濟，而全此善良之一事，傳四境之潔，誠奉祀者，咸得神其如，神在之忱而永嗣，香火不絕，故列募姓氏於左，以垂不朽。

邑人庠生慕超撰文。

邑人候選典史崔義敬書。[1]

大清康熙三十八年仲秋吉旦。

（碑存新密市黃固寺院內。王興亞）

超化寺住持僧元禧碑

超化寺主持僧元禧，字禧源，本籍江南常州府宜興縣人，俗姓董，先朝禮部尚書其昌

---

[1] 以下開列募化善人姓名，字多模糊。

先生之四世系也。因明季兵革相擾，流寓河南落魄鄭鄶間。及皇清定鼎，遊溱洧入超化，見有崇山峻嶺，茂林修竹，又有清流激湍，映帶左右，不禁幡然自悟曰："美哉，此地良足樂也，可以棲身耳"。禮拜同環和尚而披剃焉。博覽經史、三教典籍、百家諸書靡不咸悉，至於堪輿為又精。於大雄殿后，大士殿前，募化密邑禹郡及汝郟寶魯等處，中建韋馱殿三楹，配乎五行，以合乎五星，更接乎其氣。厥功告成，而不出一言以表彰之，後人不知創之者何處，作之者何人，其功及湮沒而不傳，張作極周服周、高天柱同學超化寺顧其徒若孫師師濟濟其襄乃事，故約其言以敘之，以志功德於不衰云。

堂兄元寂。徒祖榮、祖名、祖□、祖熙、祖倚、祖治、祖教、祖和、祖敬。孫清芳、清一、清壯、清祿、清福、清寶、清芝、清學。僧孫淨連。

弟元祉。徒祖安。弟元祥。徒祖燈、祖亮、祖□、祖燭、祖宏、祖燦、祖□。孫清慧、清桂、清□、清方、清魁、清樂、清山、清圍。僧孫淨文、淨蓮、淨全。

康熙庚辰夏月之吉。

（碑存新密市超化寺毗盧殿。王興亞）

重修碧霞天仙祠記

粵稽明盛時，創碧霞仙祠於王砦之西南隅，其舊宇遺碑，可考而知也。山水徊環，峻嶺夾護，詢為棲神之所焉。祺秋嘗典云渥矣。但境幽地僻，焚修乏人，明季以來，幾為廢興。會先六叔父國學生諱曰晉者施善，衆募緣於康熙丙寅歲，始獲重新。廟成而神像未施金裝，不幸無祿即世。余承之茲任，經歷數載，至壬申，方告竣焉。聞之《書》云："鬼神無常，享於克誠。"《記》云："能禦大災則祀之，能捍大患則祀之。"比年來，物無夭劄，民無疵癘，感而隨誦，有禱輒應。其捍禦之有功於生民也不小，故新其祠而祀之。祀以夏秋，非瀆也，禮也。尚慮天地之風雨不測，人物之盛衰有時，後之視今，亦猶今之視昔。故於祀之典復列貞珉以記之，俾垂夾襟。非著也，誠也。

密縣邑庠生陳政撰文。

康熙肆拾貳年肆月辛巳日立。

（碑存新密市白寨鎮韋溝村。王興亞）

重修上寺碑銘序

邑南超化砦，舊有石像佛殿一所，歷年久遠，風雨損壞。有比鄰錢室最為樂善，目覩心傷，欲重修焉。奈独立不能擔當，因而設酌濟會，遠近募化，於康熙四十二年春月起工，夏月告成。又捐己□金塑菩薩二尊，見廟貌輝煌，煥然維新，不但神有所依，亦以壯超化之大觀也，詎非盛舉乎。凡施財輸工者，咸刻姓名勒石於後，以誌不朽云。

感恩知縣李士召。會首王氏男錢言行。

康熙四十二年。[1]

(碑存新密市超化寨菩薩堂內。王興亞)

重修龍巖寺記

　　蓋嘗聞之佛有大雄，又有大悲。大雄云者，發勇猛心，漸卻葛藤，即吾儒所謂克己復禮也。大悲云者，生憐憫心，普救衆生，所謂不欲勿施也，曷可以釋氏而息之。密邑西北二十里許，舊有禪林遺址尚存。其地四周皆山，蔚然而深秀，山下有泉，悠然而長流，山秀美淑之氣，結而不散，洋洋乎詢古今之巨觀也。載昔宋宣和年間有僧福琳者，陟其巔，攬其形勝，建浮屠寺觀其中，命名龍岩，此創建之所由始也。歷元季兵火，以迄於明，其間之接踵重修者姓氏，班班可考。猗歟休哉，何其隆也。雖然，人生無百年不死之身，廟無百年不毀之像，自後歲遠人亡，風風雨雨，瀟瀟灑灑，盛時光景，固宛然而今已滅，但有枯骨寒灰，斷煙荒草而已。夫滄桑倏忽有昔者舊有今日之知，今日之零落蕭條，不復還昔之金碧莊嚴乎？適有邑中魏氏，願俗磚瓦，虔心重修，扶灰燼之材傑，出青雲之表，起泥塗之僕石，依然棘道之旁。特以殿宇傾圮，非一木之可成，燕寢清香□□方之協力，乃會於滎陽縣霍氏，以謀其事。而彼則不憚勞瘁，慨然以爲己任，募化倡衆，庀材鳩工，輸梁檩木石，捐人工費用，歷四年，而廟貌神像相繼重新，居然一清涼地也。規模制度，視舊時恢弘且廠乎。發端者誰？閭門魏氏也。助功者誰？李門翟氏也。引進者誰？助泉寺之僧也。□□者誰？上香峪寺戒僧海惠也。延僧敦請者誰？邑庠生慎乾元、後學閻夢麟其人也。

　　密縣儒學生員慎乾元撰文。

　　後學慎簡篆額。

　　張溥書丹。

　　本寺主持上遇下庵徒弟僧海惠。

　　滎陽縣化主節婦翟氏男醫官李泰。

　　大清康熙四十五年歲在丙戌孟秋吉旦。

(碑存新密市袁莊鄉槐蔭寺。王興亞)

重修報恩寺伽藍六祖殿碑記

　　嘗讀《易》曰："積善之家，必有餘慶。"《書》曰："作善降之百祥。"乃知爲善獲福若存一邀福之心，則其爲善必不誠，而福亦未必隨之也。然所謂善者，非必博施濟衆功，加海宇而後爲之善，即存一不沒人善之心，並立一與人爲善之念，皆善也。

---

[1] 該碑右上角殘損。

密邑西士郭保舊有報恩寺，亦不知創自何時，相傳東漢光武被王莽之逐，而逃避於此，居民常十代其死焉，其視紀信代漢高如一轍也。後中興而封其墓，襃其家，因以報恩名其寺。夫報恩者，果報常十之恩耶，何以不立祠而寺焉？何以不立常十之像，而立如來六祖之像焉？是其傳之者之亦必真耶。或當日之原有其寺，而光武之避居於其內耶，是均未可知也。迄今按其遺跡，常十之塚獨列寺西，代死之事，尚載簡編，是可知常十之代死者實有其事。而寺之以報恩名者，未必即因子代也。但此寺歷來已久，其間興廢不常，修補不一，至康熙四十二年，大殿傾圯，四十四年，東西兩殿已盡崩頹，過此地者無不目擊心傷，而卒無有以修葺之事為已任者。適有耆老張君諱紹聖，與住持僧永道及徒常性議曰："吾士郭別無勝跡，僅存此寺，里中有公務者議處於其間，朔望講讀聖諭亦會集於其所，當此不修將必日就淪沒矣。"遂置緣簿，募資化糧，鳩工庀材，不日而大殿補修，兩配重新，所議立石以記歲月，因錢糧不及，固緩其事以待焉。至康熙四十六年，秋雨淋漓，山門又為傾塌，紹聖復愁然曰："前工未就，今復如此，予豈能辭其責哉？"於是，又謀同里，總施定國售賣本寺楸樹一株，一併為之補葺而鼎新焉。工竣，囑予為文以記其事。予曰："予素業儒所習，聞者皆孔、孟之遺旨，而釋道之教，則昧昧焉，其將何以措辭乎？"張君曰："今日之舉，非崇信其教而妄佛，亦非借修營之功以求福，原欲永忠義節烈之傳，使垂萬古而不磨。且逢講讀之日，動集多人胥於此寺受訓誨焉。若寺壞而宣講無地，不幾廢大典而阻化聖乎。然則此一修也，實所以助教化，勸人為善，非以崇信佛教而邀福田利益也，胡不為之祀耶。"予聞而忻然曰："整廢修墜，世所時有。今此之興記可也，不記可也。"而至張君好善之誠，不欲沒人之善並與人為善之心，世人所不能及也，誠不可以不記也。因不揣鄙俚，援筆而為之記。

　　皇清康熙四十七年歲次戊子四月初一日之吉。

　　邑貢監生郭永甯撰文。

　　後學徐作舟書丹。

　　化主耆老張紹聖、會首陳景惠、東部候選知縣禹小年、貢生樊化元、貢監生韓休、施恩生員韓之維、韓之弼、徐景瑞、魏公選。

（碑存新密市米村鄉前士郭村。王興亞）

重修玉仙聖母關聖帝君廟碑記

　　天下事之無關重輕者，可以任其湮沒也。若夫真心向善，而功在神明，眾人所猻謝，而莫敢承者一二人，獨出而擔當之。一誠所感，羣為回應，神因以妥，人由以安，厥功無□鮮也，是烏可湮沒而不彰也乎！密邑西北隅十八里魏村廟，舊有玉仙聖母殿、關聖帝君祠，其來已久，屢於重修，固一方之旺氣，而士庶之所瞻仰也。日久風雨摧殘，棟垣頹壞，神像漸以暴露，目睹而心惻者久之。但以功大難成，未敢輕舉。也有居民□□□，成竹在胸，膽大過人，慨然以重修二聖殿為己任，而生員李天簡等聞之躍然曰："汝誠有志，竊敢佑其後焉。"於是，謀於族黨，衆皆稱善。劉、李等遂同心協力，各出己資，而復募化衆緣，隨心佈施，共鑒葵忱，罔不樂輸，施銀錢者有人，出糧食者有人，捐磚灰、供飲饌者有人。雖曰為之助，實則神為之佑也。兩人等日夜勞心，經營倍苦，督衆鳩工，共襄盛舉，不數月而聖母殿已告成矣。越一歲，而關帝廟又告成矣。竹苞松茂，巍然並峙，鳥革鳳飛，煥然一新。神有所依，而風雨可以無虞。人受其庇，而俎豆於焉常歆，一方之旺氣復振，士庶之瞻仰無窮。神以人而妥，人以神而安，此固劉化主之功居多，亦李生員之兄弟叔侄與人為善，衆善人之贊助，以有成也。厥功告竣，善念難沒，凡與事而有功者，悉勒之石，以志不朽。

　　邑庠廩善生員段祚弘撰文。

　　邑庠生員李天簡次男李峙書丹。

　　儒童魏罄□篆額。

　　首事生員李珍、李宗、吏員米作霖、生員李志仁、生員李純仁、生員賈克賢。

　　丁卯舉人現任羅山縣公堂屈正宸丁酉科舉人馮松年。

　　大清康熙五十年歲次戌戌夏六月吉日立。

（碑存新密市米村鄉米村。王興亞）

重修金妝藥王大殿聖像並諸殿衆神聖像碑記

　　辛卯之秋，余自禹郡歸里，坐小窗，與一客談及漢賈誼夜半論鬼神事。因思作善降之百祥，作不善降之百殃，壁經心言非一語也。客亦曰："釋經有云，若問前世因，今生受者是；欲知後世果，今生作者是。信不誣也。"余不禁長歎息曰："今生作不善者類多，後世今生誰問哉？"客聞之異之曰："夫作善亦何常之有？彼俗家救人難，濟人急，以之神堂古廟，修補破壞，金妝塗飾，何者非善？不寧惟是，出家人暮鼓晨鐘，修醮持誦，寧非作善者乎？"余曰："子言亦是，但作善論心田，不論事蹟；貴誠敬，不貴狎侮。余嘗見俗家先有邀福意存於中，後尋善事以作，亦有欲就中取利，陽為公舉，心田可云善乎？至於出家輩，不思衣食所自出，往往瞻塑像而不畏，處神居如私堂，羅列器具，任意污慢，可謂不狎侮乎？"余敬曰："作不善者類多。"客唯唯。方起作別，忽有本廟住持柳清祥謁余請記。余曰："記以記事，誠言其概。"祥曰："藥王廟諸神殿，自太和李道重修以後，閱時已久，緣瓦間有剝落，神像因而無色。有于春海、王祿、張忠等約衆捐資，俱次第重新之。"余曰："余識囿坐井，記弗能也。"祥固請。余不獲已，乃以余與客偶論數語，冠於前，一則俾後之俗家知神善不可有意而作，存一念福取利念，類即非善；一則俾後之出家知神無地而不在，少有污慢，不畏心腸，即為不善。及是則今生之作者始善，自祥集而殃清，疇謂鬼神虛幻，無報應哉。是為記。

文林郎知密縣事加三級閭山于兆麟。

邑貢生慕希孔謹記。

邑庠生員王賓書丹。

大清康熙五十年歲次辛卯仲秋吉旦。

（碑存新密來集鎮寺堂村。王興亞）

重修龍王廟碑

先王設教，凡以為民而職司風雨，燮理陰陽，則龍王之功居多焉。龜山東南，號窮鄉僻壤，然有白龍王廟在其中，民安物阜，實嘉賴之。非神之為靈昭昭耶。邇來舊制圮毀，不惟無從壯觀，適足貽生民羞。故善人呂景雲等鳩工庀材，使廟貌煥然一新。雖系重修，其功不在創始者下也。落成之日，余特作文以記之云。

貢生黃溶撰文。

超化錢愷書。

康熙五十年孟冬吉旦。

（碑存新密市超化鎮堂溝觀音堂內。王興亞）

重修觀音堂記

寺前舊有觀音堂，創制已久，但□□日遠，廟宇將頹，有善人魏枝、宋大成目覩心傷，募化眾賢，不日告成，刻姓氏以於不朽。[1]

金塑匠曹進川，石匠：閭天德、楊壽。

康熙五十二年孟夏吉旦。

（碑存新密市超化鎮堂溝觀音堂內。王興亞）

重修三皇神像記

雲巖宮舊有三皇尊神古垌，耐歷歲久遠，肖像剝落，淡然無色。幸天仙保善士信女李門郭氏，約會集眾，各捐資財，請畫工妝塑肖像，不數月而煥然一新。功成刻石，以垂不朽。

康熙五十九年三月吉日立。

（碑存新密市雲岩宮。王興亞）

---

[1] 以下開列姓名，字多漫漶。

白龍廟亭子記

知縣于兆麟

余聞孔子曰："鳥吾知其能飛，獸吾知其能走，至於龍，吾不知其乘風雲而上天也。"故江海淮瀆與夫巖藪潭峪之間，莫不有神以主之。故曰："水不在深，有龍則靈。"邑城東南三十里許，栢厓山陰有白龍王廟。廟前西南隅，峙東西大小二阜，巖下一潭，水深而冽，意者其神龍潛藏之所耶。考邑乘，廟興於金源大定元年，明永樂間禱雨獲應，奉文修葺，至國朝順治七年，邑令李君亦因酬貺重爲建置。是神之有感必應，載在祀典，由來舊矣。余守斯土十有六載，雖不能如古之良吏，惠此一方，然勉承祖訓，恪守官箴，兢兢焉惟以婦寧室盈爲己事。去年旱虐，山川滌滌，父老縷述神功，因徒步祈禱，果獲甘霖，士民欣忭。今歲夏秋之交，彌月不雨，憂心如熾。于是，復謁廟再請。可異者，方欲詣潭逆水，忽縣吏得一卷，乃遠年禱雨之文："用虎首骨投龍潭，雨立沛。"因思龍居陽德，虎屬陰精，龍起則雲從，虎嘯則風生，意者風雲之會，陰陽以和，神其導之機耶？遂如法祈求，其應如響。時維七夕，天衣彌合，風雨瀟瀟，川原優渥，莫不舉手加額，感神之明賜。爰割俸首倡，議於廟前西隅建斗室三楹，並建兩亭於二阜之上，紳士、耆老皆踴躍從事。亭成，顏之曰："犁雲鋤雨"。非以爲遊目賞心之所，實欲後之官斯土者考亭所由建，頌明德以薦馨香，永苾芬而宏保障。則是舉也，將與古之"豐樂"、"喜雨"諸亭，長垂不朽。固余之深幸也夫！

康熙五十九年。

（文見嘉慶《密縣志》卷七《建置志》。王興亞）

洪山廟張氏先塋碑

自古帝王相傳之世次曰紀，士庶之宗派曰譜，無譜則人忘其本，莫識其宗。若是乎譜之所係大矣哉！古人作譜之意，原自親親，一念生也，世俗多聞同姓之顯貴者，以為序。而乎一本之親，反斥為寒微而不相顧，則不孝之罪莫大焉。念始祖本洪洞人也，因遷民而至東洪山處，他無所營，以農為業，繼乃相形審勢莊基建於後，而塋穴即卜於前，反為照應，以便拜掃耳，非有擇也。迄今觀之，風後南峙，洧水縈環，似乎風氣所鍾，陰陽交會地也，故綿綿瓜瓞，長髮其祥。傳至二世、三世，咸推為鄉飲耆賓焉；遲延四世、五世，家業頗冒，習知義禮焉。迨歷六世、七世，而入文庠者有二人焉；至八世、九世入文庠者二，入武庠者二，共四人焉；及今有堂兄由廩貢而訓導於正陽焉。旗祖典口藍山族侄，又以經歷而待銓選焉。堂弟又入文庠，堂侄登圜橋焉。至於父，闔邑紳士公舉賢良方正，奉旨恩賜正八品爵，職榮身焉。燦父性遲鈍，三十七歲，始入學宮。至丁酉科，幸列鄉歲第十二名。甲辰科部院主司,奉旨檢驗,取中知縣,以俗應用焉。余族雖屢簪纓世胄,率多名登天府,向非始祖開基於前,後世安能成光榮之若斯哉!但自始遷以來,以年數度之左,約四百餘歲矣。予懼夫世襲淹沒,源流莫分,且親親之道廢,因而作我張氏譜序,合一家之生死存亡旨記憶之,搜羅無疑,立碑於始祖塋墓之南側,而刻銘焉。凡值追薦之期,相與拜奠於墓下,既奠尊卑長幼名敘列坐次,其長者顧少者而告之曰:"凡在此,喪葬必赴,冠娶必告,少而孤苦則老者扶之,貧而無歸則富者收之。"其教子孫也,以耕讀其持家道也,以勤儉待族人,篤親愛之情,處鄉里敦和睦之道,存心務要忍耐,行事亦須公平,不然者,吾族人之所共責也。自世道日隆,人心不古,見有父子不和,骨肉之恩薄,兄弟如仇,而悌弟之行缺,且同族□角,構訟公堂,而一本之情絕,黷財無厭,放□是行,而廉恥之路塞,甚至言不由衷,而誇詐之習勝行則失度,而檢阻之事多,此六行者,吾不敢以告鄉人,而私戒我族人焉。有仿佛與斯人一節者,須吾族相攻而不容者。余仰其必人之志,以全水源木本之思,不敢離辭談藻,以粉飾之,謹以列其世,記其名而刻石焉,使族人知創建之由,庶後之於若孫,亦將有感於斯,世世相繼,勿背以垂親親之意也云爾。是為序。

丁酉科經魁甲辰銓選知縣星燦沐手叩撰。

九世孫壬午歲進士現任汝甯府正陽縣訓導星耀參閱。

邑庠生星煜校正。

□世孫國學生楷吉書丹。

大清雍正三年歲次乙巳仲冬上旬立。

責己恕人,罔非身教,豈獨斯文,開示蘊奧。哲人萎矣,山木頹唐。

愴動邅邅,況列門牆。冰淵遺訓,追念涕滂,瓣香敬藝,畧次行藏。

用垂厥後,後人有作,世澤芬芳,發舒磅礡。勒石為銘,壽同嵩洛。

賜進士出身正五品銜翰林院編修國史館協修提督廣西學政加六級滎陽受業門人孫欽昂撰文。

賜二甲一名進士出身金殿傳臚翰林院編修汜水受業門人牛瑄書丹。

(碑存新密市大隗鎮洪山廟。王興亞)

功德志

天道以□而清,地道以一而寧。而共所以為一者,誠也。敕其功在造化而靈在人心。凡吉凶禍福,莫不有□□神主於其聞也。噫嘻,□鬼神以□□靈人誠□□鬼神者。舍誠則何以哉!嶺砦北有□□□□□□□□□,東嶽聖帝其成靈之昭著也以矣。□□□君□□□蒙覆庇有□□□□□□□而吉禍亦可轉發而為福矣。□於□□□有□□□者□得失血病,命□□□□,而非神則無以□佑□,於是沐□焚香祈禱於□□□□□□□□□□仁聖座前,未幾,而病瘉矣,無大愈矣,□鬼神之靈昭

□□□，有如此也。天□□□蕩之思敬□相。

雍正五年三月。

（碑存新密市超化鎮聖帝廟。王興亞）

重修寢宮棟梁復建後亭碑記

嘗聞兩間精英之氣，聚於人間為里人，踵於地則為異地，以故名山大川，積氣之區，每為神聖享祀之所，本功德必負人事。密邑環山，千曲百折，秀麗極多，而洪山為最。前案後巘，左山右川，以巘造殿，靈龕寓焉，乃建亭覆塚，絕踐踏也。近亭立宮，毋亦儉門堂寢室，依稀夫事死如生之意歟！不然，已建亭何立宮耶？因庭前有通郡大道，而跨川造梁，無庸深論矣。但宮壞亭墟，橋不堪涉，睹者咸有力不迫心之感，而愴懷不忍去。是年七月朔，余至得步新橋，仰觀廟制巍奐重重，勢若勇躍，奮迅而出，旋渡橋登巘回顧，目擊心快，莫訪其功，忽住持一訓至，儉述情緣，且為余曰："功造竣，但未勒名，子既至，請為文以記。"余念衆之作福不可沒也，乃記年月，錄姓名云。

長葛化主劉夢龍、趙之克。

化主經歷張倫，候選州判王國生，候選州同劉希同。

邑學生張琰撰文。

後學張大受書丹。

大清雍正七年歲次己酉孟秋吉日立。

（碑存新密市文物保護管理所。王興亞）

重修黃固寺神祠記

【額題】萬善同歸

密邑東南院青保有黃固寺，不知創於何代，建於何時，觀其地勢，則四面皆名山□水，覽其規模，則□閎高大，誠勝觀也哉。雖其先已經重修，然世遠年湮，則有不□如昨者。予歷誦讀於茲，見夫廟宇□壞，風□敝□□□□心傷，時切鼎新之念，然卒有志未建。今有善人張婁、周有等共發虔誠，動念重興。此正於予志有和者，故或輸其財，或□眾資，□□□□□匝月而佛殿改觀，伽藍□祖、炎帝等殿已皆煥然一新，此雖云人力實神靈護佑，□□□□□□□□□□□□，勒石為記，以志永傳於不朽爾。

雍正八年歲次庚戌孟夏邑庠生紀德撰文並書丹。

石匠紀王國、劉德福。[1]

（碑存新密市黃固寺院內。王興亞）

---

[1] 以下有募化人張婁等一百多人姓名，字多模糊。

重修超化寺毗盧殿記

　　夫密為古鄶國，漢始置縣，縣治之南有超化寺，乃天下十五座名刹也。超化云考天丘，即佛氏超脫眾品，化育羣生之說也。惟其超也，故不生不滅，不垢不淨，不增不減，惟其化也，故受起於識者，眼耳鼻舌身意，無色聲香味觸發者，故成樂於越於法，妙於化者也。西方之佛有毗盧焉，始於釋迦莫尼、彌勒諸佛之法，法眼之正，共戡世界之迷，德之不離，淨看□□□□□□□□者因之，君子虛生，自元造有非日甘欲太極而兩遂，萬象生焉，此之謂也。吾儒得之而為□心□□□□□韋□者可記於實無者□應於有，西方極樂□在□□□不動彈□之間，神通妙用隨形而隨足矣。獨 /[1]

　　斯至毗盧之殿，創始者幾何年，重修者幾何年，歲歲不經，□□殿宇，越風雨已然殘蝕，恐難以經久，即日缺漏，大不敬也。余□□錢□暨鄉善氏高爵、邑庠生員周服、周鐲□目感於心，釀眾金鳩工庀材，抽其橡腐者補，其麗嵌者鱗次 /

　　木一石，莫不目為注而□為檢，經□□起，不閱月而厥然告竣。隆日丹□，末加全理，募事而人 /

　　其踵相接者可操勝券也。嘗謂善作者不作其善成，□□□必成善終也。□餘下居寺云西巔，復以青毯座羈糜寺，目睹□□□□□□□足嶽之能消滴乏綠江之力，然而見藝必庸，見□必□，安在非君子，族表襃嘉之，本法也哉。寺僧緒城於鐸□□□之時，屬余為文。因不揣固陋，乃濡筆書而為之。

　　邑庠廩膳生員錢愷撰文並書。

　　大清雍正龍飛庚戌歲次中浣。

（碑存新密市超化寺。王興亞）

重修五虎廟碑記

　　嘗聞莫為之前，雖美弗著；莫為之後，雖盛弗傳。是前是後。固相得而益彰也。密邑東北六十餘里，舊有五虎廟，予亦不知其創始何年，觀成何日，奔走而丕作者何人？而第思諸公當日協力扶漢，忠義之志昭如日月；同心討賊，正直之氣塞乎天地。是皆有一關一代之盛衰，而係萬世之綱常者也。故諸公沒後，無不廟食萬方，而斯廟抵清，猶然重修一新。但邇來風雨相侵，綢繆末暇，四壁日以頹壞，棟宇漸爾飄搖，廟貌如是，不惟無以紹前美，亦何以妥神靈而肅觀瞻哉。幸有善人王君錫、劉天錫、王通、王綱等目擊傾圮，重加修理。或施財物，或輸工力，或求助於本邑之紳衿人士，或祈緣於四方之仁人長者，鳩

---

[1] / 以下，有缺字。

工庀材，不數日而將傾將壞者又復如輪如奐矣。則前與後不誠相得而益彰也哉。爰勒諸石，永垂不朽，俾後之覽者將有感於斯夫。

邑庠生劉耀撰書。

會首劉天錫、王君錫、王通、王綱。

蔣忍施地一段行糧上地三分四厘。

道士彭合治，徒張教一。

乾隆元年仲夥吉日立石。

（碑存新密市曲梁五虎廟村。王興亞）

重修金妝土地祠記

竊維天地之間，靈於物者有人，而靈於人者則有神。土地者，一方之保障。百家之囷，挾先世建堂而祀之，良有以也。祠之屋有兩檻，各有二神，雖不盡可考，要皆有利於生民者，益於里蒼，故聚處而同祀焉，豈無謂哉！乃閱世既久，為風所摧折，鳥鼠所巢穴，遂致牆屋傾圮，金光剝落，而赫赫神祇幾不堪折。吾父睹此破壞形狀，觸目驚心，故約鄉中之長者，同□合力，募化眾人，輸財者有之，效力者有之，而重修乃以告成，繪畫實則無資，值觀音堂興功，以柏為梁。禱於神，而以此廟黃棟樹易之，取材固為維均，而值需則已過半，後賣樹得銀錢若干，有馮君其順次子諱煥者，相與經營，而金妝亦因以完。噫！此役也，吾父前經二載，後經月餘，焦心勞思，而成是功。猶睹一則眾善之歸，再則神靈之助也，眾善神力俱不可沒，命余為文以志之。故此筆而序，以為後之君子勸。

功德化主錢愫，攜男儒學生員九卿沐手撰文。

大清乾隆二年仲秋吉。

（碑存新密市平陌楊臺。王興亞）

敕封洪山普濟觀真人之墓碑

洪山廟真神，宋末元初之隱君子也，庶人不知，以牛郎論之太過矣。

乾隆三年歲次戊午仲春吉日。

信士王九式重立。

鐵筆董楷。

（碑存新密市大隗鎮洪山廟。王興亞）

超化砦重修砦門序

【匾題】超化砦[1]

　　超化砦舊一頑邱，早成於明癸末之年，乃張大先生，諱問明，字鑒空，同余曾大父諱標，字建吾所築，以避兵焚者也。夫荒蓁錢氏創業，特捐資修築易，至流氛衝斥，而強兵固守難矣，賴張大先生千總葺義氣冠軍，養志教武，寇莫敢問。故邑人托命並四方流寓全活者不下數千家。大先生由是膺簡宰治，懋德□人，至今人嘖嘖稱道，若翁感其豐功偉績，題贈一律，邑侯許公履坦和韻追頌之，猗歟休哉！但昇平日久哉，砦户傾圮，先生顯孫國學生諱作桓、善士楊侯諱銑、族弟國學克歧等，督工修建，煥然一新。嘻，前有作，後有述，甚盛事也。余簡陋寡聞，謹述原委並敘前事，聊志功德不衰云。

　　翁先生元倡
　　黃巢殲後鼎湖移，超化名傳舊義旗。草澤人豪埋保障，山椒明月照豐碑。
　　雙門洞折三層砦，一帶河分二岸畦。每憶戰塵孤塔迥，伽藍竹樹影離離。
　　許賢侯和韻
　　八百義兵勢不移，蠢茲草寇竪降旗。功成未拜封侯印，口頌猶問載道碑。
　　一帶生靈依保障，幾番戎馬遠山畦。至今瞻仰思遺址，潭影劍光共陸離。
　　步和前韻
　　達年物換幾星移，遙憶山城上義旗。恩厚已垂峴首淚，功成未立燕然碑。昔時劍戟藏丹囊，今日桑麻遍綠畦。砦上若非勤保障，生靈一帶盡分離。
　　邑後學錢可久頓首拜並書。
　　大清乾隆四年歲次壬未仲秋吉日立。
　　石匠段錫文鐫。

（碑存新密市超化西寨門處。王興亞）

重塑中香峪寺碑記

　　蓋聞佛氏立法，恒以利物爲心，梵刹之設，多在幽岩之地。密邑西北，舊有中香峪寺，重山數圍，遠接嵩華翠嶺，巍然深秀可觀，松風水月，鶯啼鹿鳴，可謂至靜至勝境矣。近達村廓人湮，民之日用，半食於山，四季往來，行人不斷，冬湯夏茶，爲民棲止之所，借竈起炊，大爲民便之處，寔爲密邑之重地，而一方之庥庇也。故大明天順己卯三年，重立碑記，以證邊界，東至車骨堆嶺，西至嶺，南至興骨塞，北至彰蘭，四至以内，供給香火。今亦二百八十三年矣。但世遠年湮，其地爲豪徒者騙矣，樹木爲強梁者伐矣，其茶竈鐵鐘

---

[1] 此爲超化砦門匾，中間下部刻有"超化砦"三個大字，周圍爲序文和詩文。

爲遊手者毀矣，剝落殆盡，寺宇摧殘，昔之所勝無復存者，漸爲寒湮衰草之鄉，蕭條淒涼之境矣。慎象元、李天成、李銑、米作槃目覩心傷。不忍坐視其敗，忌義舉，不懼豪徒之強，据碑控告本縣正堂案下，劉老爺素懷仁人之心，大開慈之念，依碑茲斷，蒙批即令速歸寺內，清定界石。公同具覆，可謂故土無失，陳迹依然，則寺僧之供養有瞻，行人之棲托有地，咸歌仁路，未嘗非王化之一助也。異日者，鳴琴眺暇，遊目騁懷，仰嵩門而俯流開，睹龍□□□廣武之盛，皆寓□而□帶之矣。行且巡田疇，而□□桑麻、葦而息，抱波□歌野唱，則中年三異美治蹟者，又不獨歸之漢子康，而裸吏治者，又不止吳公爲第一也！第念時值久遠，官地非一處，所騙非一家，四至內多有長短不齊之數，遠近難分之勢，不能如數全歸，不□於公之心，稍存一不忍之念，於是重立碑記，再刻四至，東至官莊東咀頭河南大石爲界，西至山崖頂，南至山崖頂，北至山頂，十分之中止□其半焉。四至既立，不許四至之內，再霸寸土，如有不懼王法，持強吞佔占者，□□繼君子當執此碑文，指名控告，嚴懲愚頑，庶人人知有三□，不致妄騙，而香火有資矣，民有賴矣。公同立碑，永遠爲照，以誌不朽云。

　　賜進士出身特授文林郎知密縣事加二級紀錄劉蓋。

　　密縣儒學教諭候選知縣彭學祖。

　　密縣儒學訓導趙曰溪。

　　密縣督捕廳魏英基。

　　河南襄城營駐防密縣把總喬功。

　　後學慎長元拜撰書丹。

　　乾隆四年十一月吉旦。

（碑存新密市文物保護管理所。王興亞）

重修玉皇閣碑記

　　事有作於一時而垂於萬世者，君子以為非常之功夫。非常之功，莫為之前，雖美弗彰；莫為之後，雖盛弗傳。邑東南十五里，藥王廟有玉皇閣一座，乃皇清定鼎之後，道人李太和所創建也。其閣高有數仞，縱橫四丈五尺。下則土埋一臺，上則四梁八柱，厚其牆垣。高其闕閣，有鳥革鳳飛之象，有竹苞松茂之盛，謂為磐石之固，誰曰不然。詎意乾隆三年，淫雨誕降，數月不止。都邑城為之崩，閭閻牆倒屋塌，而此閣亦忽塌一間。東兩間雖未墜落，危危乎有將頹之勢。樓閣傾覆，聖像暴露。附近士庶見之而心驚，往來行人望之而色沮。住持於一淵夙夜焦勞，幾欲重修。惜乎臺高費廣，功大難成。無奈募眾商議，將廟院柏樹一株，賣銀二十餘兩外，同化主募化多半，共計銀兩兩百有奇。至乾隆七年春，鳩工庀材，拆毀到底，仍其舊址而重修之。牆壁有坏，俱換以磚。根角缺硬，加以石。務使昔之美輪美奐，巍巍壯觀者，今後肯堂肯構煥乎維新焉。庶重修之功，可煥美於前；創建之力，不泯沒於後。孰謂作於一時，不可垂於萬世哉！功成勒石，故敘其原委以記之。

邑庠生慕瑄沐手拜撰並書丹。

乾隆七年葭月下浣二十九日。

（碑存新密市來集鎮寺堂村。王興亞）

重修超化關聖帝廟碑

竊維鼎立三分，赤志炳於青簡，統存兩漢，丹心貫乎白虹，仰節烈於當年，昭融河嶽，振綱常於來許，磅礴蒼穹，溥哉博哉！久已家傳戶曉，渾矣穆矣！奚煩頌德歌功，矧引夫由王三朔桃園，列鍾鼎銘旌幡，奕奕然指不勝屈，浩浩乎口不盡言，縷晰而修分，楮貴洛邑；循端而竟諉，竹罄淇園。茲茅朔創興之終始，詳重造之源流，俾遐邇悉其原委，使士民供厥膳饈。明季戎馬生郊，狂蜂擾境，傷哉，踩躪難堪，悲矣，臨危誰省。爾時環居諸生禦彼寇，壘築茲義寨，共思拯黔首之艱難，因念剪黃巾之豪邁，迓聖像於邑中，建崇祠於此界，竭虔惕而常存，祀春秋以匪懈。以故人禪厥誠，神振厥英，揚千秋之虎吼，滅一日之狐鳴，叱吒兮風雲變色，暗鳴兮山嶽頹傾，振當年兮吳魏伏，威奕世兮冷李平，赫赫兮四海一方同顯，濯濯兮生前設後齊名。由是清乃域，靖乃疆，車馬解，干戈藏，山川水奠，上下以康，榛桔起峒山之秀，萍荇送洧波之香，林成任崔，四宰咸歌安車；士農商旅，萬民羣樂翱翔。孰意歲轉協洽，商羊降虐，玉虎貽騷，土崩瓦解，棟折柱撓，黑綬金章。時沾青霜紫霧，龍會虎繡，常侵羊角鵝毛。行為之左息，居人因而哀嗷，傷何庭以陳燔烈，歎無地而肆頻局，茲因旋繞諸家，周圍百戶，念聖德之淵深，追帝恩之廣博，羣施荊土之金，因運魯人之斧，丹而雕，刻而桷，盡煥於今，鳥斯革鳳斯飛，咸如乎古。將見巍峩其室，粉堊其宮，度雪霜以方潔，於牛斗以並崇，刀洗金泉錦浪，□躍青龍而偃月，馬驪石嶺紅霞翻，赤兔而嘶風騂剛。白牡並陳來，林泉之善士，碧藻黃流齊獻走，伏臘之村翁，敬修俚句，用志盛功。

生員張基永薰沐撰文並書。

會首國學張作桓、錢克歧、生員張作揖、善士高爵、楊道長、錢倫、生員張垣、張基遠、張基承、城克順、路坦、張作梁、張作霖、錢可久、錢愷、張彤、錢九壽。

村長周天章。

商人溫晏權、鄭瑞總、周功。

乾隆八年五月。

（碑存新密市超化寺。王興亞）

重新金妝玉皇碑記

民非水火不生活，火之於人大矣。而火必需夫煤。藥王廟後素號有煤之地，人所共知，岂若煤窑之通塞，煤之好否，非人所敢必也。□惟老君主焉。壬戌冬十月，周围人等公打煤窑一座，不一月而窑即透焉，炭煤出焉。且自始至终，行窑半载，平安无事。此虽衆家之福，實老君默佑之恩也。窑透之後，原有每日進香，老君爺先到煤一分，以為朔望祭祀，修殿金神之具。及窑老住作之時，欲修殿而殿猶堅固，欲金神而神已金完，衆不敢以其煤肥已也。適玉皇閣重修維新，而圣像仍舊。於是，各發善念，出錢雇工，將閣中在上在下尊神，俱各重新金妝，並牆壁、暖閣門窗、柱梁供桌等物，一概潤色之，豈為邀福計哉！時以盡其如在之誠耳。工竣勒石，更望世之修德行善者，當先敬乎神。

　　癸亥菊月既望。

　　邑庠生慕瑄不揣固陋撰文書丹。

　　大清乾隆八年九月中浣吉月立。

（碑存新密市來集鎮寺堂村。王興亞）

重修觀音菩薩堂碑記

　　密縣超化寺，阿育王祈釋迦佛舍利寶塔，□其地傍有洧水之源流，乃天下第一十五座名山，誠天設地之境，檀那作福之場。自漢朝益崇尚於今朝，群黎共仰，渚夏同欽祈當來之福，報今生之德。因揮采筆，福生無量，慶必有餘。謹敘。

　　乾隆□年。[1]

（碑存新密市超化鎮堂溝觀音堂。王興亞）

重修超化寺記

　　鄶邑之南有超化寺，吾廬在其西。辛酉末，余無意科名，得以詩酒徜徉其間焉。每靜覽勝槩，溱洧映帶，崆峒南屏，寶塔聳峙，□□碧落，金泉縈繞，灌溉黃壤。而且茂林修竹，交暉貝葉之陰，暮靄朝霞，大發天花之彩，不禁私宿贊幻幽於盛世。傳□□□第十五座名剎，□□□□耳，及環顧諸殿，若毗盧、若聖僧，巍峨無恙，若金剛、若天王，燦爛猶昔，而大雄殿乃漸就殘缺焉，地藏、韋馱、□祖、伽藍，亦幾度疏壞斷。嗟，噫嘻！我佛自遊東土以來，一葦渡萬姓之災，三藏拔億兆之苦，蔭注世界，光耀康衢，謀明□□而梁或興□□□乎？唐代推尊並尚良有，以其地既為波羅提棲法之所，自應榱桷永固，棟宇常新，乃石燕引殘，商羊降□，致令雕龍減色，□□無□，其如惠德無量，□□前人□締造是厚也。立其殿也有五，將欲合乎五行，而配乎五星。立陪殿也凡四，義欲應乎四方，而協乎四時，其用意□甚□□□然殘缺者□□□□□□□□所以辱神□也，亦豈所以紹

---

　　[1] 該碑上所書年代，字跡模糊不清。

前烈哉！玩賞之餘，又不禁感慨係之矣。既而思人之好善，誰不如我。以余□□□，尚且睹之而生盛執弗□□□□□□申慷慨意氣之士不乏，好施樂善之家甚廣，斷不使有傾頹之危也。不□□如矣，而又何患哉！果爾哉，□□幾本寺主持高發重修之志，同鄉善士同懷復古之舉，合議力事，莫不同心而共濟焉。於是，或捐資財，或給粟米，或化他鄉，或募鄰邑，土木悉修，不□□□□□□□□□□□□□新，若大殿既成，地藏等殿亦相繼告竣，猗歟休哉！竣宇雕牆悉煥，翬飛鳥革如初碧，琉璃輝照，只因朱欄杆色，□□□□□□□□□□□□何如也。余昔也睹其敗而憂其殘，今也觀其成而更欲志其盛，其歷覽諸碣石，雖一祠之建，莫不詳□□□□□□□□□□□□□其功而並四年□□□□俱新，使出一言，以表彰之，豈士君子旌善之本懷也哉！因不辭簡陋，□□為文，庶人之鳩工庀材者，□□□□□□之覽古懷舊者，知建修之所苦也。

廩膳生員錢慥撰文。

侄生員□□□書丹。

功德化主：張作桓、錢克順、高爵、錢克歧。

乾隆□□年□丑桂月□日立吉立。

（碑存新密市超化寺。王興亞）

重修觀音大士廟序

從來萬物之化育，本乎天地，而天地之功，用彰乎鬼神，神之為靈也不爽。故殿宇傾頹，神像坍敝，有善者創造於前，既有善述者，重修於後，有善始者，肇基於初，既有善承者，繼美於終。超化砦乃密邑之巨觀也，有上寺、有中寺、有下寺，而觀音大士之廟，近中寺而岩居焉，乃先世侯君創建於順治十六年也，建立之後，一方婦女有禱輒應，莫不載生而載育焉，以致砦頂人煙如畫，文人才士，世不乏人，何莫非大士之功德，所誕降而發祥也。歷久而鳥鼠遺害，風雨肆虐，垣墉將傾，暨茨莫塗，不惟無以肅觀瞻，實所以褻神功也。幸同鄉中有國學生錢克歧，善士楊道長、劉孝、錢安國，觸目驚心，捐輸襄財，募化閭鄉，經營數月，殿宇輝煌。為神像末金，又會約鄉中善婦人楊門胡氏、馮門樊氏、鄭門陳氏、馮門柳氏，共化錢糧，以成乃事，以黝堊施以丹金，而神像燦然一新矣，不意錢糧有餘，因並砦西白衣大士堂、山神廟悉繼此寓重修焉，一事而三善克全，豈非神人之感應，幽明無二理，男女之向善遐邇，有同心乎！使不立一石以表彰之，後人將不知善作善始者創於何人，善承善終者紹於何姓也。用列諸石，雖以志功德於不衰，並以望後之繼今，亦猶今之繼昔也夫。

乾隆拾三年三月十五日立。

（碑存新密市超化鎮超化寺。王興亞）

鋪廟石記

竊思廟宇不修，則人無告虔之地。而有地未鋪，則神多風塵之擾。是所古今來修爲鋪地者，世傳爲美舉也。密邑西牛兒店，舊有諸神廟宇，其地均未鋪焉。時有襄城縣客人燕吉、李天成強出已財，補東嶽廟、三官廟、閻王廟兼龍王廟、土地廟及菩薩一堂，又百子神祠並二郎廟，以全前人未完之功。厥功告成，因勒石以志之。

韓生耀撰書。

襄城縣客人燕吉、李天成立。

大清乾隆拾叁年三月吉旦。

(碑存新密市牛店東岱廟。王興亞)

關帝廟碑記

知縣秦勷

嘗考帝君當漢末造輔昭烈，東拒孫吳，北敵曹魏，定鼎三分。麥城之敗，捐軀盡節，忠烈赫然，距今數千年而威靈愈顯。我朝制越往古，祀以太牢，封其三世，名邦大都，窮鄉僻壤，莫不有廟。上自王侯公卿，下逮樵牧販豎，婦人女子，咸知尊禮。此固如日月經天，江河行地，無容覼縷者也。顧帝君之德業忠義，爲萬衆之崇奉，與釋道之爭，援所稱盪寇伏魔之英爽，洵足以震聾人心。乃儒者，亦莫不尊之爲聖，至與宣尼比並，何也？昔者孔子作《春秋》，存幾希，維王迹以繼堯、舜、禹、湯、文、武、周公之統。游夏文學，雖及門親炙，羣推高弟，莫能贊一辭焉。王荆公爲有宋一代文人，其於《春秋》，猶夏蟲之語冰，至目爲斷爛朝報，此其微言大義，豈易識乎？而帝君獨喜讀之，此必於筆削深心有默契焉者。故其時羣雄蜂起，獨於式微之中，擇昭烈而事，顛沛流離，死生以之，蓋猶孔子欲爲東周，而必周旋於魯、衛，非深於《春秋》者不知也。春秋大一統以尊周，帝君亦大一統以扶漢。而曹者，漢之賊也，武侯謂漢賊不兩立。當昭烈敗走於沛，帝君困下邳，以其生平義烈，似不難背城一戰，以死報之。顧以爲玉石俱焚，不終所托，不如暫屈以全主母，以爲後圖，斯又非聖人之權哉？且其歸曹也，曹嘗厚禮之矣。意冀其受恩漸深，或可依違，以變其節。乃一聞昭烈所在，封還所賜，拜書告辭，徑歸不顧；操亦能聽其去，而弗追。是其精忠至誠，薄日月，貫金石。故鬼蜮如操，且有以褫其魄而傾其心，其百折不回之氣，從容於去就之間，殆又與宣尼之進禮退義，仕止久速，若出一轍。則洵乎帝君之爲聖人，而廟貌徧宇宙，享祀愿萬世也，不亦宜哉！

乾隆十五年。

(文見嘉慶《密縣志》卷七《建置志》。王興亞)

重修光林寺碑記

　　稽古帝王，出治必法天。天有陰陽寒暑，則之為禮樂刑政。一張一弛，競綵胥化，中道也，儒道也。降及後世，乃有佛法。其教一以寂滅慈悲為本，非陰陽寒暑循環之理。故儒者以異端目之。然攷佛之生，在周昭王七年，至匡王五年而終。歷千餘載，其法僅行西域，至漢末入中國，自是浸昌浸熾，徒衆日盛，祠宇徧海內，雖有英主哲后，不能廢，此亦必有以致之矣。嘗論之其道雖偏而不中，然則衰世亦不嫌於矯枉過正。昔孔子思"勝殘去殺"之善，人苟能如佛之慈悲，則可以無殘殺矣。世人利慾薰心，憧擾萬端，種種惡孽，從此而生。苟能為佛之清淨寂滅，則可以無利欲矣。卻利慾於己，而以慈悲遇物，此其意亦何惡於天下哉！故以佛法視聖道則非，以佛法訓末俗則善。苟人人以佛法自修，慈悲而無慘刻，清淨而無利慾，天下同風，豈非華胥之世乎？密邑光林寺創始於拓跋魏，歷唐、宋、元、明，迄今幾二千年，修廢者屢矣。康熙壬戌，前令李君新之。歷七十載，又將圮廢。紳士議重修，費無所出，以貨寺樹，興訟兩年未結。余履任，為平反之。擇端謹者董其事，逾年而告成功焉。因思余以涼德涖茲土，愧無以化吾民，唯願遊寶刹者，仰瞻佛像，生飯依心，以慧劍斷利慾，以勤修生覺悟，凌競無聞，澆漓胥化，庶幾惟禮樂刑政之遵，享太平無事之福，即謂通於中道、儒道也可。

　　山東安丘進士乾隆十五年密縣令秦勷撰文。

（碑存新密市白寨鎮光林寺。王興亞）

重修藥王廟記

　　普濟觀有東西兩殿，其東殿內，藥王之遺像存焉，第其神所憑依於茲也。當其始，僅與關帝配享耳。自元迄今，未之有改也。迨雍正年間建關帝廟，□睹東而神方獨居其尊矣。然而神像未遷於中央，棟宇尚嫌其卑隘。道人高和鳴用是募化貲財，重為□修，今日者規模再易而廟貌煥然聿新。丹嚴更張而神像肅然，可故於以妥靈爽而凜觀瞻也。不亦宜□□□之徒趙德恭因功成告竣，索敘於余，以垂不朽。余曰："此真可以勒諸碑銘，永垂來茲矣。"爰欣然而為之記。

　　密邑學生寇國樞沐手拜撰。

　　張大受書丹。

　　陝西廣藥行眾商人、河南開封府滎澤商人公立。

　　化主王元吉、張大受。

　　鐵筆匠唐永常。

　　住持高和鳴，徒：趙德恭、張德寬。

旹乾隆拾柒年歲在元點涒灘正陽月初柒日穀旦。

（碑存新密市藥王廟。王景荃）

貞節王孺人墓誌銘

　　天地之正氣，日流行於天地之間，為偉丈夫，為奇女子，皆有關於世道人心者也。是故古來忠臣義士，孝子仁人，鴻功盛業，彪炳宇宙。而深閨中之烈女貞婦，亦流徵於經傳子史間，良以幽光潛德，皆道所系，而人以道傳者也。

　　予鄰邑密縣超化村錢氏，舊多理學名士，故婦女輩亦多識道義，不乏閨壹楷模。貞節王孺人，坤德久著。予與錢氏作累世通家交，知之倍悉也。於乾隆十四年六月得孺人厭塵耗，悒悒者久之。越六年乙亥，佳城有兆，將歸於歲，其令嗣九壽，以墓誌銘來請。予素不工諛墓詞，而有實可錄，固不妨以不文之筆出之也。按孺人王氏，係密學增廣生員王公仲女，秉德柔嘉，賦性端嚴，錢公庠生諱肅，字伯雍，實聘定之，伯雍公幼失怙，恃賴其叔曾祖母崔氏，撫養成立，孺人於歸，三日廟見後，即主中饋，輒不作新婦態，事崔若姑，備極孝謹，相夫子舉案眉齊，綽綽乎孟家光也。伯雍公好客自喜，屨滿戶外，孺人出藏酒，解雜佩，毫無吝色，警雞鳴而賦偕老，固所宜也。奈嫠宿司命，二十八歲而失所天，化雍公捐館矣。止遺一女，未及笄，孺人已無意於人間世，而明大義者，不別硜信，以血成斂，矢志靡他。時期功強近中，無昭穆相當之人，可以承嗣。族人強悍者，欲逼嫁之，以瓜分其資產，孺人截髮鳴官，邑侯李公為擇遠族之子承其宗祧，賜名曰九壽。壽在提攜，家遭多難。耽耽者意總莫可測，而孺人左右支持，如履虎尾春冰，而節操因以彌彰。三韓於公令密，表其門曰冰心鐵性。及壽長，有孝行，為伯雍公營葬，外僕內婢，上下戒嚴，盡哀盡禮，吊者咸悅，抑孺人實主持之。由是遠冰近，吐蘖含飴，壽登八帙，健爽自如。忽一日抱微疴，顧謂令嗣九壽曰："本亡人今可見汝父於地下矣。"含笑瞑目，安然而逝。嗚呼，孺人可謂死者復生，生者不愧於死，誠奇女子也哉。

　　孺人生於康熙九年二月初二日子時，卒於乾隆十四年六月十四日子時，乾隆二十年正月初七日，與伯雍公合葬於丈石崖之西，子九壽字介眉。娶歲進士張公星耀字子辰之女。孫病故，隨葬塋次。女一，適鄉飲介賓允一黃公之孫，外孫多人。孫二，長曰潤，次曰澤。嗚呼，孺人之死可以安矣。總其生平，豈天故歷試之以苦，而玉之以成耶。貞志烈風，堅冰嚴霜，古所稱燕門楓嶺，不是過焉。其關於世道人心者為何如也，是宜銘。銘曰：

　　松菊萎矣，不殞其香。貞節暴矣，永流厥芳。壘壘青塚，蕭蕭白楊。千載而後，為坤道光。

　　賜進士出身原任清河縣知縣滎陽盟愚弟李清頓首拜撰。

（誌存新密市超化鎮超化村。王興亞）

樂善碑記

歲丁丑夏，四月大雨，五月遂次雨。越六月上旬，雨盛，遂大水。於是，大河南北被淹州縣凡六十有三。開、歸、陳三屬爲尤甚。始淹時，猶相保相聯，無恙也。及水不涸，禾不登，夏盡秋深，貧者家亡，富者土曠。失業之民，半流離轉徙就食於豫西。天子憫焉，詔遷江右大中丞胡公代豫撫。公既至，按行郡邑無虛日，所至謐如已廉得其情。會朝命頒賑，且議疏鑿水道。中丞奏請內帑三百萬金輿之至豫，並出豫庫數百萬金，分使地治者主之，友邦佐之，察災之輕重，户之多寡酌給焉。或執役更得食功焉，民大悅，聞而歸者十數萬人。中丞曰：未也，有歸者、有不歸者。遂下令諸郡，視流亡所在給之資，而送之還。於是，歸者又數萬人。中丞曰：未也，有能歸者、有不能歸者，其老稚尪羸，許有司發倉粟煮粥食之，收集者亦數萬人。而吾密故居西鄙，又幸歲大熟，前後留養蓋六百有八人。此六百八人者，既不自保而長流於他鄉，又不能歸以就賑於故土，苟鬻身而質陋，持庸力而神疲，其窮其慘固有出於鰥寡孤獨之外者。乃皇慈以浹之，憲德以綏之，周極渥庶其蘇矣。然當是時，民能無饑而不能無寒，亦能爲暫而不能爲久也。余爲怒然、而司鐸皇然，而密人士乃更殷然。因各出所有，以大拯之。既膳之粥之，又從而澡浴之、冠之、帶之、巾之、履之，且上下衣之未已也。復相與留之，益加惠之，遲之又久而後遣之。俾得飽暖優遊如此。嗚呼！守土者率言例此，豈例然乎？良由皇慈被於先，憲德孚於後。而吾密賢士正人，與夫國商儒賈，莫不懷仁慕義，因是油油樂善不倦也。樂善，性也。由性之情，而措於事實，績也。刊於石，非溢美也。是役也，孰鳩之，孰翼之，孰駢從而腋集之，闕一不可，並悉誌其名。

賜進士出身文林郎知密縣事楚資鄧正琮撰文。

邑庠增廣生錢九府書丹並篆額。

儒學教諭王增，儒學訓導孫乾，督府廳軍功記錄三次王世經，邑舉人原任陝西綏德州吳保縣知縣李遐齡，舉人原任臨潁縣儒學教諭蔡良瑞，貢生巴縣儒學訓導周夢熊。

舉人張森吉、督捐邑庠生韓侖、督捐國子監太學生李長庚、督捐邑庠生張鳳翱。

煩裕鹽商候選州同李粹、祥發當商翼城監生鄭琪、當商陳源生、當商董永裕。

貢生李夢超、張居東、張作桓、劉炳。生員：趙執桓、郭應元、尉名卿、周富密、侯錞、趙長庚、劉域、張連三、徐□淵、徐振乾、呂定一。

監生周世法、禹宗太、周鄆、陳大敬、郭琬、劉曰基、樊繕、樊印綬、張克智、王士楷、魏文、馮汶、周□□、錢克信、楊坤、黃天池、冉襟嵩、楊天統、王□瑢、司魁、魏世范、朱朝俊、李元究、魏澤長、孫添成、魏君德、孟坦儒、孟世范、宋思忠、郭啓森、樊俊極、王樹政、蔡懷僑、周永琪、崔可宗、李漢、劉明時、周夢程、高炳元、王振湯、顧濂、王玉麒、劉珣、禹希高、張五美、趙文拔、周云祥、呂世卿、鮑廷選、靳天正、丁應蘭、楊東暄、張建賓、王士魁、郝百創、李維綱、張占鼇、于文勳、楊銳、冠國順、張玉傑、冉世臣、周茂如、張玉柱、周世芳、馮得寬、陳光壽、呂建詔、王作梅、馮萬全、蔡兆麒、張鎮西、陳越、錢富俊、張濟川、魏景藹、□坤、□建榮。

　　僧會司淨致。

　　善民魏相君、李楹、張之云、徐忠孝、崔忠孝、崔登科、高士明、田萬年、徐爾常、楊建詔、王進志、李行、王悅、李保元、馬得才、郭萬福、張振、張□、劉□、司炳、劉法文、皇甫嵩、姚之清、王倫、馬天伸、冉惠、樊純、朱九紀、樊鐸、朱學詩、王閏、穀世徵、田介、張廷元、王樹儉、李天來。

　　大清乾隆二十三年歲次戊寅仲夏之吉。

（碑存新密市老城城隍廟內。王興亞）

重修白龍廟碑記

　　余令密三載矣，邑之山水浩勝無於簿書，暇日，一臨眺以窺其概，其中荒祠斷宇在祀典者時補葺，以薦馨香。至士民之好善竟義者，亟勸慰而獎勵之，此宰牧之責爾也。戊子夏，柏崖山白龍廟重修工竣，超化錢子相書輩述首事捐募經營之始末，諦造丹堊之嚴飾，索余一言，唯記其事。余因取邑乘覆閱之，知所修龍神殿即五代來出雲降雨，及我朝敕祀所稱澤潤蒼生之福神也。所修之李公祠，即邑人所傳先賢，其政通神明，有禱必應。李君諱芝蘭之生祠也。所修之亭舍，即三韓於公所題"錦屏在壁雲山亭"也。繼此莊嚴關帝聖像外，凡拜殿、道舍、舞樓、牆垣，無不依次畢舉。於戲，豈不盛哉。夫陰陽水火之靈，禪於民生者則祀之，賢官循吏係人永思者則祀之，諸士人誠宜有此舉矣。然是役也，需資數百金，需工千餘力，夫豈易言集事者，乃於仲春經始，仲夏落成，何其速哉？噫，力之協也，俗之懷也。盛世之民竟義始善有如此，余故樂為之記。其董率鳩庀之功，蓋屬之馮子其禮、錢國安、錢九卿、范天才諸人云。

　　賜進士出身文林郎知密縣事丹霞陳天階撰文。

　　邑庠生增廣生員南浦錢九府書丹。

　　邑庠生員華泉錢大椿篆額。

　　住持王陽成。

　　乾隆二十三年歲次戊子蒲月中浣穀旦。

（碑存新密市平陌鄉市白龍廟。王興亞）

贊白龍廟詩[1]

　　蓋聞天開地闢，山川羣後岩虛，海晏澄清嶽漫，諸神受職後，柏崖為古鄰之保障，白

---

[1] 原碑未書撰者姓名及撰文時間。

龍實密邑之福神。往歲魃臺肆虐，爰賴寞爽以驅除。余夏燧帝施威，復藉甘霖以普濟，既已捍炙而潨患，敢忘密德而報功，且地靈神赫，災富觀瞻，而水秀山明，更曉吟詠，用賦俚言，鐫之文石。

既已靈之極，何須論淺深。潭澄雲自幻，壑古晝多陰。

看處將疑耀，聽來竟是吟。幾年求公德，大慰士民心。

靈雨禾苗秀，清秋峰木深，携灑三斗酒，坐此當山陰。

（碑存新密市平陌鄉市白龍廟。王興亞）

重修城隍廟碑記

嘗思先主以神道設教，即以人事立極，誠以幽明，雖有殊途，神人實相憑依者也。吾密治東鄙鄭報恩寺有城隍廟一座，□□因明以來崇奉已久，相傳神至□公毅正直，賞善訓憑，福德禍淫，昭昭不爽。社長樊□□習文等住近廟西，秦守法□□□，視廟宇頹廢，目擊心傷，慨然曰：是吾之責。請人補其缺畧，修其□□，暨不數月間，而廟貌盡新美。古人云：□神□親，惟持□□。

候選教諭樊銳沐手書丹。

皇清乾隆二十四年七月十六日立石。

（碑存新密市曲梁鄉大樊庄村。王興亞）

皇清恩貢士候選直隸州州判東崖錢公墓誌銘

勷宰密三年，以獄犯漏網被劾。密紳士延主檜陽書院講席，四載乃得還轅家山，歸臥，每念洧上良友及從學諸子，輒夢寐見之。而關河迢遞亦只僅暮云春樹之思耳。辛巳春，門人錢子太和遣使至，余以師弟情切，千里不忘顧問，闊別之懷，庶幾一慰，及啟函視之，乃為其尊大人東崖先生請墓誌銘也。

嗚呼，先生為密邑典型，勷每於鞅掌之暇，接仰風裁，相得無間。回憶河梁賦別，曾幾何時，而先生已捐館去耶。勷素不工諛墓詞，第先生之大德懿行，有不可湮而不傳者，惟余知之詳且盡也，其何得以譾陋辭。

按公錢姓諱懂，字顧庵，號東崖，乃吳越武肅王之裔。仙枝錦樹，托根甚遠。元代有官山右者，遂占籍於洪洞，明初有稱為三老者，由洪洞遷密，是為公在密之始祖。越九世廩生昌明公，為公大父，習理學，師事徵君孫夏峰先生。昌明公塚嗣，廩生曰麟公，則公之父也。

公生而穎異，九齡通孝經，十五嫻詩賦，出語輒驚其長老。弱冠時，以縣試第一名入膠庠，尋補文學弟子員，五試秋闈，皆薦而不售，遂絕意科名。乾隆壬申歲膺皇太后萬壽，恩貢生候選直隸州分州。性至孝，以家貧常舌耕於許、潁、鞏、洛間。客洛陽時，母氏蘇太孺人無疾而逝。公聞訃，痛絕，復省鬚髮俱白，歸不乘騎，日夜行二百餘里，足腫復如重繭，抵家水漿三日不入口，哀毀幾至滅性。殯葬則罄其資產，必求悉如禮。自是不復外出，繕葺小墅一區，顏曰一梅園，栽花種竹，圭竇蓬扉中，別有洞天。勸每造其廬，輒流連終日不能去。公惟杜門教子，詩酒琴二侉，自娛於其中。又約會族眾，建立祖廟，纂修族譜，講明水源木本之誼。超化村素稱仁里，自此風俗益淳厚。孝友姻睦比戶可封。勸蒞任三年，惟錢氏案牘稀少，皆公開導之力也。公壯年時有山水癖，得天地嶙峋灝瀚之氣，發為詩文，故能沉鬱頓挫，淩轢古人。所歷名跡勝區，必一一憑弔，題詠多在懸崖斷壁間。又好獎勵人倫，凡遇節義賢孝有裨風教者，必贈以詩歌，大二剛寺書以彰其美。

勸祖母以上四世苦節，亦嘗借公文翰之褒。計生平所為詩，當不下數千首，皆隨手焚棄。太和於戚里壁篋間，搜羅補綴得二百餘篇，名《一梅園詩集》，藏於家。晚年好讀岐黃二，善自調攝，臻年逾稀，而矍鑠自如。每興會淋漓，把酒高歌，其精爽為少年所不逮，人皆以大耄其頤為公卜也。乃以微疴不瘳，一夕命燭題詩曰："不慕榮華不愛名，七旬加一老書生，只因未把心田壞，省作今宵愧悔聲。"擱筆盥漱，具衣冠而逝。嗚呼，以公之才學重士林，使得靖獻天家，抒其所蘊，姓字當耀竹帛彝鼎間。而乃遁跡煙霞，踵少陵蒽肆佩玉之慨，豈果千載文人，榮其名而必薄其福耶。理數殆不可解矣。德配黃孺人，明戶部主事松浯公之元孫女，鄉飲介賓允一黃公之女也，壺型素著，先公八年卒。公生子晚，先取胞侄九行為嗣。孺人生二子：九府增廣生，九同，即門人太和，廩膳生。一女，適本邑生員禹振聲之子續高。孫七人嵩、峨、安，九行出，獻、密、岱，九府出，塘九同出。

公生於康熙二十八年正月二十七日子時，卒於乾隆二十五年九月初五日亥時，享壽七十一歲，今於某月某日葬公於楊子台，壬山丙向。銘曰：

冰雪聰明，雲霄意氣。身歸泉壤，名留天地。柏崖之麓，洧水之濱，蒼松翠竹，佳氣氤氳。千秋而下，皆曰此東崖先生之古墳。

賜進士出身特受文林郎知密縣事渠邱年家眷弟秦勸頓首拜撰。（乾隆二十六年）

（誌存新密市超化鎮超化村。王興亞）

密縣為飭議事

乾隆二十六年十二月初三日，蒙本府牌：本年十一月二十三日，蒙管河道牌開，本年十一月二十日，蒙總河部堂張批。本道詳覆議辦南岸壬午年歲修物料，並應發各廳自辦雜料銀兩各數詳由，蒙批，如詳飭辦，仰即發帑。飭令各廳州縣上緊搆辦，依限運工，照例造冊請盤，仍將各廳二十五年分節省秋稽，即於發辦，自辦雜料銀兩扣銀，掃數詳報。並將發過銀數、日期報查，餘已悉。此繳。等因。蒙此，查上南河廳應俗秸一千萬觔，柳十五萬觔。下南河廳應俗秸五百萬觔，草十萬觔，照依向例應令開封府承領銀兩發辦，儀封廳俗秸二百萬觔，草十萬觔，柳十萬觔。商虞廳應俗秸二百萬觔，草二萬觔，應令歸德府承領銀兩發辦。查開封府屬尚欠交楊橋大工秸一百萬觔，歸德府屬尚欠交楊橋大工秸四百萬觔，均經發給例價。應將開屬欠交秸一百萬觔，就近運上南河廳，抵作歲搶料物。歸屬欠交秸四百萬觔，就近分運商虞、儀封二廳，抵作歲搶料物。開封府屬實應辦秸一千四百萬觔，歸德府屬實應辦秸一百萬觔。惟是開屬今歲被災州縣較多，楊橋大工已經疊派夫料，兼有應辦北岸大工歲搶料物，若復令辦秸一千四百萬觔，誠恐民力拮据，而歸屬未被災州縣尚多，雖亦經派大工料物，然此次催辦秸一百萬觔，與開屬相較，實屬多寡懸殊，不無偏枯。應將開封府應辦下南河廳秸五百萬觔，令歸德屬代辦運交；歸德府屬實辦秸六百萬觔，草二十萬觔，柳十萬觔；開封府屬實辦秸九百萬觔，草十萬觔，柳十五萬觔，以均勞逸。嗣後發辦，仍循向例。除行各廳遵照外，合行飛飭。為此，仰府官吏查照單開牌內事理，即便核明應領料物價，出具印領，專差赴道請領銀兩，乘時分發各州縣，上緊購辦，依限運工。毋違。速速。等因到府。蒙此，合行飭辦。為此，仰縣官吏即便遵照。後開派辦料物數目，迅速俗具妥領，一樣三紙，專差經承妥役，星速赴府請領價銀，以憑給發領回，上緊采辦運交，均毋遲延。速速。須牌計開密縣領辦上南河汛鄭州邵家寨工，秸八十萬觔，價銀七百二十兩，內扣除部飯銀七兩二錢，實領銀七百一十二兩八錢。等因到縣。蒙此。卑職遵查卑縣所屬境內，地處山崗，石多土燥，民間于麥收後，以高粱須平原低窪之地，始行生發大長。故種豆者十居其六，種穀者十居其三。高粱一項，種者無幾，其秸桿亦皆拳曲細短，又山徑崎嶇，素無車輛，是以卑縣歷年以來一切河工料物，從未派辦。本年楊橋緊急，大工需料甚多，非同歲搶料物之比，奉憲檄飭，一體派辦。卑職因係急工，不比尋常，何敢以歷年未辦料物為辭，隨便諭各保搜羅，上緊購買。小民肩挑驢駝，運交工所，幸免愆尤。然自楊工告竣之後，卑縣民間已無寸莖尺秸。今奉檄飭領辦上南河壬午年歲修秸觔銀兩，卑職不敢冒昧具領。緣卑縣歷來未經承辦料物，今自楊工辦料之後，並無秋秸遺餘。所有歲搶料物，萬難領辦。卑職不敢稍有捏飾，致干嚴譴。緣奉檄飭理，合將卑縣難以領辦緣由，據實詳請憲臺裁核。俯賜轉詳，實為公便。為此，各由開冊具申。伏乞照詳施行。須至申者。本年十二月十二日，蒙本府批，該縣地方，本年並未被災，購辦尚易，仰即請領銀兩，上緊辦運，毋得藉詞諉延，致滋貽誤，有干未便。繳。因未准免辦蒙批。又詳一件為飭議事，乾隆二十七年正月初九日，蒙本府批，據卑縣詳請歲搶料物，萬難領辦緣由。蒙批：該縣地方，並未被災，購辦尚易。仰即請領銀兩，上緊辦運，毋得藉詞諉延，致滋貽誤，有干未便。繳。等因。蒙此。該卑職查得卑縣地處山崗，不宜播種高粱，歷年來並無派辦河工一切料物之例，前詳業已俗陳明晰，茲蒙批，飭以卑縣地方，去年並無被災購辦尚易等因。遵即飭辦間，茲據士民紛紛具呈，據稱密邑不產秋秸，無論被災不被災，委無料物可辦，是以向來無派辦之例。況現在實無寸楷，從何購辦？民力實難支持，勢必貽悞等情。據此，卑職目擊情形，何敢強令辦運，致滋貽悞。理合據情再行具詳，仰懇憲台俯念輿情，核入前詳，仍將所派鄭州邵家寨歲搶秫稭八十萬觔，轉詳免辦，實為恩便。為此，俺由開冊具申。伏乞照詳施行。須至申者。乾隆二十七年正月十三日，蒙本府批：查楊橋後戲，奉道憲飭派該縣辦稭八十九萬觔，本府因數目過多，業經改派陳、尉等邑辦運矣。此項料物，未便再任諉卸。但既稱採辦維艱，又難聽其貽誤。仰候轉懇道憲酌免一半，仍速請領銀兩，設法購買四十萬觔，上緊運工俺用，毋再遲違取咎。至協辦歲搶料物，後不為例。已於減夫詳內俺細批明。現復詳道憲立案，俟批示至日，另繳行知，即先遵照曉諭可也。此繳一件為行知事。乾隆二十七年正月十八日，蒙本府為行知事。據該縣申境內情形，實難購辦歲搶料物詳由到府。據此，除長詳存俟開印掛發外，合先錄批行知。為此，仰縣官吏，即便遵照辦理。毋違。須牌。

乾隆二十七年勒石。

（文見嘉慶《密縣志》卷十《田賦志》。王興亞）

重修龍王殿並金妝神像碑記

從古神各有靈似也。靈有□同□□為□□□而不□□者有顯頭為精湛也。共見其□者□□□邑南二十里□□□□龍王神殿一座，其□舊矣。惟神與靈降雨□千里，屬在居民，孰不知其□□□□□□如鄉乎，而□□□□□□□□□其□□□□之德，更非一二言能闡述也。□□神各有靈，而赫狀□著者，不誠佛龍王耶，□□萬古，有不息之神，百年□□□之易□□□殿宇像貌，繹風雨而頹敗者，業幾越春秋矣。□□□□□□目之而心滅用是同。募化重為整□□□。惟神有□□□□□□流已圮之廟，無不□久而煥然一新，叮□焉。雖成之在人，而使而成之者□在神。籍非編年紀，是明為哉。□□□廟之□□□□□煙□幾何，不□久而仍沒。樂傳□□，是鳩工勒石，吉而立廣，一日十秋，永垂善事於不朽。是為□志。[1]

乾隆二十八年蓋秋之吉。□野儒學生員斗南伍狄氏撰文並書丹。

（碑存新密聖帝廟。王興亞）

重興清明盛會碑記

竊維神聖之德，可以聯四方之勢，並可以維兆人之心，勢或有時而衷心則無時可替，至人心不替，而勢之時分時合者，亦且蟠結深固而不可解。密東之有洪山廟，由元、明迄

---

[1] 以下開列捐貲者姓名一百五十四人，字多模糊。

今，照臨四百餘年，每值清明佳節，人從八方不減，齊門轂擊，商來千里，何啻梁苑藥籠，蓋盛會甲中州云。但地面四圍皆溝，加以雨水頻仍，市基半就坍塌，覃懷川廣江淮各商，遂不免別就康莊，則其勢亦漸衰矣。然而神道之昭回如舊，人心之依戀如舊也！

邑侯馬明府，慨然以扶衰起廢為念，調理市廛，正貿易之要地，平治道路，拓往來衝之衡□，復諭附近居民，依前招致舊商。商人聞之，莫不於於而來，一呼百應，動若鳴雷，千□萬駄奔如集雨，或欲建廟異域，要各商而分其利，能如是之，人心孔固，形勢不搖也哉。間嘗歷觀往事，如周室之中興，楚邱之再造，漢祚之綿綿不絕，其勢非不久衰，而衆志成城，即與開基之盛規，無異無他，心歸之，勢歸之而然。則洪山廟之盛會，合會之人心聯之，人心之能聯盛會，洪山之神至維之也。是用勒石以記，一以宣揚會首張君善、楊大振、王振魯神庥，一此佈告多方云爾。

丙子科舉人候選知縣張森吉撰文。

邑庠增廣生張檀吉書丹。

文林郎知密縣事加三級紀錄五次池陽馬渭，密縣鹽捕廳軍功加五級王世經，經管廟宇道會司道令張教慶。

大清乾隆二十九年歲次甲申暮春上旬，殺田圍會人等建立。

（碑存新密市大隗鎮洪山廟。王興亞）

重修廣生祠記

廣生祠，其郊某之遺祀也。艱嗣者或禱焉，以增司人間胤育事也。□□則犯淫祀，□所關亦重矣哉。至其棟楹塗飾，遲之□□而即於剝殘殊壞也。自不能□□而人陰房□火之慨，則有能首其事而新之者，可不謂之鄉善士。於夫善不積不□□□堇斯□□者，固非求名之侶。然其立善類此者已屢矣，故厥功竣而為之記。

邑庠增廣生員錢九府撰文並書丹。

時乾隆二十九年歲次甲申菊月吉旦。

（碑存新密市來集鎮寺堂村。王興亞）

重修火神暨廣生殿碑記

密邑之南院青保，□清□□火神廣生諸位尊神之廟，□□□□□□□□□□□□□，神象蒙垢，有化主張長工□中目睹心傷，□約□□商議，或捐工或施材，不日間而廟貌、神象煥然一新，是向之草廟者，□而為廟矣！神象之舊垢者，改而□新□矣！予適然到此，屬予為文，予不揣學疏才淺，何能□□□。觀夫環廟皆山也，□□□諸峰林壑尤美，望之獨高者老君炕也，山行六七里，漸聞水聲潺潺，而流出於兩峰之間者，黑龍與黄龍池之水也。臨□廟者，□□之大路也，往來行人，□□□此雖一方之聖□，亦萬人之遊觀也，故予聊作□句以志之，又從而歌曰：雲海蒼蒼，河水洋洋。斯人之風，德高水長。

東里逸人梁□□。

邑太學生□□□。

乾隆三十年五月二十日。

（碑存新密市草廟村火神廟內。王興亞）

觀音閣碑記

錢九同

余村舊稱仁里，諸父老備述其盛矣。國朝定鼎後，戶口殷繁，室廬櫛比。村之東數武，有觀音閣，翠瓦朱櫺，掩映雲樹間。閣外溪流逶迤，架橋而渡，坦衢如矢，遠可馳馬。綠篠青蓮之茂，映帶左右。故其時，流寓諸君子如楊雪樵、翁古古、趙惕翁、馬茦史，每登閣臨眺，作爲詩歌，殘碑敗楮，至今猶有存者。康熙四十五年，波臣爲患，綠圃藍畦概成沙鹵，閣亦傾仄不可支。鄉前輩移建于村之西北隅，瞿曇寄棲，已五十餘年。比來水道南還，一線月陂，仍抱村而走，且園圃日增，雜以楊柳數千株，芙蕖數萬本，沃沃菁菁之中，樓臺隱見，前人所謂"繞門環秀水，夾岸茂香秔者"，今復見之。有志者，久欲建閣以還其舊。適邑侯馬鐵厓夫子，攜善青烏術者，遊歷至此，徘徊久之，曰："嘻！此地別有洞天哉。"第街首畧無關鎖，必豎一閣，使風廻氣聚，將文運昌明，必大有可觀者。予謀之族兄太民，兄慨然曰："此余夙願也。"即日會我同族，以及二三戚好，各量力捐輸，鳩工庀材，于乙酉晚春經始，至新秋而告竣。仍肖大士神像於中，增火星、眼光二神於左右。榱桷峥嶸，金碧煜熘，可謂有志竟成矣。因思士君子克自琢磨，掇巍科拖金紫，原屬分內，於閣乎何與？形家者言，詎足盡信耶。惟是花晨月夕，偶一登臨，攬岩上之烟雲，挹畦邊之風景，有令人傾洒襟懷，曠然自得者，斯舉又烏容已耶。況妥神靈而肅觀瞻，俾皈依大衆凜凜乎隱若大士之伺其惡，而佑其善者。八垢淨盡，十行同圓，則牟尼象教不可補禮樂刑政之所不及哉？是爲記。

乾隆三十年秋。

（文見嘉慶《密縣志》卷七《建置志》。王興亞）

超化寺重修毗盧殿記

蓋聞愛流成海，星津於立筏；情塵結阜，永盡於靈臺。原始至終者，有覺之門也；感而遂通者，得意之路也。是以摩約密粟妙之域，毗邪聖涅槃之蘊，故能大乎？不撓焚燎無歇，香林有喜舍之壇，插草多淨，因是竭自漢、晉不嗣並翳夜景澄什，結轍綱頬，象教彼岸無鹿女之踏，幽贊沈龍樹之梵，化成不化慧日無光，迦維之息於震旦也久矣！

　　密治超化寺者源接金沙峰，連嵩麓馬塢，紆餘金華，沃藹惟谷，蘭阻於重佛髻青蒼曼，羨一派天花，誠檜陽之選地也。自開皇開林，薦歷金源，不生不滅，亦廢亦興。逮至明季，搶攘禪關，蟄猶驚飆，那羅不觀，遂至珍幢。蒙陳僧徒，具若為瞻，爆爐而息，由旬非一日事矣。夫宅理者則理恒勝，因緣者則緣自生。動寂重昏者，歷劫之所以沉迷也。盧育超忽者，熱腦之所以清凉也。然而十載之功業，廢於安一簣之覆；事集於幾勝，因恒仗皈依之為也。時則沙門祥輪者，惟漫如來，舌撣妙啼，祝康舊物，永儷維新，叩鉢生慈，庀徒揆日，霞既煥彩，露亦流珠，四流六度，九品三花。晏寶相於毗盧，謝劫塵於遊集。是亦智慧之物，無不周者矣！夫幽鍵立關駕摩舍利之珠，妙贊神功，允契祇洹之名，凡諸無親並屬蘭陀，不因朽腐於陽，鐫金遺鐘，聞於夜壑。乃為之頌曰：／[1]

　　檜陽書院掌教浙江杭州府仁和縣貢士陳寶振載詵氏撰文。

　　邑庠增廣生員錢府相書氏書丹。

　　功德化主錢九官、張基端、閆溥。

　　皇清龍飛乾隆三十一年歲次丙戌桐月上浣之吉。

（碑存新密市超化寺。王興亞）

重修土地神祠碑記

【額題】萬善同歸

　　竊思爲萬物所由生，而□三才以立極者，必有神以主之，則土地之爲靈昭昭也。微特通都大邑，類有神祠，即鄉曲里黨，以迄山陬海隅，亦皆有廟以妥神。誠以有感輒應，無願不遂。神之爲功大其德，稱乃神也。以故山坡間巷中，即愚夫愚婦，至秋後報賽之期，恒慮神無棲息之所，是褻神也，大不敬也。爰有善人慎姓諱三林者，因父崇德曾重修神祠，亦慨然以重修爲己任，或鳩工，或庀［庀］材，而輸財宣力者，且實繁有徒也。此固非慎姓一人獨爲之，而要非斯人不克總厥成也。迄自今廟貌修而神像金，謁五徒而請文。予因念莫爲之前，雖美弗彰；莫爲之後，雖盛弗傳。數世而下，倘遇廟貌將頹，神色闇然，再加整飭，則其善念之感發，不亦與慎姓後先輝映也哉！故勒諸石，以永垂不朽云。

　　邑西庠生李獻章撰文並書丹。

　　化主慎三林仐二百，化主慎大木仐一百，化主邢国平仐一百，化主孫天宇仐一百，化主邢国有仐一百，化主李天相仐一百，化主趙明月艮二仐，慎大聚仐一百，邢国良仐一百，何有祥仐一百，邢国才仐一百，慎奉吉仐一百，李克明仐一百，張天寶仐一百，楚敬仐一百，邢国明仐一百，慎孝吉仐一百，張維林仐一百，慎石吉仐□□，慎友仐五十，王友仐五十，梁經仐五十，慎大□仐五十，呂九梁仐五十，白奉玉仐五十，陳大玉仐五十，李孝義仐五十，

---

[1]　／以下，字多模糊。

王思全仝五十，李元德仝五十，劉富基仝五十，楊永發仝五十，張宏周仝五十，張五仝五十，董文峯仝五十。

木匠孫克己艮五仝。

金塑匠王之榮仝一百。

邢国平因屢年唱戲並無戲房，情願將自己廟前地施捨，蓋戲房兩間。合會人等公同商議，遂將會所積之錢，買蓋房一切物件，今功成〔程〕已完。合會人前後算明，各無異說，恐後無憑，因刻石爲證。

旹乾隆三十三年十月初七日立。

鐵筆生王瑾。

（碑存新密市文物保護管理所。王興亞）

重修黃固寺捐貲碑記

【額題】萬善同歸

再列姓名於左：

住持僧洪維、壽亮，徒孫道貞，曾孫興行。

修正殿泥水匠：侯君思、李成、吳四。

修東西殿泥水匠：翟逢印、翟振、馬成有、柳喜春。

石匠柳天祥。

皇清乾隆三十四年孟夏吉旦。

（碑存新密市黃固寺寺院。王興亞）

施地碑

竊思為善，固不求人知。而有善則在所必錄，故凡捐微資利一時，君子必記之，以示不沒人善之意，而況可以垂永遠，利於窮者。顧使之久而就湮錄善之謂何。藥王廟原有田以給用，善人武進士顧之麟、生員張淳、于鐘華曾施地以增之，久已膾炙人口矣。今者監生司彪復慨然施地拾壹畝四分，而廟中之香煙火食，蓋有賴焉。此誠可前後相繼，永傳不朽。因共詫以為善，倩余為文。雖非為善者之心，而於君子請善□□之意，庶有合焉。是為記。

戊子科舉人候選知縣郭鳳奇撰文。

皇清乾隆三十六年歲次辛卯菊月上浣之吉。

（碑存新密市來集鎮寺堂村。王興亞）

重修開暘廟碑記

　　開暘廟之由來舊矣。創建不知何時，而重修者遠之在明嘉靖十四年，近之在乾隆八年也。邇來瓦解土隳，又患傾圮，邑紳趙君名揚目擊心惻，命子執桓，約鄉鄰吳誠、宋立誠等捐貲募衆，親董工作。既修正殿，並修東西之三仙、廣生兩殿。而山門、道居、樂樓各數楹，則其所創建也。是役也，趙君之盛舉不可以不誌，且是廟固余所嘗疑而欲辨之者，又不可以不誌。

　　蓋三仙、廣生之祠，所在不乏。開暘之名，惟吾密有之。而廟而祭之者，僅此一見也。相傳以為霪雨霏合，經旬不霽，相與祈晴其中，無不立應，此說近理，近亦有效之者。至於奉其神以為黃帝，則疑當為炎帝之誤。蓋昔先王之制祭祀也，凡有功烈於民者，即以其功烈祀之。是故厲山氏之有天下也，其子農能植百穀，則祀以為稷。共工氏之伯九州也，其子後土能平九州，則祀以為社。若夫《洪範》，休徵乂時暘若，羲仲受命，宅曰"暘穀調劑，陰陽莫此，為重後之。王者將丘其主，以為之司，如農之為稷，后土之為社，非得以火德王之□□□有當此者於黃帝，何居其在？"《月令》曰："孟夏之月，其帝炎帝，其神祝融。"今祝融之祀遍天下，而炎帝之祀不傳，疑偶見諸此也？夫既為炎帝矣，不稱其廟曰炎帝，而曰開暘者何？蓋其廟在開暘山之下，故鄉人因以名之云爾。且夫開暘之名，固與余之稱炎帝者，其義有合也。

　　清乾隆辛卯科邑舉人鹿邑訓導韓城撰文。

（碑存新密市西大街開暘廟村。王興亞）

貞石記

　　貞石者，邑東山之片石也。石，無知之物也，石而小，無知之尤者也。曷謂稱以貞？貞，忠臣、義士、烈女、節婦之美德。而以石當之，則其為石也大矣。

　　明季魏閹之禍，甚於漢之常侍，天子方寵，嘉之惟恐不至，令天下為立生祠，中外遐邇，海隅山陬，皆惶恐奉詔。而密之令蹌蹌爾，乃召匠氏，鳩庀材物，出府庫，竭民財，悉力經營。一日常數省。試其工之勤惰工拙。將落成，令徘徊於兩楹之間，而曰："異日者，稽顙而後拜歟，抑拜而後稽顙歟？"顧泥塗於斯則褻，其藉以石。顧語石工曰：石欲其精，如玉斯瑩。三日之內，將於汝乎觀成。而工皇皇爾。裹餱糧陟巖巘，南山之南，北山之北，皆將有足跡焉。後得石不圓而方，中堅外強，赫然有光。工曰："可矣。"乃量度其長短，廣狹厚薄，大小約其輕重，試其色，叩其質，計其工之勞逸多寡，走告令。令稱善，諭士庶擇吉日將以置斯石，而密之民攘攘爾。石在摩旗之阪，不能輦致，故工勞且倍。至日，令親料丁役，催財物，檢械器，使金工，執金器，木工執度器，石工執攻器。役人各執其物，修道路，治橋梁，將沛然而致乎斯石。至則工人相其勢，度其形，以審厥宜。工曰："木稱之扛以犄角，角橫犄縱，繩捃之，捃以綱維，綱疏維密。"人承之以肩，如櫛斯比，左之右之，參之伍之，錯之綜之，卻行仄行，連行紆行，齊其聲桀桀然，合其聲格格然，將沛然而致是石，而石則矻矻爾。工曰："非石有餘也，力不足也。"承其彌縫，老者易以壯，弱者易以強，將沛然而致是石，而石復矻矻爾。令又使人前執酒糜，後執鞭箠，曰："用命者賞，不用命者誅。"人畏誅而趨賞，各鼓舞其力，以必欲致是石，而石終矻矻爾。工役相顧無策。而令亦曰："已爾，吾寧舍之而歸爾。"而其狀，若有所惘惘爾。異哉斯石！其殆所謂抱璞自完者耶！《易》曰："介于石，不終日，貞吉。"言君子之潔身立行，如石之介而能貞也。因相與貞斯石。貞石不往，必將有他石往而應其求者。卒之魏璫誅，而祠污且潴石亦遂漸滅於荊榛草莽瓦礫中矣。而此石獨存，蓋正而固之謂貞。

　　清乾隆辛卯科邑舉人鹿邑訓導韓城撰文。

　　後學白鳳彩又書。

（碑存新密市白寨鎮光林寺。王興亞）

重修六祖殿碑記

　　報恩寺佛殿之右，舊有六祖殿三間，蓋創於嘉靖癸卯十一月也，厥後修廢不一，成毀迭見，察近代重修者，乃在康熙四十七年，迄今六十餘年矣。屢易寒署，風霜剝落，廟宇神像幾將傾頹，屬在居民靡不惻然。里人陳君名積道者，善士也。目擊心傷，即以重修為己責，但念獨立難支，復擇同鄉中多藝能、善經營者共襄盛舉，遂協同徐君宏太，李君之法等約衆捐金，庀材鳩工，不逾月而廟貌神像煥然維新焉。所餘之資，又買磚石若干，鋪佛殿地三間，諸凡牆垣之崩壞，僧房之傾覆者，並一起而新之。且以寺中田地無多，公議賣寺院楸樹一株，得價三千有餘，權子毋以增田產，以為異日興學立教之資，誠善舉也。夫一善士倡於前，而衆善士助其後，一六祖殿修而羣功為之畢舉，諸君子所謂善以濟善，而廣其善於無窮者也。是不可不勒諸石，以為後之好善者勸。

　　辛卯科舉人韓城撰文。

　　廩貢生趙執桓書丹。

　　乾隆三十七年暑月上浣之吉。

（碑存新密市米村鄉前士郭村。王興亞）

蕭曹廟碑記

　　知縣邱景雲

　　蕭、曹二公祠之建，其爲吏者師乎？曰："二公嘗相漢矣，非可以吏名也。"然則其建於各州縣治也，奈何？曰："蕭何[1]爲沛主吏掾，而曹則沛獄掾也。"吏豔之曰："此中固有發跡其人，則奉以爲師，爭自謹守，以庶幾無過耆已矣。"密邑僻在山陬，風淳而牘簡，九房書吏向置主於房中祀焉。乾隆癸巳二月，前令張君倡率官吏，建祠於治之東偏，塑二公相，合諸吏以祀之。是年四月，余蒞茲邑，迨九月落成，丐余文以記。余聞二公之相漢也，民歌之曰："蕭何爲法，較若畫一；曹參代之，守而無失；載其清淨，民以寧一。"然則清淨，固二公之所以爲治者乎？夫謹守管鑰者爲吏，而舞文弄法者非吏；木訥長厚者爲吏，而刻深務名者非吏。觀二公所行與所擇吏之事，其堪爲吏法可知也。昔卓君之蒞茲土也，余不知其倡吏者何若，然史稱其吏民親愛不忍欺之。余不敏，治績未能如古，而愛民之心則一。竊願爲吏者慎持文法，謹身寡過，體余無欺之心，以不欺於民，馴至民輸誠以獻，無情不得盡辭，而友助親睦，共享太平之福。豈惟爾吏能法蕭、曹而進身有階哉？即以幾于漢制近古也，當無不可。

乾隆三十八年九月。

（文見民國《密縣志》卷十八《藝文志》。王興亞）

文昌閣碑記

張廷敬

密邑在羣山之中，柏崖、具茨拱其前，雲隴、雪霽環其後；溱洧襟帶，東西縈洄，渟蓄其靈秀清淑之氣，蜿蜒而鬱積，士之生其間者，自多忠信瑰奇之材。漢、唐以來，代有偉人，而形家之言，固不尚也。余承乏斯土，見其士敦直節，民氣淳厚，久而益與相安。乃擇城之巽隅，捐俸建閣，以奉文昌之神。余竊慨夫元、明以來，立象學宮，祀事惟虔，而道家者流乃造爲化書《陰隲文》，荒誕鄙俚，以褻神而塗斯人之耳目。近代一二大儒，間爲辨證，卒未克修明。而表彰之爲神，一洗其誣。考《天官書》文昌宮六星：一曰上將，二曰次將，三曰貴相，四曰司命，五曰司中，六曰司祿。而《春秋元命苞》以爲貴相理文，緒司祿賞功進爵。然則文昌自應指星言，士之修其業者，宜祠其所主之宿。而余之所以致敬於神，而曲體乎諸生之志者，蓋爲此也。而今而後，密之人士庶幾爭相感發砥礪，止其誼而明其道，於以追踪古人。毋徒以此閣爲巽震配合，得形勢之利，欲邀福於神，以弋取科名已也。

乾隆三十八年。

（碑原存密縣城東南隅，文見嘉慶《密縣志》卷七《建置志》。王興亞）

---

[1] 嘉慶《密縣志》卷七《建置志》誤作"蕭、曹"。

藥王廟改建頭門碑記

　　觀於藥王神祠之締搆，而歎吾鄉樂善好施之風，之猶為近古也。先是廟制簡陋，每當香花進獻之辰，士民雲拂不能展禮。先外祖黃炎吉先生倡首捐募，改建過庭三楹，宏敞合度。爾時即嫌頭門矮瑣，如天龍首低，不稱其規，欲俟財力稍□而鼎新之，而志終未遂也。越數年，余舅氏太華先生體前人未竟之意，約文狀張公分任募化，信力經營，而以于君振海等襄輔之。改建頭門於故地，闊其基址，高其閎闕。設左右翼門，以便有事於廟中者之往來。並及西官廳三楹，由甲午春初興作，至首夏，而功竣。數月之內，煥然改觀，亦可謂毫無遺憾矣。夫先王以神道設教，有能為民禦災捍患者則祀之。藥王以靈樞玉版之學，登民物於仁壽，密人建祠祀之，其於祀典固有合也。若聽其棟宇湫隘、剝蝕風雨而不之顧，奉神也，其如褻神。何而前沒諸君子獨能慨輸已貲，合釀衆力，以為人所不能為。謂非民力普存，而古道照人者哉！余不能文，故以質言紀其巔末，俾後起者摩挲斷碣，謂數傳以前有其工者，其樂善不倦之心有如彼，而與以其好善樂施之心，後先而踵徒之，則廟貌之巍峩，不將與神功赫濯，不綿千秋於不替也哉！

　　戊子科舉人南浦錢九府撰文。
　　邑庠生南亭錢九同書丹。
　　庠生洧北張大經篆額監鐫。
　　乾隆三十九年歲次甲午六月穀旦。

（碑存新密市來集鎮寺堂村。王興亞）

創建錢氏家廟碑記

　　天下不可一日而無人倫，則人不可一日而遺其本，古者竭孝子之誠，天子、諸侯、卿、大夫、士皆各為廟以祀其先，至於庶人，不得立廟，惟祀之於寢所，以因祖德宗功之厚薄以為輕重，仁至而義亦盡。降及後世，乃有士庶人為其始祖與先人之顯者，立廟以祀，其制雖違于古，而於先王之道則不悖。三代盛時，王澤周洽，風氣淳龐，民各聚族而居，無肯輕去其鄉，而又合族會食，因時相聚晤，民志孚而民氣以固。傳之十數世後，猶各識其祖德宗功之自。及戰國秦漢以還，都邑無常居。一姓之子孫，流離奔竄四方，至不知其所出。同國共邑而居者，親屬稍以疏遠，吉不相賀，凶不相吊，老死不相識，與秦越人無異，先王之禮淩夷盡矣。此唐以來賢者，所以因時制宜報本而敦同姓其義至深遠也。

　　密邑錢氏，居城南之超化村，其先世出自浙東，本吳越王之裔，元時有宮於山右者，遂居其土。明初三老，由洪洞復遷於密。傳至於今，四百餘年，宗姓繁衍，丁以千余計。於是族人之謀僉同，卜村之西北，為屋三楹，周以四垣，以祀其始遷之祖焉。夫天下人心之壞，由於孝弟之不立，而肇於人之忘其所由生。今錢氏立其祖廟，歲時致祭，使子姓伯叔兄弟，進退揖讓於其中，各追念其本始，仁孝之心，油然而生，為子思所以事其父，為弟思所以事其兄，則一舉足而不敢忘親，而人人知所自愛，勉于士君子之行。吾見錢氏之顯赫於後，而光大其家也，將於斯焉在矣。是役也，起於乾隆十八年，閱二十餘年而後請余為文勒石，蓋有所待而慎重其事云。

賜進士出身戶部雲南司主事加一級昌平陳本忠撰。

賜進士出身翰林院庶吉士加一級盧氏莫瞻蕭書。

大梁庠生李彪鐫。

乾隆三十九年歲次甲午十月朔日立。

（文見翟興貴《超化訪古》。王興亞）

重修錢氏家廟碑記

余友錢子太和，居密之超化村，四面環山，洧水曲抱，兩岸泉源，隨地湧出，金華、偃月諸池，從洧流而東下，煙火千餘家，傍山依水而居，而獨錢氏之宗為盛，每嘗訪其家世，自明初遷密，傳至於今，族姓繁衍，農重耕桑，士敦詩書為博士弟子，常至十餘人。國朝，升階先生，從孫徵君游，以理學顯。近太和以詩馳名藝苑，其兄相書復登賢書，豈其靈秀清淑之氣，蜿嬗而鬱積，鐘于錢氏者，有獨私與。抑其祖宗之積功累仁，涵濡培育之深，而有以流澤於無窮也。乾隆三十九年五月，重修家廟，閱時告竣，以二世祖附，撰日致祭，為俎為豆，孔庶孔碩，既卒乃事，因屬余文以記之。夫先王之制，別子為祖，繼別為宗。所謂宗者，始祖之嫡長子，百世奉之以為大宗。而其庶子，以長子繼，己為小宗，惟尊祖故必敬宗也。今既反古復始，不忘所由生，祀其始祖矣。則二世之祖四人，自應以義附，而於春露秋霜之際，致敬發情以祭，上以尊尊者，下即親親，合族以食，序以昭穆，別之以禮義，則人倫之道竭，而定一家之志，成一鄉之型，蓋禮俗且於此而美也，豈獨錢氏之教也哉。

鄭州舉人郭益青撰。

乙酉科拔貢西華縣金敬五書。

大樑庠生李彪鐫。

乾隆三十九年十月吉日立。

（文見翟興貴《超化訪古》。王興亞）

重修超化寺記

【額題】重修超化寺記

乾隆四十一年八月，密邑錢氏／[1]聖□張□□□□義舉，修超化寺，□歲工竣後，汴

---

[1] ／以下，碑錢。

城繁塔寺僧人卓然主持其内務，吾友錢子太和，囑予為文。/□□□□□□□□□□□，外環洧水中□，固神明之奧區，而遊觀佳麗之所也。憶自明政不/□不盜，□超□□□□□□□□□□□，時太和□太叔高祖健吾先生，築砦固守，盡出所藏，以活鄉人。□□□大高祖鑒空□□□□□嘗設□，於是，破登封大盜李際遇兵，避居砦上者藉之生全。迄今/□□□□□□□□□，居者千有餘家。環以山水，左右映帶，縈紫繞翠，聯嵐翕光，朝文/□□萬態，無□□□□□□□□□外，自古達人才士如王晉卿、元遺山、袁石公輩，皆於此沉跡匿名，/

有存者。余與之相違二百餘里，每欲覽觀其勝，願莫能遂。今中/

游其地作為詩歌，以步先哲遺踪，大償乎夙昔之願也。嗟夫！天下名山，/

靜以養天性。而吾儒讀古人書，以逐名場，□不得偃息其境焉，則游於/

而且逸者矣。

賜進士出身翰林院庶吉士加三級中牟□□□撰。

鄭州廩生郭□□書。

邑人戊子舉人候選知縣錢□□篆額。

大梁庠生李□□□□。

大清乾隆四十二年九月吉日立。

（碑存新密市超化寺大雄殿。王興亞）

創建炎帝廟碑記

粵稽祀典，凡有功於國者則祀之，有利於民者則祀之。況祝融真君，列五行，佩七政，功德浩蕩，無爲人所，宜式禮莫愆者乎！今密邑西三十里桑樹灣，新建炎帝廟，功大難成，會集公議。善士李克公，各抒庀材，募化衆資，鳩工督催。未及月餘，厥功告竣。爰勒石以志不朽云。

米九鼎書丹。

乾隆四十二年孟冬上浣之吉穀旦。

（碑存新密市尖山鄉田中灣村桑樹灣。王興亞）

炎帝廟石刻門聯

炎明能出土

帝德自克金

【橫楣】帝炎總在

（碑存新密市尖山鄉田中灣村桑樹灣。王興亞）

玉仙觀碑記

　　壬寅春正月，吾友近義冉君造余而請曰："吾里之玉仙觀崩解久矣，余與諸君約衆捐貲，鳩工庀材，幸竣焉。煩君為文以記之。"玉仙觀，余嘗數過其地，面山背河，廟甚幽雅，獨其巍然而臨於上者，環佩丁東，茫然不能考其為何神也。夫聖王之制祀也，法施於民則祀之，以死勤事則祀之，以勞定國則祀之，能禦大災、捍大患則祀之，非此數者，不在祀典。余懼立言之無從也，固辭焉。越數日，冉君復來曰："前感君言，再至其地尋古碣，得碑載：至正年間，里人數禱雨其地，輒應，因重修焉。前人亦有記之者矣。君踵而增之，可乎？"余曰："不可。"夫祁寒暑雨，古有其制？然雩宗祭水旱者也。若夫山林川谷邱陵，能出雲為風雨，見怪物者皆曰神，宜有祀。故後世有禱雨於龍神者，意本諸此，而於玉仙乎不聞。冉君曰："抑余又聞之玉仙，亦名帝仙。邑之東有廟，曰天仙。邑乘載其為舜妃娥皇、女英之祠。茲之云帝仙者，倘亦帝舜之二妃，而益之以癸比者歟？"余曰："如是言，是尤荒唐不可考。信而惑之，又惑者也。夫堯揚側陋，降女嬀汭，則立廟宜在其鄉之土。即《檀弓》所載，舜死蒼梧，三妃從之不及，而世傳其溺於湘江以死，則其廟又宜在湘之濱。如昌黎之所記黃陵碑是也。何為而祀於密也？君其果於信俗而善為附會者歟？未敢以為據焉。"冉君作而言曰："迂哉！君也。天下有藉端於此，而致用於彼者，固不可以拘墟之見，致令事之不舉也。古者，鄉社酺臘，春秋祈報，各有所祀，而後世無之。術有序，黨有庠，而後世無之。此廟為吾里遠近適均之地，吾里俗近古，無商賈奇衺游觀技巧之誑耀，而民安素業。若於農隙之節會，祈穀報賽，飲射讀法，則里俗可興，而鄉子弟之秀良者，同延塾師，課詩書，習禮教，舉於是乎有藉焉。而必求其神以實之，毋乃戔戔拘拘之見，而不適於時者歟！且有其舉之莫或廢也。"余聞之而瞿然曰："是也。"

　　清乾隆辛卯科邑舉人鹿邑訓導韓城撰文。

　　乾隆四十七年。

（碑存新密市牛店鎮西。王興亞）

重修老君廟碑記

　　老君殿創始于國初，屢廢屢修。自乾隆八年重修以來，於今又幾歷春秋矣。剝蝕凋殘，簷檻傾頹，非所以棲神也。住持道人王教玉、徒高永漣欲重修理，謀於遠近窰主，各出貲財，共襄厥事。遂因舊基補葺以肅之，暖閣門窗丹青以新之，傘蓋帳幔亦各創建俱備。庶乎神有所棲，主人亦無遺憾矣。功竣，囑余為文。余思《道德》五千言，與吾教各分門戶。儒者弗道也，然吾夫子適周觀柱下，曾問禮於老子，有猶龍之歎。今密地多煤，寶光流露，利益無窮，或於青牛遊歷處，亦未可知。則昔人之遺跡亦不可盡致匿沒也。至於世俗之說，則姑存而不論云。是為記。

竹壇居士李化撰並書。

張永臣鐮石。

道會司張永盛。

金妝匠孟，泥水匠趙，磚瓦匠馬。[1]

高溝窯共捐錢三十二千正。

楊墳坡窯共捐錢三十二千（正）。

人和窯共捐錢十千正。

三和盛窯共捐錢九千六百正。

中和窯共捐錢六千（正）。

皇清乾隆四十八年歲次癸卯二月朔吉旦。

（碑存新密市文物保護管理所。王興亞）

重修二郎廟並金妝神像記

歷年公餘錢三千五百七十文。

監生司正己仝一千，助工司於岱二天，

監生司克明仝一千，司得祿二天，

司正海仝一千、司正元五天

昭良佐仝一千、王口坤一天，

孫懷仁仝六百，司永得五天，

監生孫克寬仝五百，司正心一天，

司正元仝三百，司正義四天，

司正義仝三百，司爾全一天，

喬之炡仝三百，司爾敬一天，

司正心仝三百，司於旺二天，

趙公立仝三百，司長萬一天，

喬蕊仝二百，趙朋楷二天，

趙朋楷仝一百，殷孝二天，

司儒仝一百，張永會二天，

司王氏仝一百，王振聲一天，

司于口仝一百，張法萬一天，

喬森仝一百，司於惠一天，

---

[1] 以下捐錢者姓名，字多漫滤。

司煥艮仒一百，申天經一天，
趙湘仒一百，位大成一天，
殷孝仒一百，喬森一天，
位大成仒一百，工司長民一天，
王坤仒一百，
司爾敬仒一百。
乾隆四十八年歲次癸卯暑月吉旦。

（碑存新密市文物保護管理所。王興亞）

重修柏崖山廣生祠碑記

柏崖山舊有廣生祠以棲郊禖之神，里人之乏嗣者，咸於此祈禱焉。家君常言，曾祈於神而生余。余又為胞弟峋祈子而舉一侄。有馮君名錦、名密者，韓君名旺者，祈子祈孫無不靈應如響，其他之托神佑而蕃嗣息者，更可以枚舉。週來棟宇將傾，金碧剝落，瞻拜其間，心竊慨焉。客歲秋，馮、韓諸君詣家君以商重修之舉，家君亟稱善事，因命余襄佐。諸君各先解囊，復募眾資，今歲孟春舉事，不逾月而神像莊嚴，廟貌一新。他如關聖、龍神諸廟之牆宇，亦皆補其罅而飭其缺。諸君屬為文以記之。余維天地之大德曰生，而神體天地生物之心以為德，有禱輒應，是誠一方之福神矣。然人之心行已亦必不愧明神，神始默為庇陰，使之蠡盛，緜緜以衍慶於不窮，豈徒在人之區區祈禱間哉！余因記此，以勸諸世之樂善不倦者。

開封密縣郡庠生錢峻沐手撰文並書丹。

大清乾隆四十九年閏三月二十一日勒石。

（碑存新密市平陌鄉白龍廟。王興亞）

創造藥師佛殿碑記

前明同藩所奉藥師琉璃光佛，病者如響。舊於塔右穿三為洞，位佛像於其中，□□□洞屢傾圮，□□□□□□□。於超化寺毗盧閣西建副殿以棲之。寺有地藏王菩薩殿，□復廟貌破壞，神像剝落，欲一舉而並成其事，□資浩□，不能如願，□□□□□□不倦□輪□□□十餘萬，鳩工庀材，□□初九，經□□己酉仲夏落成，垣墻廟西□爽塏在寺中並列為巨也。殿□□□□□□殿之東□□□，題曰茗香茶社。西掖有斗室，題曰醒鐘客舍。殿之西鑿池以種魚，池之側依壁以栽竹，山石繞為曲徑。徑之以□□□□□□□丘，蒔以四時草木之花，總殿其門曰塔影禪院。□不□□氏□亦未□所以□佛祖覺□佛像□□□□□□□□□□□□□□之地，□□□之□，每當風雪天時，與二三客友觀魚□□□□□茗詩，□歌詠與梵貝之音，相酬□□，亦可以□□幽懷洗□□□□□也。銀錢若干，補建方入東蕳□三間，經其地建草廬曰"潭心精舍"。不□□□，附記於前事之末，並列□□之姓氏於左。□□□□

恩貢生候選教諭南亭錢九韶撰。

恩授貢生西岩錢青山書。

大清乾隆五十四年歲次己酉七月吉日立。

石匠任有才、□□□。木匠侯智。金妝匠宋全。

（碑存新密市超化鎮超化寺大雄寶殿。王興亞）

皇恩欽賜國子監學錄戊子科舉人應授文林郎錢公南浦先生墓誌銘

南浦先生諱九府，字相书，號南浦。為余鄉試同年友，以不得志於以禮闈，數留京師，余得晨夕把晤，稱莫逆交。比其杖策出都門，數年不得相見，云樹之感，方縈寤寐，而先生已磕然長逝矣。庚戌秋杪，其弟南湻君，以郵筒寄先生家傳，丐余為作墓誌銘，余不工於文，不足以表重先生。然與先生交最久，自不敢以諛墓浮詞，誣我地下良友也。按：

先生係出錢氏，為吳越武肅王之遠裔，先是忠懿王歸宋，王於許，其支裔遂家河南。元初有宦山右者，復占籍於洪洞。明永樂間有稱為三老者，由洪洞遷於密，是為先生在密之始祖。越九世，邑廩生昌明公，以究心程朱之學，見知於夏峰孫徵君，是為先生之曾大父，昌明公生二子：長為廩生曰麟公，即先生之大父，曰麟公生三子，其季曰東崖公，以恩貢士候選直隸州分州，則先生之父也，東崖公生先生也晚，雖甚鍾愛，而教誨維嚴，先生幼而孝謹，能恪守庭訓，經書一承指授，輒怡然有所領會。母氏黃太孺人多病，先生恒爇香籲天，祈以身代，稱其孝符無間言。家素貧，從師會友之資，皆為人鈔寫书冊以取給。既冠，入膠庠，旋為增生員，因親老不能遠遊，耕於鞏、洛、滎、氾間。每歸省，朝發夕至，訓課無曠，而溫清亦無缺也。東崖公與黃太孺人後先謝世，先生哀毀幾滅性，喪葬無不如禮，服闋後，益肆力舉子業，於乾隆戊子科領鄉薦，公車屢上，皆薦而不第，會春官奉旨查遺卷，有年逾六旬以上者，皆得沾被皇恩。時先生六十有一。欽賜為國子監學錄。

先生慷慨剛方，於分義之所當為者，無不為。朋友有過，規勸無所隱，雖甚親密，皆不敢幹以私。所學素稱淹博，尤工於詩。他如書畫圖章之藝，亦皆卓然成家。晚年好遊覽燕、趙、齊、魯、吳、越間，履跡殆遍，其詩畫得江山之助，益蒼穆俊拔，直逼古人。游江南時，夏邑胡公守蘇州，鹿邑梁公守松江，爭相延請，先生客其幕各六七月，求書者無虛日。既而買舟南下，暢遊西子湖，觀錢塘海潮，謁表忠觀，瞻拜武肅王遺像。南湻君以先生春秋漸高，遣使往迎，遂掛帆而歸。先生於手足之誼甚篤。當其未生也，東崖公取胞侄南溪君為嗣，先生友愛倍至，其歸自江南也，南湻君客大梁，先生迂道夷門，與南湻同歸，置田園數畝，栽花種竹，飲酒賦詩，欲與南溪君塤箎和暢以娛老，乃於癸卯之季冬，抵里門，於甲辰二月遘疫疾，至三月中旬而遽歿，著作富有，皆不自收拾，僅有《南浦詩集》八卷存焉。嗚呼，以大有為之人，而使之不得行其志，湖山泛跡泉石終老，豈非命哉，豈非天哉，是可慨矣。

先生生於康熙六十年五月二十四日寅時，卒於乾隆四十九年又三月十四日丑時，享壽六十有四，德配韓孺人，舉丈夫子三，獻、密、府庠生，岱孫三人，冠成、冠山獻出，冠名密出，今於乾隆五十六年三月初三日，安厝於幹家砦之新阡，亥山巳向。銘曰：

崧河毓秀，誕生哲人。孝友成性，克敦彝倫。詩文不朽，行誼常新。青屏之下，洧水之濱。爰卜宅兆，以安其身。山環水繞，永護幹春。

賜進士出身翰林院編修現任通政使司通政使盧氏縣年愚弟莫瞻錄頓首拜撰。

賜進士出身翰林院修撰現充四庫館總校中牟縣年愚弟倉聖脈頓首拜書。

戊子科舉人候選知縣現任衛輝府汲縣教諭同里年愚弟李元瀘頓首拜篆蓋。

（誌存新密市超化鎮超化村。王興亞）

創修中香峪伽藍殿碑

嘗考關帝之在漢事跡甚夥，其忠肝義膽，光明磊落之槩，誠不可磨。故普天勒祀，歷代褒封，降而街衢里巷，愚夫愚婦，奉香火者殆相沿而成風俗焉。而入寺為之伽蘭□。伽蘭者，佛號也。余未司佛，無所置□，第即營建之始末，言之可也。治之西北三十五里中香峪，周靈王時之所創造也。而佛殿東隅有一室，塑關帝像，規模狹隘，非所以禮神明，肅觀瞻也。前有主持敬月，欲遷諸佛殿之前，且廣大其規，穹隆其宇，惜基比甫築而人已物故矣！閱數年，其徒淨善憤然起曰：莫為之前，雖美弗彰；莫為之後，雖盛弗傳。曩者吾師之志善矣，不可不踵其事而纘承之也。但大廈之成，非一木之材，大海之潤，非一流之細。因延眾共議，維時四方善士有同志焉，為之互相募化，並推近乎寺者之李生寶以董厥事。而寶也慨然曰："是余之責也。"於是，復捐己貲，鳩工庀材，不數月，而向之東其室者，今則南其戶矣；向之規模狹隘者，今則廟貌巍峨也。落成，問序於余。余不文，然眾善難沒，因其言之，以志不朽。

生員屈清□撰文書丹。

首事李生寶仝三千，化主監生賈文周仝二千，監生李元勳仝五百，監生屈榮壽仝二百，監生李曰文仝二百，監生李完仝三百，監生李一□仝三百，監生魏澤長仝三百，米從讓仝一千，李曰萌仝五百，宋世平仝五百，化主李曰海仝五百，周建有仝五百，劉宋基仝五百，李永慶仝五百，米九文仝五百，常起富仝二百，楊大錫仝五百，魏□仝一千，劉漢福仝五百，劉定基仝三百，李正宗仝三百，化主李四海仝三百，單克功仝五百，李守忠仝三百，李曰勤仝三百，徐大生仝三百，施廷玉仝五百，李曰璽仝三百，李大周仝三百，張天壽仝三百，李進孝仝三百，蔡進法仝二百，化主張楫仝二百，韓龍仝二百，周建福仝二百，米從信仝二百，傅曰梅仝二百，王際福仝二百，樊永福仝二百，蔣存智仝二百，張大學仝二百，趙宗个二百，徐大如个四百，王忠海个二百，化主李居士个二百，邑人安復明个二百，邑人李合標个二百，監生王思敬个二百，趙有財个二百，監生張克敷个二百，張福个二百，沈子福个二百，張永泰个一百，化主柴進个二百，王法个一百，王文魁个一百，高丙个一百，李大行个一百，謝良田个一百，王治个一百，王召來个一百，侯進孝个一百，李喜玉个一百，惠中□个一百。

馬之福个二百，賈文相个二百，錢智个一百，王文保个二百，李玉个二百，徐臣、李良梗助工作、个二千，方棹、李在晉、陳法武、李在行、郭法武、蔣大花、常秀元、李曰義、孫敬、陳九德，以上各个一百。

米全立、□□、劉曰孝、劉曰智、劉曰忠、劉曰□个三百，張曰花、張永□。

木匠趙有福。

金粧趙宋、李君注。

鐵筆蔣存智、張大孝。

主持淨成善，徒真明、江、□全、寶、□，孫如□□□信□，曾孫□□□相□□花林立石。

乾隆五十六年陽月立。

（碑存新密市文物保護管理所。王興亞）

創建黃氏家廟碑記

古先王竭仁孝之誠，追遠報本。自天子諸侯以及卿大夫適士官師，皆各為廟以祀其先。至於庶人，不得立廟，惟祀之於寢。所以因祖宗功德之厚薄，以為輕重，仁至而義亦盡。降及後世，乃有士庶人，為其始祖與先人之顯者，立廟以祀。其制雖異於古，而於先王報本追遠之意，固不悖也。我黃氏，源出江夏。由東漢尚書令文強公而下，載在譜牒者，昭穆嚴辨，世系分明，閱之瞭若指掌。第上下千餘年，遷徙無常所，如豫章、婺州、盱眙、新安，占籍不一。然皆有廟，以祀始遷之祖。文強公之三十世孫，諱忠。生子二人，長字孟英，仕元授武德將軍、泗州萬戶府萬戶。次字仲英，避元季之亂，遷於密，是為我黃氏在密之始祖。生二子，長諱順理，隱居不仕；次諱通理，明初由由冑監升郎中，出為饒州府知府。至今黃氏之子姓蕃衍，皆處士。郡守二公之支裔也。前輩長老，久欲建立家廟。而功繁資薄，事皆中止。壬子歲，合族公議，祖塋樹木過密，歲時拜掃，幾無焚奠之所，是宜攘剔疏通，以清墓道。所除之樹，鬻白金若干兩。乃于洧水之陽，擇地以立廟。經始於癸丑初春，越八九月而竣事。以遷密之封公為始祖，奉其木主於中，而以處士郡守二公之主附焉。范文正公云："子孫雖有親疏，自宗祖視之，固無親疏也。"夫祖宗視同一體，為子孫者，服盡情疏，憂不吊，喜不賀，如秦越人肥瘠不相關。歿後，無顏見祖宗於地下。今家廟告成，願我族人，春露秋霜，隨時致祭，合族會食，各追念其本始。為子，思所以孝其親。為弟，思所以敬其長。同宗共族，亦皆相親相愛，使服有盡，而情不盡。雖不能如前代之高爵顯宦，震耀鄉間，光昭史策，而能束身名教。不愧為盛世之良民。是即黃氏之厚幸也夫。

  大清乾隆五十八年歲次癸醜仲夏吉日立。

（文見翟興貴《超化訪古》。王興亞）

金妝神像並重修客庭碑記

  【額題】流芳百代

  從來莫爲之前，雖美弗彰；莫爲之後，雖勝弗傳。此例之於始者，尤貴有修之於後者也。然好善樂施之無人，而刹荒宇敗，神將其何以棲乎！茲神垌尊神，自順治十六年卜遷於斯，屢修屢廢，不能常新，迄今又暗淡無光。村中公議，各捐己財，金裝關聖帝君一堂，三官像貌一堂，不數間而已，金碧輝煌，煥然改觀矣。至於客庭，原創於乾隆五年，日久年深，大廈將傾，初春已告厥成焉，共計費錢兩萬有奇。鄉中父老因並囑余爲文。余雖不工於文，而人之好善樂施，誠不可沒，爰書數語，以爲將來者勸。

  邑庠生錢冠臣撰文並書丹。

  劉景瑞仝八百、王文魁仝九百、丁懷建仝八百、丁欽仝七百、丁懷彥仝七百五十、高口仝七百、楊逢祿仝六百五十、丁鑒仝六百、劉口臣仝六百、張義仝六百、張起雲、吳茂、張進祿、張全德、張進賢、劉丕祥、劉倫、劉成、吳秀、潘楷以上各仝二百。丁宣仝一百七十、劉丕昌仝一百七十、劉森仝一百五十、劉丕官仝一百五十、劉曰林仝一百五十、劉丕工仝二百八十、張法成仝二百、王賢仝二百、宋全仝二百、潘立仝一百五十、丁三同仝一百二十。

  楊有法、盧有德、申萬倉、盛得榮、王文禮、司大德、王起口、李元松、高文光、劉口口、郅澤、殷忠、李智、王文仁、楊之貴、以上各仝一百。司九國仝六十、王全仝六十、劉忠仝六十、魏天祥、張進有、張懷德、張進壽、王桂、劉榮、程天壽以上各仝五十。

  瓦匠王成法，仝一百五十。

  金粧匠王賢臣、宋全。

  石匠吳海，仝一百。

  乾隆五十九年歲次申寅未月吉日立。

（碑存新密市文物保護管理所。王興亞）

白龍王廟碑記

  知縣陸世埰

  縣治南三十里有白龍神之祠，我朝敕封"澤潤蒼生"之福神，仲春祭以少牢，載在祀典。余承乏茲土，每奉牲牷祭，必流覽景物，終日不能去。廟之南正對栢崖山，峭壁千尋，如堆翠列屛，嵓壑之間，春花煜爐，嵐靄相屬，望而奪目。山之下有龍潭，圍廣五六丈，大石覆之，露見處形如初月，水色碧綠，深不可測。廟之後土山數叠，蜿蜒起伏，環抱左右，廟垣嵌列金、元以來碑碣甚多，歷敘神之靈異，出雲降雨，無禱不應。夫地爲一邑勝區，神之棲托於斯，固其所耳。而神爲一邑之福神，宰牧躬親將享，居民供奉香華，豈非感應醻答之所，固然者哉。甲寅歲，秋夏之交，彌月不雨，民情皇皇，余更惻焉。乃齋戒越宿，將率縉紳父老徃禱於神，未及載途，而大雨傾盆，優渥霑足，乃亦有秋。于是，監生馮錦等謁余而言曰："旱魃爲虐，賴賢父母憂民之憂，甘霖澍瀉，應念而來，是賢父母之精虔與神明之靈爽，真呼吸相通也。但雨力猛驟，神之正殿因而傾圮。夫神以澤沛生民，不暇自庇其室廬，是宜亟爲修治，以答神貺。"余聞之，欣然首割清俸，爲士民倡，眾皆稱力解囊。登封、禹州居民之附近祠廟者，亦踴躍樂輸。共釀銀若干，鳩工庀材，重修正殿三楹，拜殿三楹，寢殿垣墻數十丈，山亭、客舍，莫不斟酌補茸，越八月竣事。於戲！修殘補墜，守土者之責也，而密人士乃樂善若此，亦可見吾邑風俗之淳朴，而民力之普存矣。由是人竭其誠，神錫之福，雨暘時若，歲登大有，俾吾民熙熙然如遊春臺，非守土者之大幸哉？僧曉日請余爲文識其事。因敘其顚末，勒之貞珉，以爲後人勸。

　　乾隆五十九年。

（文見嘉慶《密縣志》卷七《建置志》。王興亞）

岳村趙寨壽聖寺碑記

　　縣治東舊有寺曰壽聖，背山面河。嵩高峙其西，栢崖具茨拱其南。每天清氣爽，散步山門外，則見羣峯盤鬱，環列如屛。而溱流之經邱尋壑，朝宗而東者，復爲之襟帶焉。余爲童子時，嘗從鄉先生遊其地，阻雨大雄殿，因目余曰："是爲佛。記稱周昭王二十四年，天竺王妃摩那氏，夢天降金人，生太子。至穆王三年，明星現而道成，爲世尊，西域稱聖人焉。其爲教也，大率以空爲色，以滅爲明。其書曰：佛者，覺也。覺一切種智，復能覺有情，如睡夢覺也，與吾儒盡性至命之道不同，然能絕嗜欲，公貨財，布衣疏食，隨地而安，可謂無所動於中者矣。故士之蕭散孤介而不欲違其本心者，往往匿迹其中，或亦有可取歟。"余唯唯。迄今思之，吾儒之教，何獨不然。夫復禮必克己，養心在寡欲，未有役於物，而猶可與進於道者，彼憧憧逐逐，陽以慕夫道義，而陰以隨其貪鄙者，又何爲哉！所異者焚頂燒指，斷臂腐身，禍福之說動於中，以至變本加厲耳。漢永平間，佛始流入中國，其間聖人迭興，而禪林之建造，冽不爲禁，豈徒孤獨廢疾者有養哉！世固有理所不能喻，法所不能防，偶觸於鷲嶺雞園之說，不覺廢然返者，舍其短而用其長，亦未必非覺世牖民之一助也。是寺之興廢屢矣。甲寅春，因山門菩薩閣之舊，增新之。夏五月，兼修大雄殿。工竣，將勒諸石，猶憶少所聞於鄉先生者言，雖創而義亦有當也。因攟其要書之，以爲記。

清乾隆癸卯科邑舉人固始縣教諭李曰嚴撰文。

乾隆五十九年。

（碑存新密市岳村壽聖寺。王興亞）

讀栗崖王君墓誌銘題後

余客梁宋二十餘年，往來道路皆經栗崖王君之門。每入訪，栗崖必留飲，盡醉乃得去。栗崖長余十年，余以兄事之，栗崖亦視余如弟也。其長嗣韻西，應童子試，以余爲師，入邑庠，復推余爲前輩。近韻西之子芝藁義與余之從孫締婚媾，親故之好，蓋已三世矣。栗崖精於風鑒。憶戊中歲，余以病歸自睢陽，嘗求栗崖爲謀葬地。乃余猶龍鍾寄人間，而栗崖已捐館去矣。嘉慶元年正月，栗崖將歸於穸，芝藁以舍表弟韓廣文所撰誌銘示余。雪夜捧讀，感念故人，不覺汩涔涔數行下也。爰呵凍題詩三章，附於銘後。

管鮑盟心四十年，青松白水尚依然。
支離若我徒成叟，叟爍如翁乃化仙。
槐蔭遙承先世澤，蘭亭並啓後人賢。
仕城鬱鬱埋香處，瑞草祥云集墓田。

蓋棺事定見真評，豈在人間利與名。
見利何嘗忘人義？留名更不盜虛聲。
橘元斗酒當年約，徐儒生芻此日情。
鶴淚猿啼聽不得，招魂望斷芙蓉城。

卜得牛眠厝此身，由來鐵鏡本通神。
茨山遠岫堪爲璋，湖水清波好作鄰。
庭際椿萱雖共老，泉臺梁孟尚如賓。
他年銘志登青史，千載芬芳字字新。
南亭愚弟錢九韶頓首拜撰。

嘉慶元年正月。

（碑存新密市文物保護管理所。王興亞）

皇清恩貢士候選儒學教諭錢公南淳先生墓誌銘

南淳先生既沒葬有日矣，其族子芳五，渡河謁余述先生遺命曰：我生平無異可錄，死後兒孫輩欲納石於壙，必丐文於李鶴坪先生。鶴坪與我交最久，知我最悉，不以過情之詞誣我於地下也。嗚呼，余文烏足以表重先生，先生既許余為知己，自不得以譾陋辭爾。按：

先生係出錢氏，諱九韶，字太和，號南潯，乃唐吳越武肅王之裔。高祖諱中選，曾祖諱爾昌，祖諱克振，皆廩生。父諱懂，字顧庵，號東崖，以恩貢士候選直隸州分州。生三子，長為處士南溪君；次為孝廉南浦君；先生其季也。天性孝友，才資英敏。七八歲時，母氏黃太孺人多病，先生奉侍如成人。嘗夜失所在，舉家皇駭，蹤之，乃在古廟中拜祝神明，祈代母病也。比就外傅，經書日誦數千言，皆能通曉大義。為詩文，輒驚其長老。初應童子試，邑候秦省齋先生拔取第一，留之官署，講論指授，所學遂有根柢。未幾，丁內艱，慟悒成疾，三年不痊。服闋後，銀台孫虛船先生視學中州，古學制藝，皆以先生為鄭棚八屬冠軍，許其他日當以文章麾幢揚聲於時。既而東崖公亦謝世，先生哀毀太過，喉生乳蛾，瀕於死。力疾經營葬事。所有薄田十畝，鬻以給用，俾殯葬皆如禮，十年之內，兩遭大故，且食貧乏偶，死而復繼，繼而復死，生計蕭條，而善自排遣。每登臨丈石崖，或坐金華泉畔，雄飲長嘯，賦詩高歌，終日不去，人皆以為狂。夜則篝燈吟誦，達旦不輟，故每試必列前茅。人皆不知其何時讀書，亦不知其文之泊泊然何自而來也。聞宮詹陳未齋先生主教大梁，前往納執。宮詹移帳宛南，先生亦應郟縣明府李風崖之聘，時與宮詹郵筒往來，商榷詩文，所學益大進。宮詹還京師，先生則教授牟陽東里間祥符高君霞光以聘重聘敦請，教其子弟，相依者十年，其長子方亭，入庠食餼，中式癸卯科鄉試，其族子得倉，亦聯捷成進士。

時皖江丁鏡、桐城張檀亭兩先生，先後掌教梁園，先生晨夕過從，出所著詩文，求為選評。兩先生讀至蘆花詩，皆摯節歎賞，以為得之天成，不關人力。嚴道甫學士、程魚門太史流寓夷門，亦皆同聲交贊。於是海內之以詩名者，莫不知中州之有錢蘆花雲。大宗伯莊方耕先生督學豫省，拔置第一，盡收其詩文而定之。嘗語於同朝曰："余校試兩河，得三佳士，謂鄭州郭方山之古文，汜水萇洛臣之勇略，密縣錢南潯之詩賦也。"乃運數迪逗，五薦不售，而以明經需次，豈非命哉。先生寡言笑，性嚴一介，而溫和可飲，遇分義之當為者，無不慷慨自任。有胞姊為禹氏婦，家道中落。次甥舌耕商南，欲奉其父母以去，先生苦勸不能止。不數歲，姊與姊夫相繼而死，十年不能歸櫬，先生念之輒淚下，每歲所入，樽節存留積數十金，返其雙棺而葬之。鄭州諸生孟雲蒼先生，故人也，家赤貧，先生為之薦館大梁，雲蒼攜眷以往，值疫癘大作，其長子家婦皆死，雲蒼先生亦相繼而亡，有弱女年十三，無所歸，先生毅然收養之。

時先生再繼之室張氏，有癲疾，乃納陳留王氏以副其篷，即以此女為王氏女，名之曰孟姑。使不沒其本，撫育教誨，得成淑媛，為擇佳婿嫁之。超化寺東，有四達之衢，沙石不毛，近深淵而多鬼，白晝為祟，前後死其地者十餘人。先生為文禱於本縣城隍神廟，其祟遂絕。作詩三章，以記其事。首章有云：沙上青磷迷夜月，橋邊白骨長秋苔。次章有云：鱷魚不犯潮陽地，秋水寒潭澈底清，蓋實錄也。他如建立家祠纂修族譜，提拔寒士，獎進人倫，皆世俗所難者。先生五旬後，即善病，益絕意功名，於月陂上築小墅名曰倩園，栽花種竹，飲酒賦詩，終年不出戶庭。邑候陸秋畦先生、楊和圃先生，以先生詩賦不可不傳之桑梓，延主檜陽書院講席，後先凡五載，成就多人，密之後進能詩賦者，其淵源蓋有所自云。晚年遘咯血之症，醫藥罔效，乃自營宅壙以待之。一日命家人料理衾簀，梳頭洗足具衣冠而逝。著有《四書正字》四卷，鎸板行世，《葩經正韻》八卷，《南淳詩集》二十四卷，《南淳文集》十六卷，《南淳外集》八卷，《南淳制藝》共六集，《南淳詩譜》十六卷，《密縣誌補遺》六卷，《研來雜記》三十六卷，選漢魏以來中州人詩，名《河嶽集》，共一百二十卷，皆稿藏於家。

先生生於雍正十年十月十三日丑時，卒於嘉慶元年十月初三日子時，享壽六十五歲。元配張氏生一子塘，繼趙氏，生一女字監生周永清，早亡，以族侄女續之。再繼張氏生一女，適魏世經，側室王氏，義女蕭姑，適庠牛鄭芳。塘生三女：一適樊，一適張，一適楊，塘無子，以敬兄密之次子冠眾為嗣，今以嘉慶元年十一月二十四日，葬先生於村東五里之新阡。銘曰：

河曲三三，嵩峰六六。誕生南淳，割所清淑。束身名教，浸淫卷軸。擒藻揚芳，敲金弋玉，光滔騰流，炫人心目。造物忘名，而奪其福。老死林泉，不爵不祿。宅兆堂堂，松風穆穆。千載而下，識此芳躅。

戊子科舉人候選知縣現任汲縣教諭門愚弟李元滬頓首拜撰。

賜同進士出身候選知縣大梁受業門人高賜禧頓道拜書。

已酉科拔貢生候選直錄州分州受業弟青山頓首篆蓋。

（誌存新密市超化鎮超化村。王興亞）

皇清太學生例贈儒林郎司公（獲祿）身一先生墓誌銘

【誌文】

皇清太學生、例贈儒林郎司公身一先生墓誌銘

身一先生既葬之八年，其子筠亭將改葬，請銘於余。曰：脩少失怙，不知所稱述。今思所以不朽前人者，惟吾子是望。幸不吝一言以誌諸石。嗚呼！余何足表重先生。然嘗從先生侄殿紫先生游，知先生為悉。不得以不文辭，亦不敢以譽詞誣先生於地下也。按：

先生姓司氏，諱獲祿，字在中，身一其號也。原籍山西洪洞人。明有諱九經者始遷密。四傳至康侯公，有隱德，是為先生大父。父諱彪，字文蔚，太學生。生平負氣節，好施與，其親而貧，疏而賢者類多賴之。娶崔氏，施衣捨藥，能闡文蔚公未竟之意，而不自以為德。其積累之厚如此。先生生而穎異，喜讀書，因親老艱於酬應，援例入成均。然不自廢學，每

風雨暇，消遣世慮，仍以儒業爲務。篤至性孝親而樂善。鄰里有乞請者，體父母之心，慨與無吝色。或欠負不償，即取券焚之。曰："烏庸此數行字爲子孫輩口實哉。"有女兄適王氏，貧無以養。文蔚公竊憂之。先生給其食用，無使乏。並爲買田數十畝，令自耕獲。雖古人爲姊作粥不啻也。他如不阿時好，不脩邊幅，炮儒與羣處，雖狎必以義。每與人排患解紛，可否立决，皆先生餘事耳。嗚呼，如先生者不足以風乎哉！配陳氏，邑處士翰三公第三女。婉婉順從，有婦德。子自脩，候選州同，即筠亭。女二：長適邑庠生周君嶠生，次適張君韶。先生生於雍正十二年六月十五日，卒於乾隆三十八年六月初一日，享壽四十。以嘉慶丁巳七月癸酉改葬於新阡。其改葬之故，已見於文蔚公誌銘，茲不復及。銘曰：

孝友成性，德及閭鄉。迪前翼後，受福無疆。崇岡之阿，鬱鬱蒼蒼。佳城埋玉，於焉允臧。

賜同進士候選知縣門晚生長葛顧玉書頓首拜撰。

壬子科舉人候選知縣姻晚生周繩文頓首拜書。

己酉科拔貢生候選分州愚姪錢青山頓首篆蓋。

男自修泣血納石。

嘉慶二年七月。

（拓片藏河南省文物研究考古所。李秀萍）

邑庠生陳范施地一段碑記

其地一畝有零。

住持僧隆太。

皇清嘉慶三年歲次戊午梅月孟夏穀旦。

（碑存新密市超化鎮黃固寺。王興亞）

皇清例授修職郎直隸光州學正華嵩張公暨德配應封孺人周氏墓誌銘

【誌文】

己巳春，余年再侄魁甫張君，奉其曾祖考華嵩公、曾祖妣周孺人行狀，來請壙志於余。余自揣固陋，無以宣盛德。惟念余與公以丙子同科，居邑雖隔壤，然相去僅六七十里。其葭莩多吾邑名族，車馬過從，個別談心，不可謂非相知之深者。志銘之請，其何能辭！

公諱吉淼，字列璋，華嵩其號也。始祖諱整，明初遷密東。

嘉慶五年。

（銘存新密市大隗文化館。王興亞）

禁約條目碑

【額題】公正宜人

以□□□尚閭閻，亦以正直爲重，間有以賭爲事者，大是不正；以蠱爲事者，大是不□，此等□遭犯天刑，破家蕩產，故自無怨。每有忠厚老成之人，安居樂業，往往被賭者板賭，盜者板盜，無故受刑受辱，□喪家業，甚爲可惜。高村保一甲圖人等公議，嗣後本保秉正花户人等，無論大家小户，素屬正直者，尚有遭誤板賭盜之事，以及凶徒流毒奸人訛詐人且不平不法等項，一圖人齊行出首，按地捐錢，與之比較，決無退縮不前，袖手旁觀。古□守望捐助之義，毫不外此。因演戲立石，永不□□。

又有禁約條目開列於後。

喬金聲撰並書丹。

一、凡自偷人莊稼瓜菓以及砍伐樹木者，捉獲權量刑罰，夜間加倍。如不尊罰，齊行稟官究治。

一、凡每歲□冬之際，縱放牛羊，不許踐食麥苗，有犯之者，一羊，罰錢五百。一牛一驢以及騾馬，各罰錢五百。夜間加倍。所罰錢一律入公使用，一牛趕走使用，如不遵罰，齊行稟官究治。二者決不寬待。

以上條目，一、不許懷恨生隙，二、不許唆調是非，三、不許胡行捏弄，四、不許假公濟私。有□回者，齊行出誓，不同事。

首事喬繼□、陳中□、冉元□、張□□、李□萌、冉元福、冉元、宋殿□、程明、冀永興、王中元、張興、王潤、劉丕仁、

□鄉：王二傑、魏朝、包文章、包文忠、馬振邦、劉振西、喬□、柴天崇、楊秉鎬、王喜清、王□□、李長生。

暨合圖人等公立。

鐵筆白志賢。

（碑存新密市文物保護管理所。王興亞）

重修鄭氏祠堂兼續譜碑記序

祖之有廟，所以妥神靈也；族之有譜，所以展孝思也。我祖自洪洞遷密以來，卜居於茲，歷數傳而建廟，石譜以續；又歷數傳而廟重修，石譜又以續。越及清代，世遠年湮，瓦鱗脫落，基雖無壞，而上房短縮，兩廂矮小，實不足以容瓜瓞綿綿之譜。十六世孫東周，年近七旬，深有志於宗廟，因合族衆倡議改作。舍舊圖新，遂以重修而兼開創之舉。東西兩廊各廣其制，又接東西四大間，以爲省牲、省饌之所。頭門則又極力締造，務期雄偉，誠岳鎮之巨觀也。惜工未竣而天不假年。事雖中輟，時則有若十七世孫文彬、明月

等，相繼而起，樹立舊譜，以妥先靈，而大勳仍未集也。厥後，又有十六世孫六藝，丕承厥志，踵事增華。砌月臺，以便升降；樹門屏，以蔽內外。周圍院牆，市房戲臺，咸補葺而完整；又於老墳岡祀田十八畝，申劃疆界。事畢續譜，即於老四門中各選一人，延訪支派，留心族屬，使知其祖與某某之祖嘗同爨也，某祖與某某之祖始析居也，徵諸石譜而無疑，質諸紙譜而不謬。招工勒石，脈線詳明，後之視今，亦猶今之視昔。是昔祖宗有子孫，而今之子孫亦有祖宗也，則功祖德宗之神慰，而孝子賢孫之心安矣。入門而觀宗廟之美、根本之固，列昭穆於左右，別尊卑於階前。爲子孫者，宜世世守之，永保無替，斯則予之所厚望也。

十八世孫逢辛謹撰。

（文見新密市岳村《鄭氏族譜》。王興亞）

創建火神廟碑記

密本古鄶地，高辛氏之火正祝融舊墟也。故火威之彰於密者爲最顯。而我密人之祀之者恒倄謹焉。壬戌之歲，有族叔字安瀾者，曾受業於余，創立火神廟於本山白衣觀之南、二聖廟之東。功竣，將勒其事於石，乞余爲文以記之，且道其所以建廟之由，與衆善士贊助之力，以及肇功落成之月與日。

是廟之建，以庚申春正月，安瀾與其伯父兩院同被火災。是時，安瀾與父漢封公，以方寢疾，乍見火起，不知所措，伏地哀求，願許立廟，以祀火帝。功未舉，而漢封公即於是年逝矣。今日之功，安瀾蓋本父志而成之也。且夫之成於一人者難爲力，成於衆人者易爲功。是廟之建，安瀾所以繼前人之志，述前人之事，自己便借助衆力以酬己願。而衆人無不欣然，各捐己資，則搬運瓦石，相與助成其事。誠以安瀾，此舉得乎人心之所不言而同然也。而衆人與人爲善之美，亦何可沒哉！是廟之建，成於秋七月，而起於春二月。雖止一間，簷宇之穹隆，可以壯觀；基址之牢固，可以歷遠，且今入是廟者，思建立之由，起戒懼之念。由祭祀之餘，明感應之理，其即神道設教之遺意乎？可美也已。余實不工於文，惟本其廟所由建，與功之所由成，以及日月之起訖，但今人之覽者，知建廟乃某年某月，某人爲其事，而崇祀畏神之心，當由悚然而動者矣。詩曰：

鬱鬱山村，俗質民淳。崇尚祀典，震畏鬼神。炎帝一怒，厥廟遂新。以償前願，以佑後人。每歲人日，咸趨斯廟。拜於稽首，無有長少。以祀以享，以伸祈報。肅肅穆穆，即此是教。山環於外，廟峙其中。羣峰來朝，勢層瓏葱。栢陰森森，石蹬重重。歌以志之，永世無窮。

增生鄭芳山撰文並書丹。

住持劉福祿，徒楚本儒。

皇清嘉慶七年歲次壬戌秋七月立。

（碑存新密市黑峪溝白衣堂。王興亞）

驅鬼詩有序

超化東，五達之衢，沙石不毛，近深淵而多鬼。數年間，死其地者十五六人矣。乾隆庚寅冬，有喬子者，復死於此，狀更慘毒。余爲文禱於本縣顯佑伯之廟。三年以來，晏如也。甲午首春，結鄉社以酬神貺，爲作詩三首，以紀其事。

（一）

金泉東下大河隈，路控咽喉五面開。沙上青磷蝕夜雨，橋邊白骨長秋苔。煙深古道人踪少，水泛斜陽鬼哭來。曾記喬郎絕命處，荒蘆斷草有餘哀。

（二）

顯佑堂前禱祀誠，三年保障果分明。吹沙射影么魔盡，白日青天道路平。兩岸垂楊常繫馬，一灣芳草好聽鶯。鱷魚不犯潮陽地，碧水寒潭澈底清。

（三）

十里春郊翠色含，香花酒醴近神驂。多年殘魄消爲水，幾縷孤魂化作嵐。社鼓纔停山寺北，笙歌又起水村南。喧闐歲月今須記，甲午新正二十三。

恩貢生錢九韶題識。

舉人傅瀚如書丹。

道會司李年清勒石。

皇清嘉慶八年歲在癸亥花月上浣。

（碑存新密市文物保護管理所。王興亞）

顯佑伯城隍幽鑒驅鬼靈應實錄

密縣王村保士民公呈爲懇拘遊魂以清道路事。從來幽明一理，生死同情。漂流無禁之人，逞兇不少；冤抑未申之鬼，作祟尤多。此神靈之所以司鑒於夜臺，而官吏之所以職巡於邑里也。茲緣檜陽南境，超化東陲，碧水寒潭，過者於焉心慄，懸崖絕岸，望之頓覺膽寒。颯颯慘風，嘯於青天白日；熒熒磷火，騰於黑夜黃昏。地惟距在險危事，遂滋夫誕怪，沉波者命絕，墜岸者魂銷。先以男，旋繼以女，朝往者著魔，暮還者遇鬼，見其狀且聞其聲。椒客之魂附淤泥，而尤寄於□之血濺而未乾。此三十餘年之事，吏有憑□□□命之，人人可記也。近有商人喬子原爲鞏縣鄉民，奉孀親，撫幼弟，里黨傳其孝友，作遠客、謀生資、市暗稱以和平。生既不失爲正人之行，死似不應在冤鬼之錄。乃於庚年子月晦日酉時，逢魍魎而被纏，呼天人而莫應。三更古道，誰憐橋上之兒；一夜嚴霜，已冷河邊之骨。查人鬼戰爭之迹，蓬斷沙飛；驗死生苦楚之痕，皮摧衣綻。南山虎，東海蛟，無斯毒也；絕粒亡，投環死，有此痛哉？爰薰沐而爲文，拜明神而致禱，或死者餘殃未散，正當付之超脫之門；或諸人陽數已窮，何不投之輪回之路；或差幽卒導於所往，俾得見夢中兒女；

或命陰曹制其所爲，以令就夫死後典刑。道路肅清，遊魂淨盡，恢恢天逵，既收殘慝之魔。坦坦周行，省鑄神奸之鼎。是乃見上神之視聽不爽，俞以快下民之呼籲可通矣！

（碑存新密市文物保護管理所。王興亞）

萬里橋碑記

舉人韓墢

夫濟水涉川，端資舟楫，憑虛踰險，惟賴橋梁。雖地有囂僻，而空谷寂歷之區，磅确彴約，皆橋之類。如《魯論》吾夫子所嘆爲山梁者，豈即此也歟？余嘗學稼於茲，向無橋梁，而地道流謙，日積於谷，自東徂西，行人窘焉。余敬約同志，得貲若干，鳩工庀材，而橋于是乎經始。既成，思所以名之者，昔費禕之使蜀也，武侯送之國門外橋上，曰："萬里之行，自此始矣。"後因名曰"萬里橋"。此橋非九達之衢，而窮僻之鄉，可達帝京，則於此而發軔而振策，吾烏測其所稅駕哉？雖萬里焉可也。因亦名之曰"萬里橋"。

嘉慶八年。

（文見嘉慶《密縣志》卷七《建置志》。王興亞）

重修超化寺記

鄶邑之南有超化寺，吾廬在其西。辛酉來，余無意科名，得以詩酒徜徉其間焉。每靜覽勝，乐溱洧北帶，崆峒南屏，寶塔嶙峋，耸十八碧落，金泉瀠繞，灌溉黃土。而且茂林修竹，交聯貝葉之陰，莫靄朝霞，大發天花之彩，不禁私竊心口贊曰：美哉！盛矣。世傳爲天下第十五座名刹者，□□有不□耳。及環顧諸殿，若毗盧，若聖僧，巍峨無恙；若金剛、若天王，燦爛猶昔。而大雄殿及漸就殘缺焉。地藏、韋馱、六祖、伽藍亦幾多舛壞矣。籲嗟噫嘻！我佛自遊東土以來，一葦渡萬姓之災，三藏拔億兆之苦，陰注世界，光曜康衢。謀明□於□□諸，梁武興異教，李唐代推尊兼尚□者以世也，其地暨爲波羅提棲法之所，自應榱題永固，棟宇常新。乃石燕引殘，商羊降瘧，致令雕龍減色，鐵馬無聲。其心慧德無量，何況夫前人之締造是區也，立正殿也有五，將欲合乎五行而配乎五星，立配殿也凡四，又欲應乎四方而協乎四時，其用意亦甚微矣。而□經殘缺者未補，圮壞者未修，概非所以啟神思也，亦非所以紹前列哉！玩賞之餘，又不禁感慨係之矣。既而思曰：人之好善，誰不如我。以余□之見，尚且睹之而生感，孰弗托之而□傷。吾洧中慷慨意氣之士不乏，好施樂善之家甚廣，斷不使有傾頹之厄也。不□可知矣，而又何患哉。果爾越時不幾，本寺住持高發重修之念，四鄉善士雅懷復古之舉，合議力事，莫不同心而濟焉。於是，或捐資財，或給粟米，或化他鄉，或募鄰邑。土木悉備，不逾年，□□□□□□□□而宮殿新美。大殿既成，地藏等殿亦相繼告竣。猗與休哉！峻宇雕牆悉煥，肇飛鳥革如初，碧琉璃輝照祇園，朱欄杆色漆□□，□□諸□□殘缺何如也。其觀諸所之殘壞何如也？余昔也睹其敗而傷其殘，今也觀其成而更欲志其盛，且歷覺諸碣石。雖一祠之建，莫不詳□□□□□□□□，其功而竝四年，未久，正殿俱新。使□出一言以表彰之，豈士君子旌善之本懷也哉。因不辭譾陋，爰筆為文，庶今之鳩工庇材者，正功德之不朽，今之覽古懷舊者，知建修之所苦也。

　　廩膳生員錢憶撰文。命侄生員□□□書丹。

　　功德化主張作桓、楊道長、張炳、錢克順、高爵、錢凡岐。

　　住持僧淨雲，徒真華、真榮。

　　石匠王達、陳朱。

　　大清嘉慶乙丑桂月上浣之吉。

（碑存新密市超化寺。王景荃）

邑侯楊刺史重刻卓君祠捐田碑記

　　密之思卓君，猶周之思召公也。雖然，思召公不過周人，而卓君乃自漢迄今，尤耿耿於民心而不能去。卓君即深仁，豈能及於千數百載之後。密人即好德，豈猶念於千數百載之前。所以然者，賴有繼卓君者，爲之日引而月長也。繼卓君者不數見，民曰："安得卓君也。"而卓君之名益彰。繼卓君者不數見而幸見，民曰復見卓君也，而卓君又益彰。由是言之，莫爲之後，雖盛弗傳，豈不信哉！刺史江津楊公，今之卓君也。蒞任以來，顏其堂曰"懷卓"。又於大隗鎮卓君祠，命式廓之。又於縣治內卓君祠，命修葺之。歲時禋祀，齋戒躬臨，必誠必敬。吾密士民幸從今之卓君以事昔年卓君十有四年矣。己巳秋，祠事畢，拂拭殘碑，訪問故老，知有香火田三十畝，而捐田者爲余高祖，因召余至。諭曰："善不可不傳於後，非以爲名，以存實也。吾至密十餘年，軼事僅得大畧，使遲之又久，文獻無徵，捐田之人不可考，即所捐之田，或有不可知者，褒德侯何恃而不等於皋陶、庭堅乎！是宜有言，以垂不朽。君念先德，其具述以聞。余維先人無所爲而爲善。小子何容表暴，又維公之有是命也。豈余先人之爲，爲卓君祊田也，亦豈卓君之爲，爲密之民心也。公以民心爲心，而永矢其俎豆前賢之心，而且欲觀感敢而興者，共矢其俎豆前賢之心，推是心也，愛古人，不敢薄今人，敬古人又何敢怨今人？古人不相及而可及。今而後，數數見卓君矣。今而後，日引月長之名，不獨卓君矣。夫一事之舉而用以相勵於無窮。公之德也，密之幸也。雖闡幽顯微，余先人與有榮施。而與人爲善，其量莫大。有不敢戴爲私恩者，予何嫌而不勉承公命乎。余高祖捐田，事在康熙年間，謹述端末，請公裁定，以勒諸石云。[1]

　　特授密縣正堂候選直隸州正堂隨帶加三級又加四級記錄十四次又記功三次楊泰起四川

---

[1] 民國《密縣志》卷十八《藝文志》錄文至此。

江津縣人。

誥贈修職郎、恩貢生張兆京捐香火田三十畝。

元孫監生張耀南、舉人張耿南、監生張永泰、六世孫生員張願可、廩生張紹衣、舉人張紹復。

閤邑紳士王在洛、李景山、韓本健、徐鈞、王思敬、楊鳳山、王廷模、王克明、韓應青、楊儒林、王詵、傅林華、郭廷輔、李全安、李佩蘭、韓明福、李永修、李學山、程景濂、王廷梓、蔡廷魁、孫牧。

甲寅科舉人候選知縣張耿南沐手敬撰。

乙卯科舉人候選知縣傅瀚如沐手敬書。

壬子科舉人候選知縣同訪禮沐手填諱。

道會司李年清。

住持趙明鍾。

此地坐落廟之東，偏東至官地，西南至李元福，西北至官地，南至路心，北至城根，共三十畝。前蒙楊大老爺撥入大隗鎮卓君廟十四畝，將此地分作兩處香人。本年九月初四日，楊大老爺詣廟致祭，查得香火地謹十餘畝，大隗鎮六十餘畝，多寡不均。面諭將撥入大隗鎮地十畝歸城內。又經紳士王在洛等請歸地俻案。蒙楊大老爺批云：查大隗鎮卓君祠前，已陸續撥歸地數十畝，盡可裕焚獻之資。惟城內卓君祠未免稍形淡薄，准如前請，著將批撥入大隗鎮地十四畝，仍歸城內祠廟，招佃取稞，以舍香火。以上倘將地畝緣由立石，以垂不朽，可也。因抄原批，遵照立石，以杜後之或起爭端者。

刻石匠韓思德。

嘉慶十四年。

（碑存新密市舊縣衙。王興亞）

創建火神殿重修關帝廟碑記

上古無有火化，民固不知有吹爨也。自後聖修火之政，而茹毛飲血之天下，一變而爲熗燔烹炙之天下，蓋火之爲用大矣哉。夫養之身者，水之外，莫要於火。而治民之心者，仁孝之外，莫大於忠義。忠義不興，則民德未正。是不可不以古大節之人爲之景仰也。斗牛山西，居民數十家，村中舊有關帝祠堂。日久年深，瓦解榱崩。而火神祠堂，前此未有此也。居是山者，禮楊君、忠合李君、建有周君、遇辛王君等，募衆捐資，創建火神殿一所，又將關帝廟之破壞者葺而新之，使往來其祠下者肅然起敬。一則食火帝之利者，不忘火帝之德；一則睹關帝之赤面赤心，或興起忠義於無窮焉。誠盛舉也，因援筆而爲之記。

邑庠生郭肆三沐手拜撰並書丹。

皇清嘉慶拾伍年歲次庚午瓜月中浣之吉。

（碑存新密市尖山鄉檀爬村。王興亞）

貞石亭記

　　天地浩然之氣，磅礴鬱積，或鍾於人，或毓於物，其正大堅剛不可遏抑者，良由所賦畀者然也。故雖歷世久遠，終遇有志之士，為之發隱闡幽，藉以勵風俗而式澆薄，寧非其盛世歟。余以嘉慶辛未蒞密，越明年七月，邑孝廉王君彭年，持孝廉韓君哲夫所撰《貞石記》，及所徵《貞石亭詩》，介學博王君朱亭來言曰："斯石也，不附權奸，可謂正矣。不畏彊禦，可謂固矣。命之曰貞，宜矣。惟二百年來，棄置于荒煙蔓草中，恐積久而人莫識其處，且愈久而人竟不知其名也。職是之懼，竊欲因其址而葺亭以覆之，並勒此記與詩於壁，非徒以飾遊觀，恣憩息，亦聊以昭鑒戒耳，敢請序。"余受而讀之，而不禁憬然也。考密於古為鄶國，小而侈，羔曜楚沃，怠緩成風，其失正固之義久矣。特地處嵩高之麓，居天下之中，土沃而泉甘，民樸而多壽，其得於天不可謂非厚也。方有明之季，奄勢大張，當時抗奇刑，嬰慘禍，百折而不回者，固不乏人，而奔走趨奉、尊而戴之者，亦滔滔皆是。迨建祠之令下，土木金碧，窮工極巧，更所在競靡矣。乃獨此摩旗塊然之石，義不苟就階陛以承諂佞之膝。舉之不動，鞭之不起，其壯烈之氣，洵足與楊、左諸公爭光泉壤，而顧聽其委於荒原幽嶺，日炙雨淋，與瓦礫同朽，豈不大可惜哉！夫天既已鍾毓而賦畀之矣，寧終忍其遏抑而不彰，暴露而不為之護庇耶！於是，假乎人而誘其衷，或為之歌詠，或為之敘記，或為之采輯而搜羅，行見巍然煥然，焜耀於山巔水涯之次，不僅翰墨之輝光，丹艧之璀璨已也，將必有勃發其廉立之心，卓然與茲石同不朽者，則此一亭也，所繫顧不重乎！予不敏，承乏於茲耆年矣，既愧政令之無聞，深喜斯舉之有益。而觀成有日，願操椠載筆，從諸君子相與賦詩宴飲以落之也。是為序。

　　滿洲鑲黃旗進士嘉慶十六年密縣令景綸撰文。

（碑存新密市白寨鎮光林寺。王興亞）

臥龍峪金粧神像記

【額題】流芳百代　日　月

　　嘗思天以時傳，地以名傳，神以像傳，人以善傳，而神者尤所以贊天地而庇□者也。密西北鄙，山秀谷幽，地□□，神雖有像，久蒙垢，且未知廟建何時，功創何人，此誠古今一憾事也。邢、梁、劉君等目覩心傷，合捐資財，同勷厥功。舊者新之，缺者補之，閱數月而煥然改觀焉。功成作記，共欲名其地而誌其時。予細覽地勢，山谷相配為峪，中有嶺，自西南來，起伏若龍，安靜如臥，因題名曰"臥龍峪"。誌時曰"壬申歲"。合此四者，勒諸貞珉。十百世後，觀此碑而知爲某時，過此峪而知爲某地，謁此廟而知爲某神，慕此善而知爲某此，庶幾天地神人並永傳於不朽云。

　　生員邢思檢撰。

　　監生梁明德書。

　　出會亻三千五伯、邢思檢亻七伯、梁光敬亻六伯、梁明德亻六伯、慎成吉亻五伯、孫之中亻五伯、劉永安亻五伯、慎璿亻二伯、邢思溫亻二伯、王進山亻二伯、梁光重亻二伯、慎瑛亻二伯、張彬亻一伯、邢思樂亻一伯、邢思廉亻一伯、邢曰桂亻一伯、慎玥亻一伯、慎大成亻一伯、慎瑾亻一伯、慎執信亻一伯、慎之修亻一伯、慎之蒲亻一伯、孫法舜亻一伯、劉向德亻一伯、孫海亻一伯、喬揭惠亻一伯。

　　金塑匠張文興、馮亮。

　　鐵筆匠劉進山、朱俊。

　　龍飛嘉慶十七年歲次壬申桂月上浣穀旦。

（碑存新密市來集鎮寺堂村。王興亞）

新立禁盜止邪碑文

　　風俗之美盛，恒視乎鄉里。鄉里無鄉民，風俗所由大同也。古者因民定制，必合州、閭、族、黨，聯其什伍，使之相保相受。以此追胥之事，則知分田制產。欲各安於無事，而奇衺不可不預爲防也。況山上陵高風冷，洞深陰寒。睹迤邐之形，固多瘠土；觀峻嶒之勢，半屬石田。雨陽偶有不調，人終歲受其饑。憶嘉慶八年以來，饑饉薦臻，饔飧不給，婦歎童號，腑臆誰訴？所可幸者，麥禾不足，又甚賴有銀花耳。不謂奸偽萌起，多有視山之人愚且稀，橫行肆掠，屢被侵擾。夏至取麥，秋來而取禾，甚復緇於兇荒，百十成羣，紛紛然來，曰將以擁搶銀花也。何其不情若是。抑又有慮者，誣賭誣盜，藉端生殃，而使忠厚之民不得一夕安。其拖累於人者，豈淺鮮哉！

　　自景公蒞任，寬猛交濟，德威並著，奸民不得售其術，良民不至受其誣。偶有荒歲，徧示禁止，又復差役徇視于野。民之被其恩者，至深至厚也。於是，此山之人，敬體其美意，不忘其良法。患難固宜相恤，守望更欲相助。原糾會衆同立禁碑，每獲田中偷盜之人，不論親疏，一概罰之。庶近者見利而不爭，遠者聞義而知戒，盜賊不作，風清俗美，而使人人同享太平之福，豈不盛哉！今將罰約開列於後：

　　布袋一條，罰錢五百文。

　　提斗一個，罰錢二百五十文。夜間加倍罰錢。如明來擁搶者，亦照前例加倍罰錢。

　　凡有偷盜，不拘挾持何物，捉之，合會議罰，概不寬恕。

　　皇清嘉慶十八年歲次癸酉暑月下浣吉日合會同立。

（碑存新密市尖山村檀爬關帝廟內。王興亞）

移索長官墓碑序

【額題】五代長官之墓

余以辛未秋，始來治密，閱《縣志》，邑西南三里許，有五代索長官墓。越明年，展拜其地，墓旁臥殘碑，剜苔洗蘚，儼然當年讞虎像。斷化久矣，雨淋日炙，樵牧磨磷是虞。乃議移於城內西北隅之長官祠，俾工龕植而嵌於壁焉。第徙而墓無誌，則後莫辨認，爰就其址，樹石表之。若長官事蹟，具志乘，茲不錄也。因作七律一章，以寄感云：

小隊出郊拜古墳，殘碑空臥故城蔭。

千秋盛跡逸前史，五季昏時沒此人。

圖畫幸傳慈惠貌，威儀常現宰官身。

我來拂拭蒼苔裳，憑弔當年虎盡馴。

甲子舉人己巳進士知密縣長白景綸謹記。

大清嘉慶十九年嘉平月翔日甲子。[1]

（碑存新密市灣子河九龍廟，文見嘉慶《密縣志》卷六《山水志》。王興亞）

重修玉皇廟碑記

講武之陽有廟焉，曰"玉皇廟"。其東廂，舊無神州神像，自我祖敬而廟始建焉。後每有疾病，屢禱屢驗，或亦我祖誠心之所感耳。然創建在乾隆十四年，積至今六十餘載矣，廟宇雖未傾頹，聖容已不輝煌。於是，追念先祖遺意，出資財，興工作，而廟貌為之維新焉。茲當工竣之日，特撰俚語，登諸貞珉，非謂是役之可傳，聊以不沒尊神之靈，無負先祖之志云爾。

信士王名山自書。

泥水匠王朝貴。

嘉慶二十一年歲次丙子十月二十一日。

（碑存新密市苟堂鄉玉皇村。王興亞）

---

[1] 嘉慶《密縣志》卷六載文與此署異，茲錄出：

余以辛未秋蒞密，披閱志乘，知邑西南三里許，有五代索長官墓。越明年，展拜其地，墓旁臥殘碑，剜苔剔蘚，儼然當年讞虎像。而雨淋日炙，樵牧磨磷，深慮日就澌滅。乃移於城內長官祠，俾工填而嵌於壁，仍于墓前樹石表之。因作七言律一章以寄感。詩：小隊行郊拜古墳，殘碑空臥故城闉。千秋盛蹟遺前史，五季昏時沒此人。圖畫幸傳慈惠貌，威儀常現宰官身。我來憑弔思循政，想見當年虎亦馴。

重修中嶽行宮暨廣生祠碑記

聖王制祭，功烈於民者則祀之。夫有功烈於民者，兩大而外厥唯五嶽。吾輩生於中州，獨於中嶽為近，則功烈之被，亦異於他嶽可知。然祈報之時，勢亦不能朝發而夕至，是以村之西北里許舊建中嶽行宮，云葛洪《枕中書》軒轅為黃帝，治嵩高山。注之，即中嶽也。《五嶽真形圖》云：中嶽之神惲姓，氣通天漢，靈洞幽明，巍然眾山之英也。《說苑》稱其能布雲為風雨，膚寸所合，曾不崇朝而過天下，且疾病災患祈禱輒應。鐘伯敬又謂：其神乃成周開國之名臣，歿於王事，遂為中嶽之神。傳聞異詞，無容深考。第其屹然中立倚天，拔地寰海於以仰其靈，卓然不易，興雲施雨，亙古於以沐其休，恩膏所逮，宜不在勾芒元冥下，又何異鄉閭之間，各建廟宇以報其功德耶。斯廟之建，不知所始，覽其石記，重修蓋亦屢屢。自乾隆八年至於今，茲風雨之飄，鳥鼠之穿，神像幾於露處。村人目擊心傷，共議重修。於是，捐資募化，鳩工庀材，於五月上旬肇功，並廣生祠而重新之，月末告竣，由是輪奐著美，金碧生光，入其祠者，未有不肅然起敬而動其享報之心，此固鬼神之盛德有以使之於不覺，而亦人心之虔誠，發之於不自禁也。因想古者，雩祈臘報，以創祠而著尊□之義，黨榮族酬以燕飲，而傗長幼之倫。後世不講其禮，獨於神之能佑助獲庇捍患禦災者，特立廟以祀之，雖其事未必皆本乎古，而歲時伏臘，村人咸集展拜，稽以司長幼之儀，致歆享而別尊異立分，安知不可因詳如在之誠，而自消其傲漫懶惰之心，神道設教，莫此為深矣，故志之，以見崇德報功之舉，皆有裨於人心風俗也云爾。

廩膳生員鄭心泰撰文。

生員鄭恢基書丹。

增廣生員鄭芳山校正。

皇清道光元年歲在辛巳葭月穀旦。

（碑存新密市岳村鄉岳村。王興亞）

創建黃帝祠拜殿重修廣生殿碑記

治之西偏，山曰雪霽。山麓有開暘廟，其神曰黃帝。帝祠之右復有廣生殿，里人尸祝久矣。歲在庚辰，附近居民約眾募資，議於帝祠前建拜殿三楹。廣生殿棟榱將圮，神像無色，亦欲從而新之。其地背山面水，甚幽雅，廟雖寥少，似古剎。過之者，恆低徊久之，不忍去。撫斷碣殘碑，亦風摧雨蝕，不堪摩讀。意者其亦在晉魏時千三百餘名剎中乎。趙君嵩毓去茲未遠，每值鄉社脯蠟，春秋祈報，瞻拜之餘，感慨係之。因視為己任。約吳君天秩、孫文、白如珠及侄趙敬蒼，共董其事，鳩工庀材。越月而告厥成功。所躋修者，惟堅惟貞，巍然煥然。創建者亦極金盤寶鐸之壯麗，而較前人更有加焉。勒諸貞珉，以為後之為善者勸。

邑生員韓孟依撰文。

郡生員趙嵩毓書丹。

大清道光二年歲次壬午仲秋上浣穀旦。

（碑存新密市西大街開鍚廟村。王興亞）

重建卓君廟新建瑞春書院合記

傳有合而記無合，何也？傳者，傳其人，與瑞春書院是也。卓君者，漢密令也。密人之德君也深，故湮祀至於今。不廟者而士庶民曹，猶能追念舊德，樂近市囂塵，房屋湫隘，不若廟中之幽，其進學也，甯有方乎！爰置地於廟之地，高而爽，似較廟後爲佳，吾親盍兩廂及大門、房齋廚，凡二十有五間，以之偏東方者，春之爲□蠢也。凡道光年間 /[1]

（碑存新密市老城卓君廟。王興亞）

聖水寺重刊施地碑記

粵稽佛教入於中國，恒建寺以養之。有佛寺則有僧人，有僧人則有施主，施地養僧由來久矣。聖水寺其他施主載在貞珉，班班可考，勿庸再贅。至寺坤方環山施地一段，乃楊家崗白公鳴岐之七世祖諱太勳，六世祖諱宗也。自康熙年間立券勒石，迄今百有餘年，風雨剝蝕，字跡半就湮沒。嘉慶十八年，住持偶缺。歧請本保諸善士送僧人寂恒於寺，覽碑有感，恐失祖德，旋里之後，遂謀於族衆，共捐資材，移券重刊，求文於余。余不文，聊志其事，以垂不朽云。

立施捨地畝立契人白太勳、白宗，將自己敝地一段，東至石暇蟆，西至孤山灣，南至半坡，北至半坡，四至分明，情願施給於聖水寺僧人真禎，永遠隨寺。此屬情願，恐後無憑，刻石存照。

同中人生員陳政、白質美、王之臣、董二杲。

康熙四十年六月初五立。

道光三年歲次癸未桐月上浣吉旦重立。

（碑存新密市白寨鄉聖水峪。王興亞）

檜陽書院神龕記

書院神龕者，何取漢、唐、宋五先生，設爲木主而祀之，而神之者也？故先哲人之可

---

[1] /以下，字殘。

祀者多矣，祀何以止於五？為檜陽人樹之典型，以導夫先路，則獨有取於五先生也。曷為有取於五先生？為士者不明字體，不審音韻，經學之不修，史學之不講，而徒以因陋就簡，求為速化，豈朝廷設教之意乎？非五先生不足以扶衰救弊、端表率而示準繩，故獨有取爾也。五先生者何？一為召陵許叔重氏慎，著有《說文解字》一書，辨字畫之形模，述聲音之原本，於六書之理，析之最微，而其書亦最古，為後來一切小學家之所取正，祀之所以使人知究心於六書之學也。一為吳縣陸德明氏元朗，著有《經典釋文》一書，詳句讀之異同，別字音之動靜，予《六經》之傳，考之極博，而其義亦極精，為後來一切考訂家之所濫觴，祀之所以使人知講明於《六經》之讀也。此二先生者，一則字學之總匯，一則經學之筦鑰，其功莫有先焉者也。又一為高密鄭康成氏元，《六經》皆有注解，而於毛詩三劄，尤體大而思精，為自漢以來，所未有此離經者之先賢也，故祀之。一為夏縣司馬君實氏光，生平富有著述，而予《資治通鑑》尤文直而事核，為自宋以來所僅有，此庀史者之淵藪也，故祀之。一為海陵胡翼之氏瑗，學者稱為安定先生，其經義治事之教，已詳於書院記中，故不著，祀之所以明師道之有宗主也，此三先生者，皆經配食兩廡別而出之，無非為檜陽人救弊扶衰起見耳，此雖一人之私議，當亦千古尚論者之公評也。其餘附祀之人，則取名宦、鄉賢之未列祠祀者，各以類從焉，所以闡幽而表微也，其不取他郡邑之名賢者何？《文王世子篇》云："凡釋奠者，必有合也，有國故則否，謂國無先聖先師，則所釋奠者，當與鄰國合。若有其人，則各自奠之，不合也。"此《禮經》之遺意也。至於創建書院及改作之夏、衷、邱三公於義並得從祀，祀之所以明報本反始亦公道之在人心者也。茲者神龕告成，將擇吉日率諸生而釋菜焉。特詳述其所以崇祀之意，以告後之人，俾知夫有舉莫廢之義，而永矢勿諼矣。

夫時道光三年歲次癸未孟冬上浣，知密縣事歸安楊炳堃記。

（碑存新密市博物館。王興亞）

詳設立義學籌備經費酌議章程碑

伏思義學一事，當須行之久遠，方足以推廣鴻仁，倘經始未能妥善，必致或興或輟，於事仍屬無濟，況事關闔邑，尤當體察輿情，設法籌辦，遵即出示曉諭，並會同儒學，即在縣屬二十保中，選擇每保一、二明白紳士，向渠愷切勸諭，當令即為首事，實力勸捐，共襄義舉，並給與憲劄公同閱看，該紳士等，無不感激歡忻，樂從將事。卑職一面著捐廉錢五百千文，存諸公所，先在二十保中，設學二十一處，招募貧民子弟二百七十一名，即在本年正月中旬，一律延師開館，此項脩脯，即在卑職所捐廉錢內指定二百六十千，以為今歲一年之用，俾四鄉士民咸知義學已設，有所信從，當將各義學塾師、學徒，姓名、人數、及設學處所先後稟呈憲臺，察核在案。茲據各該紳士等公同妥議，或將新墾水田認佃分稞，或將寺廟餘產酌撥征租，或將公樹變價，以資利用。或勸衿民捐助，以獲子金。籌備情形不一，經費多寡有殊，卑職細察情形，該紳士等均各好善急公，並無抑勒勉强，紛紛呈報前來。卑職查捐撥地畝，若不查丈弓尺，埋立界石，過割戶糧，竊恐日久侵漁浸假，仍歸廢棄，當即飭差，帶同地記，會同首事、地鄰人等，指定地段，逐一勘丈，並將糧銀，過入某保義學戶下，完納註冊存業，現在先議設立義學共計二十處，並捐撥學地五頃九十六畝零，捐存經費鈔一千四百六十二千文，核計每年應收租息錢四百二十千文，足敷各義學經費之用。惟是此項地租利息，任聽該首事自行經理，官不為之稽查，難保無日後滋弊，自應飭令首事等，於年終新舊交替之時，將各學地畝及應存生息錢文，具結呈縣，以憑察核。如有虧短，立時追繳，並請仿照卑縣檜陽書院章程，將各學地畝並應存錢文，列入交代，逐任移交，並於年終開具清冊造報。憲轅查核，如此層層稽查，庶可收恒久不易之效。抑卑職更有請者，義學之設，固以籌備經費為先務，而各塾師之能否認真，實為該學興廢之所由係。查各鄉塾師原為教授童蒙而設，無論貢、監、生童，都可延請，第須逐日到館，功課緜密，方為有裨學徒。若一暴十寒，任意作輟，不特虛糜館穀，有愧素餐，即從學之人，反致遊蕩無歸，有名無實。從此，人皆視為具文，不久即無人入塾，義學之廢，大率由此。今請立為規條，每至初冬十月間，由縣飭令該處鄉耆、地保，協同首事，將附近貧民子弟，按照家資厚薄，分為等差，先盡無地無力貧民子弟，次盡有地無力之家子弟，普徧查明，並單稟報，先行存案。一面飭令該首事，鄉地人等，秉公舉報人品端方，勤於課讀之人，定為塾師。並即會同各貧民子弟之父兄或伯叔等，聯名具稟到縣，查循得實，再行發帖關訂。倘該塾師，果能認真教讀，具有成效，即數年亦可蟬聯；倘竟任意曠功，並不專心課誦，即終歲間，亦許更換，要皆以貧民子弟之父兄伯叔為斷。如此明定章程，該學徒之父兄伯叔，斷無不以其子弟從師得人為願，各自為謀，交相覺察。一切首事之循情，鄉地之畏勢，並官為察訪之未能得實，似均可無虞疏漏。設學已定，仍由卑職會同儒學，隨時分赴稽查。倘該塾師訓迪有方，學徒功課純熟，自當分別獎賞，以示鼓勵。務俾經贊皆歸實用，塾師咸訟得人。從此，貧民子弟，胥得日就月將，明知禮義，不致流為匪僻，即於慆淫，仰沐教育，深仁不啻生生世世矣。再此外各保，倘有應設義學，勸捐已有成數，因經費尚未充足，未便遽行議詳，容俟續辦完竣，另行詳報外，茲先將已設各義學，捐撥地畝及生息錢文各數目，並設學處所一切章程，分晰妥議，造具清冊，詳請立案。

道光三年。

知密縣事歸安楊炳堃。

（碑存新密市博物館。王興亞）

重修密邑城隍廟落成泐碑記

邑之有城隍神，猶官之有司牧也。司牧者之職：曰教、曰養，曰賞、曰罰；善者旌之，惡者鋤之，弱者植之，强者抑之。奉朝廷大法，以整齊斯民，使民日遷善遠罪，而范圍不過是司牧者所宜殫厥職也。然而，愆陽伏陰，天時之不齊者有之；飛蝗雨雹，災眚之猝見者有之。人事之偶窮，而莫可補救。不能不乞靈於神，神之為靈赫矣哉！考諸禮，天子大蜡，八伊耆始為蜡，蜡祭八神，水庸居七。水則隍庸則城也。自唐迄今，各有廟祀。昔張說曰："城隍是保甿庶是依。"則歷代尊奉之，意有在也。邑西街城隍廟，自前令羅君德霖重修以後，垂五十年，廟貌摧毀，其傾欹而剝蝕者，比比皆是。余來承乏，與少尉董君日謀所以更新之者，爰於甲申之秋，庀材鳩工，舉向之闕者補之，朽者易之，椽櫨榱桷，屋溜垣墉，自殿及寢並東西廡，以至廟門，咸次第而收復之，四閱月而告成。遂挈紳僚士庶，潔牲酌醴，以祭告於神。夫密居深山之中，石厚土薄，以雨為命。溯自嘉慶十有八年，時遭亢旱，大無麥禾，民之饑饉流亡，雖賣男鬻女，曾不足以瞻死。論者謂數十百年未嘗一遇，殆亦數之莫能逭，雖神亦無可如何也。厥後歲稔豐盈，閭井漸復，比者大有，頻書雙歧之麥，九穗之黍，駢枝合趾，層迭而生，謂非神貺之洊臻耶。野之有俊良者，論秀升之；民之有悍惡者，官刑及之。惟此時暘而暘，時雨而雨，俾密之民，戶可封而壤可擊者，非神之力不為功。司牧者窮於人事，而神則稟於帝，以覆庇斯民，固無往而不施其仁愛也。遐哉！神力其錫福為無疆。已於落成也，復為之請命於神，並使邑之人，知藉神力，而邀神佑者，固無日不當教其尊奉焉。爾是役也，由始洎終，惟董君以一身任厥勞，俾功可久而費不煩者，皆董君力也。是為記。

時道光五年歲次乙酉春三月。

知密縣事歸安楊炳堃記。

（碑存新密市超化寺。王興亞）

超化新建景賢祠記

古今之天下，一倫紀之。天下也，士希賢，賢希聖，聖希天，無一非學問中事，而實踐必自倫紀始。昔孫徵君奇逢，設教蘇門，一時折節從遊者，履滿戶外。迄今論者，咸以為理學正宗，間嘗夷攷生平，當其救楊、左諸公也，間關險阻，處難不避，其於朋友何如也？居父母喪、廬墓三年，事死如生，其於父子何如也？昆季四人，長枕大被，共寢一具，諸妯娌盡食一爨，夜棲共樓。先生於槐孺人諫曰氏知大體，能甘貧，吾妻實吾友也。其於昆弟夫婦又何如也？此皆先生年在不惑之先，其內行脩舉如是。先生生當明季，知時不可為，屢薦不赴，及我朝定鼎，先生老矣，卒以徵君終其身，其於君臣出處之際，不苟不移，一衷至是，謂非倫紀中完人乎？予於己卯歲，攝篆蘇門，得展謁先生祠下，道貌淵衷，儼乎若接，今任崟陽。知昔之趙寬夫、李松友、錢升階諸公講學於邑東南之超化砦，後先提倡，卓越一時，並皆出先生門下。余竊喜所處多賢，而於先生師友淵源昭然若揭，不可謂非生平之幸也。比者，邑孝康王君格正、學博馮君克立、明經錢君培桂偕同人，於超化寨北，構祠數楹，奉在昔講學諸賢栗主，而以先生為之歸。余欣然從之，遂捐廉為倡，諸君亦醵金襄事。祠成，並來請記於余，余竊維人之內省多疚，而空談性命僞也，庸行不謹，而附托淹雅末也，惟能於子臣弟友之道，或出或處隨所遇，而不踰其矩，由是窮窣乎理窟，研覃乎根宗，將上以闡濂洛之真傳，下以既修齊之實效，性道中人，無一非倫紀中人，其於為人也則德矣。諸君建祠之舉，毋亦有聞風興起，私淑不忘者乎。綜先生生平，於盡己摧己之學，一一皆身體而力行之。世之學者，誠以民彝物則之理為必可學，子臣弟友之道為必當盡，坐言起行，事事求其實踐而後已，雖謂蘇門片席，至今存焉，可也。余允諸君之請，因舉所見詔之，亦行遠自邇，登高自卑之義，先生有知，其許我焉否耶？願與諸君共勉之而已。

時道光五年乙酉春三月，歸安楊炳堃記並書。

（碑存新密市超化寺。王興亞）

重修密縣索長官祠工竣記

密為漢卓茂舊治，越今二千餘年，流風餘韻尚有存者，後之人愛之、慕之、恒之、祝之不能忘。卓君而外，又有索長官者，不知何代人。舊傳虎入境，噬孀婦王氏子，婦具訴長官，遣役執牒追之。役懼不敢近，投牒徑中。虎銜牒，跪庭下，如伏罪狀。長官曰："養婦如子，可免。"虎頷謝。自是，日銜一獸以報，婦死乃出境。事詳邑志中。夫虎，頑物也。當其伏處林莽，日思逞其搏攫之能，飛而食肉，不擇人而噬。夫豈知王法之可畏，而長吏之能馴者，乃竟垂首帖耳，一似頑民之改悔，經教訓而終身不敢復犯者，然非長官平日誠可貫金石，信可格豚魚，聲仁聲聞有以默化而潛移焉，奚能臻斯異事哉？今夫人遇青拖紫躬居民上，一旦遙一、二梗化之徒，既不能誠以動之，信以孚之，輒以武健嚴酷之威，束縛馳驟，使就吾法而不敢逞，卒之逞化者，未必受治，而其他之相率效尤者，又接踵而至，遂悍然曰："今之民不古，若雖循政，如卓魯有不能圖治於今者，其然豈其然乎？一密居深山之中，俗尚淳樸，鮮囂凌斗競之習。余蒞任三載，喜其民之尚無頑梗而不率者，士與士言誦讀，農與農言耕織，長民者靜以撫之，咸栩栩然相安於無事，知其漸被卓大傅、索長官之遺澤久矣。城之卓君祠，尚稱完善，而索長官祠歷時久遠，傾圮垂盡，爰修復而更新之，俾絕代循良之吏，不致黯淡落寞於其中。歲時瓣香尊酒，肅衣冠而拜，庶以抒吾民愛慕之忱，而苛政猛虎之譏兼以惕，余克而范余思焉。是為記。

道光五年。

知密縣事歸安楊炳堃記並書。

（碑存新密市超化寺。王興亞）

重修伏羲女媧廟碑記

伏羲女媧之為靈昭也，畫卦開文字之始，煉石補造化之穹，載於史，著於傳，雜見於諸子。衆家彰矣。顧吾夫子刪書獨遺之。遺之者，非謂其人之不足傳，信之或可滋疑。蓋謂遠稽諸洪荒，不如近質諸中天也。然而感人之深，入人之久，雖歷劫灰、經兵燹而精光不沒，常足以俎豆矣千秋！密邑浮山之有其祠也，創之者不知何？肪葺之者亦指不勝屈，而廣神道以設教者，又旁望送子諸像於其側。蓋無非欲闡大生廣生之理，以助資始資生之意也乎？乙酉春，盧、孫、張、王諸子等倡衆重新，謂諸子等欲邀神佑固非也，謂神之必無所庇亦未也，佇見文教丕興，生育益遂，其士風日趨於文明，芸生日見其繁昌，豈不懿歟！後之人踵事增華，俾廟貌常見其輝煌，禱祀愈著斯熙穰，是又不蓍龜而可卜者矣！至於首事偏勤，募化分勞，捐資襄義，皆例得書名於其後。

丙子科舉人候選知縣邑人韓維屏撰文。

邑庠生盧崇本書丹。

大清道光六年歲在丙戌正月中浣穀旦立。

（碑存新密市伏羲女媧廟。王興亞）

重修槐陰寺碑記

槐陰寺舊名龍岩寺，或曰山勢為龍蟠，故曰龍岩，或曰寺前有龍泉，故曰龍泉。《縣誌》云，建於宋宣和七年，後遭兵焚，屢修而增飾之。居邑西北，接滎陽界，近槐峪，故今世更名槐陰。面東向，四圍皆山，而甘露泉環繞如帶，前記已備詳。其山水崖谷猶為之勝，茲不具論。第思設寺之意，所以挽流俗波靡於寂靜純固之域者，其中亦有至義焉。余迂拙而腐，拘守先儒之訓，於佛氏之學，未有所□□。學術之辨，毫釐千里，凡有人心風俗之責者，又烏可妄？有弛越以起援，儒□釋之誚乎。然人不明於聖人言，外之雖賢智之過，等於舉世之迷也。今夫人世出世之界，天地生生之心分焉，生生者，太極也。物物各具一太極，萬物共分一太極，人日遊其中，而□自知。聖人見其道於太極流行之際，佛氏見其道於太極寂靜之中，流行之際，理歸於有而實寂靜之中，理原於虛而無有無虛實之間，所謂毫釐之辨也。苟能從無而見其有，從虛而見其實，則形色未著以前，為言語所不容，道者既於此而得之，原由未發之中，以達中節之和，虛中無為而實。致力於日用倫常之間，此豈非中庸之旨貫於一誠，推而出之，原於天命，歸於天，則不涉聲臭之至義也哉。余懷此意於中而未敢遽以問世，適香峪寺僧湛文因茲寺頹壞，與茲寺僧海建議，請首事趙元亮、吳宗海、趙克溫、王心愛、白玉廣、王質、張文煥、張德林、馬瑞生等重修茲寺，來求記刻石，因述斯語應之，以俟質後之遊斯寺者。

欽加六品銜孝廉方正丙子舉人分發貴州試用知縣邑人王格正撰文。

儒學生員傅謙如書丹。

儒學生員傅樂天篆額。

儒學生員王治成校字。

龍飛道光六年歲在丙戌陽月上浣穀旦。

（碑存新密市袁莊鄉槐蔭寺。王興亞）

雲巖宮記事碑

　　嗚乎！盛衰之故，雖曰天命，豈非人事哉？觀於雲巖宮之事而知之矣。有元以來，雲巖久號叢林，至康熙年間，道教淩夷，四分五裂，衣服飲食竟至有沿門者，羽流之窮可謂極矣，恢復尚遲乎？乃未幾而桔亭真人任教隆者，倡為復合之議矣。隆吉真人王教甯者，住持本宮矣，西峰真人王教玉者又住持本宮矣，以及正庵真人丁元修、心庵真人劉元惠、又聘真人崔永壽，相繼而起，世有其人，遂令萃散為合，轉廢為興，上下數十年間，而雲巖之盛，遂赫然不可復，及中間鄉老旌門，廟田再置，重修神祠，移修神祠，種種功程，不可殫述。世之遊雲巖者，莫不瞻顧徘徊，咨嗟稱善。嗚乎，盛矣！迄今紀之鄉老旌其門曰"一堂太和"為復合也。時在乾隆三十二年。重修玉皇殿、三宮殿暨鐘樓、戲樓、三門，時在乾隆三十八年。住持者隆古真人。香火餘資，置田五十畝於黃龍凹；則有西峰真人重修三清殿、老君殿並月臺堂級；則有正庵、心庵真人移建真官樓、靈官樓並三門，此嘉慶二十一年事也。慮黃龍廟凹之地遠而難於耕也，復添資移置於熊臺之左右，地八十餘畝，價文玖佰餘千，此道光五年事也。時住持者則有又聘真人。嗟乎，雲巖之衰極矣！荒涼寥落，遊人君子莫不啼噓慨歎，以為無可如何。乃以數人之經理，遂使煥然改觀，一至於此。豈創之難而述之易，與柳本其興廢之故而皆由於人歟。語曰："有為者亦若是，天定可以勝人，人定亦可勝天，天下事比比然也。"向使無此數人，而頹廢之弊將何底乎？後之道衆踵而繼之，庶盛事之不朽也已。

　　嘉慶十六年十月二十三日，買董殿魁地三段，坐落小李溝東頂，行糧一畝五分四厘五毫，費錢壹佰二十三仟。

　　嘉慶十六年十二月初六日，買李景龍地二段，坐落小李溝東頂，行糧壹畝柒分壹厘柒毫，費錢壹佰貳拾仟。

　　嘉慶十九年八月二十七日，買邵嵐地一段，坐落瓜果園東南角，行糧壹畝二分零九毫，費錢拾貳仟壹佰文。

　　嘉慶二十一年十月十八日，買周謹地一段，坐落黃路坡南邊，行糧三分五厘柒毫，費錢拾伍仟。

　　道光五年十一月十三日，移置法仁莊地一分，坐落轉溝腦溝西，行糧貳畝捌分三厘捌毫，費錢陸佰仟。

　　道光六年二月十三日，移置劉宏鈞地一段，坐落高家墳西邊，行糧五分柒厘壹毫，費錢肆拾仟。

　　邑職貢生候選儒學教諭蘇培撰文。

邑太學生劉雲岫書丹。

大清道光柒年歲次丁亥花月上浣。

置地紀劉君仁。

鐵筆李青山。

木泥匠崔開和。

崖居保真子，又聘大師，執宮事崔永壽　立石。

（碑存新密市雲巖宮。王興亞）

重建超化寺大雄殿及迦藍殿天王殿碑記

事有不容已，義有不容辭。而因循既久，鮮充舉之。□□人心□憾歟。然則事有不容已，義有不容辭。因循既久，而一旦舉之，舉而成之，茲非人心之快歟。超化寺名刹也，其中大雄殿為最古。自余少時，盤桓其地，則見風雨所蝕，鳥鼠所剝，棟宇傾倚，龕像拆裂。又數十年，其勢岌岌，益不可支，惟是規模宏大，工用浩繁，加以癸酉甲戌，薦罹災□，洧之南□□呻吟於傷夷之未，復而歟以大悲之教，興動眾之役，豈惟人力未暇，抑恐非神意所悅，此事之所以類因循而不舉者，勢則然也□印年以來，成功屢成，民物安阜，四境之致力於神者，□□鼓声相聞日起，於是主持僧會眾而謀之，一時人心翕然，不約而同，因而計總費若干，且捐且募，又舉練事者數人，協度其規，分任其中，先難後易，自大雄殿及迦藍殿，天王殿次第新焉。經始於道光辛巳，已閱五年而落成，頹者以起，卑者以崇，雖構之工巧稍遜，其舊而樸素渾堅，為經久計則遠過之。自是而人心之積憾可釋也，踵事之日增可候也，其香升神福降，不卜可知也，不寧惟是廟貌既新，閫閾高焉，垣墉固焉，吾邑長之勸農問□者，恒於斯，吾鄉民之約讀法者，恒於斯，則風教所由成也。讀書談道之士，愛幽潔，偕童冠蘭玄誦其中，禽魚以博其趣，松竹以勵其操，晨鐘暮鼓以佐其勤，則譽髦所由興也。四方名士高人聞而肯來遊焉，流連光景，發為詩歌，與往者遺山、石公諸君子遙相賡和、風流交映，則不朽之文章又將聚於斯也。由斯言之，神道設教猶隱而微，而所神於吾鄉之風化，人文者，彰明較者，是不可以不記也。若夫創建之由來，重修之歲時，與夫左右溪山之勝，古今題詠之夥，遺文具在，可考而知。茲不復贅云。

敕授修職郎原任河南府洛陽州教諭乾隆乙卯科舉張紉芳沐手敬撰。

敕授修職郎現任直隸汝州魯山縣教諭乾隆己酉科拔貢錢青山沐手敬書。

邑庠增貢生員張益敬沐手敬篆。

住持僧湛順，徒寂元。

石匠錢文石、錢文知、錢振國。

大清道光八年歲次戊子陽月中浣穀旦。

（碑存新密市超化鎮超化寺大雄寶殿西碑牆。王興亞）

重修南關火帝廟碑記

　　密故祝融墟也，其神之享於茲土也固宜。密於南門之外，就陽位也，亦宜也。廟貌常新，稍暗即加丹青焉，明昭其文也。歲戊子，邑人張耿南等既捐私囊，復募眾資，又張大而鼎新之，君子田斯舉也，可謂數典不忘祀神，不諂者矣。考之《易》，離爲火，稽之《書》，火曰炎上。《周官》有司烜、司爟諸職，掌火之政令，以出納火。春秋祀，亳社災，宋、衛、陳、鄭同曰火，書火之事尤多。蓋火之爲靈，昭昭也，微獨密之人祀之，將天下之人無不祀也。祀之皆宜也。顧或者田戶爲政者，人望而畏，等於火烈，嫌其猛也。又謂順風縱火，紫芝與蕭艾俱燼惡，其無情也。甚者焚宮室，燒積聚。斥之者至云，回祿不仁是則火，固不可響邇哉，不知燥萬物者旱乎火，今自帝王以至士庶，問有一人不資火者乎？曰："無有也。"自皇古以至近今，問有一時不資火者乎？曰："不能也。"然則火之用不容息，而火之功不容沒也。夫亦以何忒於繪祀也耶，且諸君之爲是舉也，非之報功也，意固有深焉者矣。竊見古昔盛時，火繪於布衣，爰昭中天之文德，火流於王屋，率彩歧周之文治。今者溯其神，爲離之精，肇文之府也。度其址，在城之陽，修文之地也。竣其宇，如鳳之飛，崇文之象也。督其工，皆邑彥，考文之人也。由是而文運日啓，文風日盛，文章日淳，皆此神之文明，地之文明，人之文明，事之文明，有以薈萃而成之也，豈不尤宜也哉。說者又謂陶唐氏之火正閼伯居商邱，祀大火，而火紀時焉，相土因之，故商主大火，商之後封於宋。宋大辰之墟，即大火也，爲宋之分，則宋宜專祀。余曰："火之神在天下，猶水之神在地中，無所往而不在也。"而密之人獨信之深，畏之至，崇臺邃室以棲之，升降跪拜以奉之。亦曰：吾生祝融之墟，祀祝融之神，其他皆非所知也。則尤宜之至者也。嗟乎！自昔迄今，祀之者，歷幾千百年，而繼繼承承，恭敬有加，密固大有造於祝融氏，而要亦祝融之大有庇於密始也。後之人瞻仰榱桷，徘徊几筵，因明祀益踵事華焉，將皆有感於斯舉也乎！

　　丙子科舉人候選縣正堂邑人韓維屏撰文。
　　欽天監肄業天文生邑人張茂先沐手書丹。
　　皇清道光九年歲次己丑暑月吉日立。
　　道會司魏明孝住持許明山。
　　白金城鐫石。

（碑存新密市老城南關。王興亞）

楊子臺創建戲樓碑記

　　秋冬報賽，自古有之。而演戲酹神之舉，不可無其所。此戲樓之所由修也。登邑東有楊子臺村，余嘗遊其地，見其村墟零落，居民鮮少，而風俗淳厚，人心樸素，有古道存。

所以興功易非也。戊子冬，即謀創建戲樓，以報答神貺。第念工程非易，未敢妄舉。至己丑春，合村共議，將嘉慶年間修觀音堂餘錢四十千有奇，又有賣廟中樹錢八千，取為修蓋戲樓之資。所有不給，按戶捐出。此其事工竣，囑余為文。始終謀於村眾，鳩工庀材，經理而成功者錢子蔭堂、馮子永波兩人焉。而同心協力共助其事者，又有馮子南山、錢子育萬焉。余甚嘉其事，則有此一舉，為一勞永逸之計，人和而神降之福，豈非一快事哉！爰濡筆而為之。

邑增生渠村張益孜撰文書丹。

大清道光九年歲次乙丑孟冬穀旦。

（碑存新密市楊子臺村。王興亞）

皇清郡庠生洧源錢公墓誌銘

公姓錢氏，諱述彭，字子振，洧源其號也，係出吳越武肅王，元時以官家洪洞，明初有號三老者，自洪洞遷密南之超化村，世為著姓氏，以儒名家。越十三世有諱青山者，以選拔任魯山教諭，轉汝甯教授，公之曾伯祖也，公曾祖諱青松，祖諱汝枚，父諱杲，世有隱德，不墜家聲。公未生時，母高孺人，夢有神童投懷中，已而生公。少穎悟，沉靜寡言，舉止若成人。初受業於族叔景初、曉峰二先生。甫成童，於五經四子書，悉能成誦，通大義。稍長，師選拔張仲華先生，繼師孝廉李修館先生。為文清剛雋上，馳騁閎肆酷似仲華。而思力精堅深入顯出，馳騁之中必範規矩，則又得力於修館，而卓然名家矣。年二十四，入郡庠，益肆力於經史古文，凡先儒語錄，及前明、國初諸大家時藝靡不探討，潛鈔默誦。每一藝出，雖名師宿儒，無不膾炙嘆服。作字甚敬，詩賦亦清俊拔俗，第不輕作，於碑銘諸體，亦然所留意不在此也。孝友性成，閨門雍睦，一切服用，務取儉樸。性耿介，非道義一介不取。道義所在，則慷慨施與，視千金若敝屣。然篤於友誼，所友皆直諒士。勸善規過，終身莫逆，而未嘗濫交焉。其誨人也，寬中寓嚴，逐事誘掖，不專在文字間，遇貧士，輒卻其修金，並出家財助之，故生徒悅服，依若性命，雖屢困棘闈，而聲價益高，識者□之董方羅江東雲。嗟呼，近代以來，道學不明，士之能文者，率皆輕薄佻達，不能束身規矩。求其立心制行，一本聖賢，使德行文藝兼備，而無遺憾者，千百中未易一二也。以公之忠信篤敬，遠近無間言，洵所謂獨行君子者。使其掇科登籍，獲用於時。所以勵世磨鈍者，當非淺鮮，而顧不得博一第。己卯闈，文房官極為歎賞，逐處評志，力擬元魁，竟不中式，豈非命歟！然命雖窮而道亨，朋友欽其行，弟子服其教，都人士聞其言者，無不貼然心服，灑然改容，雖武夫悍徒，亦皆尊之敬之，莫之忍逆也，非有實德烏能如是哉。

公生於乾隆己未，卒於道光己丑，享年五十有五。元配劉孺人，生女二，先公卒。繼配張孺人，生子二，敬修、敬典。女一，現康強焉。今將於仲冬中旬葬公於綏北之原，並附劉孺人。公之門以狀請志於愚，愚因撮其要而志之。乃為銘曰：

　　佳城鬱鬱。籲嗟，錢君居此室，既安且吉，子子孫孫，永保無極。

（誌存新密市超化鎮超化村。王興亞）

重修報恩寺碑記

報恩寺在治西偏，古剎也，前人續修屢屢矣。今山門牆頹，西殿瓦解，菩薩、六祖、天王，亦皆暗淡無色。善士張伯剛等約衆捐資補修廟宇，金妝神像，工已告竣，勒石以志之。

大清道光十一年桂月上浣之吉。

（碑存新密市米村鄉前士郭村。王興亞）

重粧菩薩神像並金塑仙女碑記

【額題】積善碑

太行之陽有懸谷。懸谷者，高峰劍立，其山深而幽，巉巖屏樹，其地隱而靈，故名之為懸谷寺焉。此山中西南之隅，鐵樹倒掛，猶虬龍之婉蜒。東北之角，羣峰曲拜，同謁仙之朝天。歷覽勝境，誠仙地也。然既為仙地，則宜修仙人之像焉。適有濟邑裴村女善士忽動善念，因念此寺南寨之上齊雲亭飽德廚，既有神以居其中，憶菩薩殿後有退藏秘寶一社區，幽深寂靜，宜為仙人之所。隨各苦心募化，於秘寶中新塑仙人七尊，又重粧菩薩神像，煥然一新。今功成告竣，恐掩人善，即將施財姓名開列於後，以垂不朽云。

掌工張李氏、于黨氏、張藩氏、張葛氏、余途氏。

張定全四百文、杜克敬四百文、曲慶堯一千文、曲光德二千文、張明元十千文、孔傳訓四百文、馮國臣四百文、孔傳梅四百文、孔繼湯二百文、孔繼述二百文、孔繼忠二百文、孔傳柱四百文、范成瑞三百文、孔繼太五百文、于志學二百文、于孟典四百文、于志道二百文、于孟魁三百文、孔繼印六百文、賈學德六百文、張東元二百文、姚玉福三百文、郭大貴一百文、郭大慶一百文、郭存志一百文、郭伯旺一百文、尹國太四百文、閆永祥五百文、郭萬貞二百文、衛萬成二百文、趙興順二百文、張全成五百文、萬本初五千文、張樂氏五百文、張章氏六百文、孔葉氏二百文、孔段氏二百文、馮李氏銀一兩、趙張氏四百文、付袁氏四百文、孔張氏四百文、劉范氏二百文、張旦五百文、郭有信、閆秉五二百文、藩鄧氏二百文、張閆氏二百文、屈得業、郭振興、張作恭、孔繼喜。[1]

大清道光壬辰閏九月七日立石。

（碑存新密市大隗鎮洪山廟。王景荃）

---

[1] 此四人無捐錢數。

重修白龍廟改建火神殿觀音堂碑記

　　密東南龜峰東舊有白龍廟，左曰火帝，右北曰觀音，由來已久，屢經重修。道光改建火神殿、觀音堂，期年工竣，屬余為文以記之。予思神者，理也。理之所在，氣同形聲憑之。故無形而能形天下之形，無聲而能聲天下之聲，弗見者無非見也，弗聞者無非聞也。所謂體物而不遺者，是也。茲者有其舉之莫敢廢焉。嗚呼，可不謂謹修而審行歟。抑又思之，編民習於故，常與之談忠義，講名節，則漠然無所動，與之說威靈報應則惕然懼色焉，駭陟降上下罔敢越，是神之為功於人也，又非淺鮮，又烏可以或廢？且也自有此舉，吾見梵宇相望，金碧晶瑩。吾鄉中黃童白叟，因得以其暇，歲時伏臘葦籥祈報，寫富庶之境色，繪括熙之日月，亦於聖天子先成民而後致力於神之義有合焉。余不能文，爰即所見而為之說如此，至龍王、火帝與觀音，有載在祀典者，其當祭與否，余不矚目深辨矣。

　　盧氏縣教諭馮克立撰文。
　　乙酉科舉人劉長庚書丹。
　　錢文治刻碑文。
　　道光十三年三月上浣穀旦。

（碑存新密市崔莊鄉白龍廟。王興亞）

創建韓文公廟碑記

　　吾鄉之祀龍王、火帝、觀音，由來久矣。道光壬辰，重修各廟，復創建韓文公祠，或者疑之曰：昌黎韓公文起八代之衰，道濟天下之溺，東坡謂參天地之化關盛衰之運，浩然而獨存，先儒稱為孟子後，今讀其書如《原道》、《原性》、《原人》、《師說》等篇，皆奧衍宏深，足以左右六經，與聖賢相表裏，以故由宋、元、明以迄國朝，從祀孔廟，血食百代。嗚呼！其尊禮之者至矣。公而無神則已，公而猶有神也，豈復向山野僻壤要田夫販豎一壺酒一豚蹄之褻慢哉。予曰："是固然矣，抑吾鄉之為公立祠也，亦自有說，公吾中州河陽，去吾密不過二百里，地甚近也。地近則情近，情近故雖古聖先賢無不仰慕，而仰慕公為倍切，讀其書矣，必欲知其人矣，尤欲覩其像，此為公立祠之所由來也。且孟子不云乎奮乎百世之上，百世之下，聞者莫不興起，公奮乎百世之上者也。吾鄉既立祠祀之，行見吾鄉學者從百世之下感動於不容已，文亦公之文也，道亦公之道。則夫吾鄉之立祠以祀公也，厥功豈不偉歟！"疑者唯唯而退，因悉次是語，而為之記。

　　貢生黃翰卿撰文。
　　增生傅元賚書丹。
　　道光十三年三月上澣穀旦。

金妝丁李秀儒、蘇丕烈。

□工崔永旺、崔旺。

石工錢文治、錢進禮。

（碑存新密市超化鎮超化村。王興亞）

重修天爺垌洞中神像碑記

　　嘗閱邑乘，密南有羚羊洞者，即俗所呼為龍眼者也。洞在懸岩之上，峭壁如削不可攀。壁有穴數十，玲瓏相通。故又呼其山曰靈崖山，呼其洞曰靈崖洞云。云洞之小者，入其中，多不可仰視。有一大者，狀如居室，愈入愈闊，卻非人為所能為者，意其古昔仙隱之所居者歟。洞之中間，有玉皇聖像，旁列風婆、雨師、雷公、電母諸神十數尊，土人以為祈報之地，因砌石為蹬，蹬有百餘級，以上達焉。考其由來，自雍正時而已然矣。但以前塑神像第施五彩，不耐剝蝕，或十年而一修，或十餘年而一修，多則二十年而一修。自嘉慶十二年，有居民魏耿、侯成玉等又增修之，迄今凡三十餘年焉。往者侯成玉之孫監生侯援家焚禮之時，見神像黯然無色，目擊而心慘之。慮前功之墜棄，歸，言其父侯國傑。其父即命功德主魏耿之子魏克良，謀合會重修之。洞中神像皆渾金妝成，洞下石蹬更加寬展，欲其經歷久遠也。

　　是役也，資不外募，功多親督。如侯國傑、魏克良者，亦可謂善繼前志者矣。功成，謀勒諸石，余因志其事焉。

　　郡學增廣生員錢大學撰文。

　　邑庠增廣優生張益孜書丹。

　　大清道光貳拾壹年歲次辛丑蒲月穀旦。

（碑存新密市平陌龍泉天爺洞。王興亞）

創建火神殿碑記

　　《月令》云："孟夏之月，盛德在火，其帝炎帝，其神祝融。"昔嘗封國於新鄭之墟，溱洧之間，故河南火神最靈，而於新密之地為尤靈。以其神嘗依於始封之邑也。況人之飲食必祭先，炊家之供奉必祀皇君。民非水火不生活，而神以司火為職，使人不必有環璲玉辟之根，而自宋衛陳鄭之災者，皆神之功也。今者信士富潤等建立於關口之東偏，亦為祈獲佑一方，使無災云爾。

　　候選儒學正堂邑拔貢生陳貴文撰文。

　　後學蘇曰相書丹。

道光二十一年歲次辛丑夏六月上浣穀旦。

（碑存新密市關口火神廟。王興亞）

重修聖母廟碑記

　　密邑在群山之中，山以承雲名者有二，此其一。舊有聖母廟，係康熙五十五年，尹村李姓施地方圓□畝，創修时久，堂其頹废，周垣盡圮，蔓草荒煙，見者莫不惻然動念，但倡無由，修治弗果。越道光二十一年夏，有三岔口裴玉因亢旱乞雨，同李宏傑、劉士文等群聚商議，約衆善士捐助，鳩工庀材，構繪堂三間，兩月而告成，垣墉完固，金壁煜耀。會人焚香致祭而屬記於余。余思此山之靈，興雲霧而施雨澤，聖母因疫病以庇居民，遂廟祀於此。前人已言之矣，奚俟余贅而有未盡者。余按此山曰承雲，亦曰雲蒙，亦曰雲隴，亦曰雲母，亦曰侵雲，實一山而異名。三峰連亘，東峰頂有穴，闊丈餘，其深不可測。中有奇石盤互，花紋萬狀。天將雨，則雲霧先出。起滅變幻，莫可端倪。其西則遠接青屏，其南則面浮山嵩麓。清淑之氣，於是焉萃。夫地為一邑勝區，神之棲托於斯，固其所耳。而神為一方居民供奉香華，豈非感應酬答，事之所固然哉！獨是廟之建於此，百餘年矣，世之顯著一時，代遠年湮，滅而不彰者，曷可勝道？今廟已頹廢，而一倡於前，回應恐後。廢者復舉，舊者復新；丹堊重施，輪奐增美。設此三仙聖母，同為協濟，功德赫奕，何以歷久能使人興起若是。

　　於戲！國家化民成俗，明則有禮樂，幽則有鬼神。此先王本神道以設教，而禦大災、捍大患，所由必列之祀典也。而今而後，庶幾爭相砥礪，人皆為善，神賜之福將見，頌明德以薦馨香，永苾芬而宏保障，則斯廟固與斯山共垂不朽矣。爰推廣前文，而記之如此。

　　邑己亥科舉人候選知縣翟允之撰文。

　　邑儒童裴德固書丹。

　　邑庠生馬文思書額。

　　邑庠生李大勳校正。

　　清道光二十一年菊月吉日立。

（碑存新密市文物保護管理所。王興亞）

重修龍王廟並金妝神像碑記

　　邑東北二十五里許溱水源，舊有龍王廟，廟內龍神五尊，風師、雨師、雷神、電神，俱靈驗非常，祈禱輒應，人之沐其庥者蓋屢屢矣。/[1]

---

[1] 此碑有殘，/以下有缺字。

顧而為崇德報功之舉，辛丑夏初，合謀定於農畢興工，過仲夏大旱四十餘日不雨，田苗枯槁/

雨一犁，又二日，大雨頻注，以至種麥雨多少缺，而歲轉為有秋。神之靈佑，若此里人崇德起/

告竣，廟貌一新，神像煥然，庶□□□女而里人崇德報功之人慰矣，是為記。

廩膳生員鄭心泰撰文。

邑庠生鄭五策書丹。

大清道光貳拾壹年歲次辛丑葭月吉日。

（碑存新密市岳村龍潭溝。王興亞）

重修觀音堂金妝神像碑記

密南十五里超化鎮東溝舊有觀音堂，其溝因堂稱名，曰堂溝。自此溝建堂以來，慈航普度□□□□□一處而隨求歸應，獲子孫者豈獨近鄉，大慈大悲，救苦救難，神道設教世世永禾頁此其所□□ □修福神於天下，斯望神普天下，修復神於一鄉，斯望福普一鄉，廣濟乎斯世斯民，日於□□□□觀一，而忍令其傾圮歟，老幼同謀，心心相印，向善之念，□然而興。於是合社□□□□□□□竭力踴躍而前，以眾心之善而為一事之善，而善善欲長，則其成此善舉也。難茲□□□□新，神像煥然，恢恢煌煌，抑何盛歟，並列諸君子台銜於左，以為永傳不朽云。

邑庠生錢汝翼撰文並書丹。[1]

唐虎山施魚馬兩對。

木匠鄧立。

金妝匠孟廣周。

石匠錢极锋。

大清道光二十三年岁次癸卯桂月中浣穀旦。

（碑存新密市黃固寺寺院。王興亞）

天盧二保共同立約碑記

吾密士素稱良善，而天仙、盧村等保尤爲純樸。況蒙縣尊張明府善治，禁賭弭盜，各自守法奉公，無敢爲匪一日也。乃近有外來匪人，無端生事，妄攀良善，誠爲欺害民，可恨之至。爲此，共同立約，凡遇此等事宜，各備使費，公同具保，不許推諉。而吾鄉士民，亦宜

---

[1] 以下開列捐資七十餘人姓名，字多模糊。

各自保重，勿與外來匪人交接，倘不如約，鳴官究治，決不相寬也。其各項條件，列於左：

　　一、凡窩盜者，由鄰佑鄉地唯官究治。

　　二、素不窩盜，有人妄攀者共同具保。

　　三、凡窩賭者，由鄰佑鄉地唯官究治。

　　四、素不夥賭，有人妄攀者共同具保。

辛卯舉人大挑一等分發江南知縣現理河務張志周撰文。

邑庠生竹泉郭尊磐書丹。

總理首事戊午科舉人候選督府宋登科。

鐵筆匠尚清潤。

大清道光二十四年歲次甲辰菊月吉日立石。

（碑存新密市李堂藥廟內。王興亞）

創建松浯公祠堂碑記

我黃氏，自前明洪熙元年遷密。但祀先於寢而已。未有所謂祠堂也。至國朝乾隆壬子，始創建祠堂於北砦之東偏，以祀仲英公，及其子文和公、文中公。又五十年，至道光戊戌，復建祠堂于南砦之南首，以祀松浯公，及其子思松公、如松公、效松公、肖松公、繼松公。夫黃氏砦分南北，實則一脈相衍。茲乃建祠堂於北，復建祠堂于南，且所祀者不同。不疑於歧而二之歟。而不知無疑也。蓋北砦附近有琥珀嶺，仲英公，及文和公、文中公墓在焉。故於北砦建祠堂以祀之。南砦附近有發官坡，松浯公及思松公、肖松公墓在焉。故于南砦建祠堂以祀之。固理之當然，情所應爾也。抑吾於此更有說焉。古者祖有功而宗有德，天子諸侯有然。即士庶何獨不然。嘗念仲英公為黃氏遷密之始祖。創業垂統，能教其子，由冑監升郎中，出為饒州府知府。非其功之略可想見者乎。又念松浯公，由進士為縣令，轉升南京户部主事。在金壇則崇祀名宦。在本邑，則崇祀鄉賢。非有德者能之乎。由是言之，即以祀仲英公，及松浯公，為祖有功，配宗有德也，亦無不可。竊因之有感矣。我黃氏，由後漢中業，歷魏、晉、五代，而唐、宋，而元、明，自文強公，至松浯公。雖經累代流離播迁，而詩書簪纓，蟬聯不絕，可不謂盛歟。夫何自松浯公而降，延及國朝，列仕籍者，僅學博四人而已。嗚呼，我黃氏亦稍陵夷衰微矣。然獨有人也。近百年來，族眾率多貧困，以奔走衣食為務。不惟登科第者無人，即讀書識字，名隸膠庠者，亦復寥寥無幾。嗚呼，我黃氏之陵夷衰微為已極矣。茲者既建松浯公祠堂於此，尚望登斯堂者，撫今追昔，德業相勸，過失相規，父詔其子，兄勉其弟，凜凜乎如松浯公臨之在上，督責而鞭撲之也，以繼書香，以系世德。庶不負松浯公詒謀燕翼之意。並且由仲英公以上，溯文強公之世澤，亦永遠未艾焉，吾族其勉旃。

九世孫翰卿書元撰文書丹。

大清道光貳拾肆年歲舍甲辰拾壹月穀旦。

（文見翟興貴《超化訪古》。王興亞）

大清太學生聿修黃公暨元配張氏合葬墓誌

志也者，所以志其人之行誼，世系傳諸久遠也。習見作志者，往往恣為浮言，張皇一時，以紊其實。於戲，志云乎哉，誣先人於地下耳。聿修公卿之族祖也，甫出祖免，何敢以文相誣，故質言之。我黃氏係出江夏，自东汉尚书令文强公始。越三十一世，明誥封奉政大夫仲英公，由鈞陽遷密。是為在密之始祖。二世祖通理公，以明經歷升饒州府知府。通理公生子瑛公，為明訓科。瑛公生子輔公，授徵仕郎。輔公生鼎公。鼎公以其子繻公貴，贈承德郎。繻公，登進士，擢授南京戶部主事。主事生子五。其三庶生道充公，道充公第五子諱鏽，乃聿修公太高祖，高祖諱述祖，曾祖諱時中，祖太學生淵公，父太學生天衢公，無子，取胞弟太學生天經公長子承嗣，即聿修公也。公諱觀城，字燕京，聿修其號也。少任家政，早入上庠。閉戶自守，不慕勢位。娶同邑舉人任山東清平縣知縣張公星蘭孫女。生子俱未成立。女二，長適太學生周子逢恩，次適太學生樊公履青次子。張氏，先公二年卒。繼室汜水縣南周村徐氏。生子早逝。女三，長適天文生張公茂先子。次適太學生馮公光著子。三許字增生周公運啟次子。公膝下無依。擇胞弟太學生觀潮第三子六霖承嗣。

公生於乾隆四十年七月十九日，卒於道光二十二年十一月初九日，壽六十有九。張氏，生於乾隆三十七年二月十一日，卒於道光二十年四月初八日，壽七十。道光乙巳十月吉日，將葬公暨張氏於村西之新阡，囑卿志之。卿不敢辭，謹次世系置諸幽室，永垂不朽云爾。銘曰：

巍巍乎琥珀嶺之陽，湯湯乎溱洧水之旁。卜牛眠而封馬鬣兮以固其藏。子復生子，孫又生孫兮，長此綿綿延延，浸熾而浸昌。

侯補儒學訓導歲貢生族孫翰卿頓首拜撰。

族孫書元頓首拜書。道光二十五年十月。

（誌存新密市超化鎮超化村。王興亞）

太學生應贈修職郎錢公簡庵先生暨德配樊孺人合葬墓誌銘

錢子嵐閣，葬其親有期，郵致行狀於余，乞志銘。嵐閣余同年友也，嘗設帳於余家，得悉其家世。後余官京師，嵐閣以親老家居，蓋疏音間者十年矣。今嵐閣遭大故，余不獲奔走弔唁，實為闕然，嵐閣不余棄，而辱求不律，若以為相知莫過余者，予何敢辭。按狀：

先生諱理，字心齋，號簡庵。始祖前明永樂，自山西洪洞遷密，眾稱為錢三老焉。八傳至諱廷弼，字公輔。為先生曾祖，早卒。孺人王事親撫孤以節孝聞。祖諱言，字慎中，義行載縣誌。父諱克勇，字君配。母胡孺人，生子二，先生其長也。先生天性忠誠，重然諾敦任恤，事親怡怡色養，先意承志。弱冠任家政，不以事累親與弟，以是絕意名場。然未嘗廢學，爰立文社倡作東道主，備飲饌，供器具，歲時伏臘於同志復多饋遺，故所居成人文藪。誨子弟嚴而有法，敦請名師講貫，夜篝燈自課其程，有進益乃喜，否則切責不少貸，有從侄，再從侄少孤，撫育教誨如己子，後皆成立知名當時。居家勤儉，身無暇逸，物無暴殄，遇婚喪大事，竭情盡禮，甯豐勿嗇。尤好提攜貧人，佃田圃者，不催租而復濟其急，鶉衣之子，多緣以置中產，與人接，坦夷和易，不立崖岸，而見者莫不斂容起敬，鄉黨相語，稱典型者必推先生焉。嗚呼，士先實行，功名其後耳。管幼安與人子言孝，與人弟言悌，家無擔石，必贍困窮。觀其行，貌然若不可及，即之熙熙然，甚柔而溫，論者以為醇。德若先生者，可不謂有古人之風與，娶樊孺人，思訓公女，溫厚和平善事舅姑，一生無疾言遽色，而閫內秩然，不嚴而肅，先生食指纂繁，不至有嘻口高廢事者，孺人內助力也。銘曰：

忠信篤敬，是為儒行。先生踐焉，惟實匪名。古誼勉勉，小心兢兢。事留餘地，以啟云仍。孺人淑慎，蘋藻薦馨。正內正外，相與有成。玉樹森立，芝蘭盈庭。百世而下，仰此芳型。

賜進士出身刑部山東司主事兼奉天司行走加三級大梁年愚侄張運煦頃道拜撰。

（誌存新密市超化鎮超化村。王興亞）

原任魯山縣儒學教諭晉升汝甯府教授挹園錢公墓誌銘

先生沛青山，字嵐閣，號挹園，生於乾隆二十七年四月初八日，歿於道光二十七年十月二十九日，壽登八十有五。娶馮孺人，生子二，長汝劬，次汝芳。先生天資穎異，受業於錢南潯先生，學富才敏，尤長詩賦。入學後屢列超等，於乾隆五十四年，擢拔萃科。朝考二等，初選魯山教諭。蘭時應科歲試，頻承教誨，至今猶憶面囑之訓，不能忘。其講學以慎獨為宗，以體認天理為要，以日用倫常為實事。其課士法律必嚴，時切囑曰："識得天理是千聖真脈，非語言文字可以承當。"光蔭荏苒，倏忽五六十寒暑。退思數十年前，談笑馨欬，如在目前，落月屋樑，於邑真不能自禁云。憶先生在魯時，表揚節孝，竭盡心力，時恐掛漏，有負幽潛，爰捐書脣紙筆費，不計錙珠。迨上憲奏請，建立總坊事竣，公乃坐明倫堂，歡欣鼓掌大笑曰："今而後，不愧怍於幽冥中，冰霜苦魂矣"，或者無忝廣文之職，即在於此。咸豐丁巳夏初，先生哲嗣印汝芳來魯，述其芳躅，並囑銘其附壙之石，自慚疏陋，勉為濡筆。銘曰：

嵩樹千章兮洛水泱泱，篤生偉人兮學富行芳。詩成珠璣兮賦奏笙簧，哲人雖逝兮伊誰能忘！籲嗟乎，佳城鬱鬱兮應不朽，牧童為護兮山樵與守，馬鬣宿草兮碑仍在。靈光式憑兮俎豆馨且壽，凝天之祐兮以昌厥後。

運同銜前任易州直隸州知州署宣化府知府後學許夢蘭頓首撰文。

丁酉科拔貢候選儒學教諭愚表孫張念棣頓首書丹。

直隸州銜現任陳州府教授侄孫侍宸頓首篆蓋。

（誌存新密市超化鎮超化村。王興亞）

重脩里社記

【額題】歷久彌彰

嵩之東麓有連环砦，砦之下清溪迤迤，居民沿溪爲村，地僻而□幽，觀風俗儉風樸，有古先民之遺風焉。村舊有里社勾龍之外，凡有功於民者，多祀其中。而□以社爲義□，道光中，□宇牆垣，漸就傾圮。歲庚戌，有劉君興邦、魏君祖武、高君邦彥及劉君之侄會昌等起而重脩之，其費二十九千□百□拾三文。時社中有官錢六仟二百文，村中善士捐錢五千，其餘皆諸君各輸己貲。落成，囑余誌其事。余予因有厚望矣，諸君之高義，固爲人所共見，而其事之所關，寔更有遠且大者。里之有社也，所以祀□□，亦以齊民風也。春祈秋報，合里之人士而會於社，尊卑有等，少長有序，言孝弟，明禮讓，睦婣以栢勗，賢有德者衆所尊，行弗執者不以鑒。其間雖有程□□大顓愚之子，亦皆相感胥化而歸於禮儀。故古者里以有社，而其時風氣樸茂，民俗敦厖，非後世之所能及。今諸君此舉，雖以報土爲義，而人心之厚，風俗之醇，即於是在矣。因備述以爲諸君望，並望居是里者共知之。

邑廩膳生員錢大競撰文。

門生□天元書丹。

成功首領：

劉丕基錢□仟□，魏朝錢□千，首劉天太个五仟，高英錢五百，丁如林錢五百，劉天成錢五百，□天性个五百，盛標个三百，張堂个三百，周永福个三百，劉天文个三百，朱貴个三百，傅金聲、張學文、高金榜、□樂、魏天順、魏義，每個个二百文，□三成、王徐來、盛廣業、魏興□，各个一百。□杜氏、王冉氏、□樊氏、楊孫氏各个一百。

木工吳平。

石工白金成、王□昌□□。

大清道光三十年歲次庚戌十一月上旬合村公立。

（碑存新密市文物保護管理所。王興亞）

皇清郡增生淩蒼錢公墓表

公諱峻，字兩峰，號淩蒼氏。錢余外家從祖父也，其先會遠公以忠厚傳家，生公兄弟二人，而公為嫡嗣。余自幼年從母歸省，已習聞其懿行焉。公性純篤，且至孝，色養承歡，内外無間言，雖年屆古稀，而孺慕倍少時。會遠公壽九十有四，洎寢疾，公侍床褥，日夜不暫離，雖子孫滿前，事可服代，而湯藥必親嘗，寒暖必自視，數月間如一日也。友於弟，視弟子猶子，有姪方在提攜，公即教之讀，行則使從，蒙養之勤無所不至。八旬後，漸病昏眊，語言多不自主，而諄復者大抵不出孝友。外有女弟家寒，平時周恤已至。及耄，尤念念不能釋，每獨行，若不知所往，有問之者輒曰：“將視吾妹”，其友愛出於至性蓋如此。至素敦實行，凡事不違於心。遇人無賢愚，待之皆以忠誠者，不可更僕數。嘉慶癸酉歲薦饑，人皆奔競逐利，公淡焉，識者以為三代上人，少攻儒業，質少魯，中年累於家務，輟讀者數年。及弟能執家事，遂發奮窮經，負笈檜陽二傳院，受業於孝廉韓右村先生。旋就大梁書院，受業於宮詹陳未齋先生。既而下帷柏崖山下，十年間，不問戶外事。縣試遂冠軍，復以第一名入庠。後歲至耄年，猶手不釋卷，日鈔名人著作以為常。一時言實學者，皆推公為首焉。為詩文規撫先正，不務時尚，雖屢困秋闈，坦如也。以郡增生終，壽八十三歲。娶郭氏，天性勤敏，內事克治，壽六十歲而終。繼黃氏。郭生一子大定，太學生。女二，長適同邑庠生徐公承休長男，次適同邑庠生徐公登魁長男。孫一，炳南，太學生。曾孫二：紹宗、紹安，俱太學生。允孫五：萬青、萬慶、萬中、萬泰、萬祿。公既葬，其曾孫烈宗，丐余表其墓，余且感且慕，謹如狀次之。

敕授修職佐郎懷慶府陽武縣儒學訓導外孫楊藹如頓首。

（文見翟興貴《超化訪古》。王興亞）

皇清邑庠生麟閣錢公墓表

公河南登邑人也，諱大勳，字育萬，號麟閣，姓錢氏，係出錢塘吳越王，世有偉人，後因仕宦，家於山右。明初有三老者遷於密，實公之始祖也。越七世，復遷登，其曾大父邑庠生諱受，字漢良，嘗主檜陽書院教席十有八年，沾化雨者不下千餘人。大父處士沛九一字助公。父諱譜，字秀峰，樂善好施，懿行著於鄉。娶郭氏，生公兄弟有四焉。

公於兄弟為季，自弱冠入庠後，即任家事，以故未遂其大志。而其孝友恭敬，誠信敦篤，自有以過人者。家世清貧，至秀峰公時，食口日繁，公經營纖密，不失大體。凡諸事務，無不稱情而合禮符，秀峰公以是得放情事外而養其福。諸兄子姪，亦藉得以各成器、憶公輕財好義。釘郭姓貧不能菲，貿姓貧不能婚，輒囊以助之。嘉慶中，歲大歉，有馮氏家幾不自保，公置室居之，施粟米全活其家。又有賈姓闔家患疫，貧病交迫，公為之延醫調治，終無德色。鄉有欠債而不能償者，嘗招之來，面焚其券。道光壬辰冬，襄邑人蔣氏路遇盜劫傷其足，公慨然收恤，為之衣食，數月而愈，其救災濟急扶顛持危，大率如此。

至於鄉里義舉，輒倡於前。天性忠信，凡鄉里有爭持不決者，輒排解之，言出而爭者自化。尤好士，遇有德者愛之若己有。壽七十有二，以道光二十六年五月十五日戌時卒，距生於乾隆四十年八月十五日午時。娶黃氏，早卒無出。繼娶郭氏，主中饋以勤謹聞，事翁得堂上歡。卒於道光二十七年九月二十三日辰時，壽七十有四。生男三，應奎、聚奎，從九品，明奎，供事生。女三，俱適名族。孫十有三人，紹德、紹績、紹武、紹忠，邑庠生；紹功，業儒，紹名，應奎出；紹業、紹謨、紹猷、紹彭，知印官；紹方，邑庠生，聚奎出。紹基、紹慧，明奎出。現曾孫十有四人，元孫三人。茲於咸豐元年十月十三日，合葬於楊子臺北嶺父塋之次，壬山丙向，公長男請表其墓，且曰，君與吾先考係甥舅，言之庶無誣，余聞之，五內增悲不知所云，謹依來狀次之。

　　賜進士出身署理廣西按察使司按察司左江兵備道愚甥楊彤如頓首拜撰。

　　賜進士出身前翰林院庶起士現任山東運河道姻愚晚王化堂頓首拜書丹。

　　咸丰元年十月。

（文見翟興貴《超化訪古》。王興亞）

皇清歲進士候補儒學訓導錢公西源先生墓表

　　公諱大哲，字申吉，號西源，其先世出自武肅王，明初有自山右遷居密之超化，超化人薰其德，相傳所謂安心好學三老者，是為公遷密之始祖，以儒術世其業，代有聞人，八傳而至公之太高祖諱爾昌，廩膳生，受業夏峰先生之門，爾昌生克振廩膳生，克仁，生員。克振為公之高祖，克振生懂，生員，愫，處士。懂，恩貢生。愫為公曾王父，治家有法，生七子，讀書耕田，各有條理，男婦數十口，雍雍穆穆，遠邇咸服其德。其四子，諱九朋，為公之祖，忠厚和平，福壽並至，明府楊以五世一堂表其間，生竣、生員。岐，處士。岐乃公之父也。生丈夫子二，而公居長。

　　公生而穎異，自少知名。四歲所居宅，之，字已能盡識之。從伯父學，明敏之資，程之以困學之功。公亦自肆力於學，以仰副伯父志，故其學專確，為文章意尚剴切，而氣務軒昂，不為剽竊蹈襲之習。孝廉韓又白先生，睥睨一世，少所許可，獨於公有學歷才華迥不猶人之歎。公念一歲遊泮，次年食餼，青紫特指日事耳。第以家運坎坷，斷弦而復續者再，至椿萱並謝，祿養無及，遂絕意仕進，輟舉子業，而專力於詩古文詞焉。其器宇嚴凝，襟懷灑脫，初相值似落落難合。及久與處，則纏綿悱惻懇款篤摯之忱，有非世道所能仿佛於萬一。但修辭之誠，不輕以一字假人，故凡公所與遊，皆一時名流，而小人特嚴憚之，不願與公相綢繆。其接後進，循循善誘，有杜預優之遊之，使自求之之意。嘗語人曰：凡教子弟，用之太急，養之必疏，無自然之機，而縱使馳騁，鮮有不衡蹶者，欲速不達，助長有害，良可慨已。故中年遊衛遊楚，下之學為文者，皆輕重適宜，緩急合度，其虛活靈變之氣，時出於筆墨徑之外。公弟四洲公為文悉公手自栽成，每試輒列前茅，一時競進取者，成辟易莫敢攖其鋒。其學養老而益邃，錢氏族譜，自南潯公壬子重修後，閱六十年，無有起而續修者。公毅然修之，於率由舊章外，更發凡起例，以補南潯公之所未備，世系文翰，確有定程，卓乎為錢氏世法世則之令典。草本一出公手，計兩卷不下數十萬言之多，並無一字草書，昔司馬文正公修《資治通鑑》。草稿一房，無一字草書。人皆服其誠恪。公之草譜如是，其誠恪視文正公能多讓耶。

公著有《西源詩稿》四卷，《讀史詩》二卷，《西源文稿》四卷，《四書題文》二卷，藏於家。公原配氏郭，繼室氏郭，再繼氏韓。子二，錫三，原配郭出，祝三，韓出，皆堪稱克家令子。公生於乾隆四十三年，卒於咸豐三年，享壽七十有六。論曰：

以公之學之養，固可以為世用，而卒不用於世何哉，蓋可以用者存乎己，用與不用存乎人。存乎己者，誠有可以見用於世，用於世而無所愧焉，斯亦已矣。若用不用之存乎人者，聽之而已矣，安之而已矣，初何所加損於吾公耶。

賜進士出身欽加同知銜現授山西潞安府壺關縣知縣胡燕昌頓首拜撰。

（文見翟興貴《超化訪古》。王興亞）

皇清例贈修職郎文山錢先生墓表

文山公，吾家世姻也。余於公為再晚行，生平未及見公，然景仰典型，蓋有年矣。至公葬後表墓，其嗣丐文於余，余不能文，而義不容辭，因次其狀而為之敘。

公氏錢，諱岐，字鳳鳴，文山其別號也，性敦篤，襟懷灑落。與人處，愉愉如然，好持正論，人雖狎，不敢犯以非禮，非畏公也，服公之孝且弟也。先是公父會遠公，治家勤敏，公以父年近桑榆，恐遂神疲於不覺也，乃輟讀。身任家務，雖細事不以累親，會遠公賴之，得安恬頤養者三十有餘年。兄淩蒼公，中年廢學，公又力勸就傅卒業，以慰親心。嗟乎，世有食君祿而令父母愁者矣，有華胄貴族而兄弟相猶者矣，若居畎而求其天倫克篤，殆戛戛乎難其人焉。不謂樵山漁水，有行類董生其人者。乃於吾密遇之從弟窪崧皆失業，公為營別業居之。外戚某鰥，力不能聘，公助之粟以成其事。又田被人侵，後其人鬻田，清公正界，公笑曰：界正則汝田不能售矣，汝但鬻之，汝界即吾界也。鄉人有開公荒田自給者，涓傭力以償其值，公喜其能力而辭其償，其慷慨不與人較，類如此。古人云親親而仁民。又曰非意相干可以理恕，仁也恕也，皆所謂善推也。觀公之所推，則孝弟為百行之原也，益信。公壽享六十八歲，例贈修職郎，德配閻氏，克盡婦道，先公卒，享壽六十六歲，例贈孺人，合厝楊子台南先塋之次。生子二，長大寧改名大哲，次大競，俱歲進士，例授修職郎候選儒學。女二，長適衛輝府教授余舅氏傅公咸如，次適處士魏公鍾靈。孫四，錫三、祝三業儒，大哲出；味三，供事生，緘三，郡庠生，大競出。曾孫四，紹券，紹洛邑庠生，紹塘，邑庠生，紹符，業儒。元孫二，重慶、重明。公遺行難悉述，謹舉其略云。

五品銜山西候補知縣姻再姪王致泰頓首拜撰。

（文見翟興貴《超化訪古》。王興亞）

檜陽王孝子傳

　　咸豐三年六月，粵賊破歸德，入豫境，圍汴梁，不克。大兵尾擊，賊餘散星矣。餘逃竄密邑。邑王氏，世族也，代為儒業，七世同居，一門雍睦，人以為有古陳氏義門之風。適賊勢洶洶，日近逼。邑小兵衆，居民皆外徙引避。有王孺人者，其夫宜庵，太學生，八旬而寡，年百齡，貌若嬰孩，適遘疾不能他出，舉家謀，以幼弱寄鄉，暫避兇焰。孝子為王孺人過繼男，性異人，平日事父母以孝聞，慨然以母耄年遘疾，偕室人張氏侍奉，誓死等他移。諭衆各自為計，勿忘我。當時，烽火日數警，合邑皆空。而孝子三人據一室，朝夕間視如平日。俄，賊入城，殺聲四起。有數賊突入，執孝子以白刃加頸，索錢弔米糧，瀕死者累。且問胡不避？孝子以親老遘疾，夫婦相守，不忍離對。賊吒之，以告之酋長。其亦入視，詢故弗信。諭導入室，見孺人黃髪背坐，喜其不欺，出號於衆曰："是真孝子也，不可犯。"以長刀置門外。餘賊紛至，過轍相戒，不敢近。其酋攜幼僮殺雞烹飪為食。日將晡，未舉火。賊謂孝子曰："吾據此，若等不克火食，得無餒若親。"因飯及肉糜各一盂享孺人。孝子夫婦跪進食，賊又俟孝子同食，始就寢。孝子終夜不安席，而微窺賊無相害意。甫黎明，賊去。次日，舉家啼，見孝子無恙，群相驚，以為得神助。而王孺人疾亦旋愈，健飯猶如平日。軍餉急，余適奉憲札，赴宛屬勸捐。其從子安侯司馬，同事斯矣，安俱固醇篤士也。旅館中備悉其顛末如此。余歎今之士大夫，其務鮮華竸聲氣沈溺而不返者無論矣。即平昔讀聖賢書，侈談忠孝，以節義自推重，及一旦風鶴告驚，倉惶失措，非為身家計，即為趨避謀。不特披堅陷陣，忘身捍患者無人，即孤城仗節，視死如歸者亦復不多見。均之不死於賊，即死於法。呼吸之間，泰山鴻毛，判為天壤。是其求巧而反拙，欲避而仍蹈，冥冥中若有默為司之者。嗟乎！大道不明，性為習遠。目前暫圖苟全，已事相率藉口，四維不張，是帥天下而甘為典澀也。如孝子者，大義了然，臨難不避，知有親而不知有身，且以螟蛉之寄，抱若倖免之心，迄今聞者猶為咋舌。而孝子固行所無事，卒之義感凶頑，履危獲安。古人求忠臣必於孝子之門，推是心以服官臨民，六尺可托，百里可寄，即不幸事業萬難必張，立節全名，不致苟忍偷生，貽羞當世矣。如孝子者，可以風矣。

　　孝子名格凝，字道夫，國學生，即以是秋卒。天不佑善，聞者惜之。安侯待事平，行將聞於朝，為之旌。安侯從堂弟輔臣，為余辛亥所薦士，有通家誼，是不可不書。

　　賜進士出身、誥授奉政大夫、特用河南同知直隸州、前署武陟縣事、舞陽縣知縣、充辛亥恩科河南鄉試同考官、通家愚弟路璜頓首。

　　咸豐三年。

（碑存新密市文物保護管理所。王興亞）

士郭保北五圖鄉約條款敘

　　天生斯民，有莠有良，有誠有偽，為治者旌別淑慝，以彰以癉，夫然後風同道一，而善俗可敦。邑賢侯諄諄告語，誠以遵限完納錢糧，按地均派差役，嚴禁娼賭，以衛善良，並相守望，以防盜賊，意甚善也。特是民情不一，良民雖多自愛，莠民罔知所懲。刁詐之徒，往往錢糧以抗違為能，差役以規避為巧，上虧國賦，下擾愚民，殊可痛恨。甚且有無賴之輩，攀賭攀盜，及一切欺詐之事，鈎通胥吏，唆訟漁利者為害匪淺。自非嚴為約束，恐非以敦本而善俗也。今吾鄉公議，嗣後凡有攀賭攀盜，憑空訛詐諸弊，確察真實，理應同鄉右公正之人，協同鄉耆，鳴官懲治。庶莠民斂跡，而善良蒙庥，共底樸誠舊俗，上不負我賢侯諄諄告誡之意云。所有條款列左：

　　勿包藏娼賭，

　　勿妄攀賊盜，

　　勿規避差役，

　　勿匿留匪人，

　　勿因睚眥小忿而起爭訟，

　　勿因乞逃路死而生訛詐，有傷者，鄉地稟官，無傷者，同鄉地壓埋。

　　首事貢生徐時珍、監生趙應倉、趙汝珍、監生趙云路、李章魁、楊永平、張清萊、監生張伯松。

　　士郭保北五圖共議勒石。

　　大清咸豐伍年歲次乙卯陽月上浣吉日。

（碑存新密市屈嘴村開暘廟內。王興亞）

重修光林寺碑記

　　密治東光林舊寺，昉於拓跋魏，二千年來，完廢度新，踵事增華，諸凡流連光景之詞，前人述之備矣。己卯秋，德涵陳翁、蘭閣王先生，吾鄉老名宿也，偕步禪林，見佛殿山門半蝕風雨，周圍垣牆幾盡傾頹，慨然有重修之志。爰與住持寂瑞等約會陳、白、王、任諸公，各捐募以勤厥事。越明年，鳩工庀材，易其木之朽者，鱗次其瓦之解者，葺牆垣、補階砌，若佛若應，真若前後，左右廊廡諸神像以次繪飾，費越五百餘金，經起告成，凡百五十日也。工竣，先生召余至僧舍，煮茗接談，相顧而樂之。是夕，藉榻就寢，夢一老僧龐眉兒齒，入室序寒溫，道及因果之事。余曰："聖賢之為善，無所為而為者也。有所為而為，其事雖合乎天理，其心已純乎人欲。故佛氏福田之說，君子弗道也。"僧曰："子之言善矣。然用以律己則可，用以律人則不可，用以律君子猶可，用以律天下之人則斷不可。

何則？佛氏之因果，譬諸聖人之刑賞，有因慕賞而為善者，但與其善而不責，其為求賞而然也。有因畏刑而為善者，聖人亦與其善而不責其為畏刑而然也。使以刑賞導民，而復責其慕賞畏刑之為人欲，是不激勸於刑賞謂之不善，激勸於刑賞又謂之不善，人將無所措手足矣。蓋天下上智少而凡民多，刑賞者為中人以下施教，因果者為中人以下說法，世固有理所不能喻，法所不能防，偶觸於鷲嶺雞園之說為之廢然返者，安見慧劍慈航，不足以濟刑賞之所不及也！"語畢，飛錫出。余急起挽留，洒然驚覺，乃悟釋之與儒立教雖異，其大意約歸於覺世牖民。而先生之有志竟成，彌老彌壯者，殆以是也。是為記。

清道光癸未科進士歷官刑部主事丁漘沱人丁建業撰文。

咸豐六年。

（碑存新密市白寨鎮光林寺。王興亞）

建修三聖殿碑記

嘗見古今之世，凡民所欽而奉之者，必民所尊而信之者也。尊信切則敬禮誠，故建廟立像以祀之。其必建廟立像者，蓋亦臨上質旁之意也。然非實有功德於民，則民無由尊信，即無由欽奉若三聖者，大有庇族民乎。民非水火不生，民非財用不瞻，而火神司火，火即生活之需；老君司煤，煤即燃火之資；財神司財，財即有民之寶。三聖之德載之者非一時，三聖之祀奉之者不一人。獨首事鄭騰霄，子廷口素理煤窰，其沾三聖之恩比他人更鉅，久欲立祠，未遂其志。去年，開採靈山廟，獲利百倍，因卜地於溱水之源，見其山水映帶，窈深繚曲，兼有舊立龍王、上仙聖廟，真勝地也。遂出資財，與募四方，建廟設像，且時因亢旱祈禱雨澤，果沐甘霖，並諸神聖像而金妝之，不數日而告厥成焉。工竣為文，妄以屬予。予俚言不斐，恐玷貞珉，不敢作，亦不得辭。爰即立廟之由實敘之，諸善之名而詳勒之，使後之為善者觀感而興起焉，可也。是為記。

邑庠生鄭銘新撰文。

邑庠生鄭文藩書丹。

咸豐捌年桂月告竣立石。

（碑存新密岳村鄉龍潭溝，文見民國《密縣志》卷十八《藝文》。王興亞）

葺補廣生殿並金妝神像記

乾天稱父，坤地稱母，天地者萬物之大父母也。人稟五行之秀，雖靈於萬物，亦大地之所生也。城隍廟東偏舊有廣生殿一座，凡禱神求嗣者響應焉。歷年已久，瓦木不無壞朽，金碧亦多剝落。余涉其地，周覽間心甚惻然。思夫再歷年所，棟折榱崩，何以妥神之靈爽而應人之禱求也？爰出己資，募工修葺。南方朱君董督其事，壞者補之，朽者易之，神重金，壁重繪，未越月而改觀焉。余以此役也，糜費無多，可無勒石。廟祝理慶固請曰："工雖小，善舉也。湮沒不彰，何以為後人作善者勸？我捐片石，永志不朽。"余味其言幾於理，敬援筆而為之記。

　　候選府經歷楊宗溥撰並書，捐錢三拾壹仟文。

　　住持李理慶朱南芳捐錢三仟文。

　　鐵筆吳中乾。

　　大清咸豐拾年歲次庚申嘉平月穀旦。

（碑存新密市城隍廟。王興亞）

重修神州殿碑記

　　環密皆山也，其南五十里有廟焉，曰"玉皇"。東廂素無神州殿，自我曾祖敬於乾隆十四年創修焉。至我父名山，於嘉慶二十一年重修焉，惟茲於今已四十九年矣。然廟宇雖未傾頹，而聖容已不輝煌。於是，追念先人之遺意，而兄弟叔侄相商，各出資財以興工，不數日而工告成焉，則廟貌煥然改觀，神像因以輝煌矣。是役也，聊以不沒尊神之靈，庶無負先人之志云爾！

　　信士王潤林、潤梅、潤桂、潤桐、秉禮、秉肅。

　　大清同治三年歲次甲子孟冬吉日立。

（碑存新密市苟堂鄉玉皇村。王興亞）

創建同心砦重修玄帝廟暨施義地碑記

　　且夫事以義起者，猶貴以義成，而況築砦堡，庇人民，尤叔季盛事乎？登邑之東，有凌雲山，孤峰拔地，峭壁摩天，東橫承雲，西拱密岵，南踞婁敬之雄，北鄰雞冠之險，洵一方地利也。上有玄帝觀，時遠年湮，廟貌無存，山民掘地，偶得斷碣殘碑，係前明嘉靖七年重修，然則創之者，不知肇自何人，仿自何代也。庚申春暮，捻告警，環山而居者，共議築砦堡。厥身家庶，其境埆之地約十餘畝，係王君璽、劉君德明、魯君大海舊業。而其外更有王君殿魁、錢君承宗地若干，叩以築寨之事，皆慷慨樂施無少吝也。不作錢索價於人，並不欲均糧於眾也。夫築寨本屬義舉，倘有倡議者踴躍於前，而無襄義者惷愚於後，將掣肘孔多，安必其事之易舉而助之速成乎？而茲者同心共濟若此也。《孟子》曰："地利不如人和。"矧今地利既得，人和又可恃，至砦功告竣之後，何妨錫以嘉名為同心哉。獨是砦之成也成於人，而所以庇於人者厥惟神。神依人而行，實即心而在，心存則神格。安知玄帝之靈妥洧於夙昔者，不復降鑒於今茲耶？故同事諸人共議捐資，鳩工庀材，仍舊址而重新廟貌，金妝神像焉。由是神明有式憑之所，人民獲托庇之地。而王、魯諸君，並以暴其樂善好施之名。所謂以義起，更以義成者也，豈非甚盛事哉！事畢，屬文於余。余復何說之辭，仍以同心之義，特贈諸同事云爾。是為記。

密邑廩生張體泰撰文並書丹。

大清同治四年歲次夏月。

（碑存新密市南薈翠山。王興亞）

創建講武寨規則碑

咸豐末年，土匪猖獗，環村居民築石寨於講武山頂。斯山也，層巒聳翠，上出重霄，亂石堆砌，下臨無地。祖師古蹟於今猶存。居民買土蓋屋以避風雨。寨長暨村長公議，異日土匪平定，村民下寨歸里，或有人就寨中開生成熟，推牆墊地，作為祖師祭田，不得視為己有。嗣後村民上寨，率由舊章，但納寨費，不出地課，爰立貞石，永垂不朽云。

寨長王九官暨村長同建。

同治四年九月吉日立。

（碑存新密市苟堂鄉玉皇廟村北。王興亞）

孝廉王先生墓表

先生姓王氏，諱化成，字恒象，密邑東之王家堂人也。世業儒，賦性純篤，以孝友稱。幼秉庭訓，能艱苦力學。弱冠入邑庠，彌刻勵自進，夜誦恒至達旦，蔬食不飽晏如也。積數年，博通經史，慨然有問道之志。負笈遠遊，訪先達夙著品望者，師事之。嘗肄業於檜陽、大梁諸書院，名噪儒林。道光己亥，舉於鄉，累舉進士不第，遂不求聞達，益治輿文。以明道淑人為己任，始設帳於里門。既教外邑，遍歷尉氏、鄭、滎間，晚乃就聘登封，令主講嵩陽書院，前後就教數十年，師事先生者數百人。門下擢巍科、登顯士者，後先相望，而鄉舉邑庠尤難枚舉。先生律己至嚴，不苟言笑，為文取法先正，不肯規撫時墨。教其門人必以立品為先，而循循善誘，未嘗以聲色加人，故學者愛而敬之。昔賢有言曰：經師易遇，人師難遭。後世之師，務為講學之名，而不求躬行之實，抑末矣。如先生以身設教，有潛移默化之功。其所以嘉惠後學，豈淺鮮哉！惟數奇不以事功顯，士論惜之。先生於同治八年二月十三日卒於家，年七十有三歲。營葬既畢，門第子心喪三年矣。追思往訓，景仰增悲。因即生平所親炙者，書其梗概，志於墓碣，永矢不忘。

賜二甲一名進士出身金殿傳臚牛瑄書丹。

受業門人同勒石。

同治八年二月十三日。

（碑存新密市來集王堂村。王興亞）

增造鐘鼎碑記

　　密邑東十五里許，久有藥王廟一座，韋、張二真人暨太乙真人與諸神所共棲焉。昔拜殿東南隅設神鐘一口，質微形小，破壞無韻，觸目不能驚心。住持王明福，因募化諸窯工人、四方善士，又首事諸公，會議六行客各捐資財，共成事舉。增鑄鐘一鼎，一共重壹仟三佰餘斤。工竣勒石，不沒人善，以垂永遠於不朽云。

　　議敘九品于中道撰文。

　　邑庠生張書府書丹。

　　鐵筆尚清潤。

　　大清同治九年八月仲浣吉日立。

（碑存新密市來集鎮寺堂村。王興亞）

皇清歲進士候選儒學訓導錢公西洲先生墓表

　　先生諱大兢，字夏忱，號西洲，西源先生之胞弟也，其家世見西源先生墓表中。幼從西源受學，西源文激昂慷慨，蒼勁古奧，先生則紆余悉備，容與間適，氣象不同，而各自成一家，人以之儗穎濱、東坡弟與兄云。先生舉止安閒，容顏怡悅，無暴戾之氣，無憂戚之時，與之論文論詩，奇情如注，雅韻欲流，令聞者言下稱快，有聞所未聞之趣，若當世之務，當時之人，其是非短長，慨未嘗一言。及之自入泮科歲超等，若所固有七次列前茅，食餼後以眼疾每欲取，二等免復試，以休目力，場前預擬，降格以自貶損，及到場小講，草起一念之而愀然曰：又將覆試矣，不啻駢拇枝指之無能決齗也者，及榜發，果又前列，同輩爭相傳以為佳話。於詩賦尤名盛一時，楊子藹如工於賦者也，先生與之頡頏，有如王孟元白云。

　　先生於家計，豐儉一任自然，不屑屑較量贏絀，教學外無所事事，信從者嘗履滿戶外，宗師案臨蒙取入學者，踵嘗相接，蓋有十數案未之或遺焉，若錢源清、王克昌、李克誠、劉嵩安、錢西庚、馮鳳鳴、李長庚、楊太元、傅履美、傅履震、傅履行、傅觀象、錢榮光、馮鹿鳴、魏金鐸、錢紹忠、孫雲騰、韓貫珠、傅履道、楊春昂、劉恩元、錢紹曾、馮雁鳴、翟西成、馮廷瑛、李生花、錢昂青、錢述彭、張玉山、景文波、蔡玉堂、李廷貞、趙寅清、李統業、錢紹方、錢萬中、朱金屏、傅廷俊、李金如、范榮，或登賢書，或膺歲薦，或食國餼，或列黌宮，墓草久宿，其流風餘澤，猶昭然在人耳目焉。所著有《四書題文》、《古律試貼詩稿》藏於家。

　　生於乾隆五十八年癸丑，卒於同治九年庚午，享壽七十八歲。配楊孺人，閫教著聞戚里，以為楷則，生於乾隆五十七年壬子，卒於同治六年丁卯，享壽七十六歲。生二子，味三，緘三，郡庠生。女一適東店馮宅。孫二，紹洛。昧三子，紹塘，緘三子，均邑庠生。孫女三，皆適名族。曾孫六人，元孫現一人。論曰：劉安禮稱明道先生，樂易多恕，終日怡悅立之，從先生三十年，未嘗見其忿厲之容，先生之德性，視明道詎有異耶。濂溪《通書》云：「師為天下善」，蓋以先覺後覺，暗者求明而師道立，師道立而善人多，朝廷正而天下治也。今先生居窮鄉僻壤，門下二之膺選取者數十人，抑亦可謂無愧於為師矣，若先生之品之學，不減為難能而可貴與。

廩膳生彌甥馮風鳴頓首拜撰。

（文見翟興貴《超化訪古》。王興亞）

李脩館先生德教碑銘

檜陽李脩館先生，諱芸生，以同治十年八月十九日卒於里第，春秋七十有二。是年十有一月，葬於城西北之原。門人執紼而送者數十百人。既葬，會哭將退，咸瞻望徘徊，戀戀不能去。一口謂欽昂曰：「先生固自不朽，所著《三可堂集》，莫不目為文章盛業，益不朽。然其一生行誼，志於幽而未詩於顯，仰溯淵源來茲，其何以昭示也。是宜碑銘銘之，則莫如子宜。」欽昂不敢辭。時先生之子茂才宗沆早沒，孫元楷嗣門人以告，元楷舍杖再拜，則相與刻銘。文曰：

　　隴西之裔，育繇晉陽。有明遷密，世務耕桑。曠僚而貴，天爵揚揚。
　　贈公曰玢，誕生哲人。神光照舍，芒耀星辰。沖齡多故，靈萱早彫。
　　煙寒土銼，家室漂搖。贈公有行，遠遊汝邑。仲叔父母，撫之成立。
　　束髮受書，羣兒莫及。事叔父母，如事父母。藹然孝子，交稱衆口。
　　歲值饑疫，天災流行。痛失所撫，俯仰伶仃。含辛勵學，由苦得卓。
　　弱冠就試，芹宮秀擢。由是科歲，試輒冠軍。文名鵲噪，硯鐵生春。
　　贈公迎還，涕口汛瀾。歡承菽水，循彼陔蘭。藹然孝子，里黨嗟嘆。
　　叔父之債，身後累累。人久焚券，焉望其歸。百計摒擋，而竟歸之。
　　追成先志，傳為盛事。聞望日增，鴞薦屢膺。年近強仕，賢書始登。
　　令即大起，抗節金貂。用作霖雨，九野流膏。用操鑑衡，滿月當霄。
　　鞭頑朴梗，亦足以豪。天胡靳之，浮雲蔽目。若益其疾，實高其躅。
　　授以逌鐸，鳴應山谷。士習骫骳，階厲俗儒。潢汙行潦，朝滿夕除。
　　淺根薄植，搖落須臾。不有哲人，孰破其愚。矯矯先生，吐納閎深。
　　松栢蒼翠，悠悠古心。文成一字，百鍊精金。譜為風雅，抗墜其音。
　　教先敦品，力振委靡。篤因其材，栽培無已。罔日蔽明，明司以耳。
　　聲入心通，洞然條理。大鳴小鳴，叩者驚喜。宋儒之理，漢儒之經。
　　春華秋實，茂育羣英。巍科飆舉，揚于王庭。親知皆云，三族推仁。

久交而敬，方之平仲。又如彥方，德被一鄉。人感其惠，而畏其剛。
　　君子愾愾，遜謝弗遑。人亦有言，往者城守。率衆登陴，寇聞遠走。
　　倚重官民，敘功惟首。君子謙謙，勳勞弗有。廉本於孝，施無望報。
　　責己恕人，罔非身教。豈獨斯文，開示蘊奧。哲人萎矣，山木頹唐。
　　愴動遐邇，況列門牆。冰淵遺訓，追念涕滂。瓣香敬爇，略次行藏。
　　用垂厥後，後人有作。世澤芬芳，發舒磅礴。勒石為銘，壽同嵩洛。
　　賜進士出身正五品銜翰林院編修國史館協修提督廣西學政加六級滎陽受業門人孫欽昂撰文。
　　賜二甲一名進士出身金殿傳臚翰林院編修氾水受業門人牛瑄書丹。
　　同治十年十一月。

（碑存新密市文物保護管理所。王興亞）

重修輪流繳油章程碑記

　　【額題】率由舊章

　　聞之用下奉上，振古如茲，固雜派差徭，日用飲食，凡上所需皆取於下，即清油亦然。密隘邑也，地磽土薄，俗儉風樸，鄉民皆以食力，城內無巨商富賈開設油坊，可以獨奉官油，而官油之說，從未聞焉。自嘉慶年間，有洧邑萬盛油坊來茲坐莊，發賣支辦官油，然請示諭禁，只准其號獨售，四鄉不得入城混賣，而官油之事於斯乎始。嗣後歇業，無人支奉，而署內之油又不可無，因合邑油坊計戶均派，輪流支辦，酌定每月一票，每票三百斤，繳完每斤即領價六十文。至道光年間，油價昂貴，奸詐者將及繳油或捏稟歇業，或包給差從，陰獲其利，陽匿其名，種種權弊，不可枚舉。更無外邑油坊來密出售，坐莊發賣，與肩擔雜油入境，肆擾混亂行市，以致我油行賠累而歇業者過半，署內用油，何人支辦？無奈，邀衆具呈公，懇蒙山東張大老爺恩准，飭差嚴查，凡舞弊捏稟者究懲之，入密出售者添派之，混行亂市者即緝之。因結油社公議繳油章程，又將所議章程具呈，懇恩批准，存卷勒石，以為後鑒。不意燹火之後，卷碑俱失。會首監生樊議成等無奈邀衆公議，重將繳油章程開明具呈，懇恩蒙楊天批准，遵照舊章辦理。衆等恐時久弊生，無徵不信，貽誤公事，今又具呈公，懇蒙龐大老爺天恩依呈批准，遵照舊章辦理，因載於石，以彰用下奉上之義，又杜奸詐推諉之弊，謹將所議開列於左。

　　太學生樊克昌撰文。

　　禮刻經書周經魁書丹。

　　一、議合邑油坊於每年二月十五日午前，齊集天寶觀中，酬神公議值正，輪流繳油，不准有誤，如該會日不到者，罰其先支油斤，以懲推諉之弊。

　　一、議署內用油批准每月一票，每票三百斤，五人共支一票，每人該油六十斤，繳完即每斤領價六十文。除扣除少實五十文，歷任向無短少。

一、議有無力開設欲歇業者，需於一月十五日會期，須附近油坊作保，方准歇業。如過會期與無保者不准歇業。若本年內再行開設，罰油三百斤入官，以杜力滑之弊。

一、議有新開油坊，附近者以其具認支辦，如不具認，附近者指名稟官，傳其具認人繳油斤。若該繳者俱不繳，罰油入署，亦不准包與差人代繳。如違，罰油六十斤入官，以杜奸詐之敝。

一、議外邑油坊來密坐莊欲賣油，其支辦與肩擔雜油入黨，混亂行市，讓附者緝查之。如不代緝，公同送官問罪。收換油料，非本境有糟坊者不准收換，以免誆撇之弊。如違，公同稟官。

會監王成心、孟魁興、寇合興、劉如川、張新泰、周順興、樊通樂、蔡栓、張三德得、王會重、徐元惠、馬雙興。

首生原泰誠、段湧泉、魏口顯暨合邑油坊公立。

皇清同治十二年歲次癸酉陽月上浣穀旦。

（碑存新密市文物保護管理所。王興亞）

泰山廟補修並移修創建總敘

密邑東南朱保，清溪縈繞，冷冷然含千古之秀者，溱水也。其納林木深處，巒峰絕起，層疊而崢嶸者，下泰山也。山之巔，殿宇重重，樓閣聳然，清秀幽雅，游覽者每稱勝地焉。但歷年久遠，不復重修，廟貌損於風雨，半屬零落，神像蒙以塵垢，間亦暗淡。廟外樂樓偏在東偶，且於同治戊辰間業已傾圮，此則為往來行人目睹而心傷者也。幸有陳君元魁與三五同志，感諸位神聖之靈，謀及鄉鄰，思將零落者補之，暗淡者新之，偏且傾圮者移而整飭之。而鄉間善士，亦感神之靈，誠心樂輸，布施孔多。且各出其力，以襄盛舉。以故其工雖大，不數旬而遂告竣焉。尋復以其餘資砌廟臺於山門之前，建道房於大殿之左，是更於當修未修者並修之。行見廟貌巍然，神像肅然，地勢闊然，用妥群聖之靈，以祈生民之福。此其功豈淺鮮哉！是命石工鐫之貞珉，非特志諸君虔誠之意，並於啟後人保護之心也。是為敘。

邑庠生朱云瑞撰文並書丹。

儒童朱元彬篆額。

大清同治十二年歲次癸酉仲冬敬立。

（碑存新密市文物保護管理所。王興亞）

張志恒誌

白龍王爺姓張，諱志恒，住浙江紹興府，係宋嘉祐時人，行伍出身，值遼東亂，軍中得功，授南陽府把總之職。後金龍口開，運糧河上，撲河而亡。靈氣不散，在老廟山居住。

至洪武十八年始升超化。

  路鳴鶴謹誌並立。

  光緒叁年端月上浣吉日。

（碑存新密市超化寺。王景荃）

國子監怡園錢先生大人墓誌銘

  翁姓錢氏，諱體元，字善齋，號怡園，武德將巧：嵩峰大人之嗣也。邑柯之超化村，褥粥人接，然講不欺。幼習儒術。時試米僻，遂棄筆研、憶經到園，不使家務勞其親。《易》蒙之九二曰：子克家。蠱之初六曰：有子，考無咎。翁之謂也矣。事親至孝，承顏養志。嵩峰大人性豪爽，有孔北海"座上客常滿，杯中酒不空"之致，翁日給旨酒召父老、族契與共飲，以悅親為心，不計家之有無，然又能使親不知其勉強勞苦也。勤於治家，出作入息，終日不遑，暇食至夜分，方獲謀一飽，以故蓄積致富。援例入成均。復以撚匪擾境，守城勞績，蒙上憲賞給六品銜總糧，王蕊之先生匾其門曰"露布"，屢書其榮之也如此。

  嵩峰大人善經濟，翁前後補翼不懈，如團鄉勇，以防堵禦，修石橋以通行人，設義塾以育人才，施義地以惠貧困，種種善行，皆翁贊成之。人稱父子濟美雲。翁元配孺人，生員韓公女，有淑德，與翁相敬如賓。生子一，名海晏，即邑紳翰林院待詔邑紳先生也。韓孺人卒於咸豐五年十二月初三日戌時。繼配王孺人生子四，海升、海珠、海泉、海柱也。女五皆適名門。孫五，瑞芝、瑞霖、瑞昌者，海晏出也，名瑞鼎者，海升出也，名瑞錦者，海泉出也。孫女五，亦皆適名門。曾孫一，名寶慶，女一俱幼。光緒戊寅歲荒，疫癘大作，翁染病不起，呼海晏兄弟等，泣囑之曰："汝祖父年高在堂，我未獲終養，死不甘心，汝等加意事奉，如我在時，我死後無使老人過傷悲也。"言訖而卒，時光緒四年五月十三日午時，距生於嘉慶二十三年八月十六日吉時，享壽周甲。海晏捧翁行狀，銘於余，援據狀為志如右。銘曰：

  橋梓濟美兮恨抱終天，遺訓數語兮涕泣慘然，長逝已矣兮地卜牛眠，幽宅鞏固兮余銘其阡，福蔭後嗣兮於萬斯年。

  登邑廩生候選儒學教諭姻愚弟馮鳳鳴撰文。

  鄭州己酉科舉人任閿鄉縣儒學訓導姻晚生張前勳頓首書丹。

  邑庠生仁愚侄孫泰華頓首篆蓋。

（誌存新密市超化鎮超化村。王興亞）

皇清例授登仕郎逸齋錢公墓誌銘

  吾密錢氏係出吳越王，詳其譜序，無庸贅述，世居超化河西村，有令德多聞人，至明季諱佳選字升階者，實公之太高叔祖，從孫夏峰徵君學為高弟，同門如漯城趙寬夫、杞縣馬椒史、諸碩彥時來會講，咸主其家。道光初，邑人為修景賢祠，以志止仰。邑之稱食舊者，每推錢氏焉。公祖，諱九峰字淩漢，太學生。父雲鵬，字程萬，俱能世其澤。公諱景高，字東山，逸齋其號也，從九品職。天性質樸，專志好學，孝友慈祥，篤於內行，恪恭子職，必誠必信。有弟景路，少失恃，公扶養成人，早逝無子，以其子嗣之，語及輒涕零。於物無忤，有求者必竭力應之。族黨有分爭，每為居間而化敦睦，不率教者，或恥見之，故群目為長者。其歿也，村中長幼若失所依。

公生於嘉慶五年二月十九日，歿於光緒三年三月初五日，壽享七十八歲，配張孺人，吾從姨母行也，生於嘉慶四年正月初三日，歿於光緒六年三月三十日，壽享八十二歲。子三，長廣義，年二十即亡，娶呂氏，無所出，青年矢志，事舅姑以孝聞，同治十三年舉節孝。次廣正，太學生，三廣基，出嗣景路。女一歸吾弟，南陽府鎮平縣教諭致和。孫二，長錫瑞，次錫銘，廣正出。錫瑞出嗣廣義孫。女一。曾孫男二，女一，錫瑞出，今以十月二十日，同胞弟景路公，葬於新塋之次。銘曰：潔己好修，居易以俟。和光同塵，其厚也積。馬陵塢邃洧水清，中有一人直而貞，鬱而必發視此銘。

  候選訓導姻愚侄王致昌頓首撰文。

  候選教諭仁愚侄張書則頓首書丹。

  邑庠生愚表侄韓一鵬頓首篆蓋。

（誌存新密市超化鎮超化村。王興亞）

創建清真寺碑記

回民，穆民也。年有齋期，月有會禮，日有功課。凡屬名鄉巨鎮，師人樂士，奉行闕敢講說，綦精昭昭，然知一真主之明命至聖之淵源，不至有數典忘祖之愆矣。粵自隋開皇七年，實至聖穆罕默德為聖三年，隨敕使入我中土赤尼，降及唐、宋、元、明，屬有效力國家，清真寺則隆以敕修，稱鉅觀焉。我密邑曲梁鎮蕞爾微區，家居又屬寥寥。馬阿衡諱玉慶、李君諱明德、張君諱孟，目悼心傷，思不於拜禮之所，遠紹聖訓，則泯然就湮。於是，相度地勢，構材鳩工。惜有志未遂，不幸中途三君盡逝。明德子春魁、孟子進忠，於同治八年，糾率同族人等，續承父志，猶恐有未知教典之人，動以浮言，至設晏聯情，衆心欣然，竟有欲捐資以助工者。乃知真主大能，不數旬而工告竣，巍然改觀，真有不可得而測者矣。嗣又建講堂、立水房，公置田地二十三畝。梅先捐約地二畝，延諸名阿衡朝夕祈佑，肅禮殿邃，卑幼咸知吾教為至貴，所不待言。誠慮日久而衆公捐輸善舉掩沒弗彰，則何以垂永久而示無窮！故勒諸貞珉，期與山河並壽，因濡筆以志之云。

  滎陽邑庠生法乾元撰文。

  增生許凌云書丹。

教長帖聚真、楊文成。

首事李明德、張孟、李春貴、虎忠堂、白振明。

清光緒拾年歲次甲申陽月上浣吉旦勒石。

（碑存新密市曲梁鄉曲梁村清真寺。王興亞）

重修吉慶寺五虎廟碑記

嘗聞風水形勢之區，皆有主宰鎮靜之處。五虎廟集者，東偏有五虎廟，西偏有吉慶寺。右據溱水，左跨黃溪，背梅岱而面官陘，真南朱一保之巨鎮也。吉慶寺，創建於金正慶三年。五虎廟，雖不知創建之始，然馬公文升已奉敕重修於大明之時，每歲縣尹皆有祭祀。自大清順治五年，李公芝蘭建聖廟於城關，始停止祭，知寺廟之立久矣。雖佛關聖之功德傳之者遍四海，述之者亙萬古，無煩余之讚頌，而神靈更顯此方，為一保共聞共見者。帝則威伸千載，生前曾於此破曹，歿後屢於此禦寇。佛則默為感化，除去一方之淫慝，釀成合保之善心。故今者寺廟傾壞，見者心惻，共議重修，無不欣悅。但寺內僧房客室已泯其跡，而群廟告成，並更造之。而廟中亦增修碑房台級。雖無昔人之富，而人人傾囊；雖無前輩之才，而人人努力。一保同心，有功者皆欲讓功；和衷共濟，有勞者皆欲辭勞。兼以遠鄉善信廣施資財，故不數月而工竣焉。凡若此者，皆神聖之靈為之也。余本庸才，且無學術，但始而憂其功之難，繼而喜其成之易，遂不辭而作序云。

開封府庠生王巽生撰文。

眷門李在公書額。

棣之朱光華書丹。

大清光緒十一年歲次己酉暑月立石。

（碑存新密市曲梁五虎廟村。王興亞）

太學生鈞洧錢公墓誌銘

歲己酉，余任密邑訓導。有監貢生錢桐豫者，持其父太學生鈞渭公行狀，示余乞為志銘。余拙於文，然褒美揚善往往見獵心喜，謹按狀：

公姓錢氏，諱文華，字藻庭，鈞洧其號也。係出唐武越王鏐，元時有宦山右者，遂家焉。明永樂間遷密之超化村。國朝順治乙未，有選拔貢生字升階先生者，公六世祖也，理學名儒，受業孫徵君夏峰先生之門，行誼載邑乘。嗣後代有聞人，其附監生諱經者，公之祖考也。邑庠生諱可久者，公高祖考也，太學生諱潮者，公曾祖考也，太學生諱青錢者，公祖考也。太學生字景嶽者，公先考也。公昆弟三人，公居季，幼承家學，不屑屑於尋章摘句之末務，而惟以古之學者為己期，實踐而躬行，事父母先意承志，每食必有酒肉，有曾子輿氏之風。事二兄克盡弟道，折爨讓產一節，有漢孟嘗之風，此其大節。至其治身刻苦，待人溫和，非言辭所能盡。試舉其大者，道光丙午旱魃為虐，歲大役，公施地開渠灌田，全活無算。佃戶有負租者，或勸奪其田，公曰彼貧也，吾不能濟，忍更促之乎？其居心仁厚類如此。自號釣洧，慕姜太公之釣渭也，晚結茅水竹間，號勉樂庵，遵周濂溪命二程尋孔顏樂之教也。其志超越，慕古樂道，洵堪紹升階之統緒而不愧，印月莊之名士也。若夫訓子孫學吃虧，莫佔便宜，及養心寡欲，知命修身之言，尤公餘事矣。

嗚呼，學術正斯心術端，心術端斯為善，倫外無道，道外無學，古人之學，壹是皆以修身為本。自舉業興而學術晦，詞章功利入人骨髓，往往薄庸行為無奇，視實踐為土苴，雖涉巍科、躋膴仕而倫常抱愧。品行卑污，生為士類所不齒，死與草木同腐。以錢公可法可傳者，其為人賢，不肖何如也，識者自有以辨之矣。公卒於光緒四年六月十三日，壽享八十，著有勉樂庵詩集，藏於家。距生於嘉慶四年正月日，配劉氏生二子，長璞玉，次桐豫，監貢生。女一適張門。繼配劉氏、趙氏無出，孫二，長樹仁，次熙仁。孫女三。曾孫際安。以光緒十二年正月初八日，與所配合葬於綏石嶺，艮山坤向，為之銘曰：

嵩高維嶽，峻極於天。維嶽降神，生釣洧錢。服習躬行，克紹家傳。勉尋樂事，仰孔希顏。余景芳躅，謹銘其阡。幽宅莫固，於萬斯年。

恩進士兼孝廉方正銜膺學憲廖薦任密縣訓導宏農兀煥勳撰文。

恩進士現任鎮平縣教諭眷晚王致和沐手書丹。

郡庠生眷晚張盤銘頓首篆蓋。

（誌存新密市超化鎮超化村。王興亞）

廣建靈泉庵老君殿碑記

邑東二十里許靈泉庵，舊有關帝、大士二殿。此地為嵩嶽脫脈之中幹，洧水流其南，溱源繞其北，西連雲母，東亙曲梁。煙蹲霧峙，路轉峰回，誠浮嶽二保之名剎也。及壬午，王公彥來□□□□其廟貌傾頹，神象失色，目睹心傷，因倡勸紳商捐資重修，煥然一新。又於大士殿左創建老君殿一楹。彼時因地狹隘，制嫌樸畧，每欲改觀而末由。丁亥歲，葦坑開採煤窯，祀老君，屢次顯靈。窯主煤客等樂捐輸資，共襄義舉，移基更築。戊子二月，廣其廟，粧其神，丹青其壁，輪焉奐焉。不越月而廟殿空前之，殿宇始巍峩壯觀矣。時公等囑文於余，因甫陳言，畧以表其事云。

邑庠生白蓮生撰文。

邑庠生翟鵬九書丹。

國學生翟汝義書額。

清光緒十四年立。

（碑存新密市來集鎮翟坡茶庵。王興亞）

皇清太學生竹溪鄭公（文祥）墓誌銘

【蓋文】

皇清太學生鄭鳴鳳先生墓誌銘己丑孟秋

【誌文】

皇清太學生竹溪鄭公墓誌銘

夫士有平居恂恂，無甚短長，而蓋棺論定，卒無遺義者。常德本不奇，庸行必不朽，竹溪鄭公是也。

公諱文祥，字鳴鳳，竹溪其號也。先世晉人，明時遷密，世居岳村。至公高祖元淳，始居石嶺。曾祖樹經，祖五仙，世有令德，爲邑名門。至父宗韶，始析居，性好讀書，不喜世事，遂以家務付公。公性勤儉，黎明即起，既昏不息。衣服不厭樸素，飲食無取奢華。始析居時，田僅五頃，莊只一處。數十年間，田宅益廣，廬舍迭增，較析居時蓋數倍焉，皆公之力也。然性輕財，能任事，喜讀書。咸豐庚申，皖匪擾密，鄉間廬舍焚掠一空。公貸以粟，不責償。戊寅，大祲，亦如之。其輕財如此。皖匪初過，流賊繼起，非築寨無以自固。而衆情畏難，莫肯爲首。公諄諄勸諭，自出貲財，身領其事。不數月而寨成，衆恃以無恐。其任事如此。公以早膺家務，詩書不得卒業，常以爲恨。子之桂，甫數歲，即爲延師，供億殷勤。及長，應試屢列前茅。而公以年老倦勤，之桂遂以例入成均，代公理家務焉。有孫二：長雲青，已應試。次同清，幼讀。省視供億，較昔有加。其喜讀書又如此。則公之興家立業，雖由勤儉，亦大異於慳吝自守者矣。公生於嘉慶二十五年十二月十四日，卒於光緒十四年九月十一日，春秋六十有九。元配裴孺人，生子一、女一。子即之桂。女適馬氏。先公卒。繼配段孺人，生四女，尚康強焉。今將於八月之初，葬公於廟岡之原。裴孺人先合葬焉。公嗣之桂以誌屬余。余因次其事而銘之。銘曰：

是爲鄭公之室，既安且吉。子子孫孫，永庇無極。

皇清例授文林郎丁卯科舉人候選知縣姻愚弟李統一拜撰。

皇清例授登仕郎歲貢生候選教諭姻愚弟王乃從頓首書丹。

皇清例授文林郎戊子科舉人候選知縣世愚姪羅允昭篆蓋。

光緒十五年歲在己丑秋八月初四日男之桂泣血納石。

（拓片藏河南省文物研究考古所。李秀萍）

韓氏貞女墓碑記

從來風化之隆，是覘運會。莫榮於義士忠臣，亦莫光於烈婦貞女。惟烈婦已所罕聞，貞女尤難多見。故臺南一風詠標梅者，女子知守以貞信；款野麕者，女子知守以貞潔。即賦行露者，女子亦能以禮自守。而作詩以絕人，十四篇之中，特於女子之賢，三致言焉。邑西南十八里許，平陌村之北坡，有韓氏女者，其父名曰乾，莊農為業。然氏則秉性賢良，矢志堅貞。曾未讀書，而深明大義。少時曾許配於近村楊姓。道光二十年，合邑旱災，時氏十有七歲，曾已過笄，尚未於歸。其婿因荒逃外，莫知其鄉。迨豐歲以後，俟有多年，未見迴旋。伊家四外採訪，渺無音信。而氏年亦久逾嫁期矣。厥後婿亦終未見還。不數年，父母亦相繼去世。氏遂決意以處子終身，與兄弟二人，相依度日。因之立言為善，日以敬奉神明為事，虔供觀音大士。平陌村後街，舊有觀音堂，年久失修。氏乃力為倡首，募化四方資財，積有青蚨五百餘□，於是，庀材鳩工，俾廟貌煥然一新。蓋至是氏數十年為善之真心見諸實效。而高微等猶餘錢七十餘千，復買地六畝，以為廟中香火之資。每年六月六日，創起新會，藉以光昭神功。後以用心過度，積勞成疾，病至三年而沒。氏生於道光十一年辛卯七月十九日子時，卒於光緒九年癸未七月二十日午時，享壽五十三歲。葬於平陌村北韓氏祖塋之東偏，專卜一塋，以彰其墓。氏之侄韓法良者，幼而賴氏撫養成人。因念伊姑為善之力，復係功德之主，不忍令其懿行久而就湮，遵其父名風來之命，乞記於余。去思善善，本宜從長。而女貞之善，尤不容沒。故亦不得以不久過辭。聞之女貞之木，負霜蔥翠，故又名冬青。若氏者於女貞之義，允無愧焉。嗟乎！太璞獨完，矢志況難，能而可貴，為善最樂，臨及而更，好謀而著成，洵女中之丈夫，閨門之奇秀也。爰述其顛末，勒諸貞珉，以永垂不朽云。

先生印志學。咸豐辛酉科拔貢，候選直隸州州判，本邑人。此記撰文書丹，俱為梁老先生所成。因係塋域之碑，未便列外姓之款，故不敢妄論。賜書簡章接記續行，然先生成美之功，究不可掩，爰附微名，以籍詳緣由，並仍懇自書銜章於上區，以示明晰，其或有臨此者，庶可一覽而知也。

侄韓法良謹贅。

大清光緒十五年歲次己丑嘉月立石。

（碑存新密市文物保護管理所。王興亞）

皇清賜進士出身誥授朝議大夫廣西恩恤知府張公諱增祥字晉卿神道碑

按：公行三，號素圓，由道光甲午科舉人，咸豐癸丑科進士，歷知廣西北流、桂平、荔浦等縣事，總理郁林釐金，督辦軍務，以軍營積勞病故，功欽恤知府，御賜祭葬銀兩。長兄荷萬公諱增祿，由己酉選拔進士，壬子科舉人，任安陽教諭。次兄雲舫公諱增瑞，由明經進士任息縣訓導。昆仲三人同登仕版，吾密蓋僅有焉。

欽命山西按察司使署歷山西布政司使二品頂戴世襲雲騎尉勵勇巴圖魯愚族侄汝梅頓首

拜記。

　　賜進士出身誥授通奉大夫花翎二品銜前翰林院庶吉士山東運河道浙江鹽運司使年愚弟王化堂頓首拜撰。

　　賜進士出身誥授中憲大夫戶部郎中記名繁缺知府授業王守基頓首拜書。

　　男保定、保訓率孫恩睿、恩源、恩沛、恩深敬謹納石。

　　光緒十六年花月上浣吉日。

（碑存新密市文物保護管理所。王興亞）

清故奉政大夫郭公及張宜人墓誌銘

【誌文】

　　公諱長凝，字涵萬，密之名儒也。世居紀垛村。父繩先，字丕承。娶魏氏。經營起家。生子二，長春橋，附□生；公其次子也。公天資純粹，才力明敏，童蒙時，共指為較衆特出者也。而且事父孝，事兄恭，父兄器重之，隨其志而力學焉。公好學不倦，克遵父兄之教，受師友之益，十年讀書，十年制藝，彬彬然風雅士也。道光二十七年，府試冠軍，得遊泮焉。施即食餼，中乙未科舉人。未幾，猝避兵燹，士農業廢。至承平後，公始設教近村，受業成名者濟濟焉。公素性耿介，而不私入公門，有幹公事，一遇鄉里爭持，無不排難解紛，數年而村無涉訟。至同治辛未科，挑取一等，簽掣山東，以知縣補用。嗣到省候補，仍書生本色，不染官場習氣，起居飲食均有常度，自奉以儉，酬應以豐，同寅協和，憲府嘉賴。曾充同考試官，護送琉球貢使，歷閱課卷試卷，兼入府局審案，種種差遣，難以枚舉。後直濟寧州金、嘉、魚三縣發饑，公奉檄賑濟貧民，百姓悅其公，上憲嘉其勞，酌委署事一次，候補二三年，遂得同知銜。光緒元年，授任城司馬職數年，而士民愛戴。至光緒八年，授平昌縣尹，在任以直隸州候補。到任後，興利去弊，案牘無積壓，一時感公德而頌公才者，咸載道口碑焉。公德配張宜人，賢而孝，勤而儉，為公主內政家事，公不與問。生二子：長紹聞，弱冠遊泮；次紹庭業儒。孫三，曾孫二，均遂公任。公平昌數年，解組歸省，年已六旬餘，因使二子筮任，長男紹聞，授曹州府經歷，蒙保舉以知縣用，曾代理鉅野知縣事。次男紹庭，授館陶縣主簿。公在寓，課孫自怡，曰："余宦游二十餘年，而至今四世同堂矣，沒使孫輩繼我書香，勝我攝篆。"嗟乎！光前裕後，功成名立如公者幾人哉！公卒於光緒十七年二月二十八日，享壽七十一歲。張宜人卒於光緒十六年二月二十日，享壽六十八歲，與公合葬於祖塋。

　　光緒十七年二月二十八日。

（碑存新密市城關鎮梁溝紀垛村。王興亞）

邑庠生劉公鴻閣老先生德教碑

【額題】文雅堪欽

公諱恩元，字鴻閣，號栢溪。予門下士也，少予九歲。予光緒乙酉，攝密縣篆。公來謁，與予講論道義。言動舉止，不染時下俗膺氣。予心器重之，潛訪其行誼。有告予者曰："此吾鄉善士也。"姿性純篤，勤於學問。識大體，重廉讓，輕財好義，能為人所不能為。事親至孝，先意承志，能得高堂歡心。親疾，躬親湯藥，晝夜不離床褥。洎終後，哀毀骨立，喪葬一循文公家禮。宗族鄰里尤極和睦，有喪葬厝無地者，令於己地選卜，牛眠衣衾棺木，無力營辦者，公為之竭力周旋。有負錢八百餘緡，艱以償者，公面焚其券，使無芥蒂於心。後有人家漸豐裕，持錢償之。公笑曰："券既焚矣，何以償為？"堅不受。生平所為，大類如此。至其教誨後生，勤懇不倦。書理文法，明白詳密，學者言下領悟。從此遊泮者不計其數，尤其餘事焉耳。予聞之，擊節嘆欽曰："此躬行之儒也。"自舉業習興，學術日訛，浮華之士往往視倫紀為贅疣，薄躬行為無奇。咿喔數卷書，弋獵功名，僥倖獲售，遂誇□時，以為學中解人，而於己之身心性命，全無理會。以視公躬行心得，孰得孰失，必有能辨之者。公終於光緒辛卯正月十五日戌時，享壽六旬有七。其門人感春風之久坐，欲為公立德教碑於道左，以表揚盛德，而屬文於予。予誼弗能辭。昔朱文公於蔡西山曰："此吾老友，不當在弟子之列。"予於公亦然。故為之序。又銘曰：

道在倫紀，學重躬行。躬行心得，倫紀分明。

劉公劉公，矢志忠誠。德行道詣，不愧儒生。

誥封承德郎孝廉方正恩貢生授開封府密縣儒學訓導兼攝教諭加四級宏農兀煥勳謹撰。

汜邑姻愚弟年七十三歲潘清彥拜書。

光緒十七年歲次辛卯桐月上浣穀旦。

鐵筆韓庚辛。

（碑存新密市牛店連環寨。王興亞）

皇清特授虞城汛分府以守府用晉昭武都尉貞夫蔡公墓誌銘

【誌文】

公，余三舅父也，諱啟元，字貞夫，號友梅。世居開封府密縣城內。曾祖諱廣林。祖諱景賢。父諱廷魁，邑庠生。配王太恭人，有隱德。先生女一，即余之母，後生子三：長諱炳元，以縣元入庠；次諱坤元，以府元入庠。公行三，生而歧異不凡，稍長殫力於學，卓然有遠志。迨父與長兄相繼而亡，家業淡泊，寸土俱無，困苦艱難，公備嘗之。後愈困愈艱，無奈，捨詩書，謀生涯，以糊其口。是年至弱冠，公奮志習武，以府元入庠，處世精明。凡保田大事，賴公辦者居多。所以，道光二十八年，捐賑案內，蒙撫憲潘奏准，以外委用。道光三十年十一月，赴署廣西臬憲左江道楊行營投效。咸豐元年二月，因會匪凌十八等圍攻郁林州城，奉派帶壯勇弛赴剿捕。三月二十五六等日，疊獲勝仗，殺賊多名。四月，又奉署廣西撫憲周札，調赴潯州府防堵。九月內，因賊匪何名科攻擾貴縣，奉派帶勇士剿捕，將該匪全行剿滅。蒙欽差大臣賽保奏，奉上諭：着歸籍，以千總即補，賞戴藍翎，欽此。咸豐二年三月內，艇匪薛南章等圍攻藤縣，奉派帶勇剿捕，開炮轟斃賊匪數百名。旋因該匪竄圍潯州府，順江追剿，屢仗獲勝，追至梧州府，會圍廣東戰船，兜截剿滅，蒙兩廣制憲徐奏明在案。七月十五日，奉廣西撫憲勞札委，帶領將勇，赴永福縣剿捕遊匪唐元秀等。七月二十九日，在石龍地方接仗，斬殺賊首四十餘顆，生擒十餘名，奪獲頭旗兩杆，苗槍四十餘杆，火藥一桶，苗槍藤牌數十杆。追來賓縣地方，將匪首唐元秀擒獲解辦。八月二十一日，奉委解壯勇五百五十名，赴博白縣原籍遣散歸農。九月二十九日，差竣。咸豐二年十月初八日，蒙廣西撫憲勞會同提督部堂具奏，剿辦股匪出力，奉上諭，河南候補千總蔡啟元，著仍歸河南以千總儘先拔補。欽此。咸豐五年二月初四日，蒙撫提部院英拔補歸德營虞城汛千總，發口符一張，遵於四月初一日領取，初四日到汛任事。咸豐六年四月十三日，奉撫提部院英札委，赴欽差袁行營訓練壯勇，因捻首張樂刑等圍攻亳州，奉諭帶勇馳赴剿捕。四月二十八日解圍，接仗，斬殺捻匪多名。該匪逃竄土集、白龍廟、燕家牌坊等處。遂帶勇跟追，曾獲勝仗。該匪又竄至雉河集老巢。五月十七日，帶勇攻破，斬殺賊匪多名，蒙撫提部院英奏明在案。七年五月內，安徽王家圩賊匪滋擾，奉派帶勇將王家圩攻破毀平，蒙欽差袁保奏，奉上諭：虞城汛千總蔡啟元，著開缺留標，以守備補用。欽此。六月間，安徽鄧家圩、姚家圩捻匪滋鬧，奉派帶勇剿撲，攻破毀平，蒙欽差袁奏准在案。後有病告假回籍調治，病癒，賊匪逼近密城。公訓練花戶，晝夜防堵，是以密城安然無恙。撫部院河東總河部堂黃奏准以都司用，先換頂戴。公將來可望大成也。不意咸豐十三年春，為子赴省送科，偶染時疫，溘然而逝。其子伏靈旋里，寄葬於城西南之原。德配王恭人，孝慈恭儉，治家有法。子二：長樹棠，邑庠生；次樹藝，太學生。女二：長適喬姓，次適晉姓。孫一，孫女七。公生於嘉慶十三年後五月二十五日丑時，卒於同治二年四月十七日卯時，享年五十有六。今卜於光緒十七年十二月初七日，啟遷葬於城西北祖塋東南之新塋。公之懿行可示後世也，因係之銘。銘曰：

赳赳武夫，道積厥躬。襟懷浩落，識見明通。窮則盡孝，達則盡忠。行軍似虎，為將如熊。嗚乎！想像其人兮，聲宏實大。祥志其墓兮，獲廣德崇。

乙亥科副榜六品銜候選教諭愚甥王國彥撰文。

邑庠生世愚侄李德龍謹書丹。

邑庠生世再侄李元楷謹篆蓋。

光緒十七年十二月初七日孤子樹堂樹芝泣血納石。

（碑存新密市文物保護管理所。王興亞）

縣尊李公芝蘭捐銀重修藥王廟碑

順治八年，重新藥王廟碑。至咸豐年間，皖匪竄擾，經火焚碎，難以豎立。考其碑文，倡姓人郭公諱光廷，敦請羽士田守鳳以為募化主，具其事，稟命縣尊李公諱芝蘭，縣尊慨然捐俸銀數十兩，以為衆庶倡。鄉耆紳民各捐貲財，以襄厥事。爾時廣修大殿三楹、拜殿三楹，道室三間，則神有所棲止而住持亦有所居焉。誠善舉也，不可令其湮沒，捐輸姓名不能悉載，僅約畧以志其事，聊以不沒人善云爾。

經理人李真岐、賈太和、宋新和、李太和。

大清光緒拾捌年歲次壬辰桐月吉日立。

（碑存新密市來集鎮寺堂村。王興亞）

趙鑫堂先生施井碑記

井泉之功大矣哉。雖民非水火不生活，亞聖嘗以水火並重，而春夏秋冬，古有鑽火之法，金石硝硫。今有取火之機，甚矣。火易而水難也。我密之西北開暘村，地勢高燥，掘不及泉。非惟歲旱艱水，即雨暘時若，亦必近蓄陂澤，遠汲清流而後可者。蓋近古如茲矣。趙君鑫堂憫之。慨然於村西南里許魏樓村施地七分三厘三毫井一眼，源清泉甘，人盡便焉。是自有此井，而向之難於水者，今皆如火之易。趙君之德，其與水風共古不難乎。村人士欲垂久遠，問記於余。故書"德符井養"匾額而樂為之記。

邑戊子科舉人司開泰撰文。

郡童生趙夢庚書丹。

魏崇德門前有往官路一條。

大清光緒十九年歲次癸巳瓜月之吉。

開暘村合會以共化費錢二十二仟文。

吉日同立石。

（碑存新密市文物保護管理所。王興亞）

重修觀音菩薩堂碑記

超化為中州名地，人居稠密，族共蜂房。廟宇亦前後左右，層層相望。寺南有村，囗山門清，環溝而居者約數十家。山南崖舊有觀音堂，日久漸欲傾圮，村人謀重緝之而無力。

因沽堂前柏樹一株，得錢陸拾緡，並日久所生之息，庀材鳩工，將堂從根而重整之。易前壁以木□□其室也，移數碑石而寬□□其文也，掖關佛廟以補舊焉，緝新□□太尉□居咸改前而善□門，壞牆新之，垣倒者起之，路凹者□之，器□者益之，無非求其固而久也。廟貌嚴然，神像麗然。觀是堂，覽是景，莫不心曠而神怡焉。是舉也，固由神之默為鼓舞，而非人之殫心竭力，亦焉能至是也哉。工既竣，族兄統業囑我為文志其事。謹勉敘之如右。

邑廩膳生候選李景□撰文。

郡庠生員李統業書丹。

大清光緒二十二年歲次丙申陽月立。

（碑存新密市超化寺。王景荃）

超化寺施地畝碑

棗樹溝泰和窯施捨義地二畝陸分柒厘整，坐落趙家崗，歸超化寺經理。謹將地畝尺工並銀兩開列於後：

地糧叁分伍厘整。東長伍拾壹步肆尺，西長伍拾壹步，南寬拾叁步，北寬拾二步。

光緒貳拾伍年□月上浣穀旦立。

（碑存新密市超化寺韋馱殿。王興亞）

例貢生敕授六品銜林溪錢公墓誌銘

余讀表忠觀碑，稱吳越武肅王錢鏐，始破黃巢繼討劉漢，宏誅董昌，盡有浙東西之地，傳子孫三世四王未嘗失臣節，及宋受命以國人觀，功德過於竇融。又曰天胙忠孝，世有爵邑，允文允武，子孫千億。乃歎錢氏之世，有名人其所由來者遠矣，林溪錢公武肅王之裔也。當明之初，有錢三老者，自洪洞遷密，是為超化錢氏之始祖。越七世有字建吾者，當明之季，築砦禦寇，事載邑乘。八世有字升階者，以拔貢受業孫徵君夏峰之門，與湯潛庵、耿逸庵友善，世稱道學，亦詳邑乘。自升階而後，六世而生林溪公。公諱桐豫，字子茂，林溪其號也。高祖濤潮太學生，著有醒廬詩集八卷。曾祖諱青錢，祖諱學山，皆太學生，考諱文華，亦太學生，情溫和，常以吃虧教子孫，著有勉樂庵詩集藏於家，公生而聰敏沈靜好學，應試未售，以家務不獲，卒以為憾，兄弟二人，兄出繼長門，長門後有子，兄被逐，無所歸，公析產與之無難色。事親孝，家雖寒，酒肉弗缺，母病親侍湯藥，衣不解帶，及卒，附身附棺，悉遵家禮。姊一適張門，家中落，公常周恤之。姊翁卒尤以殮，公代舉其事，未嘗有德色。平居與鄉黨朋友，有無相通率類是不稍吝也。密素產煤，中年以後經營屯積，不數年家業頓興，增田數百畝，而自奉儉約，仍如疇昔，性素剛直，不以顏色假人。治家嚴密，常訓兒輩曰，汝祖吃虧之訓，乃金石之言。今幸寬裕，皆享汝祖福，慎毋忘也。又常訓子曰，先人古繢，以析爨數次，什失八九。今徵君手劄，僅有存者，汝善守之慎毋失也。樂善好義，佈施捐輸，不可枚舉，而於讀書一事，尤所致意。嘗捐五十金，助松泉書院。又捐百金建義塾於鄉里，且擬以所質甘砦馮氏地價五百金者，人之祖廟設立家塾。恐不敷用，欲更籌款，妥舉其事。有志未逮，而公溘然逝矣。夫以公之聰敏好學，使得償其志，即以纘升階道學之緒不難。而累於家務，僅以例為貢生，未免屈於短馭，然其剛直之性，忠厚之心，磊落光明之概，實有無愧於道學遺風者。因知以功名論人，皆世俗之見也。

公生於道光甲午，卒於光緒壬寅，享壽六十有九，元配劉安人早逝無出，繼配周安人有淑德，先公卒。子二，長樹仁，縣丞，出繼長門；次熙仁，郡廩生。孫四，際安、際祿、樹仁出，際昌、際榮、熙仁出，今擇於九月下旬，厝公於綏石嶺前之祖塋，熙仁以狀請志於余，乃據狀而志之。銘曰：

佳城鬱鬱，錢君之室，既安且謐，以利後人，永保貞吉。

丁卯科舉人例授文林郎世愚弟李統一頓首拜撰。

戊子科舉人洛陽縣教諭愚表弟馮際午沐手書丹。

邑廩生族孫啟綸頓首篆蓋。

（誌存新密市超化鎮超化村。王興亞）

聖水峪記

密之東北隅有聖水峪。峪於文為山谷，此水出山谷間，故稱峪。有石穴徑六七尺，深可丈餘，水出其底。居民以磚石甃之，高六七尺，周圍兩丈餘，上鋪石板，下向南有門。水出其中。世所稱聖水峪池者也。其名聖者，聖神明不測之號。此水有數異，人不能測，故因以名焉。其異奈何？凡山谷之泉，皆以旱潦為盛衰。此則亢陽連月不為減，霖雨彌旬不為增，有夷險一節之象焉。此其異一也。歲將饑則漸減，或停而不流，甚或伏而見底。底有小坎，深不盈尺，汲者以瓢挹之，終日如故。及將豐則漸增漸盛，不數日而湧出池門。居民以之占豐凶，有前知之象焉。此其異二也。下流有水磨，及鄭州之東，船亦行焉。雖合眾流，而此水力獨巨，得之，則磨加疾，船加載。磨夫、篙工皆知之。此其異三也。北宋都汴，以汴水運糧，汴源出滎南大周山，東北合京、索諸水，而聖水自西南注之，至中牟為汴水，故此水亦為汴源。父老相傳，曾有海菜從池中浮出，寺僧以篩承之，得菜數莒，則其源通尾閭可知。此其異四也。有此數異，人以為不測，故名聖也。更有甚異而頗涉不經者，嘉慶癸酉，河南大饑，人相食，相傳此池涸至底，底有平石若牀，羣兒輒嬉遊其中。及甲戌之春，忽見老叟臥石上，叱之曰：速去，狗且吠汝。兒驚走出，甫及門，水已在其後矣。此語雖不經，然以上諸異推之，安知穴底之非龍宮耶？穴純石無土，摩挲既久，皆光滑如砥。水甚清而色黑，有游魚長數寸，出沒水中，至池門即回，終不出，人亦莫能得焉。池上有龍王廟，以池水黑故稱黑龍王，且以別於迤西之黃龍也。池之東北有九嶺，號九龍口。其西北有小山塞之，名蜘蛛山，有羣龍吸蛛之意。俗偽為孤山，則淺矣。光緒甲辰，有白銘堂者，世居峪上，謂聖水雖載邑志而語甚畧，未足盡聖之字義，請余為記。余因續之，以俟後之採訪者。

清同治丁卯科舉人白寨黑峪溝人李統一撰文。

光緒三十年。

(碑存新密市白寨鄉聖水峪，文見民國《密縣志》卷十八《藝文》。王興亞)

重修白衣堂創建觀音祠碑記

嵩嶽之餘氣，婉蜒之艮隅者，曰分山，分山之北不數里有黑峪溝。瀝則為清流，旱則為通路。路之西有邱，特起高可四五丈，大可數十步。古栢叢生，望之蔚然，清秀形象。所謂一突為奇者斯殆近之矣。夫靈異之墟，類為明神之所宅，斯邱云小，要以靈異之地也。其南址，舊有叢祠，而白衣大士之堂獨踞其頂。頂之地不能立分，歲月既久，雪雨剝蝕，漸有墮損之慮。光緒乙巳，社首人等聯絡諸村，鳩工庀材，固之以石，以期永久，以因所有而修之者也。又於丘之北阪券石為峒，以祀觀音老母，此因所無而補之者也。工役既竣，而請文於余。余素不讀貝葉諸經，于白衣、觀音之履歷，未能盡悉。要其保育嬰孩，慈悲為懷，有坤元之德，有佛氏之婆心，殆廣生聖母之倫，婦人小兒所依，以為命者也。世既崇奉之，以祈福祥，弭災病，從宜從俗，固君子所樂道也。因記其事，使勒諸石。

皇清欽加五品銜誥封奉政大夫丁卯科舉人旗陽李統一拜撰。

業儒李士臣書丹。

監生郝永超正字。

首事九品鄭峰云，監生李之綱、郝振中、郝本堂、鄭六心，貢生李之坊、鄭六乾、王登先、李士忠、李士群、鄭文西、李慶恩、李士聰、鄭禮保。

光緒三十一年乙巳。

(碑存新密市白寨鎮黑峪溝。王興亞)

重修龍王關帝三仙樂樓寺廟碑記

蓋上天下際之間，金木水火土，五行之相生相克，在人各有所稟，即在神各有所司。以神庇人，以人事神，情之至，理之中也。密之東舊有固泉寺，神像分設，按諸生克之義，蓋蚤有所取焉。但世遠代湮，神像傾圮，遊觀者殆莫不掉以傷歎，為無可如何者矣。惟我秦君甫煥卿者，心無不善，事無不公，入廟參神，觸目感懷，敦然革故鼎新之志。蓋持力無輔，事難驟舉。而樂樓更仄筴，無地可移。因思馬君、高君、秦君諸襄事人，嘗於光緒元年間興工，餘錢五千。二家會首輪管生息，不數年即至百餘千。馬君曉峰等固買銅器，置物具，一應俱全。又數年，復生百餘千，以集重修之資，然後見傾者可補，圮者可理也。然工大錢寡，勢孤難成，於是，募化善士，隨心施濟。而四方之君子，亦無不傾囊相助，奔走恐後焉。因而庀材鳩工，於衆廟則復修葺之，於諸神則重金粧之，而樂樓則特加開廣，輪焉奐焉，與草創無異。此固神之所默佑，亦諸君同心協力之素所經營者也。然非煥卿之心精力果，慨然獨董其成，昌克臻此。工既告竣，理以勒石，以志不忘。庶後來者睹此貞珉，以紹肅烈。則諸君之所厚望，亦煥卿之所窃禱也夫。

優廩生王建邦撰文。

增廣生張耀奎書丹。

太學生王建堂篆額。

光緒叁拾貳年歲次丙午署月上浣吉日立。

（碑存新密市劉寨鎮固泉寺。王興亞）

陳溝青龍廟義地碑

密邑東浮山保四甲陳溝，原名雙溪村。西崗舊有義地一塊，此地原係陳修綱所置，以便會中路死貧人葬埋之區。第恐其年深日久，湮沒而不彰也，不惟死者無葬埋之地，且有負創始者之苦心矣。合會公議，因勒石，以志不朽云。

行良〔糧〕二分一厘四毫。

光緒三十二年桂月。

（碑存新密市來集陳溝。王興亞）

誥授承德郎王君定侯懿行碑

誥授資政大夫賜進士出身二品頂戴賞戴花翎湖北鹽法武昌道日講起居注官翰林院侍讀安陽馬吉樟撰文篆額。

誥授奉直大夫賜進士出身國史館協修翰林院侍讀銜編修大學堂畢業優等督學局差委查學汜水趙東階書丹。

君諱致麟，字定侯，晚自號迂翁，姓王氏，河南密縣人。祖愫，庠生。父恪正，舉人、孝廉方正，宰山西大甯縣，權渾源州，祀名宦、鄉賢，著有《易學研幾》、《求矩編念譜》、《保甲酌》諸書，皆君手寫。君孝友純至，事母傅太宜人勤身亹亹，居喪哀毀骨立，禮衷請古，朔望必薦時食，終身如一日。兄致泰，字安侯。軍功，知縣，需次陝、甘，病瘠。君逆歸，營治醫藥，時其寒暑飲食，人比溫公於伯康云。兄卒，育諸從子女若子。然本生八世祖至君，輩行絕緒。君會本支，祀其塋岡替。祖母周，叔祖母馮，俱以節旌。祀祠歲久傾毀，君募貲徹而新之。以餘財市屋宇，備祭器，恤貧嫠，置義塾。

　　咸、同間，豫境苦寇亂，君佐縣令治團練，乘城拒之。事平，議敍六品銜，候選巡檢。尤以興文教自任，獎勵文社，倡賓興會，資之赴舉。邑人士屢魁其榜。光緒丁丑、戊寅之歲，循饑，君勸富民賑施，常啜淖糜，節食哺餓者。邑有鹺商，縱巡役害民，輒誣以私販，繫人畜脅贖，否則置縣獄，破家相踵。又違制增鹺值，民重困。君年已七十，銳身訴縣令。令難之。歷控府司院，輒為勢利所格，連年不能決。君憤甚，詣京師訟之。越二年，會濮青士太守權開封，勘治，迺□宿弊。邑人咸德君。然君家產蕩然矣。始君析產與猶子裕成，至是資其養以沒齒，論者賢之。君孝友，能世其家也。平居寬然長者，及遇事強果，苟義所當為，雖蹈憂患，窮死無怨悔。乃鄉里顧以君迂也。嗟夫！是乃君之可傳也。配孫安人，通書史，樂施與，恆脫簪珥，佐成君德。聞寇警，則懷利刃，誓身殉。常口授子侄詩文，族媳貧不能讀者，使附家塾，能輔君以大其施。

　　君卒以光緒二十五年五月十四日，年七十有六。安人先君二十一年卒。合葬城東郊茅岡之南。君卒逾九年，吉樟奉命來鄂，其嗣荷誠馳書屬表其懿行，從衆醵金壽石之請。君兄安侯與先光祿善，外舅張樨雲先生，於安侯婿也。吉樟，庚辰迎娶陝西，獲見君。無何君控於京。又見忽忽十五年也。變滄桑，景行高山，渺不可見。揭其素行之大者，以詔來許。

　　五品銜邑教諭李玉珩、六品□□□□□□申其幹、邑庠生李元楷、□生孫泰階、監生楊春芳、監生靳鴻儀、邑庠生劉鑑塘、邑廩生王炳炎、五品蔡樹芝、五品藍翎邑城守營趙景雲、□□□□祥符庠生李秀生、五品衛州吏目孫□、監生胡敦化、蔡永清，候選知縣永城典史劉瑞旭、五品勸學□□庠生楊卓瀛、邑庠生梁炎午、監生楊春華，仝監工。

　　大清光緒三十四年葭月仲澣穀旦立。

（拓片藏河南文史研究館。王興亞）

太學生錢公繩武墓表

　　余與同邑廩生錢君冠卿，訂總角交，其書畫並工，學品兼優，為士林所推重，固君之天性學力矯矯特出，而溯厥淵源蓋有由也。夫錢氏為吾密望族，書香綿綿，家聲錚錚，其載在志乘，遨遊膠庠，而以德行顯以孝友，聞以文學，稱以書畫，傳者固已嘖嘖人口，指不勝屈。乃更有不以文學書畫擅長，而其德行孝友無間，人言足以留乾坤之正氣，為鄉黨所托庇。如太學生繩武公者，誠兩大中絕不可少之人，於人往風徽之後，正宜急為表彰，以發潛德之幽光，而為後世法。

　　公諱紹宗，字繩武，邑名儒增生淩蒼公之曾孫，余友冠卿君之祖也。公性嚴毅，動止不苟，為童子時，即為其叔祖歲進士西源、西洲二公所器重。少讀書，聰慧過人。再試未售，竟為家務所累，未獲卒業，時論惜之。公事親以孝聞，治家嚴而有法，內外整潔，無少長皆憚之，即閭里族黨間見之，未有不肅然起敬者。凡有爭競，得公一言，立即排解，為之罷訟者不知凡幾。咸豐年間，捻匪擾亂，登邑鄉團屯馬雞嶺者十餘萬人，公督饋餉籌軍需未嘗之黇，於是保間花戶，屢欲舉公為首董，公力辭不應，然每有重要繁難公事，必取於公，而議始定，蓋公之廉明公正，沁人心脾。善良者固惟公是聽，即奸胥蠹役皆不敢旨其欺，而亦不忍售其欺也。其生平尤輕財好施，見義勇為，解衣推食絕無難色，於族黨中倡義積金，以為歲時祭先，及族中寒畯科考之資，終公之世無少替。

光緒戊寅歲大歉，公又倡捐賑濟，全活甚眾。他如錢氏族譜續修兩次，及附近廟宇。創修重修子不一而足，皆公之首先倡義也。嗚呼士生斯世，苟不能置身廊廟，為天下蒼生所托命，即當量力而行，為一鄉一邑造能造之福，方能生不虛生，如錢氏者，雖未獲托足匡顯，光照史冊，而於家庭鄰里之間，當言者無不言，能行者無不行，人則為家庭之爭主，出則為鄰里之福星，謂之為士，誠無愧色，公之沒於今三十年矣，其子若孫恐董行誼湮沒弗彰，欲表於其墓，固其宜也。余與其孫冠卿君交最厚，知最悉，因即其幹熟能詳者，敬述其盛德之崖，略而揭之於阡。

公生於嘉慶八年，卒於光緒四年，春火七十有六。配張孺人，以賢孝聞，子二，長萬慶，從九品，次萬中，邑庠生，繼志三事有父風，孫七，長啟綸，邑廩生，冠卿其字，啟正、啟宇、啟昌、啟運、啟心、芻元，曾孫現六人。

賜進士出身丁酉科拔貢辛丑恩正並科舉人世再晚靳鶴齡頓首拜撰。

（文見翟興貴《超化訪古》。王興亞）

藥王廟張氏峻德堂施地碑記

為善者必昌，以有善願而能實力奉行也。況飲水思源，不忘得力之所。自先人有志而竭力以成之，其為善之大，必昌之券，尤有眾人難極者，更不可生焉以傳於無窮也。密東藥廟張氏為邑冠族，其峻德堂一支，服疇立稱，曾祖種藥王廟中祭田者多年，餘三餘九，家給人足之時，父子兄弟嘗相謂曰：吾倉箱衣食之源皆神惠也。他日稍有贏餘，置有私田，不種廟地之時，當有一報神賜，乃可慰心，乃可問世。繼而子孫繁延，人丁蔚然而興矣；阡陌連綿，家業勃然而起矣。抑且運籌折衝，敬齋公以錄勞而蒙世蔭之，嘗經商勤稼。郁齋、峻卿諸公以殖財而屢建濟世之功，以及就之之作，幕藩撫免之。之笰仕江蘇，簪纓顯赫，與東撫漢仙公相輝映，邑人士咸欽佩之。今既移居廟東里許，敬齋諸公相繼謝沒，其後人若勉之。藍田先之諸君，善承先志，思報神恩於無窮矣。獻香火地五十畝於神社，約社首輪流經管，除糧漕外，為擺供賽會諸費，誠盛舉也。眾社首謂宜勒貞珉以垂永久，願張氏之昌與嵩洧而俱長也。故謹記其緣起如此。

施主同知銜藍翎江蘇候補縣丞張書勵，弟監生書玉，候選縣丞書庚，姪候選縣丞天德。地坐落此廟西岡，五十畝整，行糧二十畝整。

歲貢生候補縣丞魯堂李克誠撰文。

國子監太學生吉六鄭光謙書丹。

邑庠生員銘九周鴻鼎篆額。

社首張書勵、恩貢徐乃昭、五品銜屈冠卿、監生慕長庚、監生于中傑、監生于廷榜、梁樹森、千總張書法。

主持趙理成，徒蘇守元。

皇清宣統二年歲官孟夏之日上浣吉日立。

（碑存新密市曲來集鎮李堂村。王興亞）

重修藥王瘟神碑記

國之有廟，固上以妥神靈而下以庇人民也，況藥王瘟神尤庇人民之甚者矣，此廟□殿舊有藥王瘟神之宇，其來已久，今因廟貌圮覆，神像暗淡，眾人共推張清源、楊歧山、馮春煦三人成首重修，三人不辭，各捐貲財，不多日而廟貌及神像俱煥然一新，貲財不足，又排眾人出錢若干悉列於後，以表眾知云。

庠生馮宣化撰文。[1]

皇清宣統年歲宮辛亥陽月仲浣吉日。

（碑存新密市崔莊白龍廟大門口。王興亞）

---

[1] 以下開列捐貲者三十七人姓名，字多模糊。

新鄭市（新鄭縣）

重修新鄭學宮碑記

提學道朱廷瑞

余惟古之爲治，有政有教。而循良之吏，必以教化爲先。則修舉學宮，其於振興文教，實始基之。煌煌大典，吏厥土者咸重圖焉。況中州爲古列國地哉！明季，寇氛蹂躪晉、豫，河以南，城郭室廬焚燬殆盡，學宮片地，焦土赫然。新鄭其尤甚者也。皇清定鼎，文化覃敷，詔令所頒，亟亟以興學爲首務。余奉命視學兩河，躬率勸登，庶幾就緒。向以校士有事伊洛懷孟間，兩道經新鄭。邑令馮君庭謁余，一見知其文吏，且能吏也。維是學宮茂草，余思爲經始，舉以屬馮君，馮君慨然任之。首捐其養廉資，爲邑學士大夫倡，擇材運甓，馨鼓鳩工，不數月而宮牆之內奐焉輪焉，且以其餘爲奎樓費。既五月，余自河北歸，則諸生秉忠輩以成功來告，而請余文記之。余於是益歎馮君文吏且能吏爲不誣也。夫鄭之桓公、武公寄帑號、檜間，介二邑爲國。因施舊號於新邑，則新鄭蓋爾桓公之所造也，武公之所和也，司徒緇衣之澤，猶有存者。迨後風俗漸流，日非其故。青衿城闕，取譏詩人。然子產、太叔諸君子相與後先，而紀綱之用，以相持於不敗，則知人性之皆可爲善，而教化之誠可爲也。夫今古不同而人性不甚相遠，教化之事，視長吏之躬率爲何如耳！昔孔子過蒲，自入境至庭，稱善者三。余與馮君雖未獲數過，習其所爲治鄭狀，顧即修學一事，度之田疇子弟之際，知其有彬彬者矣。爰因諸生之請，筆而授之，俾歸而勒之石。非徒樂馮君之能，崇我聖教，而丹堊其宮也，誠樂馮君之能奉揚聖教以治鄭，如向子產、太叔所云云。而欲鄭之人士尚可由茲教化，世世不衰也，是則余之望也夫，是則余之望也夫！馮君名嗣京，字上立，古隨人。時同事者爲學博李君，名一榴，字五明[1]，固始縣人。勸課工則生員高克昌等，例得並書。

順治十五年。

(文見康熙《新鄭縣志》卷四《藝文志》。王興亞)

重建公孫大夫國子產祠記

邑令謝鴻奇

祀有合于典禮者，移風易俗，俾歸於正者爲上，而禦災捍患者次之，普利垂恩者又次之。故或量百世，或量十世，務使後之人有觀感焉，亦可相助爲理矣。春秋諸國，鄭族侈泰。自子產猛以濟寬，而內變國俗，外輯强鄰。諸凡《褰裳》、《贈芍》不復歌於簡、定之世，其扶進人倫，誠深且遠也。至賂伯石，殺子晳，嗣伯有，存鄉校，不禳火，不禜龍，

---

[1] 乾隆《新鄭縣志》卷二十七作"民"。

不與宣子環，不受晉國幣，不自專辭命，使裨諶、馮簡子諸人得以自見，其秉禮守義，樂與為善，不百世可風乎！故孔子曰惠人，曰君子之道，曰古之遺愛，曰謂子產不仁吾不信也。合茲數者稱，不一倫而義各有當焉。蓋惠而不費為五美之首，恭敬惠義為四道之全，無非備為君子也。而《繫易》之詞曰：安土敦乎仁，故能愛。又寧有遺美耶？而或以孟子"不知為政"一言，謂其不足於君子也。嗚呼！子輿所願學者孔子，豈孔子稱道之人而加貶抑歟？夫亦鄭滅於韓，去子產二百年而後，人猶以"乘輿濟人"一事津津不置，是以小惠蒙其大德，故用抑揚示意明其為君子者政不止此耳。前相國高文襄公暢發此義，先得我心。予因重營祠廟，而附數言於側。並考祠之廢興年代，迄今重建歲月，共事樂輸齊眾。及配以唐裴晉國文忠公、宋王沂國文正公、歐陽兗國文忠公、明殉難名宦劉邑令公四君子，皆於移風易俗有取焉。附識如左。

　　康熙三年三月。

（文見康熙《新鄭縣志》卷四《藝文志》。王興亞）

重修文襄高公祠堂記

　　邑令李永賡

　　邑治北有明相國高文襄公祠，令以時祭享久矣。年久為風雨剝蝕，櫺棟漸就傾圮，神靡所依，灌土而馨，若野祭然。予履任即瞻拜其下，既慕且愴，意圖搆新而未暇焉。庚戌歲，始克謀諸邑縉紳及高氏諸博士弟子員，捐俸釀資，庀材鳩工。起於三月，以八月落成。凡堂五楹，繚周垣而顏其額，丹堊几案悉備，俎豆堦除，煥然可觀。邑諸君子復請予記其事，刻石傳遠，予固不獲以不文辭也。因思此舉有大不偶然者何也？公與予鄉太岳張公同以明相顯重當時。其揆輔表見勒在史冊，皆所稱賢豪大人也。仰典型者，莫不知曰江陵、新鄭云。但二公各負濟時之畧，其心同正而迹若相梗者，猶伯夷之清，別于柳下惠之和，柳下惠之和，別於伯夷之清也。而進江陵者退新鄭，進新鄭者退江陵，均之不知江陵、新鄭者也。昔蕭、曹同起里澤，及乘時殊建，各有短長。至於就榻問代，不但蕭能舉曹，即曹亦自知蕭之必以己代，而竟促舍人治裝以俟召也。兩公生沒，豈斤斤乎肯合塵步之間也哉？予生於江陵，與相國為世戚，嘗悲其事。而誦前史，識往哲，又未嘗不重新鄭，願為之執鞭也。今既獲展其忻慕之誠，復得佐其獻享之事，則新新鄭之祠者，予其可一日緩耶！夫三都諸賦，晉問諸作，敘山川風土物產之奇，必歷述古之賢豪者，誠以邑有山水，必藉賢豪以增其色；而登臨憑弔者，未有不瞻拜徘徊於其祠墓，而思芟其荊榛者焉。蓋邑有人則塊土皆靈矣。自今而後，焉知不再有繼文襄而起者耶？予故曰："蓋有大不偶然者在也。"嗚呼！鄭多君子，典型在望，溱、洧之水湛然，祀公祠者，將謂千秋之下，尚有同心歟！謹記。

　　康熙九年。

（文見康熙《新鄭縣志》卷四《藝文志》。王興亞）

新建興學書院碑記

邑令李永賡

　　大中丞佟公來撫兩河，節鉞甫臨，即下令問民生疾苦，剔吏除奸。復飭建講學之所，勸學造士，務期上宗孔、孟，下接周、程。令申所及，吏民風動。新鄭紳士自四川學使張公至，明經弟子等，幡然勃然，咸造縣謀所以為講學地者，期無負我大中丞作人盛意。予乃倡為書院之舉，愈欣然從事。爰釀金鳩工，陶甓丹堊，是勤是來，不兩月而告成，為費若干，堂三楹，周垣繚之，顏曰"興學書院"。遵公教也，乃歲約月會之規，予與鄉先生左右厥事，復捐俸刊朱子《白鹿洞學規》及楊晉庵《講學八則》，分為二卷，名曰《興學大義》。板藏尊經閣，博士司之，俾諸士易於傳習。工成，僉請記於予。予惟治莫大於興學。自三代後，倫教不興，而庠序黨塾之制壞。學宮雖設，而博士齋房之義湮，浸淫至於今日，丹鉛訓詁，以六經為科第之籍，以官材為榮祿之途。師以此為教，親以此為期。而為之子弟者，率貿貿焉，相逐於奔競而不知返。嗚呼！人心不適道，風化何由隆哉！予自待罪以來，勵茲夙夜，刊鄉約以勸愚民，設社學以教子弟，約月會以課秀士，復編刪《大學衍義補》，以明聖學之有歸。然而信者十之七八，疑者亦十之三四也。會我大中丞來與兩河，更始布茲條諭，則登高唱呼之日，即感興風草之機，天理民彝，觸之立應。故書院者，即會博士齋房之規，益以翊庠序黨塾之缺者也，豈非茲邑之幸，而我公之仁也哉！況茲邑土瘠，郵衝疲於教命，東里文章之氣，漸以澆漓。然而舊稱文獻，其流風遺韻猶有存者。文襄高公雖往，其著書立言，如《問辨錄》之折衷孔、孟諸儒者，載籍猶存，可取而讀也。剡魯齋先生曾發祥於此，山川之靈氣，磅礡猶昔。具茨、溱、洧之間，誰謂今日遂蕭索不可問哉？予願邑之人士交相淬礪，毋視書院為數椽之結搆已也。嘗考天下有四大書院，而嵩陽居其一，西望嶽麓，其能已於守先待後之人歟！多士濟濟，為國之楨。將以此報我大中丞，即以此報我聖天子矣。謹記。

　　康熙十四年。

（文見乾隆《新鄭縣志》卷二十七《藝文志》。王興亞）

書院旁置準提閣記

李永賡

　　書院之旁有準提閣焉。閣似無與於書院，然借僧以守閣，借守閣之僧以守書院，是書院與閣，實相倚重也。第有僧不能無養，養僧不可無地，而地之所在，賦斯行焉。鄭地薄而賦重，以僧納賦，是以養僧者累僧也。烏乎可！不佞再四籌度，捐俸置地若干給之僧，以供香火，而一切賦稅，不佞代為輸納。庶幾僧得其所，神有攸歸，書院不言守而自守矣。

或曰："賦無常變，官有去留，官納非可久也。"予曰："不然。人之好善，誰不如我！南海北海，此心此理同也。往古來今，此心此理同也。"是舉也，為僧計則或可不然，為僧守閣計則不得不然；為僧守閣計亦可以不然，為僧守閣以守書院計則更不得不然。所輸者少，而所全者大。官斯土者，諒有同心。爰勒諸石，以諗後之君子。

康熙十四年。

（文見乾隆《新鄭縣志》卷二十七《藝文志》。王興亞）

李侯讀書堂記

邑人張光祖

歲乙卯，邑侯江陵李公治鄭之八年，修廢舉墜，政績升聞。詔書特下，行將入為諫官矣。父老攀轅臥轍不能留，於是，感公之德，創建生祠，勒碑於道左，俾往來者觀之。知鄭之前有子產，其事業彪炳不朽；而後又有公，德政纍纍亦不朽如是也。當公之蒞茲土也，甫下車，首重文學，修高文襄公祠，為課士之所，復延名士教授其中。而四郊亦皆立義學，其廩米束修悉出公俸祿為之。又刊《大學衍義》諸書，授士誦讀。用是成人、小子，歲有進益焉。

鄭地素薄，火耗之弊久為民累，公鑒其弊痛革之。間有封入者，公即退還之。條銀額數計八千餘，即以一分論，歲可得七八百金。積至八年，其數可十倍矣，公悉還之民間，不少染。客有為之籌者，曰："非此，何以為日用資？"公曰："今雖自食其力可矣。吾向者不招人墾荒耶，今米麥可以炊飯，黍稷可以釀酒，養彘則肉可食，紡綿則布可衣，以及果蔬箕箒皆出於所墾之地，只此足矣，他復何求耶！"由此觀之，公所用者惟新鄭之水而已。官之廉，求之天下當必以公為第一矣。政事之餘，嘗巡行郊原，察民間疾苦。邑東有水潦之患，公相其地勢，開溝渠，通水道，至今賴之。時汴省有荊州協豆之議，士民聞之皆驚惶失措。公力為陳請，聲淚俱下。開府佟公感公之誠，遂為允免，則是公之福鄭民身受之，而全省亦陰受之也。他如建奎樓以興文教，息詞訟以安良民，勸墾荒田則給以牛種，招撫逃亡則寬其賦稅，驅蝗而蟲不為災，禱雨而甘霖立沛，此閤邑之所共知共見者也。先是公於邑治北修興學書院，百姓感公之德，建生祠于其後，名曰讀書堂。不曰生祠，而曰讀書者，蓋不敢忘公振興文教之意云爾。敬記。

康熙十四年。

（文見乾隆《新鄭縣志》卷二十七《藝文志》。王興亞）

重妝水月寺三佛尊神碑記

儒學生員附頭白遠撰文。

寺在明時，鐘鼓喤喤，磬管鏘鏘，猗歟盛哉！年來神像坤哼，幾欲輝煌，莫獲構之。

忽遇信女李氏等八人，觸目虔心，各立會期，年積月累，將三尊神體鳩工丹臕以五彩，彰施五色。俄而遍體光閃，炫然奪目，豈非一時盛舉，廟貌之改觀哉！仙界騷人與夫遊女，拜禱莫不讚揚不置云。若而人者真女中之丈夫也，勒名於石，以志善修。

康熙十六年丁巳口月吉旦。

（碑存新鄭市辛店鎮岳莊村水月寺。王興亞）

四川提督學政按察使司僉事張公（光祖）墓誌銘

參議道祥符王廷璧

按狀：公諱光祖，字大光，號岮嶂，姓張氏。先世真定藁城人。曾祖蘭任太醫院，與新鄭文襄高公友善，因徙居焉。蘭生四維，四維生俊秀，即公父也。以公貴，誥封奉政大夫、四川提督學政按察使司僉事。公少失怙恃，育于祖母吳，撫養如子。而公亦事祖母孝，朝夕供奉，享壽九十七乃終。公幼時遇寇被擄，潛入草澤，及賊騎四出，去公僅數武，值雷雨大作，公始得脫。後土寇交訌，欲害公。雷雨護公又復如是。

公素有大志，讀書不事章句。弱冠補弟子員，食餼于庠。順治丙戌，領鄉薦。己丑捷南宮，辛卯分校京闈，得十人，悉成均名俊。旋任山東恩縣令，均賦役，緝奸暴。如白夫八百名，鄰封推之恩者，公仍還之。縣舊有米麥三千石，常供之官。公堅辭，散之民。一時民有"我張公清如冰"之歌。撫軍嘉其廉，薦之，晉一級。陞兵部職方司員外郎。職方例掌軍政，公或黜或陟，一秉公誠。武弁無敢干以私者。庚子典蜀闈，矢公矢慎，名士多由其門。後解元劉迪登庚戌榜魁，餘成進士者居多焉。陞兵部督捕郎中，持公守法，全活多人。旗下緝一逃婦，有孕，法應鞭背，公曰："鞭此一婦不足惜，恐傷兩人命矣。俟產後鞭可乎？"釋之。公統轄京營有屬弁徐姓者，以厚幣來，公問其故，曰："此常規也。"公面叱之曰："天下之敗，乃官箴者皆常規誤之也。"不受，徐亦慚退。京師旋有"清水鐵面"之謠。壬寅督四川學政，重品行，端習尚，衡文務，取真才，夤緣僥倖百不得一焉。瀘州有童子韓士修者，試後，閱其文，賞之。復面試，制義外益以兩策一論，士修援筆立就，遂入庠，爲一郡首。丙午秋闈，果舉解元。癸丑成進士，任翰林院檢討。蜀人皆服公卓見。又閬中有賣水者子，家貧，蠖曲已久，公閱其文，即首拔之，蜀人益服公無私。

及旋里，候補家居，不立崖岸，甘淡薄，冬一裘，夏一葛。所處無高堂廣廈，而坦蕩自如。人有以利誘公者，曰："撫軍有某事干之，可得數千金；藩臬有某事干之，可得數百金。"公微笑謝之曰："我做官不徇人情，而強人徇我情，非恕也。"公度量汪洋，喜怒不形，眾人莫窺其際。且儀表雄偉，體貌尊嚴，鬚垂過腹，目光炯射。當任學使赴川時，道過秦中，未至前兩日，巡撫賈公得異夢，即接公時，即疑公爲桓侯後身。蓋先代有張姓者奉使過秦，事蹟同此。關中巡撫爲之立石表其事。賈公欲效之，公不許而止。及公病篤，易簣時誦不絕口，但曰："肅清靈武桓侯廟"，乃知與向者之夢有符焉。公始終得雷神護，先是公嘗有恙，語人曰："得雷雨作，病可愈也。"少頃雷雨作，病果愈。故臨終时歎曰："雷雨不復作矣！吾其逝矣！"遂奄然而逝。大抵公爲人醇正端肅，學本曾子，得其精蘊；事君忠，歷官廉，持己敬，待人恕。治家御下也嚴而寬，處鄉黨戚屬親而厚。著有《廣曾稿》、《見山草》、《政暇餘談》詩文諸集。公距生於萬曆丁未年十月二十二日，卒於康熙庚申年三月初九日，壽七十四。配康氏，誥封宜人。子六：長恭，太學生；次寬，廩膳生；三信，考職州判；四敏；五惠；六訒。恭等將以庚申十二月望前三日，葬公於城北二里祖塋之次，遣使持狀來乞銘。銘曰：

伊洛之東，挺茲喬松。作舟作楫，宇下嘩㯟。千秋萬世，鬱鬱葱葱。

康熙十九年十二月。

（文見乾隆《新鄭縣志》卷二十七《藝文志》。王興亞）

創建戴惠橋記

黎平知府邑人劉禎

昔純公云："一命之士苟存心利物，於事必有所濟。"蓋崇卑者位，立達者心，一念之不忍，而功即在天壤間矣！故有所為而為者，雖義亦利也；無所為而為者，雖利亦義也。義利之辨既明，而後發之于事，乃可得而言耳。山陰戴君來尉新鄭，蕭然寒暑，以茹蘖飲冰自安，然志在利濟。每目擊地方當興當革之事，輒殷殷繫念。苟能為之，必見其成而後已。新鄭城西溱、洧合流，東抱鳳臺寺，折而東舊有橋焉，即舊志八景所稱南橋風雪是也。自明季河流衝激，斜嚙城趾，當夏秋水漲時，不但行旅阻于狂瀾，抑且差郵艱于濟渡，求南橋故基，詢之父老，蓋不可復考矣。甲寅後，大軍南征，軍餉輜輿一切重大諸役，值大暑則民出沒波浪之間，大寒則民踔溺冰雪之內。且岸臨仄坂，移鎦肩武，不啻負千金而登太行。追力竭勢困，而差督鞭撲交下，哀籲罔聞。即昏墊之苦莫此為甚矣！君乃慨然思所以橋之，晨風宵露，慘淡經營，閱四年而告成。

是役也，縣令黃公首其事，君任其成。削平險徑，計畫砥柱，凡一钁一畚，一石一木，皆君親視着力。自公事勞瘁而外，率暴立河干。時也歲癸亥，余自郎署出守黎平，便道旋里，則路之南岡不復險峻。河之漩湧竟成坦途。同邑親友咸欣欣來告曰："此戴君之惠也！業已合購碑石，丐一言以傳不朽。"余惟君以末寮散吏，不肯託于為貧而仕，況創橋無遷轉之階，而濟人非夤緣之路。上有令宰知茲邑事，君即漠然置之，誰為乃責？而拮据勞瘁必底于成而後快者，則君之痌瘝切身，無所為而為之也明矣！縣令黃公題曰"戴惠橋"。洵非濫美哉！工始于戊午，落成于辛酉。橋凡十有一洞。爰樹碑於風臺寺山門之右，庶幾使行者知戴君之惠云爾。

康熙二十年。

（文見乾隆《新鄭縣志》卷二十七《藝文志》。王興亞）

河南王大中丞題請漕折碑記

邑令烏程閔圻申

聖天子興師討逆，有嘉折首，自甲寅迄壬戌凡八載。黔、滇、閩、粵悉平，次第班師，萬里凱歌之聲不絕。皇極錫福，兆姓乂安。而大河以南，維新鄭以彈丸瘠土，筋絡三州之驛，咽喉八省之衝。向之疲飛郵而憊挽需者，今既不騫不擾，而窮黎疾癙，猶有無可告語之怨咨。獨漕輸採買，越河灘次，其額一費十之弊，最稱宿蠹。然以井沙相沿，下則刻骨辦之，曰舊例奈何？上則舊例徵之，亦曰民苦，奈何也！前此無論，蓋自開國至今已四十年所矣。歲壬戌，大中丞王公拜天子命，來撫豫土，節鉞甫臨，懇然剔刷。乃周知採買漕米為豫民積苦，思與釐革。藩臺郎公仰願贊勷。於是，大中丞王公具疏直陳，其畧曰：“豫省漕糧，臨、德等米約計二十五萬有奇，歷來州縣僉差官役具赴小灘採買交兌。每石定價八錢，兩經裁減，所存六錢五分而已。但以豫省漕米越境採辦，囤戶牙行視為奇貨，米價任意騰貴。官役四散購求，後遂貴至一兩二三錢不等。間有向臨近水次運買好米，而小灘牙儈勾結官旗，嫌稱中州米帶黃色，抑勒不收，必專摘取於小灘，以至官民交困。若將漕米均攤各省，而以豫省漕米之價改折解部，不過一轉移間，而百萬生靈享更生之慶矣。仰祈勑部酌議，允行改折。

疏奏朝廷，勑下部議。部具覆相應改折，並裁糧道衙門，悉如公疏以上。奉聖旨依議。於是，藩臺郎公承宣檄行各郡邑。帖下之日，百姓歡呼感頌至於雪泣。知新鄭縣事閔圻申初蒞任方數日，案接通行，復聞之舊令黃士瑛，備悉蘇民之益。而邑紳衿父老羣來縣庭，進而請曰：“古堯舜之世，有皋夔稷契之臣隣，而後有股肱喜起之賡歌。然而百姓之謳頌，乃君臣之賡歌所自起也。向者軍興旁午之日，小灘採買之期，筐筐篸豆既以不寧，而囊金徂河艱虞遠採，勢若分身，飴糖茶苦。今何幸舉數百年之重累，釋於我公入告之一言。仁人之惠，恩及百世，願閤邑勒碑以垂不朽。不但痛定思痛，戴履皇恩，抑且使世世黎民飲食我公之德，而尸祝之也。”圻申於是述紳衿父老之所羣請，紀履任道路之所傳頌，乃具實勒碑而系之以詩。詩曰：

維我皇恩，浩蕩其澤。威用安民，福錫武烈。式乂下土，股肱節鉞。中州腹心，載俾賢哲。簡付我公，節度中土。甘雨和風，元氣奧府。肅然而巡，溫然而撫。經書鑄今，比閭閱古。化幾載週，仁沛其來。殷殷田田，劃焉中開。利百害百，形鑑斧裁。饑溺納溝，鴻聲斯哀。乃閔漕輸，誰謂河廣。一粟水次，十錢象罔。農佃潦場，蠹蝕應響。耗不在鼠，儈旗勾黨。聿惟我公，痌瘝如身。草疏入告，精白乃神。改運而折，息此下民。官不惟備，奚置其人。煌煌疏章，帝曰勑行。帖下郡邑，萬姓歡聲。積弊如蔓，根鋤不生。新鄭小邑，涓滴已泓。曰維我公，心無私注。豈伊小邑，彤瘝偏顧。言念新鄭，民瘼比戶。介三大州，奔疲衝路。埽柳既除，協夫亦捐。民罔病涉，折解爭先。自茲已往，桑畝閒閒。惠若獨厚，孰曰不然！歌頌咸歸，大中丞福。藹藹藩宣，亦勷亦輔。相彼嵩高，式申式甫。昔之偉人，我公其伍。圻申下吏，幸逢是時。民之愛之，何以謳思。爰樹厥碑，千載為期。陘山溱洧，允瞻在茲。

康熙二十二年。

（文見乾隆《新鄭縣志》卷二十七《藝文志》。王興亞）

重修高文襄公祠詩

趙御眾

顏坊駕祠庸，俎豆俯城衢。我來敬瞻拜，懍焉增踟躕。先生在揆席，挺挺大臣模。廟籌格丹楓，稽古追都俞。當其顧命時，姬旦期與徒。平生秉剛德，太阿光斗樞。胡為輕去國，弓劍不可呼。陰霾煽白日，禍機伏交蘆。皇恩本浩蕩，歸烏眷長途。欷歔松栢聲，空山老庭廡。雖蒙身後榮，忠悃抑己孤。野火跳封豕，傾棟竟誰扶？每讀所遺稿，南枝啼夜烏。賢宰來何暮，榛莽垂芟誅。表章力潛通，孰謂精爽無。挹藻滌香几，勒碑樹貞瑜。嚴霜下明幾，酌水束生芻。興廢鑒神理，先後同樞趨。滔滔溱洧流，寧夏注斯須。

（文見新鄭市文物管理局編《新鄭碑刻文集》。王興亞）

謁高文襄公墓

趙御眾

離離石馬碧秋圖，圖老衣冠冷墓堂。隆慶六年懸利舃，尚書九德憶文襄。
和羹未辦鹽梅實，去國才留月日長。聞道江陵同顧命，不知誰侍白雲鄉。

（文見新鄭市文物管理局編《新鄭碑刻文集》。王興亞）

皇清誥授中憲大夫貴州黎平軍民府知府鍾嵩劉公（楨）墓誌並銘

賜榜眼及第通議大夫都察院左副都御史年家眷弟李元振頓首拜撰文。
賜進士出身中憲大夫大理寺少卿年家眷弟李錦頓首拜篆蓋。
賜進士第文林郎禮科掌印給事中年家眷弟王紳頓首拜書丹。

人生德業何本乎？蓋莫不有良心獨切之處。此地一失，即百行無問矣。余嘗持此觀人，而獨與我鍾嵩劉公交最久，知最深。觀其勵儉勤，存誠敬，直方慈惠歷白首罔間，固知非無所本而能然也。乃間相過從，輒為余述其節母毛太恭人往事，津津情見乎詞。嗚呼！古所稱慕以科身者，其公之謂歟？蓋公生平行誼盡於是焉。公於歲庚午捐館舍，將卜葬，而其嗣君孝廉曰娃、塚孫文學塽等，持其狀走二千里抵京師，謁余誌其墓暨銘詞。亦維余知公最深也，其何能以不敏辭。按狀：

公諱楨，字公士，鍾嵩其別號也。先世徐州沛縣人，有諱全者始遷新鄭，卜居於邑北宋相王文正公墓側，今邑中稱世德者蓋猶以文正劉氏爲望云。數傳而有訒齋公，仕爲山東鄒平縣丞，生子瑚，邑文學。瑚二子，長曰向若，天啓辛酉舉人；次宿海，邑文學，誥贈中憲大夫，即公父，有雋才，與其兄稱二難。生三子，公其季也。甫拂髫，中憲公即見背。公與二兄同撫於母毛太恭人，蓋其德行文學，皆秉于毛恭人之内教者爲多焉。其爲人敦孝弟，性忼直，無夯軟之習，見義敢爲，然不戾於物而又能濟物。弱冠游邑庠，即嶽嶽名。既而值明季之亂，奉毛恭人屏居山寨，雖强暴咸感其德。每救人禍患，出死入生者數數矣。

洎興朝定鼎，公以首選貢太學。方是時，國家亟用人，公當授別駕，以毛恭人年耄，具呈銓部求緩授官。既毛恭人逝，乃赴調得佐東粵之潮州，晉貳鎮江，再補判潯州，内遷廷尉寺副，轉正，陞戶部員外郎，再歷刑部正郎，出守黔之黎平。當其涖潮州也，潮郡邊海，時方初附，平、靖兩藩，雖名爲防鎮，而其土卒實爲地方擾害。公不畏强禦，多所搏擊，境内即安。又民間子女有爲賊掠而兵所擄還者，公輒啓兩藩悉取置一所，聽民識認，所完聚無算。揭陽土豪余仁，故賊帥也。雖招降常懷叛志，將誘脅邑人俱入叛籍，以逞所欲爲。公奉委廉察，用重典嚴懲之，渠魁縛焉，餘無問。既貳鎮江，海氛方退。公佐大將軍靖地方，機務甚繁，一切皆倚辦於公，公迎刃而解，動合機宜，大將軍才之。適有沙洲遷民事，不計遠近一概徙置内地。公念如晴甸、團洲等數十處不當徙者，宛轉請留，保全數萬家，尤以未能盡爲民請命，廣天子恩意，不自愜于心，遂願解組去。值計典，求注下考，督撫責藩臬失人，知其出公意也，乃已。遂左遷判潯州。將去任，有田禁洲者百餘家，以通海論當流，公爲救免。閭郡稱歎，將立祠勒石頌公功，公弗聽。潯江瘴癘地，民殘甚，存十一於千百，而賦不加減。公乘傳覲入都，具白，當事者爲舒其難，竟得蠲積逋數千金。

粵黔界上有苗仲仇殺一案，兩省各持私意不相下，院司委公按其事。公開誠佈公，平情酌理，遂兩相消失，聽公爲之勘詳，不復出一語。其在廷尉多所平反。遇覃恩頒賜珍味，領農部監督大通橋運務，禁奸猾，疏積滯，靡所染鼎。及在刑部也，再遇覃恩，每所讞奏對說明，輒稱上旨，屢有内宴文綺之賜。值滇黔事定，廷議求才而廉者撫其民，公遂出守黎平。久困逆難，深篁密菁之中，鴻集者寥寥數家耳，公加意撫綏，尤以振興文教爲首務，有文翁化蜀之風。而終以山氓招徠未遍，不無小梗，遂引咎自劾以歸。歸而教家以耕讀勤儉爲則，諄諄以聖賢義理相開導，所著格言數種，藏於家。子孫皆馴馴儒雅，絶無紈綺之習，咸錚錚露頭角。而公年紀已大耄，之以積勞倦歸，不逾年殞。嗚呼！公則往矣。余素所心儀而傾慕之者維公，今將何所賴以就正也耶！

公生於前明萬曆三十七年正月十九日，卒於清康熙二十九年二月初六日，享年八十有二。元配范氏，文學某之女。再配高氏，文學某之女，俱贈恭人。繼配杜氏，文學子章女。高氏，明太師文襄公曾孫女、寺丞諱櫺女。副室蕭氏，文學某之女。子六人：長曰爌，廩生，娶黄氏，潨縣知縣諱朝薦女，元配高恭人出，先公歿。次曰烓，即孝廉君，娶劉氏，文學某之女,副室蕭氏出。次曰烋,候選訓導,娶郭氏,文學之楨女;次曰爃,太學生,娶顧氏,主簿夢麟女;次曰炘,候選州同,娶寇氏,太學生灘女;次曰燧,太學生,娶張氏,衡州知府諱奇勳女,繼娶李氏,守備中丹女;俱繼配高氏出。女三:長適庠生喬大年,次適庠生柳業先,俱元配高恭人出。次適太常寺少卿王公曰溫男、拔貢生延禧,繼配高氏出。孫男六人:堣,庠生,娶陳氏,長子知縣諱錡女孫、太學生曰昭女,曰爃出。埈,業儒,娶張氏,舉人甯時女;敬修,業儒,聘陳氏,文學蘊浚女,再聘武昌知府張諱璠女孫、太學生心正女,曰烋出。彥邦,業儒,聘登州知府焦諱文煌女孫、河內訓導栻女,曰烋出。埇,業儒,曰炘出。孫女八:一適明經武諱際盛孫、文學贇男大勇,一未字,俱曰爃出。一適國子監學正李天培孫、太學生霖昌男河生,曰烋出。一適明經陳鳴皋男、太學生輿,曰炘出。一許字禮部郎宋公某之孫、太學生諱穗男某,曰炘出。一許字太學生黃啓彩孫、太學生琰男某,曰烋出。一許字明經馬諱相晉男某;一幼,未字,俱曰爃出。曾孫四:如鐸,聘文學毛振女;如錦,聘太學生李昌鄰女;如鏻,聘文學顧承祖女,俱堣出。一幼,未聘。曾孫女一。幼未字,堣出。茲卜以康熙三十一年四月初六日,葬公於城東里許之祖塋。而爲之銘曰:

孰則德而家與國偕藏,孰才而外與內之偕長。宜其膺帝眷之寵,畀子宴賜綺賫之煌煌。洎耄年而殞,甯子卜居吉壤以終藏。維千秋而百世,子啓裔以熾昌。

皇清康熙三十一年歲次壬午四月初六吉日。

不孝承重孫堣

　　　　曰炘
　　　　曰烋
不孝孤子　曰烓同泣血勒石。
　　　　曰爃
　　　　曰燧

（碑存新鄭市博物館。王興亞）

重建許魯齋先生祠堂記

邑令石曰琮

　　學宮之坤隅有魯齋許先生祠。蓋始於元邑令鄭冲霄,繼以明訓導鄧麟皆肖像其中,以時祭祀,俾人景仰奮興,此陽緩故里先生遺蹟存焉。中間屢遭兵燹,修而復廢,不知幾歷年所矣。後之學士大夫瞻望舊墟,流連志乘,未嘗不低徊憑弔而不能去云。今先生後裔之賢者,國子生文彬合族人而重新之,問記於余。嗚呼!其心良苦,其志可嘉矣!夫先生幼而穎異,年七歲即以聖賢事業為己任,迨後隱居蘇門,躬耕樂道,使人無大小皆敦實行。元世祖聞而賢之,欲擢用,屢徵不拜,或強起而旋辭。最後以國子監祭酒召,始慨然就命,教授生徒皆尊師敬業，下至童子亦知三綱五常。昔人謂許魯齋把火秉炬，尋關、閩、濂、洛絕學於晦明風雨之候，良有以也。先生繼往開來，有功名教，從祀先聖，俎豆遍天下。此邦人士生先生之鄉，登先生之堂，私淑有自，益宜户勵真修，人崇賢學，修之於家為彥士，措之天下為大儒。若有沾沾於升斗，碌碌於聲華，孜孜於諷誦，僅以為梯，榮膴而獵科名，則又大媿先生之風矣！是為記。

康熙三十七年。

（文見乾隆《新鄭縣志》卷二十七《藝文志》。王興亞）

重修新鄭縣儒學記

邑令石曰琼

鄭自春秋以迄元、明，名賢輩出，指不勝數。迨我朝定鼎，寥寥未有聞焉，豈時會之盛衰使然歟？抑學宮之興廢有以肇之也？余戊寅來宰是邑，展謁文廟，四顧頹然，怒焉憂之。爰謀諸學博各捐己俸，邦人士佐以捐資，徵工募匠，選石伐木，一倣定制而增新焉。重建名宦祠一、鄉賢祠一。復於文昌閣傍之隙地創築義學一，集邑中俊士及貧而好學者延師分教。割縣治官地三頃餘畝，歲入以贍。余又從簿書暇日一至焉，接見師儒相與講學論文，身先以勸課之。昔子產為政，力維鄉校而百代風氣以開，故許魯齋、高中元後先繼起。或以理學鳴，或以事功顯，載在史冊，流風餘韻，猶有存者。非興學設教之明驗歟！今山水依然，井里無恙，而人文科目遠遜前徽，豈真古今人不相及也？識者撫今追昔，低徊愾慕，以為於學宮煥然一新之餘，庶幾復覩當年之盛焉。諸生羣聚於斯，念何以續學而待聘，念何以制行而持躬，早暮奮興，相觀而摩，以求紹美前賢，則今日修葺之意，不誠重有光乎！余既以勵多士，復記其事以告後之菇茲土者。維時同事為教諭江君名浩，字朝宗，虞城人。訓導劉君名源淵，字子靜，新鄉人。屬工則生員趙王楫，例得並書。

康熙三十七年。

（文見乾隆《新鄭縣志》卷二十七《藝文志》。王興亞）

新鄭學名宦鄉賢二祠記

邑令會稽章貞

祀名宦、鄉賢者何？貴貴也，賢賢也。貴貴何？名乎爾。名，實之賓也。子大夫王錫車服，寵以稻糧。母曰之，子不稱貴，貴之義也。賢何鄉乎爾？為鄉也賢者，是為國也良。於子之鄉，有發聞鄉里，沒而可祭於社，賢賢之義也。然則曷為乎宮牆？我見是靈爽憑予欲也。顒顒翼翼，其門數仞，是廟中之貴貴而賢賢，非向所謂貴貴與賢賢也。非然不在祀典，於戲！事不師古，道不反經，而得祀斯地者，非予攸聞。上遡春秋、戰國，下逮元、明，其以勞定國，以死勤事，能捍大患，禦大災者幾人？其生於斯，歌哭於斯，天下後世慕丰采，若岱嶽相望者幾人？於戲！二祠滅沒荊榛塵土中，幾數十年矣。予攝鄭篆，從鄉先生後，及秀子弟考遺址，經始落成旬逾，再從春秋祀祠二薦，筐帛一，羊一，豕一，稷黍一，斗實菹醢棗脯一。靈之來若風馬，靈之留澹容與酒清人渴不敢怠也。《詩》曰："彼其之子，邦之司直。"又曰："緇衣之宜兮敝予又改爲兮。"是鄭風也，不可以不記。

康熙四十四年。

（文見乾隆《新鄭縣志》卷二十七《藝文志》。王興亞）

皇清恩歲進士候選司訓潛庵劉公（曰爌）暨元配萬孺人合葬墓誌銘

【誌文】

賜進士出身第通議大夫都察院左副都御史加一級年眷世弟呂履恒頓首拜撰文。

賜進士出身翰林院編修加一級門侄陳似源頓首拜篆蓋。

賜進士出身翰林院庶吉士門侄吳襄頓首書丹。

從來老成云亡，共傷文獻之無存；哲人長逝，咸憶典型之足式。茲於歲進士候選司訓劉公其庶幾乎？然余非阿其所好也。公同堂弟中翰公系余同譜，余待罪都憲寓京邸時相過從，道其家世甚悉，因以知公之深。歲壬辰捐館舍，其元配萬孺人相繼而逝。將卜葬，其嗣君文學塏持狀抵京師，謁余志其墓，余何敢以不敏辭。按狀：

公諱曰爌，字紫昭，潛庵其號也。先世徐州沛縣人，洪武初有諱全者遷新鄭，卜居宋王文正公墓側，因稱文正劉氏。數傳至孟奇，仕爲鄒平令，有治聲。生子瑚，邑文學。瑚生二子：長向若，中天啓辛酉經魁；次宿海，邑文學，誥贈中憲大夫。中憲公生子三：長完初公，邑文學；次端甫公，邑文學，即公父也；季鍾嵩公，歷任黎平府知府。端甫公生二子：長紫耀，七試冠軍以歲貢終；次即公也。生有慧質，穎悟過人，天性孝友，方髫齡時，值太翁端甫有異病，每發作輒終歲不起。公燃燈侍湯藥，晝夜無間。及就學即能解大義，行文顯雋，無艱晦苦澀之處。弱冠以首選入庠，人咸以大器目之。後因染血症，不敢勞心思索，靜坐一室留心藥餌，而岐黃之書與舉子業相兼。因而縱觀諸子史、內外秘典及星相卜筮等書，無不通曉，而痘疹一科尤稱最精，里中小兒所全活者不下數百人。年登強仕方食餼上庠，從學問業者戶外履滿，與人講論經書俗譬淺喻，反復不倦，文武門徒采芹成名者甚多。太翁暨孺人見背，公與難兄紫耀襄祭盡誠盡禮，爲遠邇所敬服。讀禮之餘述先人之志，凡所未成者成之，未修者修之。如義倉、建橋、修補諸事，不可枚舉。且事兄以恭，推分讓產無纖毫之私，而課侄諄諄，勉以敦倫爲重，以聖賢爲法，故昆仲遊泮食餼，馳譽膠庠。而諸孫皆稜稜俊骨，方振起未艾，即可見公之家訓矣。戊子登歲薦，伯仲齊名，人皆以難兄難弟稱之。他如狀所云，御下以寬，待侄以慈，周鄉里之急，置產而能讓，皆足見忠厚涵養之至。然非有道者所難也，故不詳。元配萬孺人，經元萬公諱上女也。淑慎貞靜，有女士風。事姑能孝，妯娌間終身無反唇語，躬操內政井井有條，相夫佐子悉明大義，非公修身刑於之化歟？按狀：

公生於明崇禎十四年三月初九日亥時，卒於清康熙五十一年三月初一酉時，享年七十有二。萬孺人生於明崇禎十二年正月十二日子時，卒於清康熙五十一年四月十七日巳時，享年七十有四。

生子六：長塤，增廣生，娶葛邑庠生王印昌女，繼娶進士秦公孫、廩膳生員基昌女；次埻，國學生，出繼孝廉公，初娶葛邑廩膳生員武斌女，繼娶大司空靳公孫、國學生標嵩女；次塯，廩膳生員，娶文襄高西元孫、邑廩首永熺女；次圤，娶許州庠生王汝礪女；次埮，娶山西大寧令張公曾孫、邑恩貢生璿女；次垙，初娶邑庠生柳茂先女，繼娶邑庠生許文彪女；俱業儒。女一，適邑庠生吳惠男、儒士聿銓。孫十：長之銳，初娶國學生苟燦女，繼娶喬景秀女，塤出；次之鏸，娶邑庠生唐鈺女，圤出；次之鑰，聘處士李昌女，埮出；次之鈖，聘邑生唐澤久女；次應麟，聘歲進士高公孫、儒士璟女，俱塯出；次之鏦，未聘，埮出；次之鉢，未聘，圤出；次應聲，未聘，塯出；次之釗，未聘，圤出；次應祿，未聘，塯出；俱業儒。孫女六：一適歲進士趙于煌，塤出；一許字葛邑國學生楊翼男義榮，塯出；一許字邑庠生趙希義孫、儒生王緩男，塤出；一未字，塤出；一幼，未字，垙出。曾孫三：淵，聘儒士趙壎女；深，聘庠生高光統女，俱之銳出；洼，幼未聘，之鏸出。曾孫女二：一許字國學生劉廷光孫儒男；一幼，未字，俱之銳出。

茲卜康熙五十三年二月二十二日葬公于新鄭城東之祖塋，萬孺人祔焉。余按狀以夙所聞者，為序其梗概。而為之銘曰：

公則往矣，流風未逝。齊德有人，鍾郝堪繼。蓋棺論定，無取曲譽。東里之陽，佳城鬱鬱。勒諸貞石，千秋萬世。

康熙五十三年二月二十二日。

　　　　　　埮
　　　　　　塯
孤哀子劉　　塤
　　　　　　圤
　　　　　　垙
降服子　　　埻。

（碑存新鄭市博物館。王興亞）

皇清誥授中憲大夫鍾嵩劉公（楨）暨配高恭人墓誌銘

【誌文】

賜進士出身通議大夫戶部右侍郎前總督倉場都察院左副都御史年眷侄呂履恆頓首拜撰文。

誥授中憲大夫大理寺少卿前鴻臚寺正卿掌山東道監察御史年家姻晚生吳梁頓首拜篆額。
　　賜進士出身內廷供奉翰林院編修門下晚學生吳襄頓首拜書丹。
　　康熙乙未，予年伯中憲大夫劉公之繼配高恭人，考終於新鄭里第。其嗣君中翰公聞訃歸，閱明年，將啟中憲公之壙而祔葬焉。乃請予為銘，以予為同年友，知其家世之深也。誼不敢以不文辭。按狀：
　　恭人姓高氏，乃新鄭前明尚寶寺丞諱櫟女，武英殿中書諱務實女孫，太師大學士諱拱謚文襄之曾孫女也，家世貴盛。迨歸中憲公，事姑毛太宜人執婦道惟謹。撫前高宜人之子如己子，不遺中憲公憂。其孝與慈有出於性成者，以故中憲公得下帷攻苦奮志功名。由順治戊子科拔貢任潮州別駕，陞京口郡丞，再判潯州，以至入為廷尉、戶刑郎，出守祥河，道里數萬，勞於官三十餘載，而無內顧之憂者，皆恭人相助之力也。人見恭人自壯及耆皆從官於四方，以為福享非他人可及，而不知其跋涉驚濤峻嶺之間，沖冒於蠻煙瘴雨之際，其防患之至，慮危之早，兢兢業業，數十年如一日，而未嘗頃刻逸也。夫人治家則勤，而衣食務節儉，從宦則公，而財賄無私積，雖古彤史所稱何多讓焉。而恭人之賢明，其家庭克全更有大焉。中憲公之歸自粵西也，以長郎年少任俠，日用浩繁，鬱鬱不樂，恭人多方寬解，久而安之。今諸子皆名列冠裳，而家業聿興，雖中憲公之教，而佩服恭人之訓為猶多。中憲公捐館後，恭人獨理家政二十餘年。歲癸巳，遇萬壽覃恩，封中憲公及恭人皆如官，而蕭安人亦移贈太安人。恭人之懿德感召，豈不誠深哉！逾二載奄然而逝，乃康熙五十四年七月二十三日也，距生時之明崇禎二年十二月初三日，享壽八十有七。
　　子六：長曰爛，廩生，娶黃氏；次曰烓，戊午舉人，內閣中書典籍，典試廣東，娶劉氏；次曰灯，永寧訓導，娶郭氏；次曰熑，候選州同知，娶顧氏；次曰炘，候選州中知，娶寇氏；次曰燧，河工效力，州同知，娶張氏，繼娶李氏，繼娶劉氏。女三：長適庠生喬大年，次適庠生柳業先，次適拔貢生王延禧。孫十：長墺，庠生，娶陳氏；次埈，庠生，娶張氏；次敬修，廩生，娶陳氏；次墧，貢生教習，娶張氏，繼娶張氏；次彥邦，娶焦氏；次埨，貢生，娶孟氏；次坊，庠生，娶孫氏，次堉，廩生，娶張氏；次址，監生，未娶卒；次屋，娶傅氏。孫女十一：長適武大勇，次適李河生，次適監生陳榮，次適監生宋韋，次適監生關文，次適貢生黃元士，次適監生傅榕，次適鴻臚寺序班吳宗林，次適武舉羅憲昂，次許字進士張端翃之子漸，次許字監生孟惺之子之平；曾孫十五：長如鐸、監生，次如錦，次如鏻，次如鉁，次如金、庠生，次如錕，次如鏽，次如銓，次如鏐，次如鑌，次如鋼，次如鏈，次如鋥，次如釗，次如鰲。曾孫女五：長適高成，次適賈堯壽，次適魏汝河，次許字庠生黃河靈之子，次許字廩生李夢鰲之子。元孫三：長齊賢，次齊英，次齊哲。元孫女三，俱未許字。茲以康熙五十四年十月二十八日合葬於城東中憲公之阡，禮也。銘曰：
　　　　婉娩恭人，德秉坤貞。克相哲人，行立名成。黃金橫帶，朝野馳聲。間關萬里，以佐遄征。夫顯子貴，世受恩榮。九秩眉壽，歸祔佳城。其生也順，其歿也寧。綿綿瓜瓞，以保宗祊。隗山左遶，洧水右濚。瘞茲銘石，千秋令名。

康熙五十四年十月。

（碑存新鄭市博物館。王興亞）

軒轅故里碑

軒轅故里
新鄭縣令許朝柱立。
清康熙五十四年。

（碑存新鄭市軒轅故里處。王興亞）

皇清誥授中憲大夫劉公（楨）副室蕭太安人墓誌銘

【誌文】

賜進士出身通議大夫戶部右侍郎前總督倉場都察院左副都御史年眷侄呂履恒頓首拜撰文。

誥授中憲大夫大理寺少卿前鴻臚寺正卿掌山東道監察御史年家姻晚生吳梁頓首拜篆額。

賜進士出身內廷供奉翰林院編修門下晚學生吳襄頓首拜書丹。

蕭太安人者，中憲大夫之副室，中翰公之生母也。中憲公繼配高恭人。予既爲之銘矣。中翰再拜請曰："予生妣蕭太安人，今將從高恭人合葬於中憲公之壙，並煩賜之銘言。"予嘉其意，更不敢以固陋辭。按狀：

太安人新鄭人。生而貞靜，異他女子。奇其祿命，謂必以子貴人。明季寇亂，歸中憲公爲副室。事姑毛太恭人至孝。太恭人病，太安人衣不解帶者年餘，中裙厠牏，身自浣滌，夜呼必應，或至嚶而前，太恭人尤愛之。佐高恭人婉順勤恪，式好無尤。恭人從中憲公潮州任，委以家政。數年間，營建第宅，日食不下千餘指。太安人尸之不爲疲。歲時祭神及祖考前，享祀必躬必親，未嘗委他人手。其子勸以節勞，太安人曰："小子何知乎？祭祀大事，心宜敬，品宜潔，豈可託之僕婦而放無憂乎？"其因心作則動予古合，類如此。高恭人隨中憲公朝覲歸里，相待益厚。雖讒言孔多，全不爲動，以太安人誠心素孚其信之者深也。後以目病失明。至戊午中翰公舉於鄉，聞報色喜，目爲復明。次年，適大旱，族大無餘糧，遂憂勞成疾，卒於寢。乃康熙十八年八月二十七日也。

時中憲公高恭人在京邸，兆域未定，權厝于城東祖塋之西偏。閱三十五年歲癸巳，值萬壽覃恩，以子貴移贈太安人。焚黃慕下，鄉人榮之。而祿命之貴可知也。子一，諱曰洼，戊午舉人，內閣典籍，典試廣東，即予同年友也。娶劉氏。孫一，墹，貢生，教習，娶張氏，繼娶張氏。孫女一，適監生陳榮。曾孫五：長如金，庠生，娶黃氏；次如繆，聘張氏；次如鍵，聘王氏；次如鋽，聘吳氏；次如鏞，幼未聘。曾孫女一，許字廩生李夢鰲之子。

茲以康熙五十五年十月二十八日，同高恭人祔葬於中憲公之墓。計其卒，距生時之明天啓元年二月二十九日，享年五十有九。是宜銘。銘曰：

婺星墜地兮光搖洧水，佐理名閫兮篤生令子。

煌煌鳳閣兮振振麟趾，象服是宜兮綸綍襃美。

歿世榮昌兮賢聲蔚起，祔葬新阡兮九原色喜。

靈魂聚處兮瘞銘於此，永昭懿徽兮貽彼彤史。

康熙五十五年十月二十八日。

（碑存新鄭市博物館。王興亞）

邑侯余公羲年德政碑記

邑人內閣中書劉曰炷

夫吏道何以令人不忘哉？曰："學以達政，政以驗學，學與政一，斯稱善也。"自分學與政而二之，儒術、吏治漠不相謀。經義衰而意氣尚。于是，剛者赫赫，明者皎皎，廉者悻悻，儒術隱矣，何以燭物治道褓矣！何以成務？是惟不學，故難于政。若以政之道為學，即不難以學之道為政。其所由來漸矣。吾邑侯余公諱羲年，字木庵，蓋閩之儒者也。于康熙五十年五月來涖茲土。下車之始，惟勤撫字。于課耕之餘，即詢士習。既而出所集《四書講義要旨》相示，蓋實能于程、朱之書，潛心體認，會萃而成之者也。故昔以政而學，今迺以學而政，清署飭役，屏絕內外交遊。細大之務，惟以謀之經傳中，宜行者舉之，不宜者不更張之。今已涖任數年，析爵公朝矣，而衣猶韋布，分稭太倉矣。而庖若寒。素行節儉，不枉半錢。人以財裕于家，公以財運諸政。吾鄭地瘠民貧，尤難堪者輓輸之苦。公以所積之俸，附廠辦漕，輓輸獨省，不可謂安上而全下者耶！路當衝繁，邑介下里，此中供應所費不貲，邑之人其誰覺之，而誰苦之者耶？孔廟根本之地，及啟聖兩廡，圮者修之，不待計矣。獨泮南石坊，莊嚴係焉；署中銘坊，儆戒存焉。皆自明季兵燹石碎坊崩，至今仆地，六七十年來誰為修之？我公親自解囊，置石鳩工，竭力告成。且察院為王臣信宿之處，垣傾瓦解，燥濕不時，豈所以尊朝廷而重皇華耶？一皆瘁心力而為之，俾煥然維新而後即安。至於崇前賢，扶豎遺碑，用揭表章之心。軫時士，不稽廩餼，以盡勸勉之誠；置義學，敦禮實修，勤省課藝，此又其義腑仁肝所不能自已者也。雖他事皆准經義而行，然述不殫述，今署舉數端，誰非本之經傳而神明以出之耶夫！迺益信學與政一，儒與吏一，古人之用心為不謬也。吾邑士民愛慕久之，欲紀盛事以寄歌思，爰集耆趙王舟等謀建生祠於溱、洧之上，以公之德，擬水之清；以公之澤，擬水之長。不知其有合焉，否耶？眾皆曰善。遂度材庀工，伐石而為之記。

康熙五十五年。

（文見乾隆《新鄭縣志》卷二十七《藝文志》。王興亞）

明故始祖劉公諱全之墓碑

塤撰文。

埻總理兼篆額書丹。

則道兼理土務。

天佑鐫。

全，劉氏嫡系文正劉氏一世始祖。江南徐州府實故籍也。卜居文正，爲宋王曾故宅。建全塋於村之西二里許。歷三世，分爲七門，皆本耕讀以爲世業。瓜瓞綿綿，積家富厚者有之，身列黌宮者有之。至六世諱孟奇，鄒平縣尹。至八世諱承源，天啓辛酉舉人。及皇清定鼎，九世諱禎，歷官户部郎中，任貴州黎平府知府。嗣後，貢監生員類出多人，本固支茂，源深流長，信有然也。水源木本之思，人孰無情，但子孫衆多，而從居外鄉者亦復不少，恐歷世久遠，各自選拔，而祖塋之祭掃□踩。況族黨愈繁，殯葬日衆，因而前後失序，位次倒置，先人魂魄固屬不寧，亦大非孝賢，子孫之所忌諱也。公議越位有罰，房穴致罪，更令人擔憂依而塚有所同矣。然墓道無表，奚以妥先靈而垂後嗣？故糾族勒石，謹列近世名爵。凡以篤一本之祖，以志先德於不朽云。

候選州同：　　曰炘　監生　塤

　　　　　　　曰爀　武生　名高

　　　　　　　增廣生　塤

籍奉差廣東典試　曰烓　增廣生　塤
　　　　　　　　　　蒲城尹　塾

兼理河務　　　　曰燧

康熙伍拾柒年拾月朔。[1]

（碑存新鄭市薛店鎮。王興亞）

涵癡蘇君（永淑）墓表

邑人劉曰烓

蘇君永淑既葬之次年，其門人王錫伯、陳發新等謀表其墓而謁予言。予與君居相近，田相錯，少時曾以祊易許，故相知最早。君性情和易，行誼端方，本忠恕，敦廉惠，終

---

[1]　按劉氏族譜：新鄭縣文正村劉氏始祖諱全者，系明洪武二十一年奉聖命，由徐州府沛縣城西六里井，攜眷屬遷居開封府新鄭縣城北文正村。同時遷來還有長兄名伯，住中牟縣北五里草場村；次兄名什，住祥符縣城東十里許莊村。文正村鄰近宋代名相王文正公曾之墓地，故名文正劉。

其身於己無虧，於人無競，秉懿同好。無論親疏遠近，言及君未有不嘆服爲盛德全人者。而其生平大節，則尤在孝親友弟，勤學善誘。蓋皆行其天性之所安，非勉强矯持而然也。八九歲時，其父病，即能獨行四十里爲請醫，即遇烈風雷雨亦弗懼。次年失怙，哭泣之哀，感動親隣，識者已卜其非凡兒矣。奉母至孝，故家雖貧，甘旨弗缺。母卒時，君年五十餘矣，孺慕之誠猶如嬰兒。祭祀一遵禮度，古所稱慕以終身者，非君之謂歟！友愛其弟，白首同居無間言，施及其子姪如己出。以至族人中有貧不能葬、不能養、不能嫁娶者，悉出館穀資給之。凡皆本孝親之心，而次第推及者也。平生無他嗜好，喜讀書。幼孤貧不能具，牧豎或自驅牛出，挾冊誦讀，至不知牛之所至。入庠後，益精研《四子書》，薈萃《大全蒙存》及《語錄精義》爲課幼錄。與門人講貫，至老弗倦。門人多所成就。邑中舊多文行修明之彥，然予所及見，自吾師白孔昭先生而後，惟吳君曰睿、毛君聖音與君爲三耳。皆孝友起于家庭，德藝聞于鄉里，且皆以歲進士友教後學。而君生獨晚，弟子日益盛。邑侯余公、許公皆慕君爲人，聘爲義學師。閱五六載，敬禮益篤。養弟子以厚稽，人或有豔羨者，然在君則豈以升斗爲腴、賓師爲榮者哉！

學博郭先生與君交厚，于君之歿哭之慟。謀于其門人私諡"安節"。按諡義，好和不爭，好廉自克。雖足以誄君行，或更在水澤之六四乎。蔡中郎自言："爲人作誄雖多，獨于郭有道無愧詞。"予何敢希中郎，而君真不愧有道。今使予之言借君之德以傳不朽，是敝帚而有千金之享也。予爲之執筆所欣慕焉。

康熙五十七年。

（文見乾隆《新鄭縣志》卷二十七《藝文志》。王興亞）

皇清敕封安人劉室劉氏墓誌

【誌文】

賜進士出身、江南徽州府知府加七級、前吏部文選清吏司郎中、年眷弟郭晉熙書丹。

安人，新鄭縣南小丁保人。內閣中書舍人加一級劉曰烓元配。生於順治二年乙酉四月初一日午時，享年七十五歲，卒於康熙五十八年己亥正月十四日酉時。本年十二月二十六日亥時，葬于新鄭縣城東南一里許龍子崗祖塋之次。

孝子燆泣血納石。

康熙五十八年正月十四日。

（碑存新鄭市博物館。王興亞）

知縣王公大綸詳請減耗碑

新鄭縣為減耗之仁，宜垂不朽，詳請勒石著例事。

新鄭東西南朔相距僅五十餘里，一望沙礫，地瘠而民貧。卑職自三月十二日到任，仰遵功令，徵糧不仍舊習，每兩耗銀在大戶銀完者，紳衿則止七分，小民則止八分，其細戶錢完者，舊例因銀錢價值低昂，每錢正銀連耗共完錢一百二十文。七月初旬，奉憲臺嚴檄，不許重耗，隨即每銀一錢，又減去錢五文，故正銀一錢連耗，止完錢一百一十四五文不等。卑職仰體憲臺俯恤民艱之盛心也，今據合邑士民趙允升等公呈前來，希為勒石垂久，永著為例。相應聽從民願，詳請憲臺批示，勒石永為定例，不許後日增改，則憲恩與天地同其高厚矣。等情，隨具呈文，通詳各憲在案，俱准勒石，垂為定例。

康熙五十八年。

（文見乾隆《新鄭縣志》卷九《賦役志》。王興亞）

遷建關帝廟碑記

原太清觀中神廟甚多，在三清殿前坐東向西有關帝廟一所。康熙五十七年，市之當商若柴品厚者，認為關帝生前力輔蜀漢，智勇過人，忠義名揚天下，而其廟居於他神側方，大為不然。因與其他眾商合議捐資，遷廟於太清觀之東，改方位為坐北向南，廟宇一新，神像輝煌，勒石以記其事。

生員劉克恭撰文。
生員劉敏求書丹。
山陝客商康福隆、柴師高、柴品厚等立。
本觀主持趙合成。
清康熙五十九年三月立。

（碑存新鄭市觀音寺鄉太清觀村學校內。王興亞）

許魯齋故里碑

許魯齋故里
清雍正二年重建。

（碑存新鄭市博物館。王興亞）

清故考授承德郎州司馬劉公（曰炘）暨配孺人寇太君合葬墓誌銘

【誌文】

清故考授承德郎州司馬劉公暨配孺人寇太君合葬墓誌銘

賜進士第內閣學士兼禮部侍郎提督順天等處學政日講官起居注翰林院侍講學士內廷供

奉詹事府左春坊左中允翰林院編修三朝國史纂修官戊戌科會試同考教習癸巳科進士分教庶吉士加五級通家眷世侄吳襄撰文。

賜進士第山西直隸解州夏縣知縣甲辰科山西鄉試同考官年通家眷世侄許日熾書丹。

賜進士第山西潞安府屯留縣知縣年通家眷世侄梁迪篆蓋。

公姓劉氏諱曰炘，字少伯，號溟園，河南直隸禹州新鄭縣人。父諱楨，貴州黎平軍民府知府，誥贈中憲大夫。母高氏，誥封恭人。公行五，聰明好學，登科有望，以欺弱多病援例入成均，但留心於家計。悲夫！公生於清順治十二年七月初四日巳時，卒于雍正五年七月二十七日申時。子一諱堉，歲貢生，娶孟氏，長葛縣太學生孟公諱敬止女。女二：長適臨潁縣乙未科進士禮部員外郎宋公諱義之孫，太學生諱穗之子，太學生諱夢煒；次適長葛縣丙戌科進士直隸漷縣知縣黃公諱朝薦之孫，太學生諱光裕之子，太學生喬年。孫二：長如銓，業儒，娶郭氏，長葛縣太學生郭公諱汝爲女孫，歲貢生諱琬女；次如鈴，業儒，娶孫氏，許州浙江于潛縣知縣孫公諱石女孫，歲貢生諱紹楚女。曾孫一，齊漢，幼未聘，如銓出。

寇太君生於順治十三年六月初十日戌時，卒於康熙四十八年十一月二十五日酉時。先公沒，葬於新鄭縣城東二里許龍子崗之祖塋。公今于雍正五年十一月初八日合葬焉。爰爲自銘。其詞曰：

佳城鬱鬱，蕭蕭白楊。伊人埋玉，如封如堂。千秋萬歲，埋其永藏。

不孝男堉，孫如銓、如鈴，曾孫齊漢泣血納石。

雍正五年十一月初八日。

（碑存新鄭市博物館。王興亞）

皇清敕授儒林郎內閣掌典籍事誥敕撰文中書舍人加一級前戊子科廣東典試新庵劉公（曰炷）墓誌銘

【誌文】

賜進士出身四川分巡建昌上南道按察使司副使加一級後學馬維翰撰文。

賜進士出身翰林院編修加一級年家眷侄周紹龍書丹。

賜進士出身翰林院編修加一級門下晚生吳兆雯篆額。

雍正七年己酉四月二十六日，新庵劉公告終於新鄭之里第。先是歲辛丑，予初通籍于朝，時公已懸車里居矣。而公卿上下間每推公爲巨人長德，予心慕之。雍正五年冬，奉四川清查地畝之命，同事劉君元達器宇深沉，儀容溫偉。問之，即公主器也。自是公私請教，開敏精練，事至立斷，相須如左右手。間述公嘉言懿行，娓娓動聽。一日，元達傳公家誡有"爲君辦事爲國愛民"語。予既爲心服，方期使事有成，他日假道拜公履舄與聞至教。亡何，而訃音至矣。元達聞訃痛絕。予歷舉明訓苦口寬譬，與川撫憲公以查對文冊合章保留，明年夏報竣復命，瀕行，元達痛哭謂："嶠以孤身獨子侍八旬老父，不得奉湯藥，親視含斂，幾不比人數。倘荷天恩給假營葬，幽宮之石冀得公筆，以光泉壤，死且不朽。"言已又痛絕，予勉諾。其會以狀來速銘。按狀：

公行二，諱曰烓，字仲旭，新庵其號也。先籍徐州沛縣，有諱全者，始遷邑北三十里宋王文正公故里，遂稱文正劉氏。數傳至訒齋公諱孟奇，任山東鄒平縣尹，生公曾祖裕後公諱瑚，邑廪生，卜葬鄒平公于邑東南隅之龍子崗，即今塋也。裕後公生二子，次宿海公諱宗源，敕贈奉政大夫，早逝。配毛太君生三子，其季諱楨，字公幹，號鍾嵩，是爲公父。由順治戊子選貢，歷官貴州黎平府知府，累贈中憲大夫。妣范太君。公幼端慧，知禮讓。中憲公每課其業，輒朗朗成誦。爲陳說大義，怡然解受；即燈灺漏移不稍倦。一日赴館舍遇沮泥，鄰父提攜出之，斂手謝。鄰父私羨歎之。年二十一，以冠軍受知于京江公，選張公繙閱經史，開卷神往。當會心時即喧闐滿前，了不聞，人服其專精。好博覽，尤留心宋儒之書，《左傳》、《史記》皆手抄成帙。詩宗漢、魏，工制藝。江陵李練庵永庚以名進士宰新鄭，得公文擊節稱賞，以公輔期之。康熙戊午以《春秋》魁於鄉，聲望藉甚。乙酉，補內閣中書。在職勤慎，自矢入必早，出必後。閣師如京江、澤州、安溪、太倉，無不重之。即禁城司閽者亦私歎內院中無如此公敬事者。故事，中堂票簽必親書，或偶以假手下，公力持不可，謂事出票擬，真僞莫辨，非細故也。閣師改容以謝，退則目送之，謂爲真正人。

戊子，聖祖重文衡選，特命集試，公得差典試廣東。即月就道，不通私謁，闈中與同事誓神，務秉公拔真才，榜發果皆知名士。癸巳萬壽科，分校北闈，時論謂公於同闈中摸索，是謂真師，第主司大司農遂寧張公，亦深相倚重，故闈中得士較同事獨多。公忠孝性成，而堅忍盤錯，歷練艱辛。中憲公官潯時，攝南寧守，有事幹部駁，欲委公經理，爲其少，難之。公毅然請行，事果白。在黎平時，中憲公年七十，老矣。方苗衆負固，危難中備極勞瘁，公以一身任之。中憲公謂之曰："兒誠孝，吾不能旦夕離，然並罹於難無益也。"促之去，公固辭不獲，號泣行。抵家致命高太君，次日即兼程馳往。中憲公驚且喜曰："吾固知兒之必速返也"。時方病痔，困頓馬鞍上，日馳三百里，血涔涔毀褲襪，若不知者。公於中憲公一言一動，時加珍護。年八旬，猶時察遺迹以教元達曰："此汝祖自某署以教我者。"命檢篋笥，猶封識宛然也。中憲公所著有《摭言紀略》、《燕間雜錄》、《庭訓》等書，皆公手自檢閱，付剞劂，以使公以側室子事生母蕭太君，上奉高太君，俱能先意承志，由是兩母歡然，若不知誰爲生身者，人尤以爲難。

歲壬寅，聖祖仁皇帝上賓，一聞哀詔，聲淚俱下。即元達服官後，尤諄諄以捐軀報國爲敦勉。方其奉父命赴京師也，中道或以聲妓相誘，輒正色拒。其上公車，或以私竇告，公峻卻之。典試廣東，路出江西，或假迎謁，竊擲紙囊趨出，公不欲發人私，遽焚之。其官中書也，部同吏告以當升遷。公曰："尚有俸深者，何遽及我？"其人曰："公第一通融，彼固可駁詰去也。"公瞿然曰："損人以利己，如吾生平何？"其人歎息去。有以徵嫌辱詈公伯父者，其人素豪橫爲一邑害，當事欲藉此置重典。公謀於中憲曰："渠固橫，然法不至死。盍寬之，使知自新也。"其人因得釋，後果改行，至老猶感泣不忘。其正直而能宣慈如此。嘗自顔庭事曰："大受意以惟君子，能無所不受，且受人之所不能受，是之謂大受。"蓋自況也。當公之幼也，蕭太君攜公臥廚竈間，夜半蹙公泣曰："我艱辛萬狀，所厚望者惟汝，其勉自豎立，無負吾望。"公飲泣受教，每謂子孫曰："此際此語，時一念及，令人痛不能自禁也。"公雖爲太守子，然家計蕭條，一切衣履紙墨之資皆取資于公配劉安人。嘗窘甚，至剪遣嫁時帷布爲襪材。居恒青燈熒熒，洛誦與鳴軋達宵旦。伯兄性厭煩劇，以家事皆委公。事無大小得命即行，有不可者婉言相規，從不肯以言拂其意。祖居城南溴水寨，距縣城三十里，一月內奔走於縣者二十餘日。不暇據案，每於馬上拈題爲文，歸而書之紙。己未，罷公車，伯兄遽付之管鑰。時當大祲，家無擔石，食指衆多。委受之夕家人舉火索米，公百計支撐，至與臧獲同飯粗糲。蕭太君憂鬱無聊，公叩頭慰解。蓋振勵不少挫，嘗自言："人生才識皆經磨煉而成，內而家庭外而世務，艱虞憂戚，皆我一生受益處。"又謂："居官要勤慎，居家要忍耐。居鄉要吃得虧。"嗚乎，豈虛也哉！其後緣新例諱祀祖妣毛太君于節孝坊，因潮民請崇祀中憲公於潮州名宦，邀覃恩誥贈如今稱。范太君、高太君皆封恭人，生母蕭太君亦得贈太安人。紫泥燦然，賁於內外，皆以公故，遠近榮之。兄子墣遭大訟，人謂析箸久，可息肩。公以墣爲中憲公嫡長孫，兄又早逝，誼不可旁貸，極力營救。自鬻田產以給，雖幾披挂累不之恤。事竟後，墣之田廬無恙，而公困幾莫支矣。三遭大喪，皆哀袁毀成疾。至是家居十一年，日與子姓輩談經較藝，間有造請，皆婉詞以謝，當事有商確利弊必以讜言相規。制府田公特製匾表立里焉，可謂盛德矣。然而官不過中翰，勳不載旂常，豐於德而嗇於遇，論者或爲公惜。語云不於其身必於其子孫，公雖蓄德不耀，元達以初命受知九重，奉使稱旨，今且進秩五焉。因以馳驅皇路，展其蘊底，以究公未竟之志，將有大書特書躊躇滿志者，公固可含笑九原也已。

公生於順治二年乙酉四月初四日，至是享年八十有五。元配劉氏封安人，先公十年卒，行誼載前誌。子一即元達，名墧，內閣額外中書、欽差四川丈量事竣，議敘以知州通判即行補用。女一。孫男六：如金，邑庠生；如鍵，如鋅，如鏞，如鈿，如錐，俱業儒。女孫二，曾孫一，齊泗，如金出。曾孫女三：長如金出，次二俱如鍵出。茲以雍正九年三月二十七日葬公於先塋之次，與元配劉安人合壙。予既志公行事，並系以銘。銘曰：

洧陽卯金，本自沛遷。中憲肇基，德業燦然。篤生中翰，左右密勿。謹慎綸綍，宰衡籲咈。再秉文衡，群空冀野。梗楠犀象，細旃廣廈。惟公孝友，譬彼流泉。曲折沙石，期赴廣川。學宗洛閩，心存誠恕。蟻封康莊，風霜雷路。根深積厚，葉茂施普。未竟之緒，後人是補。我銘是石，以告萬古。

男劉墧泣血勒石。

雍正九年三月。

（碑存新鄭市博物館。王興亞）

皇清敕授儒林郎江南淮安府桃源縣以州同管縣丞事加一級紀錄二次素園劉公（曰燧）墓誌銘

【誌文】

皇清敕授儒林郎江南淮安府桃源縣以州同管縣丞事加一級紀錄二次素園劉公墓志銘

欽命署理湖北荊江府知府前福建臺灣縣以員外郎管知縣事山東東平州知州貴築年家眷晚生周鐘瑄撰文。

賜進士出身翰院庶吉士上元年眷侄陳其超篆蓋。

賜進士出身河南學習候補知縣清苑年家眷晚生張鉞書丹。

雍正七年己酉秋，新鄭原圃劉君攝閩之侯官篆。余時以臺案羈於侯署別院中，時相過從也。因得見其太先生素園公，年已望七矣。羸弱甚，而神采奕奕有英風。為余敘其生平出處，激昂感慨，有廉將軍披甲上馬以示可用之意。余方在顛躓中，每相對唏噓。是歲冬，原圃註誤解組，公輒北歸。雍正八年庚戌十月，余之任荊州，路當出新鄭，方喜得拜見公，適以事紆道行，未獲一見。雍正九年辛亥四月，得原圃引見，同閩之信于邸抄中，竊意當即題授劇邑。久之不見，奏牘不得。今年上元後，原圃遣人千里來持一冊，則公行述，囑余為志。以余與公談心多所契，必能肖公於筆墨間，余乃知公之逝已數月。回憶三年前海國官齋舊況，不覺淚涔涔下，而向之聞見於公者，猶一一在心目間，余何敢以不文辭。謹按狀：

公諱曰燧，字文仲，號嚴六，素園其別號也。先世由沛縣遷新鄭，傳至公高祖孟奇，仕為鄒平尹。曾祖瑚廩于庠。祖宗源青年食餼，早逝，未遂所志。祖母毛太恭人苦節教子，父中憲公楨以選拔，歷官兩粵、三吳間別駕司馬，內遷戶曹，轉刑曹，出知滇黔黎平府，舉做夫子六，公出最後，京江司馬署公始生地也。幼隨中憲公宦粵西，繼隨京師。善病寡餐飯，性好潔，類屈子之一日三沐。方嚴相持，居常無惰容，才思警敏，學未有專師，然酷嗜誦讀，年十五補博士弟子員，弱冠食廩餼，銳意取功名。無何以中憲公守黎平為含沙所射，公年最少，而獨以濟變之責為己任，走長安冒險剖陳。卒至事得白乃已。且以赤手肩重任，多所阻，有故將軍某者時方置重典，系禁地，人皆畏避不敢前，公以夙所逋負乞償，不啻入死地，求生機，竟獲所負。始則中憲公見其有長安行，疑其落落難合，後乃喜謂有志者事竟成也。從此，歷風波，不復能治舉子業，遂入太學，需次州司馬。及中憲公歸林下，定省多暇刻，仍習舊業不自棄。未幾，中憲公下世，哀毀中拮据治喪。又以孤侄兩遭大獄為之奔走其事，蹉跎已逾壯年，而家業尚未就復。殫力於家人生產，闢田園，肯堂構。三十年勤苦節約，為子孫計至深且遠，心思逐日以紛雜，然經營時未嘗廢詩書。年既艾，仍頻與秋闈試，以不獲售，常鬱鬱於中。後以積憤多病，中間復遭兩子相繼沒，嘔血數升，日從事參苓病榻上，以吟詠為消遣。久之，方有起色，人謂可優遊度晚歲矣，而公壯懷不能釋也。入都為明史館纂修，部咨河工效力。戊戌，題授江南桃源丞，仍以州同較俸。

公才高一世，負大志，晚年始就微官。每於河干堤上夜深散步，看明月在高天，黃流浩浩，輒歎息泣下，謂大丈夫豈應如此頭顱畢厥生，然職分所在，又未敢卑之無甚高論。所司為黃河要衝，晝夜堤防，有備無患，每伏秋倍極勞瘁，夜即宿工所。地方事有當興革者，務為設法以從民便，甘棠遺愛，迄今不忘。政事之餘，日與邑中人士共吟詠，有古哦松風。甲辰、乙巳兩載，舊失血症間一發，遂決意告歸。各憲久重公才，方謂工務旁午，老誠不多得，擢膺大任有日矣。公以精力實衰，若稍倦勤即負國恩，於義不可。況自知數奇，至老而見愈確。迭拂上憲意，始允所請，遂歸於丙午之秋。歸則杜門不出，仍復治家政。花朝月夕，偕二三友把酒聯句，集一切新舊題詠，鏤梨棗，曰《亦園詩刻》。亦園者，公家居別墅也。迨原圃簡授閩中令，公喜得以子報國。始於南平署中，不遠數千里往視其政，為代石朱墨筆。每案牘應訊於庭者，必繙問求其情為原圃指示之。蓋腔中一斗血，未得灑為霖雨，廣被蒼生，故有觸於前，不覺隱隱欲動。及原圃調侯官，則余與公相見之始，其為暗理繁劇井井然，又余所目擊者。當公之旋也，余於前夕拜別公於侯署中，燈下徘徊依依不忍舍，曾幾何時而公乃逝也。

嗚呼！公之言論丰采，余昔曾親見之，公之居家居官，余今又按狀得之。公蓋具命世才，而其心無一日甘出人下者，使得乘長風破萬里浪，名豈出傅介子、張騫諸人下？顧乃膺一命於河幹老也，何其優於才而絀於遇乎！然公雖逝而原圃年方壯，才超邁不群，歷任閩中各劇邑，皆以敏幹著聞，各憲依之如左右手。將來報國恩即所以成父志，經綸雷雨之獻之于其子，何異見之于其父耶？公可以無憾矣。

公生於順治十八年辛丑七月初一日子時，卒於雍正九年辛亥八月初十日子時，得年七十有一。元配衡州知府張公奇勳女，繼配銅仁遊戎李公中錫女，俱以公官贈安人，繼配工部郎中劉公芳譽孫女。子三人：長堵即原圃，康熙庚子副榜，原署福建侯官知縣，今仍以知縣命往福建候補，聞公訃照例給假治喪，娶四川督學道張公光祖孫女；次址，監生，早亡，俱繼配李出。次垣，幼殤，繼配劉出。女六，李出者一，劉出者四，側室出者一，劉之次出者殤。監生傅榕、生員吳琮林、武舉羅憲昂、孟旖兆、傅樹廉其婿也。孫一，如鑾，聘監生秦公基順女。孫女一，幼未字。今將以雍正十年壬子三月初九日，葬公于新鄭縣城東隅祖塋之次。余既應原圃囑，謹即余與公生死離合之間所得大略，以表公生平梗概于萬一。言固無文，聊以傳信云。銘曰：

維哲人之誕降兮，挹江山之秀靈。英資拔欲兮，擬明瑤之晶瑩。歷黔粵燕趙以奉親兮，不第居常克罄其孝思，而遇變尤竭其精誠。胡以半世之風波，蹉九萬之雲程，乃同於鸞鳳之棲枳棘，而未得化鯤為鵬。才華莫掩兮，小試而已別其利硎。矧修身以齊家兮，箕裘不墜乎先聲。陘山岩岩兮，洧水盈盈，環繞兮固佳城，逍遙兮慰九京。餘韻流風不泯兮，留以待千古之英。

男劉堵泣血勒石。

雍正十年壬子三月初九日。

（碑存新鄭市博物館。王興亞）

中丞田公嚴禁私派牌

照得雜派病民，大干法紀。豫省大工大役，無過河工。而一夫寸料皆係動帑雇買，並無絲毫累民。即採買白蠟木桿並解京車價，亦係開銷正項，其餘如修葺墩臺，栽植柳樹，驛馬草豆麩子，地方土產，各衙門所用柴炭米麵，工匠夫役，迎接新官，修理衙署，鋪墊執事，上司過往一切車馬人夫，工程草料等類，久經本部院嚴行禁革在案。詎訪得各府州縣，尚有憨不畏死之員，罔上行私，擅行科派，或借河工名色派取夫料，或借白蠟木桿派取價值，或借供應上司，或借迎接新任，或借幫助舊官，或借伺候欽差，或借奏銷使費，或借食鹽不足，或借修理衙門，或借栽植柳樹，或借修葺墩臺，或借鞭春祭祀，或借慶祝生日，甚至驛站豆料，仍派行頭斗戶，麩子仍派飯店磨坊，草束仍派地方，土產仍派出處，柴炭米麵或發半價，工匠人夫仍充白役。夏月搭涼棚則派椿木柳枝，冬月燒煖炕則派煤炭柴薪。更有官不知而鄉地私派者，如查點保甲則派冊費，疏濬溝渠則派人夫，遞送什物則派車騾，輪報各役則派工食。官不知而里甲私派者，到城應比則派盤纏，戶房收書則派紙筆，坐催原差則派貼班，銀匠單頭則派幫綴。又有州縣欺瞞上司，鼠竊狗偷者，亦有知府、知州指令攤派者。總之，私派一文，即有一文累民。私派十文，方得一文入己。內除紳衿吏役並土惡地豪不敢派及，止此愚懦小民，有限膏血，為公祖父母者，刻意吮剝，天理昭著，報應不爽。有不神鬼鑒察，天誅地滅者，吾不信也。除密訪參拿外，合再嚴禁。為此，示仰撫屬官吏軍民人等知悉：嗣後爾民除本身丁地錢糧之外，如有地方官並鄉約保地里長甲首單頭指借一切公事名色，派取一文一毫，一草一粟者，槩不得允從出備。倘敢用強壓派，即赴臨近上司衙門具告。如不準行，許徑赴本都院衙門據實陳控，本都院止將私派之官役參處，決不累及爾民。司道府州不時查察，有所聞即刻揭報。若上司壓勒科派，亦許地方官據實密稟。如彼此互相朦隱，通同作弊，一經本都院訪實，定行并參。即本都院之親密友，亦不敢稍為姑容，以貽民害。各宜洗滌肺腸，革除淨盡，務期弊絕風清，農民安堵，望之切切等因。除行布政司轉行，勒石署前，永遠禁革。其告示，令教官張掛勒石，亦令教官督工即刻豎立。

（文見乾隆《新鄭縣志》卷九《賦役志》。王興亞）

重葺鄭大夫子產祠

河南總督平越人王士俊

昔唐狄仁傑之爲河北安撫使也，示其僚屬曰："治當以鄭大夫子產爲法。"夫梁公一代明臣，其治河北係魏郡地，於新鄭無與，而獨惓惓於大夫，是必有佩服大夫於勿諼者矣。新鄭縣有祠在城西，係唐天寶戊子載所建。余於康熙丁酉歲，計偕北上，道出新鄭，適遇戊戌元旦，遂敬謁大夫祠，見遺像端偉，凜乎有道之容。祠雖漸圮，俎豆弗替，因喟然歎曰："自春秋至唐天寶約千六七百年，自唐天寶至今約千餘年，其間幾歷滄桑，而惟大夫之祠缺者創、創者守，豈《緇衣》之好、《羔裘》之慕，獨摯於鄭人歟？抑大夫當日治鄭，惟德能寬，次莫如猛，爲千古不磨之論，遵而守之，故尸而祝之歟！"因低徊久之始去。洎雍正元年癸卯，余由翰林出領許州牧，許與新鄭百里而近，故鄭莊嘗入許。余復喟然歎曰："大夫之靈其不遠乎，寬猛不磨之論，意在斯乎？"及調祥符，署杞縣，望大夫祠俱在西南咫尺。計官豫凡三年，移粵移楚。至雍正十年壬子冬，復奉天子寵命總督河東，駐節省會，離新鄭僅二百里，則又喟然歎曰："大夫之靈其不遠乎，寬猛不磨之論意在斯乎？"遂有所不能已。因於癸丑秋八月，飭諭所司修葺祠宇。新鄭令王不黨如諭從事，治閶扇，整堂廡，置神座，備祭器，擇守祠人給以廩餼，爲久遠計。蓋歷數月，而規模略具矣。嗟乎！今之祠猶昔之祠也，今之治猶昔之治也。乃今之所謂寬者，如養嬰兒，如縱驕子，筋脈縱緩，不能振刷。所謂猛者，則又武健嚴酷，蒼鷹之擊，乳虎之怒，望風股栗，民不能堪，是兩失之道也。若大夫執政以寬爲骨，以猛爲輔，人知大夫之寬，而不知大夫之能用猛以善其寬也。大夫可謂社稷之臣矣，可謂百世之師矣！聞大夫之風者，莫不興起。狄梁公治河北猶惓惓於大夫，況余歷官河南，俱邇新鄭之境也哉！抑余回憶謁祠之日，古檜蟠鬱，鳥雀啾喧，蒼涼蕭瑟。今乃扶其頹，文其陋，氣象固已不侔。然而余之謁祠其偶焉者也，余之得從大夫後非偶焉者也。余即無謁祠事而心儀大夫，有不願扶其頹，文其陋也？文其陋，扶其頹，而不能心儀大夫，雖日謁祠庸有當耶？且豈余一人之私耶？因紀其情事暨葺祠年月於麗牲之石，以示後人。至於大夫之道德、功業、言論、風采，具詳《魯論》、《春秋》三傳及諸子百家，奚俟余之贅爲。

雍正十一年。

（文見乾隆《新鄭縣志》卷二十七《藝文志》。王興亞）

皇清應授儒林郎州同知洛東劉公（曰爃）墓誌銘

【誌文】

賜進士第文林郎內閣中書署河南汝州郟縣事右署開封府尉氏河南府偃師許州府新鄭衛輝府淇縣事並署歸德府通判印務前知南陽府葉縣湖廣郴州宜章縣事年家眷弟繆詵頓首拜撰文。

應授修職郎汝寧府確山縣儒學教諭姻年家眷弟王延禧頓首拜篆蓋。

壬子科舉人姻年家眷晚生白士魁頓首書丹。

先生劉氏諱曰爃，字季光，號洛東，別號東山。劉之先籍本江南徐州府沛縣人，諱全者遷新鄭爲始祖，卜居城北三十里文正鄉，宋王文正公故址也。代有聞人，傳至訒齋公孟奇始任鄒平，多善政。鄒平公生子裕後公瑚，邑廩生。生子二：長向若公丞源，天啓辛酉舉於鄉；次宿海公宗源，邑廩生，誥贈中憲大夫。與兄名重一時，鄉人比諸二陸云。宿海公生子三，伯仲俱有生庠序。季子鍾嵩公諱楨，生三月失怙，母毛太君誥贈太恭人，今奉恩入節孝祠，以養以教俾至成人者也。順治戊子選拔自潮州別駕，歷任至黎平郡守，誥授中憲大夫。公沒後潮民感德，具呈上聞，崇祀名宦。生子六，並著才名，有劉氏六龍之目。先生行居四，生有夙慧。幼讀書穎悟絕人，年未弱冠補諸生，旋食餼，每試輒冠其曹。既而隨父任□黔、兩粵間二十餘年，奔士不暇。然每遇秋闈必沉心揣摩，冀一捷，未果。需次司馬，非其願也。先生性至孝，承顔熙志，務得歡心，不專滫瀡，年四十中憲公棄代，六十三母高恭人逝，皆哀毀骨立，幾不欲生。平居每念罔報，未嘗不淚蘇蘇下也。尤篤于宗誼，胞侄塽兩遭無妄之災，先生典衣鬻產盡力周旋，事得解，不聽其償。塽卒，其母黃孺人窘甚，先生慨然代贖田二頃，又以地二頃益之。其推恩不倦如此。里有口角與訟者，力為排解，各貼服而去。其他仗義疏財，濟貧周急不可算數，都人士莫不嘖嘖誦君之義。邑侯理齋王公于人不輕許可，獨于先生逢人說項，歎為今人中罕覯不誣也。父太守公雖歷官三十餘年為清白吏，家無長物。先生與夫人同甘苦，雞鳴戒旦，惟儉惟勤，家業得漸豐焉。治家寬以嚴，教子姓以迪德勵行為本，不右浮躁，一門之內，雍雍肅肅如也。先生仲兄仲旭公以戊午經魁，官中翰，典試粵東，季弟文仲公以州司馬管桃源。二尹皆焯有聲烈，惜皆早世。而先生巋然如魯靈光之獨存，年逾八袠，耳聰目朗，思日孜孜，手不釋卷。每有會心發諸吟詠，陶然自得。惜其終老陘山洧水間，豐功偉烈未及表著。然宗其生平宅心以厚，持躬以正，孝友篤于家庭，仁恤及於州里，恩慈逮于臧獲。此其高風自足千古，何必以遇不遇論哉！

先生卒于雍正甲寅，距生順治辛丑年八十四。先娶于顧，有婦德，雍正七年先公卒。又娶副室陳，舉丈夫子二：長公坊，次公堠，俱歲貢生。循循謹飭，嗜學工文。女一，適禹州馬諱耀候選縣丞。孫男二，如鈔、如鋆。孫女六。以今年乙卯之十一月十三日戊申卜葬城東隅之祖塋。嗣君不遠二百里來問銘。嗚呼！先生不可作矣。余辛亥歲攝篆新邑，以公事遇先生之里，先生誠意懇款，一見如平生。解任後猶時時垂念余，問訊不絕，此意何敢忘。且先生盛德至行，卓乎可傳，余知之最深，是宜銘。銘曰：

陘山鬱峙，篤生偉人。孝敬祥順，出自性成。身居華胄，不矜不盈。

劬躬燾後，日夕冰兢。先生學問，洞達光明。先生品行，敦茂樸誠。

謙以自牧，惠以行仁。彥方太邱，允堪比倫。年躋大耋，旋邁玉京。

幽宮永固，奕葉咸亨。

　　　　男劉 坊 堠 泣血勒石。

大清雍正十三年歲次乙卯十一月戊子十三日戊申吉旦。

（碑存新鄭市博物館。王興亞）

御祭周世宗陵碑文

清世宗

【額題】御製祭文

維雍正十三年歲次乙卯十二月丙寅朔，越十八日癸未，皇帝遣太常寺卿王澍致祭於周世宗之陵，曰：

禮崇典祀，光俎豆於前徽；念切景行，薦馨香于往哲。維周世宗繼天建極，撫世誠民，豐功焜耀於簡編，功烈昭垂於宇宙。溯典型於在昔，凜法監之常存。朕以藐躬，繼登大寶，屬膺圖之伊始，宜展祀以告虔。特遣專官，祗遵彝典。苾芬在列，備三獻之隆儀，靈爽式憑，仰千秋之明德。尚其歆格，永錫洪禧，謹告。

祭祀人王澍、安鳳彩、西爾德、張受長、陳廷謨。

雍正十三年十二月十八日。

（碑存新鄭市郭店鎮陵上村周世宗陵。王興亞）

重建馬神廟碑記

邑令陳中

郭店驛，驛之大者也。馬凡百有十七，為湖南、北、滇、黔、粵五達之衝。然南四十里新鄭，北五十里鄭州，任重而道不甚遠，馬利斯驛，驛宜不宰害，乃數年來，馬之於驛利不利未可知。而宰之畏驛害，則固頻聞而叠見。上官曰："此茭芩未裕，購補不足，宰自貽害也。"宰曰："唯唯，否否。"宰又曰："此水草不時，勞逸不均，驛卒貽害也。"卒曰："唯唯，否否。"而馬也者，即仰首鳴號，羣訴所謂利斯反害之故，而卒不知，而宰不知，而上官更不知也。夫物各有神，神體乎物，一氣相通。故盛衰者物，而所以盛衰者非物也。神之愉怫為之也。此豈馬為然，而馬何獨不然？今有一尊者於此，而吾處之以湫隘，外無宏敞之觀，內有局促之虞，即珍錯日陳，聲歌時奏，其神有不鬱鬱者乎？無有也。則試更之以恢廓，則試易之以壯麗，如出地穴升天衢，其神有不栩栩者乎？無有也。今郭店驛馬明王之神廟，其愉怫之故較然矣。官不察而徒責之宰，宰不察而徒責之卒，亦何惧哉！仇君疑其然而未信，因欲改建不果，馬之不利如故。昨者二月，始決意改之，材粗具而害已瘳。此猶久處湫隘者，聞有恢廓壯麗之娛，身未居而神已暢，自不覺其速已也。或者曰："神愉怫於一廟，而禍福乎馬，其禍也，馬何罪？其福也，馬何功？烏在其神也。"曰："喜怒哀樂，神人同此，情也。神主馬，而有馬者褻神，神未有不當怒者。敬神，神未有不當喜者。喜怒感而馬之氣應之，故神無心而禍福捷也。不然，神以馬為洩憤酬庸之具，人以廟為徼求諂媚之端，豈理也哉！"仇君告予，因記之。

乾隆二年。

（文見乾隆《新鄭縣志》卷二十七《藝文志》。王興亞）

皇清應授修職郎歲進士候選縣丞松崖劉公（坊）墓誌銘

【誌文】

誥授奉政大夫陝西寧夏府西路同知加三級紀錄三次姻年眷弟嵩陽傅樹崇頓首拜撰文。

誥授奉直大夫知雲南征江府路南州事加一級紀祿二次年家眷弟許昌寇塏頓首拜篆蓋。

賜進士第候選知縣姻年家眷晚生白士弘頓首拜書丹。

松崖劉公以坊名，字止庵，號鳳山，松崖其別號也。行一，附貢生，考授縣丞，爲儒林郎，州同洛東諱曰爐塚子。公祖諱楨，字公幹，誥授中憲大夫，由順治戊子選貢累官黃堂。其初仕廣東潮州府，政教尤著，至今粵人奉宮牆而祀俎豆者比比。公原籍江南徐州沛縣，自始祖諱全者卜遷新鄭王文正故宅之旌賢里，族姓繁衍，邑人稱爲文正劉氏云。由公始祖而計之，全生致遠，致遠生拾，拾生鐸，鐸生浚，浚生奇，敕封迪功郎，任山東鄒平尹。孟奇生瑚，食餼上庠。瑚生宗源，邑廩生，誥贈中憲大夫，即公之曾祖也。是公之家世翩翩，代有偉人。而矯矯傑出，策對大廷者，則自公之六世祖兆其端，至公之祖大其傳焉。嗚呼！公真可稱東里名族中州閥閱也。予與公家爲姻婭世好，與公總角交，相視莫逆，公之世系知之詳，公生平行誼之美尤知之悉。公沒，卜葬有期，乃郎如鈖不憚數千里來予署中問銘焉。予又何敢以不文辭，謹按狀而志之。

公生而穎異，端莊自持。少長即知向學，目十行過輒不忘，公太先生特器愛之。迨年齒茂強，材謂敏達豁然，胸中□□□□庠，名重黌宮。宰新鄭邑王，己丑甲榜，楚人也，慕其學，重其品，一見心識之，相得在世俗交往外。公孝友謙恭，孺慕之懷結於終身，不徒循晨昏具文。父母沒，服除後哀戚之容猶見於顏色，翕然有孝子之稱。撫弟則行之有道，即一衣一食必欲其弟稍豐，而公則獨從其儉。當公太先生倦勤時委以家政，公敬承父訓，治外治內務各有條理，一無償事，以是稱能子，而克家之譽彰焉。公又篤一本之親，孤弱無依者，則收養之，才器可成者造就之，田產可讓者則分給之。遇有是非不決，每侃侃直陳，是是非非，不少回護，雖有含沙射影之談弗顧也。居常訓其子曰：讀聖賢書，行丈夫事，孝父母，敦手足，睦族恤鄰，是公以言教直以身教也。夫今其子如鈖年方弱冠，才品卓卓，學問優長，爲遠邇之所欽慕。恢圖振緒，大起將來，傳家德厚者流光詎不信歟？

公生於康熙三十三年甲戌五月二十五日酉時，卒於乾隆五年庚申六月初三日戊時。元配孫氏爲石梁縣松友公、浙江杭州府于潛縣知縣諱石第六女，舉丈夫子一諱如鈖，娶白氏，邑廩生諱鐸長女。女二：一適賈諱仁興，一字馬諱□。孫男一，幼未名。孫女一，幼未字。今於乾隆六年十月二十二日丑時葬公于邑東龍子崗祖塋。銘曰：

東里華閥，麒麟呈祥。來自涇水，夏鳴朝陽。早掇芹藻，旋宴龍驤。學車遇嗇，絆足昆岡。寢門望重，花萼名香。贍鄰睦族，肅綱振常。維天厚德，胤錫琳琅。恢煥七葉，休嘉無疆。

不孝男劉如鈖泣血勒石。

乾隆六年十月二十二日。

（碑存新鄭市博物館。王興亞）

郭店馬神廟碑記

邑令汪國昌

粵惟溮臨溱、洧，連濟、洛於東西；蹟衍咸林，接河穎於南北。魚鳧邈遠，極松潘梅洞之偏；雲漢悠遐，徧清化沙渠之衛。朱崖儋耳，古云越絕之鄉；烏撒臨沅，舊是南通之域。莫不輦供壤賦。入歷茲衢；抑且時奉簡書，出由斯劇。爰興兩驛，用達雙星。一曰永新，大振古匪今之義；一曰郭店，猶湛橋梅市之傳。固自昔已然，亦於今為烈。當文教四訖之會，絡繹皇華，正聲名百溢之區，璘煸錦陌。人來旁午，道是夷庚。余以宛上散材，徒攻楮墨，澄溪韋布，株守縹緗。仰東阿而愧子奇，思單父而慚宓宰。甫釋褐之未久，遂承乏於茲鄉。何緣芳甸承流，繡壤廣化；載星惶怖，鎮日憂煎。深期將伯有呼，庶或周爰可藉。惟驛丞仇君者，紹經綸於魏愈，繩學術於隋璋。家近竹西，雅多鼓吹；居鄰官廨，夙善謳吟。宣州刊浦，共是六朝文字之墟；越水吳山，悉連三楚騷人之習。既可同其唱和，復堪佐我馳驅。稱名不判雨晴，道故更聯膠漆。駐之郭店，承遞永新，雖職在野廬，而情棲民瘼。晏嬰近市，每通里儈之情；潘岳背城，樂訊田夫之隱。時有見聞，得諸輻輳。用陳箴誡，寄以郵筒。補缺良多，起予不少。似此思將無斁，早堪庇彼驛魚。抑且心秉維淵，宜克蕃茲騋牝。乃猶存敬畏，默仗幽靈。佑我駒騋，裕斯傳置。禮義卒備，昭格無贏。禋祀者歷有二年，齋祓者邈如一日。第棲靈有所，湫隘惟嫌，馬不堪旋，人難比立。春秋奠瘞，目不稱觀；朔望升薦，情多自慄。于是，招彼郵卒，諭以夙忱。謂居體忌汰，而奉神戒嗇。似此藐焉若繭，何以居仙？抑且儳也如蝸，奚堪妥聖？必稱聲靈之有赫，實須廟貌之巍峩。舊貫難仍，急須改作。丕基式廓，咸與維新。然而官既辭尊，祿難稱富。盧峰啟殿，豈真自幻以飛銀漢，觀浮梁，誰謂憑空而化玉。且以人間傳舍，世上蘧廬，苟可安於目前，罔肯舉其勝事爾。迺毅然倡首，不惜捐資，大為爽塏之更，頓起恢閎之範。聞諸聚樸之夫，輋焉手額；抑在守涂之輩，靡不開頤。悉踴躍以襄成，隨奔馳而共濟。因而楡來天上，就斧班輸。旋見桂自月中，從繩工倕。既勤樸斲，漸次丹鉛。整其垣墉，隨以塗堲。肇造於進尺之辰，告竣於伏金之月。瞻綺疏而霞燦，仰邃宇而翬飛。人落其成，神歆其力。從此文瑩震象，桃花合飛電齊輝；彩耀河精，紫燕共奔雲相逐。盧均不憂市給，溫舒詎假私售。當時之創建，與有血而長留，衛颯之精神，利列亭而永著。是宜鐫以紫篆，垂在青珉。樂誌以文，用光不朽。

乾隆八年。

（文見乾隆《新鄭縣志》卷二十七《藝文志》。王興亞）

皇清應贈儒林郎劉公（塇）暨應贈太安人高太君合葬墓誌銘

【誌文】

賜進士出身翰林院庶吉士年眷侄蔣辰祥撰文。

賜進士出身候選知縣年眷侄任履素書丹。

賜進士出身候選知縣年眷侄王椿篆蓋。

雍正乙卯，拔士膠庠，予以先獲預選，謁學使者于許昌，得識聖瑞年兄，見其器宇端凝，而接談之際，又藹如和風甘雨，固已心傾之。越數日，新鄭膺選者即聖瑞，因得為同年友北上，即與偕，相得益歡。歷詢家世，知公生平愈悉。後聖瑞以年伯母素有肢體麻木症，購得善餌，即日束裝旋里，遂天各一方矣。今天子之九年甲子孟冬，聖瑞合葬年伯母高太安人於公之墓，遣人持狀走京師，遺書於祥曰："先君壙中石，請為屬筆。"誼不容以固陋辭。謹按狀：

公諱塇，字景山，炎生其號也。先世籍徐州沛縣，自諱全者卜遷新鄭北宋沂國王文正公故宅之旌賢里，世稱文正劉氏。傳至公四世祖訒齋公諱孟奇，任山東鄒平縣尹，生公高祖廩膳生裕後公諱瑚，裕後公子二，次為公曾祖宿海公諱宗源，三冠軍入庠食餼，以子貴誥贈奉政大夫。宿海公子三，次端甫公諱楷，公之祖也，增廣生，舉鄉飲大賓。端甫公子二，次即公父太年伯諱曰熛，字紫昭。居心平易，處事練達。康熙戊子，以明經膺歲薦教授生徒，循循有序，一時成名者多出其門，且仗義疏財，遇有婚喪不克舉者輒周之。雖自至窘迫不計也。子六，公行三，幼而莊嚴，不樂嬉戲。七歲遇王父喪，即哭泣盡哀，非至性純篤烏能如是哉！長而事太年伯及萬太君，先意承顏，凡有拂意事，每多方解釋，務得歡心。太年伯病痔，萬太君患腿瘡，一切湯藥公必親為煎煮。後太年伯倦勤，命公理家政。事無大小悉稟命而後行，即臧獲有過當責，亦不敢徑予鞭樸，以太年伯馭下素寬故也。

康熙壬辰年，太年伯與萬太君相繼即世，公伯仲輩皆苦年荒，徬徨無措。公慨然出己束脯，資治大事，附身附棺，必誠必慎，所謂生則盡力，死則盡誠者非歟！昆季同居數十年，內外無間言，及析爨有讓無爭。讀書鄙章句，惟身體力行，以求古聖賢之所以為聖賢者，尤潛心《易經》、《洪範》及宋五子書，皆手抄成帙，為文必閱世道，一切浮辭弗尚焉。弱冠入庠，以冠軍食餼。雖未列甲乙科，而文壇中咸比之泰山北斗。公學于開山楊公，楊公知公忠誠不欺，臨終以其孫繼榮託焉。公悉心訓誨，繼榮遂蜚聲膠庠，克紹乃祖業。古稱"死者復生，生者不愧"，其公之謂乎！己丑年歲荒，瘟疫盛行，人多道死者，公施地施棺不少吝，誠加恩於不報者哉。構書室數間，凡黨族姓不能延師者，悉令其子弟就學焉，鄭邑以南之文風，蓋由公而益振矣。乃高太安人者，亦公之賢配也，系出明太師諡文襄公嫡派，故爲鄭邑望族。乃歸公，綺羅弗執，婦道惟謹誠，有古桓孟風。其事公姑也，飲食必甘脆，衣履必素具。太年伯與萬太君春秋高，且皆病逾累年，竟忘沉疴之在身者，惟太安人頤養備至，能得其歡心故。太年伯及萬太君即世，徹其環鈿簪珥，以勷葬事。葬後一果一蔬必薦，言及生前事，述及生前語，未嘗不涕泣相隨。嗚呼！可謂孝矣。至如處娣姒以和，撫娣姒遺子女以恩，不使娌女失所，而必爲之擇善配，且不計身價之有無，而聽其父母之回贖，雖求之鬚眉猶難之，況出自巾幗乎！然則非太安人不能成内助之功，而非公亦不能致刑於之化如此也。

公生於康熙七年十二月初五日亥時，卒于雍正九年三月二十八日未時。高太安人與公生同年，後公七年卒。男兆鎂早亡，兆麟乙卯科選拔貢生，兆鳳業儒。兆龍出繼九房。女二。孫男齊瀚，即承重孫；次齊家、齊水、齊濠、齊洛。孫女五。嗚呼！以公之學之德之美，雖名在人口，澤被人身，不可謂不顯。然竟不得黼黻皇猷，大展經綸，而感激者不能不爲太息也。雖然，蓄德不耀者，其後必昌。聖瑞年兄固已名重槐市，需次州司馬。由此而子姓蔚起，馳驅皇路，孰非公未竟之施，所積厚而流焉者哉！爰爲之銘曰：

謂選物爲有知兮，胡豐公之德而遇嗇之。謂造物爲無知兮，公之德固已昭昭而如斯。矧積德之必昌兮，報在子姓其奚遲。惟此鬱鬱之佳城兮，魂尚依于其居。

乾隆九年十月二十一日。

男兆麟等泣血勒石。

（碑存新鄭市博物館。王興亞）

重修啟聖宮明倫堂暨諸亭樓記

邑令平陸王大樹

余讀唐、宋名家諸記，多亭臺池樹遊觀之所而作，每嘆古人勞逸之不相及也。柳州猥云："德孚民和，故政多暇。"夫分符而寄百里之命，痌瘝生民，其疆域建置，化民成俗之道，亦安有窮期？《易》曰："終日乾乾。"《詩》云："小心翼翼。"何暇豫之有？余釋褐後承乏陝右，屬以西醜跳梁，分廒軍資，心瘁力疲。及宰杞與密，公務旁午，日無寧晷。甲子歲，復涖新鄭。觀其城郭、衙署、祀典諸祠，莫不殘缺破壞。甚至文廟前後若啟聖宮、明倫堂、敬一亭、奎星樓亦頓擗頹敝，不勝徬徨太息。下車之日，即修理城池公廨，鳩工庀材，晨夜展力，凡八閱月而工始竣。顧城垣等工，獲動正項。而學宮、垣墉、啟聖等所，則不得不捐貲拮据也。乃與兩學博諸生輩，署基址，平版幹，計工輸鍤，皆欣然樂就。已而，經之營之，是繕是塈，區畫締造。雖風雨之朝，余未嘗不至。屈力殫慮，毋辭況瘁者何也？根本之地，治化之源也。諸君子勉哉！官先事，士先志，處爲名。諸生求其志，即出爲名臣。達其道，學爲肆，仁爲宅，義爲路，禮爲門。

數仞之牆及肩者所積耳。國家興學育才，豈徒褒衣博帶，咕嘩訊言之爲哉？若多士蒸蒸，煥乎維新，他日筮仕登朝，或膺民社，乾乾翼翼，上不負君父，下不愧所學，則余今日之繕葺不等於操切塗飾以視。夫亭臺池榭之興作，固有間矣。其出貲諸君，具列碑陰焉。是爲記。

乾隆十一年。

（文見乾隆《新鄭縣志》卷二十七《藝文志》。王興亞）

重修興學書院兼復膏火碑記

孫映璧

天下事有興有廢，有廢而不可不興，有興而不可復廢。其間轉移之故，維持之力，豈不在人哉！新邑北里許舊有興學書院，按邑志創自前令江陵李君，余亦不知始建之規模何若也。歲辛酉，余攝篆來鄭時，蕭蕭遺址，僅存數楹，叢葛宿草，荒涼特甚。常歎千百年教化之所，不應寂寂至是。乃以京兆五日，不暇議制其新。丁卯秋，復奉憲檄委署茲土，尋厥勝蹟，經前令姚江陸君已新其舊，重建其坯，延師教授，鼓篋俱來。若陸君者，可謂識政本，體古教化之意者也。紳士言於余曰："舊址新矣，而膏火未復，恐終不永久。"且云："陸君重修之時，即設此議，後因緣事是以未果。酌復舊典，煥作新猷，其在公乎！"余查新邑有在官田十二頃餘畝，詳明撥入義學之用，後義學裁去，歸於書院。余既踵其事，能不酌盈虛，立規額，垂為久遠之計乎。夫十餘頃之田，梘之若恢乎有餘裕者，實核之每歲所入穀不過五百石。歉歲則穀少，豐年則值減，理勢然也。今約教長每年修金一百兩，膏火銀三十兩，其聘儀節禮、送迎車馬道里之費視此矣。肄業諸生定額二十名，論文考取，遇缺即補。每名每月給膏火銀六錢。若有告假者按日扣除，其獎賞紙筆之費視此矣。於肄業生內擇學行優長者二人充齋長，掌告假簿籍給散膏火。附課者不給膏火，亦不定人數焉。廚役一名，每年給工食銀六兩。守門役一名，給工食銀三兩。經管書院各事冊籍禮房一名，每年給工食銀三兩。是舉也，余不過踵前令後為之修其制耳。至於行之久遠，一興不使復廢，是又在乎後來者。謹記。

乾隆十一年。

（文見乾隆《新鄭縣志》卷十《學校志》。王興亞）

重疏溝渠記

邑令孫映璧

鄭邑東北鄉，東王、陽合、丁馬、北西、誠乎、重興、黃甫等七保，田地低窪，每積雨水，即淹沒禾稼。民受其害者十七八，而享其利者十二三。昔之令長曾度原隰，開溝渠二十六道，每長一二里至十數里不等。顧地既卑隰，土沙各半，年久淤塞，僅存其跡。雍正丁未，邑令靜海王君憫民之困，董率諸保人等重修之，害除而利必數歲。於是，各保之民感戴恩德，建祠於薛村尸祝之。凡民之愚可與樂成，類如斯矣。乾隆丁卯秋，余署篆斯邑，大水，而入冬絕無雨雪。余循行所至，目睹衝決壅塞之狀，深矉太息，即謀欲挑疏。沈道憲奉札查河道溝渠，遂具詳勸諭。臨溝地主協同子弟，展力挑挖，溝面寬八尺，底寬三尺，深五尺。仲冬興工。余率同典史、驛丞履畝而計，雖嚴寒不辭況瘁，不逾月告竣。水有所歸，自不為害。復詳明每保設立溝頭，司其事，隨時查察，遇有沙淤之處，即為築決。五日京兆區畫，如不逮者，何也？官不可一日曠朝廷，赤子不可一日不繫諸懷也。後之君子蒞斯土者，其痾瘝生民，興利除害之宏猷，當復無窮。此七保溝渠，如蒙時飭渠長、溝頭為之經理，有基勿壞，垂諸久遠，則區區之念，踵王君之美意，當亦司土者所共諒焉。故為之記。

乾隆十二年。

（文見乾隆《新鄭縣志》卷二十七《藝文志》。王興亞）

御祭周世宗陵碑文

清高宗

【額題】御製祭文

維乾隆十四年歲次己巳六月丁丑朔越四日庚辰，皇帝遣都察院左副都御史葉一棟致祭於周世宗，曰：

惟帝王繼天建極，撫世綏猷，教孝莫先於事親，治內必兼於安外。典型在望，緬懷至德要道之歸；景慕惟殷，心希武烈文謨之盛。茲以邊徼敉寧，中宮攝位，慈闈晉號，慶洽神人。敬遣專官，用申殷薦。仰惟歆格，永錫鴻禧。

祭祀人葉一棟、孫琦、沈青崖、高趪、董榕。

乾隆十四年六月四日。

（碑存新鄭市郭店鎮陵上村周世宗陵。王興亞）

御祭周世宗陵碑文

清高宗

【額題】御製祭文

維乾隆十五年歲次庚午十月庚午朔，越祭日甲戌，皇帝遣正藍旗蒙古都統宗室色貝致祭於周世宗之陵，曰：

惟帝雄才卓越，武略奮揚，紹基當流，極之衰衣，常在復古。戡亂值紛紜之會，忘不懈於修文，邁五代而擅英聲，式昭功烈閱千秋而光祀典，勿替馨香。朕稽古制而時巡，指中州而稅駕，遙瞻松柏，式企園陵。特遣專官，用修禮祭，靈其鑒格，尚克歆承。

祭祀人色貝、高趯、董榕、萬人謨。

乾隆十五年十月。

（碑存新鄭市郭店鎮陵上村周世宗陵。王興亞）

御祭周世宗陵碑文

清高宗

【額題】御製祭文

維乾隆十七年歲次壬申壬寅月癸亥朔，□□日甲申，皇帝遣大理寺卿副都統卞塔海告祭於周世宗之陵，曰：

惟帝王憲天作極，受籙天麻。教孝莫先於事親，斂福用光乎繼治，是彝是訓。緬惟至德要道之歸，壽國壽人，允懷錫類，雅恩之盛。茲以慈寧萬壽，懋舉鴻儀，敬晉徽稱，神人慶洽。用申殷薦，特遣專官，冀鑒茲忱，永綏多福。

祭祀人卞塔海、常有、張奎祥、鄒大業、梁易簡。

乾隆十七年壬寅月。

（碑存新鄭市郭店鎮陵上村周世宗陵。王興亞）

興學書院碑記

餘姚人邵自鎮

新鄭書院之設，自前令尹李公始，碑記及所載"興學大義"詳矣。初祗爲堂三楹，祀佟中丞其上。邑人復于堂右建廳事三間，祀李公，即今講堂也。乾隆丙寅，姚江陸公增建齋房若干、廚舍若干，不三日輒至書院與諸生講論。公既首捐俸，邑士大夫共襄其事，而孝廉劉君實始終之勤續爲多。戊辰，劉孝廉下世。辛未，陸公亦終于家。今令尹馮公至，復加振興。於是，書院多選拔獲雋者，公益喜。方議增齋房事，未行，馮公亦卒。施南司馬劉君者，孝廉之祖也，耆耊宿學，往來書院。見碑石未刊，而諸公相繼以殂，大懼事遂湮沒無以告後之人，乃索余文爲記。

余謂書院之設，所以興學也。學之爲道，自《六經》、《四子書》外，宋儒益發明之精詳廣大，如"興學大義"所述，無餘蘊矣。董子有云：爲治不在多言，顧力行何如耳。爲學亦不在多言，要當尊其所聞，行其所知，殊途而同歸，百慮而一致。苟於立心行己，居官治人之道，與夫上下古今博學審問之方，無所實得而徒竊儒先之緒論，以自附于理學，自謂所托至高且大，而不知與弋取科名、徒事詞章者同歸於腐滅也。況新鄭自古爲文獻之邦，周司徒餘教，東里博物惠人，夫子稱其有君子之道。地介汴洛，多故家遺俗。宋朱弁常遊其中，聞見日廣，厥後出使女真，拘留十餘年，挺節不污，忠論侃侃，可不謂行己有恥，使於四方不辱君命者乎！古之人所以長留天地者，要皆有真氣貫徹於其間，即如佟、李、陸、馮、劉孝廉諸公，勤勤書院，各有真意。雖不幸相繼以歿，而諸君子肄業於是，四方之士往來憑弔，未嘗不可因一事而想見其生平也。今諸君子當理學昌明之時，文運益振，親師樂友，優遊饜飫，設誠而致行之將來，理學則為真理學，文章經濟則為真文章經濟。期與古之立德、立功、立言共傳不朽，則諸公之勤勤書院者且益藉以長留於後世，而豈待此一卷之石哉！

　　李公諱永庚，湖廣江陵人。陸公諱烈，淛江餘姚人。俱進士。馮公諱飛雲，陝西中衛人，舉人。劉君諱墧，歲進士，前湖北施南府同知。孝廉諱齊泗，中式辛酉科，俱邑人。凡贊襄其事者，皆列書于碑陰。

　　乾隆十八年。

（文見乾隆《新鄭縣志》卷二十七《藝文志》。王興亞）

創建倉神廟記

　　知縣舒鴻儒

　　新鄭舊無倉神廟，余治新之明年，佐粟入之藏者孫子緒謂余立廟以專祀事，從之。按"黃帝正名百物，以明民共財"。顓頊能修之，載在祀典。《月令》仲秋之月，修囷倉，命有司趣民收斂，務畜菜，多積聚，毋或失時。蓋藏富於民，與夫藏富於國，皆為民也。本朝休養生息，百十有餘年，聖聖相傳，講求儲備之法，既宏且遠。我新介在土中，民稠地瘠，無舟楫商賈之利，耕三餘一之畜，兆庶所藉以無恐者，惟此官倉之陳粟，以為民天。故吾邑之積儲，較隣封為倍急。上憲深知其隱，雍正七年，改土倉而易瓴甓，以次漸增至於今，高廩櫛比，翼翼煌煌者，計五十有五楹，實常漕社義穀二萬七千六百七十石有奇。從此大有頻書，士民交勸所畜，當更不止此。功令以之出納，春秋膏流萬姓，是茲倉之積穀，誠吾邑之大命繫焉。軒轅氏明民共財之旨，奚有著于此者。所謂法施於民，其可不隆諸祀典歟！嘗考《天官書》，西官咸池主五穀，一名五車。次東一星曰天倉，主藏。又胃為天倉，主倉廩五穀之府，則倉神固胃星也。昭明九垓，輝曜大梁。尤宜備禮祭法，以補從前闕典。爰捐俸庀材，創廟於倉中，以專祀事。若夫省牲胝滌之必新，祈珥灌鬯之必謹。又當顯設其象，乃能倍竭其誠。況乎廟者貌也，肖像廟中，以時展敬，庶幾我祭則受福，而襄事者亦於此凜儆惕焉。是為記。

　　乾隆十九年。

（文見乾隆《新鄭縣志》卷二十七《藝文志》。王興亞）

清故劉室孫孺人墓誌銘

【誌文】

預告奉政大夫湖北施南府同知加一級紀錄十八次又軍功記錄二次前四川茂州直隸州知州內閣中書欽差四川丈量愚兄劉墧撰文。

賜同進士出身文林郎江南金壇縣知縣年家眷弟邵之旭書丹。

賜同進士出身文林郎四川直隸資州井研縣知縣兼理羅泉井州判事加一級紀錄三次姻愚表侄白士弘篆蓋。

孫孺人者，予從弟坊號鳳山之配也。父名石，世爲潁昌望族，筮仕浙之于潛，生孺人于官署，年十七，于歸我鳳山弟。維時居處異地，相距二十餘里。予季父暨諸昆仆婢輩數數爲予道弟婦賢且孝，顧第得其大略。嗣予浪迹京邸，宦遊西川幾三十年，相隔愈遠，音耗愈疏。迨己巳冬，解組歸來，而孺人歿已數年矣。乙亥春，從侄鈊爲其母卜葬，持狀請予爲銘。鈊侄頗明達，量非譽墓之辭與所生以不受也。按狀：

弟婦誠賢矣哉！顧予之所以賢弟婦者政自有說。從來論人必于其人，蓋必有能人之所不能者，始足以託毫翰而勒貞珉，而尋常細行不與焉。古良吏，上下千古評騭精嚴，往往僅持其大端，良有以也。屬在女流，何獨弗然？狀內所稱勤操持、善中饋，和妯娌，以及寬嚴馭下諸懿行，寧弗可稱。而孺人之所難者不在此，即其遣嫁時值于潛公家計中落，方思竭力典鬻爲女厚妝奩。孺人莊嚴以謝，荊布自甘，此在兒女輩誠難矣。而孺人之所難者猶不在此。獨其雍雍于兩姑之間，消嫌隙于未萌，化畛域于無迹。在顧安人忌其非己所出，在陳安人亦忌其爲己所出，一堂雍睦，終始不渝。兩姑以賢稱，而孺人亦以著孝名。堂堂七尺所難而意得之巾幗女子，豈不偉哉！且平生器識過人，有男子風。鄰院被盜，垣一邊聲勢洶洶，衆方奔走驚慌；孺人獨凝然鎮靜，部署臧獲輩疇居守，疇赴援，群盜卒以此倉皇走。予披閱及此，不禁慨然曰："是真可以銘矣。"

孺人生于康熙三十四年六月初九亥時，卒于乾隆八年二月十二日子時，享年四十九歲。男一，如鈊，邑庠生，娶白氏，邑庠生諱鐸公女。女二：長適洧川賈諱仁興，次適禹州馬諱廷翔。孫男一，齊瀛，業儒，聘許州太學生寇公諱鵬翥女。茲于乾隆二十年二月二十四日，與鳳山公合葬于城東龍子崗祖塋之側。銘曰：

孺人之賢，以兩姑而名也；兩姑之賢，以孺人而成也。情性柔嘉，識力敏湛。宜錫之銘，百世永鑒。

不孝男劉如鈊泣血納石。

乾隆二十年二月二十四日。

（碑存新鄭市博物館。王興亞）

皇清應授修職郎歲進士劉公（塇）暨孺人孟太君合葬墓誌銘

【誌文】

丁卯科舉人候選知縣愚甥陳允文撰。

賜進士出身文林郎原任新鄭縣知縣丁卯科同考試官加三級紀錄五次年眷弟陸烈書丹。

辛酉科舉人候選知縣年眷再侄邵自鎮篆額。

長葛在章秋時，于鄭爲屬邑，本密邇也。今葛西二十五里彭家村，予實居之，鄭南二十五里溴水寨，予從舅父退庵劉公之家在焉，相距僅三里。而浮佩公教和供食之德者，蓋四十餘年於茲矣。公卒於乾隆丙子七月，越三歲己卯六月，舅母孟太孺人又卒。其塚孫齊漢涕泣向予言曰：叔爲劉氏，自出居又相近，且嘗館於漢家數年。漢祖父生平知之熟且悉矣。今將以十月朔日並先祖母合葬于本邑城東龍子崗之舊阡壙中，一片石非叔誰志？非叔誰銘？予感其意，不忍以不文辭。謹按狀：

公諱塇，字川如，退庵其號也。先世本徐州沛縣人，自始祖諱全徙居鄭東北宋沂國王文正公故里，遂爲文正劉氏云。數傳至鄒平縣尹諱孟奇，乃城東塋之始祖也。自是而族始繁，門始大矣。孟奇生瑚，瑚生宗源，以子貴誥贈中憲大夫，公之曾祖也。公祖諱槇，字公幹，號鍾嵩。由選貢歷任貴州黎平府知府，誥授中憲大夫，遺愛在人，至今未艾。公父諱曰炘，字少伯，號溴園。弱冠以冠軍入庠，視取青紫如拾芥。因父遠宦黔省，恐水土弗宜，藥餌之需未可或缺於供。遂援例入成均，需次州司馬。惟究心《素問》、《難經》諸書，偕德配寇太君侍養住所。中憲公居煙瘴之地，無疥癬之疾，以至年登大耋者，公父孝養之所致也。公之在身也，公父夢漢相國陳平至其第，已而誕公，美如冠玉，因命以乳名曰六奇。蓋爲得嘉夢，故以曲逆望之也。公少時，即莊重不好弄，及補博士弟子員，人人決其遠到。而公祖母寇太孺人夙病，留心醫藥，於誦讀功未免少疏。無何寇太孺人即世，服闋，援例入成均，效力河幹，諸上游皆器重之。得缺有日矣。公喟然曰："王陽、王遵孝子忠臣，各行其志。今我有老父在，乃奉身涉不測之險，而忘朝夕色養乎！"竟決意歸，諸同事苦留弗顧也。公父自寇孺人沒後，義不再娶，公於晨昏定省之餘，一切飲食起居，罔弗先意承志得其歡心者。而孟孺人內助之功亦不可少云。父沒後，年在強仕服官之間，起而從政裕如耳，乃閉戶不出，日惟課耕課讀，一切外事毫不干預。同胞有女兄弟二人，並公而三。其女弟家，素稱饒裕，後中落，公多方周濟，從無吝色。于同堂昆季雅意真摯，勤勤懇懇，無異同胞。子姓輩間有乖於正者，無不嚴加勸誡，俾復於無過而後止。且家世簪纓，習儒家禮儀之業，於鄰里鄉黨相過從，無驕容，無怠色，質直謙謹，有通德長者之風。其沒也，鄰舂不相，行者不歌，固其宜哉。

公生於康熙十九年二月二十二日寅時，卒於乾隆二十一年七月十二日戌時，壽登七十有七。孟孺人生於康熙二十一年九月初一日申時，卒於乾隆二十四年閏六月初一日寅時，壽登七十有八，乃明殉難孝廉旭六公諱良屏曾孫女，廩生洪錫公諱禹范孫女，候選州同知文熙公諱敬止女。生子二：長如銓，太學生，先公沒；次如鈐，太學生。孫男四：長齊漢，邑庠生，銓出，即索銘者也；次齊澥；次齊洽，次齊瀣，鈐出。孫女四：一適長葛監生王錫介，一適同邑監生白昱，銓出；一許字同邑監生張公諱珀次男，一未字。曾孫男一，澥出。夫劉氏于勝國顯矣，及我朝世代簪纓，甲一邑焉。公乃能斂華而敦實，守一履樸，堅德固性，文行卓如，後將有大聞于時者。非《泰》之九三所謂"艱貞無咎。勿恤其孚，於食有福者"歟！銘曰：

耕或餒之，蒔或萎之。惟德伊綿不息，如泉趾而仁兮，翳惟麟兮，君子有穀，後食其福。

承重孫齊漢。

孝男如鈐，孫澥、洽、瀣，曾孫聖業　　泣血勒石

乾隆二十四年。

（碑存新鄭市博物館。王興亞）

御祭周世宗陵碑文

清高宗

【額題】御製祭文

維乾隆二十五年歲次庚辰正月丁未朔，越四日庚戌，皇帝遣日講官起居注、詹事府少詹事兼翰林院侍講學士梁錫璵致祭於周世宗皇帝，曰：

朕維帝王建極綏猷，經文緯武。誕敷德教，仁義備其漸摩；克詰戎兵，聲靈彰其赫濯。□後道本同□□命討之，昭垂今古，功歸一軌。茲以西師克捷，回部蕩平。緬駿烈於前型，敷奏其勇遠，徂征於絕域。通觀厥功，中外騰歡，神人協慶。專官肅祀，昭鑒惟歆。

祭祀人梁錫璵、七達色、觀音保、傅爾、瑚訥、葉志寬。

乾隆二十五年正月四日。

（碑存新鄭市郭店鎮陵上村周世宗陵。王興亞）

濟美橋碑記

陳允文

予嘗觀蔡端明《萬安渡石橋記》，止言橋之修廣，工之起訖，糜金錢若干，募緣董役為某某，而他弗之及。橋成於公，《記》出公手簡，質無多詞，宜矣。顧其事，亦時時散見於他書，謂公母嘗蓄是志，公決然成之，獲神助，誠孝所感，原非誣也。今聞太學生王君辛之事畧同。鄭邑南門外有河曰雙洎，因溱、洧合流得名，即《春秋傳》所謂龍鬭處也。夏

舟冬橋，行旅安之。其東北有水，數折而南，乃入河。南有水，自西而東亦入焉。水小而溝深，夏秋間泥深數尺許，徒涉者滅頂，驅車者輸載，人人視為畏途。辛之父貢生諱賜彤者，採石於山，謀為橋以濟，而赴詔玉樓不果遂。時辛甫成童，斂殯訖，涕泣請於母曰："吾父抱修橋之志也以歿，吾不克成之，其為死父乎！異日何以見諸地下？"其母曰："但恐若幼，不能了此事耳。今既言及此，有志者事竟成，尚其勉之。"辛遂鳩工庀材，越三載，為橋於東北者二，為橋於南者一，費千餘金弗少惜。以視蔡端明，古今人何必不相及也！橋成，而邑之人咸曰："賜彤可謂有子矣！"將勒石以誌不朽詔來者，而徵言於予。予喜而諾之，題其額曰"濟美"。蓋濟人誠美事，而王氏父子又世濟其美者也。是為記。

乾隆二十六年。

（文見乾隆《新鄭縣志》卷六《建置志》。王興亞）

重修新鄭縣文昌祠碑記

鳳臺人秦百里

新鄭城南越洧河，舊有文昌祠。余未通籍時曾客遊其地，視其殿宇摧朽，墻垣傾圮，心竊傷之。慨然曰："是安得有力者重新之，使妥侑而神降之庥也乎！"歲庚辰，余奉簡命視學中州，虛衷校士，務拔真才，期以飭文風而報國家。午夜徬徨，因憶昔遊新鄭，淒然於文昌祠之頹敗，而歎補葺之無人者，是非余今日之責也耶！於是，出清俸，新其殿廡，高其垣墉，逾時而工竣。按《天官書》："斗魁戴筐六星曰文昌宮。"《星經》云："文昌在內堦之南。"《天皇會通》曰："文昌位于斗之上。"《百官志》云："尚書出納王命，敷奏萬幾，是謂文昌。"天府又文昌化書，陰騭文流傳于世為日已久。周詩尹吉甫宴賓稱曰張仲孝友。合觀諸書所載，星耶，人耶，皆未可知。而要其司桂籍掌福祿神，固覺世牖民，而不可以不祀者也。余之為是舉者，蓋念人神感格之理，悟幽明契合之原，欲諸生入廟生敬，淬慮洗心，以邀神貺；而所禱于神者，默相多士，牖啟厥衷，砥礪廉隅，昌厥詩文。區區之心由茲大慰。豈第念疇曩酬夙願而已哉！時余歲試畢，暫歸于大梁官署，聞祠宇落成，竊幸是邦人士得以奉神靈，而文治亦于是昌也。爰泚筆而為之記。

乾隆二十六年。

（文見乾隆《新鄭縣志》卷二十七《藝文志》。王興亞）

元配白氏墓誌銘

【誌文】

隗嵐劉如沁齋父撰並書。

室人白氏，文林郎昌言公孫女，文學覺斯公女，幼而善病，自五六歲以藥餌調養，及笄不離。然泰水高孺人訓誨諄嚴，未嘗以羸病爲女貸，室人亦未肯自貸。年十九來予。明年，先君卒。又兩年，先慈不起，逮事翁姑，日無多。其卓卓不沒，則兩大人捐館後，與季父同爨十五年，異爨四年，經畫措置，有鬚眉所不能辦者。蓋才與德並著，而心與力交盡矣。初，先太君見背，季父主家政，嬸母弓孺人理內，未幾病，以中饋付姪婦，室人不能辭，遂代庖。自是，三年爲同懷女弟遣嫁，五年從弟畢姻，七年治嬸母喪，十三年營葬先慈孫太君及嬸母弓孺人，十四年歸從妹，于恤喪葬婚嫁，絲絲接踵，亦已難矣。又上有尊長，下有齊肩，僕婦婢子，各有分屬，事不行恐廢弛，竟行又懼峕擅且決裂。室人矢慎矢公，用敬用愛，奉勤儉，爲內治之，王以身先之，而輕重緩急，調停咸宜。至於今歿也，語及當年，自老成有器識，以至下人之無知，莫不交口稱善。嗚呼！是何如才德耶！各爨後，予一切草創，兼以所得負欠甚多，早作夜思，圖復瘡痍，室人俱能指臂從心，更有予見所未及，或不暇爲，與夫勢難而人未有行者，室人每以身創，婉轉赴之，裨益不少。閫以內條理井井，聞者歎羨。予亦無一毫內顧憂，至所宜行，悉有章程，又恐過時遺忘，致多參差，且無以示後人，而行之不終，清繕一冊，以昭畫一，以垂永久。嗚呼！善矣。今之有家者，往往如赤壁泛舟，聽其所至，略無成算矣。亦不過自得自守，求莘之於書，如古人貽謀燕翼，慨朕有經久之思，更百不得一焉。而室人如斯，豈尋常鬚眉所能及者乎！朕而心與力亦從此交瘁矣。予嘗於初沒時，賦悼亡八章，猶嫌未盡也。茲當就窆，復爲之銘，雖讟陋無似遠愧工，朕語皆記實，或以可發潛德而慰幽魄焉。室人生於康熙六十年五月初二日戌時，卒於乾隆二十六年二月十八日未時，年四十一歲。子齊溥，聘許昌寇氏。女，未字。銘曰：

　　嗚呼！白氏有才有德，操行以溫，思遇盤錯，而能克人。壽止四十有一。閫範將久歷而太泐，至窆章程，以昭法守。更夐朕獨出，爲後來者壼則。

乾隆二十八年癸未正月二十日勒石。

（碑存新鄭市博物館。王興亞）

重修瘟神殿宇碑記

　　新邑北關，舊有祖師殿宇，乃一邑之所瞻仰也。其西偏一瘟神老爺殿，亦建於茲，歷年多所，風雨傾頹，神無所居。有準提閣住持僧生員□□辛性梅□行僧人□□□師侄，目擊心惻，慨然起而重建之，獨立難成，廣爲募化。重修殿宇並塑妝神像，不幾時，而工告竣。其中施貲者甚衆，姓名不同，今爲畢載於石，以誌不朽。非張伐厥事，亦欲神有所居，爲闔邑之富庇焉耳。是爲記。

　　特授新鄭縣正堂何如隆。
　　新鄭縣督捕廳俞鵬程。
　　邑庠生靳德彰撰文。

儒童董鈞書丹。

永新□□□□江南松江府□□縣人

□□□□□□浙江嘉興府海鹽縣海鹽縣人各捐錢五錢。

會首監生劉亮元捐銀二兩。晉西號捐□□□□□□。永吉店、居盛店、在保油店，各捐錢三百。□□、生員□□□、李苗、薛寬、王興邦、李大明、李大有，各捐錢二百。

常恩□[1]

常瑞祥、同義店、董天□、□□□、□□□、□□□、張義合、四合店、李廷臣[2]。

泰遠、王順，以上各捐銀□□。會首監生張□玉、會首監生張瑄、吳周行、吳福、吳曰瑞，以上各捐錢一錢。

劉化龍銀二錢，劉建龍銀一錢，仇彩彩禮銀一錢，生員祁筌、丁智、胡天□、□□滋、周良、周孝九、趙才、朱拱有、劉侯、丁瑞、侯旺、韓秀成、張學、張昭、陳克全、陳萬、王國好、王傑、陳琰，以上各捐錢五十。

會首董高乘龍錢二百，監生高居□、生員高玉銘、生員高攀龍、監生高持簡、蔡如□，以上各捐錢一百。

王士良銀一錢。生員高飛龍、高若龍、生員蔡泰、蔡旺，以上各捐銀□錢。

秦□錢□十，高□錢五十，會首生員高玉秀、生員陳□麟、周□玉、監生高文正、陳龍、王瑞□、秦愫、高文潔、監生王孫懋、高□龍，以上各捐錢二百。

會首生員高應瑞、監生胡大楹、王槐、吳□、王午、吳諒，以上各捐錢一百。

吳有善、趙之臣、王振、左國祿、李□、王進、邵□，以上各捐錢□□。

孟獻、李溶錢一百。

木匠田鳳鳴銀一錢，□□□成功銀三錢，□□□法銀三錢，會首□□□錢三百，[3] 郭仁、李天貞、吳壁、吳潔、劉信、陳拱、趙國福、朱永財、吳孝、吳祥、張令、譚□、義和□、□□，以上各捐□□□。李藩、郭國貞、李□、趙進德、李克、王宗倫，以上各捐錢一錢。[4] □□□、□□□、□□□、王宗潔、楊進孝、趙寬、鄭文、韓實乾、楊國林、陳克□、高振香、司鳳、李太道、邵大定、劉清成、楊存敬、趙卓、李壁、梁國柱、趙文練、詹福、王義，以上各捐錢五十。

會首杜世則、監生秦斌、李培成、生員劉元成、唐甫興、唐甫煥、賈永傳、劉蘭、李大儒[5]，以上各捐錢一百。

趙□樂、□□李九林、王樹、會首生員陳建英、田智、生員王聚、李世福、趙保安、

---

[1] 以下十七人姓名，字殘。
[2] 以下十四人姓名，字跡不清。
[3] 以下四人姓名，字殘。
[4] 以下三人姓名，字殘。
[5] 以下五人姓名，字殘。

張自合、李正、楊九□、楊九霄、馮□有，以上各捐銀□□。

會首吳□、生員吳□豫、吳國貞、吳有龍、吳□、監生仇□□、[1]會首王賢錢一百。

會首吏員陳遇、李國財、穆成、趙浚傑、楊文忠、□龍，以上各錢一百。

陳俊、高林、高□、董□，各錢五十。

會首馬璽錢二百，馬琢、馬進、馬禮、王進富、王中式、蔡永深、苟朝忠、王作孟、肖克明、李富、馬德立，以上各錢一百。

馬文明、馬朝英、馬德元、馬國□、貢生馬宗魯、尹□，以上各銀一錢。

會首蘇耀祖、楊秉忠、齊宗武，以上各錢一百。梁中全、侯有成、程爾德、周宗成、曹如福、辛顯，以上各二錢。

王有餘子斌、丁德、蘇孝，各捐錢五十。

會首劉太一百。監生李仁銀一錢，劉吉錢一百，張□高一百，黃□旦一百，生員張忭、白闌、丘萬君、許永大、侯松茂、黃世芰、黃桂方、高恭、曰雲、白武墩、□□、韓紹、王元敬、王士溫，各錢一百。

劉一良、陳景玉、□克用，各銀一錢。□□□、監生王□□一百，生員王吉各銀一錢。

會首劉濱、王福、郭曰良、有德、王天福、魯□、李有德、李□、王興□，以上各銀一錢。

王祿、羅興英、侯一瑞、趙克禮、趙太生、黃煥、張顯名、李翰、丁成生、張良才、李國□、周文德、趙忠、高汝梅，以上各錢五十。

會首張長周、高生、生員□□、監生□玉忠、高志，各銀一錢。

李連蘆、張□昆、高苣、時可、□□臣、□文德、王世才，各錢五十。□天榮銀一錢。

會首□□□錢一百，翟盛錢一百，馬□、吳繼成、吳國賓、徐有會、劉先，各銀一錢。常福、李楷、李雲生、李林合、常義、常榮祖、高伯楷，各錢五十。

會首馮吉生錢一百，睿□中、魏□俊、趙儒，各銀一錢。李宏見、王名貴、楊世芳、馮常，各錢五十。

會首金貴生、李大福、譚萬鳳，各錢一百。孫振、□凡相、□國慶、□國棟、黃文、張富貴，各銀一錢。

許連方、周文進、張更新、高力、張文，各錢五十。

楊□、王生亮、王華□、常爾祿、朱紹□，各錢□十。

會首傅聰、宋宗、毛文吉，各錢一百。

馬明、侯林、曹英、李登龍、付□全、丁甫臣、□洛强、陳予煥、郭貴，各錢五十。

高兆、董天華、劉□禎、王□成、柴田極、郝天錫、張克吾、湯子和、張福、王□潮、任□、史繡、任重、秦思明、牛昆、王興福、能禮、秦思恭、楊文選、陳福、王興世、張

------

[1] 以下十一人姓名，字殘。

玉成、高□、白純、吳春、賈才、王大學、□可法、趙時運、劉貴、楊四揚、趙成福，各錢五十。

會首高玉章二百。李顯、李林淏、生員李潔、李惟一、張居□，各捐銀一錢。

常登科二錢。時國有、時建、曹元、張宣、張瑞，各銀一錢。

陳龍三錢、王興義、□右衡、二十里鋪會首張李氏、陳郭氏、陳馮氏、郭鄭氏、郭趙氏、郭魏氏、時張氏、魯陳氏、時逢氏、魯肖氏、郭朱氏、賈邢氏、張任氏、周王氏、周翟氏、時劉氏、郭剛氏、魯張氏，各錢五十。

會首□蔣氏、劉張氏、朱馮氏，各錢四百九十。

泥水匠劉炳。

塑匠□□道。

大清乾隆二十八年六月吉旦立。

（拓片藏新鄭市黃帝故里。王興亞）

重修臥佛寺大殿碑記

邑令何如瀠

城西數十武，有臥佛寺焉。岡巒經亘，溱洧縈帶，固一邑之勝也。第歷年久遠，不無剝落，而大殿彌甚，頹垣敗瓦，不蔽風雨，如聞龍象泣矣。丁丑冬，予承乏茲土，偶一過焉，惻然欲重修之。水涔之後，時詘舉贏，未遑也。己卯夏五月，二麥始登，方歌大有，既而旱魃為虐，民皇皇然惟大田之是憂矣。予乃偕同事諸君，始禱于邑之城隍廟，不雨；次禱于城南之龍王神，又不雨；繼又步行赤日中三十餘里，取水于長葛之擺藍池以歸，仍不雨。民益皇皇然憂，而予亦惕惕然思也。因念昔人靡神不舉之義，設壇于茲寺，聚百神而禱之，且齋宿焉。三日甘霖大霈，四野霑足，歲以有秋。越明年夏，又旱，禱如前，雨亦如之。因慨然議修，復捐俸以倡，同事諸君暨邑之紳士民，皆踴躍樂助也。迺命國學生蔡子樂泮董其事。鳩工庀材，興版築，新垣墉，易楹桷，飾丹艧，莊嚴寶相，重開生面。垂成矣，旋以楊橋漫溢，官民皆竭蹶襄事，姑徐之。壬午嘉平始告竣，用勒文以紀之。

竊惟先王之治天下也，明則有禮樂，而幽則有鬼神。夫非導民於諂媚求福之途也，誠以幽明感通，如響斯應。故雖絕地天通，而有功于民，臚於祀典。且水旱災祲，盛世不免。惟盡人以格之，積誠以感之，斯可轉災而為祥。以故雲漢昭回，如惔如焚，而靡愛斯牲，卒獲霖澍之應，則人道邇而神道亦匪遠也。夫以予之涼德也，耗斁下土，丁我躬矣，乃一禱之而輒應；再禱之而又應，斯固會逢其適哉？然亦惟是神之大德曰生，不忍慭棄我蚩蚩之眾。故始旱以儆予，繼雨以澤民，終且獲此豐年之屢也。噫嘻！有祈有報，《禮》之經也；無德不報，《詩》之訓也。茲者畎澮之間，盈盈膏澤矣，而闃然不報，豈情也哉？然環堵之宮，數椽之覆，是區區者寧能仰酬萬一乎？亦聊以既厥誠焉耳。抑又聞之，為治之道，貴握其本，不雨而祈，何如不祈而雨也。漆園氏有言："有虞氏之藥瘍也，禿而施髢，病而求醫。孝子操藥以修慈父，其色燋然，聖人羞之。"言事後補救抑末也。繼自今吾惟勤攻吾之缺，而懋厥德以迪爾士民，爾士民亦洗心滌慮，以聰聽有司之彝訓，毋縱詭隨，毋即慆淫，孳孳焉惟詩書耕鑿之是務，則入而孝，出而弟，閭閻之內睦婣任卹，上下之間敬服用情，將太和元氣洋溢兩間，而祥風甘雨應念斯至。何事僕僕祈禳而後大有頻書哉！此固爾士民敬迓神庥之第一義，而亦予不佞所願望于爾士民之深心也。勗之哉，其毋河漢予言。

乾隆二十八年。

（文見乾隆《新鄭縣志》卷二十七《藝文志》。王興亞）

河南巡撫阿公牌

乾隆二十九年五月初二日，准戶部咨開：軍機處交出大學士管兩廣總督尹奏前事。乾隆二十九年四月十一日，奉硃批：所奏是，該部速議具奏。欽此。欽遵。于本日交出到部，臣等伏查各省設立常平倉積貯穀石，春借秋還，所以備荒歉而裕民食也。地方官如果公平持正，以平糶價值，按照時價買補還倉，原屬有盈無絀。維是各該州縣賢否不一，或借買補名目派買尅扣，官圖飽囊，吏借分肥，是於利民之中，轉開病民之竇。查律例內開，各省採買一應倉糧穀石，務令州縣等官平價採買，不許轉發里遞派買。敢有私派勒買，及短給價值，強派強拿民力運送者，坐贓治罪。定例未嘗不嚴，乃州縣中往往陽奉陰違，所在多有。即如江南省尚有盱眙縣及無爲州失查短價病民等案。一省如此，他省可知。若不嚴行立法，俾官吏人等知所警惕，則無以垂永久而昭烱戒。今該督奏稱，立定章程，於應出糶之時，先將價值詳明，及屆秋成買補。其出境採買者，令將產地時價先行詳報稽核。其在本地採買者，令將現在時價，實在發價若干詳明，本管道府加冊轉詳，督撫留心訪查。稍有不符，即行參究。如果公平採買，價有盈餘，全數解司充公。遇有撥缺存倉米穀，應動正項。採買者，其不敷時價，奏明於所存盈餘銀內撥補等語。似亦清理積弊之一道，應如該督所請，通行各直省畫一辦理。並勒石垂戒，庶可永除民累。再該督奏稱：平糶倉糧定例，存七糶三。有不得不量爲變通之勢，總看各處情形，臨時酌辦等語。查乾隆七年六月二十四日，奉上諭：各省常平倉穀，原以備民間緩急之需，舊例存七糶三者，乃出陳易新，以防霉變。指尋常無事時而言也。若遇地方米少價昂之時，則當多糶以濟民食，毋得拘泥成例。從前已屢降旨，本年二月間又復申諭各督撫矣。今許容奏稱：今青黃不接，糧價增長，各州縣內詳報市米稀少，平糶倉穀以符額數等語。此言甚屬不經，是湖南有司並未領會朕旨也。國家儲蓄倉糧，專爲接濟百姓而設。若民間米穀充裕，即三七之數亦可不需。如粟少價昂，則安得以存七糶三目爲額數？今許容所奏，一省如此錯悞，他省有似此者亦未可定。即通行傳諭知之。欽此。欽遵在案，是存七糶三，相沿舊例，原不得過爲拘泥。久蒙皇上睿鑒，各省大員果能仰體聖王利濟之懷，實力遵循，隨時妥辦，自可使民食倉庚，交有裨益。應令該督撫府尹欽遵原奉諭旨辦理，可也。爲此，謹奏。

乾隆二十九年四月十五日奏，本日奉旨，依議。欽此。

擬合勒石垂戒，永遠遵守。

知縣毛師灝刊。

乾隆二十九年。

（文見乾隆《新鄭縣志》卷六《建置志》。王興亞）

重修大殿碑記

玄帝行在建於邑之北門外，座北而南，向爲邑之鎮，不知創於何時。古傳鄭邑爲軒轅氏舊墟，行在北有軒轅丘遺迹，乃當年故址，故建行在於前以爲鎮。現訪其事而殘碣無存，□□或然□然？

玄武司北方水神。南有鳳臺，南鳳爲朱雀，大抵亦取於前朱雀而後玄武之義云。世遠年久，不無風雨之飄搖，嗣修重彩，賴有善信之協力。書院釋子性梅法，字清者，兼司行在香火。目睹瓦傾牆頹，門窗俱廢，虔心募告，邑紳士商民共捐求功。增添磚灰椽瓦，鳩工起造於本年三月三日，落成於八月望五日。雖非破山門之毀敗者，猶未能盡復舊制，尚有俟於□日而是也。於此妥神明而肅瞻拜示□。靈官殿西有太尉殿，大略可睹矣。人之好善，誰必如我，是宜勒石志名，以垂後世，以勵來茲。工功告成，請問記於余。余愧不能，又特以住持之虔誠修葺，無愧於香火云。司衆善之捐資佈施，實之於善同意，故略述其始末而爲之記。

邑儒學廩膳生員方山劉濤撰文。

邑府學廩膳生員建中馮堂書丹。

大清乾隆二十九年八月上浣吉旦。

署新鄭縣正堂軍功紀錄五次大功一次安福，新鄭縣儒學正堂謝王選，新鄭縣儒學副堂李接飛，署分巡迤西道□寧府正堂劉清，丙子科舉人、即用儒學正堂劉如溶。

佾生劉亮捐樹一株。

晉源深、永吉店、君盛店、合義店、泰興店、恒泰店、和義店、復盛店、恒裕店，以上各捐錢五百。京生店捐銀三錢。

□城油房捐錢三百文，監生張家吉錢二百文，監生馮官錢三百，馮居正錢二百，長春館錢二百，□同興錢二百，生員高玉銘錢一百，監生張永慶錢一百，監生高其識一百。

監生秦鳳兆、高特閒、監生高成化、王起麟、監生劉□□、陳階玉，以上各錢一百。

監生高女玉、劉君用、監生蔡□□、劉君珠、高紹文、監生陳際昌、高攀桂，以上各銀一錢。

在城屠行、遞運所共銀五錢。

生員劉元成、馮繼□、生員陳廷英、高□瑞、生員高得平、生員劉茂，以上各錢一百。吳繼成、生員吳從周、生員毛慶餘、生員陳萬年，以上各銀一錢。

生員郝瓊錢五十。生員蔡殿賓錢五十。生員蘇瑞榴錢五十。

貢生劉祥錢四十。監生馮金銘錢四十。

丁松、秦撫、王梅、鄭智、吏員陳漣、郭仁、□淵、秦位西、許九進、李榮、杜世利、恒義店、監生高爾昇、陳先澤、鄭英、生員高三琇、通盛號、當瑞祥、祖得甲、陳太運、佘恭、楊秉忠、王恭、董鈞、□仕□、高□、□□□、□□□、王□□、□□□、張國□。高文運、韓召，以上各捐錢一百。

朱孝、辛穎、黃□忠、馬戎、秦□、馬□、王太敬、劉□、李大□、□□□、□□□、□□□、□□□、□□□、□□□、□□□。楊生秉、高昕、陳福、衛同、毛柏、□發旺、義興堂、李自臣、連岳、吳守玉、興□號、薛銳、劉玉、吳善、□□，以上各捐銀一錢。蘇耀祖、□□□錢一百。

永濟號、頭牌、子頭、祖得修、劉玉榮、王孔賢、郭曰恩、張國□、侯□、張德、冠有義、劉桂、董揚、史成、閆思義、靳貴、高庚、祖得立、李琇、□□秀、高魁、周剛、靳振盧、劉全德、高□林、蘇更吏、趙全忠、史榮、蔡忠、靳振文、裴作□、史有道、張俞、陳太、閆忠□、蘇文秀、張昆、李□、祖□、王□、周良玉、高珍、□才、周梅、馬永□、□□榮、郭智、李枚、焦宏仁、劉國恩、祖興、劉鳳鳴、郝□禎、□克易、□榮先、許天祖、杜永德、高□、史法、韓全義、劉國昌、張周、石有諒，以上共捐銀一兩八錢六分。

吳□錢六十。趙良臣錢六十。

秦生福、余生道、張忠、王興魁、劉商、余生德、朱紹文、楊潤、陳廷魁、張文煊、趙□侯、陳松、張克善、永豐號、□盛館、□盛號、靳子成、潤盛號、三盛號、孫和合、常壽館、永甯堂、羅興英、楊秉鑒、王彝□、崔峩、朱海、丁國才、楊正巳、趙大印、劉□、吳治、高□、□□、王玉、朱輝、王福、劉志、董天璧、劉成信、王魯泗、高繩祖、任永祿、王海惠、義合號、張泛、□化、董文明、趙天秀、張榜、沈俊、李坤、鄭文外、趙□侯、李一禎、毛合義、康□□、陳□、李廷臣、培元豐、王□□、王永甯、高兆、燙子裕、柴恒永、任合盛、王好功、□□□、郭□祿、李代祥，以上各錢五十。

順新號錢四十。雜本□錢四十。

鄭倫、余生太、張法、劉集、董□好、董海、王□、趙德、秦思明、□文留、□□、□□、□□□、陳恭、李弘、東永合、康全、任重、梁天柱、張□珠、金貴生、王祭才、朱共有、丁瑞、趙才、劉大□、李大德、王興邦、□禮、宋福、萬全、馬三思、趙文秀、史純、任德、魯炳、興□館，[1] 字刻唐永常。

（碑原存新鄭市軒轅故里紀念館西房南山牆上，現存新鄭市博物館。王興亞）

---

[1] 以上諸人捐錢數字，字跡模糊。

皇清誥授奉政大夫湖北施南府司馬果亭劉公（墥）墓誌銘

【誌文】

賜進士及第誥授光祿大夫經筵講官工部尚書加四級年通家眷弟董邦達頓首拜撰。

賜進士出身誥授奉直大夫山西道監察御史提督貴州學政加四級鄉年再侄李敏行頓首拜書丹。

賜進士出身誥授奉直大夫江南道監察御史加二級年通家眷弟羅典頓首拜篆蓋。

新鄭孝廉、選授南陽府教授劉子如鏞，恐之官後營葬不便，將以乙酉十年正月二十五日，奉其父奉政大夫喪就窆邑東龍子崗舊阡，纘生平行實爲書，介羅侍御來謁銘。侍御余門下士，劉子則羅主試河南時所取也。誼不容以固辭。謹按狀：

公諱墥，字元達，號果亭。故江左沛縣人。始祖全遷于鄭。數傳，至明山東鄒平尹孟奇，族乃大，劉氏簪纓實權輿於此。孟奇生瑚，庠生。瑚次子宗源，廩生，以子貴贈中先大夫，是爲公曾祖。贈公三子，叔諱楨，中憲大夫，貴州黎平府知府，即得贈父如其官者，乃公之祖也。中憲公六子，仲則公父，諱曰烓，康熙戊午經元，官閣中書舍人，掌典籍事，早入暮出，供職維謹。戊子典試粵東，癸巳分校冀北，皆秉公拔取，號得人，贈奉政大夫。生一子，即公也。

公生而聰穎，韶齡已端重如成人，中翰公雅愛之，而課限嚴功，潛責弗稍假。公畢生之光明俊偉鎮定深沈者，始基之矣。弱冠，補博士弟子員，旋食餼，試鎖闈，幾得復失者數次，終不以鍛羽自甘。及中翰公偕太宜人宦京師，不欲曠定省，乃援例貢成均。六司成一見奇之，考補冑監教習，期滿，需次縣令。中翰丁內艱，公侍歸怡怡色養，無仕進意。中翰促令北上，蓋以己未竟之志，欲假公報國也。回京遇挑選，公與焉，自分得令耳。適川撫以蜀地沃野千里，糧不敷額，請員清丈，憲廟已敕黃門翰苑諸近臣董是役，公引見時，授內閣額外中書，充丈田使者。請訓時，又蒙溫旨獎勵，人咸以爲殊遇云。

初登仕籍，專膺重任，中翰公遣价持書勉之。公矢謹，措置洞中款要，非疾風甚雨，未嘗不勞勞青疇。迄終事，上不負國，下不病民，視中翰手教內"爲君辦事、爲國愛民"諸語，實纖毫無愧焉。黃門高公、馬公，開府憲公交章薦，有"老誠練達，才能出衆"之目。復命仍發四川以知州用，自是清華之臣，遂爲保障之司矣。所歷一縣五州，皆著循聲，如榮經則禁婦女檢茶以正風俗，天全則輕定新疆科則，以便輸將，戒輕生以全人命，完高女婚姻以重綱常。善政累累，不可枚舉。而其寵重且大者，一則不從撫軍之輕改土司也。茂屬有三齊寨土司，撫軍信獻媚者言，欲改流。公持不可。大旨謂渠素忠順，一旦輕易置失衆土司心。且境連外夷，宜留爲屏蔽。若邊改建則我與外夷鄰，設防戍，籌軍餉，利小而害大。時大學士黃公提師駐蜀，亦主是說。撫軍疑公附會黃，盛氣相加不稍挫。雖料虎頭編虎須弗音也，卒以是調簡去。

嗟乎！人方平居時，談志節，矜氣概，激昂慷慨，真若不爲利疚，不爲威惕者。及得一官，齒粱肉，衣錦繡，意氣揚揚，直忘昔本措大竟如此。官不可一刻去，無怪其趨附權要，仰承意旨，身敗名污不惜也。若公者，豈非毅然大丈夫哉！一則措辦三州之軍餉也。

公仕簡州時，金川跳梁，大軍徂征，檄促運輸日夕至，他邑或濫派乾沒，民多觀望，不以時運輸，且紛紛赴各憲控訴。公獨明開款項，榜諸治前，民固知其不我欺矣。關領銀兩，至即當堂令給，有不敷定數者出俸餘足之。民皆感激爭先，率無失期。兼署綿眉各有屬縣胥如之。金川平，卓異推陞湖北施南府同知。而公遂厲二疏，即引年歸。方撫軍楊之調公簡州也，無過可指，含糊以辦事遲疑為詞。今觀公一人兼辦數郡，忠信明決，遊刃有餘，豈專一郡不足哉？其因不附己而銜之明矣。然公終晉秩司馬，從容告歸，優遊林下，十有餘年。配彼人者久已鍾鳴漏盡，家破人亡，徒為小人何益歟！居平念女兒家產微薄，慨然予地一百二十畝，曰："吾固不敢厚貽己子而薄父母之女也。"召諸甥至家，飲食教誨，或食廩餼，或登賢書。女兄不憂貧窘，且喜諸子成立。年八十有三，猶健康無恙。堂侄孫齊文，幼失怙恃，煢煢無依。公憐焉，收之二十餘年，為畢其婚事置妾生子，家產漸裕。是皆可書也已。

公生康熙甲寅十二月二十一日，卒於乾隆壬午年二月十三日，壽登八十有九。子六人：如金、如鍵、如鐸早故，如鏽，如鈿，如錐。女二人。孫十人：齊泗、齊霈、齊沈、齊潞、齊洪、齊淑、齊沄、齊漳、齊漾、齊渶。孫女八人。曾孫四人：聖榮，後齊泗承公重，聖渠，聖桐，聖祀。銘曰：

　　陶唐苗裔，宗姓為劉。自沛徙鄭，仁里是求。屹屹黃崖，湯湯洧水。長發其祥，鄒平崛起。中憲王父，化被黔南。維寬與寵，鼎峙而三。厥考中翰，夙夜在公。群空冀北，珠耀粵東。君讀父書，絲綸世掌。紫微青瑣，鳳瑤池上。持節巴蜀，釐清土田。帝嘉殊績，出守天全。維擢於茂，不規近利。氣折撫軍，力挫其議。蠢爾全酋，我伐用張。君領三州，以峙其振。忠循懋著，晉楚司馬。袞衣雖好，歸之林下。優遊綠野，八旬九齡。萬有千歲，視此刻銘。

不孝男如鏽等泣血納石。

乾隆三十年。

（碑存新鄭市博物館。王興亞）

衆善修路碑記

蓋聞功成也資乎人，人之聚也易為功。城北門外及東西路□□□皇京，此仕宦絡繹不絕之路，車輛往來必由之道也。無奈連年暴雨，地□□□□輪馳驅者至此，有停車之嘆。即徒步者亦至此有頓足之傷。適有吏員陳漣、善士余恭，目睹心悲，慨□□难成，爰募化捐貲，以共襄厥事，自五月初一日起工，至六月初二日告竣。《詩》曰："周道如砥。"可謂斯路永矣。第功既成，而不詳列其名，則既非不沒人之善念，亦無以勸後世之樂於輸財而急事以赴功者。於是，勒諸石永垂不朽云。

生員馮其源撰文並書丹。

特授新鄭縣正堂加三級記錄賀其鞏，

予告雲南署□□□道順甯府知府[1]

南陽府南陽縣儒學教諭候選知縣

新鄭縣督／

庚辰舉人丙戌免記候選[2]

晉源號

監生高式一百，王槐二百，張國二百，高汝二百，李大有二百，高文□二个，薛瑞二百，劉玉二百，鄭禮一个，王大□三个，吳□三个，劉澤長三百，馮儒正二百，監生紀攀梅一百，生員紀起鈞一百，劉清常一百。

監生高潔二个，□□二百，監生高□二百，高□馨一百，聞廷柱一百，程爾德一百，趙復侯一百，吳繼成一百，高恭一个，岳偉一个，□太一个，陳太過一百，余生才一百，鄭文一百，鄭儉一百，張僅一百。

木匠田鳳鳴銀一个，□□□成功銀三个，□□□法銀三个，會首□□□个三百，[3]郭仁、李天貞、吳壁、吳潔、劉信、陳拱、趙國福、朱永財、吳孝、吳祥、張令、譚□、義和□、□□，以上各捐□□□。李藩、郭國貞、李□、趙進德、李克、王宗倫，以上各捐錢一个。

王宗潔、楊進孝、趙寬、鄭文、韓實乾、楊國林、陳克□、高振香、司鳳、李太道、邵大定、劉清成、楊存敬、趙卓、李壁、梁國柱、趙文練、詹福、王義，以上各捐个五十。會首杜世則、監生秦斌、李培成、生員劉元成、唐甫興、唐甫煥、賈永傳、劉蘭、李大儒、[4]，以上各捐个一百。趙□樂、□□李九林、王樹、會首生員陳建英、田智、生員王聚、李世福、趙保安、張自合、李正、楊九□、楊九霄、馮□有，以上各艮□个。會首吳□、生員吳國豫、吳國貞、吳有龍、吳□、監生仇□□、[5]以上各个一百。會首[6]

會首王賢个一百。會首吏員陳遇、李國財、穆成、趙浚傑、楊文忠、□龍，以上各个一百。陳俊、高林、高□、董□，各个五十。會首馬璽个二百，馬琢、馬進、馬禮、王進富、王中式、蔡永深、苟朝忠、王作孟、肖克明、李富、馬德立，以上各个一百。馬文明、馬朝英、馬德元、馬國□、貢生馬宗魯、尹□，以上各銀一个。會首蘇耀祖、楊秉忠、齊宗武，以上各个一百。梁中全、侯有成、程爾德、周宗成、曹如福、辛顯□□百，生員毛桂一个，趙俊傑三百，陳廷運一百，高宏一个，張秉忠二个，王國奇二个，王世德二个，馬文才二个，王士秀一百。

---

[1] 該碑中間殘，／後字缺。

[2] 以下開列捐資姓名與數額，共十五排，僅錄第一排及第六、七、八、九、十排及可識部分。

[3] 以下四人姓名，字跡不清。

[4] 以下五人姓名，字跡不清。

[5] 以下十一人姓名，字跡不清。

[6] 以下九人姓名，字跡不清。

王世□二仐，□□□二仐，□□□二百，監生□□□二百，趙克明二仐，韓召三百，陳□三百，趙玉秀一百，祖得甲一百，李世福一百，李正一百，李榮四百，朱永和二仐，靳林一仐，馬浩二仐，宋西逢一百。

秦漣一仐，趙丘一仐，張懷□一仐，張玉一仐，張懷見一仐，李唐一仐，靳永福一百，丁祭一百，朱公有一仐，周則惠一仐，王興邦二百，李天貞二仐，吳繼祖二百，吳好二百，劉俊一百，左京文一百。

趙萬方一百，趙良臣一百，王好政一仐，丁玉一百，□孝一百，殷芝一百，永有太一百，常振一仐，白元□一百，張懷玉一百，劉吉一百，劉先一百，唐福一百，高遷一百，吳國才三百，吳喜三百，吳國禮二仐。

乾隆丙戌十一月吉日立。

（拓片藏新鄭市黃帝故里。王興亞）

重修節孝祠碑記

邑令魯鴻

國家刑于化洽，離離肅肅，海內女士皆有蘋藻苤苣之風。其不幸丁變故，堅貞激烈，與共姜伯姬爭光者，例得以事實達諸禮部，詔下錫金旌其閭。復諭直省州縣，特建節孝祠，春秋丁祭，有司肅將祀事。所以彰明倫紀，風勵閨閫者，其典甚鉅。新鄭節孝祠建於雍正七年，而麗牲之碑缺焉。歲久漸頹，有司謂非當務之急，因仍未葺。乾隆三十四年，學博謝君因襄肅祀，蒞止，顧瞻祠宇，愀然曰："是豈非吾責耶！"爰商議鏠金，蠱者飭之，缺者補之。經始于三十四年十月十六日，落成于三十五年三月初十日，而屬予為記。余惟學博君自幼失怙，太孺人守節撫孤，教養俾有成立。學博君敬愛母孺人，故視諸節孝如其母，諸節孝子若孫，能克其家者，知學博君之敬愛母以及其母，而瞿然於其母之神主風雨摧頹，亟亟修葺以及於非其母。所謂"孝子不匱，永錫爾類"者，殆庶幾焉。茲舉也，糜白金纔七十三兩有奇，雖非大作，而於以教孝崇節，砥礪風俗，於令甲不為無裨，是不可以無紀也。至勸捐貢生劉如鈿、廩生高特用、監生劉本等，督工監生高文玉、增生張吏潔，生員高耀彬，皆節孝後裔，例得並書。

乾隆三十五年三月。

（文見乾隆《新鄭縣志》卷二十七《藝文志》。王興亞）

順寧太守暢亭劉公（堉）墓誌銘

宮詹昌平人陳浩

乾隆庚寅七月，余客宛南。有素車杖苴自新鄭來者，則順寧太守劉公將葬，孤子如鑾使其季弟如鐏請余銘其墓也。公官畿輔，久聞其政聲頗悉，而閩、滇事蹟，鐏往時又嘗爲口述焉。爰約舉其治行之尤著者而類次之。

公諱埥，字原圃，號暢亭。其先由沛縣遷新鄭，代有隱德，至鄒平丞公始通仕籍。祖諱楨，順治戊午選貢，由別駕司馬遷戶、刑二部郎，出爲黎平太守，所至有惠政。考諱曰燧，廩貢生。以州同管桃園縣丞事，誥贈如公官。

公生而英異，甫能言即了了於口。五歲失恃，七歲就外傅。一授句讀，即朗誦無少誤。稍長，時取《左》、《國》、《史》、《漢》、八家文竊觀之，隨筆驅使，有勃勃不可遏之勢。年十五補邑庠，學使湯公顧謂諸學博曰："此子才品出群，後未可量也。"自是文名日著。每試輒高等。由廩膳生中庚子副榜。雍正五年，詔舉孝友端方才堪辦事者，河東制府田公，以公首薦。次年命往福建以知縣試用。到即委署莆田。莆爲興郡首邑，於通省最稱繁劇。甫下車收訟詞二千餘紙。時值童試，收卷七千餘。又多未結之案，公黎明出理訟詞，口訊手判，案無留牘。夜然燭閱卷，往往達旦。三月蠶然就理，獄訟漸稀。嗣是更署德化、南平、南靖，直恢恢乎有餘裕矣。上官咸以爲能。會丁父憂歸，服闋，補崇安。仰趙清獻之遺踪，益自勵。凡事關民生者，患必除，弊必革。靡不親驗立斷，剳以記之。所刻《宦閩公牘》及《封禁山紀事》，皆其成案也。

乾隆元年，調臺灣彰化縣。臺之生番，每殺人以金飾其首，置社寮以誇其黨。而其地多產鹿及水籐，愚民貪利冒險每被害。公詳諭而嚴禁之。並立生熟番草地界毋許越，民番悉安。三年循例應陞，及回省，值福安海口水災，急奉檄署事。至則水勢寬廣數十里，死者甚衆，裸而迯於山巔者數千人。公即埋曝骴，復發銀買衣袴分給之。依山爲棚，煮粥以食之。既造冊請賑，而先費俸金已二千餘兩矣。及賑至，男女老幼無一失所者，一時全活不可數計。尋遷永春直隸州。未久，丁繼母劉太孺人憂。服除，借補景州，隨補遵化。

其在景也，時雖未久，然去之日，士民遮道追送，有至遵化境者。謂其人曰："爾得好使君矣。"灑淚而去。遵化爲外藩孔道，星軺絡繹，旗民襍處。馬蘭峪陵寢重地，祭祀物品所需，護守官屬內監俸餉所由辦給。恭遇祀事，上官多委之，署無貽悮。州事雖簡，然公出日多，歸者案牘填積，有數月事，一二日即了者。在任既久，清勤尤著，畿輔之稱良牧者必以之居首焉。

二十二年冬，陞雲南順甯府知府。初抵滇，撫軍劉即言順寧城工應修，已估直矣。所屬雲州有瘴氣，亦須移建，其即趣辦。及往會勘，雲州牧與其土人並以移建爲不便，因據實陳請，制軍是之，事遂寢。而大拂撫藩之意矣。於是，順寧城工之已估者，令他員重勘，減舊數之半以困之。而公以爲借此一役以盡守土者保障之心，予之願也，勞與費安足辭。城工竣，又捐俸倡建鐵索橋於瀾滄江上，以免夏秋泛漲往來覆溺之患。橋長五十丈，橫亙洪流，在滇中爲最雄，郡人建亭其上，勒石志功，且作詩以歌咏之。二十八年秋，兼護迤西道篆，凡九閱月，乃引年歸里，時已七十餘矣。歸葺舊廬，別搆小齋于堂北，疊石爲山，蒔花種竹，署曰"疑山別墅"。又於陘山舊莊，結數椽，顏之曰"中田有廬"。每風日清美，杖履優游，或濯足洧濱，或散步山麓。教子孫讀書，守素業爲鄉先生以終老焉。

生於康熙三十三年七月九日，卒於乾隆三十三年十月十九日，年七十有五。子三：如鑾，考職監生；如鋒，監生；如鐺，增廣生。孫男六：演慶、沿忠、溱懋、澤慈、洄慧、涵熹。將以乾隆三十六年辛卯二月三日葬於城北麟兒岡新阡。銘曰：

孝友端方，才可辦事。周官三物，此物此志。公膺是選，不愧此名。歷四十年，播爲頌聲。黎平在前，順寧在後。繩其祖武，稱賢太守。瘞公何處，麟兒之岡。吁嗟後人，振振其昌。

（文見乾隆《新鄭縣志》卷二十七《藝文志》。王興亞）

清喬大生墓誌

【碑陽】

喬大生，字天培，兄弟排行第四。狀貌磊落，身材魁梧。幼讀書，性聰敏。年二十，赴許州考試登草案，被人以錢頂去，未得入學。後務農，侍親以孝。兄弟分居，讓人以多而己取少，無不欽服。父母卒，衣衾棺木，獨自營辦。先娶白氏，繼配左氏。

清乾隆四十年十一月十一日。

【碑陰】

喬氏先世自洪洞遷居陘山喬家村，初以村西爲祖塋，萬曆四年遷縣西南三里之處，因隔河路遠，遂以價買此地爲塋，立石以記。

立碑人子喬銘、喬炳等兄弟五人。

（碑存新鄭市車站鄉小連樓村。王興亞）

御祭周世宗陵碑文

清高宗

【額題】御製祭文

維乾隆四十一年歲次丙申丙申月庚午朔，越祭日壬午日，皇帝遣內閣侍讀學士歐陽瑾致祭於周世宗陵，曰：

朕惟帝王德治，恩威義嚴，彰癉鋤奸，禁暴昭命討之，無私輯遠綏荒，振聲靈之有赫。茲以兩金川大功□□，逆黨咸俘。殄遺孽於番陬，戡武協求寧之志；緬豐功於前代，慶成覘耆定之麻福。特遣專官，肅將縟祀，惟冀鑒歆。

祭祀人歐陽瑾、達桑阿、王啟緒、武先慎。

乾隆四十一年丙申月壬午日。

（碑存新鄭市郭店鎮陵上村周世宗陵。王興亞）

重修歐陽寺碑記

　　新鄭縣西二十里許，有曰□□卿，宋大師歐陽文忠公之墓存焉。墓之坤隅，舊有佛寺，即以歐陽為名。歐陽寺者，五卿功德村也。□山峙其側，澗溪映其前，一紗獨秀，禿兀□陸起，而佛殿既然臨格其上，望而知為盛剎焉。獨不知何人創，昭□踞其首，□而不憑其脊，術者憾□之。善士趙文彩子全、白鋎、白可得、白寅居於此，慨往修葺，□非期媲美乎東臺，而制度非宜，以故加力培補，今逢聖時，累洽重臨，命官分職，而外郡縣俱設僧會之司，特尊崇釋教，不必以其人口止其書哉，亦補道設教之意也。吾人有愧談經寧當使□中龍象。然邑□衆相應，則缺者補，廢者修，壯沙門之色，而助地道之靈者，亦固其所。況年來明照有賜，綏邦屢豐，爰督住持名祖崑者，□謁悃忱勤成。尹應時而利其便，隨地以制其宜，計數月而大殿告成，神像煥然，是謂佛功普濟，不啻並望蒲團於合□光前矣。是記。

　　國學生白星熏沐撰文。

　　儒學生員白泰義沐手書丹。

　　新鄭縣正堂黃本誠，儒學教諭謝王選，儒學訓導趙榮清，駐防新鄭縣營汛楊自得，新鄭縣典史俞鵬誠。

　　古禪寺住持淨安、祖崑。

　　大清乾隆四十一年歲次丙申六月吉日旦立。

（碑存新鄭市博物館。王興亞）

重修三皇廟碑記

　　蓋聞有功德於民者，世世禋祀勿替。縣北門內舊有三皇聖祖廟，旁列十代名醫，神像輝煌，照人耳目。但年長日久，幾風雨剝蝕，遂致暗淡無華。有監生劉廣、祀生秦炳元，約會合邑紳士各捐資財，以成勝果。廟宇牆垣，燦然可觀。工既告竣，市之人莫不爭先快睹。此因神功垂於無窮，實人力為之更新云。

　　特授新鄭縣知縣加五級紀錄五次黃本誠，新鄭縣儒學正堂張相武，新鄭縣儒學副堂趙榮清，新鄭縣左司楊自得，新鄭縣督捕廳加一級俞鵬程。

　　邑廩膳生秦景兆撰。

　　增廣生員秦冠書丹。

　　清乾隆四十一年九月。

（碑原存新鄭市北街三隊王紅旗家中，現存新鄭市博物館。王興亞）

郟邑孝廉朱公修葺新鄭縣隍廟記碑

　　將謂夢爲可憑乎！一枕□，騰蝶遊蟻，官荒幻玉，常安得其可憑！抑謂夢爲無可憑乎傳也。善乎樂彥輔之言□□想曰因爲未嘗乘車，入鼠穴橢，虀啖杵血者，無因故也。父元勳，生平好善樂施，瀕率諄諄囑朱公曰：汝其廣行善事，雖亡冥莫爲中當陰相澤業，偶與競渡，被毆而傷，眈延數日。朱公頗以涉不利爲疑之。是歲下第，行取化道艤舟，以待順風揚帆，瞬息達岸。心竊異之，晚宿管城，父復見夢曰：新鄭隍廟諸殿宇拜謁，與夢中所聞符，亟解囊中裝數十金，付邑中紳士，次第修葺，工程竣。朱公與役也，肇始乎夢，亦云奇矣！

　　吾聞《周禮》六夢，其一爲正夢，即樂彥輔所謂因也。其三謂正與因□。然非朱公時以其父遺囑爲念，亦何能形諸夢麻？如是謂非凝思故宜夫。然而正直歿爲明神，理固有之。然朱公既不自言，且事復近誣，予姑不一念，良有足多者，適□邑人士請記其事，予故克述之，以爲後人風後之覽者。

　　丁酉科舉人蘇如，廣東翁原縣知縣王辛，鄲城縣教諭劉如瑭，長葛縣訓導秦愷，淮甯縣訓導高特用。

　　貢監生員張吏潔、劉如維、秦鳳兆、劉如鈿、劉如新、高煊、劉如鑾、劉如南、鄭□、劉君珠、高耀彤、馮嵩。

　　乾隆四十七年歲次壬寅。[1]

（碑存新鄭市博物館。王興亞）

重修顯龍宮碑記

　　邑北門外舊有顯龍宮，構廟以奉玄帝，尊神者也。創建已久，碑記無存。雖屢經重修，不過稍爲補葺。去年秋，陰雨連綿，忽傾圮，四旁居人皆惻然心傷。太學生鄭智與、張家聲、馮琯、馮天錫等，糾合衆人，募化重修。經始于壬寅季秋，落成于癸卯仲夏。鳥革翬飛，煥然一新，其爲功豈淺鮮哉！昔吾家後山有云：後人作記，乃論體非記也。雖然，不可不詳論之。粵考《周禮》有祀帝之文。又曰："以玄玉祀黑帝。"夫黑與玄異名而同實，其所祀即玄帝也，明甚。後人注《周禮》，又強爲之立名，則誕甚。《曲禮》有"前朱雀，後玄武"之文。夫朱雀，火也。玄武，水也，皆爲星宿。後人不知，必求其人以實之，則鑿甚也。祀典有日月星辰，有功德於民者皆祀之。民非水火不生活，其廟而世祀之也，不亦宜乎！且夫玄帝祀于鄭也，則又有說。鄭爲祝融氏之墟，火位也。列國常有火災，夫水，

---

[1] 該碑殘，僅據存文錄出。

火妃也，火畏水，故爲妃。故建廟坎位，以向離而制火，豈然乎豈不然乎？考之《周禮》、《禮記》祀典，其爲正祀而有益於鄭也，確矣。至於《搜神》著書，則固存而不論也。

廩膳生員陳泰來撰文。

邑庠生員秦漢章書丹。

大清乾隆四十八年五月立。

特授新鄭縣正堂加五級紀錄九次李基，敕授修職郎新鄭縣儒學正堂郭履平，例授文林郎新鄭縣儒學副堂萬典，南陽襄城營新鄭汛左司加五級楊自得，新鄭縣督捕廳加一級記錄二次邢秀開。

（碑存新鄭市博物館。王興亞）

許通墓碑

敕封魏國公許通之墓

乾隆四十九陽月穀旦裔孫公立。

（碑原存新鄭縣城許崗村西許氏祖塋許通墓前，現存新鄭市博物館。王興亞）

重建子孫堂碑記

鄭□□二十里許，有歐陽寺，寺南有玉仙峒，峒左舊有子孫堂一座，日月已久，廟宇傾圮，神像圸垮，輒迷其蹟。有善士白寅、白文輝居鄰於茲，議欲重建，獨力難成。約一方信士，各捐貲財，僧人覺慧亦相募化，復建廟宇，金塑神像。不數月而煥然一新。今已告成。是□勒石，以志不朽云爾。

會首白寅。

會首白文輝施錢五百。趙全二千五百。貢生白晙施錢一千。歐陽俊施錢七百。

陳祥施錢五百。白克明施錢五百。監生白贈太施錢五百。監生陳際盛施錢五百。

白詔施錢四百。白固施錢四百。郭成貴施錢四百。郭存義施錢四百。白文彩施錢四百。趙愷施錢四百。趙溫施錢四百。趙俊施錢四百。

許徒施錢三百。郭仁施錢三百。

王松林五百。李東陽、晉義店、武天魁、李西陽、高文明、白朋振、白玉田、白中模、賈克誠、大豐鋪，以上各錢三百。

王燦、白大行、白大忠、白大玉、周韻清、靳士忠、蘇舉、白錫恒、白彩、蔡□□、李義、馬舜、天盛館、白兆吉、張豐泰、白西午、趙欽、蘇如法、趙明璉、悅典盛、蔡鐸、新盛號、永興號偉、復盛號、蘇□家、郭□成、申明誠、白如嶽、彭國□、靳宗□、許天爵、白□、白斐、白溶、白選、柴元盛、白欽、白中夏、王進忠、生員白無□、監生白昕、白燦、得宜店、監生白先登、白□、白先乙、趙銳、監生白遇甲、張仁、張林、趙士成、王永隆、□自有、史廷澤、生員白西成、白□、白玉銘、靳秉和、閻恒德、閻恒安、趙池、王德明、舉人吳輝傅、張椿、王際泰、史宏先、趙永祥、馬臨川、寇有義、較進德、沈性旺、郜國棟、張良□、李君甫、王田肅、趙宏遵、高大道、白海、李智、丁貴生，以上各錢二百。

高志甫、白太寺、白開元、郭旺、楊可重、趙良臣、張椿、吳應福、李振山、張士有、歐陽環、歐陽秀、趙福林、郭盛秀、巴有才、郭法文、蘇曰同、靳秉德、高文祥、白昆、陳成章、濟生堂、張鳴遠、郭其□、白傑、白相、馬世有、趙文成、馬師□、宋宏仁、白經、申元鎮、姜雲生、蘇曰信、張國□、張昆、白□卿、白中春、高國□、張九德、靳義□、周建公、李穎、許天璐、唐法、白無□、劉璽、白□、張秉哉、趙水、馬師夔、高芝蘭、柴恒裕、白泰吉、白雲歸、榮□冀、郭朝臨、復盛號、白朘、白時、白犖、興隆號、白泰福、白□、李孝、□起、許有水、費大倫、楊汝林、白馬、于興禮、趙思明、孫善、武永信、劉宗侯、許天福、李臣、白□、生員白玉成、白先遇、端木信、劉蘭、白明、王甲□、白洙、靳秉德、靳秉忠、白文光、白栓、白槐、白栗、白大禮、白玉成、田有福、孫甫公、孫禮、李桓、白坤、白法、高魁山、靳□、靳克勤、李文義、李有信、李文連、李泰和、張□、張建、張傑、王友、費文炳、賈文德、賈文林、賈文成、張富、陳景□、靳興龍、黃進、王九玉、馬棟、陳景文、白紹中、白紹興、樊有魁、李曰仁、李恩、□俊、楊大明、丁壬、袁才待、丁泰、馬有義、馬建、丁元臣、白智、靳曰榮、靳曰恭、靳克明、靳克朗、靳宗武、靳宗石、靳廷召、章中玉、劉曰良、劉天佑、孫克良、周自興、□堯、李宗舉、顏懋型、陽方成、趙洛、陳法堯、王廷弼、陳秀禮、王化鳳、張□松、張堯、陳秀儒、趙松、趙梓、趙棟、王□、王揚、趙秉坤、屈鴻□、王有全、周雲成、劉天錫、孫大明、張萬、生員王應鈞、王鉞、王□、王樹、百成金、石成玉、張讓、王國安、張世道、趙本成、張□元、趙□、監生趙錫□、趙承宗、趙□、趙白成、趙万九、周斌、馬九同、李本福、李國□、李□，以上各錢一百。

乾隆六十年歲次乙卯九月初三日立。

（碑存新鄭市博物館。王興亞）

重修尊恩觀碑記

邑舊有重陽觀，明相國高文襄公改名尊恩觀。/[1]

祥雲掩映，五當山麓，傍一畦蔬果，雨笠/

崩，宮殿幾成為瓦礫。我/

---

[1] 該碑殘，/以下字多模糊不清。

乾隆年間，有蔡田學名鉅者，徘徊故址，惓念先／
遙，忽嗟棲燕巢，空風雨之飄搖如故，頹垣碎瓦／
景仰前徽，嘉惠後學，恐宮牆之傾圮，鳩工成爽／
德五千宛爾，飛仙導路月里，則天魔稽首，花雨緩，別開講院，夏絃春誦，聽終禮法，號悠揚魚躍鶬飛，基勿壞予也。道房說法，前生之黃葉有緣，書舍談後知道／
可到，非吾之所謂道君子依乎中庸，才不／
敕文林郎、辛酉科舉人、宗人府右翼教習、新鄭縣知縣、乙酉戊子河南鄉試／
邑廩／
教諭王鴻，
城守營李長清，
訓導趙中和，
典史傅禮陶。
首事／

（碑存新鄭市博物館。王興亞）

重修幽勝寺並創建山門重門金妝神像碑記

　　儒學增生孫鍾元撰記並書丹。
　　黑龍廟北，舊有幽勝寺。己丑春，予弟仙亭與蘇子舉、馮子青魁倡議重修，增其舊制。行將勒石，屬予一言以弁之，予曰："是舉也，是寺之幸也，亦林澗之幸也。"佛主清靜，似不必重門之壯觀，然非重門不足表佛之德。佛本慈悲，亦何忍莊嚴之增美，然非莊嚴不足以稱佛之功。故增修之議方興，勸捐之士樂附，鳩工庀材，不數月而煥然一新焉。獨其介處空山，錫名幽勝何？是寺也，依曲嶺面層巒，左風後之從峙，右具茨之蜿蜒。其俯窺也，則龍潭天井之窈而深；其仰觀也，則銀洞金廠之繚而曲。一旦一壑，環繞星拱，蓋山水清幽之氣鍾於斯寺者多矣。豈非千百世之偉觀歟？向使創建無其人，則林澗之美固湮沒而不彰。然使重修無其人，則創建之盛亦泯滅而不傳。故曰："是舉也，是寺之幸也，亦林澗之幸也。"是爲記。
　　儒學生員孫瑤池總理首事。
　　壽官蘇舉督工首事。
　　儒童馮青魁管賬首事。
　　本寺住持如彩。

（碑存新鄭市千户寨幽勝寺。王興亞）

清故廩膳生隗嵐劉公（如鈊）墓誌銘

【誌文】

直隸汝州寶豐縣教諭癸酉拔貢愚表弟吳烜頓首拜撰。

癸卯科副榜愚表孫馬時芳頓首拜書丹。

壬子科舉人姻眷晚學生張桂森頓首拜篆額。

客歲初冬，冷署無事，坐寒氈，啜苦茗。想古今達可考而知聞，有奇人高士未遇其時，所稱隱君者，類多湮沒。方唏噓歎嗟不懌者久之，而表侄劉澤夫至，攜乃父之行狀求銘于余。雖不能以不文辭，然爲之狀者則克卿陳表兄也。以陳表兄之文，狀劉表兄之行，又何事多文。按狀敘之銘焉，可。

公姓劉氏，諱如鈊，字用中。其家近大隗山，因號隗嵐。而自其六七友人共翰墨者，居恒相字之故，用中尤噪于時。又別號瓶城主人，蓋深有意於昔賢守口如瓶、防意若城，語而約，舉之生平梗概，即此已可想見云。先世徐州沛縣人。自諱全者徙居新鄭北宋王文正公之旌賢里，邑人遂以文正冠其氏，代有隱德。數傳至孟奇，官山東鄒平丞。劉氏簪纓蟬聯實始諸此。

孟奇生瑚，瑚次子宗源，廩生，以子貴贈中憲大夫。配毛氏，贈太恭人，邑節孝祠崇祀焉。其三子諱楨，由順治戊子拔貢，歷任至貴州黎平軍民府知府，即得贈父如其官、母爲太恭人者，乃公之曾祖也。生六子，公祖居四，諱曰爌，字季光，號洛東。廩貢，需次州司馬。配顧太君，無所出。又娶陳太君，生二子。長爲公父諱坊，字止庵，號怡園，附貢生。配孫太君，生公。

公家宗支繁衍，名流鵲起，近房登科仕宦者甚夥，不旁及，僅紀其本支。仿蘇氏族譜例，忌喧奪也。公生性矜莊，甫離縫褓即不好弄。五六歲時，其王父年高，恒集老友以詩酒爲娛，偶事博奕。適公至前，因問曰："此好否？"沈吟良久，有不敢質言狀。其王父喜謂客曰："此可兒也。以爲好，似非其意；若道不好，將置我輩何地？真可兒哉。"遂罷其戲。年十九喪父，仰天號哭，淚盡而繼以血。越一載，又喪母，亦如之。雖相繼居憂，未與考事，然念及生事無從，惟身後顯揚，或可稍慰泉壚。每下帷攻苦，淚未嘗不淫淫下也。及入庠，益肆力於誦讀。同邑如白君任重爲名進士，趙君惟聖爲名孝廉，胥受學焉。事師極其尊禮，而質疑辨難無少隱。因盡得二公所學，以高等食餼。嘗謂詞不已出而拾牙慧，自誇高手，賊人直無恥之尤耳。故其文率由性靈，不苟爲炳炳烺烺。雖壬申、壬午、戊子等科數薦弗售，獲雋者咸比之劉蕡下第。其姊歸賈氏，家計微薄，時加賙恤。姊沒後招甥應午至家，延師課讀，束脩衣履之屬悉取給己囊，不使其姊丈竭蹶焉。及應午入庠，又爲聘婦完婚，手足之誼存沒無間。所居漠水寨下即市廛地，其間蠢者悍頑，黠者狂蕩，在所不免。日惟閉戶讀書課子，足不輕出外門一步，不妄交一人，不妄接一語。棱角峭厲，凜然難犯，幾疑於矯情絕物者。乃其與結社會文之暇，又未嘗不商確古今，飲酒賦詩，極盡款洽。其赴召玉樓也，堂兄乂君哭之，題一聯云："壯志高懷，雖時命不猶，未肯一毫降格；方行矩步，縱俗情或戾，自然舉世有公評。"洵稱情而非溢美也乎。

元配白孺人，本邑文林郎昌言白公孫女，文學覺斯公女。生子承寬，娶許州太學生振彩寇公長女。女一，適許州庠生公須金公。繼配高孺人，本邑明太師文襄公裔孫女，處士能週公女。生子承安，娶許州于潛縣知縣松友孫公曾孫女，庠生震生公女。孫男三人：長楗之，娶馬氏，禹州拔貢現任安福縣丞筠友公次女；次樸之，娶左氏，本邑庠生熙宰公長女，承寬出；次檢之，本邑候選經歷怡園王公女，承安出。孫女四人：長鼎，未字；次德，字本邑廩生玉林王公次子，承寬出；次總，字葛邑太學生寔夫楊公次子；次理，未字，承安出。曾孫二：長藹然，聘本邑壬子科舉人丹林張公女；次藜照，聘許州候選千總桂亭孫公孫女，庠生曾望公女，樸之出。曾孫女二：長萼煌，字本邑永寧縣教諭梅圃高公孫，業儒乂夫公長子，楗之出；次蘊光，未字，樸之出。乾隆三十九年七月病故，年五十三歲。今以嘉慶元年正月十九日葬祖塋前之新阡。銘曰：

持身以正兮，凜泰山之岩岩。篤學不倦兮，羨腹笥之翩翩。賷志以沒兮，悲壯懷之空懸。公論猶在兮，幸懿行之未湮。納茲石於壙兮，揮雙淚而潸然。千載以後兮，知墓中爲隱君子焉。

男承寬、承安

孫樸、楗、檢

曾孫藹然、藜照　　　　納石。

嘉慶元年正月十九日。

（碑存新鄭市博物館。王興亞）

東大街創修官路碑

【額題】流芳百代

新邑地當衝道，星軺往來，輪蹄相往。東大街較他街獨繁，年久舊址漸傾，每逢雨後，輒坎下，累使平坦，權應故事，俞趨俞下，勢必至溝渠，而街市門閭悉壞。予因邀隆興號、天成號/[1]高天，無不欣然樂從，盡力捐貲，以勷此舉。於是，天成號周慨然以督工自任，買土運石，經營修/，土不融石，工未動。茲值仲夏，日暖風和，率工興作，量地高下，順勢鋪排。數日之間，蕩蕩幹/此舉於國於民俱便，非尋常權宜小補者等也。益志諸石，以垂不朽。予隨序其顛末，並開列於後。

邑人牛逢甲撰。

首事：監生天成捐錢三千，監生高隆興捐錢三千，監生牛曰溫捐錢一千，□□□捐錢

---

[1] /後字殘。

十一千一百，□□□外捐錢十一千三百，劉□□捐錢十三千，生員□永清捐錢□□千，吳鳳祥捐錢五千捐錢一千，生員高繩斌捐錢二千，外捐錢六千二百，張玉成捐錢六千，張來明捐錢三千，晉□裕捐錢二千，監生周魁成捐錢二千，裕繼堂捐錢六百，孫元士捐錢二千，高會極、高迎極，各捐錢二千。天福裕、劉金得、恒太號、雙合號、永昌號、五豐行、天大號、同興號、天豐號、馬文明、監生王佐、大順館，以上各一千。

陳大繼、張忠、韓繼、湯鳳樂、監生耿明、宋有明、李斌、李雙隆、張緹、張稟元、趙瑞林、胡一旺、吳宗信、劉建□、張有、王好泰、蘇銳、楊學、李擇宏、趙凝、生員趙清甲、李金甫、楊如臧、宋福、郭景龍、秦沐、丁成敬、生員喬本成，以上各五日。

秦逢世、張□□、張□□、張□□、張□□、監生高珣、端木林、張士林、喬永福、侯祥臨、薛邦彥、貢生王旦玢、馬光輝、王立元、王立楨、蒲兆鳳、安儒翰、安源清、耆老韓示型、吳元勤、吳鳳兆、丁國壽、高福、三和號、曹敬中、劉朝祥、賈魁、王有示、王有信、王有道、□□□、田智、牛起秀、牛法、牛鵬舉、牛□溫、牛□□、孫後、□爵、孫有旺、陳楨、劉世□、□秉□、楊□□、曹如林、曹如拔、曹如謹、劉乾生、高淑、高悅、高雲、陳澤、陳□、陳東興、陳清、陳宏修、王進休、王履泰，以上各二日。

常三省、楊士秀、監生楊端、劉中倫、邢有、尹國俊，以上各一日。

陳世昌、趙丙辰、張承業、王槐、張有岡、張振、張棟、高成、吳國中、劉□，以上各五千。

高經、吳緒、高□、高□、高實、趙丙、李世傑、高春雲、楊逢君、王椿、楊世芳、馮槐、毛□□、劉標、王士倫、王振□、吳文邦、吳□□、劉遵、時大興、□法、崔保□、□□□、□□、劉君犀、吳□、湯鄭義，以上各一日。時旺、張伯桂。

嘉慶五年歲次孟夏上浣吉□。

（碑存新鄭市博物館。王興亞）

古槐行石刻

吾聞漆園之叟紀大椿，壽誇八千秋與春。植物豈識尊生法？使我心遊目想望輪囷。
軒轅城在茨山麓，故國從來多喬木。荒郊綠樹雜棗梨，不見黛色參天矗。
深闊官署有古槐，蟠根錯節何年栽？大腹中空恁玲瓏，劫火想經電與雷。
鐵幹不死枝重茂，二千尺高形崔嵬。匠石鮮顧斧金兔，置身知處材不材。
晚送朝陽，早仰朝旭，綠蔭遮滿鄰家屋。上有將子之慈鳥，乳哺鷇卵無歲無。
下有蟻穴之螻蟻，紛紛成聚更成都。飄搖不畏風兼雨，爭從此處辟門戶。
骿幪甯識繁柯德，引類呼群相喚咻。吁嗟乎，王祐三公該報應，刺史廣栽稱善政。
南省尚書察音聲，將軍依坐事堪聽。奈河筆立縣尹衙，鍛煉冰霜傲煙霞。
閱盡居官貪與潔，遠無甲子記年華。每逢六月蝶蜂哄，花香猶向老夫送。

催來夏課記疇昔，臥把殘書此間誦。差喜不學淳於芬，一枕清風無幻夢。

嘉慶辛酉孟冬月。

汝西漫士梁道奐。

（碑存新鄭市博物館。王興亞）

明故始祖文林郎直隸沙河縣知縣司公諱鼐字和平墓碑

竊思敬宗收族，端資譜牒，憑墟弔墓，惟賴碑石。我司氏自山右遷豫，數百年於茲矣。前明永樂間，以廩貢仕直隸沙河縣知縣諱鼐者，余之伯始祖也。致仕後，永籍鄭州南太山北，有墳墓在焉。神道封碑，始則隆然，迨明季以兵燹傾頹無存。家耀南兄束髮時，即戚然有疚於心，銳意追尋，不可復得，夢寐真有難安者矣。客歲夏，有鞏邑王氏話及洪武七年秋，自洪洞斷橋河遷民全冊，其家世世藏之。即令余族姪名權及喬年者，遂往抄。冊云：「欽命侯監理督察院大學士率遷民三千七百四十丁，牌二十有四，至鞏之背陰寺，分業務農。」吾祖昆季三人，排分第十七遷鄭，遂家焉。計奉咨時，每丁口給銀若干兩，米若干石，又每歲以五十金付伯始祖，令主管城講院。越念九載，積而存者千矣。即謀諸州人士，重緝書院，所餘則獨建明倫堂，必罄其所積而後已。至今學署有碑可考。此其所以知遇，而即用也歟！嗚呼！吾三祖者，聚處於鄭二十餘年。後二祖諱安遷通許。余祖行三，諱英遷密。四祖與五祖守洪洞故里，是兄弟五而外遷者三。原所自始，仲叔皆從伯而來者也。相傳大司莊西有土地祠三楹，祠後有地一區，約三畝餘，四至井然。余三祖始遷之基址，確有可據。今族氏據輯全譜而耀南兄益淒然于墓碑矣。墓在村後，再傳分兩門，付墓者四世，幸塋域依然，塚墓俱在。我耀南兄極追遠報本之誠，於垂老衰病之秋，約宗族捐資財，購石刻，以承先志，序昭穆而起後昆。俾省覽者知己之所從生，而推之一本所同生者，凜凜乎不敢忘。所謂二人孝子之心，庶幾其無憾矣乎！將勒石囑余爲記，余義不容辭，因溯厥由來，而志其大略如此。

歲嘉慶癸亥清明前五日，檜陽十二世姪孫即選布政司理問自修沐手謹識。

十三世孫廷桂書丹。

又，鞏邑所傳通譜序，九牌中有吾祖從兄弟，行二諱懷，見遷河北，行三諱同，見遷韓左鎮，其長守舊，皆當記之，勿忘一本云。

（碑存新鄭市龍湖鎮大司村。王興亞）

重修新鄭縣文廟碑記

【額題】斯文在茲

文廟之設所以妥聖靈，即以振人文而維風化也。新鄭爲軒轅黃帝故都，文明肇啓，有自來矣。春秋之世，裨諶世叔諸賢彬彬乎稱極盛焉。下逮元、明，許文正公、高文襄公相繼而興。迨我朝開國，科第蟬聯，人文蔚起，户弦家誦，風化返醇。總之，文教之隆，要之尊聖道始。方今聖天子重道崇儒，加科廣額，薄海內外，蒸然向風。有守土之責者，可不以振人文，雅風化爲急務哉！辛巳五月，余權篆斯邑，下車之初，展謁聖廟，竊見大成殿經風雨剝落，兩廡牆壁及泮池等處，多就離披。此時不亟修葺，他日必用力百倍，經畫益艱，謂非余之責而誰之責也。正擬鳩工，兩學博以重修之舉來商于余，以爲是舉也。春二月，業謀諸前令關公元儒，既各捐俸為倡，並勸諸生共成盛舉。惟是約略重修之費，非三百餘金不可。今計諸生所捐僅百余金，恐不敷用。余思泰山不讓土壤，故能成其高；河海不擇細流，故能成其深；白狐之裘，千腋所集耳。乃傳集各地保令赴四鄉勸捐，且諄諄然諭之曰："文廟爲人文之主，風化之原，無人不在倫理中，即無人不當尊奉聖人，非獨在庠者宜助金也。其善勸之。"壬午春，余復蒙大憲題授此土矣，所有興廢舉墜之事，益不敢不勉。計地保所勸捐者得百四十金，復有劉生元樂輸四十金，合之諸生所捐，共得三百七十餘金。遂以告兩學博兼謀之首事，僉曰："可矣。"爰是經之營之，木之朽者悉易之，牆壁之頹者悉作之，凡破漏者多盡代其借之之物，而更覆之，補其缺陷，而新其藻繪。始事以閏三月初一日，終事以五月初十日，閱七旬而工告竣。上自大成殿，旁及兩廡，前則櫺星門、戟門、聖域、賢關兩門，及泮池兩岸，周圍垣墉，莫不煥然一新。彼入其門者，益既然想見宗廟之美，百官之富，自必爭自琢磨，共相砥礪，期上追乎古人，則所以振人文，維風化，仰副天子重道崇儒之心者，寧不在此舉也！時總其成者，教諭高君載銘、訓導王君育秀、督工武生劉莊、從九職劉永緒、吏目職毛棨、武生周清翰，備極勤勞，例得並書。

　　敕授文林郎知新鄭縣事張德聚撰文。

　　儒學教諭高載銘書丹。

　　監生劉聖桓篆額。

　　道光二年歲次壬午六月上浣穀旦。

（碑存新鄭市博物館。王興亞）

新鄭縣儒學正堂高示諭碑

　　新鄭縣儒學正堂高示諭歐陽族人知悉：

　　本學奉憲委督修文忠公墳宇，二月十九日開工，四月十九日完工。計修拜殿一所，官廳三間，頭門三間，內照壁一座，外照壁一座，內攔馬墻二堵，外閃墻二堵，周圍垣墻六十四丈，月臺映路俱全。拜殿內暖閣一間，位牌一座，神幔一挂，供桌一張，桌裙一條，錫香爐一個，錫燭臺一副。官廳內條几一張，方桌一張，琴桌兩張，椅子六把，板凳四條。外修小瓦房八間，原系公所。凡居此房者，務安分居業，盡心看管墳墓，經管一切器具。

所居房屋，隨時修補，毋得典賣。所有器物，毋得外借。違此諭者，許爾族人秉官懲治，逐出，另行更換。各宜凜遵毋違，特諭。

道光七年四月吉日。

此諭泐石，置於壁間，勿得損壞。

（碑原存新鄭市歐陽修祠頭門內牆壁上，現存新鄭市博物館。王興亞）

皇清晉贈奉政大夫劉君（冠）墓誌銘

【誌文】

皇清誥贈奉直大夫晉贈奉政大夫文選司主事加二級歲貢生位一劉君墓誌銘

奉政大夫文淵閣校理翰林院編修撰擬進奉文字兼修國史教習庶吉士莆田郭尚先撰並書。翰茂齋鐫字。

新鄭里黨間勖其子弟，必舉位一劉君事君事父母孝。乾隆丙午，大疫，戶無免者。獨君一門無唸曠聲。其秋大蝗，蝗之來若風雨，人家戶廳皆滿，而君家獨不入，人以為孝應。嗚乎！孝，庸行也，而其應若此，然則孝可偽乎哉？君子侍御光三，尚先同年生也，嘗以問之而信，時侍御六歲云。

君沒三十一年，君配太宜人及葬有日，侍御以志銘屬尚先。謹按狀為志曰：

君諱冠，字位一，號凝齋。世居新鄭。曾祖諸生諱而宗，祖諱啟，父太學生諱國瑞。君十三，父欲使學農，君意不願，試使之學，慧甚敏甚，父大喜。二十四歲，縣試第一，補諸生亦第一，旋補廩生。君讀書率過漏三下，然皆雞鳴即起，且亦率子弟。九應省試不遇，而為文終不屑揣摩時好。五十二歲，始以歲貢入成均。居父母喪，盡哀盡禮，行道悲之。平生未嘗一入公門，或當道欲延為子師，亦謹謝不往。里中少年無賴聞君來輒避遷，而與語則汗於顙。其教生徒，不專以文，兼砥礪行誼，故從君遊者衣冠言動可望而知為君弟子。以嘉慶二年正月九日卒，年五十有九。遺言訓子孫曰："大節苟虧，科第不貴，望汝等謹身寡過，無為父辱而已。"配安太宜人，考諱淡女，歸劉事姑舅如夫之孝，治家整肅，無疾言遽色。侍御在吏曹，嘗迎養至都，日勗以先世清儉事。侍御掌銓，以廉允稱，人謂母教也。道光七年三月二十六日卒，年八十有八。子四：接三，增貢生；益三，增生；貫三，監生；光三，甲戌進士，山東道監察御史。孫七：孟楠，廩生；仲果，優貢生；季琛，郡附生；孟櫓；仲渠，監生；叔休；季瑮。曾孫四：慈齡、怡齡、大來、鶴齡。侍御官吏部主事，再遇覃恩，贈祖父母如其官。母封太宜人。嗚乎！劉氏隆隆蕃熾，為世榮羨，要其承君家法奮自立，雖童稚皆有長者風，為不可及也。以道光七年十月七日祔君暨太宜人□於劉家花園先塋之次。銘曰：

綏裘而居，頤留而趨。型於令妻，孝容愉愉。櫛氏可琢，抱珉抵璞。有虹夜輝，即之斯邈。天見孔明，胡潛弗呈。昌君子孫，俾世有程。子紹君志，後清秉粹。明發有思，思昔劍珥。銘亦來者，廷伯行櫝。君靈所妥，式路下馬。
道光七年十月。

（碑存新鄭市博物館。王興亞）

重修許魯齋故里碑記

故里者先生降生之里也。先生諱衡，字仲平，謚文正，魯齋其號也。其先世懷之河內人。至父許通避地河南。金大安元年，先生生於新鄭縣西陽緩里，此即其故址也。先生以一代名儒，繼往開來，行誼世所景仰。余每過此，想其生平事迹，立朝風規，未嘗不心切向往，低徊留之不忍去。雍正二年，先生裔自懷抵新故處，因遺言重立石記之，並敘其族譜，迄今百有餘年，但地近孔道，久必傾仆。其裔孫宗□、凜一、泰順等復計培其根基，爲永久謀計之。余竊以先生德業見於國史者甚詳，不必贅敘。而降生之處，志於前者，誠不可不善於後也。因爲述其見聞，用襄厥成。然則先生之德業，固不以片石顯，而片石永留亦足爲私淑之。余甚感發奮興之，一石也爲之記。

邑後學張懋儒撰文。

十七世孫 德輝書丹。
攀桂督工。

鐵筆匠劉天才。

大清道光十六年瓜月穀旦。

（碑存新鄭市辛店鎮許崗村。王興亞）

項城訓導王先生（鉁）墓誌銘

【誌文】

先生王姓，名鉁，寶儒其字，澹泉則晚年自號也。世家新鄭。父太學生濟川公生五子，次即先生，少穎悟，倜儻不羈。弱冠補博士弟子，締交多名士。道光乙酉舉於鄉，己丑冬遘疾，偶閱二氏書有悟，遂痛除舊習，日兀坐一榻，調息咽津，力攝心術。旋讀夏峰《理學宗傳》，惕知二氏之非。深契陽明，作《良知譜》。昕夕玩味，自修自證，深造有得。自學術久歧，士人溺於科舉詞章之習。父師之所教，子弟之所率，舍此無學也。先生獨實體諸身心，謹言行，慎舉止，造次不苟，雖舊相狎者，如不相識。於是，衆大嘩，以爲怪。先生毅然不顧，志益堅，學益力。癸巳，禮闈下第，以兄韶堂公方肄業太學，遂亦留京師，倡同人爲"責善會"，興起者衆。乙未，挑二等，歸里，充養益完粹。入則父子兄弟自爲師友，雍雍如也；出則遇同志隨機開導，皆躍然知聖賢必可爲，而向之議者至是亦翕然無異詞。其主講成臯，司訓項城，勤考課，修學宮，力矯時弊，以聖學爲倡。大旨使人先默坐澄心，自認本體，而後力行以求至。遠近從學者甚衆。辛丑正月，偶染時疫，輾轉床褥者月餘，猶日延諸生講學。病亟時，氣貌愈暢，謂同人曰："此時惟覺快活，毫無挂礙。"又自謂於"不愧不怍"四字，終未足色，本體工夫，豁然貫通，指示亦深切矣。竟以三月二十一日，卒於項城官署。年四十有一。葬新鄭縣城西杜莊祖塋。

先生於書無所不讀，識解靈通，兵、農、禮、樂，諸大端皆得其要領，古器物亦能自製。所爲詩自抒心得，天趣盎然，有康節、靖修遺意。輯先儒詩文語錄爲《儒粹》三篇，本末體用，包羅靡遺，詳加批示，使人知所用力。而先生之精神，亦煥然與古人同不朽矣。配張孺人，繼配高孺人。子一，希閎，庠生。予自癸巳始晤先生于京邸，同居三月餘，承誨最多，知先生最悉，謹撮其梗概，而爲之銘曰：

先生之才，莫耶幹將。先生之志，至大至剛。先生之學，內聖外王。先生之養，玉質金相。鳶飛魚躍，風詠徜徉。顧諟在茲，默識有方。修己淑人，入聖移狂。方冀正學，由此大光。豈意哲人，竟返帝鄉。形骸有盡，神理不亡。其命雖短，其道則長。蜉蝣天地，孰可較量。浩然充塞，臨上質旁。我爲斯銘，中心皇皇。爲斯道惜，爲斯人傷。嗚乎後學，黽勉勿忘。視此佳城，萬古偕藏。

賜進士出身太常寺少卿乙酉科四川正考官庚子科山西正考官雲南廣東學政同里李棠階謹撰。

道光二十一年。

（碑存新鄭市博物館。王興亞）

皇清貤封修職郎晉封文林郎邑庠生員篔塘王公（植三）暨德配□□孺人晉封孺人高太孺人合葬墓誌銘

【誌文】

皇清貤封修職郎、晉封文林郎、邑庠生員篔塘王公暨德配□□孺人晉封孺人、高太孺人合葬墓誌銘

公諱植三，字蔭棠，□篔塘，先世山右人也。明成化時，始祖清自洪洞遷新鄭。七傳至公。高祖暉，由孝廉中明通榜，出宰山左朝城。朝邑廟祀，迄今不墜。曾祖賜彤，優行貢生，封文林郎。祖辛，歷任廣東翁源、江西新建令，陞署瑞州府同知，以循良稱。考觀潮，甲寅科順天經魁，先官睢州汝陽學博，後擢陞楚北崇陽縣令，忠信廉明，百姓社祀。妣氏胡，封孺人，於乾隆癸卯生公。公，余之年伯父也。當未與公家通譜時，已習聞公爲東里望族，閭黨所推崇。迨己亥與公家嗣松崎爲同年友。壬戌大挑，余借補偃師訓導，又獲與公家孫蘭閬同舟。因備悉其懿行，而與所聞於人者適相合。今松崎特以公與太孺人之行狀來屬誌。敬誦數過，以爲家風壼範，均足傳不朽，而所尤著者其孝也。公生而篤謹，弱冠補博士弟子員。耽詩書，癖史鑑。尤喜閱諸儒語錄。嘗言讀書期有心得，貴能實踐，

不徒為口頭禪。隨侍公考任所，承歡之餘，惟理卷帙，公事概不聞問。有勸公仕進者，公曰："予寡兄弟姊妹，與其搏一官，離親宦遊以顯親於異日，何如勤定省，侍晨昏，以慰親於目前乎？"故終親之世，依依膝下，愛慕一如少時。至於持己接物，惟以先型是懷。不事表暴，不脩防畛，不以貧富有趨避意，不以貴賤有冰炭心。雖與鄉里常人處，亦無不謙謹自下。居家儉約，服食器用悉從質樸，不染世祿習氣。教子孫以端品勵學為務。以故居官者克繼清操，為士者恪遵嚴訓。人咸謂公之能裕後，而不知公之能承先也。公實無忝於孝行者矣。以長子詒焜貤封修職郎，晉封文林郎。

公生於乾隆四十八年癸卯三月初十日戊時，卒於咸豐九年己未十二月二十九日午時。無疾而終，享壽七十有七。於咸豐十年六月初二日，塋於城西八里田莊後之新兆。誌銘既脫稿，值捻匪竄擾，無從購覓工料，未果勒石。德配高太孺人，前明僉都御史捷公裔孫女，贈登仕郎除雲公之次女也。秉坤□□，孝出至性，年十八賦于歸，饋□□□□□交相喜曰："取媳如此，吾夫婦無憂矣。"太孺人勤苦持家，敬戒無違。事舅姑先意承志，能得堂上歡。翁姑偶有疾，必親調湯藥，不假僕婢手。姑壯年患痰癥，頻發不止。刲股瘳姑，祕不令人知。姑暮年又患風癱症，左右扶持，至廢餐沐。姑病沒時，適患瘡疾甚劇。力疾親含殮，哭踴盡哀。既除喪，每憶翁姑病時苦楚，淚涔涔下。夫中年久患瀉，醫藥鮮效。祈禱願以身代。非出於至性，烏能有是肫誠哉。教子婦以勤儉，待奴婢以寬宏，處約戒豐，處豐思約。斯又太孺人孝敬之忱所推而出者。若太孺人可以風矣。以子詒焜貤封八品孺人，晉封七品孺人。生於乾隆四十七年壬寅八月初九日子時，卒於同治三年甲子十二月二十四日辰時，享壽八十三歲。子三：長詒焜，由廩貢授信陽州訓導，中式道光己亥科舉人，以在信陽學任督率紳耆防守出力，保奏以知縣選用，娶歹氏；次詒焯，廩膳生，以姪埈貤封修職郎，娶高氏，貤封孺人，妾崔氏；次詒烜，附貢生，娶高氏。女三：長適處士白東明；次適郡庠生李協同；次適監生高珩。孫五：埈，增貢生，授偃師縣教諭，娶李氏；堿，監生，先於同治元年春即世，娶劉氏；堮，應童子試，娶楊氏；俱詒焜出。壎，邑庠生，娶高氏；城，應童子試，娶劉氏；俱詒烜出。孫女七：詒焜出者四，詒焯出者二，詒烜出者一。曾孫五：之鑑，埈出；之鋗、之鐸、之銅，堿出；之銘，壎出。曾孫女四：埈出者二；壎出者二；皆聘字名門。今卜於同治四年九月二十八日合葬於城西新兆。

嗚呼！孝順德也，百行之原也。公與太孺人孝思不匱，允堪矜式。余雖譾陋，何得以無文辭，令其湮沒而無傳也。爰據實以誌，而為之銘曰：身可隱也而道不可隱，幽而彌馨。骨可藏也而德不可藏，誠則斯形。既飭躬之有法，亦表世而可經。豈惟繼述無忝，還欽思媚足型。故能備有多福，而均享遐齡。時則桂聯芳樹，時則珠貫德星。而蘭芷更不限夫盈庭。今公與孺人同歸此佳兆兮，誰不頌人傑而地靈。

例授文林郎己亥科舉人揀選知縣大挑二等借補偃師縣訓導年愚姪謝星煒頓首拜撰文。

賜進士出身刑部山東司郎中記名御史前翰林院庶吉士門下晚學生陳夢蘭頓首拜書丹。

賜進士出身翰林院庶吉士文淵閣校理門下晚學生霍鵬南頓首拜篆蓋。

同治四年九月二十八日立石。

男詒焜、詒焯、詒烜

孫城、埈、壎、堮

曾孫之鐸、之鑑、之鍋、之銘、之銅　　　　納石。

（拓片藏河南省文物考古研究所。李秀萍）

御祭周世宗文碑

清德宗

維光緒元年歲次乙亥六月丙寅朔越十日乙亥，特遣南陽鎮總兵趙鴻舉致祭于周世宗神位前。曰：

光昭宇宙，千秋之明□，惟馨祀展□陵，曠代之隆儀備舉。緬懷前烈，敬奉精禋。朕以藐躬繼登大寶，念命民喦之可畏，夙夜不遑；思皇煌帝諟之同符，典型未遠。肅特享禮，特遣專官。靈爽常存，彌切景行之慕；馨香斯薦，用申昭告之誠。惟冀來歆，福茲億兆。

祭祀人趙鴻舉、清科、張暄。

光緒元年六月十日。

（碑存新鄭市新店鎮陵上村柴榮墓前。王興亞）

謁歐陽文忠公墓祠

往讀公遺文，知公葬新鄭。路遠莫由至，中懷頗鬱愠。詎意舉慶榜，借闈開封郡。塞驢誠疲恭，亦思逐奔駿。昆仲三人來，敢誇科名盛。試罷迤南歸，紆道向鄭進。西郭旌賢鄉，相距一舍近。公墓實在茲，賜葬宋所命。左窆薛夫人，儼然敵體稱。公子衪兩旁，四墳列奇正。環樹榆與柏，青蒼相掩映。迄今八百年，樵牧當嚴禁。每歲二仲祭，典禮著功令。憶昔昭勇侯，卓犖知爲政。捐俸新公祠，千金無所吝。置員奉公祀，六名額初定。雅量今難匹，高風古亦僅。凡此勸百世，豈爲私一姓。我來拜墓下，聊申桑梓敬。喜有賢胄嗣，詩書承遺蔭。異地話鄉情，依依家世證。仁人必有後，公言益可信。吾欲盡吾誠，薄置祭產贈。豈伊矯激爲，彝好本天性。先生雖不屑，應盡我義分。倘得挂微名，此行庶無恨。

江西泰和人蕭敷政敬題。

長葛後裔孫婿司百祿書丹。

鐵筆王應南、曹鳳祥。

光緒三十年三月立石。

（碑存新鄭市博物館。王興亞）

敬觀歐陽文忠遺像

　　潁濱自詡見歐陽，我睹遺容亦有光。影繪半身尊斗嶽，詞題滿軸燦琳瑯。家聲不替文孫守，古本曾經學士藏。此像曾經藏解春雨先生處，後歸其嗣孫孝忠。欲效諸公留贊頌，愧無健筆繼西楊。有吾邑楊文貞題詩。

　　光緒三十年春三月。

　　泰和後學蕭敷政敬題。

　　長葛後裔孫婿司百祿書。

（碑存新鄭市博物館。王興亞）

劉氏祠堂廣梁大門碑文

　　我劉氏之先，明初，自江蘇沛縣遷新鄭城東北宋王文正公墓旁後，故稱文正劉村，即我劉氏之故土也。創建家廟自裔孫殿甲始。但築室三楹，並無牆垣，似乎不成事體。至於我先祖所遺學田地畝，在城內未接管前，辦事原無正主，收課亦無定時，累年花費往往失於不給，流弊日深，毫無寸工。城內經營後，送課有定期，佃戶不得推諉；收課有定，所主事不得爭兢。城鄉各派妥人酌立章程，勞心任事。每年課租除糧米差遣應用花費外，所餘若干，悉即存市舖。□族間殷實富戶不得放，即族有貧苦寒素，不許借貸，法至善也，至嚴也。儲積數載，至光緒年間，經劉玉垣、垣址、廣立、淵波等，先築周圍牆垣，費錢八十餘串。又蓄數載，將以前當出地畝一併贖回，揭使外債一概償完。經管二十年來，不求有功，力求無過而已。現經劉榮昌、培仁、宗向、文炳、淵波、海姐共六世，厥事築廣梁頭門以及內牆，費錢二百四十餘串，不數日而功告竣。雖無畫棟飛雲，刻楣丹楹之麗，而樸素渾堅，亦可聊避風雨，庶幾哉可慰我先靈，亦可壯行人之觀。妥彼始末以及諸位展事，勒於貞珉，永垂不朽云。

　　光緒年間。

（碑存新鄭市文正劉村。王興亞）

槐抱碑

　　碑額刻關聖騎馬提刀立于古槐下的圖像。

　　漢世壽亭侯，國朝協天地。

　　青銅偃月刀，劈開老槐皮。

　　抱碑俗所傳，遐爾共覘視。

　　己必計偉年，鷲筆贈俚句。

呂作何書
辛丑臘月。

(碑原存新鄭縣城東關關帝廟院內古槐空腹中，現存新鄭市博物館。王興亞)

子產墓碑

子產墓
新鄭縣知縣鄭□□敬立。

(現存新鄭市博物館。王興亞)

重修幽勝寺碑

候選訓導邑增生劉傅撰文。
五品頂翎候選縣丞邑監生高統清書丹。

峰迴路轉，溪水潺潺，中有寺焉，名曰幽勝。折而南又折而西，距寺五里爲黑龍潭。潭水冷冷，深不見底，旱禱頻仍。前邑侯王公麗泉諱溥率紳躬自步禱，到寺少憩。見寺牆宇傾圮，神光黯淡，慨然有興修之志。本邑周君宇平名上圖倡捐重新，未數月而工竣。嗚呼！流雲逝水，世道滄桑，惟此德澤及人久而彌彰，今我邑婦老猶能間道及之。《詩》云"召伯所憩"、"召伯所說"，自今以往，遊人騷客覩物感懷，安知不與《甘棠》同作低迴流連！
光緒三十四年仲秋月吉旦上浣。

(此碑原存新鄭市西南陘山山頂子產墓前，現存新鄭市千户寨鄉幽勝寺。王興亞)

御祭周世宗陵文碑

維宣統元年歲次乙酉八月丁丑朔，越祭日丁酉，皇帝遣河南南陽總兵郭殿邦致祭于周世宗神位前。曰：

緬懷洪業，丕基遞嬗於累朝；景慕前徽，郅治漸臻於上理。惟帝王建極乘時，綏猷御宇，裕經綸於自古，宏啓祐於方來。朕以菲功，繼登大寶，伏念膺圖之始，宣修致禮之誠，特遣專官，用申祇告，典型在望，□成□□以□□，□□□通□而有恪，尚祈昭格，來歆來恪。

祭祀人郭殿邦、朱炎昭、葉濟、徐恒。
清宣統元年八月丁酉日。

(碑存新鄭市郭店鎮陵上村柴榮墓前。王興亞)

歐陽氏祠堂捐入祀田碑記

蓋聞治家之道，恒産爲先。尊祖之義，祀田爲重。此守先報本之巨典也。我先祖自文忠公敕葬新邑，賜田千畝，時遠年湮，被人侵佔者尚多，所有存者寡矣。每逢有司春秋致祭，經費不給，籌辦維艱，合族集議，樂心好施，衆擎易舉，遂捐入祀田五十餘畝，聊爲祭儀之需。僅將地畝尺弓坐落，開列于左，以垂永遠不朽云爾。

邑人白振坤書丹。

西一段，坐落寺後西北隅，南北畛，約地五畝另六釐七毫九絲四忽。中長一百另七弓二尺，南寬十二弓，正中寬十一弓二尺，北寬十弓另二尺五寸。

立石爲界。

南一段，坐落寺前溝南，南北畛，西北隅有缺，約地五十一畝六分八釐。北寬八十四弓，中寬八十弓另四尺。南寬八十弓另一尺，中長一百五十五弓。

立石爲界。

白承曾刻石。

清宣統三年乙亥夏四月仲浣穀旦，合族立石。

（碑存新鄭市博物館。王興亞）

中牟縣

中牟縣西界碑

【碑陰】

【額題】碑記

欽差巡撫河南等處地方提督軍務兼理河道都察院左副都御史亢□憲文。

中牟縣三十五里堡西至鄭州圃田交界。

順治十三年三月中牟縣知縣李敷治□立。[1]

原碑碑陽有字三行：

大明嘉靖八年一月初三日。

中牟縣西界。

中牟縣知縣高岱、縣丞張元哲、王府祁□忠、陰陽訓□張同書□立。

（碑存中牟縣交通局。王興亞）

水月庵蠲免雜差記

國朝布政使徐化成

牟邑，秦、楚之孔道也。孔道之間，有梵剎，曰水月庵，為行旅之人望而投憩者之所也。偶過其處，鐘鼓具設，爐火具存，雲廚方丈闃無其人。詢之居民，則云一二僧徒以應差徭而去爾。嗟嗟！牟邑之廣，牟民之衆，寥寥方外之徒，胡不能為其免乎？爰有衿士以及耆老進而言曰："庵無多僧，亦無多產，力役有限，幾欲為之分任之，而未敢請也。"余曰："斯言甚善。夫福田所在爾，諸善信尚不吝捐橐以助，矧冢擎易舉之務，而不亟為襄其成乎！"於是，邑令進而言曰："除正供賦稅之外，一切雜辦，概無累及，永以為則。"庵僧歸而聞之，向佛頂禮作頌，因請勒石，以垂不朽。余遂編次其事而志之，併遡其所自始。夫葺屋招民，則灤州石令也。建庵塑像，則涇陽段令也。圮而復修，率衆立田，則洪洞晉令也。蠲徭豁差，則今北平朱令也。而住持焚修，則僧人性平也。若夫護法住持，則後之君子也。

（文見同治《中牟縣志》卷十《藝文志》。王興亞）

韓公修北門記

邑人檢討冉覲祖

牟城四門，門以方設，東西驛路，往來不絕，南北門各為其方人赴邑所繇。明季多寇

---

[1] 此碑在舊碑上鐫刻。

警，司牧者謂四門盡啟，則守不固，加以扃鍵者，相沿三十年矣。夫城衛民居，門利民行。《易》曰："重門擊柝，以待暴客。"安在閉門以自固也！韓公下車，周覽城池，見南門地卑蓄水，可通徒杠。北門之外，土沃人衆，車馬輻輳，皆枉道東西門，紆回未便，於是，擇吉啟南北門，門卒專設，守衛加嚴，視向閉門時為倍安。公念二門均圮，而北門尤急，鳩庀歷時，俟之農隙。適奉上文，遂協斯舉。修門架橋，濬隍引水。金湯之勢不日而成，而且出入不滯。民頌其德，是可以示來茲，勒不朽也。爰記其歲月於石。

康熙九年。

(文見同治《中牟縣志》卷十《藝文志》。王興亞)

韓公修南門記

冉覲祖

北門之工甫竣，遂有事於南門，量事期，計徒庸，慮材用，書餱糧，增卑培薄，去故就新，民不加擾，門以永固。先是，已疏河灌池。波水淪漣，荷芳四颺，襲人衣袂。疊土為途，蜿蜒而堅好。中構小橋，游艇可以徑度。亭太跂翼，在水中央。桃柳間植，魚鳥親人，蓋其地雖屬僻而景實擅勝。地僻故修可以後景勝，故工宜次第舉也。後之登陴而望者，見池有餘清，蓮有遺芬，塗有行歌，橋有坐吟。亭臺之上，丹碧照耀者，公與斯門同不泯。

康熙九年。

(文見同治《中牟縣志》卷十《藝文志》。王興亞)

重建景魯堂紀略

高陽人邑令韓盡光

縣治景魯堂出政臨民，其來久矣。明末壬午，寇毀無存。國朝初，諸事草創，前令劉泰來僅葺思過堂以代之。垂三十年，尹斯土者，率因循傳舍。庚戌春，余筮仕茲邑，見思過堂湫隘，不足以肅觀瞻，遂自捐俸，庀材鳩工。閱歲，依舊址而成焉。

康熙十年。

(文見同治《中牟縣志》卷十《藝文志》。王興亞)

韓公重建大堂碑記

邑人檢討冉覲祖

有明之季，寇氛縱橫。吾邑大堂，遂為灰燼。國朝以來，歷數令君，率以後堂為廳事，未遑修也。庚戌春，韓公來牧吾牟，釐弊剔蠹，補偏修墜，有作斯應，靡廢不興。念廳事之湫隘，欲舉而更之。因周視遺址，規模猶存，向日鉅麗之所，今為瓦礫之場，喟然曰："堂以敷政，堂之不有，治之不肅也；堂以臨民，堂之不有，蒞之不莊也。何令茲土者之因陋守舊至此！即為勞費計，豈一堂之建，遂足以困茲邑乎？"因集諸父老而謀之曰："牟之無堂也久矣，豈惟司牧者之責，實爾牟之缺事也。予將乘爾之休暇，以從事於茲堂。然予視此猶傳舍，凡予之為此者，亦惟爾牟之為也。"父老欣然色喜，同聲應曰："吾儕小人，知趨事而已，他何知焉。"眾議既協，爰計棟梁榱桷幾何，瓴甓鴟吻幾何，丹堊坯墁幾何，人眾幾何，以及儀門吏舍為費幾何。(辛)亥春始事，不數月而工告竣。不傷財，不害民。落成之日，僚屬紳士咸造於堂，詫為崇宏之觀。而父老之能憶舊制者，又咸以為輪奐之盛，前此無有也。抑更有異焉，當明正德間修縣治者，為新城韓公思忠。歷百有餘年，而建修是堂者，又為我高陽韓公。韓族繁衍，實出同源，疑若有數存焉。邑人礱石以誌歲月，因為記之。

康熙十年。

（文見同治《中牟縣志》卷十《藝文志》。王興亞）

楊橋折地碑記

冉覲祖

余讀《周禮》及《食貨志》，而知折地之有由來也。《周禮·遂人》："辨其野之土，以頒田里。上地，夫一廛、田百畝、萊五十畝；中地，夫一廛、田百畝、萊百畝；下地，夫一廛、田二百畝、萊二百畝。"《食貨志》云："民受田，上田，夫百畝；中田，夫二百畝；下田，夫三百畝。歲畊種者為不易上田，休一歲者為一易中田，休二歲者為再易下田，三歲更畊之，自爰其處。"夫上田，止百畝，而中、下迺至二百畝、三百畝，休息更畊，其實止當百畝之數，是不亦折地之謚然歟？

牟土多瘠少沃，要皆中下等地耳。然於勝國時原分三等行折，及皇清定鼎，兵燹之餘，舊籍無存，遂不問肥磽，一概按畝起科，二十年相承，民茲以困。楊橋迤北，河流浸潰，一望舄鹵，幾於不毛，以及隄堰所壓，無地而糧，堪為浩歎。自韓公下車，履畝檢踏，洞知其苦，如抱隱憂不去於懷。後有新墾地一百三十餘頃，例應報上行糧，公念牟地議折之無策，今復以墾地上聞，使增者日增，而減無可減，是驅民於饑寒轉徙也。於是，會同僉議，存此一百三十頃之新墾，折與縣南之沙薄逃亡者若干，而楊橋鹻地每頃獲折十有五畝，隄所覆沒則計畝除之。其恩施公溥，富不加偏，貧不見遺，而且以牟之新地代牟之舊糧，既無溢額，亦無怨民，法良意美，可以垂來茲也。

楊橋士民欲鐫石以誌，而丐言於余。余知是舉也，公蓋幾焦勞於茲矣。貧苦之民累年控告，若不曲為調停，勢必哀鳴不止。而新墾之一百三十頃，又悉聞於上臺，其間力挽得回者，非有堅定之識、慈愛之衷者，不能也。況今吏治重開墾，以此一百三十頃，不折舊糧而報新墾，可以為優擢地，而公不計一身之功名，祇計小民之室家，不啻父母之為赤子謀，殷殷惟恐不得飽暖也。是誠所云"樂只君子，民之父母"矣。因喜而為之誌。

康熙十四年。

（文見同治《中牟縣志》卷十《藝文志》。王興亞）

畠澤里折地碑記

冉覲祖

古之地以井授，今之地以里分。牟里二十有六，肥墝高下，壤地各殊。大率縣南多沙薄不可耕，沙擁成岡，每風起沙飛，其如粟、如半菽者，刺面不能正視，輪蹄所過，十步之外，踪莫可復辨，以之侵移田疇間，無不壓沒。又或野無堅土，風吹根見，槀禾以枯。其卑溼之地，潦則水注成河，鹻則地白如霜，民貧多逃，村落為墟，此南境之常也，而畠澤里為尤甚。

韓公來涖吾牟，按板圖，稽戶口，知畠澤之民散處鄰邑者實衆，加意撫字，廣為招徠，減差徭，給牛種，勸開墾，濬溝渠。猶恐地不議折，則民困未已，適有新報地一百三十頃，公不以上聞為己功，而議折以紓民困。畠澤里獲折六十餘頃，居者稍有起色，逃者日漸復業。今者國課無逋，得與他里相後先，公於畠澤有再造之功也。里人因謂有明循令喬、陳並稱，喬公折地分上、中、下之等，陳公濬渠一百九十六道，若公則兼喬、陳之美，可以鼎峙而三，遂將喬、陳祠之在報恩店者，垣宇聿新，而立石祠內，紀公折地之由，異日當為喬、陳、韓之賢祠也。

余族世居畠澤，今奉新令均里甲，移之高黃。高黃里實皆畠澤人也，留畠澤及入辛興，亦有舊畠澤之半。稱畠澤，示不忘舊云。

康熙十四年。

（文見同治《中牟縣志》卷十《藝文志》。王興亞）

南梁重濬河渠碑記

冉覲祖

牟壤北界大河，河伯一怒，鼓狂瀾而南下，勢若據高屋建瓴水，而下流壅閼，將不橫決不止。母豬窩口，河流之要害也。永安、南梁、畠澤數里適當其衝，一經氾濫，則平田盡為巨壑，民惴惴有其魚之恐。故自吳家堂及七吉寺，有河渠故道歸諸清河。上有所受，下有所洩。旋注旋竭，而水患無虞。此明循良喬、陳二公之所以惠我牟民也。數十年來，榛莽梗塞，淤而弗濬，無論無以備大河之患，即霖雨所聚，潢潦灌注，輒足害禾稼。永安、南梁、淳澤之民，日以滋困。韓公來蒞吾邑，知喬、陳二公之歌思在民，每事取以為法。而濬河渠其大者，凡縣南舊河數十，一一仍其故道。復念縣西北吳家堂之河，迤邐數十里，所關非細，因起夫疏濬之，典史陸公督率唯勤。工竣不日，永安數里之食其利者，議於南梁里劉家集後孔道之旁，豎石以紀歲月，使奕禩知此河之濬為不容已，非徒作獻諛之舉也。後人視公，猶今人視喬、陳，則重濬之功與肇造者同此河不沒矣。而且由此河以知其濬縣南諸河，並由濬河以知其折地墾荒，薄賦輕徭，種種善政。百世之下，歌思公如歌思喬、陳，是迺永安數里之人報稱之至願也。故為之記。

康熙十四年。

(文見同治《中牟縣志》卷十《藝文志》。王興亞)

重濬張村寺正禮陂碑記

冉覬祖

聞之善作不如善因，言其用力少而成功多也。故為政者，踵前賢之後，因其成蹟而規恢之。利興害去，民不告瘁，而登諸衽席之安。其究也，譽隆當時，澤流奕世，民之頌德懷報無窮已。牟令以循良著者，代有其人，而近則無錫陳公幼學稱最。牟地多磽，南境尤甚，沙阜綿亙，望若重巒疊障，不可以田。其卑者，又苦水潦，歲傷禾稼。陳公為開渠百九十有六，正禮陂其一也。上受官北、白家諸陂之水，下歸安家潭以入清河。

鼎新以來，田多荒蕪，沙平渠湮，不特正禮陂之橫潰，即官北、白家諸陂之水皆無所洩。而張村寺地方，民率逋賦而逃。韓公首招逃亡，使復其業。躬履南陲，遍閱岡陵、陂澤，洞然於目。因念民之逃也以歲不登，歲不登以旱潦不時，旱潦不時以蓄洩失宜。爰稽陳公舊渠百九十有六，日漸疏濬。今歲夏秋霖雨，積水盈溝澮。因渠通水利，卒以有秋。環張村寺之民向被害獨劇，故今蒙利亦覺獨深。畊者歌野，績者慶室。猶慮久而忘也，欲舉而壽諸石，以傳之子孫。父老進而問記於余。余聞公於茲時方將力為陳請，起夫大濬之，較舊渠加廣焉，不令後此復至湮沒。則公之功，且軼陳公而上之。所謂莫為之前，雖美而不彰；莫為之後，雖盛而不傳。此石當託陳、韓二公之名以不朽。

康熙十四年。

(文見同治《中牟縣志》卷十《藝文志》。王興亞)

蓋寨濬河碑記

冉覬祖

民之情偽難知，而其欲利遠害之心為甚摯。牧民者利罔小勘不興，害罔大勘不去，民得遂所欲，絕所遠，則其載德無已之心亦為甚誠也。戴之不已則傳之，傳之不已則志之。

夫至傳且誌之，又匪僅感戴而已，將以令利之興不復湮，害之去不復萌，著為成式，垂法無窮也。然利與害相倚，去害即以為利，故今日牧民者亦惟去害是急急耳。

牟承凋瘵之餘，民害未易悉數。支應煩，則驛站之為害也。幫貼多，則漕米之為害也。累及戶口，則長夫之為害也。一概起科，則差糧之為害也。至若瀦洩失宜，水潦洊至，則溝渠壅淤之為害也。韓公治牟數載，延紳士，詢父老，周閭閻，察疾苦。革驛站之弊，則芻馬自供。定漕米之規，則官吏足以收解。工食足以雇夫，則里下不擾。下地為之折糧，則貧民得甦。度高下，計丈尺，深廣倍舊。凡古所謂一百九十六道，莫不開通。而水旱無災，數者之害皆去而民利日興，蓋闔邑為然也。縣東蓋寨里有渠，上自半截溝，下至劉家潭，向已湮塞，今則引水歸河，歲獲大有。民受其福，戴德難忘，不惟傳之，猶欲志之。羣處而謀，以板橋通衢，行人接踵，將刊石示久，使後世有為民興利去害者得以取法也。用述居民之意以登諸石。

康熙十四年。

（文見同治《中牟縣志》卷十《藝文志》。王興亞）

申詳墾荒石記

冉覲祖

張家莊，古市也。環張莊皆薄田，舊屬高黃里，今移辛興。其居民雖藉貿易以生，而按畝起科，每苦不支。韓公廣招徠，貸牛種，出示勸墾，以多種代折糧，民之疑信者半。其信者曰："公惠我哉！墾一畝，受一畝之賜，勿使地有餘力也。"其疑者曰："公誣我哉！公在牟，而開墾之利小，公去牟，而續報之害大。"甚且以欺隱具控者，盈庭累牘也。

是歲春，佟大中丞自雒還汴，道縣南張莊、黃店。凡沙阜綿亘及波池沮洳之地，目擊心惻，形之太息者數數。適李寨、大秦、土山、晶澤、高黃、大莊、辛興、白沙八保之民扶老攜幼，羣以墾荒折地白之大中丞馬前，蒙批司府行縣確查。公念此機不可失，為之痛切指陳，纖毫無遺議。後申詳多，不能載，大指謂："牟地原分上、中、下、逃四則。縣南地薄，俱係下、逃，一概起科，遂致積欠。不如通融，令其開墾，以無用之荒沙，拯流離之民生，事屬無礙。即將來墾完足額，徹底清查，此地僅供此糧，不至地浮於糧也。"蒙大中丞批："縣南荒沙岡阜，不在額荒之內，准其開種，以蘇地薄糧重之困。"行下，民皆懽呼傳頌，信而無疑，奮力開墾。榛蕪化為平疇，安享收穫，永絕後患。辛興里民謀勒石，以志公德。

予曰："是舉也，公於撫字中有催科，蓋仁者之心、智者之方也。何也？地不折則糧重，糧重則民窮。墾荒則地不俟折而糧輕，糧輕則民裕，非撫字之仁乎！民窮則財不給，財不給則賦逋。民裕則財不匱，財不匱則賦足，非催科之智乎！後之知催科而不先撫字者，可以此為炯鑒矣。況猶有省耕、開渠、輕徭、緩徵、驛站、漕米、革除私幫，循政多端，里人志之，宜也。"其市井之非土著亦羣然曰："吾僑居此，鷄犬晏然，行户無虧，荷公德至厚也。亦請登石志不忘焉。"有中行之擢，攀留無計，用勒石通衢，以表德政去思之實云。

康熙十五年。

(文見同治《中牟縣志》卷十《藝文志》。王興亞)

韓公德政去思石記

冉覲祖

公諱藎光，字篤臣，直隸高陽人，辛丑進士。庚戌來臨，丙辰內擢。六年美政，萬口懽傳。貸種給牛，招來逃户。折糧減役，優恤薄田。溝渠悉通，野無旱潦之患；岡壠任墾，人鮮告訐之風。除漕米私幫，官為採買；革驛站宿弊，里免支應。修學宮，建書院，文教蔚起；引湟水，治門垣，城守森然。廣亭臺曰蒲蘆，追踪循令；恢堂皇曰景魯，媲美前賢。桃李遍栽，士皆進業；水鏡時朗，吏無舞文。禁賭為彌盜之源，平刑迺息訟之本。潔己而苞苴不入，節用而行户無虧。是誠截鐙留鞭，有類元崇之送。能不勒石頌德，永存仁傑之思！

時康熙十五年歲次丙辰仲夏穀旦。闔縣士民同立。

(文見同治《中牟縣志》卷十《藝文志》。王興亞)

王公修路碑記

冉覲祖

牟，大梁之肩髀邑，由大梁西出，赴雒、陜，必經牟，實咽喉道也。東郊外有甄橋。闊丈許。而五里堡之東，亦有橋與東郊橋制相埒。兩橋相距五里，其間道卑而土墥。每霪雨積水，輒沮洳不可行。不特商旅為苦，皇華之使，或紆道而避焉。贊府王公哦松之餘，驅馬游歷，睹斯道也，泥深沒脛，輪蹄弗前，奮然曰："余幼讀《左氏外傳》，識單子過陳之言，今既服官茲土，而不率民除道以貽行者憂，其若先生之教何？況橋梁道路之修，律典聿昭，可置之罔聞乎！"於是，謀之令尹韓公。韓公稱善，捐工若干，因以委之王公焉。先是，有鄉民徐之鷟者，修邑西及北郊路，有成效，故衆謂之徐善人。王公為疏以授之，使募工貲。工貲既集，首補兩橋，次取土增道而溝其旁，旁以種樹。徐善人結茅為居，時時擁土疊從事，敝衣垢面，胼手胝足，數年如一日。及韓公以內擢去，余公來牧，見而喜之，襄不逮而迺以竣厥工。道中高外卑，則水不聚，而土堅溝通，則小水可蓄，大水洩於兩橋之下。柳疏密成列，既以固溝旁之土，而且以借蔭也，而後可永無沮洳之患矣。

徐善人礱石乞言。是役也，三公濟美，而王公倡其始，故為之記實。使後之履坦途者，知荷王公之賜。王公卓異將大用，必能饑溺猶己，使天下人皆得其所，可即已事卜之也。泐之石，以為左券。

康熙十七年。

（文見同治《中牟縣志》卷十《藝文志》。王興亞）

東門外新橋告成記

清苑人邑令余應階

夏官所屬，有掌固上士二人，下士八人；司險中士二人，下士四人。掌固，掌修城、郭、溝、池、樹、渠之固，謂濬溝之土以為城，鑿池之土以為郭，有渠以通水而植木其上，皆所以為固也。司險，周知山林川澤之阻，而達其道路，謂山林之阻則開鑿之，川澤之阻則橋梁之，使道路通達也。今無掌固司險之職，而城池、橋梁一歸有司，有司固有兼責也。予歷觀今之郡邑，環城以為池，而隨門以立橋，其大率也。蓋有城無池，雖坐擁百雉之勝，而不以碧水束其外，則奸宄起扳緣之心矣。有池無橋，即下臨數仞之險，而不以浮梁亙其上，則啓塞無控扼之具矣。此天下之通制，而牟奚獨不然。

予承乏牧茲邑，皇然自念倉庫、城池之重寄，惟予身膺，敢不日夜祗慎？爰周行城隈，見東門地高，池不通水。而土橋卑陿，勢傾而多隙，輒欲從事，因循未遑也。及蒞事二載餘，乘歲稔民安，咨紳衿父老而計之，咸欣然輸貲捐工，人有奮志。於是，卜吉集役，鑿池深數丈，使其下與三面平，故水不壅閼。橋之下，樹椿木，甕以甓，黏以灰，覆以板，堅完而不可撼動。其竣工也，水圍如帶，橋駕如虹，公私稱便，輿徒皆通。予樂觀厥成，將以貽諸永久，使後之人於事之不可已者，無畏難斯底於易，勿辭勞迺享其逸，盡如斯舉也。昔有為州守者，見橋壞覆民租車，曰"橋梁不修，刺史過也"，償民粟治其梁，則是橋之新，在予可告無過，而賴於邑之紳衿父老之力，實多云。

康熙十八年。

（文見同治《中牟縣志》卷十《藝文志》。王興亞）

重修魯公祠碑記

【額題】重修魯公祠碑記

癸卯科解元冉覲祖撰文。

邑庠生員許嗣衡書丹。

魯公祠，祀漢中牟令扶風平陵魯仲康也。祠有二，一在西關，後令仰其芳徽，時時祗謁奉俎豆。而此則東距縣二十里，踞崇岡，蔭古槐，俯瞰平疇，村落環聚。土人往往為里社，歌舞其間，較在西關者尤稱勝蹟也。其肇造無從稽，邑志謂公當日巡行之處，理或然也。當肥親履境時，公曾隨行阡陌，俱坐桑下，或即此地耳。則後之遊其宇者，不能無召伯芾舍之思矣。予童時，見祠後沙阜去祠百步許，二十年來，沙侵殿門，瓦剝垣頹，庭槐數丈，僅露其顛，岌岌乎祠將覆壓不支已！余公涖我牟邑，驅馬至止。念茲廟巋然千年，香火不可自我而湮，於是，鳩夫移沙，畚鍤如雲。委鄉耆趙巡董其役。巡又糾張玉、王梅晨夕協力，督率不怠。而沙之壅柱礎沒臺砌者，瞭然重睹舊規矣。巡等議撤祠而新之，余公捐俸為邑衆倡。衆爭先輸貲，予亦樂觀厥成，從而慫恿焉，增瓦甓易榱桷者如干，歷歲餘而竣事。巡等來言曰："古令君之遺愛，今令君之善舉，相得益彰，將以壽諸石也。"予諾之。

按《後漢書》，魯公之令牟，在肅宗建初時。肅宗嘗集諸儒於白虎觀，公特以明經得召與其議。趙熹復舉公直言，待詔公車，迺拜中牟令。蓋其未官牟已受職於天子矣。其為政專以德化民，不任刑罰，而許伯讓田，亭長還牛，亦皆革心從善。至如蟲不入境，化及禽獸，豎子有仁心，三異尤著焉。又嘉禾生便坐庭中，在事三年，遭母喪去官。後拜侍御史，累遷至司徒，年八十一卒於家。公任牟非久，未嘗終於牟也。予恐邑人不悉公之始末，甚且為矯誣之說而失其實，故因修祠記事而並著之。

文林郎知中牟縣事古越余應階。

州同改授縣丞黃光顯。

儒學訓導楊紹祖。

典史陸文祚。

時皇清康熙十九年歲次庚申八月中浣之吉旦立石。[1]

（碑存中牟縣文物保護管理所。王興亞）

谷公建大王廟碑記

冉覲祖

凡名山大川，必有神焉主之。河為北條之宗，神尤顯赫，往往從河干人，聞河水消長事，靈應如響，予心識之。竊疑今之視河神與古異，古云四瀆能蕩滌垢濁，能通百川於海，能出雲雨千里，為施甚大，故視諸侯。又云河海潤於千里，皆謂有功，宜祀也夫。非河則為焦土，不可生物，神功信莫大焉。今人不知神之為功，徒畏其潰決四出以毒我也而祀之，是禳災也，非報功也。然當其災將臨，而力能禦之，則亦荷神之庥，而崇報之典，不可廢也。上谷谷公以甲族巍科、宿德重望來牧吾邑，下車即詢父老閭邑利病所在，僉曰："牟利病强半係於河，河安瀾則民樂業，一有潰決，則民不保其田廬，而且日操畚鍤䇽梢纜以從事，不聊生矣！"公曰："神固可以誠格，不可以力抗也。"躬詣河上，陳牲幣與河神約："河在牟境內，令職司民社，宜與神相感召，其有褻越，神加譴怒，然所恕無縱水族重困我百姓為也。"每歲當計工，鄰邑率以急工上聞，公獨曰無之。民得盡力南畝，則公之大有造於牟也。值桃花水泛，漸徙而南，小潭溪尤屬急衝，岸土墮落如敗葉，夫不及集埽，料復

---

[1] 同治《中牟縣志》卷十《藝文志》標題作"重修魯村魯公祠碑"。

無儲，人皆惴惴，勢莫可禦。公走馬至河，跽而虔禱，謂"令即不德，自顧無愧王子贛，河若潰而前，請以身當河之衝"。是夜，報河之北徙者里許，人皆舉手加額，謂公之誠果能格神如此。公曰："神之功也，不可以無報。"於是，捐俸建廟於東關之陲，物價必平，工役無虧，數月竣事。公率僚吏紳士往觀，登臺砌，瞻廟貌，步周垣，見其地敞而基鞏，千年之規也。或曰："事神治民，有司職也，建廟宜。"或又曰："往來河上，僕僕為勞，建廟於關外宜。"冉覲祖為之言曰："是役也，報神也，實以為民也。公之仁心仁政，愷切而周至，無日不欲民飽煖安居。倘神於此鼓其狂瀾，排我隄岸，蕩覆我村落，漂沒我禾稼，是猶奪赤子以投洪波，為父母者，當營救不遺力矣！故不得不為民邀惠於神也。不然，公操履清且儉，平生愛惜物力，極慎重於土木之事，而奚獨為此乎？亦曰迫於為民不自己也。《穆天子傳》云：'陽紆之山，河伯居焉。'廟落成神豈即來居，而遙相鑒格，斂其憑怒。自今日以迄百千年，安瀾惟永，牟民亦得世世薦其馨香，皆於是廟為祈報地也。廟之建，為慮遠矣！"公曰："是吾心也。"其登之石。

康熙二十五年。

（文見同治《中牟縣志》卷十《藝文志》。王興亞）

王公增修衙署碑記

冉覲祖

《緜》詩之四章曰："迺疆迺理，迺宣迺畝。"其七章曰："迺作皋門，皋門有伉，迺作應門，應門將將。"余讀詩至此，不禁三復，曰："思深哉！何其慮民之周，而規為之有序也。"民生以農事為本，衣食足而手足寬，手足寬而工作興，是之謂知務。今王公涖牟，顧衙署之有缺，謂前人不肯竟厥工以貽今日也。然方留意民瘼，未遑修營。爰勸開墾省耕，敛濬溝渠，時蓄洩，其勤於野者無不至矣。而興學校，課生童，謹正供，絕羨耗，平獄訟，杜苞苴，其著廉惠於邑者，士慶而民樂之。公曰："衙署之修，此其時哉。"相舊址，拓新構，儲材用，集匠徒，因高起樓，作鎮於後。登覽則盡閭閻之形，退食則思簿書之務。大門聿新，作冠於前；下門上樓，麗譙高揭。門以察出入，樓以肅瞻視。衙署之制，斯云美備。其先後規模，與《緜》詩所詠大有合也。而且儉不及陋，豐不及靡，揆中道矣。工不告瘁，民罔聞知，無繹騷矣。乘歲之稔，資物之贏，動以時矣。一舉而兼數善焉。邑父老或竊問余曰：前人不為，而成之今，何也？余曰："興廢有數存也。歷觀前人，多藉愛惜物力，以自文其心，則謂吾歲月將受代去，而奚以拮据為若此者，非私則怠。私者，視非己事也。怠者，因循自寬也。而王公猶為所當為，任勞不避，可謂之公，可謂之果。"或曰：樓與門之前後並營，何也？余曰："是當取象於《易》矣。重門擊柝，蓋取諸《豫》。上棟下宇，蓋取諸《大壯》。今之為門，以云備也，取諸《豫》也。今之為樓，以云固也。取諸《大壯》也。"或又曰："古不聞崇宮室以示華，而衙署之必完也，何居？"余曰："是又當稽之《詩》矣。《斯干》之詩不云攸芋、攸躋、攸寧乎？倘衙署不必完也，豈君子有攸芋者不必有攸寧。有攸寧者不必有攸芋乎？門以云芋也，樓以云寧也。"因倣《詩》意而記之曰：

門之渠渠，君子攸芋。樓之晶晶，君子攸寧。衙署增輝，萬民是依。垂諸貞珉，以示後人。

康熙二十八年。

（文見同治《中牟縣志》卷十《藝文志》。王興亞）

御書米芾詩碑

清聖祖

西掖恩華降，南宮合席闌。詎知雞樹後，更接鳳池歡。

康熙四十一年刻。

（碑存中牟縣劉焦鄉大冉莊村。王興亞）

官渡新建關廟碑記

冉覲祖

官渡之有關廟也，所以存聖蹟而因以崇祀典也。舊廟卑隘，逼近橋口，周旋無餘地。邑令李公以勸農之便，稅駕廟旁，謂："官渡，聖蹟所在，廟貌不肅，則祀事不虔，守茲土者褻越是懼矣。"於是，別購地一區於其東，捐俸倡首，士民回應，金錢不匱，土木續興，殿廊門垣無不完整。既而增置樂樓，以備侑享焉。工竣，委予記之於石。予謂："存聖蹟者必核其真，崇祀典者必稽其實，不敢以臆說傳之後人也。"謹按《水經》云："河水東過滎陽，莨蕩渠出焉。"又云："渠出滎陽北，東南過中牟之北。"《注》云："渠左經陽武故城東南，為官渡水。又經曹太祖壘北，有高臺為之官渡臺，渡在中牟，故世又為中牟臺。"據此，則官渡水乃河之支流，經中牟，名官渡也。今沿河岡阜綿亘，當是曹壘遺趾，而官渡臺不可指名矣。

又按《宋史》："鑿渠引京水過中牟名金水河，抵都城西架，其水橫絕於汴，引灌皇城，入禁院，官民汲用。"據此，則今之官渡水，迺宋之金水，與昔之官渡異矣。水異之而地不異，官渡之在中牟無疑也。宋之汴水亦會都城在金水北，故金水橫過於汴。今汴流久絕，或以官渡水為汴，非也。

又按《魏志》："獻帝建安五年正月，操東擊昭烈，破之。壯穆時屯兵下邳，不知昭烈所在，從權歸操。操還官渡，壯穆當從至官渡。四月，操救劉延於白馬，顏良來迎戰，壯穆望見良麾，蓋策馬刺良於萬衆之中，斬其首而還。操旋軍延津南，文醜與昭烈前後至，操縱兵斬醜，復還官渡。袁紹進保陽武，壯穆北歸昭烈。"據此，則壯穆至官渡在正月，去在四月，後其居停於此者之閱月也。

又按《蜀志》："壯穆斬顏良，操表封為漢壽亭侯，重加賞賜。壯穆盡封所賜，拜書告辭而奔昭烈於袁軍。"據此，則壯穆之受侯封即在官渡，拜書告辭即自官渡而去，無入許昌之文，《演義》不足信也。夫以壯穆之從昭烈，生死不渝，封侯不足移其心，金帛不足留其盼，去就分明，於急迫中有雍容之度，即以操之奸雄，且念其功，服其義，而不為之沮，故論壯穆之品者，直謂之聖賢而非諛。今官渡聖蹟昭然，當有以為尸祝之奉矣。況以壯穆之神威，驅駕風霆，周行天壤，其生平建功之地，受封之所，時一眷顧而式臨者，固有之矣。於此而不宏其構造，盛其陳設，使英靈降格，無所憑依，豈云稱哉！此祀典之所宜崇，廟貌之所宜新也。

又按操、袁相拒，卒能破袁，遂以北奴幽、冀，南取荊、襄。操之霸業，實由官渡基之。而今之履官渡者，聞操若浼，獨凜凜奉一忠義丈夫，廟之祀之而不懈。以是知賢奸之辨，如薰蕕不相溷，可以顯然判所從違。則茲廟之建，亦所以表忠義，肅觀瞻，感人以善，有裨風化匪淺也。一舉而數善，備貽之永久。茲廟不朽，建茲廟者亦不朽。李公，山左安丘人。名其昂，字子肅，治牟十餘年，視官如家，視民如子，良法美意，百廢俱興。睹斯廟制，他可例推云。

康熙四十八年。

（文見同治《中牟縣志》卷十《藝文志》。王興亞）

建育才書院記

冉覲祖

書院之設，與學校相為表裏。宋、明以來，稱盛久矣。其為制甚備，而為費甚廣，不能所在皆有。本朝之制，府、州、縣各立義學。義以言乎其公也。官為之建舍延師，而童子羣入其中受業而不為之拒，以視書院固有大小之殊，而亦足以助學校之所不及。學校歲入有定數，而黜陟為甚嚴。蓋國家以為掄材之地，而士子因以為進身之階，與茲選者良非易也。其有童年未能采芹茆及貧不能具束脩者，每患居業之無其所，而師範之難，其人雖有美質，竟成放廢。有義學以收錄之，正蒙養，端始基，漸底於有成，是預為學校儲材，故曰助學校之所不及也。夫書院既不可多有，而義學誠在所必需。制有大小，恢廓在人。因時易名，可相通矣。

吾牟前此之義學，皆假館就便，興廢無恒。而受業者亦或任其去留而無所檢察。桂公來牧茲土，殷殷然以尊賢育才為首務，謂義學，人才所關，何可以具文視之？廣其搜覽，周其諮詢，得興國寺西偏之隙地一區，面陽負陰，宏敞而幽閟，曰："育才之善地矣！"量基庀材，卜日鳩工。一切諸費俱出清俸，錙銖不以累人。去華從樸，期於鞏固。所構庭三間，東西廂稱之，繚以門垣。落成，即延師主教。一時邑里之垂髫者、舞象勺者，雲集其內。觀者嘆羨，僉曰："義學之盛，於斯為最矣。"公復環視其地，可以開講堂起書院，招淹雅之士、耆宿之儒，以相與談名理，敷經義，闡鄒、魯之遠緒，衍洛、閩之正傳。次第修舉，固煌煌乎大觀也。迺易其義學之名，顏曰"育才書院"。體公命名之義，當取法於嵩陽、白鹿，立之科條，使小子與成人並進，文藝與德行交飭。公之矢願為甚奢而嘉惠為無窮也，豈曰美觀聽已哉！昔程明道先生為晉城令，鄉必有校，暇時親至，召父老謂之語，兒童所讀書，親為正其句讀。今公亦命駕時至，身先為教，英才之育，如影隨形，知公之有樂於此矣。

公籍江右臨川，以孝廉筮任。仁以宅衷，誠以御物，廉以守法，儉以惜福，徭輕賦薄，刑清訟簡，循政多端，建書院僅全豹之一斑爾。予樂觀盛舉，記其營建之由，命名之旨，俾後之遊處其地者，知所感發，繼起於後者，知所增崇云。

康熙五十四年。

（文見同治《中牟縣志》卷十《藝文志》。王興亞）

孝廉彭公墓誌

冉覲祖

歲辛卯，彭公舉于鄉，時予應童子試，仰公鴻名，如景星慶云，有傳予所為文得公靜可者，輒心自喜。又數年獲交公，承以遠大相助，不見擯棄。及癸卯後，乃數與公晨夕周旋，佩其言，師其行，令人久而益服。無何，公卒，且葬，其於持狀乞予言以表諸墓，予不禁愴然以悲，愀然以感也。辛卯及今二十餘年耳，初焉慕公，繼焉識公，又繼焉從公遊，未幾而弔公，卒送公葬，今且表公墓，僅一瞬間已成今古。念居諸之遷流，倍知交之零落，人琴俱亡，文獻無徵，嗟乎嗟乎，又何言哉！然謦欬如接，懿微可述。藝擅文苑之長，操貞隱逸之列，異日國史邑乘將有所采擇焉，予忍不為之表章耶！

公諱啟明，字先日，號簡文。幼穎悟，擅神童之譽。長博極羣書，文多宏肆奇崛，故屢就不偶。晚遂簡練揣摩，出入先輩。辛卯闈中，大為主司所賞，擬元數日，旁有擠之者，因置二十五名。公車累上，長安中嘖嘖以南宮一座待公。辛丑，僅登副選，未竟公志也。詩宗陶、韋，恬淡自適，不屑為雕飾語。性質樸，與物無忤，生平不作詭言矯行，以是人樂親就之。好與後進談文，手自較閱，有疵纇，輒摘出不相掩覆，一時彭門多知名士。甘退隱，無仕進念，而且廉隅自砥，不事產業，一切貨殖請謁未嘗縈懷，閉門高臥宴如也。祖偉，以明經仕五河廣文。父兄賓早背，奉母張以孝聞，避難河朔，肩母而行。母疾，常跪禱，湯藥必嘗。公於雁行居仲，兄啟光，逝，養嫂胡以壽終。弟啟華、啟照。啟華亡於亂，啟照賴公教入庠。公原配王氏，生子鬻，有聲黌序。女適蔡相攸。繼萬氏，生三女：一適安殿邦；一適李諭堂；一適梁可大。孫：應捷、應熊、應龍，俱業儒。以公世德卜之，其孫枝森秀，正未有艾也。《書》云："惟孝友以於兄弟，施於有政。"公雖以家食老，而推其學行，若使服官蒞政，必當不負君民，輿請咸稱公爲真孝廉，宗族鄰黨無間言。爰爲之表曰：是爲孝廉彭公簡文先生之墓。

（文見同治《中牟縣志》卷十一《藝文志》。王興亞）

魏公重建蒲蘆亭記

邑人舉人冉調衡

雍正八年春，公以彰德司馬來蒞吾牟。越二載，政平訟理。偶攬轡南薰門外，見夫地勢沮洳，非水非陸，斷橋壞道，行人却步。蓋自陽侯捲南湖而東去十載于茲矣。公惻然曰："異哉！聚一邑者如居室，然軒窗曠朗向明，凝望何其適也；通衢在前，自邇行遠何其坦也。今牟人捨高明即幽暗，塞坦途，滯趾步，亦無惑乎困悴不支也。"顧瞻道左，有遺臺焉。按《志》謂明循令喬公建亭之所，清賢侯韓拓大之，稱勝蹟云。今委諸荒烟，蔓草徒滋，憑弔歔欷，詎非有土者之責耶！於是，築長隄，營坦道，甃小橋，備淫潦，建坊題曰"便民新隄"。而南有周行矣。且取蔭長隄以植柳，引水城濠而種蓮。牟人往來此地，輒有柳風拂面，荷香盈襟，是公向明之治，躋牟人於仙境矣。然後庀材鳩工，經營臺上。不旬日而傑構落成，一亭干霄，四垣環翠，顏曰"蒲蘆亭"，存舊觀也。亭前有門屹立，篆刻壁間，南向鐫曰"南湖舊蹟"，北向鐫曰"林宗先生飲酒處"。從阮亭王大司寇所題易名墊巾之遺意也。

嗚呼，亭臺之興，公殆舉前人之樂與斯人共樂歟！若夫烟波萬狀，化為禾黍千頃。轉瞬滄桑，感慨係之。公於登臨時嘗賦一絕云："綠柳黃茅映夕陽，薰風遙送芰荷香。黍禾萬頃圍臺榭，誰識當年魚水鄉。"非俯仰古今憂國愛民者不能道也。第恐後之遊者，欲觸景成吟，而崔題在上，青蓮退舍矣。爰有二三同人載酒偕遊，喜亭之成，頌公之美，飲且歌曰："惟臺之高，有亭葺茅。三賢杳矣，待公而昭。竹帛燦燦，詩酒陶陶。後先輝映，千古人豪。"又歌曰："野航春水，桑田倏殊。昔詠漁唱，今歌袴襦。我公至止，闢茲幽區。騁懷遊目，輞川畫圖。"歌罷，僉謀勒石以誌。而公治績揚葇，固不勝書。茲舉其情深古蹟，念切生民也。是為記。

雍正十年。

（文見同治《中牟縣志》卷十《藝文志》。王興亞）

重修孔子回車廟碑記

河內人教諭寶耳

牟邑東北三十里南巖村有石碣，上刻"孔子回車轍處"。肇建廟宇，莫考何代。明季，知縣陳幼學重修，僅禮殿三楹，上塑至聖先師，下逮四配十哲神像。荒村一廟，獲存於流寇劫火之餘，豈非神物護持而然！至廟以"回車"名，而人之疑議起焉。有謂夫子自衛適趙，臨河而返，此河在衛地，非鄭地。中牟屬鄭，安得有回車事？或謂孔子既不得用於衛，將西見趙簡子，至於河而聞竇鳴犢舜華之死也，臨河而歎曰："美哉，洋洋乎某之不濟，此命也夫！"乃還原息陬。《左傳》曰"鄭有原圃"，夫子所云還原者，豈即此地耶！又有謂夫子遭宋桓司馬微服而過宋，遂適鄭，與弟子相失。子貢聞鄭人之言，知夫子獨立東郭門，斯時自鄭回車，即此地是也。中牟舊志所載，紛紛議論如是，總由執圃田為中牟，因執中牟為鄭地。獨不思南巖鄰祥符交界。祥符屬大梁，即古魏地也。魏，晉三分之一也。孔子將西見趙簡子，彼時簡子方為晉國大夫。晉國居河之陽，尚隔津渡，大梁東去儀封不遠，儀封為古衛邑，孔子自衛適晉，馬首西向，臨河返轅。南巖在大梁西北邊，正居河之陰，其為聖人過化之跡也，亦若可憑。夫夫子之德，垂訓萬世。帝王之崇儒重道者，必致敬焉。我皇上御極以來，春秋致祭，典益加隆，於是，遐邇皆知尊聖。雖五谿銅柱之外，去鄒魯文獻之邦，萬里而遙，為聖人周流車塵馬足所不到之方，莫不恪共將事，無敢失墜。而況聖蹟猶存，雖滄海桑田，山川改色，而儒生故老，凡沐浴於教化中者，有不睹廟貌而如親炙聖人之訓誨者乎！茲奉總督部院王㺬任中州，嘗憶昔日宰祥符時，省耕西北界，曾謁夫子回車處，顧其廟貌，每思修葺。今復統理全豫，牟庠生員王芬等具呈，請擴大其工。蒙批布政司查估，修回車廟大殿、月臺、牆垣、兩廡、戟門、照壁等項，共需銀三百兩有零，飭令中牟縣知縣魏士健修理。只緣牟邑近河事繁，復委儒學教諭竇耳協訓導劉紫瀾鳩工集事。始於雍正甲寅十月初四日，告成於十二月十四日。丹黃黼黻，鳥革翬飛，視前愈加壯麗。更設七十子及十大儒位以備祀禮，鑴石紀績，以示諸生。春秋上丁，釋奠於茲，洋洋乎如睹吾夫子車轍馬跡之臨，而恍若親炙大聖人之教育也夫！是為記。

雍正十二年。

（文見同治《中牟縣志》卷十《藝文志》。王興亞）

重修八蠟廟碑記

邑令孫和相

邑之西南五十里許有鎮曰張莊，鎮之東三里許有廟，舊名蟲王，而附像廟中者，有唐王、藥王焉，不知創自何年，亦不知幾經修葺。而前者作，後者述，居民之崇香火而展誠敬者，正不啻祀宗報本之弗替矣。頃者廟像將頹，有村民朱召者謀於衆，醵金鳩庀，仍其舊制而增飾之。工肇於丙寅之春，成於戊辰秋杪。廟貌改觀，神像亦煥然聿新，請余作文以記之。余以國依於民，民依於食，而奪吾民之食者，水旱而外厥惟蟲蝗。故《詩》曰："去其螟螣，及其蟊賊。"誠以蟲之為害，實有甚於水旱之災也。村民思所以敬其神，而邀福於田疇，爰是立廟以祀之。立廟而不得其名，遂稱蟲王以尊之。又推而至於唐王之曾吞蝗也，並私計夫藥神之必能毒蝗也，而並祀之。其事雖近荒陋，而要之祥風甘雨，祈祝上帝遠災患而享盈寧者，固農人之至願也。則司蟲之神，亦曷可以不祀？況《周禮·秋官》

有蠟氏之職，意者生為名臣，歿為明神，理或然歟。且我牟邑之邀神惠也亦渥矣。粵稽魯公作宰，蝗不入境。雖今之賢，獨非神之賜也乎！則其所以廟而祀之者，宜也，非濫也。即久之而億千萬世，崇奉弗絕，亦所以答謝神貺順人心，豈云諂哉！惟蟲王之稱，出於鄉俗之談，殊不雅馴。今考諸祀典中載有八蠟，自茲以往，應以八蠟名廟，庶於祀典有合，而於神明亦無瀆褻之愆矣。

乾隆戊辰孟冬記。

（文見同治《中牟縣志》卷十《藝文志》。王興亞）

聖駕巡幸駐蹕邑北恭記

皇上臨御之十有五年，當重熙累洽之餘，成於變時雍之治，恩深化洽，俗易風移，因欲以觀民情、察吏治，爰舉巡省之典於嵩洛。而由嵩洛抵汴，道過牟。夫牟居汴西，偏處河南岸。堂高廉遠，向未經法駕之臨；日就雲瞻，今竊慰媚茲之願。時供給之務，大中丞鄂公總領焉，以定其規；而督理之條，邑侯孫公仰承焉，以勸厥事。修營則無大無小，見磐石之安；除道則為下為高，呈矢坁之象。淨瓶瀉甘露，瀟灑於路之兩旁；彩虹臥高波，騰繞乎河之四道。茶廚市場俱備，百工眾技胥全。俄而十月六日，皇上載青帛之斿，禦蒼玉之輦。八旗副繞，草木效靈；七校星移，山川生色。帷城帳殿，睹皇居而知天子之尊；鷺序鵷班，仰天顏而識一人之喜。乃頒詔旨，酌免田糧。減正供之三分，陽春有腳；布深恩於十道，覆載無私。澤已無遠而不流，心更有懷而獨切。謂茲老者，實王政所先之人；爰咨從官，隆優恤獨至之典。杖國杖鄉別其等，道中出內府奇珍；銀牌銀錠異其施，輦下沛此方膏雨。父母孔邇，胥呼嵩以揚言；臣民樂瞻，若崩角而稽首。由是前至牟北，駐蹕大營。彩縵綿綿以龍盤，仙仗煌煌而電設。鸞簫鳳管樂奏鈞天，雲袖霓裳曲聞清夜。乃此夕眾心同樂，方欲車駕稍停；而明朝一人夙興，遂傳鑾輿已去。留之不可，空存愛戴之心；忘之不能，彌深忠順之願。用遐想夫詩書所載，史冊所傳。唐帝有康衢之游，虞廷舉岱宗之典。夏後萃萬方而執玉帛，周王遍四國以致懷柔。一一可憑，夐乎尚矣！今我皇上仁而勇，惠而勤。高拱九重，洞矚萬里。歲月日星符其序，山川草木遂其天。食貨賓師，見八政之修其紀；雨陽寒燠，徵四時之若其官。被人人安，及物物阜。九州志慶，四海揚休。雖一豫一遊，亦可思可詠。爰為作頌，以抒懽忱。頌曰：

穆穆皇王，道無反側。蕩蕩平平，率是正直。維皇建極，子我萬民。蠲租賜復，普天同春。皇之施仁，恒先養老。亦既見止，安享壽考。皇之出兮，問俗省方。九有有截，萬福無疆。皇之返兮，端居九重。首出作則，萬邦以寧。莫高匪天，莫深匪淵。無誠不格，無應不先。吾皇安樂，億萬斯年。

乾隆十五年。

（文見同治《中牟縣志》卷十《藝文志》。王興亞）

重修民悅橋記

邑令孫和相

　　牟治北門外里許為賈魯河，河之上有民悅橋，所以通往來而便商民也。前令紹興章公創建之。其踵而修者為柏鄉魏公，蓋二十餘年矣。然章甃以石，魏駕以木，皆未能多歷歲月，輒見傾圮。何歟？緣此橋實係牟北之咽喉，車馬輻輳，日不勝數，兼以賈魯河西受鄭、滎、京、索及丈八溝諸水，每遭霪潦，上游奔注，衝突猛迅，故橋無以支也。庚午歲春，余目睹而心惻之。竊以橋惟石為可久，而舊石存者無幾，計莫如仍架以木，之為費省而用功少也。第加木為橋端，籍樁之力，倘入於下者不深，將覆於上者不固，勢必朝成夕敗，行人卻步，其不至蹈故轍也幾何。爰是召工選材，取其堅，不取其脆；取其大，不取其小。走騎親督，倣黃河築壩豎樁之法，以人拱石，以石擊木，務使木深入於地，而後以檁梁梢土覆之，未彌月，橋竟告竣。週年來，西南諸地方，舊渠新渠俱加疏濬，同歸賈魯河順流東下，亦間大雨時行，而河水雖漲，樁木不搖。牟北人士或徒或車，絡繹不絕，幸無有病於涉者，想亦一時權宜之徵驗乎！若云歷諸永久，無患傾圮，是追軼乎章、魏二公之上也。余謝不遑，願以俟後之君子。

　　乾隆十五年。

（文見同治《中牟縣志》卷十《藝文志》。王興亞）

孫公開渠記

邑人鄉科梁三韓

　　牟邑多水患，西、南、北三方尤甚。西與北俱為鄭、滎下流，一遇霖雨，水勢之來最為迅疾。新鄭茅草湖出佛、潭諸水，據牟西南上游，波流貫注。每漲發，張莊鎮以下諸處盡被湮沒。而正南地多窪下，又阻岡陵，桑麻之野變為巨浸，嘗經冬不涸，其為害亦與西北、西南同。歲丁卯，孫公自沔調牟，會連歲淫潦為災，禾稼不登。且更困於黃河築隄之役，奔竄逃亡，人無固志。公剔弊釐奸，撫循安輯，逾年人漸復業。復念諸受水之區夙為民患，爰躬歷四境。而牟土之高高下下，凡可以殺水勢洩水患者，得於見見聞聞中俱詳以悉。遂曉諭民夫，令羣然開渠，有創者，有因者。於大吳莊、龍王廟諸處，則有等河及廣惠河以達於惠濟，所以洩北之水也。於蔣家莊、謝莊諸處，則有龍鬚溝、白石滾潭等十餘渠，使分其勢，俱以賈魯為歸，所以洩西之水也。由西轉南則於丈八灌鑿使深廣，而凡老營陂、呂家陂等渠俱附丈八溝以下注賈魯，正南則於伊家溝、馮楊陂、老湖陂二三十渠或使徑北以入賈魯，或就勢繞縣之東而入賈魯，胥得順流無阻。由是三方之水各有所歸，而患除焉。

　　昔明萬曆年間，無錫陳公開渠一百九十六道，洩牟邑夙瀦之水，為牟民利。迄今牟人尸祝之不衰。後漸淤塞，我國朝高陽韓公蒞茲土復疏之。夫韓公疏渠時，距陳公猶未遠，監舊跡，襲成規，不難為力。今考諸殘碑舊志，雖名目仍存，而訪之故老，多無能知其地之所在者，則其廢滅久也。居官者往往視官闕為傳舍，在位一日，惟思於簿書錢谷，奔走迎送，盡一日之事。至於水旱凶禩，期一時幸不逢焉，寧肯急急於民生疾苦之處？究極其根本而為之躬親，以此知我公痌瘝乎民者為甚深，而鞠育乎民者為已極也！公始之開渠也，時擇農隙，夫出各境，功無曠而事以集，地不遠而人樂赴。踴躍爭先，工遂以竣。又為隄、為防、為閘、為梁，守護有人，蓄洩有方，種種設施，俱可為後世法。予恐移時而渠復塞，後之蒞茲土者無所依據以為疏濬，使民得常享公之利於無窮也，故備為記之云。

乾隆十六年。

（文見同治《中牟縣志》卷十《藝文志》。王興亞）

孫公濬龍鬚溝記

梁三韓

蓋聞五靈之物，莫靈於龍。龍者，神明變化之物。即其一鱗一爪，胥有奇異超忽，令人不可捉摸處。然而古者有豢龍氏，有擾龍氏，有御龍氏，以其術相授受，數世不絕意者。得其道以從事，或亦不難制歟？牟西蔣家衝有溝曰龍須，余不知其命名之義何取。第考其源，出新鄭之濼河，由圃田而入牟境。每遇暑雨秋霖，山水驟至，急流洶湧，若龍之乘雲雨而來。泛濫橫流，彌漫無際。其為害亦若與攖逆鱗而殺人者等。我公蒞牟，慮淪胥為災，思有以拯之。而土勢鬆散，水挾沙行，所疏管道旋成旋廢。乃知此溝之變化無窮，其勢亦如龍然，非大為開濬不可。公爰於辛未春，單騎減從，親詣河干，相度地形之高下，分別水性之緩急，因勢利導，一律疏通。自蔣家衝交界，由杜家橋至白沙而歸賈魯，約長十里，深廣較昔加倍。自是水無橫決之虞，人有安瀾之慶。余迺慨然歎曰："是龍也，曩則躍也，而今潛矣。曩則見於田也，而今伏於淵矣。"昔黃帝鑄鼎荊山之陽，鼎成騎龍上升，後宮羣臣不得從者，攀龍須呼號，鬚拔墜地，今溝名龍鬚，得公以利導之。水行地中，不復奔騰為患，若與鬚之墜地者相彷彿。所謂豢之之道，擾之之道，御之之道，寧不在是耶，而又何憂乎其難制也！第此溝地本流沙，水流沙停，易於壅滯。苟疏導不繼，此功終無成效。余願後之牧斯土者，守是術，相授受，亦世世不絕焉，則幸甚。

乾隆十六年。

（文見同治《中牟縣志》卷十《藝文志》。王興亞）

廣惠河記

湖南人開歸道張奎祥

余庚午仲冬奉命來豫，道經中牟。覽其形勢，南俱砂岡，西北則卑濕而窪。時值大中丞鄂公撫豫，知豫州之患在水，迺日以濬河渠、通水道為孜孜。嘗語余曰："民患不除，利何由興！余何敢云興利，冀為民除患耳。"維時中牟宰孫君越薪欣逢其會，即以邑之水患首在賈魯具稟。余按賈魯發源滎陽之聖僧泉，合京、索、須三水。歷滎澤，繞鄭州西南，下與金水合流。過中牟，至祥符之朱仙鎮而南，西南諸水咸會焉。乾隆六年，中丞雅公因賈魯漲沒民田，於邑西十五里堡分賈魯之水，別開一河，建閘一座，與賈魯條分南北。事聞於上，欽賜名曰"惠濟河"，澤誠普矣。惟是閘口高，水流多壅，十五里堡而上，賈魯之漲自若也。又邑西北界連鄭州，州之唐雷莊舊有等河，平時一望平蕪，地處積窪，本無所謂河也。每遇陰雨連旬，各上游坡嶺之水匯注，汪洋四溢。州人於未雨時濬空渠以俟之，名曰"等河"。而下游無所歸宿，以故賈魯泛決時，等河即相助為虐。牟邑方圓數十里田廬浸沒，民其魚矣。中牟人謂鄭人以鄰為壑，連歲興訟。官斯土者，迄無長策。孫令迺相度情形，請於賈魯北龍王廟莊前，預分賈魯之水。開河一道，斜拖而北，接等河之水下達惠濟，長十八里。計須於龍王廟前建閘一座，以司啟閉。而石工浩大，經費無出。余迺請於鄂公，慨然發帑千兩，將胡屯廢閘一座，移於龍王廟之前。是時，官無礬鼓之督，民有子來之忱。不越月而工成。數年來向所謂浸沒田廬終年不涸者，今漸次藝黍稷豆麻矣。地無曠土，國鮮逋糧，害去則利自興，鄂公之言非即其明驗歟！夫商度情形，於原草泥塗間，較其淺深廣狹。孫令之用心，亦云良苦。然非得帑為資，何以聿觀厥成？鄂公饑溺由己之懷，真與茲河共千古矣！孫令冀為勒石以垂永久，問名於余。余曰："此鄂公體聖天子惠濟斯人之心，而為推廣之者也。"因題之曰"廣惠河"。孫令曰唯唯。他時治賈魯者，必先治惠濟，尤必先治廣惠，茲河實居其要領矣。若以賈魯名河之義例擬之，即以惠濟為雅公河，廣惠為鄂公河，亦無所不可。是為記。

乾隆十六年。

(文見同治《中牟縣志》卷十《藝文志》。王興亞)

惠濟河記

孫和相

鄭聖僧泉合京、索、須、金四水，入牟名賈魯河，以元臣賈魯嘗疏之也。夫聖僧泉之流素急，又合京、索、須、金四水，其勢愈盛，流急而勢盛，則河狹難容，其泛濫四出而厲乎牟民也固宜。乾隆六年，中丞雅公思惠我黎元，而濟其困苦，題允動帑，於邑西十五里堡傍賈魯河北岸建閘開河，分其水勢，使下達於亳。在境牟者，計長六千三百二十二丈。時前邑令姚君諱孔鍼者任其事，而觀察胡公復往來督察其間。公價雇夫，不以累民。越數月而工竣。水患頓減，民享其惠，而雅公亦甚樂其有濟也。遂題報，欽賜名曰"惠濟"。蓋因其事實名之，亦與賈魯河之因其人而名之者不異，而此河之恩波遂遠矣。第嘗考"惠濟"二字，最為難言。子產乘輿濟人，孟子譏其惠而不知為政。與梁惠王論政，又喻言小惠無濟，以其不知體也。今雅公軫念民艱，動帑開河，不特免水患於一時，實欲謀利賴於萬世。所謂有孚惠心康濟羣生者，舍雅公其誰歟！乾隆辛未春，余因賈魯河上游水高，時虞衝決，迺督率里民於龍王廟前，亦更開一河，分洩異漲，使歸惠濟。復請命於中丞鄂公，動帑建閘，以司啟閉。而上游素受淹浸之區，俱成樂土。此皆雅公之遺意，可以體而得之，循而行之者。余亦以是愈知雅公之為惠廣而所濟者衆也。因為之推其原本，俾後乎此者得以考云。

乾隆十六年。

（文見同治《中牟縣志》卷十《藝文志》。王興亞）

開澨等河記

孫和相

古人謂天下九大澤，鄭之圃田其一焉。牟，固鄭伯疆域也，至今郵舍猶以圃田得名。滄桑之餘，雖陵谷不無變遷，而卑濕之區不能盡升為高陸者，勢固然也。查牟境西北舊有等河一道，起自鄭境唐雷莊，下歸牟境之岡頭橋，開於前明，資以宣洩上流也。迨後風沙淤塞，黃水為災，故道湮沒，七吉寺以上沙積遍野，迤東俱成平陸。每逢夏秋之交，霪雨浹旬，上游陂水狂風迅奔，泛濫於白家墳左右，經年不涸。衰草洪波，一望無際。民居其間，疾首蹙額而興晉陽之歎者非一日矣。維時下游以堵截為禦水之計，上游以導流為遠害之謀。鄭中兩地居民，操戈構訟迄無寧時。予調任茲土，查閱案牘，周視地形，不禁喟然曰："雨暘不能保其時若，旱潦不能保其必無，蚩蚩愚民不知力治其本，而欲避災禦患，何益哉！"因於辛未春，力請中丞鄂公奏明開澨。自西境大吳莊起，至龍王廟接入廣惠河止，計二十里。凡舊有河形者，則令遵循故道；已成平陸者，相度地勢施工。集夫萬衆，奮鍤相從。自二月興工，閱三月而告竣。一律深通，暢流無滯。從此蜿蜒循軌，歲登豐稔，已得收厥成效。竊念小民之一勞永逸而樂享盈甯者，尤當思患預防，相時疏瀹，不復聽其淤積。此又為我牟民之諄切期望者矣。

乾隆十六年。

（文見同治《中牟縣志》卷十《藝文志》。王興亞）

重濬丈八溝記

孫和相

牟邑北枕黃流，南屏沙阜，居民患之。而余謂沙之患似更甚於河。蓋河之勢雖盛，有隄防以為捍衛，猶可有恃無恐。若夫沙則遷徙無常，隨風起落。縱其間有溝可通，有田可耕，而遇風則沙填溝中，遇雨則水泛田上，患莫大焉。邑西南地方多沙，有溝名丈八，其源出自新鄭之出佛潭，逕東北蜿蜒數十里歸賈魯河，固西南諸水之咽喉也。考明萬曆年間，邑令陳公開河渠一百九十六道，此溝居一。至康熙十一年，邑令韓公復加疏濬，而西南諸里之民實嘉賴之。迄於今，風移沙壅，其隔絕水道者不知凡幾，而丈八溝則橫決為患。亦惟隄不加培，水衝而高者以卑；溝不加濬，沙壅而卑者以高。隄與溝幾乎莫辨，其勢將與平地埒。況出佛潭，更上受茅草湖水。一值霪雨，彌漫無際，每至數月之久。茫無歸宿，無惑乎城南烟火若晨星之落落也。丁卯冬，余奉調來涖斯土，即擬疏濬。而供車賦馬，兩辦軍需，及庚午秋恭奉聖駕巡幸，安營除道，又未暇及。迨至辛未春，方得集夫鳩工，大加疏濬。挑淨浮沙，即取溝中之土築兩岸之隄，上下六十餘里，一律鑿通，俾水得復由故道。越兩月而工始竣。尚望後之君子相踵陳、韓一二之遺軌而淤者通之，坍者築之，庶不至沙填水泛，可與黃流之隄防鞏固者共利民生矣，夫復何患！是為記。

乾隆十六年。

（文見同治《中牟縣志》卷十《藝文志》。王興亞）

重修城池記

孫和相

《易》曰："王公設險，以守其國。"築城鑿池，所以捍寇盜，壯觀瞻，今古類然。而余於中牟之修鑿，不能無所興感焉！中牟城創建不知何代，考舊志及有明岐陽劉秋卿《修濬城池記》其始一土垣耳，週六里零，高闊如度。正德、萬曆間，前縣周、李、喬屢加修茸。崇禎七年秋，鄉因土寇猖獗，鄰縣俱陷，請於俞侯諱士鴻者易土而磚，所以為桑土綢繆計者，周且密也。然余獨憶其時計畝分派，諸縉紳復彼此捐輸，督事密而鳩工敏，官與民俱警怖恐懼，時時有一寇來之憂，其氣象之淒切為何如！迺不數年，而流寇墮之，磚毀而土垣亦坍塌矣。是彼時之思患，預防倉皇，而成之者不已。精力徒竭耶！我朝來吳、韓二公曾加修理，而瘡痍初起，又為黃流所決。余涖牟時，即有志修築。適庚午年，聖駕巡幸，中牟為駐蹕之所。余先從事於四門，視樓缺者重建之，東西甕城磚砌而塗壁焉，且增東外門額曰"瞻雲"，西外門額曰"就日"，西門易舊額曰"觀光"，規模已始基矣。而四垣頹圮，終非經久之計。迨壬申年，奉憲發帑，春仲鳩工，至次年仲夏告竣。復濬濠，深廣俱視昔倍之。於是，樓影翬飛，磚勢鱗砌，魚游於藻，蓮茁於泥，其堅深雄壯為何如乎？而且任事者歡欣鼓舞，羣效子來，視昔之憂喜緩急又何如？昔歐陽文忠公記豐樂亭，追本於祖功宗德太平之已久。余於茲之築鑿，竊歎我朝百餘年教養生息，民安物阜，興大衆，動大工，而相忘於措置之艱。余既幸而得有所藉，以為建立。是不可不著其欣喜之私，且與邑人共志其盛，而樂其有成也。是為記。

乾隆十七年。

(文見同治《中牟縣志》卷十《藝文志》。王興亞)

重建城隍廟記

孫和相

　　城隍即城池也,而必有神焉主之,以保障一方。故城池不修,無以衛民居。而所以奉其神者不虔,無以懾民心。民居無衛,寇盜侵掠之患,在所不免。人心不懾,則為善者怠,為惡者熾。雖無意外之警,而邪僻橫肆,相傾相軋,亦有不可勝言者。明洪武初年,敕京師及府、郡、邑,凡建城池者,必悉立城隍廟,以為神所憑依。維時牟創建於縣治西門內,迄今三百餘年。其間增葺不一,大約與城池之修而廢、廢而復修者無異,未易枚舉。余蒞任伊始,見規模宏廓,而榱棟朽腐,磚瓦亦復頹落,心竊傷之,即欲重為葺焉。嗣因城垣傾頹,請帑修築。踰年工竣。慨然歎曰:"城池之設,以衛民也。城高池深,而於神之主乎是者不為加意,情何安乎!且神無所憑依,而徒恃城池以為衛,其衛乎民也幾何時!"有邑紳劉子振岱、馬子蕃慨任其事,復有鄉善人孟宗倫、谷宏道、張秉成、王天柱、張甫立、單之珠募緣四境,而道會司閻明全洗心滌慮,協力贊襄。先正殿,次二門、大門,以及曹官、土地等祠並東西牆垣,一一整飭,煥然聿新。每朔望余謁拜其中,覩殿廊壁之森嚴,恍若赫聲濯靈實鑒。觀於上下左右間,心懍以肅。更仰觀雉堞與廟宇之竦峙者相參差,又私自慰,以為神所主者城池,而司一邑善惡禍福之柄者,實不獨城池。今新此廟以為神所憑依,神當愈顯其威靈,以作牟人之保障。由是患為之防,災為之捍,而且陰驅潛移,俾善益勉於善,而惡亦痛改其惡行。見家修孝弟,俗敦醇朴,共安享盛世太平之福,而無煩於守令督責,豈但衛民居,使無寇盜侵掠之虞而已耶!允若是,則余之修城池而遂及其廟,固亦非不急之務矣!爰為之記。

　　乾隆十七年。

(文見同治《中牟縣志》卷十《藝文志》。王興亞)

建龍王廟記

孫和相

　　龍之為神,質秉乾元,澤普萬物,大易所垂,良為不誣也。牟邑東南十五里沙阜之下有許家莊,莊西偏舊有龍王廟,蓋歷有年所矣。廟前有龍湫,俗呼黑龍潭。第年久廟頹,潭水亦飛沙淤積。乾隆戊辰春三月,邑境亢旱,鄉民僉以赴潭取水為請。時予率邑紳士步禱至潭,雖神宅無存,而潭水一泓可掬也。於是,淘浮沙,焚香楮,望潭再拜畢,用淨罋取水持歸,虔供城隍殿左。是日,甘霖大沛,田苗復蘇。予曰:"何龍神之靈應如響若斯耶!竊念神依於人以血食，人仰於神以獲福，神人之理相為依附。今神無所棲，何以嚴祀事而昭誠敬哉！"遂矢志重建新廟，以答神貺。緣值軍興旁午，繼辦大差，因循未果。後復奉檄署理睢、許各篆務，未遑寧處。至甲戌秋旋牟，思竟前志。徘徊沙麓間熟視，舊址枕沙岡，非可以安柱礎而妥神明。因於城東二里許毛家莊前擇地一區，形勢坦夷，高亢明爽。於以捐俸董役，鳩工庀材。維時督其事者，則有馬生祖援、冉生淑心、毛生宏功、吳生逾起，克勤厥功，經營區畫。構正殿三楹，周以繚垣，金塑龍王法像於中。彌月工畢。每逢朔望，予親詣拜謁，以展微忱。庶幾神之居歆於斯，而邑人士且羣沐神庥於斯耳！查廟基係寶蓮庵置業，即今該僧人主香火以奉明禋。猶望後之君子時勤修葺，以護佑我牟民於弗替焉，則幸甚矣。

乾隆十九年。

（文見同治《中牟縣志》卷十《藝文志》。王興亞）

重修淳澤里魯公祠碑記

孫和相

　　事神而欲廟貌常新、香烟弗替，非專責成、寬徭役，無以垂永久而隆報享。漢中牟令累遷司徒仲康魯公一誠格被三異，著績牟民，迄今猶飲食而尸祝之矣。縣西北隅二十里許淳澤里，為馴雉遺趾，有公廟焉，創建自漢。厥後重修，歷有碑文。廟左右前後盡皆沙磧。每風動，沙飛環垣宇，屹立如山，甚至填門塞戶，出入弗便，故廟亦易就傾圮。附近十數村居民既釀金生息為修葺計，復攜畚荷錏，順風揚沙。歲以為常，民亦勞止。國初大興李公憐之，為免厥徭。嗣高陽韓公詢民疾苦，商之邑紳永光冉太史公，並免環廟十數村一切雜差，以勤廟事。永遵為例，前令歷有批案勒石。丁卯冬，余承乏茲土，務與民休息。其河務漕項諸夫役已定有成規矣，而魯公廟附近居民之情形，猶未悉也。及冉太史公季男詮衛世兄備陳顛末，迺始豁然。則從前之專責成、寬徭役，其為魯公廟計者，善矣。夫魯公闔邑之所飲食而尸祝者也，魯公廟亦應闔邑之所奔走而趨事者也。而環廟十數村，獨任其勞，其他差徭，闔邑宜為十數村代之。且工相等，勞相埒，並無厚薄偏累之嫌。允可垂為定例，將茲後之專責成寬徭，其為魯公廟計者，更不待言矣。余恐久而或湮，因重修祠，勒石以記之。

乾隆十九年。

（文見同治《中牟縣志》卷十《藝文志》。王興亞）

敕建楊橋河神祠碑

【碑陽】

清高宗

　　乾隆辛巳七月，豫中秋霖大至，河溢祥符黑堽口，急命侍郎裘曰修馳傳勘視。俄而會城驟漲侵淫，遂潰楊橋隄，奪溜賈魯河。河臣張師載、撫臣常鈞連牘以狀聞，且惶恐，謝守土不謹。朕曰："爾勿棘，爾分蒞有界限，惟豫艱是圖，甯爲全河計。"迺者燕、齊迤北並積潦，匯中州而下勢必張，所過事乘障不已，將釀南河患，艱以上游之治治，今爾疆陂堰縱不戒，未越宿，而徐城暴長之水，迺陡落庸渠，非不幸之幸。然爾時賈魯方演漾，潁、壽注洪澤湖，日夜挾沙奔流，淮病，黃愈病。是不亟治上游而下游又烏可以不治治。於時大學士劉統勳、協辦大學士尚書公兆惠，就行在授指，往董厥事。而撫臣常鈞等，方議盡塞南岸旁決之口，徐興築楊橋隄。咈哉！旁口益堵，即大留益淄，此何異醫者不察標本，欲悉壅閼諸孔竅，妄覬調停腹潰哉。咨爾胡寶瑔，爾早習豫河要害，其再調撫茲土，訖贊有成。咨爾高晉。爾間率江南練工弁卒，繕畚枸茭楗，先後佽助之。爰廣代賑，集厥力增薪，值賠厥財，其急衝之不能猝迴者，親爲按圖審度，點筆爲誌。令鑿引渠，釃河溜，重臣復奏至，亦不謀脗合。夫然後衆志齊，而儲偫周，工作以次就理。斯役也，漫潰口初止六十丈，汕蟄至二百餘丈，視前此南河之朱家海、張家馬路蓋三倍而贏，自蠲除賑給暨別件營輯外，計大工專支帑金三十萬有奇。經始於九月日，合龍於十一月一日，爲時甫兩匝月。統勳等以程績岡稽導引，時兼有返風之應，以建河神祠，並請頒額勒碑，用申昭報。朕念洪河故四瀆之一，而歷代遷徙不常，雖神禹無由善其後，豈非勢馳於日下補救者，必以爭上游爲得策歟？自豫河決而復合，其歲三吳沮洳之壤，黃流順軌，鼛鼓弗聞，以彼挈此，差數瞭然可覩，匪神貺默臻，曷以至是。若朕宵旰勤求之苦衷，具見誌實詩中，並命鐫諸石，示我守臣，體之有永，毋驟後效，毋棄前勞。是爲記。

清乾隆二十六年鐫刻，立石於河南中牟縣楊橋村河神祠內。

【碑陰】

清高宗

河南巡撫常鈞奏報秋潦河漲漫溢大隄諸情形，詩以誌事

辛巳七月

俗稱三白澇，適當孟秋際。撰辰早定期，雨中因啓蹕。將謂偶行潦，跋涉何妨試。
南望雲勢重，齊豫旱廑意。由來才逾旬，方伯飛章至。七月十七八，霎霖日夜繼。

黃水處處漲，茭楗難爲備。遙隄不能容，子堰徒成棄。初漫黑罡口，復漾時和驛。
侵尋及省城，五門填土閉。乘障如戒嚴，爲保廬舍計。吁嗟此大災，切切吾憂係。
言念此方民，饑洊臻往歲。疏瀹命朝臣，豫省水利向以潴洩失宜，民田頻苦淤墊。歲丁丑，命侍郎裘曰修會同撫臣胡寶瑔相度各工，大加濬築，比年並獲有秋。救民不惜費。
近年頗獲豐，甫得復元氣。而胡更遇澇，災較前尤劇。所幸河歸槽，漲灘斷流墜。
城郭庶無恙，嘉音日夜跂。其餘被水郡，諄諭勤周濟。前功不可廢，朝中遣大吏。

輕車自成行，時常鈞甫經蒞任，裘曰修於黃沁源流，素所諳悉，即令馳驛前往會勘。

爲我蘇殿屎。啓行值塗濘，僕從已多懟。豈知北輕南，額手感天賜。

萬方吾保赤，一飢己所致。盈虛敢諉數，調爕惟增愧。

河南巡撫常鈞奏報開封水消及河奪溜楊橋諸情形，詩以誌事

辛巳八月

方伯飛章速值郵，開緘一慰一以愁。慰因開封漲水退，愁在河奪楊橋流。

下趨賈魯雖古道，不經久豈隄防修。川不能容必奔放，豫齊處處將貽憂。

已聞南河詫奇事，河水反落霪霖秋。

尹繼善奏徐州一帶七月二十等日河漲，陡落丈餘，上流疑有衝漫。遣人分赴探視云云：計其時，正豫省奪溜次日也。然中州地處高原，楊橋散溢，下游澤國得免水患，不可謂非天幸矣。

實因散漫迆邐上，正流弱洒淤泥留。一患侵淫生百患，南望忍若豫飢調。

急則治標事遮障，俾歸故道遑他謀。重臣一再遣往勘，先是祥符漫水報至，已命裘曰修赴豫相導河渠，至是復命劉統勳，兆惠馳驛前往，專司董築賈魯河奪溜急工。督築兼命視賑賙。

宣房湮已失長策，補偏實更無良猷。平成乏術方抱愧，救民漫惜司農籌。

大學士劉統勳協辦大學士兆惠等奏報楊橋決口合龍，詩以誌慰

辛巳十一月

秋霖河決致災祲，億萬蒼黎繫念深。特遣重臣資碩畫，善能集衆已詳斟。功無時已歌寧信，事在人為語允諶。倍價那悉心不屬，豫省草直每束例九分，以鄰近多被水，準其倍，給料集工速。抒誠早勝玉還沈，柏冬歸舊神哉沛。刻日傳佳慰以欣，不築宣房築霊宇。佑民鞏堰冀來歆，工竣時日晴風順，迦瀾迅捷靈昭應，因命即工所建河。神祠，親題匾額，申為民報祈之意。

豫河志事詩，計三篇，鐫刻碑陰並紀歲月。御筆。

（碑存鄭州市黃河博物館。王興亞）

建修儒學副署碑

梁三韓

吾牟儒學衙署，基址久蕪。歷任學博先生率皆僦民廬舍，朝東暮西，相沿已久。我毅亭鄭老父師臨涖茲土，循績茂著，士民悅服，一切廢政莫不修舉。每延紳士，語及副署無存，不勝欷歔。誠以師儒為多士楷模，鱣堂靡定，霽月之光難窺；絳帳屢移，春風之座莫覯。不為整理，甚非聖代崇重師儒、作育人才之意也。乾隆乙酉仲春，修武洪九薛先生司訓牟陽，下車時即欲創置副署，為一勞永逸之計。因謀於鄭父師。父師慨允，遂捐廉俸，以為一邑倡。邑之士民，亦莫不各相鼓舞，指囷不吝，不旬日得銀若干兩，即買西街宋姓民房一處。先生復加修茸，改作副署。工既告竣，鄭父師詳明大憲，以垂永久。予實勸厥事，將鐫石，命予為記。予屢辭不獲，迺援筆揭之貞珉，以志其顛末。

乾隆三十年。

（文見同治《中牟縣志》卷十《藝文志》。王興亞）

重修東嶽廟碑記

邑人編修倉聖脈

　　牟邑西北李氏村，有大廟奉祀東嶽大帝，規模恢擴，未詳創自何代。或曰先有廟，李氏後移居於此，因以廟名其村。或曰李氏居此之後，始建斯廟，衆欣其規模之偉也，遂呼其村曰大廟李焉。總之，其為一村之保障無疑也。廟東偏有廣生殿三楹，亦莫考創自何時，與此廟俱遞有興廢。自乾隆戊午歲重新之，越二十余載，至辛巳秋，河伯肆虐，圮於黃流。李氏宗族以為此廟迺其村得名之始，非他廢墜可比。李九成等爰約衆善捐貲材，煥然完其舊制，問記於予。予以為往蹟之存沒，皆歲時之苦樂為之，而歲時之苦樂，正可於人事之興廢驗之。憶前河患甫息時，廬舍漂沒，啼饑號寒，棲身無所。賴聖天子蠲租賜賑，湛恩汪濊，民方稍安。雖以李氏之族，素稱豐裕，寧遽能為此？且今地被沙淤，歲收儉薄，牟人之勉為支持者，尚兢兢然謀衣謀食，朝夕拮据之不遑。而李氏之族已遽能為此，則其族之素裕，稍有轉移，遂復其舊，可於此廟之修卜之也。而牟人之困於水患者，時滿而將復，苦盡而甘來，亦漸可於李氏之修廟卜之也。其有關於消息盈虛之運也，豈淺鮮哉！又李氏為牟望族，户大丁多，代有聞人。有此廟即有此族，其為一村之保障舊矣。今既克復此廟之巍峨，則其族之興廢，日新月盛，當必愈有不可量者也。廟肇工於丁酉六月，落成於戊戌四月。欲記其首事、勷事之名，求修辭以記之云。

　　乾隆四十三年。

（文見同治《中牟縣志》卷十《藝文志》。王興亞）

重修牟山廟碑記

教諭馬銘

　　事有可疑而無所從質者，則仍其舊。蓋一人之見，不可謂衆人皆非也；一時之見，不可謂前此悉誣也。凡事皆然，而況鬼神之不可知者乎？夫天下至幽者莫如鬼神，其可信者無幾，而可疑者正多。昔聖王之制祭也，法施於民則祀之，以死勤事則祀之。以勞定國，能禦大災，能捍大患亦祀之。非是族也，不在祀典。祀典不載，而為之廟貌，為之虔事，溯厥由來，得無疑乎？縣治北三里許，牟山之側有廟焉。是廟也，即名為牟山廟也，今俗呼為明山廟。舊碑殘缺，無從稽考，不知肇創何代，亦莫詳所祀何神。迺詢之里人，僉謂神姓田氏，漢之顯官，死於其職。其諸祀典所云以死勤事者歟？此建廟興祀之由也。至所以獲祀於我牟者，亦無庸置疑。況有明劉大司寇公剛方正直，有狄梁公風，亦於是廟嘗加意修葺。則茲廟之設，不同淫祀，安可任其湮沒也哉！第歷年久遠，風雨剝蝕，棟宇傾圮，觀瞻弗肅，覆壓是懼，衆人目睹心傷，思更新之，而又慮獨力之難成也。首事者於是糾合衆善，各量力出貲，鳩工庀材，共效水土之勞。不日而落成，且神像、壁壘以及簷楹、門牖莫不倏爾改觀，燦然一新焉。廟成，問記於余。余不揣固陋，爲文以志之。且志其顛末並樂施姓名，以垂不朽云爾。

嘉慶二年。

（文見同治《中牟縣志》卷十《藝文志》。王興亞）

重修廟學碑記

浙江人邑令劉鋐

粵稽建學立師，始於唐虞三代，未之或易。魯侯修泮而芹藻興歌，鄭國廢學而青衿有刺。是學校之興廢，關乎人才之盛衰，國運之隆替也。我朝聖聖相承，重熙累洽，固已文治光昭，聲教四訖，今皇上重道親儒，培養文教，更從來所未有，雖海澨山陬、窮鄉僻壤，談經鼓篋，靡不樂造士作人之化。猗歟休哉！此非造士作人之明驗歟！牟邑之有廟學也，自唐貞觀四年，詔諸縣皆立孔廟，此即立廟之始。其後元時，邑令田公重修，蒞茲土者，先後遞相繕治，本朝亦修葺屢屢。奈不踰時而輒壞。其故，總由於經理非人，措置失宜，不過草率從事，塗飾耳目而已。嘉慶甲子秋，余承乏是邑。敬謁黌宮，即周覽殿廡，非棟宇崩折，即榱桷傾欹。荒廢之狀，目不忍睹。竊思此地爲至聖憑依之所，將何以妥侑神靈！心輒怦怦，遂急謀所以新之。然慮經費浩繁，猝難集事。因與學博柴、王二公及紳士李恒恭等共爲熟籌，必須深鑒於前之迭修迭毀，思所以經久之策。諸君深以爲然。先自願輸己資外，凡邑中薦紳士庶遍爲勸募，令之量力捐輸。所有工程，各爲分任，或司出入，或取材木，或購磚埴，或督匠役，各有專司。經畫井井，絲毫不紊。資不虛耗，功歸實際。既不假手吏胥，亦不委任臧獲，惟李恒恭等十餘人自備資斧，殫心竭力，勤勤不怠。截餘以來，迺得告厥成功。始於嘉慶丁卯中和月，蕆事於嘉慶戊辰小春月，計需費三千一百金有奇。先是，大成殿形制卑下，難肅觀瞻。茲特自殿宇以及兩廡、戟門，均長高三尺。戟門外之名宦、鄉賢、忠義等祠，亦經修補。其中棟柱之細者易以巨材，質之腐者易以堅，門牖垣墉悉皆更換。頓覺鳥革翬飛，崇隆壯麗，黝堊丹漆，燦爛輝煌，迥非夙昔規模氣象。是豈僅修葺之謂，直與創造無異。從此可歷年久遠，無復迭修迭毀之患。然亦賴諸君子急公慕義，經理盡善，始克如是。余甚嘉焉。第不可無以記之，奈自愧不文，何敢輕於操管！緣闔邑諸君子堅欲相請，是以不揣固陋而勉爲之。董事諸君姓氏備書於左，樂輸君子另書勒石。

嘉慶十三年。

（文見同治《中牟縣志》卷十《藝文志》。王興亞）

創建邑厲壇碑記

浙江人邑令劉鋐

天地有鬼神乎？吾不得而知也；天地無鬼神乎？吾亦不得而知也。城隍之祀，祭法未詳。故自三代以迄漢、唐、宋、元，不列祀典。由明以來始祀之，蓋以為一邑之保障也。至清明、七月望、十月朔三節，則祭之北壇，殆亦如祭天南郊、祭地北郊之遺意云爾。而說者謂顏淵死為閻羅王，子夏為地下修文郎，一似冥冥中賞善罰惡，若有主之者。此其說無可厚非也。至言鬼之事，其於《左氏》甚詳。如狐突共申生而語，鄭人訝伯有之來。寢門入熊知夏鯀之為厲，貝丘啼豕，見彭生而乍驚。其言鬼，似鑿鑿可據，非竟等荒誕無稽。然必藉神以治之，始有所震攝而不至為患，猶人世官吏之馭衆庶，幽明蓋一理也。牟邑向來迎神至此，為之簽蓬設廠，其事不無擾累於民。且不過聊避日炙雨淋，而瞻拜之時規制，亦難免草率，究非所以妥神之道。宜特建壇宇三楹，以供奉神祇，庶幾可以無憾。己巳歲，紳士畢集，與之共商，咸以為然。遂率民人等各量力捐輸，得資若干，鳩工庀材，擇吉興造。越庚午而告竣。雖未克輪奐崇隆，而較之前此簡略之形，固已遠勝什百矣。繼自今犧牲粢盛可以告潔，禮儀規模亦皆整齊，而於妥神宜民之道，未必無小裨焉。至於鬼神之有無，余蓋存而不論云。

嘉慶十四年。

（文見同治《中牟縣志》卷十《藝文志》。王興亞）

新建景恭書院碑記

武進人邑令董敏善

中牟，漢故縣也。史稱魯公為令，專以德化民，不尚刑罰。會詔百官舉賢良方正，恭薦中牟名士王方。吏人信服，至今猶尸祝焉。余承乏茲邑，愛其風裕醇樸，思欲修廢舉墜，鼓舞而振興之。因念我國家聲教翔洽，文治日隆，自京師以至郡邑咸建學，復有書院之設，延山長，課生徒，以輔學校之所不逮。名都勝地，修建林立，而中牟獨闕如，其有待於興舉，蓋亟亟矣！丙戌冬，余自滑臺旋任，爰進士民而諭之，僉樂從事。前署令王君超曾嘗購縣北民房十餘楹，擬建書院。視其室宇湫隘，不足以棲學徒，迺即城東南隅官房一廛，闢地改建，令邑紳王瑾等司其事，鳩工庀材。凡八閱月而工竣。門廊堂室皆具，共四十八楹，庖湢器用之需亦略備。士民咸踴躍捐輸，為銀若干，築削之貲為銀若干，膳脯之貲為銀若干，於是，深衣博帶之士，得以揖讓講習於其中。邑之有書院，自今日始。既成，請名於中丞程公。中丞署其榜曰景恭書院，蓋以魯公治行勳業皆由績學所致，足為多士勸也。考恭年十五居太學，閉戶講誦，絕人間事，學士爭歸之。肅宗集諸儒於白虎觀，恭特以明經得召，是其德、行、道、藝俱可以為人師表。嘗觀《周禮·地官》所載，黨正即一黨之師也，州長即一州之師也，以至下之為比長、閭胥，上之為鄉遂大夫，莫不皆然。後世儒與吏異趣，而吏之治其民與師之教其弟判若兩途，人材之不古若良以此也。恭為令時，距今已二千餘載。邑之人猶常聞風而興起，然則命名之意，不大可見歟。中牟自漢以來，代有聞人。若晉潘尼之勤學著述，恬淡不與物競；宋李師德之明敏好學，元蔡郁之樂道安貧，皆卓然可傳於後。繼自今，此邦之士，誠能飭躬勵志，考德問業，聞古人之言而則之，見古人之事而效之，詎必古今人不相及，豈徒博科第取青紫，為里黨榮云爾哉！

道光七年。

（文見同治《中牟縣志》卷十《藝文志》。王興亞）

重修會仙庵碑記

鄭州人翰林趙興周

呂祖祠創始於楊橋鎮之東偏，乾隆二十六年，黃水淹沒，移建於永定莊，坐坎向離，顏其額曰會仙庵，從其始也。其地南列平岡，北枕大河，夏秋間，菡萏映日，蒲柳搖青。自河帥及沿河廳營防汛，余閒宴聚於斯，借彼仙居，憩我宦勞，擬之羣仙高會，當不啻海上諸公敘於山島之舍也。己亥秋，雨水兼旬，廟象傾欹。開歸道張、南河廳施捐廉倡首。兩河各員弁亦樂輸貲，共約千余金。首事某某等備磚埴飭木材，正月起工，四越月而工竣。正殿三楹，拜廈如之。東西兩廊各五間，而西廊規模別開院落，畫棟曲欄，繚以玲壁。中植花木數十種，雖無月地雲階之異境，亦紅塵中一小洞天也。落成後，屬余文以記之。余於列仙實事未深考，每憶少年讀書西郭，綰近仙祠，嘗扶乩問功名事，指示多符應。竊以至誠、前知，道本同源，仙耶儒耶，吾烏從而辨之？暨壯宦遊南北，登岳陽，過邯鄲，每一瞻拜，如悟生平。而隱埋姓字，託諸詠歌瑰詞麗句，資人傳誦者，隨地皆有。可知飛羽飆輪，遊行區宇，莫非振發愚蒙，隨緣度世之深心，豈止丹篆千年，黃梁一夢，作神仙舍藥術哉！且吾聞純陽夫子在唐咸通中，舉進士不第，值巢賊亂，因絕世避俗於終南山。是其初非無意於國家事者，迺一遇雲房數語感悟，想亦生有仙骨，故能超然於浩劫外耳。宜乎化跡所著，自五季迄今，常彪炳於人寰也。建祠於茲，數十年波靜瀾安，上以慰我皇上宵旰之憂勞，下以奠兩河億萬姓之居址，未必非仙之潛輔而默佑也。則斯舉也，即千百年莫或廢焉可也。

道光二十年。

（文見同治《中牟縣志》卷十《藝文志》。王興亞）

會仙庵增修廣廈記

趙興周

道光辛丑冬，摯友郝靖方以重修呂祖祠成，屬余記之。因詢其形勢之高曠，棟宇之恢閎，前後左右之欄曲廊迴，與夫周圍之玲垣門巷，歷歷如在目前。薄宦歸來，每愛閒靜，亟欲身履其地，於瞻拜之餘，稍憩息焉。蘧然一覺，當勝如盧生枕上空作四十餘年幻夢也。甲辰夏，靖方復以文請，曰："上南廳尊丁公約，沿河諸寅好各捐廉俸，於正殿前增修廣廈三間，高與殿齊，蓋倣八卦亭之制而廓大之。軒敞明潔，可以悅神明，可以延風月，可以為陳設祀品之所，亦可以為同官會祭食福之地，甚盛事也。請更為文，志之石。"嗚呼！余與純陽夫子可謂有緣矣！岳陽大觀也，當再至三至焉，邯鄲名區也，當十數至焉。治西之印月軒，吾鄭形勝也。當嘗督工修理焉，惟於斯庵前為之記。今復屬以文而竟未獲一至，何緣之淺耶！昔昌黎作《滕王閣記》，每以未獲親至其地為憾；東坡作《真州東園記》，但據圖以書其略。余為斯記，亦本靖方所述者言之而已。然吾因以知廳尊之竭誠而盡慎，及沿河同官之急公而襄事也。河流順軌，隄防堅實，猶必勤加修葺，不遑寢食。況四年之間，兩遭水患，其蒿目焦心，當無已時。特藉棲神之處，輸貲經營，非第託庇仙靈，祈佑清晏，而同官朝夕商辦公事，聚有定所，則謂之仙居可也，謂之公廨亦可也。竚見龍合瀾安，永慶澄平，於庵之規模益加培植，庶幾巨甍連雲，飛棟凌煙，佳木映日，美花燦目。余於春秋暇日，信宿於茲，以適吾響往之夙懷也。因為之書。

道光二十四年。

（文見同治《中牟縣志》卷十《藝文志》。王興亞）

重修城隍廟碑記

順天人邑令魯奉垚

蓋民以神為保障，而神以廟為憑依。況城隍之為神，祀典崇膺，聲靈赫濯，實監察於上下左右間，固以崇廟貌而肅觀瞻，矢虔誠而昭祀事也。牟邑城隍廟建立以來，廢新不一。於乾隆十七年邑令孫公重修之後，閱今百餘載，宮殿楹欄已多朽廢。咸豐三年，兼以粵匪竄擾，摧折益多，而後殿尤甚，道房數間亦漸近傾圮。余蒞任後，瞻仰神居，心竊感悚，即欲重修。但久廢而新，工不易舉。因與邑紳張箕翔、王錫光等商議作集腋之舉。余倡首捐廉以興厥工，其餘即募緣城鄉。視捐資之多寡，量為修葺。迺約計其數，僅能擇要整飾，未獲全修。將後殿五楹去其朽腐，易以堅新，丹艧棟柱，儼然巍煥。雖曰繕修，實與造建無殊也。並添道房五間，工雖伊始，而視昔已大改觀矣。凡襄茲盛舉者，宜彰厥善。邑紳等置石豎碑，懇余為記。因記其始末，聊以待後之善士仁人躡其事而克全其功，庶余藉免神咎，而牟之人共荷神庥焉。是為記。

咸豐八年。

（文見同治《中牟縣志》卷十《藝文志》。王興亞）

重修關帝廟碑記

邑人編修張鴻遠

　　昔先王以神道設教，凡有功德於民者則祀之。故廟者，貌也，所以像其貌而祀之也。關聖之在我朝，聖靈丕著，祀典攸隆。其德在生民，功在社稷者，幾於户傳里祝焉。夫牟之有官渡，由來舊矣。官渡之有關廟，亦非一日矣。廟之址，向在官渡橋口。因地勢卑隘，康熙三十九年，邑侯李公復購一地，於東偏重為修建。規模峻整，廟貌森嚴。工竣之日，延前輩蟬庵冉先生作記，勒碑刻石，考據詳明。而帝之神明，帝之功業，與斯廟俱傳。蓋即當日之拒袁紹處也，另碑一通，古蹟昭然。里人歲時祭掃，歷有年所。每歲重九演劇祀神，稱盛事焉。厥後迭廢迭興，乾隆五年、四十六年，嘉慶三年、二十三年，道光十二年，屢經重修。然皆及時補葺，未興大工。自道光二十三年河決，中牟九堡黄沙浸没，漸至傾圮。里人因有重修之志，而工程浩大，不能遽興。歲甲子，何公適署兹邑，捐廉倡首。里人因各量力助資，踴躍從事。工未興而楊公接署，鳩工庀材，大興土木。工興於乙丑三月，終於六月，閱五月而工成。廟之基仍其故址，而竣宇重牆因舊牆而增高之。大殿三楹，周以廻廊。旁設道房，里人歲祀其間。帝之英靈赫濯者，猶然如昨。工成，委予作記。斯廟緣起之由，前賢已詳言之。而帝之所以為帝者，則又彪炳人寰，自昭天壤，一詞莫贊。爰即重修之意，與歲月時日，略志其概，以垂不朽。

　　同治四年。

（文見同治《中牟縣志》卷十《藝文志》。王興亞）

裁免站隄夫碑記

邑人貢生孫甸

　　蓋聞我之有德於人也，不可不忘也；人之有德於我也，不可忘也。不獨當我身之不忘，更願千萬世之終於不忘也。是故歌功頌德，深感激於當世。亦且撰文勒碑，衍聲稱於來世。盛德至善，人且不能忘耳。豫省河隄舊有站隄民夫，法至美也，迺當捻匪擾攘以來，民不聊生，逃亡過半，間有未逃之人，猶自枵腹守堡，然十無二三矣，上憲疑其廢弛，未深究也。甲子秋汛險急，武孝廉萬恒昌率領永固寨居民，襄辦土功，時與上憲相見，上憲因問河隄夫寥寥之故，孝廉乘間詳陳民夫受累之苦，譚大中丞為之慨然，原有"恩免"之語。孝廉退而甚喜。第恐大工皇皇，大中丞之或遺忘也。因謁觀察德公，懇其代為稟求，以成此美。公即允許，果蒙河撫兩上憲恩准，裁免站隄夫。現奉頒下告示，曉諭遠近，從此逃者可以復，饑者可以食，此誠莫之大德，而沿河居民之所不能忘也。

同治四年。

（文見同治《中牟縣志》卷十《藝文志》。王興亞）

皇清誥授資政大夫布政使銜雲南按察使倉公（景愉）墓誌銘

【誌文】

國子監祭酒江蘇學政門下士王先謙撰文。

刑科掌印給事中門下士徐樹筠書丹。

刑部右侍郎門下士龍港霖篆額。

公姓倉氏，諱景愉，字靜則，少平其號也。世為河南中牟人。曾祖聖潢，刑部員外郎、浙江處州知府。祖思謙，光祿寺署正。本生曾祖聖裔、附貢生、兩淮鹽運使。祖思震，乾隆丁酉拔貢、太常寺博士，生子兆彬，候選知縣。出後思謙。兆彬子二：長景恪，道光丁酉拔貢，山東濟寧州判；次即公也，道光乙未恩科舉人、戊戌成進士，改翰林院庶吉士，散館，授編修，甲辰充會試同考官、湖北正考官、丙午京察記名，以道府用，充順天鄉試同考官，授江西遺缺知府，補撫州，以憂去官。服闋，奉旨發往湖南署岳常澧道。

咸豐壬子，粵寇圍長沙，新任巡撫張公亮基至常德檄公笺行營支發，從入省城，署長沙府，敘城守及審緝瀏陽會匪功，賞花翎，加道銜，旋實授兼署鹽法，長寶道用。失察私鑄大錢解職，旋復任。戊午，開缺，以道員留補，署衡永郴桂道，敘寶慶防剿功，加鹽運使銜，授湖北荊宜施道，調岳常澧道。辛酉，擢按察使，敘辦理軍需功加布政使銜。

同治壬戌，引疾去職。甲戌，授雲南按察使，兩署布政使。光緒戊寅，開缺，回籍。先後主大梁書院講十六年。以庚寅五月二十一日丑時卒，年七十五。公知長沙塔膺布公以都司守北城，公与語奇之，言於張公，命將三百人，復薦於侍郎曾公國藩，領一軍，大搏賊湘、鄂、潯陽，為中興名將冠。公實開之。賊圍急，欽差大臣徐廣縉督師駐湘潭，不進。公以同鄉故，請於大吏親往，自天心閣縣而下，摩賊田壘，過見廣縉，陳說百端。廣縉竟不前。眾壯公有膽。公既官湖南久，於吏事□不民生利病分摯，要妙心搏於公澤下於民，閭里婦孺皆知公巨人長者。比蒞滇新熄於回□敝甚。公條具亟宜張施數事。上議督撫罷諸尤不便，蘇枯瘠肥，功效章明，然天性剛直，恥婾合苟容，意所不可弗，少假人飆色亦重，以是不快流俗。按察湖南時，巡撫毛公鴻賓公同年友也。布政使員缺，鴻賓舍公而以岳、常、澧道，憚公世臨權其事。憚又公夙所推薦者，以論事積不合，不二年，代為巡撫。公遂不能安其位，滇中大僚同官多崛起軍旅，公以文學老成，參錯其間，度終不得行吾志，去計愈決，名位弗顯，識者惜焉。然公之去湖南，巡撫百計求公過差，意權木稅。常德有藏私集關吏役嚴鞫，不得公毫髮。罪家素封，

道光癸卯，河決中牟，九堡貲用蕩然。公方官京師，冬月，衣裘典盡，覆衾取暖。午

後始起。友朋謂其疏懶，終不自言貧，可謂強毅有守君子矣。夫人盧氏、莫氏，先公卒，妾戴氏、張氏，子植，蔭生、山東候補同知。莫夫人出。爾顥，縣學生、國子監典簿；爾頌，俱戴氏出，先卒。爾楨，廩蔭生，通政司經歷張出。女，長、次適李，三適朱。孫永洎，女三。以辛卯二月二十日未時，與莫夫人合葬祖塋之次。植等遣伻走數千里乞銘先謙。兄先惠，弱冠，受公知，有國士之目，府試，拔冠曹。其歿也，公焉流涕。先謙年幼無文，就試，時公以兄故特置先謙前列。洎先謙官京師，與公相見，距兄歿十七年，語次及之，猶可感也己。銘曰：

　　粵有聖史，奎章作新。有臺有墳，於汴之原。四目曜靈，流慶後昆。條鰈枝衍，焜耀朱軒。光啟我公，炳我聖文。程材校藝，空其良群。被命浮湘，用牗我民。文史清讌，旁羅國賓。匪軾匪轍，歐陽之陰。噓生慟死，公意何敦。皇路再稅，高坐梁園。枚鄒撰仗，列士振振。祝公百齡，冠冕人倫。胡天不淑，壤木頹山。公施不究，四海嘆言。雪涕擿祠，以表私恩。

　　　　　　　　　　　　　　　　　　　　（拓片存河南省文史研究館。王興亞）

鞏義市（鞏縣）

創建大王尊神大殿碑記

　　昔隋時，三田氏孝義克敦，故美其地曰"孝義店"，因而傳世不朽。佐鞏西二十里也，邙洛而帶，陵冢還聚，西抵秦關，東達□域，人文凝萃之所，物色秀毓之區。□茲村居百姓，首推李族父兄子弟，善善相繼，光昌其業，敦崇其誼，惠濟補殆之功，不能一一備舉。獨善士李諱順號少亭者，質樸耿耿，對世誠恧，瀝瀝格天，和平坦易之是趣，持接用行，百不欺□爾。聞善言，見善行善事，重修關聖、二郎神殿，巍乎如故，再建樂樓、照壁，煥然一新，繼豎柏整坦，茂然在望。虔誠因□爾，殷己但善行無己，倏而動念，倏而神徹，若夢之覺，而靈之歆者。

　　敕封大王神廟之作始也，隨輸誠鼓衆，聯社出資，三載間，積銀三十餘兩，微湊其用。李氏捷欲興工，□崇禎庚辰歲，擇吉□模，設座三間，勵激士庶，拮據效勉，不三月而工厥成。繪神素〔塑〕像，□時並麗，即其工作，約費百金，積盡出自己，需是以民之祈祝，有藉神之格棲，有藉護我疆士，祐我愚黎。其樂善利濟之擇，以何□哉！有若感心向化，稱功頌德之不能已矣。里人景春□、張可喜等旋舉俚語，列石□方，志其殿宇，延以靈長，志其事績，淑以後譽，知繼述之有嗣。長子廩生諱□□，仲子千揔諱若鳳，季子□□諱雲鳳，亦誠孝義傳家，故記之作□善云。

　　邑庠廩生趙發硎撰文。

　　生員曹翰俊書丹。

　　主善人：郭大器、王治國、范可奉、楊邦化。

　　署捕都司：趙子璉、范可則。

　　施廟地主廩生謝廷獻。

　　□□□棟、李復魁。

　　泥水匠傅世崇。

　　石匠李玉□。

　　石匠姚名理。

　　住持張守林。

　　同立。

　　大清順治二年歲次乙酉仲春吉日。

（碑存鞏義市孝義二郎廟內。孫憲周）

重修三官聖殿碑記

　　三官聖殿，古來原無根基，□曰此地非吉□□□弗克安□一方。時□生員焦毓洛出心□選衆□欣□共□□□，富者施財，貧者輸力，不日厥功成□。刻石銘名，一以志千載不朽之功，一以鼓□人為善之心云。

　　邑廩膳生員□元旭□宸甫拜撰並書。

　　督工善人焦五治、曹文利、生員郝士傑、趙一強、于振、路述星、魏加才、周文魁、王進寶、焦清、焦振、曹可訓、董王弼、趙□、曹文進、路升、曹養民、荊良弼、生員焦隆勳、於士傑、賀重慶、路曖、李□、曹文科、王進通、王□貞、趙可用、曹清民、趙成、焦溫、焦成、王本明、李穩、李西、魏加□、馬新、董洪進、趙賢、王拱星、王拱瑞、焦五林、焦五才、曹光斗、曹文立、王勤、王玉、李復□。

　　生員焦毓洛栽柏樹二株。

　　木匠焦五大、焦五禮，工價全施。

　　石匠周加佑刊。

　　順治五年孟春吉日仝立。

（碑存鞏義市西村鎮桂花村。孫憲周）

草修正殿記

【碑陽】

【額題】重修原記

　　蓋寺曰慈雲，建於山谷，古剎也。嘗聞創於漢代，與洛東白馬寺相終始。是山巔勢□圍，形若滿月，秀色霧氣，悉翠於此，誠勝地焉。自正統時，有蜀地南京祖師西秦而來，入山至此。睹其舊蹟，憫然興思，募化苦修者數十餘載。其工始於正統，終於天順，功始乃大就焉。其中殿宇樓閣，煥然一新。各神堂、供桌、鐘磬、焚爐等項，無不兼備。且前後槐、松、檜柏，林蔭蔽日。會計本寺宗派，其佛子法孫廊下約有三百餘僧。此鞏南之勝概，叢林之第一也。凡達人君子，并諸檀越，無不遊覽，歷稽至今二百餘年矣。迨至大明崇禎，歲在甲戌，流寇南渡，中原鼎沸。又兼土寇遍地起，有李營募兵，隨至是山而潛避焉。營踏遍野，飛鳥難入。其中樹木、僧房燒毀一空，甚至人馬作穢，糞有尺餘。其殘破景色，不大堪觀矣。延至大清定鼎時，稍清寧。有按院承差李胤蘭號秀陽者，順治乙酉歲，招募本寺僧□□人復入焚修□□如線之脈。不意是歲春暮，正殿前忽爾傾頹，殿中佛像日照月臨，每為風雨所浩。睹□止者，靡不興□□。有□□村施主劉復升號近堂者，目睹心悲，百思無計。意欲重建，功大難動，坐視其敝，又不忍視。無何，隨與本寺僧衆商議，暫用草苫。雖從來未見，此修且聊避風雨之患，何如？僧家鼓掌欣從，皆跪而言曰："善哉！善哉！我佛誠得所也。"於是，僧衆即伙施錢八千，又遠月、慶忠各自又施錢一千，共錢十千。又有督工郝應期、張九經、張文旌共處厥事。即買草數十擔，命工補葺，不數日而成焉。雖則小遂，實為善術。不惟神得其所，而人亦心安矣。故草聯俚語，以俟後之有大發虔心改觀易殿者，未必不因此而動念焉。謹誌。

龍飛大清順治己丑歲丁丑月壬辰日。

後學毓陽傅之秀書。

本寺僧人永吉、遠層、慶忠、永常、遠月、遠鋒、福惠立。

鐵匠郭士奇。

陰陽葛存正。

石匠李玉鉉、劉治體。

灰匠藍秀芝。

仝建立。

【碑陰】

各鄉施財多寡人等列于後：

山口村：郝棟、王景生、郝成性、郝應運、張明瑞、張六全、赤斗、王成狀、郝應徒、張光慶、郝揚名、許敬、郝言性、張明亮、劉復明、郝廣、趙自有、王自全、張九太、郝明顯、郝繼賓、郝啓、丁守分、張可忻、張可貴、王成崗。

北山口村：劉光孝、張景先、劉光欽、崔好。

大平頭：康應吉、康應武、康應章、牛成祖。

小官莊：王東正。

施工人名於後：王三洛、郝心存、王成狀、郝文、張光應、張舉、郝應室、張龍、葛雷龍、丁文法、丁時元、王自公、劉起禎、許景明、張邦奉、張景先、崔好、閻進義、董權、劉起祥、陳自香、康應卿、康治業、康應章、張珍、丁時旺、李守平、張洪志、于三。

（碑存鞏義市慈雲寺内。孫憲周）

大清國河南府鞏邑觀音堂碑記

本村舊有觀音之神堂也，乃為一鄉之鎮境也。迄今時久年遠，風雨損壞，無有重修。今蒙何重旺、蘇大高、張可進等，目覩觀音堂之敞壞，心感神像之毀傷，由此□□於財，將神□補葺，神像金裝，是□神碑造名於後。[1]

順治□□三月立碑。

（碑存鞏義市河洛鎮石板溝村觀音堂卷棚西牆。孫憲周）

---

[1] 以下捐資人姓名，字多模糊。

重修關王廟並金粧神像記

【碑陽】

【額題】百代流芳

鄉舊有關王神祠，其在古昔者，益甚盛也。奈世遠年湮，風雨折毀，倘重修者渺無人焉，不幾神無所依乎。幸有龐君諱重芳，與吳君諱自倫、龐君諱可艾、費君諱守計、張君諱順、李君諱廣倫、張君諱守運、龐君諱體臻、吳君諱應現、龐君諱體福、費君諱光輝、龐君諱體喜，目覩心傷，慨然以重修之責為己任。又慮其功大費煩，非數人之力所能勝任而愉快也。於是，募化鄉衆，共勤厥事。但見經始於是年孟春，落成於是年季夏，不數月而功告竣矣。然廟宇雖新，而神像猶舊也。又有顯通龐君、化林于君、佑昌李君、景揚張君、繼榮龐君、名標曹君、景賢張君、道行吳君、道雲吳君、鳳臬龐君、士章胡君、世太龐君、曰珍費君、予長兄諱增，以及闔鄉衆善，齊集協力以圖乃事。未幾而煥然一新，燦然改觀，其功亦觀厥成矣。夫重修之功既成，而金粧之績咸熙。衆等屬予為文。予才淺學疎，何堪為文。謹取其寔筆之琬琰，聊以有補於後之為善之萬一也云爾。

邑庠生大公賀壗撰書。

木匠李文運、吳道讓。

石匠周吉□、李生苟。

塑匠楊文昌。

康熙元年季秋中浣之吉。

【碑陰】

重修廟宇衆善開列於後：

龐重芳、吳自倫、龐可艾、費守計、張順、張守運、李廣倫、龐體福、吳應現、龐體臻、費光輝、龐體喜，以上各施磚一千。

趙□新、張□□、李廣孝、于化林、吳自□、吳應時、吳尚□、李承太、□土旺、吳□□、龐□榮、曹名標、尹生□、龐□、尹□、吳應方、龐體正、張自□、曹可□、龐□德、許高、□□□、王□□、龐□□、吳□□、賀黃、費守余、吳□□，以上各施銀二錢。

張景瑞、龐□□、張□、張□、李□□、□天□、吳秉公、吳□召、李佑□、□□、吳三□、□□、□□俊、□生□、□□□、曹化□、龐體標、吳□□、李□法、龐重□、胡□□、張體星、李□□、吳可賢、□□□、□□□、胡起□、□文祥、龐體賢、曹可賀、龐體濟、曹□明、尹國禎、張斗、王本正、張□□、張□、龐體□、費守印、費名□、趙升、閆鳳□、李□星、李學文、曹□□、吳應□、趙進□、龐□□、吳自欽、胡□□、□□□、□□□、李□□、□□全、費□□、李□□、□興旺，以上各施[1]

---

[1] 以下四行，字不可識。

元年龐體賀栽柏樹五株。

金粧神像衆善開列於後：

龐顯通、于化林、李佑昌、張景楊、龐繼榮、曹名標、吳道行、龐世太、賀□、費曰珍、張景賢、吳道雲、龐鳳□、胡士章、吳□□、李□倫、龐□升、□□瑞、□□□、□□□、龐□□、□□□、□□□、□□□、劉天成、吳自倫、龐世□、張□□、張□□、張□□、李□□、□□□、張□□、張□梁、曹化□、尹□□、王□□、□□□、□光□、□可畏、□曰仁、許高、□□□、曹學文、曹化育、□□□、□□□、吳文□、龐世統、費景隆、張□進、費景瑞、許□英、龐□英、□□仁、尹自明、賀文□、龐□□、□□元、曹光□、□□□、□超□、王起□、張運太、王□成、□奉堯、費□炎、李可全、趙□□，以上各施銀□□。

龐世□、費□□、張景明、龐得榮、龐世賢、曹光□、吳道□、龐世耀、閻順、曹明秀、費曰福、張明□、李可仁、袁珍、吳道巽、□奉枝、胡□美、張永祚、曹□科、張□林、尹□禎、張□□、尹光、李□義、曹明德、吳□有、許□興、吳玉□、費曰升、賀□□、曹化聖、李□周、□□有、曹加祿、□秉□，以上各施銀伍分。

堤東鎮于登雲銀伍分。

（碑原立鞏義市西村鎮西村關王廟內，現存村小學後院。孫憲周）

重脩觀音堂補素［塑］神像碑

【額題】碑記

維康熙三年歲次甲辰夏日吉旦。

社首：吳尚錦、張舜、龐體喜、龐秀榮、吳應現等。

重脩觀音堂補素神像施財善人姓名于後：

龐重新一錢，張自冬一錢，龐重芳一錢，吳自容一錢，李廣孝一錢，費守計五分，張守運一錢，龐顯榮五分，龐油然一錢，龐體臻五分，□自倫一錢，佑太施石一塊，龐宗平五分，龐可艾六分，龐體福五分，吳可賀五分，龐守旺五分，山西客人冀時光二錢，張□一錢，吳應昌一錢，吳自忠一錢，吳應時七分，胡□全一錢，尹魁一錢，吳自明六分，李廣倫五分，尹世旺七分，張□□七分，尹生瑞七分，郝起用七分，李佑堂七分，王君美七分，尹生教七分，吳應奇六分，于化林七分，費守餘五分，龐存英五分，張明漢五分，張煖五分，曹□明五分，尹國貞五分，胡自旺五分，閆鳳龍五分，龐體□□分，李玉民五分，曹明標五分，張星五分，張□五分，吳應選五分，費守印五分，李奇星五分，吳應□五分，賀景□五分，張□五分，胡起元五分，袁文祥五分，費景全五分，龐進英五分，賀黃五分，張斗五分，趙進英五分，龐體善五分，龐體倫五分，李廣槐五分，龐體星五分，龐體學錢一百，吳應召六分，曹可升五分，龐如英五分，王本正五分，龐體濟五分。

石匠周加宥。

塑匠田世支。

木匠李。

泥水匠于。

（原嵌鞏義市西村鎮西村觀音堂內前墻南邊，現存李家祠堂院內。孫憲周）

重修地藏王殿記

蓋此殿與寺同建，與各殿同修，碑記尚存，勿容再贅。迄今□□日久，磚瓦毀壞，神□□□存。幸獲善德主郝應室、張光慶等目睹心傷，將寺院核桃樹，□須禁約眾村之偷盜，鳩發本鄉之善男來看守，或收打積存圜銀六兩八錢，以作□□名匠作工貲等項之費。其人工俱係各心施助，積聚於昨冬，告成於今春。巍巍像庶溫，聊存於兮一。故命余勒石以記。

□□源賀啓躍縣〔現〕錢五百。

山口首領人名於後：王景斗、郝金佩、崔好、□可貴、王春和、許景和、葛應宗、王自和、閻自慶、□來宗、張舉、□□□、□□、王之秀。

山東濟南府□□縣王遇。

□□源府□興州劉三□、王□□。

北山口：張景先、閻貴丁、李□□、于養德。

南山口：□□□、□□□、□□性、周□民、王自禮、張光斗、王本強、郝惠珍、張自信、王遠喜、張光奇、郝洪宗。[1]

儒學郝銘生書。

康熙九年三月二十八日立。[2]

（碑存鞏義市慈雲寺內。孫憲周）

重建興佛寺創建配殿山門功成碑記

自古叢林寶剎，沙門勝槩，非一朝一夕，一手一足之力，卒以就理。大率有創建者徑其始，重建者襄其成，善善相繼，共成聖果，歷歷可考已。此頂古號蓮花，凡遠方星術異智之士徑過者，輒登高選勝。見邙峯輝映，洛水環拱，茂林瑞煙滿野，不禁嘆羨云："此真傑地，世不多得。"第自巫至燕，茲為往來通衢要路。去大河未遠，洪波巨浸，氾濫無常。

---

[1] 以下二十二人姓名，字模糊不清。

[2] 橫幅石碣，磨損嚴重，有些字難以識認。

當建興佛寺於上，收斂風氣，砥中流而遠險阻。俾居者有平土之樂，行者無道阻之患。即溫、氾、孟、偃一脉相關，大有攸賴，不獨僅裨於鞏已也。里人王容生、王繼松、李自省、曹以芳、王加詔、曹桂香等欣然感懷，謀於巷衆。即捐貲募緣，普化諸善。於崇禎十年前，起蓋無梁大殿一座以居佛。不意至十三年，歲荒世亂，屢年頻仍，不遑寧處，遂已其事。迨清朝定鼎，至順治十四年間，鄉善曹加祿、曹桂香等，目擊寺院茂草荒涼，香火空存，殊為淨土缺陷。慨然迅發善念，堅持願力修。置緣簿，凡市廛村落募化憋施勿拘多寡，任心樂助。昔日佛像慘淡者，金碧精瑩；左右蕭蔌者，營筑配殿；面向寂寞者，豎立山門；由是輝煌在上，鞏固在旁，巍峩在前，而興佛蘭若一院，煥然維新可觀矣。是後之創建者本前之創建者經其始，前之創建者賴後之創建者落其成。善以繼善，不其相得而益彰哉。功既竣，施財之德果，督工之勤勞，募化之苦瘁，均久未可泯也。故勒之於石，永誌不朽，庶後之善者有所觀感而興起云。

賜進士第文林郎知鞏縣事張好奇，文林郎知鞏縣事李國維，纂修緣簿原任陝西兵備道范芝，前任文林郎知鞏縣事葉採，縣丞周楫，縣丞劉之三，訓導邢勇，典史尹德。

邑庠廩生李從泰撰。

邑庠生李一揆書丹。

金粧佛像：善人陳得智艮三十叒。鄉宦張乾二艮三叒，生員李世蔭艮一叒。生員李廣生、聶相臣、魏可敬、陳騰鳳、姚守己，以上各艮二叒。鄉宦張躍出、生員王廷翰、費獻忠、張秉粹、曹加倫、王業林、陳有元、趙得祿、王珂、張煥然、周□□、王修□、李希賢、王明賀、王應明、李存讓，以上艮一叒五卜。王業昌、王士俊、白得龍，以上各艮一叒。生員馬士驊艮一叒五仈。蔡加賓、雷□炳、陳化鳳、李可湯、李人倫、李門李氏、聶玉俊、王門趙氏、賀門曹氏、張文明、趙全，以上各艮六仈。楊世清、齊三奇，以上各艮四仈。

孫加祿、孫加祥施地一段五畝。

趙養如施銀壹兩，買園地四段。

曹以芳施地匜窑場一座。

主持　原係孟縣上生寺焚修僧比丘方崑，徒　圓覺，比丘圓廣、圓福。圓清，徒孫明聰、明智。

　　　王云明、王門楊氏。

化主　王門李氏、

　　　李文明、裴明、溫門雷氏。

辦造功廚：曹門費氏、曹門孫氏。施焚修香火地主曹桂香地一段十三畝，東曹希聖，西李廣生，南費獻忠，北白得才。曹加倫地一段十三畝，東孫自選，西李文明，南官地，北曹加福。生員曹桂香、李廣生、杜耀齡，共地一段三十畝。東河，西李文明，南路，北曹加倫。吏員宋之元灘地一段五畝，東至河，西至孫自選，南至寺地，北至河。

木匠李存讓、付自才、鄭邦俊。

鉄匠李希賢。

泥水匠魏可敬、張煥然。

金塑匠王巽、王卿、郭鳳成。

石匠劉治體、賀繼昌。

窯匠白金鱗、程自貴。

康熙十三年歲在甲寅仲秋之吉。

（碑存鞏義市河洛鎮七里鋪興佛寺。孫憲周）

重修慈雲寺水陸殿記

考稽歷代碑記，此寺創於摩騰、竺法蘭禪師，復修於唐貞觀三藏禪師，繼而大展規模於明正統南宗順禪師。三禪建造，亙古流傳，真中州古刹，名山禪林第一寺也。且取其形同滿月，勢若井底。高峰峻巔，重疊秀雅。銀河曲水繞東北，金龜玉兔障西南，前後左右，周圍團聚，其一切巍峩寂靜之勝境，更有盛于遠公之廬山，達摩之少室也。不意於大明崇禎末季，羣賊四起。借深山為藏奸之藪，假寺院為戮人之塲。以致殿宇毀壞，墙垣摧折。舉昔日之盛觀，盡化瓦礫丘墟而已。佛無所依，人胡以安？因而僧衆□□，田□荒蕪，無復為之焚修而整頓者，寧不令人長嘆息哉。幸吾鄉有善人郝應徐、張光慶、郝應室共二十二位等，誠恐殿宇傾頹，有礙像貌，擬會議闔鄉善士，大發慈悲。□其間有施財而施工者，更有管饌而施灰者在。匠師劉漢體、曹仕英等俱樂成聖事，不言利而言助。所以動工未幾，不數日而殿宇煥然一新，恍若神力有所助也。今而後，佛有所倚，人得以安，光慶等庶可告無罪於佛天矣。故屬予以文記之。予想當此年荒世亂之秋，春稼播種之時，兼以新舊弗要之際，而忻然有此重修一舉，在光慶等首領之功德，固不淺鮮，而衆善人隨意之功德，亦非易易者。故予直言以敘，勒石以記，俟諸後人得以指其名姓，而知其所從來矣。至於千佛寶殿，功大費繁，予等素懷其愿，苦乏其力，倘蒙佛祖默佑，得遂平生之志，足證護法之感通，但不識根行在何人耳？謹序。以垂不朽。

邑庠生鳴王郝金佩撰□□。[1]

男後學銘生書丹。

文林郎知縣李國維，迪功郎縣丞劉之三，儒學教諭邢勇。

首領善人：郝應室、崔好、張光慶、張景先、王春治、王成崗、李春祥、劉澤臺、丁文炳、張存仁、郝顯明、郝言性、葛應宗、郝應珍、郝來宗、王自智、郝應徐、劉啓禎、張可貴、許國瑞。

---

[1] 此處原有金佩、鳴王二方篆刻章。

溫邑駝鳥村趙可美施驢一頭。

□庵住持戒僧維言施麥五斗。

白沙村崔文定施席十領，管飯一頓。

僧人端禮施銀一錢，麥三斗。

本寺主持端公、端□、謹安、謹平、謹壽、謹恒、謹行，仝立。

木匠丁自德、吳可平。

泥水匠曹仕英、武靈。

鐵匠張天徐。

石匠賀逢昌、劉治體、趙丁玉。

陰陽生葛秀。

大清康熙十四年歲次乙卯季春吉旦。

碑陰善士。[1]

（碑存鞏義市青龍山慈雲寺內。孫憲周）

李氏始祖墓表

　　始祖諱銘，妣郝氏，原籍山西洪洞人。因遷家於鞏西北鄉倉西，族譜亡失，其至鞏之事之時，已無可稽。據二世祖碑陰所載，始祖有二子：長曰仲威，無傳；次曰仲斌，即我二世祖也。妣王氏，生子三，女二。一曰海；二曰淳（由歲貢入監，授山東新泰丞）；一曰大榮；長女適高氏，無嗣；次女適閻氏諱海。後世子孫入庠食餼，振振可紀，迄今三百餘年，傳十二代矣。瓜瓞綿綿，衣冠世世，非我始祖之積累不至此。竊異為子孫者，止知念其祖父以及高曾，刻石作記。至於祖父、高曾之所自出者，竟多忽忘。所以比年拜掃時，老者執香，少者執紙，求我始祖之墓而不知所在，實甚愴心。白等群族人共謀之，出資樹碑，衆皆欣然曰："報本追遠，正當乃爾。"於是，命石工爰立石碑一座，供石一方，舉祖宗之世次，揭之於前，通族之子姓，列之於後。自茲以往，老者少者望始祖之墓，而失所向者無有矣。後之人，將念我始祖而大其孝思者，又不知何如也。是舉也，計之康熙乙卯端陽月，立於丙辰清明日。

　　　　富鄂，九世孫府庠生從白謹識。

　八世孫　　　九世孫武生員在恪書丹。

　　　　　　　　　　共其事

　　　　復，　九世孫府庠生國奇、在雍、希武。

　　　　　　　文白、在奇、在平

---

[1] 開列姓名，字多模糊。

清康熙十五年歲次丙辰仲春吉日。

（碑存鞏義市站街鎮倉西村。孫憲周）

重修龍王廟碑序

我朝之設，有郡邑，必有鄉村；有鄉村，必有廟祠。鞏治之巽五十里許有村焉，曰口頭村。有廟焉，曰龍王廟，是龍王廟者有自來矣。左列巍峨口巖，右環汪洋浩蕩，一方形勝之地，美莫美於此矣。是以當時善者為其所感，遂不惜工食之費，不恤極築之勞，正殿一所不日成之，規模宏遠，氣宇軒昂，八面玲瓏，四面洞達，仰觀俯察皆佳景也。由是禱者無不應，應者無不速，赫赫口靈，日見於茲土，無淒風苦雨，無旱乾水溢，威靈顯驗，又有不可以勝言者。夫如是垂之永久，傳之千百載之下，亦當時之深口也。但物久自蔽，亦理當必然，口茲廟之運，由今溯昔，越歷風霜更幾何代，豈能無考。是以本鄉善者張、王四君者，偕共謁廟，踵門而至殿，陛傾頹口，神像凋殘，四顧口落，舉目荒涼，不唯無復昔日之偉觀，亦且基礎僅存矣。於是，形諸言曰："吾輩口生茲土，坐視其蔽，口久之後，不為放牧之地，則為禾秉之場矣。何以為一方之保障乎！"四君遂並力齊心，訪于遐邇居者，人人群起而賀曰："此口盛舉也夫！此口盛舉也夫！"故於康熙五年，一時重修，聖像數尊隨即妝塑，四旁無傾覆之虞，上下絕漂搖之患，棟宇峻起，簷阿輝煌，回視上古之建立無差等也。口成工日，索予為文。予不敏，僅述其始末以為復之向善者云。

邑庠生員程摶九薰沐撰並書。

皆龍飛康熙拾陸年丁巳孟秋上浣。

（碑存鞏義市小關鎮口頭龍王廟。孫憲周）

重脩三官拜殿碑記

重脩三官拜殿，故立碑記，以勸後善。

化主陸人：龐體星三錢，曹明標二錢，龐秀榮二錢，張景楊二錢，龐體喜一錢二分，張景瑞二錢。

童生龐世輔。

合鄉施財姓名於後：王君美銀三錢，許文美銀二錢三，龐顯榮銀二錢，張自冬銀二錢，龐油然二錢，張璽二錢，吳應時二錢，吳自倫一錢八分，李廣倫二錢五分，張珍一錢五分，龐體福一錢五分，尹魁一錢五分，龐宇平一錢三分，費守計一錢二分，吳應朋一錢二分，龐體臻一錢，李廣孝一錢，張榜一錢，龐體濟一錢，龐如英一錢，李香一錢，龐體標一錢，李招一錢，費守餘一錢曹化宇一錢，曹玉英銀一錢，王好勇銀一錢，吳三星銀一錢，費景隆銀一錢，于化林銀一錢，許國旺銀一錢，李世周銀一錢，許大利銀一錢，王舉正銀一錢，李學文銀一錢，張容銀一錢，許高銀一錢，楊光秀銀一錢，費計業銀一錢，賀黃銀一錢，吳應選銀一錢，張星銀一錢，張光銀一錢，龐體學銀一錢，張體新銀一錢，閻鳳龍銀一錢，龐體正銀一錢，吳應現銀一錢，吳自忠銀一錢，吳秉公一錢，尹生瑞一錢，王起隆一錢，曹化興一錢，趙進英一錢，李奇民一錢，吳門董氏一錢，袁文祥一錢，龐體賀一錢，尹起隆一錢，胡起元一錢，張斗一錢，胡自美一錢，尹國禎一錢，龐可艾一錢，龐體倫一錢，龐體善一錢，吳應召一錢，胡起雲一錢，曹可升一錢，張連一錢，費㷍一錢，費景才一錢，張門賀氏一錢，龐存英一錢，吳三奇一錢，李則文一錢，曹化臣一錢，李玉文一錢，吳三魁一錢，李佑唐一錢，費景貴一錢，龐宇旺一錢，王三五分，費明俊一分，曹文昌五分。

　　木匠吳道升。

　　石匠周吉昌。

　　陰陽生張先。

　　康熙十七年春月。

（碑原嵌鞏義市西村鎮西村三官拜殿東牆壁，現存張鑫家。孫憲周）

鞏縣杜少陵先生墓碑記

　　【額題】流芳百世

　　嘗讀先生集，有祭當陽侯文。慨然於木本水源，追遠誠先之道也。又讀偃師縣誌云：先生歸葬，嘗祔於當陽侯之墓側，復移墓於鞏焉。濚承乏監司以賑荒，適鞏邑，覩道側有先生故里之碑。竊思先生乃杜陵人，胡於鞏為故里乎？索其誌而觀之云：自先生祖審言，先生即徙居於此，至今族姓不替云。乃問邑令並其族孫□□□，知先生墓在康家店之西麓，濚乃具牲牢往奠之。濚嘗聞之師曰：少陵先生少時，曾遇一仙人授一符，令於康水採文章，先生佩之而往，歸見仙人，仙人曰：汝適韭肆觸吾符，使汝文而不貴。今康家店有老龍窩，傳為先生生處。而祠墓咸在焉。則吾師之言信而有徵矣。濚至墓所，再拜悲愴。見傍有兩大塚，訊之土人，或審言先生之墓乎？抑宗武輩祔葬之墓乎？皆云世遠未詳。濚乃向□□曰：「吾為先生後裔、則不敢妄有攀援。汝為先生後人，則明甚。松楸闃然，饗記闃然，為人後者，固如是乎！」乃出俸金與之，期以冬至、清明、孟秋，具牲體薦之。眾皆稽首謝，喜見顏色。因思濚祖父墓銘，皆未嘗祖先與當陽，小子何敢則為之？但昔嘗聞之余祖伯公云：吾族當出祁公後。烏知祁公之非先生後耶。雖自附遠孫誠亦非□，但小子不才，恐玷先生，寧自學於狄武襄之慎云。

　　旹康熙十九年歲次庚申仲春朔月六日。

　　河南驛鹽典□守開歸河道參政杜濚記。

　　縣丞陶穎發。

　　鞏縣知縣加一級李維篆額。

典史尹德。

後裔孫□□□□□書丹。

庠生張文莘、李本立

（碑存鞏義市杜甫陵園。孫憲周）

新續曹洞宗派

蓋聞鷲嶺拈花，少林面壁，先昌後，繩繩不絕如縷。升堂入室，代代不乏其人。余於戊戌冬，奉旨陞堂。有河南府鞏縣慈雲寺住持永吉、慶忠呈稱："吉、忠等，原派係曹洞宗枝。從、正、思、惟、妙、圓、覺、性、祖、道、興、隆、永、遠、福、慶，共計壹拾陸字。今已起盡，為此，具呈懇請，單傳堂上本師和尚垂續新派，衍脉有恒。"余遂謹接其舊派之下，新續一偈三十二字，編入祖燈。俾世代雲仍，知授受衣鉢之有本，傳持宗派之有源云爾。偈曰：

端謹虛靈，菩提果證，自心了然，明機普應，廣受大千，權衡曹洞，衣鉢傳承，萬松法令。

順治十五年歲次戊戌年孟冬望五日。

欽命賜紫祖庭少林寺第二十八代提禪學嗣祖沙門邢襄彼岸寬謹續。

旹康熙二十年歲辛酉仲春月朔旦立。

端理徒謹存謹住謹德謹洪
　　　　　法
福玉徒慶寶　孫端　朝
　　　　　宣　　喜
　　　　　來
本寺僧衆永常徒遠　徒孫福德
　　　　文
　　　　安
端經
　　　　安
　　　　□　秀
端成徒謹蘭　謹　梁　孫虛性
　　　　行　　召

石匠郝成雨、張自洪。

（碑存鞏義市青龍山慈雲寺內。孫憲周）

重脩觀音拜殿碑記

【額題】流芳百世

儒學贊禮生龐世輔謹撰。

嘗謂事有出於開創者，亦有出於繼起。然繼起固賴開創以善其始，而開創猶賴繼起以善其終。由是以□開創與繼起之名雖異，而積善發祥之獲則同也。是鄉舊有觀音拜殿，歷年久矣，竟為風雨損壞。忽有許君諱文美善人等，其為人也好善而樂施，履大任而不辭。目覩其殿，不殫責任之重，即以重修自任。遂率善□，即命工匠經之營之，不數日而功厥成之。予祖謂曰：善哉！不有許公之繼起，將見開創之功亦何自而顯乎！將見繼起如是誠積之也，厚積之也，□□其□之也，□□所以永一鄉之善，以冀許公之興云。

合鄉施財善人于後：

化主許文美銀五錢五，費景□銀五錢五，吳三星銀五錢六，□□銀五錢五，化主于化林銀五錢五，費守□銀五錢五，張門賀氏銀五錢，□□□□□、李學文銀三錢，李則文銀三錢，□□□□□、張答銀五錢五，張煖銀五錢，龐體濟銀五錢，吳自倫銀五錢，王大□銀三錢，許九□銀三錢，曹玉英銀二錢，許國興銀二錢，□□□□□，□□□□□，□□□□□，費□儉銀錢九，李中周銀二錢五，費□□銀二錢，張永□銀二錢，龐重□銀二錢，張榜銀錢五，賀焯銀錢五，□□□銀二錢，吳道升銀一錢，李可仁銀一錢，費明□銀一錢，□士德銀一錢，□□□銀一錢，費景龍□□□，張自冬銀一錢，吳應現銀一錢，吳應时銀一錢，張景□銀一錢，龐□□銀一錢，李佑周銀一錢，張景瑞銀一錢，吳應朋銀一錢，龐□□銀一錢，張璽銀一錢，□□廣銀一錢，龐體正銀一錢，龐油然銀一錢，□世□銀一錢龐□英銀一錢，□□□銀一錢，張□銀一錢，尹生瑞銀一錢，趙進英銀一錢，李□文銀一錢，賀文升銀一錢五，費由升銀四錢五。許文美施樹三株。

共出銀拾二兩二錢□分□毛。共化出銀拾二兩□錢□分六毛。分折銀四十二□。外有：費□、許同、許國、□□□□二兩五錢。買木頭□□□銀□□□□二錢，木匠工銀九錢□□□□銀□錢，買磚□共銀二兩三錢。

費景龍

木匠：吳道□、李可□。

□匠和□□□。

石匠□□□。

□□□康熙貳拾伍年歲次丙寅貳月拾玖日。

（碑原存鞏義市西村鎮西村觀音堂拜殿內，現存村西水溝旁。孫憲周）

重修廣胤殿記

　　蓋聞善不積不足以大德，惡不積不足以滅身，信乎？善之當為，惡之當去也明甚。今鞏邑南離城三十六里，有地名曰羅口。其地也，接陰少室，羅水邊繞，□水面山，又其臨焉，是誠中州之佳觀也。其村北舊有廣胤殿一所，不知創自何時。蓋日月不無升降，世運亦有盛衰，歲月遷流，時至末季，水旱頻仍，流土並起，是風鶴草木之皆兵也。其殿宇像貌焚然一空，至今存者僅有其基耳。第歲又久，則敝神無所棲。其修舉之責，不無壹於人也。居斯地也，能不目擊而心傷者哉！有善人焉勿□□、□□□十四人等，諸同大鄉募化貲財，請匠於里，採石於山，伐木於林，出工於鄉，不數月而告成焉。此殿宇像貌煥然一新，則夫神有所棲，而拜跪有地矣。厥工顧不偉哉！雖鬼神非人，寶之惟德是符。然人存善念，神必從之，蓋不爽也。功既告竣，故刻於石，聊以俟後之人者可風，誌云。

　　康熙念五年歲次丙寅孟秋穀旦。

　　塑匠□□□，

　　木匠□□□，

　　石匠□□□，

　　石灰匠□□□，

　　瓦匠□□□　　　仝立。

（碑存鞏義市西村鎮羅口村。孫憲周）

新修關聖帝君廟碑

　　吏員宋之元題寫

　　鞏邑城南二里，古地名周家碾，東西兩山，頭尾交接，臨河似二龍系水之形勢，從南青龍山下北鳳凰山。昔時出高人英才，俱有地名者矣。今有本莊施主周燦十出地基三間，自備木植石料等項。

　　康熙二十五年。

（碑存鞏義市紫荊街道辦新溝周家碾。孫憲周）

重修諸佛殿碑記

【額題】栩栩如生

　　夫水陸之說，蓋為諸佛雲集妙法，廣通如源泉，有車之水，放之四海而無窮也。所以供醮事者，必設壇於諸佛殿。取其妙像森嚴，令善男信女起敬起愛，恍若睹西天之勝概。予閱前記，此殿創自正統，至今約有三百餘年，幾經毀壞，幸康熙十四年內，有補救之善人，方得保全萬一。迄今年月日久，又被風雨之摧折，四壁傾頹，目睹者罔不心傷。今幸有本寺僧人福玉并三徒慶宣，師徒同心，烹茶煮茗，會合山主王景斗、郝應室等，僧俗協力，慨然有重修之舉。因是善與人同，誰不樂為！其間貧富不等，有施財者，有施糧者，更有助工而效力者。多寡固不一，然求之一村而不足，求之衆村而無不足。慶宣師徒苦行募化，不殫勤勞。但見積寸成尺，積升成斗，遂坦然有添新補舊之一舉也。但見人力既盡，佛祖有感，動工不周歲，而兩山前後之墻並檐下階地，儼然堅固如初。此雖有山主之貲財，僧人苦行之功德亦無量矣。工既告成，安可無記。故直言以序，永垂不朽云爾。

生員郝金佩侄生員郝麟生撰。

首領主持僧福玉、慶宣、慶法。本寺主持遠文、端成。

康熙二十六年丁卯歲仲秋朔旦立。

首領山主郝顯明、王景斗、郝應室、魏洪學、郝應珍、張光奎、張光慶、葛應宗、劉景文、張希先、許國瑞、丁自德、

石匠郝成雨、張自洪。

木匠郝成才、李法成。

泥水匠史正印。

【碑陰】

計開：施財助工善人郝應智、王本智、趙應瑞、王自言、張光賀、張自來、郝言性、張明選、周愛民、周可璽、張光喜、張孔教、王景文、張自元、張光斗、郝祥明、郝成祀、王夫壽、許景平、張春雲、陳守機、劉宗禹、劉京躍、郝成仁、王成崗、郝太厚、王成變、馬宗禮、李起鳳、李起雲、李起龍、郝應瑞、張門楊氏、郝樊、王自秋、郝學玉、繩宗、郝應宗、郝成文、周加智、丁時旺、趙應吉、王明、王吉、張瑞之、許國文、張志昌、張應奇、王夫來、張奉樹、張自榮、王夫久、郝廣、郝聖、張興升、郝光明、生員李克順。

北山口：劉澤治、張景元、崔好、于秀、王景貴、□俊德、董瑞□、李淑秀、閻貴新、劉澤鍾。

常家莊：盧可明、閻宗平、鄧應文、鄧爾成、鄧□、鄧珠、鄧應秀。

蔡家莊：宋明選、宋明盛、宋明顯、宋明奇、宋胡祿、宋胡遠、傅長平、張自奇、傅秋元、馮如言、傅秋為、張起鳳、鄭養好、馮景祥、郅雲程、馮治文、馮□□、趙燭、傅雲霄、王文秀、王文忠、王文慶、王文超、張自長。

烏洛村：魏學博、李鐸、魏洪誥、魏邦順、李景秀、魏洪陽、魏大成、魏本固、魏景儒、魏本才、魏星立、魏本善、魏光帝、魏學士、魏光交、魏大倫、魏洪典、魏洪雲、閻明弟、郝成武、葛重龍、張本善、趙應吉、張遇、張自束、張自立、張自室、李□康、劉可心、張從先、趙爾順、吳可元、葛蘭、于春德、劉天貴、□可明、張邦徐、張自桂、許國鳳、劉宗舜、張明喜、周光前。

本寺住持僧衆福德、端明、星□、□□、□□、□□、謹昭、謹梁、□□□□。

（碑存鞏義市青龍山慈雲寺內。孫憲周）

妝飾千佛殿並塑胎金塑諸佛神像碑記

【額題】萬善同歸

時大清康熙二十六年八月十五日立。

山口村施主：王景斗銀一錢四分，郝樊銀一兩五錢，許加瑞、郝顯明、張光慶、楊氏銀一兩，郝應室。

生員郝金佩、郝應珍銀七錢，葛應宗銀四錢。

文林郎知鞏縣事蔣徵猷施銀一百兩。

捏塑師和及弟。

金粧師：景明德、宋□、王起建。

畫彩匠：王宗海、張□□、郭存仁。

姚織德二錢，岳可德二分，陳大秀十二分，劉振升十二分，馬大□六分，岳灼斗六分，鄭枝□六分，許自法五分，趙世姜一分，趙長□一分，趙□春一分，□奇祥□□，趙作哲一分，趙作□一分，趙作賢一分，岳宗賢一分，岳宗□一分，□連斗一分二，王六銀一分二，□□□銀六分，□□寧五分，李貢文五分，□□謹派工，□之和五分，李□和三分。

計開：

山口村施財主人：許景和九錢，張宗□銀四錢，□一□四錢半，王成壯銀三錢，張光斗銀三錢六分，張門馬氏銀三錢六分，王自公銀三錢六分，王自茂銀二錢四分，王□久一錢四分，新景平銀二錢四分，丁自□一錢二分，張光奎銀一錢，閆陰張氏一錢，張□丁一錢，郝成宗銀二錢二分，范章銀錢一分，郝□展銀錢一分，柴門柴氏錢一分，□□□銀五分，王石□銀錢七分，王自良銀八分，趙應和錢一分，劉宗孟銀錢二分，趙爾洪銀錢二分，張自來銀錢二分，張舉樹銀錢六分，張孔學文銀錢二錢，王景文銀錢二分，□門張氏銀錢七分，張奉□銀錢二分，□可璽銀錢一分，丁自成銀錢二分，丁自德銀錢二分，丁自英銀八分，張自錦銀錢二分，臺門隆氏銀錢二分，丁自英銀八分，王門趙氏銀錢二分，王自禮銀錢三分，張遇銀八分，王□銀一錢，張□銀一錢，□六明銀五分，郝□□／[1]

常家莊：鄧璋銀八分，鄧玟銀□，鄧應秀銀八分，鄧門王氏八分，賀九銀八分，萬可松銀八分，盧可明銀八分，崔洪德銀八分，趙春銀錢一分，李林銀八分。

北山口：崔有德銀八分，李大成銀八分。

□家莊：□弘祿銀錢五分，劉首道銀五分，石邦山銀五分，王可□銀一錢，傅進忠銀

---

[1] ／以下，有缺字。

五分，傅長宇銀五分，傅雲漢銀五分，校可將銀錢二分，校武定銀錢二分，劉正□銀五分，校民貴銀五分，丁應捷銀五分，臺三斗銀五分。

小官莊：周云才銀二分，王自洛銀三分，劉治田銀二分，溫黃銀錢二分，李門楊氏銀錢二分，李應奎銀錢二分，李門陳氏銀錢二分，白哲居銀錢二分，傅門張氏銀錢二分，康門禾氏銀錢二分。

（碑存鞏義市青龍山慈雲寺內。孫憲周）

重修六祖觀音殿並金粧佛像開光修醮完工碑記序

【額題】善與人同

蓋六祖者，乃勿□□□佛脫凡度□與羅漢同升西域以成佛，但羅漢未辭而游□步□□□祖佛事左在□□祖因辭凡稽遲故□□□□座於觀音之旁，□□凡寺六祖殿者，□□來也。□殿創於貞觀，修於正統，可為有年。其傾頹之境，有難言者。□□善人李法成，當佛殿之成日，同善友崔好，共謀於功德主崔文□，并同志者二十七人，每人捐貲七錢。督工命匠，不數月，殿宇遂燦然一新。雖曰重修，無殊於創建，其□功德豈淺鮮哉！殿宇既成，佛像豈可任其□腐乎？昭是一會善人佛光□昔□□積聚錢糧，共積□□兩，□□料金妝之費，□□一經□□□□滿法□□然如昔之□嚴□□，其功德更無量矣。□□不□之力，而□□首領周□□是勞者，其功德□□□□碑記□□不朽。謹序。

邑庠生郝金佩書并撰。

康熙二十六年丁卯歲十月。

首領李法成、崔好、崔□□、靳可明。

生員張以林、盧可□、崔□□、賀九成、郝應室、張先□、張光□、張□□、郝□、張光□、張景先、李□□、張□□、郝□宗、葛□□、□□□、白振芳、王自信、王□海、張光□、李□雲、白加升、劉宗文、王自修、景明德。

金塑善人崔□□、傅□□、李□□、霍□□、張□應、楊氏、崔□□、王氏、郝丞宗。

□□觀音崔好、葛應宗、白加林。

住持端成、遠文、福江、福□、謹蘭。

木匠□□□。

石匠□□□、張志門。

金塑匠王宗海。[1]

（碑存鞏義市青龍山慈雲寺內。孫憲周）

---

[1] 以下字辨認不清。

重新建修觀音堂記

　　鞏縣東南十里餘青堆山西南，鄉名海尚，為□□族故里也。有觀音堂，乃善神也。拔济万難，普度百劫，有形氣者胥蔭庇焉。不知創何代，其來久矣。風雨飄摇，堂貌頹損。吾父惻然動念，約議族衆，重修院墙，外建樓棚。迨至明末崇禎十三年，累歲旱蝗，流寇屠城焚殺，土賊破砦□擄，父南子北，兄弟妻子離散。凶年荒歲，骨肉殘食，人之十死八九，莊地茂林，煙断千里，鷄犬無聞，虎狼鹿猪盈野。迄今清朝定鼎五十餘年，並無人居。此堂瓦破垣頹，已為丘墟荆棘矣。神像猶存。生員王際雍、弟際隆，目覩傷心，招募居人，開□遂卜擇吉地，因山為座，首倡化貲，督工鳩造，□親捐財□□，不日告竣，移神於兹□。斯堂也，像洞精瑩，金碧輝煌。起□入孝子□□去恶之念者多矣。故勒之石以誌云。

　　布施姓名：
　　□□□艮二兩五，劉洪□艮五分，王際□艮二兩五，王自珍艮五分，王□□艮五，王際隆施神前地基一分，王□□艮二，張□□艮一兩，□元□艮一，□元□艮一，□□□艮一，劉紹□□□。[1]

　　施財出工善人姓名：
　　□□□工十日，□□□艮一个、工十日，杜文書艮一个、工五日，賀汝林艮一个、工五日，王獻□艮一个，□□位工一日，杜文明工二日，張一善工一日，王文英工一日，□□明工一日，□可喜工一日，張□海工一日。

　　金塑匠王宗海。
　　石匠胡祥。
　　童生王令書。
　　康熙二十七年十月二十二日。

（碑存鞏義市大峪溝鎮海上橋村。孫憲周）

重修金妝千佛大殿佛像

【額題】同會善人
　　原總河都院標下都司張懷男候選吏目監生張景隆施銀伍錢，張大宣男和獻章施銀九錢，李金章、鄭明山、典吏李雲程施銀九錢，劉可順男侯先、典史劉朝元施銀九錢，李香男候選吏目李天命施銀九錢，候選典□趙文運男趙之琚施銀九錢，王本強男王可義施銀九錢，張希先男張璞施銀九錢，張光慶男張自善施銀九錢，張宗先男張琚施銀九錢。
　　重金粧千佛殿佛像，左右香花菩薩二尊，毗盧佛一尊，對面韋馱菩薩一尊。

---

[1]　第二排字多模糊。

文林郎鞏縣知縣蔣徵猷施銀一百兩，迪功郎縣丞陶穎□施銀一兩。文林郎縣知縣顏光昌，典功郎縣丞段應龍，典史石□。

合會社首：王自功男王夫壽施銀九錢，許景男候選經歷許國瑞施銀九錢，候選經歷常毓秀施銀九錢，郝應室男郝承先施銀九錢，劉澤治男劉心范施銀九錢，崔好男崔進德施銀九錢，張景先男張中文施銀九錢，郝樊男郝應瑞施銀九錢，王成壯男王自言施銀九錢，張自貴男張文明施銀九錢，郝成宗男郝煊施銀九錢，劉宗文男劉君施銀九錢，王成變男王榮昌施銀九錢，郝顯明施銀二錢，石灰務候選如同貢監張爾蘊男生員張翰施銀五錢，張文元施錢三百文，姚庶民施銀二錢，符體忠施錢一百文，監生馬翰弟馬虎施銀五錢，本寺住持遠文、徒福德施銀九錢，福玉徒慶法徒瑞朝端喜施銀九錢，端理徒瑾存施銀九錢，端成徒瑾蘭瑾安施銀九錢。

仝立。

金粧匠人張成德、云宗海、景明德、郭存仁、焦文作。

陰陽生劉宗孟、葛芝。

石匠劉治深、劉求清、劉永禎、李生蕃。

庠生郝金佩、周旋。

邑庠增廣生郝麟生書撰。

時康熙二十八年六月初八日立。

【碑陰】

【額題】光耀百世[1]

（碑存鞏義市青龍山慈雲寺內。孫憲周）

重修地藏十王殿序

從來大廈非一木所支，聖事非一人作端，在倡率之得其人耳。此殿自創建以來，幾經補葺，不能大為整理，以覺有待。幸得首領善人崔君號臨泉諱好，并社首郝應室、許國瑞、張希先、鄧玥，同功德主崔文定，募緣僧人遠文，暨□□就六十餘人等，於丁卯歲冬月當大修、重修之後，大發慈悲。始則臨泉經出己貲，處備供饌，會合衆友會議舉行。至日，衆皆忻然曰："善哉！善哉！此盛舉也，咸樂興為。"於是，於戊辰歲，各輸麥穀不等，積貯於社首之家。其中有行息、未行息不一。噫！臨泉素行善事，鬼神無不欽崇，雖死猶生。及至今歲動工，有賢父必有賢子，臨泉長男諱進德，能繼能述；次郎諱友德；三男諱明德，克孝克弟，不殫辛苦，不惜費用。同衆善友與募緣遠文僧朝夕勤勞，供匠作，備物料，不兩月，而殿宇煥然一新。此真涓滴可助滄海，拳石可幾泰山，安見一時之領袖，不為萬世之觀瞻。但見墻壁輝

---

[1] 該碑碑陰，文字多磨損不可識。

煌，妥其神即妥其人，衆君之善念告竣。臨泉於九泉之下，諒以眠目，以其心可告無愧於閻君。工既告成，安得不銘記於石，以為後觀感哉。予不辭陋，直言以序云爾。謹序。

  文林郎知鞏縣事顏光昌，縣丞段應龍，典史石□，儒學教育王源，儒學訓導江弼。

  邑庠生郝金佩撰並書。

  募緣住持遠文。

  社首崔好、崔應室、鄧明、崔文達、許景和、張希光。

  共施財闔社人：

  南山口：善人王本治、劉宗文、王天壽、王自言、張光慶、張自錦、張宗先、張奉樹、張奉雲、靳璐、張自正、郝□□、郝金佩、郝成宗、張景隆、郝才、丁自德、郝□智、王文忠、白加升、吳可平、張志丁、張禮教、張□徐、張應奇、張光喜、王自春、劉宗孟、郝樊、王自信、張舉。

  北山口善人：劉法治、張景先、于旺、閻貴丁、于春正、閻奇丁。

  常家莊善人：閻宗平、賀九成、鄧應秀、王宗海、廬可明。

  白沙村善人：崔文吾、越國定、靳可月、崔奉安、崔景禮、崔景起、李林。

  清易鎮：李玉鉉、孫李生蕃、李有薰。

  芝田鎮：單養清、周傑然、武鉉。

  孝義村：王修太、張以林。

  蔡家莊：賀志昌。

  康熙二十九年歲在庚午十月初六日社首崔好合社全立。

【碑陰】[1]

（碑存鞏義市青龍山慈雲寺內。孫憲周）

重修慈雲寺千佛殿碑記

【碑陽】

  余嘗肄業此寺，暇中遍閱古碑，始知其寺創建於漢之明帝，敕建於唐貞觀三藏禪師，再修於明正統南宗禪師。其間踵事增華，□碑鰲然為烈。至崇禎末季，流土交訌，踩躪閱數載。而各殿之棟梁摧折，千佛殿損毀尤甚。磚瓦墜地，諸佛日久則易花，繽紛之場鞠為荊榛虎狼區。痛哉！慘遭劫灰，佛祖亦有餘恨。求雲補綴梵刹，締造於既頹之後者，實難其人。是古刹名勝，聽其□□□救奐以奠□麗茲土而為大願船也。爰有山口村善人張光慶、郝應室、許國瑞、劉啓楨、王景斗、葛應宗、郝樊、郝顯明并合鄉首領等，更有僧人端成、遠文、福玉、謹安等，大發慈悲，慨然有重修佛殿之舉。又慮此殿舊規四明挑角，斗拱出

---

[1] 該碑碑陰鐫刻施主姓名，文字磨損嚴重，不可識。

現，華而不實，所以不賴久遠。今欲為千百年之計，須不惜千斤之費，謀之將作，改為包檐。寶殿一概磚石沖頂，永為長久計。然工程浩繁，度非一人之力之克濟也。遂肆□集檀越，無論城市鄉鎮，各為首領，普募捐貨，隨力以輸金粟協贊。厥工始事於康熙十六年丁巳，告成於廿年辛酉。將見瓦礫丘墟，一旦而侴奐翛美，慧燈一照身，令會發源之日長也。佛祖有靈，首領之功德固不可泯。而蠲俸蠲祿之官長，施財施糧之善男信女之善行，以豈淺鮮哉！應記石以垂後云。

邑庠生員郝金佩書撰。

增廣生員郝麟生、周旋、原任河都司張懷施銀一百兩，舊任縣正陶潁發施銀一兩，生員鍾萬粟施銀二兩，舊任典史金維翰施銀一兩，生員白秉善施樹一棵。

社首：劉啓楨、郝顯朗、張光慶、郝應室、許國瑞、葛應宗、王景斗。

副社首：張光斗、郝成宗、張光喜、張志貴、范百□、王自□、張志□、王自官、張志禮、李啓鳳、王自信、張國成、郝應洪、張鳳雲、張明亮、王景文、劉景躍、王春和、丁自成、丁自仁、張希光、郝應珍、賀安民、趙應吉。

北山口：于石、張景先、劉澤洛、劉澤、崔好、閻宗又、許景平、王夫壽、許京明、張明。

常家莊：鄧應義、賀九成。

本寺住持福玉，徒孫端朝、端成。

遠文，徒福建。遠來、端經，徒謹安、謹存、謹福、謹召。

陰陽生葛秀。

木匠郝成幫、丁自德、郝應徐、李法成、吳可平。

鐵匠王現如、張天徐、張又徐、張印徐、王雲遇、董自全、王治。

泥水匠武林、曹士英、趙春臺。

石匠郝成雨、張志蘭、趙國樹男趙鼎玉、李生暮、劉治琛男劉永清、李生勛。

時康熙三十二年癸酉歲中秋吉旦仝立。

【碑陰】[1]

（碑存鞏義市青龍山慈雲寺內。孫憲周）

重修牛王廟碑記

鞏東程家寨，舊有牛王神祠。雖不知創自何時，建自何人。然大明隆慶間，予高祖程公諱世、立兩人，嘗起而修葺之，煌煌乎成一巨觀也。歷明抵清越今，百有餘歲，而木料盡壞矣，磚瓦凋謝矣，牆垣漸頹而神像亦塵翳矣。倘無一善士者出，新廟妥神，成厥盛事，

---

[1] 該碑碑陰刻有施主一千餘人姓名，文字磨損嚴重不可識。

豈惟有以於神人之恫哉！即予二高祖有知，亦未必有痛恨於九原也。幸有予叔父諱士弘，族兄諱子剛，目擊心傷，慨然以重修為己任。第事關重大，未敢擅舉。因於康熙二十五年秋，臘祭之暇，聚村眾而謀曰："神者人之依也，廟者神之棲也。今日倘坐視其凋蔽而不為之，所以區區之心，寧能安然已乎？盍共出帑積以為修建之資歟？"眾人聞其言而是之。尋即沿門收粟，但村小人寡，又值歲歉，計其所得僅八斗有餘。戔戔之利，其不足為廟費也，審矣。遂共推二人為首事，出入滋息。不意六、七年間，而擢其子母，已不下數十石，修葺之事，亦庶乎可以觀厥成也。由是鳩工庀材，卜日以從事。但見時而攻木者至矣，時而攻土者至矣，時而繪畫者至矣，居數月而工亦告竣。觀其基址，苞桑鞏固也；瞻其廟貌，煥然改觀也；視其聖像，金碧輝煌也。嗚呼！厥工詎不偉哉！□人之耳而目之者，莫不交相慶曰："新廟奕奕，鳥鼠無虞，以妥以侑，穀我士女。"又莫不相贊曰："士弘之與子剛，其行善事也，能有成也，其繩祖武也，善繼述也。"豈但有以誇一時耀一鄉哉！凡後世之縉紳先生，行過是地者，未有不為之嘉其工，而慨然有慕乎其人也！是不可不勒碑以為之記。爰伐石，命予為之。予非能文者，但序其工之所以始，與工之所以成。庶前人之功德不至泯沒於後人，而後人之追踪前人者，亦從此傳之一世而如見，傳之數百世而仍如見也。是予之誌也夫。

邑庠生員程允樞撰文。
邑庠生員程允楷參閱。
程允槙書丹。
布政司候選吏員程士傑銀五錢，
督工化主：程士偉銀壹兩，程子剛銀貳兩。程士弘銀壹兩陸錢，程士英銀壹兩，程佩銀伍錢，程士儒銀貳錢，程士仁銀壹兩，勒存義銀五錢，杜作佩銀壹兩，張成物銀壹兩，程士儀銀壹兩，杜作屏銀壹兩，趙一山銀一兩，姚生育銀五錢，張爾祿銀五錢。
木匠張芬、張惟仁。
泥水匠張惟坤、張起智。
畫匠陳爾璽。
石匠張倫瑞、張紀。
大清康熙叁拾肆年歲次乙亥六月下浣穀旦立石。

（碑存鞏義市米河鎮程寨村牛王廟門東墻上。孫憲周）

重修龍王殿石碣

【額題】重修

費門孫氏男費自勇施捨廟院地一段。
龍王殿化主人：費曰孝銀一錢五分，許高銀一錢五分，龐重芳銀一錢五分，吳應時銀一錢五分，張景瑞銀一錢五分，曹明標銀一錢。

率領衆善施財姓名於後：

吳三星銀二錢，張自冬銀一錢，吳自論銀一錢，張璽銀一錢，吳應現銀一錢，于化林銀一錢，賀焯銀一錢，費曰得施捨廟院地一段，曹化育銀一錢，李佑堂銀一錢，尹魁銀一錢，胡自美銀一錢，王白銀一錢，龐鳳鳴銀一錢，吳應明銀一錢，龐宗平銀一錢，龐世黃銀一錢，吳應海銀一錢。李香銀一錢，胡士璋銀一錢，吳玉良銀一錢，許文美銀一錢，費景瑞銀一錢，曹玉英銀一錢，吳世聖銀一錢，□周元銀五分，吳應方銀五分，張景楊銀五分，李化昌銀五分，龐鳳堯銀五分，賀計德銀五分，張明斗銀五分，龐世紀銀五分，張永成銀五分，李則文銀五分，費景龍銀五分，李學文銀五分，龐世佐銀五分，龐士榮銀五分，龐奉清銀五分，袁文祥銀五分，尹生瑞銀五分，袁珍銀五分，曹化科銀五分，尹起龍銀五分，趙國太銀五分，張明倫銀五分，許國興銀五分，王懷德銀五分，龐世傑銀五分，李廣倫銀五分，費景斗銀五分，楊光秀銀五分，吳道行銀五分，曹明德銀五分，張景銀銀五分，張景賢銀五分，曹明秀銀五分，曹化學銀五分，閆俊銀五分，吳加友銀五分，龐世賢銀五分，龐體玉銀五分，尹起玉銀五分，張元泰銀五分，吳三奇銀五分，吳自忠銀五分，王拱戍銀五分，李可畏銀五分，張景明銀五分，龐鳳祥銀五分，張聖然銀五分，費由升銀三分，張珍檩一根，吳道光銀三分，費曰仁銀三分，龐世耀銀三分，費連業銀三分，尹自明工二日，龐風奇工二日，曹化聖工二日，李可仁工二日，龐德榮工二日，龐世興工一日，吳玉宗上一日，李世儀工一日，費知文工一日。

共收合鄉施錢六千六百四十文。以上共買各樣，木匠工錢，共使錢六千六百五十。餘檩二根，賣錢四百，與石匠作工錢。

木匠三人：吳道升銀二錢，王起龍銀二錢，賀文升銀二錢。

石匠曹光輝銀五分。

鐵匠胡起雲銀五分。

康熙三拾五年夏月闔鄉仝立。

（碑存鞏義市西村鎮西村龍王殿前檐外牆左側。孫憲周）

金妝諸佛神像碑記

慈雲寺，古刹也，四周皆山，居民鮮少，幽之致奧如靜機□如，異草奇花爭差獻瑞，而復雜以好鳥之音，繚繞其間，四方極樂世界，不過如是。誠哉慈光遠睹，舉目皆成慧觀，亹亹靄靄，惟見白雲之盈於蓮座而已，豈以像為真諦哉。然而見像作福，亦世之恒情也。會首郝應室、王自言、許國瑞、張希先，住持僧遠文等，會同家鄉善人，金粧佛像三尊，二十四諸佛，共費銀叄拾肆兩柒錢，功德施主遂成就。神像如是莊嚴，誠是以起人為善之心，不特金碧輝煌，僅以耀目而已也。然則衆善固不可没，而首領之功德更可嘉哉。爰鑴之石，以志不朽。

尚典地錢一千文。計開共取銀叁拾壹兩四錢分，使出銀叁拾肆兩柒錢。

住持僧遠文施銀一兩，

首領山主許國瑞施銀一兩，郝應室施銀一兩，王自言施銀一兩，張希先施銀一兩。

生員張東鍼撰文。

鄉生王法先書。

石匠郝成兩施銀一兩，張自洪施銀五錢。

溫縣金塑匠和及弟、蘇金榮、蘇金桂、徒牛斗法。

木匠丁自德。

陰陽生劉宗蓋。

住持僧　端徑，徒謹□　慶福、慶宣。
　　　　端成，徒謹安、

　　　　　　徒福德、福建。

旹康熙三十六年九月初七日立。

【碑陰】[1]

施財善人：

蔡家莊：趙宣璉施銀一兩。

南山口村：郝承宗施銀一兩。

北山口村：劉澤治施銀五銀五分，□□鷟施銀□□□，張□□施銀四錢，張自花施銀四錢。

王本強、王自春、王成變、葛蘭、張太樹、張宗先、閻奇□、丁自德、丁自仁、子養性、郝應法、張士貴、僧瑾安、劉宗盈，以上十四人俱施銀五錢。

崔進□、張中文、崔用德、賀九成、盧可明、閻宗平、崔洪德、郝光明、何貴晁、張光慶、郝玉佩、張應奇、張自臺氏、李門李氏、張□成、葛惠、葛芝、張志善、王法文、劉宗禹、許國葺、王自信、許汝龍、郝成功，以上二十五人俱施銀三錢。

溫邑：岳□施銀三錢。郝瑄施面一斗，米五升。鄧玥施銀二錢五分。張守陽、王福壽、張奉雪、郝文宗、范□璋、王景文、丁自成、劉宗文、王安鳳、趙應吉。

典史張啓先、張奉仁。

孟縣：張元乙、馬九祥、趙應斗、許國奉、張自□、鄧瑞、于龍、張奉槐、張奉袍、張奉朝、郝銘生、張印徐、周可璽、吳可平、郝成蛟、吳一中、張光□、王志久、張月全、于養四、葛建功、郝懷德、郝□祿，以上三六人俱施銀二錢。

梅英、由方章施銀一錢。崔文斗施銀二兩，丁義王禹臣施□□。趙門閻氏、王門魏氏、

---

[1] 該碑碑陰風化嚴重，大片脫落，諸多文字不可識，內容是捐貨者名單，現將可識部分抄錄於後。

丁自英、郝懷福、張瑞支、張門周氏、張□□，以上七人施銀一錢。

王玉海、許景平、張奉朝、張周鳴、張奉樹、張爾英、張奉枝、王清友、劉宗舜、丁自義、劉瑞、趙爾祿、張雷光、張志文、葛蘭、郝秉善、郝征、蘇林、張廣貴、郝成先、郝成普、郝□從、王□文、王治斌、張文進、王□瑞、季□□、郝槐，以上施銀一錢。

張志性、王成變、郝成禮、李際保、申起福、劉德福、王可義、張國成、□□□。

（碑存鞏義市青龍山慈雲寺內。孫憲周）

重修碑記

嘗觀敬神者必有食以饗神，而饗神者必有樂以侑食，故饗神則有廟，侑食則有樓，今堤東鎮砦上有三官廟，蓋饗神之地也。第前少侑食之樓，殊覺不光。合砦公議，以為昔重修廟宇餘銀十兩，盍建侑食之樓，□以悅神明而伸□志乎。適有焦斗燦、趙文燦、曹文第不憚其勞，極力催督，厥功既成，故刻石以誌云。

邑庠增廣生員焦隆祚煥辰甫拜撰再書。

羅狀鎮孫緒脈銀二錢，生員孫天錫銀二錢。

計開管飯做工姓名於後：焦斗燦、焦顯忠、王乘雲、曹光辰、荊三元、張廣見、趙作舟、荊三公、趙作楫、賀舉、路曰顯、路曰耀、韓進忠、鄭起雲、曹光輝、李本孝、路濟、趙允、路宗、趙丕基、曹光明、趙作獻、岳明信、侯治□、張林、薛邦允、曹光振、趙英、張滕□、蕭二、李本忠、趙丕緒、李三英、王進忠、趙雲來、鄭可友、趙作林。

康熙三十七年七月十五日。

鐵匠王登雲、石匠曹光輝、木匠曹起仁、張□□仝立。

（碑存鞏義市西村鎮桂花村。孫憲周）

重修東嶽廟舞樓小記

東嶽廟舞樓，余魯叔祖廩生相明公，創建於明季，至今七十餘年，蓋久不無破缺，板檻或有腐折不修，屋且壞。本村善人諱君馨字宇，與余叔鴻升公毅然任其事，督率衆善，化募資財，悉舉而更新之，無忝前人，無廟後觀。工既訖，刻石以記，庶久沒人善云云。

邑庠生員謝茂育記。

邑庠謝善繼書。

計開施才善人姓名列于後。

皇清康熙三十九年歲次庚辰四月十五日。

石匠張朝記鎸。

（碣存鞏義市康店鎮焦灣村廟溝焦灣關帝廟舞樓。王興亞）

重修菩提寺前大殿碑記

今夫琳宮梵宇，不必錯處。城郭宮室，間而重修再建，革故鼎新，雖於國計民生似無裨益，然而勸善深情實於此而可驗也。蓋功德之著，即一瓦一木尚不可泯，況出四方資財以襄厥舉，豈可不就前人未就之緒，竟同人欲竟之功，而甘於湮沒乎？吾鄉舊有菩提寺，創已久，風雨飄搖，前殿傾頹。予先君府庠生諱昌，字閎中，率族人，約鄉眾，募四方，重新於康熙元年，然功雖成而石未勒。同黨中無共立者。因有年，無其奈，眾議紛紜，首事無人。何不意江南程君字聚升，及住持法旨上人，並堂祖光照，族祖沖斗，共議於予。予曰："時異歲殊多歷年，亦當日董率之人募化之方，捐施之姓氏，財物之多寡，能盡記乎？"彼曰："有緣簿在，子暇閱焉。"予遂考其緣簿，但見董率之姓名俱在也，募之方向未泯也，捐輸之冊同姓氏亦昭如也。予曰："此善誠不可沒也。"於是，擇期命匠，於庚辰秋以勒石焉。然則是舉也，誠亦謂首事之功，得繼事而益彰；繼事之功，賴首事而乃傳也。是為誌。

本寺水道山門外路，予高祖隆山，叔高祖隆菴，曾祖覲予，叔曾祖開陽，亦同施也。石雖立而今已損，予又誌之，以並垂不朽。

後學韓復亨撰文。

江南新安程天萃書丹。

鞏縣正堂張捐銀拾兩，典史郭助銀壹兩，代捕巡司齊綸助銀壹兩。

功德主韓登泰、韓登俊、韓登立、韓登旺、韓登桂、王國泰、袁治朝、韓光郁、韓昌。

勸善贊成居士程天萃，江南徽州府婺源縣人也。

誠募住持貴真、多聞。

立石住持法旨。

木匠□□□。

泥水匠秦少池。

石匠趙鼎玉。

塑匠□□□。

旹康熙三十九年庚辰歲次桂月中浣穀旦立。

（碑存鞏義市涉村鎮凌溝村菩提寺。孫憲周）

重修東嶽泰山神廟序

嘗讀《虞書》，舜自肇十二州而外，繼之曰封十有二山。蓋以山者，國之鎮也。天下之鎮，惟丘嶽為尊。五嶽惟東嶽為長，號曰：蓬玄、太空洞天。稽之史，有封於泰山、禪其梁父，三代而後，概不乏書，是其神聰明正直，威靈顯赫。善則彰之，惡則瘅之。有感必應，有禱必通。四海九州，窮山僻壤，咸立廟奉祀焉。鞏邑離城五十里許柏峪村，舊有東嶽行宮，不知創起何代，其廟遠矣。經弘治年間修葺以來，迄於今二百餘歲。其風雨之飄摧，廟宇傾頹，墻垣毀壞。住持道孫真見目覩心傷，約鄉之父老馬奇林、柴玉等曰："人依神為庇，神以廟為棲。茲廟也，非所以棲神也。"父老曰："其事大，其功竣，非一二之所能為也。爰以募化四方之賢人君子，與夫善男信女，以共勷厥事。"衆曰唯唯。於是，道與林、玉等為之倡，挨門持鉢，廟廟提□，人人稱為事。各捐貲財，不數月而告成功矣。於是，廟貌輝煌，棟宇燦然，群躍然興曰："神得有所棲，莫人不有所庇乎。"然此非敢自以為功也。爰勒之石，以為後之繼起者勸善之一助歟。

率領各鄉各里施財姓名於後。[1]

大清康熙四十一年閏六月吉日。

（碑存鞏義市回郭鎮柏峪村啓母少姨廟。孫憲周）

重修金妝金剛殿碑

會首：趙應斗施銀五錢，王夫壽施銀五錢，張奉示施銀五錢，慶宣施銀五錢。

候選經歷王自信、許國瑞、王成交、馬和鸞、郝應智、□玉佩、王景文、趙文安、張宗先、張希先、郝成才、張自□、張自正、張自珍、李聲奉、丁自成、張自法、許國奉、許國文、王文忠、郝嫦、曹蘭、劉宗孟、郝德□、丁自英、張邦徐、王可義，以上俱施銀五錢。

住持：遠文、謹安、謹召、徒福□、福壽。

金塑匠：王宗海、張成德、張珍、張應周、盧子奇，俱施銀五錢。

木匠郝俊才。

石匠郝成通。

泥水匠趙進□。

時康熙四十三年八月初六日。

（碑存鞏義市青龍山慈雲寺内。孫憲周）

石香亭銘文

石亭留萬古，善意不知年。

惟有老松樹，敢與結綿遠。[2]

---

[1] 施財者姓名，字多漫漶。

[2] 第一面。

常聞人之事神，無限之典禮，□□□依□爐□□進香者，煩□始□□其制而大，此香亭之說所由來也。草廟上舊有老君坐鎮於此，利濟萬方。前朔後望，善主不無焚香登拜，舊有香亭一座，因襲甚便。但因年久損壞，凡有香祀，苦於無有。康君諱君瑞、王君宗仁者，目覩心惻，會合窯衆，皆意懇之。命人採石，不數月而告厥成功。因賦曰：

石鼎香亭供俸神前，萬古馨香百代流傳。

邑庠生員雷步瀛撰。

康衢歌書。

康熙歲次丁亥未月朔吉日建立。[1]

□□吐秀氣，入廟散清煙。

滿眼真誠意，安於此石間。[2]

□主於石□陳□吾施工人姓名於石：趙加謹、康弘吉、王國論、崔有智、何耀。

四門施主：

長門康澤滂、楊起論、申三位、苗清芝、李大年。

二門康澤浩、康偉、費弘火、王玉粹、王立。

三門康王輔、劉羽漢、劉景序、李靈芝、李福。

四門康澤深、生員劉云漢、王存理、王廷玉、趙爾公、生員白慈、宋振宇、范生仁、范九、張進忠、石□德、康壽、康襄。

住持康襄。

石匠張芝。

仝立。

（碑存鞏義市橋溝老君廟。孫憲周）

重刻三田孝義祠碑記

【碑陽】

【額題】千古傳芳

邑侯東魯朱勝。

贊曰：紫荊一株，別籍三塗。夜纔議砍，曉輒憔枯。因感更合，其花再蘇。孔懷之道，人當是圖。

---

[1] 第二面。

[2] 第三面。

三田碑文胡為乎重刻也？歷年久遠，暑雨烈日，以及無知幼狂者之所致，将碑文蠹毁。适於康熙壬午秋，邑侯周公父諱志焕老太尊，数騎至孝義，特訪三田故跡，見其碑文蠹毁，因起念曰，盍重刻以垂不朽。遂問及本村增生李梧鳳，庠生蘇景轍，候选州同李晉者。晉答曰："余先兄廩生李魯有墨刻遺蹟存焉。"爰是仍舊碑文，重書刻銘，不惟誌前人之善，亦且勸後人覩碑文，而興重修三田祠之念也云爾。

康熙歲次丁亥仲秋之吉。

邑庠生員辥景轍仍舊碑文重書。

增生李梧鳳、庠生辥景轍、廩生李魯、庠生李雲興、府庠李如松、庠生范嶷、庠生景鳳鳴、候選州同李晉。

里民范清文、范清鼎、范青雲、白洪斗、李復智、范仁生、范仁傑。

院吏范旒英。

石工張朝、紀仝重刻。

【碑陰】

創建三田孝義祠記

按田氏三賢載高士傳。出東漢時，曰真、曰慶、曰廣。昆季同居，孝讓著名。一朝議分財產，堂前有紫荆一株，枝葉甚茂，夜議斫分為三。曉即枯樵。三人感泣，復合。樹忽亦榮如故。蓋其孝義出於天性，故能感天神，奪造化如此。漢以及今，帝代幾易，而遺塚高大可仰，遺井堅完不毀。豈天鑑孝義，故假諸物，以昭三賢之英靈於萬世。不然，何以得如是之靈長，而亦何能得人人敬慕之深如此哉？東魯朱公豫齋先生，於幼學時，讀傳至此，已知企仰。嘗掩卷三復流涕，非篤於孝友，焉能應善如是之速，大舜決江河之喻，先得我公同然耳。適於正德癸酉春，拜領除書小试，邑令庪吾土，歷伏臘，政事通，百廢舉，訪境內風景古蹟，聞三田墓距縣西十里許，問左右以詳，一隸前跪曰："小人生長田氏里，聞前輩云：田氏庄基為里民所占，遺址不知其悉。其三塚，高闊可望十里，磚井砌甃，完固如昔，水源甚深，味甚甘，与他井殊。"公聞之喜。嘆曰："古人遺蹟類多如是，而孝義之得名，亦本諸此。"明朝命駕，偕僚友往觀其塚與其井，并取其水嘗之，果若隸言。公因感而泣下。左右見之皆泣。蓋我公昔慕其人，今觀其蹟，良心激切，是宜不能已其情也。既而謀諸僚友曰："三田名香千古，舉世知德，豈無英靈在世？可於井側立祠，圖繪其像，使鄉邑之民有所返依感發而為善，因以增此邦之重，牖後人之勸，而彰前哲之賢。"僚友謝之曰："善哉！斯舉衆之意也，又可見天理人心之同。"於時雲合雨降，雷鳴者三。識者金謂公一念所感，余亦以為然。而公獨辭，其天時氣候适際其會。尤見雅量長者之度。公見歲饑不果。里民范寅居，与田氏井相向。見公之猶豫，輒捐庄基數間為立祠地，暨崔貫昆仲亦捐木植磚瓦為立祠資，協心以贊成公志如此。又各命子弟趨工役，是以不日而祠成也。遡其所以固寅等有田氏之餘風，抑亦我公德政之致然，否則雖日加鞭扑，祇速其怨耳。胡得乎人之效義，而事之有濟歟！肆土木告完，公命余記，鑴石以誌不朽。余亦感田氏盛德，及我公盛舉，自忘孤陋，姑記其略，如右云。

大明正德拾貳年歲次丁丑夏五月貳拾日。

鄉進士邑人後學崔遇書。

鞏縣文林郎知縣恩邑朱勝立石。

主簿曲陽劉輔，典史壽州張欽，儒學教諭高唐王豪，訓導樂平張稷，費邑王和，生員蕭哲，董聰，孫孝，王來問。

代書生員劉希文。

迪功郎縣丞肥城周旋。

工房司吏魏臣。

畫匠董齡。

石匠許澤、聶讓。

同建。

（碑存鞏義市博物館。孫憲周）

諸夫子沒思碑

【碑陽】

諸夫子沒思碑

【碑陰】

諸夫子鞏遊賦有序

康熙戊子歲，沖霞多世兄令鞏邑，余貽書云："余將登覽嵩高，溯洄河洛，極宇宙之壯觀，盡生平之快事。"今庚寅歲六月竟至矣，欲酬夙言，遂罣然有高望之想，觸目所形，率爾成賦。其辭曰：

自發軔乎皖城，日驅驂于隴陌。紛倭遲以千里，漸辭南而入北。繄曠野之茫茫，悵凝目其何極。旋陟谷而陟岡，遙層巒之遞逼。滎波宛丘耳其名，名為陳、鄭之舊域。曩對簡而神遊，今踐乎余之轍跡。為詢鞏封，原歟？巘歟？指彼巑岏，中即其區。杖策赴之，稅于東關。馬煩車殆，翼日以閑。六月初吉，乃謁賢宰。礼數優崇，意氣和豈。倦寐之餘，繙厥邑志。崇山廣河，繪于圖序。余情不能已，將歷覽而考其實焉。于是，踞虎頭，躡龍尾，履巘巘，躋摧嵬，倏目眩而心駭，惟嵩高之奇偉。歸岧岐嶒少室相對，拱恒霍而擁岱華，巍然天地之中位。孕靈秀于洪濛，發乾坤之怪秘。握元樞以成尊，遂云透而波逝。聖賢挺以蔚興，幾都錯其壯麗。自周漢以迄宋唐，皆鍾毓乎共氣。首極荒徼，尾與洛連，翔舞騫騰，是曰邙山。矯如蒼虹之浮空，俯若翠蜺之飲川。展雲蓋兮崿崿，建霞標兮軒軒。詎恃嶽靈之尊威，實障紫微之屏垣。北枕河流，中貫伊洛。伊西迤而與洛交，洛北匯而與河合。黎陽大邳之野，彌望北流之活活。帝王之興，河洛光溫。寒逾九日，五色繽紛。堯帥諸侯，沉璧于濱。元龜負書，綠字赤文；龍馬臨壇，文吐列星。舜受神書，玉檢金繩。青雲浮度，榮光晶熒。凡膺圖而受瑞，惟二川之效靈。所稱虎牢之關，成皋之塞，昔為新鄭之藩，今屬邑東之界。山綿綿其若鎖，水盈盈而如帶，嚴固閉密，阨塞要害。宜赤帝之據險，使重瞳之困憊。惜乎！千紅洛口，莫睹錦繡之粧；萬柳神堤，罕見翠螺之黛。西眺孤峰，高秀不群；紫金曜日，青堆暎云。五枝析嵩山之脈，轘轅驚修阪之名。然而蒼莽之間，宋陵在焉！匪欝葱之佳氣，盡迷斷之淒煙；金盌玉匣，莫閟幽泉。錮南山猶有隙，念及此而永嘆。大抵瀆宗維河，嶽宗維嵩。鞏雖渺矣彈丸，適當乎二宗之中；固四塞險隘之區，亦千載戰爭之衝。嗚呼！余徘徊而延佇，窃憑今以弔古，欲追希乎前人，將歌哭其誰語？顧洪流之奔駛，慨然想見禹之明德遠矣。訪桑林之故墟，商王六事之禱猶存乎？膠鬲迎鮪水之師，而卜周之興于西；惠公錫子般[班]之封，而嘆周之衰于東。黑石之水潺湲，膺泰同舟而若仙；回郭之野迢遙，汾陽封穴以平妖。秋風明月，緱山子晉之笙若近若遠；春雨微波，洛水宓妃之神若隱若現。荊榮孝義之村，芝秀榜元之田。玉川之茶烟輕裊，少陵之詩魂黯然。魏公殘壘，孤云欲墮；騎省荒址，茂草誰芟？而況秦險首什谷之口，阿房炬而一卒莫守。隋富誇洛口之倉，迷樓毀而粒粟莫嚐。嗟呼哉！洪爐同鑄，孰大孰細？巨鰲共負，誰夷誰阻？睇曦馭其如蟻兮，騰萬馬而莫追；容撓不能紀其歷兮，劫灰蕩于須臾。牧跂羊于泰山之上兮，藏太行于康衢；折鉤喙以為九鼎兮，封函關于丸泥。此老氏幻無名以為母，莊生糅物論而欲齊者也。嘆混闢之轉瞬，識平傾之迭移；觀晝夜之不舍，悟逝者之如斯。余將陟介丘之崇巔，溯巨瀆之細紆；探混茫于誰鑿，尋真源其何歸。豈獨宇內之大觀，盡是五嶽之壯遊。始茲感不罄于余懷，爰登高而賦之。

　　勝景名區，必待文人而獻色；殘山剩水，以因雅客以呈輝。惟其胸有爐錘，所以筆饒斧鑿。少穎先生萃皖城之淑氣，冠江國之名流。璞雖泣而聲價愈高，瑟既工而音徽獨隽。茲者遊為訪舊，賦則趨新。洛浪排空，助毫端之瀟灑；嵩風插漠，驚紙上之崚嶒。弔古之而感憤偏多，搜軼事而考稽必細。悠揚婉轉，如撥繁弦，冶艷華靡，以裁異錦。不但屬文通之快友，蓋竟是相如之後身。子衰年偶聚，情洽肺肝，異地相逢，誼同手足。擬泐日後懷思之句，漫抒目前題跋之辭，敢质高明，忽忘鄙陋。

　　山陽同學弟張弧讓三氏識。

　　受業門人閆應四書丹。

　　康熙四十九年六月。

（碑存鞏義市石窟寺內。孫憲周）

皇清李公之塋墓碑

　　粵稽始祖山西洪洞人也，來遷於鞏，居趙城村，迄今墳墓猶在焉，其來久矣。其後族家殷煩[繁]，散處於邑之方村者皆有。迨及我祖，性好獵畋，於縣之東南，見夫兩山相夾，竹林茂盛，因以名其溝焉。今又數世矣。乃生也晚，我祖之名諱字號不復記憶。族弟茂方、茂宗言曰："人生本乎祖，木本水源，豈可竟忘其所自，然無以述前者，又豈不可以使之傳後乎？"因約族家，攄其所居之地，各分支派，刻勒於石，以示我後之孫子者已，是為序。

歲貢候選儒學訓導元孫森敬識。

康熙歲次辛卯三月清明穀旦。

（碑存鞏義市竹林老墳溝李家老墳內。孫憲周）

啓建齋供千佛聖會三載完滿碑記

【額題】同會善人

計開周圍善人姓名於後：

南山口：總領會首張繼先郅氏、會首王文忠魏氏、□□□□門焦氏男銘生、□門常氏男□□、侯□□□張鏷尚氏、李進香雷氏、趙榮氏□□、王可鳳李氏、周□瑚□□□氏、郝鳳善周氏、□□□□氏、葛□□郝氏、趙爾法范氏、王景文傅氏、□宗先張氏、趙□□氏、趙應吉于氏、李鳳龍王氏、侯□□□、許國□□氏、張自林□氏、劉門郝氏□元秀、周加器李氏、郝誼張□氏、□秉□王氏、張自善劉氏、張□□□□、王法□丁氏、許門王氏、□□□□□、郝欽生□氏、牛化宇崔氏、會首郝□□、張門李氏、劉□□王氏、劉□禹李氏、□□□陳氏、丁自成于氏、丁自強郝氏、劉宗文賀氏、丁□□陳民男永、劉配君張氏、劉永功□氏、張□□□、郝德□氏、郝□生□氏、周門榮氏、男□福、郝門李氏男□□、□奉椿趙氏、張自錦王氏、許國鳳張氏、許德龍張氏、劉□□□□、□□弟閻氏、葛蕙、郝□生□杜氏、丁自義吳氏、張可□張氏、□□□郝氏、會□□□□氏、張奉義李氏、楊廷祿□氏、郝門王氏男成、郝門□氏男忠朝、郝成雨劉氏、郝門劉氏男進朝、□□□張氏、郝門劉氏男成仁、張門張氏男文明、張自在□氏、王法德□氏、王□武丁氏、丁枝于氏、王自言□氏、張志心、張奉周劉氏、張門劉氏男奉生、張進通□氏、吳門郝氏男進禮、郝成蛟傅氏、趙□□杜氏、郝門劉氏男成禮、□□□□氏、季門王氏男長福、郝門趙氏男成章、王法文王氏、葛應□葛氏、丁茂吳氏、周端祥□氏、郝□後□氏。

北山口：會首崔進德、崔有德、崔明德、劉心苑、劉澤全、董先福、于□正、趙世顯、閻可□、于龍、□□□、李門戚氏男生和、□□章、李氏男范起得、□□和、李法張氏。

羽林莊：會首周文呈趙氏、周永□孫氏、周吉亮王氏、周法禹韓氏、周門孫氏、周門楊氏、周□□王氏、□宋□張氏、周大成王氏、周門李氏、周王坤趙氏、楊門景氏、□瑞祥張氏。

和義溝：會首郅門豐氏男敬宗、李化□王氏、郅義王氏、郅敬□姚氏、胡景鳳王氏、郅忠氏、□□氏、□門李氏、郅慈李氏、郅孝郭民、郭文松王氏、趙世□王氏、宋門□氏、

□門□氏男□□、景門氏、中門季氏男季禮、申□張氏、靳□□李氏、靳□□氏、李成印崔氏、趙門郝氏男世龍、趙世彪楊氏、趙陽男□□、□□正、趙蕙溫氏。

北官莊：會首張現嵩尚氏、白□武李氏、宋□□張氏、李□秀張氏、張門劉氏男張福興張氏。

和義村：王君河張氏、王門李氏男□義、臺奉亮崔氏、臺門□氏男可先。

二十里鋪：□門□氏男□魯、□安王氏、牛門張男□□、牛門朱氏男宗武、□山川周太曹氏、王門董氏孫秀斌、趙雲祿劉氏、宋門李氏男起□、起□、王自成胡氏、趙□□氏。

倉西村：會首張門張氏男勳、李門邵氏男其述、李門張氏男務、李枝遠李氏、李門□氏□香、侯□□同監生李武孫氏。

黑石渡：會首□心平靳氏、牛繼漢申氏、費門趙氏、牛門王氏、靳門趙氏、牛門張氏、□門趙氏、牛自標牛氏、王□林召氏、牛繼秀張氏。

□□：會首王振民胡氏、王成貴景氏、賀昌薄氏、王門劉氏、李文□校氏、劉倉元氏、劉治田□氏、李文智趙氏、張起禪平氏、張□成劉氏、程門張氏。

□□□□臺化仁劉氏、校門□□、□□□張氏、趙□衣，傅民有劉氏。

會首劉園瑾□氏、傅門曹氏男□文、孫進榮傅氏、馮門□□□、傅秋園馮氏、趙門牛氏男□、□□邢氏、□門李氏男頭、趙門趙氏男□八、傅門孫氏男木威、劉門姜氏、傅門□□氏、□□□□□王印、傅□宇劉氏、宋□亮劉氏、□□李氏男中正、劉必梅趙氏□□。

蔡家莊：傅□□氏、秋選馮治平劉氏、馮□大丁氏、曹登□劉氏、趙之□王氏、□起龍曾氏、傅□有劉氏、趙文瑚張氏、吳門張氏男心學、傅□氏男□、劉門□張氏、李□王氏、□□周氏、劉通□李氏、宋書瑞丁氏、臺化君□□、□玉王氏、□□□□鳳。

芝田鎮：會首武永治丁氏、武貴趙氏、趙廣田李氏、趙頂王氏、趙彥□張氏、王繼世李氏、趙春才范氏、保世名王氏、武鈴孫氏、新明□武氏、常國卿張氏，李時順劉氏、張□子□氏、王維新周氏、趙□葛氏、趙春勳李氏、閻□□雷氏、向守業孫氏、孫國玲蕭氏、焦文音富氏、趙文□程氏、武世□軍氏、白門周氏、柴門路氏、田門趙氏、朱門郝氏、周門孫氏、呂重會柴氏、張九官張氏、趙門邵氏、李□李氏、趙門李氏、張門校氏、王之用□氏、

清易鎮：馮頭村趙氏。

小黃冶村：會首劉承宗費氏、劉□周郝氏、劉洪倉□氏、劉忠□□。

鍾家嶺：王門張氏男□、正國倫劉氏。

張家溝：會首張建□張氏、劉朝成張氏、張□民劉氏、張建揚賀氏、張門王氏男顯□、張門郅氏男中生、張門周氏男中祿、張建□劉氏、□明道溫氏、張振山王氏、張門劉氏男顯□、劉門張氏佳善。

大峪溝：會首劉鴻文王氏、劉□王氏男□、劉門劉氏男立、溫文學翟氏、閻漢頂張氏、郅尚明王氏、溫文寶李氏、□□溫云□□、□□二元、溫景翰張氏、□之如劉氏。

劉家溝：會首劉自張氏、孫貴廷□□、劉門孫氏男朝才、劉□珍□氏、劉門王氏男貴學、劉門王氏男朝□、劉可要張氏□朝、□廷宣石氏。

竹林溝：會首李茂本王氏、李茂泰奉□□、李文傑趙氏、李文武張氏、李茂進張氏。

常家莊：會首□起鳳王氏、□之鳳王氏、□陳門□氏、□□頂楊氏、王宗海崔氏、劉門劉氏、□應然郝氏、鄧□□氏、鄧端尚氏、閻克□□氏、□王氏男自臣。

白沙村：會首李門楊氏男玉成、李□□□氏、□□氏、靳文顯崔氏、崔景文楊氏、崔恒□李氏、崔門□氏男元珍、崔之瑾李氏、崔作□□氏、□門尚氏男□、□之榮、崔來鳳劉氏、崔昱昆李氏、崔利李氏男景玉、□□□□□、靳□臣氏□。

小黃冶村：會首劉承宗賈氏、劉紹周賀氏、劉洪石張氏。

鍾家嶺：王張氏男玉□、王國倫劉氏、後示清鳥如□□、□門田氏、□□周氏、孫門曹氏男德龍。

大清康熙五十年孟夏吉旦。

本寺住持僧遠文，徒福壽、福見、福樓、福海，徒謹興、謹銀、謹安，徒虛同、謹福，徒虛廣。

仝立。

石匠劉配思、王成福。

（碑存鞏義市青龍山慈雲寺內。孫憲周）

水陸社碑記

水陸社其來舊矣，首是社者立石亦屢矣，其中勸善懲惡又詳其悉矣，余復何言！雖□莫為之前，雖美不彰；莫為之後，雖盛不傳。如曰立石屢矣，無復過贅。今水陸一社，一旦斬焉不繼疇，不嘆美盛之事不紹於後，正大之業竟墜於前哉。時社首劉登龍、賀體先、梁任遠、白克生，三年間收貯嚴密，支銷清楚，盡誠□敬天公矣。慎雖三載乎，儼然如一日也。一社分數首乎，居然同一心也。今歲滿刊石，因援筆以為之記。

後生白景元頓首書。

社首三年完滿。

僧官　理智　姪　明壽、明奇；
　　　理秀　徒　明壽，孫　通經。

住持真冠　徒孫　懷識、理宗。
　　　　　姪　世法，徒　理祥。

清州府邑都人張貴。

廚長白讓、劉名世。

石匠寧尚志、楊汝秀、馬秉艮。

木匠梁好祥、白克、梁任。

康熙伍拾叁年歲次甲午正月穀旦。

（碑存鞏義市石窟寺。孫憲周）

朝□壇山□請尊神廻境建醮碑

【額題】碑記

第一小有洞天。

東村：李朝祥妻許氏、張祥妻喬氏。

社首尹□玉妻閆氏、龐門張氏長男世德。費景□妻□氏、龐顯壽妻趙氏、吳三聖妻張氏、吳道雲妻李氏、吳道興妻張氏、吳道通妻邢氏、張景□妻張氏、張永實妻張氏、張邐妻賀氏、吏員李成文妻賀氏、吳應瑞妻龐氏、吳一仁妻董氏、龐世臣妻張氏、丁家溝丁文實妻任氏、東左村李朝珍妻賀氏、李朝選妻韓氏。

府庠□□□□書丹。

堤東鎮：趙門李氏長男吏員立法。

清易鎮：喬門龐氏長男□□、費門宋氏男□□、龐門荊氏長男□□、□門賀氏男世□、張門□氏男□世、吳門陳氏男進□、李門韓氏長男錫福、路門李氏男光斗、龐門郜氏男鳳□、吳門□氏長男進文、李門□氏長男安恭、龐門費氏男世相。

蔡家莊：石匠趙□玉。

仝立。

大清康熙五十五年歲在丙申前三月□□之辰。

（原立鞏義市西村鎮西村關王廟，現存西村小學。孫憲周）

重修子華子祠碑記

【額題】奕葉相承

鞏東五十里許程家寨，有先賢程子華子祠在焉。子華子，廣平人也，僑居內丘，系出周司馬程伯休父之後。趙簡子聘而不就，負笈渡河，迤邐而來，隱居於鞏東之石臼泉。其賢聲丕著，彪炳邑乘者有由久矣。越四十五代有明道、伊川兩夫子者出，上乘先賢之緒，下衍斯道之傳，千百世後，言道者率以兩夫子為得孔門正脈，其淵源蓋有所自來矣。累朝以後，祠祀東周。屆明末流氛肆虐，毀於兵燹，而碑亦泯沒。康熙四年，督學張公查取歷代名賢，有嗣孫生員程摶九，復具呈籲請，蒙准修葺，旋施區額，亦一時之榮也。今垂五十餘年，上雨傍風，磚瓦脫謝，而門樓牆垣亦復傾圮，不有修者，誰善其後？時又有嗣孫程士偉，於邑者久之，專人造請嵩邑，兩世官復傳刺遍謁，夫同宗共祖者數十家，幸皆唯唯而不少為之抵牾也。用是鳩工庀材，一時俱舉，不四月而工已告竣。噫！是舉也，吾知以之報先賢至孝也，以之飾觀瞻至肅也，以之承先人而啟後昆至正也。行見三夫子有靈默賜，啓佑真儒輩出，發明四子之奧，闡揚六經之旨，使當世之耳者目者莫不灑然動色曰：程三夫子遺澤在人，而聖天子崇儒重道，頒賜祭田，又手書"學達性天"四字匾額，是於伊洛淵源祠者，未必不於鞏祠有厚望也，豈止今日之設為可羨哉？綏讁劣謬膺歲薦，與程子星環姻婭也，亦道義也，劣者不棄固陋，走伻丐文於余。余不敏，第□□事振筆書之，勒之貞珉，以誌不沒。

　　開封府鄭州汜水縣歲進士候選訓導宋□綏漢儀撰文。

　　邑庠增廣生員程允楷端式父參閱。

　　邑庠稟膳生員程允樞星環父書丹。

　　龍飛康熙五十五年歲次丙申夏季上浣吉旦。

（碑存鞏義市米河程寨村程氏祠堂內。孫憲周）

重建地藏菩薩共十王聖殿告成碑記

　　功德主王士通艮六錢。王士選艮二兩七錢，施梁檁磚瓦。

　　金妝聖像姓名列後：孫成玉艮一兩，王名重艮六錢，王聯貴艮六錢，李文秀艮六錢，陳進表艮六錢，農官孫士相艮六錢，監生白潔艮六錢，孫加祥艮六錢，曹門陳氏男東基艮六錢，王聯中艮五錢，李國慶艮三錢，曹柱卿艮六錢，王門郅氏男秉純艮六錢，曹門張氏男友德艮四錢，王孔賢艮四錢，王孔六艮四錢，曹育民艮五錢，費弘基艮五錢，張文秀艮三錢，雷鷟時艮六錢，史門馮氏男起秀艮一錢，李國太重梁一架，曹育民施檁五條，張紹江施檁一條，王孔賢艮三錢，王聯□艮三錢九分，聶于葉艮三錢，李惟恭艮三錢，孫成玉艮二錢，王秉正艮二錢，曹世興艮二錢，孫里芳艮二錢，王士連艮一錢九分，李文秀艮一艮五分，王憲禹艮一錢五分，孫景順艮一錢二分，孫加禎艮一錢二分，孫加祥艮一錢二分，曹桂卿艮一錢二分，孫克生艮一錢二分，王道坦艮一錢，王士魁艮一錢，趙弘如艮一錢，王道平艮一錢，王法周艮一錢，費弘基艮一錢，曹槍昌艮一錢，聶守福艮二錢，白潔艮一錢，馮通運艮一錢。

　　張文友、費振、張文秀、王勸周、張文賀、趙灼見、王聯弟、魏可喜、張休臣、王聯貴、王懷、劉福、王延方、吳璋、吳明德、吳載德、張登雲、王建學、劉洪道、王恂、吳乾德、吳修明、吳修福、吳海、吳修重、王賓、李國慶、王厚、王明重、李世福、曹學洙、白貞素、王承印、王秉鐸、郅元樸、劉加玉、王丕祚、王大升、劉復基、雷警生、雷警田、雷警時、馬乘龍、王憲聰、孫士儒、孫士毅、孫秉清、孫秉黃、杜德儒、孫學詩、陳進表、王孔太、費繼仁、張文元、王赤忠、王廷現、劉洪珍、劉洪德、姜之湖、劉澤睿、趙士普、王建章、劉澤深、王建吉、王誥、王守學，以上每人施艮為一錢。王章艮五分、吳修善艮五分、吳修本艮六分、吳修林艮五分、吳文法艮五分、孫景智艮五分、李克性艮五分、王士弘艮七分、王士毅艮七分、孫時俊艮五分、孫承經艮五分、張純良艮五分。

施雜糧善人：王聯中一斗，王聯弟一斗，王法周、王勤周、王士魁、王士聰、張體臣、趙普見、王士連、趙文、王孔智、王孔禮、趙仁、孫爾明、孫爾睿、孫爾聰、孫大生、孫爾奇、孫爾珍，以上每人一升。孫桂生、孫奎生，每人二升，孫爾歷三升，趙灼見一升，李世福一升，張文六一升，張文魁一升，費振二升，張文賀一升，張文克一升，王雲朋五升，張經一升，張素二升，李士龍二升，王爾正二升，王文二升，王士毅五升，張永祿一升，王士弘二升，王孔賢一升，王孔太一升，魏大□一升，魏大經一升，楊居廣一升，馮通運一升，孟宗孔五升，魏永義一升，王道平二升，魏理慶一升。

拉灰善人王士選、李國璽、王士通、王士連、趙普見、張體臣、王士聰、王聯弟、郅元樸、陳進朝、白潔、王憲學、雷警時、楊志賢、李國立、曹承印、劉文智、劉明仁、王秉純、張廣秀、陳錫鐸、王聯重，以上每人各一車。

木工善人靳所賢、楊居廣、魏恂、段加枚。

泥工善人總成張文元。孫景召六個，魏大倫五個，王士玉四個，張文魁五個，魏抗四個，張元春三個，孫爾厚二個，溫景良一個，賀養智一個，王洪起一個，張可學一個，李憔慕十四個，聶大雅八個，陳大成五個，聶玉英五個，郅元臣十個，聶守緒四個，聶大賓三個，左貴文三個，王士艮四個，陳天真二個，李俊秀二個，白相色七個，雷警明三個，聶王俊二個，陳汝成二個，王見二個，張文忠二個，和玉貞二個，聶士敬二個，李際斗三個，張□傑三個，和清禹二個，楊文進一個，陳□子一個，王士連一個。魏大法、楊國楨、聶大林、張可生、李柱、王丕厚、王秉功、王紅紀、趙克昌、雷殿、李際太、王士禎、陳天成，以上每人一個工。

生員孫炳甲書。

石匠寧尚志。

住持明智。

同立。

時康熙五十六年三月吉日。

（碑存鞏義市河洛鎮興佛寺。孫憲周）

皇清歲進士趙公（蘗）墓誌銘

【誌文】

歲進士趙公府君之墓

按狀：公諱蘗，字本生，號玉□。其先山右陵州人也。始祖昇，於先朝洪武年間遷河南，占籍於鞏。再傳生臣，有七男。以齒德與鄉飲者五。相傳趙氏有五老，邑誌所載惟賢、惟德、惟楨、惟翰、惟垣者是已。公系出惟德，惟德生士英，士英生進，進生國柱，是為公之大父，補邑弟子員。生三子，其仲即公考也。諱季芳，字子餘，號元之。性純孝篤友，恭□學，不間寒暑，中辛卯亞魁，數□公車，乃勉就寒氈。初任鄖城縣教諭。秩滿，升衛輝府教授。修舉廢墜，勸課文行，兩地皆有成效。丁卯，蒙□□誥封修職郎。旋致仕歸里。益以睦族濟人，成就後學為急務。門高定國，桂馥燕山。識者謂趙氏之後將益大云。公以家子克家，生而穎異，長而端方。孝友秉自天彝，文學得之庭訓。甫弱冠，已補弟子員，聲名籍甚膠庠間。積歲，成鄉進士。年方強仕，才高學富，人咸以大用期之。凡閭里有大興革，大危疑，僉曰："必諮於趙公。"公侃侃正辭，悉中其窾要，輿論帖然。宋之范文正公為諸生時，即以天下國家為己任，公真其人也。有族嬸張氏，弟婦李氏，其家皆公父所撫育成立者。姑媳苦節數十年，公呈入邑志，以表揚之。發幽光於潛德，人以為葛藟之庇，而不知其仰體先志而成之者也。嘗行郭外，見遺骸暴露顛崖間，惻然心動。亟治棺衾，瘞於爽塏。里人頌之曰："□公澤及枯骨矣。"□斂容遜謝曰："余適行其心之所安耳。"性慷慨，樂交游，每遇傑士畸人，必深相結納，賓筵供張無虛日。樽開北海，驛設鄭莊，以公方之，真堪媲美矣。中年微染肺恙，雖調攝不廢，而神氣自王，矍鑠康強，無異方剛英銳。茲歲新以方飴騎報謁賓友，出自廳事，自覺體中少異，瞿然而返內室曰："疾其作乎？"趨坐几上。家人環侍候之則已瞑矣。嗚呼！古之至人委蛻超然□□□席，公真得道者歟！指計公之生平，至□遇人光明磊落，才優幹濟而不欲以哲慧矜能，學□楷模而未嘗以淹博自詡。賢達引為同調，狡偽獻□悃忱，仁恩□□。□黨利賴，曁於梓桑。昌黎所謂鄉先生沒而可祭於社者，何多讓焉，何多讓焉。嗚呼。可□傳矣。

公生於康熙五年丙午歲二月十四日，卒於康熙五十八年己亥歲七月初五日，享年五十有四歲。娶張氏孺人，為本邑歲進士柘城縣儒學訓導張公諱昱斗次女。孝淑溫恭，逮事姑舅，稱賢內助。生二子一女。長男質中，髫年入泮，有文名，娶本邑庠生張公諱拭次女，生孫一，女孫一。孫庚，聘本邑貢監生李公諱繼孫女。女孫幼，未字。次男□中，篤志向學，翩翩有父風。初娶本邑貢監生馬公諱和平次女，無出。繼娶氾水縣國學生禹公諱落□女，生女孫二，幼，未字。女字本邑程公諱士偉。長孫卜故十二月朔四日祔於□南祖塋。□哲嗣捧行述，叩寒齋而請曰："公與先君交最厚，知先君者莫如公。敬丐一言以勒貞珉，而光泉壤。"嗚呼！弇陋如余，何敢銘公哉。然亦何忍不銘公哉。爰拜手稽首，而為之銘曰：

拔輿清淑，是產連城。言坊行表，義棨仁心。文江曲海，雲蘭星陳。睠懷先業，陟降在庭。啟迪後昆，□德紹聞。嵩邙巀嶭，河洛瀾淪。蔥蔥鬱鬱，永護佳城。

鞏縣儒學訓導古弦年家眷弟周怡頓首拜撰。

邑庠生眷內侄張鞏頓首撰書。

國學生年家眷世弟段為章頓首拜篆額。

（拓片存河南省文物考古研究所。李秀萍）

三官神廟重修碑

　　三官神廟其來久矣。創建不知始於何時。按右清初有重修之舉，迄今六十九載，其間氣化之變遷，人物之凋謝，幾數更矣。而斯廟層巒聳翠，櫛居村右，屢遭風雨之患，岌岌乎棟折而榱崩，其有待於修除惡邊，刻不容緩。今合鄉約議營築，遂有慨然率先者，或捐資，或募化，或督工，無不樂襄其事，經理未及期月，而廟貌煥然一新。獨是南缺照壁，建以舞樓，北臨路溝，砌以壁石，東西垣牆□隘，復得施地開展，則規模宏大，四壁肅然。中可容萬祀之香火，外亦足凜四方之觀瞻。行見錄□，式憑彰□，老私兆姓，賴其蔭庇，豈俱為我魯一邑之福星而已哉！爰刻于石，以志不朽云。

　　生員姚岱然草稿。

　　處士姚廷秀書丹。

　　雍正二年十月三十日立石。

（碑存鞏義市魯鎮莊三官廟西牆。孫憲周）

重修觀音堂並新建卷棚碑記

　　雍正十二年七月二十二日，洛水氾濫至廟窓二層，將金像頹毀。從來萬物之生，資乎鬼神，而鬼神之靈，生於人心，故人賴神，而神依人，而先王神道設教之功大矣哉！今我鄉有觀音堂，其來久矣。坐鎮西方，普濟群生，代天布化，錫類無疆，德何隆也。其始不知創於何人，第相傳自我朝定鼎，順治七年乃建斯堂焉。歷世既遠，風雨鳥鼠，瓦裂土崩，牆垣將頹，神像亦多毀傷矣。崇祀謂何？誰不目睹心痛哉！有功德主劉漢文、劉漢印、劉漢侯、劉生配，其先人在世，會集口糧，與欲更新，不意天奪善人，俱相繼云亡。文等克承父志，□管聖會，董工勤事，勞心焦思，迄今殿宇輝煌，神像煥然維新焉。又創建卷棚，刻用丹楹，敬獻石棹，堅厚久遠。功成之後，恐久而失傳，因勒之於石，以垂不朽云。

　　雍正五年二月十九吉旦。

（碑存鞏義市回郭鎮劉村觀音堂。孫憲周）

詩聖故里碑

　　詩聖故里

　　雍正丁未菊月。

　　石屏張漢立。

（碑原存鞏縣杜公祠內，今存鞏義市杜甫故里紀念館。孫憲周）

忠孝曹先生墓誌銘

方苞

忠孝先生癸卯十一月卒於鄭學署，甲辰十一月葬先塋。越二年丙午，其子鵬翔魁於鄉。學士宋嵩南崇實堂選拔其墨部，頒遠近省，嵩南數數為苞言，於豫得奇士。苞以言於呂鴻臚，鴻臚公稔知生家學，悉道生以孝世其家，於生所生忠孝先生行言尤詳。明年，生來京師謁鴻臚，鴻臚延苞洎嵩南與生得一晤，苞以聞諸鴻臚者問諸生，生泣不能止。出其先人行狀，以眎苞曰："先君子嘉德懿行，不孝弗克述，述其大者，先是匆匆營葬事，表從略，願乞一言，將復納諸壙，光泉壤。"苞以稽諸狀與聞符。昔人有言，吾作郭有道碑，無愧容也。爰質言曰：先生諱大先，字又謙，梅竹其別號也。先世多純孝，公生幼穉，篤問視比長，洎壯，先意承志。父寢疾，衣不解帶，閱三月。數嘗天辨症，居喪骨立，葬祭皆盡禮。服闋，終身不飾彩。晨昏以行告木主，微有悔，主前痛自責，儼其親，親誠之也。公父矢忠厚，公尤和而介，不可汙以私，豎子僕夫靡弗待以誠。有私謁，必指天日以謝之。家居草堂，曰"遂幽"。足跡不履縣門。瀛海多邑侯高其節，造門邀以見。謝曰："以為賢德弗克，第若尋時會晤鄙人，弗敢干矣。"侯悵然號曰："不識君，蓋終不得而識焉！"公又嘗誡諸子曰："處世退一步，吾家法也。先師循墻走，況我輩乎？"於橫逆匪，惟自反，尤謙謙下人計，欲消暴厲歸善良。數有爭田者，悉讓之，爭者後愧。絕口不道前事，歡然若平生。公又勤於教人，尊程、朱，屈百家，恪稟庭訓，接引後輩，學者錄其言，欲彙成集，公曰："焚之。凡言將以行之也，不以行師先師之實，而欲騰口說，市書籍，是集紙萬籤，人人可為聖賢矣。凡吾所可言，程、朱無不言，本其言，求其實，豈容多言歟！若欲外是以為言，則吾不知其何言，某某文集，門庭中作矛戟。吾先人深憂吾道之不明，十年苦口，乃得焚其書。今即不敢好為異，抑與疲精於墨楮，將毋以大地為架子，安頓不下也。"初，公年十六試冠軍，公曰："不足顯吾親。"嗣是，屢試列上第，歉然若不足。二十，理學成，又五年，學益漸熟，里塾訓人。於是，始三十，族人化順德稱"百孝曹氏"；三十七，洛口稱義鄉；又十年，哀哀永慕學者廢蓼莪。康熙六十年，公年四十有八矣，仕新鄭司訓。初下車，詔士子曰："士為俗學誤久矣。工揣摩，弋科名，不患不文，患其文而不根也。諸生幼學時，未能立其基，昌黎以文見道，即以此入，胡不可矣。"廼為講大義，辨微言，日津津談敬義心法校正時藝，以理為主，或詭僻自豪，不規於正，則曰："丹鼎虐焰，葱嶺霾風，是以闢廓，勿誤聰明。"學者翻然破積習，許魯齊後性學大明，益以不負其親者，不負其君焉。又嘗戒學者慎進退，耻干謁。鄭令王公善其教，欲上聞。會河工委辦草束，以越位辭，不許，乃任之。思曰："為人師，教人以仁義事其上，茲事上關國需，勸樂輸，供大役，教者責也。"勤勞王事，夙夜靡遠，遂以是卒。卒之日，士民聞喪奔哭，遠近皆罷市冷署。無資弗克歸，貧富爭賵賻，廼邊葬。既葬，學者私諡"忠孝先生"。時年四十有九也。公之生也善書，法鍾、王，而後繁勢淳質，罕有及者。喜為詩，沈雄悲壯，往往似少陵。不自愛惜，篇帙多散佚。地理得秘授，不言休咎，言其理而止爾。岐黃之技，尤其餘者。鴻臚數言之狀，不載匪公誌也。公娶禹氏，今在堂。有子四，長鵬翊，次鵬翶，次鵬翻，次鵬翔。孫六人，肅謨、肅詳、肅詔，翊出。詳嗣翻後。肅誨、肅詢、肅諟，翶出。於戲，惟公以孝作忠，是宜昌厥後。銘曰：

　　忠於君，生而死於君之事；孝於親，死而葬於親之側。既安既固，惟公之宮，千秋百載，聞者以風。

　　清雍正五年。

（文見民國《鞏縣志》卷二十四《文徵》。席會芬）

建杜工部祠記

張漢

　　先生生於鞏，歸葬於鞏，而世稱先生不舉鞏，何哉？蓋先生籍出楚，而卒楚，故稱襄陽。仕秦，稱少陵。流寓於蜀，稱成都之浣花溪。故詩在秦、楚、蜀獨多，洛中絕少。即過汴州，登吹臺，慷慨懷古，亦無詩。世故不識先生為鞏人。嗚呼！詩小技也。有時亦係其地之顯晦，豈小焉者哉！漢守河南郡，五載於茲矣。每過鞏邑、洛汭之間，先生之故里有神存焉。古人謂歿而可祀於其鄉者，先生定無愧，乃聞其塚在鞏之康家店，祠則無有，喟然歎曰："是非後死者之責歟？"漢不守茲土斯已耳。又況先生之詩，漢願學焉，如子輿氏之於先師孔子者歟！漢乃於鞏之東站，為先生置祠三楹，以慰吾生平願學之意。而又訪求後裔，置奉祀生一人，自是人人知先生為鞏人矣！而漢竊有未慊於心者，蜀中山水奇險，雄傑甲天下，形狀不可名言，得先生詩表而傳之，工力與山川匹敵，往往經歷其地者，至掀髯叫絕，謂山川之勝與先生之詩，皆有造物者為之。故如是，即未遊於蜀者，得先生詩臥而遊焉，亦可不必親至其地，而可厭其嗜奇之心。洛陽則天地之中，雖山水略讓於蜀，而自庖犧、有熊氏以來，其名跡最多復最奇，所係又重以大，令先生當日老死其鄉，洛中名勝一一據其遺跡，見之吟咏，而道其所以然，論著必奇且確，惜先生竟未之。及吹臺慷慨，所懷幾何？是不能不為洛中之憾。雖山川題咏，代不乏人，如集大成者之無其人也。豈造物者不欲盡發其奇哉！漢一拜先生，每懷此憾，因置先生祠並及之石刻。

　　雍正五年。

（文見民國《鞏縣志》卷二十四《文徵》。席會芬）

金塑千佛殿西山佛像碑記

【額題】流芳百代

　　時大清雍正六年戊申四月初八吉日立。

儒學張文英書

陰陽生：葛文舉。

金塑匠：郭德□、焦若民。

石匠：許有龍、張志、許化龍二錢。

首領：張志□、張文□、張鳳□、張志□、王□□、許□□、張□□。張□□□銀五錢，張斷先銀錢五分，郝擇善銀二錢。

孝義村：李欽祖崔氏銀一錢。

管匠人飯姓名：郝止善、張篇、許道、張鳳翻、許德龍、王進賢、張文傑、張文明、張文忠、郝□□。

住持僧謹福、福見、端海。

（碑存鞏義市青龍山慈雲寺內。孫憲周）

康家店打窯碑記

吾鄉五里許有龍王神聖廟，泛遇旱祈禱者多有靈驗。是以每逢聖誕，四鄉還求者，其人其衆且多。遇風雨，人無藏身之所。有善士康正誼字天池、康靖埏字臨環、康百朋字錫五、葉璜字楚珩、康滋字潤之，勸化本村，各出貲材，在廟西山頭下打窯二坎，以防風雨。謹勒石以誌。

邑庠生康曰校撰文。

監生康大輔、府庠生康大庶閱文。

雍正己酉年。

（碑存鞏義市康店鎮葉嶺村龍王廟沟。孫憲周）

重修天王殿碑記

計開，施財善人姓名：南山口村總首領張珊一兩，副首領郝惠生三錢。候選經歷許秉鳳五錢，張繼先五錢，郝煊男止善六錢，張文明五錢，張鳳翔二錢，郝秉雨四錢，張可孟二錢，孟擇場五錢，周加嚚六錢，張鳳雲二錢，郝擇善三錢，葛建行三錢，張鳳朝三錢。張志智、張鳳周、周加瑚、郝文元、王法文、王法先、郝成章、王法瑞、郝克、許國鳳、王進賢，各二錢。吳進義、郝對朝、郝積生、王天順、王可德。監生郝福生、趙爾法、王可法、郝思忠、王可禮、張煥、趙爾祿、張琚、趙爾傑、張瑚、張正福、王天義、趙爾爵、王守禎、賀遂、張進思、張進全、張璉、張理、張雙朝、張汝璽、郝來朝。芝田鎮會首周從先三錢，焦祿三錢。貢生王振聲三錢。監生趙大受、張文奇、周澤遠、李安民，生員趙彥芳、霍益光、霍大□，監生趙彥□以上六名各二錢。李躍□五分，趙彥清五分，李化民五分。常家莊會首崔長富、盧正、葛建成、王起方，各二錢。生員閻長仁、李魁明、葛文英、王門來氏，監生傅永世、閻成、劉瑞、陳望福、吏員盧昌、盧英、閻珏、盧香、盧仁、李如生、周善、王魁元，以上各施一錢。閻智全、孫實義、賀永富、郭朝宰、崔既富、陳望全、崔大富、盧宣、鄧武定、盧偉、鄧保定、周福、盧可，各一錢。後學張□施銀□□□。

　　陰陽生劉宗孟。

　　大清雍正八年四月。

（碑存鞏義市青龍山慈雲寺內。孫憲周）

重修諸佛像捐錢碑記

　　施財善人姓名於後：劉聚昌一錢五分，巴文□銀□□，生員岳心強七錢，鍾萬方銀六錢，李雲生銀六錢，張玉□銀四錢，姜倉銀七錢，劉朝忠銀五錢，賀如富銀五錢，王玉佩銀五錢，宋天輩銀五錢，張登盈銀五錢，岳如□銀五錢，張桂月銀五錢，張□楊氏二錢，康□文銀五錢，李茂宗銀三錢，閻倫才銀二錢，張光銀二錢，其治銀二錢，張□□銀二錢，楊起業銀三錢，于養性銀五錢，馮明達銀五錢，崔王貸銀五錢，于顯義銀五錢，劉國文銀五錢，張鳳雲銀一錢，劉宗宇銀一錢，郝偉銀一錢，張繼先銀一錢，郝□生銀一錢，張文明銀一錢，趙作順銀四錢，李茂龍銀二錢，李茂勳銀二錢，李如欣銀二錢，李茂升銀一錢，李如學銀二錢，李茂獻銀二錢，趙作武銀二錢。李如純、劉文才、劉文正、李茂夫、趙作德、李瑞季、劉天、李茂強、李如順、李如還、李茂天、袁又福、李茂□、李□章、李如來、李如松、□作又、趙作章、李茂連、劉元如、李如員、李茂方、王景心、趙作漢、李茂平、李茂興、李如場、李茂、李茂喜、李如坤、李茂壯、李□全、趙作言，以上為一錢。

　　孝義村：王居室二錢，郭德勇三錢，李梅□二錢，景□□三錢，范□一錢，范宗長一錢，傅治仁一錢，范誠一錢，李蘭壽一錢，郭德文一錢。

　　汪家溝：趙之宗、趙之坤、趙承寧、郅景禮、趙承敬、趙已璽，一錢。

　　北山口村：于養奇二錢，趙世平、于顯仁、張明近、董光天、崔景德、閻□、劉澤瑾、閻昌、劉國武、張明順、于顯禮、于顯文、于養全、張爾功、閻長民、于顯信、劉心正、趙洪文、劉澤全、李生順、于光耀、董光成、劉國典、趙世龍、趙世昌、劉世德、劉世顯、劉心□。

　　生員張□述、張登雷、張登天、張連佩、張□□、張登香、張配、李林、張□□、張登祥、張登高、張登佑、張登堂、張萬輝、張登朝、張登宰、張萬雲、張登泮、張登洪、張登應、張登全、張登文、張登教、張廷連、張登龍、張登成、張廷璧、張登鑾、張登紅、張登山、張登仙、張登俊、張登榜、張登佑、張登明，以上為一錢。

　　八里莊：張光明、張明橋、張光通、張學文、張光點、張光龍、張學武、張光順、張可貴、張學統，以上為一錢。

張學孔、馬克靈、張克選、張可前，為五錢。

南河渡杭嶺：王之璉、張前貞、張大壽、張吉□、張□成、張大信、張大銀、張前法、張爾全，為一錢。

南山口村：張珊、周加器、張成鳳、張進全、王其雲、王武、許德龍、許國奏、張奉周、張奉朝、張奉格、葛建行、張自善、李國龍、張交全、張進義、葛建德、郝璉、葛廷獻、郝□、郝□、郝擇□、郝止善、郝瑤、郝成章、丁自成、劉配恩，以上為一錢。張自曉、許文龍、王進德、張進有、許晉、張永昌、許有龍、王進孝、張奉玉、張永林、許化龍、張自還、王法祖、王法文、王法□、張志常、張□智、張文得、王可用、許□明、張盤、張可□、王法智、葛惠、劉配道、姚可章、王□進、丁□□、焦德□、景□□、丁□□、張福林、王成福、劉配倫、王仁、張福德、劉生弟、張自通、張道勳、李世興、張敬、張純、郅雲讓，以上五分。王可德二分，閻訓士二分，丁福三分，趙爾福五分。

黑龍潭：楊起業、楊爾昌、王可喜、白心榮、蘭振九，以上一錢。楊門薛氏五分。張祿、邦振、莫先振、張之昌、盧之德、楊爾禎、李天成、康伯、費本玉、白鐸、楊爾棟、康脫、楊國海、崔來奇、楊德文、楊德儒、楊起奉，以上為五分。

南官莊：尚洪、李學中、李蘭、王禮、李周俊，以上為五錢。李鐸、吳玉文，為一分。劉丕頭、李君選，為五分。

水峪村：胡門鄭氏男宗義、宗明施銀二錢。張忠一錢，胡門化氏男守信一錢，孫門李氏男成玉一錢，監生李大章一錢，李作奎一錢，李門高氏男林一錢，李門王氏男士傑一錢，李太民銀五分，白惟精銀一錢，李國夫五分，金門王氏男生仁五分，金門白氏男生彩五分，李鳳實五分，楊富昌五分。

楊家嶺：逯門李氏五分，牛加亮一錢。

岳嶺寨：巴文明二錢。岳景楊、巴國榮、姜□生、岳孟徑、岳心錦、岳現斗、巴文禮、曹士英、王廣眉、劉可孝、巴文義、趙九福、岳心實、劉朝點、董光士、李乾光、巴文德、張煒、谷得香、谷文升、谷得盈、岳景躍、岳景鑰、岳心和、岳心忠、尚希禮、王廣成、生員岳貸、岳景煥、李祥生、岳國瑞、張發福、王玉珂、岳景言、姜可欣、岳貴傑、□文學、田文□、劉永祿、李疊生、岳貴貞、杜昆、王廣心、岳文海、巴文□、趙□、岳景昌、岳心敬、巴文廣、巴國棟、岳如乾、馬元、谷得林、岳凌才，以上為一錢。

和義溝：生員張果行一錢。常穗、胡其佩、胡公姓、郅大典、李魁皇、申修凌、常之允、郅敬禮、郅敬寬、郅永慶、郅敬明、郅敬法、常文傑、李忠向、郭躍，以上各一錢。

同花溝：張元花、張遠通、張遠□、張學□、張遠榮、張元祿、張元樸、張元德、張元平、張元周、張元溥，以上為一錢。丁大宰五錢。

山口村吳之原一錢。

八里村張文賢一錢。

□□□：張其傑、張其量、張惟貞、張惟榮、張其功、張其連、張其貴、張惟誠、張真鳳、張其與、張惟英、張其慧、張其民、張惟忠、李玉祥、張惟明、張其智、張其雅，以上為一錢。

　　楊飯店：劉美蘊、傅守業、張中漢、劉克正、張雲漢、會守才、傅守德、李孟良，為一錢。

　　孝義村：景愈、景光武、王君珠為一錢。董三鳳、王君珂、景苡、景□，為五錢。趙門張氏男元福一錢。

　　土地廟溝：曲如君、白松昌、劉英才、曲庚家、劉門孟氏男世德、劉門吳氏男世魁、曲門李氏孫知體，為一錢。

　　劉家溝：劉朝胡、劉責潤為一錢。

　　南山口：郝成斌、周洪道為一錢。郝進朝為五錢。吳之鏊、□對朝、郝林生、郝存禮、吳盡義、郝有餘、為五分。郝存信為一錢。

　　北山口：崔五先一錢。

　　鍾家嶺：王玉春、王玉瑚、王國用、王玉生、王玉唯、王玉祿、王國卿、王國禮、王本月、王國治、王玉夫、王國彰，為一錢。

　　大峪溝：溫文正為一錢，溫景義、溫景平、溫玉路、溫景仁、溫景主、溫景文、溫景和、為五□，溫可□二分，劉貴全三分，劉忘五分，劉□五分，劉盡五分，劉忍五分。

　　住持福建、福壽、徒廣□、瑞海。徒謹法。

　　募化僧謹召、謹祿、謹德，徒虛直、虛棟、虛會、虛貴。徒靈大、靈緒。徒孫菩常。

　　鐵匠巴文明、劉永昌。

　　木匠梁廷林、王洞與。

　　石匠劉佩倫、張志。

　　大清雍正八年夏月吉日仝立。

（碑存鞏義市青龍山慈雲寺內。孫憲周）

重修地藏王菩薩堂碑記小引

　　永垂不朽

　　鞏邑西作村正北，有地藏王菩薩堂一間，未審創自何年。大抵古人興作必非無因，或藉以坐鎮風脈，或資以保障生靈，審方面勢度有取爾也。但世遠年湮，棟宇頹壞，神相[像]闇淡，倘不及此修葺，恐委斯址於荒烟蔓草中矣。有本村張君諱士豪、吳君諱進策、張君諱祥、子景鳳、李君諱安和、龐君諱世寵、吳君諱道舉、□目擊心惻，慨然同以重修為己任。爰訂緣簿一帙，募化貲財，且募不遑。於斯年三月初三日經始，於斯年七月三十日落成。棟宇重新，神相[像]改觀，而斯村亦若為之增色焉。噫！莫為之後，雖盛弗傳。

諸君為鄉修舉廢墜，其功亦何可沒哉！爰立石以誌其姓氏云。

邑學生段為鬴撰並書。

功德主：吳進策銀一兩，李安和銀一兩，張士豪銀二兩，吳道舉銀五錢五分，張祥銀一兩，龐世寵銀一兩。

施銀善人：吳貫一三錢，吳道廣五錢，生員張增三錢，吳道顯五錢，李世臣五錢，吳道興五錢，張永昌五錢五分，吳道德五錢，張永福五錢，龐世登五錢，張景清四錢，吏員李承文三錢，李承武一錢，李承斌一錢，兄弟三人施堂前西地一丈，李世賢三錢，吳進學三錢，張永實三錢，李世旺三錢，張士標三錢，龐鳳□三錢，吳進海三錢，李安恭三錢，吳進武三錢，吳道通三錢，張士善三錢，張士端二錢，胡起敬二錢，李世祥二錢，吳進周二錢，吳進孝二錢，張振世二錢，張永立二錢，吳進賢二錢，吳希黃二錢，龐世興二錢，龐鳳魁二錢，張士敬二錢，張售二錢，王世聰二錢，龐鳳翔二錢，曹光照二錢，龐世弘二錢，胡士奇二錢，張士聰二錢，龐鳳坤二錢，龐世德二錢，龐九章二錢，吳惟貞二錢，費曰校二錢，賀享二錢，于騰龍二錢，張士信二錢，吳進英二錢，吳道理二錢，吳道周二錢，龐廷□二錢，吳進文二錢，胡起孝二錢，龐世海二錢，費興二錢，張國傑二錢，費隨昌一錢，郭長安一錢，巴瑞生一錢，吳進弘一錢，吳希賢一錢，吳光榮一錢，閆起明一錢，張永祚一錢，李可全一錢，吳進宮一錢，張守業一錢，費曰璉一錢，李士俊一錢，張之進一錢，于騰雷一錢，曹萬孝一錢，許麟貞一錢，龐世統一錢，費自勇一錢，龐世家一錢，許希思一錢，費曰順一錢，許麟祥一錢，王天祥一錢，龐世仁一錢，龐世賓一錢，薛大用一錢五分，郭春福一錢，李可舉一錢，張文松一錢，賀公一錢，曹光配一錢，曹光平一錢，曹光順一錢，賀萬鈞一錢，龐鳳至一錢，龐世恭一錢，生員賀壚一錢，曹明瑞一錢，龐世法一錢，龐有吉一錢，龐世慶一錢，李世坤一錢，吳進用一錢，張士本一錢，張士純一錢，李安民一錢，吳道興一錢，張永祿一錢，渠有成一錢，趙立功一錢，龐世雷一錢，王世公一錢，韻武一錢，張宗信一錢，胡士英一錢，龐世臣一錢，尹天才一錢，袁宗順一錢，趙□章一錢，袁宗義一錢，龐世廣一錢，龐鳳高一錢，曹世福一錢，龐廷彩一錢，張士榮一錢，曹光先一錢，李安堯一錢，張茂吾一錢，吳□太一錢，龐有能一錢，張卓一錢，張士義一錢，龐世萬一錢，吳道順一錢，吳惟祥一錢，李安居一錢五分，李安邦一錢，龐世業一錢。龐世民一錢，胡起太一錢，尹光仁一錢，吳進太一錢，張士宗一錢，周天福三分，楊守禮三分。

木匠吳道義、張士英並無工價。

塑匠白開太。

石匠劉漢業

陰陽生張宗程。

大清雍正九年歲次辛亥七月吉旦。

（碑嵌於鞏義市西村鎮西村地藏王菩薩堂前牆右邊外壁上。孫憲周）

重修千佛殿碑[1]

【額題】永垂不朽
慈雲寺古寺刹也，漢明／
上下又有清流激湍高／
姓福社者惟千佛／
歷年久遠愈頹壞神／
素性好善甘淡薄節／
不憚勞苦不數日而／
人謝亂不得已其俚／
施財山主張／
時雍正九年歲／

（碑存鞏義市青龍山慈雲寺内。孫憲周）

劉氏祖塋碑文

始祖原籍山右平陽府聞喜縣人，永樂年間，貿易至鞏大黃冶村，遂家焉。卜葬於茲，固人所聚封之地也。乃祖宗功德幸有積累，流傳我輩，不至衰微。今者一遷塋於本鄉西北之隅，一遷塋於本鄉西嶺之巔。每逢節令拜掃，莫不各祀其先，曾不思有先乎。其先者，木本水源幾思所自矣。我輩念及此，不勝惕然惶惶，爰結祖墳社一十六人，各捐貲財，銀數兩，勒石於此，俾我後人百世而下，顧祖墓而興思焉可也，顧祖碑而興思焉亦可也。謹誌。

裔孫劉昌漢、增生劉雲漢、劉心和、生員劉南英、劉百谷、劉景維、劉大年、劉佐、劉而恭、劉澤漢、貢監劉洛如、劉頤、監生劉國順、劉澤遙、增生劉銳、劉楨、貢監劉百祀。

雍正十一年十月十一日同立石。

（碑存鞏義市大黃冶劉氏祠堂。孫憲周）

東周紀水

鞏縣知縣季璟撰文

鞏為古東周地，南屏嵩嶽，北枕邙山，為秦、豫往來孔道，亦中州一要區也。余於甲寅二月來宰斯土，視篆三日，周覽城垣，見地形欹側，南高北下，距洛水僅數百武，無堤

---

[1] 該碑下半部殘，／後文缺，僅據存文錄出。

防之設，夏秋霖漲，泛濫堪虞，爰進諸父老而咨焉。諸父老咸曰："使君甫下車，即念垂及此，鞏之幸也。竊聞洛水發源冢嶺，至熊耳而始大；會盧氏以東諸水，流經數百里，至吾鞏而合於河。前明嘉隆間，屢遭水患，人民漂溺無算。及康熙四十八年，洛水暴至，平地頓深數尺，灌入城中，市民盧舍十圮六七。賴使君多方賙恤，僅免流離。因於城門兩旁鑿石為槽，設立閘板，以為捍禦之備。嗣後，時際昇平，雨暘時若，水不為災。民無昏墊之憂者二十六年。然水漸南侵衝蝕，驛路逼仄嶔嶇，昔日康莊，今成鳥道。乘軒之客，負販之徒，咸趑趄不前。以致洛口居民生計日絀，此則水之為害，靡歲不然也！"余聆是言而滋憫焉。爰先捐俸鳩工，平治道路，以便行旅。復點驗多君所置閘板，則半已朽腐，亟命匠氏擇木之堅實者，易而新之，此亦有備無患之意耳！孰意七月中，霪雨兼旬。二十一日夜，水忽驟漲。余是日以勘驗入鄉，及次日早歸，則水已浸及半城矣！鞏邑四門，惟東北二門最下，北門久經堵塞，猶可支持，東門則危險實甚。余不及晨餐，即往立泥塗中，督率民役，竭力守禦，逮晚則水竟高過城門，不沒者僅三版矣。是時波濤之聲，震人心魄，闔邑皇皇，咸思徙避。余以時方昏黑，恐奸宄乘機竊發。嚴戒家人不得妄動，以搖惑民心。徹夜露行城上，往來循[巡]視，不敢一息少懈。至五鼓，水勢漸殺，黎明退三尺餘，日中而門闌始見，城池、倉廩、官舍、民廬幸保無失。此皆天神相佑之力，余何敢自以為功。然當陽侯猝然肆虐，若非豫為之備，則人力焉施，其魚之嘆，應亦不免也！後之宰斯土者，幸毋忽視此數片板而時加之意焉，則鞏人幸甚！

雍正甲寅九月朔日紀。

（文見乾隆《鞏縣志》卷四《藝文志》。王興亞）

重修石窟寺碑記

嘗論佛居西竺，虛空無際，何有定相，人亦何嘗見佛。然處處是佛，即時時見佛者，即心是佛，故隨地皆佛也。上智之人，佛在心中，不必指象床猊座，而自能修持懺悔，博地凡夫，託根□□，必莊嚴以示之，梵唄以導之，鐘魚鼓石以提醒之。庶迷頭狂足之徒，群然迴向，化奸毒為慈良，轉陰霾為雲日，往往政令所不及，覺者莫不攝受於我佛慈悲，則修建寺院，而借眼□之佛，以啟其心中之佛，誠有捷於袞章鐵鉞之用者也。鞏邑西北三里有石窟寺，邙山峙後，洛水縈前，溪霧岩雲，晨昏變現，波光樹色，邐緣呈青，依然幽棲勝地。當其盛也，簷楹棲日，煙火蒸霞，座高百尺青螭，臺嵸幾層碧玉，花底現輪王掌果，樹頭接菩薩身雲。高真古德，後先駐錫者，指不勝屈也。及歷年既久，寶樹凋殘，僧伽星散，鉢池經閣皆蒿萊荊棘也，鼓院鐘樓皆瓦礫榛蕪也。盛衰興廢，滄桑劫灰，禪宮消歇，不免如來之嘆。非有大德力大福慧，安能使王林宮紺宇青豆赤華，重現天人寶相也哉！明慶公然擔荷轉不退輪。山主蘇氏、白氏、王氏，感先人舊蹟，矢同行願，於是，鳩工庀材，經營盡瘁。凡為大殿、為鐘鼓樓，為配殿，為山門，皆極靜嚴之勝，計屋若干楹，所陳幡幢法寶，供養食用之器，罔不具備，數年之間成此勝，因復仙人之舊館，還長者之祇園。非理秀徒侄因緣廣大，及諸檀護海滙雲集，曷克致此。昔漢南小國，君臣立伴，同秉願輪，以致天人友善，我國家運麗日中，皇圖昭朗，凡今日之生民，皆祖宗之佛子。入茲寺者，瞻禮金容，各感發其心中之佛，同有於吉祥福界。而余官於斯土，亦得與諸善信共享昇平之樂也。因亟為之記。

按住持明慶，山主蘇厚祿、白心恪、王建賀等，例得並書以垂。

峕雍正十三年履端月吉旦。

賜進士出身文林郎知鞏縣事紀錄二次季璟撰並書。

（碑存鞏義市石窟寺內。孫憲周）

李氏宗系碑記

【碑陽】

始祖諱智，原係山西平陽潞洲長子縣人，洪武年間遷鞏，居城中，塋城南西嶺。八世祖長諱宗孔，配張氏，生子廣法、廣明、廣孝；次諱宗善，少亡；三諱宗顏，配張氏、丁氏，生廣倫；四諱宗香，配王氏，生廣生。宗孔、宗善、宗香以上俱居城中。塋祖塋。宗顏於天啟年間，同侄廣法、廣明、廣孝，遷居西作村。塋村南新塋。六世祖始傳十六字，以記後代名次。其字曰：大宗廣祐，世安延康，昭之和睦，永定久昌。

大清雍正十三年仲春吉旦仝立。

【碑陰】

李氏宗系碑記序

嘗思報本追遠，人道之大端；敦宗睦族，生人之切務。然必世系詳明，宗派不紊，而後各動其孝享之思，共生其親睦之情。則宗系之記，所關非淺鮮也。吏員李君諱成文，字繼周者，先世山西平陽潞州長子縣人也。祖有大功於元，封為白馬將軍。洪武年間遷居於鞏，至今已閱十餘世。考其宗系，惟高祖以下猶識其字諱。自高祖而上，則茫然莫知其由來。捴由未筆之於書，勒之於石，以垂後世。故代遠年湮，遂爾掩沒無傳也。繼周愴然動念曰："先世之宗派，既昧其源，今所已知，復不詳為記載，數傳而下，不將同歸掩沒乎！"爰刻石於新塋之中，舉其□□悉者，詳其字諱、匹偶，並其里居、墳墓，以昭來茲，以垂永久。吾知繼周自有此舉，後來之哲嗣，皆可按石稽考，支派分明，各動其報本追遠之思，共切夫敦宗睦族之意。李氏之族□將雍雍然仁孝成風也哉。《詩》有云："孝子不匱，永錫爾類。"李君斯石之立，其廣仁孝於後人也，真可當是而無愧矣！是為序。

邑庠廩膳生員段為黼頓首拜撰文。

邑庠增廣生員馬之傑頓首拜書丹。

石匠曹光顯、男世榮。

（碑存鞏義市西村鎮西村李家祠堂家廟內。孫憲周）

創建送子土地祠碑記

【碑額】永垂不朽

鞏邑西作村善人各捐貲財列名於後：功德主十五人曰外積錢一千令[零]五分。張門曹氏男士豪五錢，張祥男景行李氏五錢，李世臣張氏三錢，吳進策趙氏三錢，張永福男有全、邢氏、韓氏二錢，閆門吳氏男起明二錢，吳道宇趙氏二錢，吳進文魏氏二錢，李世賢張氏二錢，張國傑龐氏二錢，張永立石氏二錢，吳道弘焦氏二錢，張門尹氏男復至一錢，吳門喬氏男希皇三錢。

施財善人張士超銀三錢，吳道通銀二錢，龐鳳坤銀二錢，龐九章銀二錢，龐世德一錢五分，密縣韓襄銀一錢。

泥水匠張士英銀三錢，李安恭銀一錢，張景清銀一錢，吳進賢銀一錢，張士端銀一錢，張永昌銀一錢，張士弘銀一錢，李世坤銀一錢，李世旺銀一錢，李金木銀一錢，李言池銀一錢，王大有銀一錢，李世太銀一錢，張士義銀一錢，吳進學銀一錢，吳光榮銀一錢，吳道德銀一錢，吳道顯銀一錢，龐錫祿銀一錢，曹光照銀一錢，王世聰銀一錢，龐世寵銀二錢，龐鳳高銀一錢，龐世弘銀一錢，李承文銀一錢，賀淳銀一錢，胡士奇銀一錢，龐門尹氏男廷彩、廷美銀一錢，費興銀一錢，龐世慶銀一錢，吳進武銀一錢，吳道興銀一錢，龐奉格銀一錢，吳道舉銀一錢，吳道順銀一錢，吳進弘銀一錢，張永祚銀一錢，張士本銀一錢，胡起敬銀一錢，吳希賢銀一錢，胡起法銀一錢，張售銀一錢，龐有技銀一錢，尹光仁銀一錢，李安居銀一錢，李承武銀一錢，吳道義銀三錢，張孝銀一錢，劉成富銀一錢，龐鳳君銀六分，龐世業銀六分，趙立功銀六分，馬作福銀五分，張元英銀五分，張士勳銀五分，龐奉至銀五分，龐世廣銀五分，龐奉現銀五分，趙雲章銀五分，曹世福銀五分，曹名瑞銀五分，吳進周銀五分，龐奉祿銀五分，吳進英銀五分，吳道成銀五分，吳維禎銀五分，龐有能銀五分，張雷銀五分，龐世興銀五分，張士夏銀五分，韻武銀五分，張振世銀五分，龐世民銀五分。龐世登銀五分，吳進爵銀五分，王世功銀五分，郭大壽銀五分。

塑匠白開太，銀一分。

石匠劉沛恩。

大清雍正拾叁年歲次乙卯小陽月建。

（碑存鞏義市西村鎮西村送子土地祠前牆右側外壁上。孫憲周）

重修詩聖祠立石記

代公裔孫杜鑠作
曹鵬翊

家文貞公生於鞏，葬於鞏。嗣業以來，無專祠。雍正五年春，郡伯張命鑠築室鐫石設公位，郡伯瓣香公詩為文紀其事。十三年秋七月，大水自龍門噴出，折伊洛，漏波濤，東周水府。茲地留孤樹，失萬艘，蛙遍人家竈，而公之堂蕩然。嗚呼！可哀也痛。惟公流寓巴蜀，道梓，歷閬，下渝，入夔，遷瀼西，後乃出峽，往還岳潭間，蔑無寧宇。譜謂自郴之耒，訪聶令，經方田驛，阻水旬餘。史遂傳令具牛肉、白酒，大醉一夕，卒。生苦泛溢，歿今數百年，洒猶望黿，黿瞻烏鵲，泛梗姿果，且思蟠桃擎巨鰲，否也。鑠每讀公詩《水漲》云："舉頭望蒼天，安得騎鴻鵠。"《溪漲》云："乃知久行客，終日思其居。"《江漲》云："大聲吹地轉，高浪蹴天浮。魚鱉為人得，蛟龍不自謀。"《水宿》云："歸路非關北，行舟却向西。暮年漂泊恨，久客亂離啼。童稚頻書札，盤餐詎稗黍。我行何到此，物理直難齊。"嗚呼！不得其中澤畔愁吟，公之靈不昧，睹茲汪汪千頃，感慨復奚似寧啻臨邑大言云爾哉？緣爾時鑠居汴梁，公門事未竣不得歸，今來省舊地，潸潸泣下。奚卜吉鳩工庀材，不日落成。堂幾間，門幾扉，墻幾仞，旁屋幾架，樹花木幾本，視昔有加。嗚呼！浣花草堂，悲風日暮，而偃邑尸鄉土室，亦等宋公池館，零落首陽之阿！茲公故里，顧我蒸嘗，實式且憑，爰招曰：

久客幾能到鞏來，一生牢落亦悲哉！愁懷劍外詩千首，醉目耒陽酒數杯。雲映浣花猶白碧，月光洛浦祇瀠洄。新祠烏革魂歸來，故里招呼不勝哀。

雍正十三年。

（文見乾隆《鞏縣志》卷四《藝文志》。王興亞）

朝武當山祖師尊神迴境修醮碑

【額題】流芳百代

峕大清乾隆元年歲次丙辰孟春吉旦。

社首張士本。

副社李成斌、張景龍。

後學張士彥書。

馬作福、李世臣、閆起祿、王世公。

龐世賓、許林祥、吳進賢、吳進言。

朝武當山祖師尊神廻境修醮碑

太和宮、老君堂、靜樂堂、靈宮殿四宮修醮。

胡士奇、李世賢、李世恭、張景清、張景雲、張士有。

石匠孫景成、喬天成。

演戲三台。

朝山進香各宮修醮開列於後。

（碑原立於鞏義市西村鎮西村關王廟，現存西村小學後院。孫憲周）

創建興佛寺水陸殿小引

　　成皋西蓮花山上，創興佛寺院一所，其來久矣。自古叢林寶刹沙門勝槩，非一朝一夕之力所能就理。大率有創建者經其始耶，有重建者襄其成，善善相繼，其成否果歷歷可考。此山，凡遠方星相異智之士經過者，輒登高選勝，見邙峰輝映，洛水環繞，茂林瑞氣滿野，不勝嘆羨云："此真東周之勝境，而宇內之巨觀也。"第自秦至魯，茲為往來通衢要路。去大河未遠，洪波巨浸，氾濫無常。此寺之事，大約收斂風氣，砥中流而遠阻險，俾聞者有平土之樂，行者無道阻之患。即溫、氾、孟、偃，一脉相關，大有攸賴，不□僅益於鞏也。里人有曹加福、王業榮、王云明、李存讓、李文明、聶王俊，僧圓福諸鄉衆謂："傍有配殿，前有山門，則宜建水陸堂於此。庶幾為全璧也。"鄉之士庶莫不曰："曹君等之言是矣。"但事關重大，孤力難成，徘徊數十年，徒存寤寐夢想而已。雖然，天下不患於無其繼，而難於創其始。蓋有其創之者，即有其繼之者。繼之者誰？聶君王俊云，當其慨然嘆興曰："奈何人好善，而獨我不好善也。豈其人能是，而我所不能是乎。"於是，訂簿籍，任勞瘁，甘心苦，募化四方。善男信女各捐貲財，隨心布施，一人不能獨成者，安知千萬人不可無成也。噫！子輿氏云："君子莫大乎與人以為善。"其聶君之謂歟！是為序。

　　原任魯山縣儒學訓導歲進士李色新、邑庠生曹楷　仝撰。

　　邑庠生孫常壽、逢甲仝書。

　　皆康熙肆拾肆年叁月功完至乾隆元年叁月吉。

【碑陰】[1]

（碑存鞏義市七里鋪興佛寺內。孫憲周）

重修虞帝廟碑記

【額題】善興從同

福壽祿

　　粵稽古帝，功施當時，澤垂萬世者，莫過於堯舜。究之堯舜之道，孝悌而已矣。堯處倫紀之常，至德如天，姑無論焉。若夫虞聖始耕歷山，遭□門內，能以至孝格親友于化弟，側陋名揚，攝相踐位，德□羣黎，功侔唐帝，祀享與天地同始終，不亦宜乎。或曰：舜固天子也，唯天子得為祭祀主，下此而建廟崇奉，無乃僭與褻與。是又不盡然，論帝之貴，非天子不敢祭；論帝之德，則無人不可祀。蓋祀之者非欽其為天子也，慕其能盡孝悌之道，為天下萬世法也。祀之即自勉於孝悌焉。固帝之所默賞而樂享其祀者矣，又何僭與褻之

---

[1] 該碑碑陰刻有捐貲者姓名，字多模糊不清。

有？如南侯村之有虞帝廟，其亦慕帝之孝悌而祀之也。特不知創自何代。善士荊學選等以棟宇傾圮，法像剝落，恐致褻瀆，合力捐修，鳩工集材，廟貌重光。金裝帝表，並諸配神像亦皆復新。功成，將與一鄉子弟，農務稍暇，即聚廟中，講明孝悌之道，共盡天倫之樂，俾盛世與唐虞同風焉。豈不美哉！豈不美哉！爰安筆而為之記，以勒其石云。

邑儒學廩膳生員段為黼盥手撰文並書丹。

功德主荊學選艮十五夾六个。化主晉德艮□□四分，化主馬守業艮四夾八个五分，化主南自竟艮三夾三个六分，化主劉興圖艮二夾，化主劉漢奇艮一夾一个六分。山東黃文起艮一个半，山東趙自明艮二个，山西路文明艮一个，山西楊福成艮一个，山西吳俊艮一个，山西牛普艮一个。溫縣魏文煥艮三个，溫縣邰建祿艮二个，溫縣魏型艮一个，溫縣陳鼎良艮一个，石罷荊大儒艮二个。清易鎮孫茂榮艮三个，滑城張起印艮一个二分，安頭鄀聖永艮一个，西侯周加惠妻荊氏艮一个。荊聖選艮一夾四个，監生荊聖選艮一夾五个，陳文舉艮一夾。監生荊明道、子大榮艮九个，荊來選艮七个五卜，荊明志艮七个，荊大誥艮七个。馬臨朝艮六个五卜，梁玉艮六个。荊掄選艮五个，朱自貴艮五个。南朝陽艮四个五卜，劉漢章艮四个五卜，李昌胤艮四个五卜。劉漢惠艮五个。荊可選艮四个，朱自福艮四个，李明艮四个，李學周艮四个，劉永文艮四个，南正時艮四个，馮門段氏艮四个，荊楚珩艮四个。荊濟民艮三个半，荊候選艮三个半，荊明楊艮三个半，馬連鄉艮三个半，陳昭艮三个半，崔爾成艮三个半，劉永太艮三个半，晉林艮三个半，荊恩民艮三个，荊明選艮三个，荊有民艮三个，荊治國艮三个，荊孟選艮三个，荊大訓艮三个，晉芳艮三个，南應九艮三个，劉漢泊艮三个，荊重選艮二个半，晉芝艮二个半，南朝順艮三个半。王建文艮二个半，劉永美艮二个半，劉永善艮二个半，李士友艮二个半，李昌功艮二个半，趙自廉艮二个半，劉漢才艮二个半，荊年學艮二个半，劉善國艮二个半。荊明睿艮二个，南應成艮二个，荊正國艮二个，劉永顯艮二个，荊全民艮二个，荊自珍艮二个，荊招選艮二个，荊文同艮二个，馬在朝艮二个，荊明古艮二个，荊平儒艮二个。董漢儒艮个半，荊才郁艮个半，劉鐸周艮个半，劉朝佐艮个半，南朝奉艮个半，馬連州艮个半，荊報國艮个半，李龍艮个半、劉□田艮个半，劉永昌艮个半，□□召艮个半，□應璋艮个半，劉□重艮个半。劉永□艮一个，劉漢□艮一个，劉□艮一个，荊復□艮一个，荊明建艮一个，荊明昭艮一个，南朝□艮一个，荊楚□艮一个，馮學仁艮一个，劉自舉艮一个，劉永福艮一个，劉永貞艮一个，劉漢士艮一个，劉永道艮一个，劉朝順艮一个，荊普民艮一个，荊同選艮一个，荊大貴艮一个，荊□民艮一个，荊才順艮一个，趙子宗艮一个，魏臣艮一个，劉漢忠艮一个，荊羣民艮一个，荊長福艮一个，馮明時艮一个，馮正北艮一个，晉應魁艮一个，晉應才艮一个，荊愛選艮一个，南朝義艮一个。王起龍艮五个，牛自成艮五个，劉朝佑艮五个，南朝宗艮五个，李世平艮五个，霍大用艮五个，任德福艮五个，蘇文昌艮五个，申起周艮五个，李昌祚艮五个，馬友仁艮五个，孫之蘭艮五个，劉天龍艮五个，霍文通艮五个，陳倫艮五个，路文通艮五个，路拴艮五个。

塑匠賈立邦、褚訓、安之法、荊可選、荊明古。

石匠孫景成。

木匠荊恩民、荊掄選、南士英、劉朝順。

乾隆二年歲次丁巳孟冬上浣吉旦立。

（碑存鞏義市莊鎮南侯村南侯小學院內。孫憲周）

喬公墓祭文

　　乾隆二年孟春上浣，嵩陽舉人任湖南知州年家弟郜昱北上陛見，道徑此地，遙望山水秀麗，林木青葱，即之有恩詔旌表善坊，多四方名士詠言，坊後一垎，乃嵩洛喬先生墓也。憶昔童顏時，景子嵩峰、傅子林宗、関子衷一、喬子大山諸公暨予同游臥牛峰下，把盞詠言。嵩洛先生口云："堤南一片石，人言臥牛峰。內有菩提路，誰肯苦用功。"嗟嗟！先生詠言如昨，而先生之形骸杳然矣。予久沐先生善德，因酹酒以祭，陳詞以弔之曰：事有曠世而相感者，余不自知其何心，非今世之所稀，胡為使予欷歔而不可禁。

　　公諱作模，字漢卿，號嵩洛先生。壽屆耄耋，厭絕塵世，佳城卜此。時人仰公道範，望其塚，若墜淚碑，過其墳，如下馬陵。相与贈号曰："樂善公"。於戲！老先生平昔在時，生而穎異，端凝寡言，澹遠幽奇。其德也，春風和煦；其性也，胸次坦夷。視富貴如浮雲煙霞，自摳薄功名而不事，惟德是懷，惟善是樂。多種福田，作無穷之聖事；廣培心地，積靡涯之陰功。我邑侯張公嘉其好善，給之扁旌，又引易辭讚曰："自天佑之，吉無不利。天道無親，常與善人。"而鄉党因張邑侯尊崇善士，咸稱觴賀曰："善斋善哉真善斋，善始善終善門開。廣行善事陰德厚，賢侯旌獎豎善牌。"又曰："樂好善樂善不倦，樂行善事樂道善，言樂善行馨万古。仁且寿，仁寿無疆。仁者多寿，仁人寿長，仁壽声名重千秋。"府郡范太守攬勝嵩嶽，稅駕廊店，見公□工化衆，創建石橋暨春秋閣，工俱竣，授公以袁了凡功過格言。俾公隨地風雷勸人向善，為公歌曰："嵩山□□，潁水洋洋，善人之風，山高水長。"公遊會善上刹，見有歷代勅修碑。元圭禪師法臺，公嘆當年何其盛也。年遠風雨損壞，基址僅存，有感於心，邀予與衆鄉紳善士，矢志重修。衆曰："我等皆有此意，今先生作一領袖，事可成矣。"公曰："一則修寺，一則劝人，若請白雲寺佛定和尚登臺說法，可□當代之□矣。"衆皆欣然。同公恭請和尚到寺，說法放戒，済渡群迷。公亦受戒□下，法名福上，釋号大儒。隨和尚參禪念佛，同衆募化修理。而佛像殿宇煥然重新。和尚念公修寺數年，善心諄諄，讚頌偈曰："喬老先生本善，不借他家化劝。看破世事如多，爾我且作醒□。但若一念廻光，此岸即是彼岸。放下五慾塵情，真個逍遙自便。"寺工完，慮無贍養，公同和尚又化本省撫臺楊大老爺，請建萬寿閣復興會，着欲復隋唐舊規，功成法大，命公督工総理，其事告竣之日，因公年高有德，諄心向善，其于富貴貧賤毀譽欣戚，不一動其心。余受千金之託，而不憚繁勞，真善人也。賜《太上感應經》書一部，命公請解，勸化愚玩。又贈一□曰："一生忠恕從正道，勤謹和緩訓子孫，與人廣行陰隲事，福壽康寧終其身。"聯云："知者樂知足常樂，樂道終身人欽仰；仁者壽仁善多壽，壽而且康永平安。"公承佛定和尚以及三大老之命，歸隱隴畝，□□□耕讀，疏食瓢飲，怡然自得。嘗□六字格言訓子孫曰："有事莫推明日，今日就幹就行。明日倘或陰雨，又推後日天晴。天晴又有別事，此事卻幹不成。炎天又怕暑熱，寒冬又怕出門。為人怕寒怕熱，怎能發達成人。古有良言几句，勤儉兩樣要遵。成人不得自在，自在不得成人。布衣遮体便好，淡飯以飽為榮。錢財此須算寬，田產有著是耕。預先完納國稅，早晚孝養雙親。兄弟和好相讓，親族鄰舍莫爭。存心矜孤恤寡，加意愛老憐貧。作事宜循天理，□□奸盜邪淫。時常要尋正務，賭博塲中莫親。虧心休去告狀，忍耐都是正經。但愿平安無事，清閒勝是萬金。託天隨時度日，一生受用不清。常思一年之計在于春，一日之計在于寅，春君不耕，秋無所□，晨不早起，日無所指。諺云，男要勤耕田，女要學紡織。若能遵斯語，一世不受屈，誠哉是言也。而我後世子孫慎之慎之。"不惟此也，即子弟揖讓舉止，俱著成法。家道惟儉，閨閫肅然，姻戚故舊恩義兼至。聞節義事必揚，觀人家庭乖異。與父言慈，與子言孝。無論夫愚，雖兒童豎子，遙望公至，坐者作，行者拱，皆歡欣而敬理之。又作土晨□□□時度日格言，儆衆曰：士志乎道若用工，早起遲眠聽雞聲。磨穿鉄硯遵師訓，高居駟馬身受榮。農交耕種莫留停，及时收獲防陰晴。慇懃鋤飽費工少，怠隋蕪荒多勞神。工欲善事百口□必先利器達人情。工能匠巧千家用，四州八方皆有名。行商坐賈要殷勤，買賣行中仔細真。和□迷擡千倍利，戥秤升斗要公平。由是德行益著於遐邇，四方慕義者日益衆。

時有諺語□曰：幼而學，壯而行，行己有恥；講道德，說仁義，義重鄉邦。光于前，垂于後，後輩永遠樂善。公性本善，善始善終。試觀老先生明而且哲，忠而且信，寬厚存心，仁愛待人。而此耄年辟穀時，三月中旬，天降大雪尺餘，人士弔奠，屬說相望，因雪而讚曰：

善人壽終天降雪，乾坤盡白光皎潔。

魂遊地府西方去，性落人間衆口說。

百福並臻仁風遠，千祥雲集擁靈車。

合鄉男女咸稱讚，善人歸去名不滅。

斯時也，天地含愁，草木悲傷。邑之里老，嘆息夙之交遊，咸潸焉感泣數行下，故天相吉人，錫之景福，產厥國器。

伯諱倫，字敘之，號繼善。仲諱竣，字清之，號述善齋。季諱振，字顯之，號萬善齋。箕裘克紹，家聲丕振。居公之喪一遵古礼。臨壙，兄弟偕奠墓側，哀音蕭菲動人。余觀公，有□即生養死葬，曲全子道，可謂孝矣。謹以微詞贈曰：

君家兄弟非尋常，事親無論存與亡。生前順親行孝道，歿後廬墓薦石坊。前題恩詔旌表事，後書名士頌流芳。謹陳俗言墓傍讚，善門行述日月長。對白幼年祷其命，中年順其志，晚年致養□□人倫孝道，生時事之敬，死時葬之礼，□□□□□可不愧平生。余博觀天下，曷有喬公之所為，死者不後生，余去此其從誰，嗟善公之辭，或抑天命之有事，苟余行之，多□雖殁□其焉亡，自古死者非一喬公，至今有耿光敬陳詞而酹酒，魂仿佛以□□[1]

（碑存鞏義市回郭鎮清中村。孫憲周）

建造堂樓居後誌

嘗思食以養生，固在所急。而居以棲身，無不可少者也。以故尊奉父命，有堂樓之設。先中廟所以庇身也，後街形所以寅□也。終堂樓所以使親有安處，而心慰為之之心也。於乾隆丁巳年基址，戊午年蓋造，己未年告成功焉。一木非所有本也，一瓦非所素具也。屢歲來勤苦儉用，積少成多。千思萬慮，以為之者也。然豈為一身然哉，而浮生若夢，為歡幾何？但願後之居是樓者，知成之不易，勤儉自持，□遠□□甚勿輕忽，以負建造之質云爾。

　　　　　康
　　　　　祿
奉文燦率子　壽誌石。
　　□
峕大清乾隆四年歲次己未梅月吉日。

（碑存鞏義市芝田鎮官莊王家大院。孫憲周）

重修關帝廟碑

鞏治西南四十里許，東左村之南有關帝廟。前向金牛，後羅宋陵，左據青龍，右控高雲，真東周巨觀，一方之保障也。里人每逢元宵佳節，演戲醮享。但此地土瘠人貧，一遇凶年，香火幾廢。有李君諱朝統，約合同志，量力捐貲，斟酌調停，以當祀田。豐年固有餘羨，凶歲□□告□。從此香煙綿延，祀事不艱，合鄉皆有餘慶焉。此固閭里之盛舉，而亦善事之不容泯沒者也，於是乎書以誌之。

　　□□生員周成□薰沐拜撰並書。
　　首事李朝統艮五仌，飯一日。
　　催督李和美艮五仌，飯一日。王朝士艮五仌，飯一日。李有美艮五仌，飯一日。李名新艮□□，李西祺艮□□，□□□。
　　峕乾隆肆年歲次己未桃月吉昌。

（碑存鞏義市西村鎮東村關帝廟。孫憲周）

---

[1] 以下缺失。

新建玉皇洞併金妝羅漢碑記

　　龍泉竹林寺，邑乘八景之一，夜月銀鉤，膾炙人口，古剎名寺也。明末兵焚之後，銷邱□矣。至我朝定鼎，僅修佛一座，其餘槩無有焉。前歲金粧聖像，修葺墙垣寺之周圍，頗有可觀。今已創建皇聖洞併塑羅漢神像，其功浩大，獨立難成。善人蔡君諱嘉修等，作為首領，倡率鄉眾，置為緣簿一帙，隨心捐資，同為善事，共勷厥成。他日藻繪奪目，輝煌改觀，皆眾君子之福地也。仍望仁人君子大其規模，以復昔日勝槩，不依然一邑之奇觀哉。

　　後學宋明章撰文。

　　劉鍠書丹並題額。

　　乾隆四年陽月穀旦。

　　化主蔡加修督工，艮五刄。

（碑存鞏義市站街鎮新溝原灣姜百妮家中。孫憲周）

官莊王家大院建造堂樓誌石

　　蓋這樓費了多少心計，多少力氣，又沒做高官，又沒做生意。這是我做莊稼勤儉，出產的二十分，開地四十畝。西院的具是白地，這院的四間破廈子我都拆了。我分了驢駒一個，我還貼與別的弟兄一兩銀子。康熙年間盖中房，雍正年間盖臨街，乾隆年間盖後樓。置地帶分兩頃四十畝，二個騾子，四個牛、四面石槽，都是我置的。勸說子孫要做活幹正事，有算計。休賭錢，休吃酒，休吃煙，年年省了多少錢。打人休打臉，罵人休訐短。為人休說欺天話，看大休看小。為人存陰隲，到老子孫好。窮是難受的顧不住，走奔他鄉。父子不顧，這是那為人太匪了。這樓輩輩分與成人的子孫，教他多住上幾輩子。也是我費了些心計，勞了些力氣。

　　文燦杜撰，垂訓後人。

（碑存鞏義市芝田鎮官莊王氏高樓三樓墙上嵌。孫憲周）

眾姓置碾記

　　計開施銀姓名於後：貢生王振聲仝三百文，壽官趙彥偉仝三百文，生員趙彥芳仝二百文。成管人宋旺林仝二百文，武永清仝二百文，田起泰仝二百文。典史王德鳳仝一百文，焦鴻祿仝二百文，常大倫仝二百文，武永昌仝一百文，田起福仝一百文，武雲仝一百伍十文，趙大志仝一百文，武福貴仝一百文，何志奇仝伍十文，王義仝一百文，趙光耀仝一百文，李建周个一百文，王世昌个一百文，李安民个一百文，王世功个一百文，靳大貴个一百文，化文明个一百文，張天保个一百文，武福祿个伍十文，趙彥貴个一百文，朱大壽个一百文，宋翱鳳个一百文，田起洪个一百文，武福瑞个一百文，程師孟个一百文，武福壽个伍十文，田養成个一百文，何士超个伍十文。

　　石匠王倫。

　　乾隆六年正月二十日立。

（碑存鞏義市芝田鎮芝田村土地廟內。孫憲周）

重修碑記

　　嘗謂創於前者，貴有以繼於後；修於古者，貴有以承於今。因思三官聖殿，先人創修，原□傳之百世而不敝者也。獨是年如此其深，日如此其久。淫雨漂風，雷擊雷震，垣墉於以崩壞，檁□於以朽腐。使不可以繼之，則敬神無地，何以薦明德之馨，何以致如在之誠乎！於是合砦公議，志□重修。首領設□宴衆，合鄉心悅誠服。富者輸財，貧者效力，數日之間，而厥功告成焉。是則啟修者在一時，□固者在百世。君子曰是不可以無傳，故刻石以誌其功德云。

　　府庠生員焦克成菴甫拜撰再書。

　　木匠趙季忠。

　　石匠喬天成。

　　乾隆六年四月初五日仝立。

（碑存鞏義市西村鎮桂花村。孫憲周）

新設元宵燃燈碑記

　　鞏邑西南四十里許，村曰西左，中有古廟。左萬泉，右白雲，巍然一□之大觀也。每歲時，或設醮立社，演戲酧神。□□□□佳節，廟中寂然冷落，□□□然燈興會，慶賀元宵。昔有本村信女賀氏□外□李成文之妻，頓興善念，欲起鼇山大會。慮獨□難成此舉，遂與闔鄉諸善氏謀。咸曰善。演戲起會，與人為善者也。公□募化，諸眾人皆悅服，各願出貲財，積少成多，永俻後來燃燈之資。□□□□□□乎。神前□□□焚香廟中，神人齊悅，士女同樂。而鄉人□登斯廟也，見其香火滿堂，毛髮豎立，將平生所為，若神照鑑，□□□□□□□□□莫不□□□□惡□念矣。□□□□起也□□發人心之大悅乎。因刊石列名，永傳不朽云。

　　張士忠一錢，曹學智一錢，龐世雷一錢，費自貢一錢，吳進賢一錢，尹天佑一錢，龐奉松一錢，閆起明一錢，張思義一錢，張士奇一錢，許先一錢，張本一錢，李水一錢，龐奉祿一錢，張成九一錢，龐奉現一錢，龐奉至一錢，龐奉有一錢，龐奉軍一錢，吳道弘一錢，尹宗周一錢，張士宗一錢，李世旺一錢，吳進弘一錢，龐宗錫一錢，張士全一錢，費運昌五分，龐有信五分，曹明道五分，尹天壽五分，趙立功五分。

庠生員王庚撰文。

府庠生員張登瀛書丹。

石匠葛文舉、張恂。

住持清宇。

□□乾隆七年歲次□□□月□寅□□曰穀旦仝立。

（碑原嵌鞏義市西村鎮西村關王廟戲樓前牆右側，現存西村小學後院。孫憲周）

重修關夫子廟金妝三堂神像並修理樂樓蕭牆碑序

自後漢以迄今，茲約有千百餘年矣。我關夫子，三代追封帝號，疊加奉敕御祭，禮同孔廟。且都邑閭里鄉村中，亦不修廟懸像享祀，□□關夫子乎？果何以得此於後世也乎？或者曰：惟關夫子興雲布雨，袚除不祥，有益於國計民生之故。吾謂非也。蓋關夫子初非他神可比也，其生於何時，於何朝封於何帝，既皆昭然可指，而非若釋迦菩薩諸仙，系在若有若無、可疑可信之間。又讀漢史、三國，一一想見。其為人，浩然之氣，塞乎天地；忠義之心，炳若星日。是古今之振綱常者也，扶名教者也，是孔子之所謂志士仁人，孟子之所謂大丈夫也者。彼夫當時傳之後世，仰之□馨香而報明德，誰曰不宜？即以吾里言□，吾里福昌之東，亦有關夫子廟焉。當康熙乙丑已經重修，迨至乾隆壬戌，復有杜君諱襄，年將八旬，睹大殿之破壞，聖像之□□，毅然以重修自任，曰：「是予之責也。」遂爰謀諸各村化主，又募化各村男婦，擇吉命匠，前後不數月間，而夫子之大殿直如輪奐之美，夫子之聖像儼同山龍之光，而且左右靈官大尉以及樂樓蕭牆，無不金妝修理而煥然改觀焉。嘻嘻！是豈人之媚神哉，倘非我關夫子之浩氣漾溢於人心，夫子之忠心昭耀於吾區，亦何至趨事易而成功有如是哉！即是以觀，則我聖天子之大祭大封，彼都邑鄉村之立廟懸像而享祀無窮者，愈可以恍然於其故矣。雖然，此余之管見也，未知是否。

邑庠生員劉模撰文書丹，汜邑後學宋夢尚校正，汜鞏逸人王彬、史可臣鐫字。

督工化主杜襄，男杜倫、杜苞。主持僧人圓法、傅識。

窰匠游望，木匠曹文章、□紹功，鐵匠楊進忠，泥水匠張立。

金粧匠張乾、丁夢麟、程圖林、李進忠同立。

大清乾隆七年壬戌孟夏吉日。

（碑存鞏義市米河鄉高廟村關帝廟。王興亞）

南山口關帝廟樂樓碑記[1]

/吾鄉建神廟樂樓記，邑人張可舉撰，鄉生丁文煥書。

/鞏南山脈東起，分支轉西北者，兩山夾壑，至城南二十里，西為青龍山。昔魏時青龍見，因之改元者。

/為中路山西支，昔堯封玄元於中路者是也。壑為石河，昔唐時李王戰於石子河者是也。兩山崇峻，

/故曰山，□鄉人□居聚壑之西岸，南響建□

/漸次左建關聖廟，右建胤神廟，左側建龍王廟，歲時奉祀，倚庇神庥，鄉人結社，行禮奏樂，

/神人以和哉。余季子本善，近日田莊於斯，值逮廟前樂樓成，乃請余言記之。夫禮莫大於祭祀，而和

/所以成禮者也。慶曆以前，余邑城及各鄉禮樂修明，風□淳美，庶幾隆右。自寇犯犀鶩，村落半墟，禮樂

/之人，能修廢墜，是不以軍旅而忘俎豆者，風俗還淳，其有異矣，不可為中天慶為明時慶乎於

/之首事者，張承方、劉俊升等率眾赴義賢勞竣工，眾各輸資，共成美里，皆可嘉尚，宜錄之，以風示後人焉。

社首郝□美、張遇春、郝勳。

木匠王好全。瓦匠吉□通。

陰陽生葛松尚。

主持僧人湍僧。

/七月初七日立。

（碑存鞏義市南山口關帝廟。王興亞）

廣生聖殿諸神暨新建康氏開山神二尊碑記

化主七人，金塑二。

費興、龐世弘、尹光仁、費遂昌、吳進安、龐廷采、白克太、曹光召、龐鳳高、吳進□、張夏生、吳興漢、胡起發、賀自貞、龐世寵、胡士奇、龐世法、賀門龐氏男萬有、龐門冀氏孫廷對、吳道順、吳道顯、吳進周、李成文、李成武、李成斌、吳進孝、趙雲章、龐世業、李希孟。

---

[1] 該碑上半部缺。／以上文缺。年份難以確定，姑置於此。

共收銀四兩五錢四分。共使銀四兩五錢四分。

塑匠楊士亮，徒楊君土。

石匠劉生明，侄徒侯本進。

大清乾隆八年歲次癸亥孟秋吉。

（碑存鞏义市西村鎮西村。孫憲周）

鞏邑乾溝寨監生張素蘊施香火地碑

其地坐落寺西北，三段，共貳拾肆畝正。一段南北畛，東至魏翰周，西至河，南至秦運，北至河。又一段南北畛，東至崖，南至河，西北二至史管表。又一段南北畛，東至魏獻瑞，南至魏翰周，西北二至河。各四至分明，請愿捨施白云寺永遠為業。是為記。

儒童史尚淳書丹。

住持僧慶安，徒照友，孫元學、元誠，立石。

石匠郭燦鑛。

大清乾隆九年歲次甲子八月仲秋中浣之吉。

（碑存鞏義市回郭鎮干溝白雲寺內。孫憲周）

重修福昌寺碑記

乾隆甲子，余授業於福昌寺。季夏，僧人傳識攜壺捧爵，進而謂余曰："暑甚，延長山林木稠密，其地多風，盍往風之。"余曰唯唯。少頃，表弟張際隆至，杜君諱□亦至，於焉偕往。及陟其巔，環顧寺之左、寺之右，祇見孤峰高聳，雙塔掩映，綠水瀠洄，青山環繞，不覺顧而樂之矣。而不止是，東顧塔觀，巍巍乎延長絕壁；西弔夫婦，巖巖乎福昌堅城。紅山在北，儼若朱櫚繞於後；靈花在南，不啻玉屏樹其前。真天鍾其靈，地毓其秀，宛然東周一祇園者哉。流連久之，倦遊思歸。際隆捧酒揖余曰："今日之遊非有他也，福昌工完，乞文以誌之，幸勿推阻。"余曰："佛教惟大悲閣記說之到家，蘇長公作之，韓歐皆不及也。余去蘇公不啻天淵矣，敢不自揣，以貽笑大方乎。"杜君在側，躍然起曰："碑以紀事，達而已矣。胡用辭為？"余不獲已，妥顧傳識而詢其始終。識起而對曰："福昌化主，首事者張公諱玉玶字顯庭，繼事者張公長男諱爾鳳字儀周。然其功雖宏偉，已銘金石，無容贅敘。今日者亦祇敘其後事可耳。"余復問之曰："儀周之後化主何人？建修何殿？繪塑何神？"識復答之曰："儀周雖云物故，儀周之弟不無其人。時僧師兄傳□，即偕寺內僧眾，延請儀弟爾奇字天一，以終其事，以年老辭。又復請儀弟生員飛雲字鵬萬，以終其事。鵬萬慨然許諾，曰：'吾兄以子繼父，吾獨不可以弟代兄乎？'遂與寺內僧人及各村化主朝夕募化，晝夜經營，今歷數之塑□鬼王、藥師佛像，金粧觀音、地藏菩薩，修建西門，粧繪□王兩廊殿宇、門樓、蕭墻，無不一一修理，而煥然可觀者，皆鵬萬力也。及工方告成，而鵬萬與愚師相繼而逝。嗚呼！能不令人悲哉。後事之所宜敘者此也。"余聞之不禁喟然歎曰："修寺建佛自古有之，求如張氏之父作子述，兄終弟及者，遑遑天下曾見有幾人焉否乎！是誠不可以不誌也。"然將何以誌之哉？余思今日之憑高遠眺，見前之山光水色，彼此之後先問答，以此誌之，即是文章。噫嘻！自今以往，騷人逸士及縉紳先生凡往來寺中者，睹其姓字，追其芳踪，料必罥然高望，咸頌張氏之德於不衰云。

邑庠生員劉模撰文。

候選吏員程坦書丹。

吏員爾蘊。

邑庠生員飛雲。

督工化主張爾奇　侄明良。張爾泰、張爾翼。

程門馬氏率男喦霖、喦雲、喦震，金粧伽藍神像一堂。

泥河堂住持照緣。

住持　　圓□□□

　　　　圓法，侄明寶，侄孫淨深、淨安。

　　　　　　隨、

　　　　　　慶、

傅譜徒法靜，孫遠

　　　　　　馨、

　　　　　　香、

傅譜徒法惠、惠□良，孫達明。

　　　　　　振、

　　　洙　　□、　　過。

堂侄法，堂孫遠□，曾孫□、

　　　清、　濟、　　□、

　　　　　　文、

汜邑鐵筆王彬。

木匠雷兆、劉子□。

鐵匠楊進忠。

泥水匠高寬、馬隨河、劉光泰。

石匠張□、史大臣、王曰福、李枚。

金塑匠張乾、張有德、張玉機、丁夢麟、馬兆年、程圖霖、李進忠仝立石。

皇清乾隆九年歲次甲子季秋上浣穀旦。

（碑存鞏義市米河福昌寺前殿西山墻上。孫憲周）

鞏丞段在田傳

曹鵬翊

段應龍，字在田，江南全椒人。寄籍京兆大興縣，由貢監於康熙己巳年銓授鞏縣丞。鞏大令復聖顏子裔，時方重農桑，卹孤寡，興學校，應龍佐之，遂克著績。去顏，今"去思碑"在縣東門外，而段歿三十年，士民感遺愛，勒石顏碑左，以其協恭為理也。龍之初涖鞏，炎旱為災，龍為禱於龍潭，至有"寧殺貳令，勿辜民"語。忽大風雲，甘霖遽霑足。辛未、壬申，鄰境各大蝗，龍創蠟祠於東郭，嘉禾登，蝗不為災。又嘗諭行户，慰遠方，愛周商賈。陝西民逃難就鞏食，道經黑石渡，舡户橫索渡錢，否則留難。有露處者，龍杖舟子，立造浮橋，兩岸相接如平地，而急務亦無濡滯矣！是歲，運鞏儲倉糧米，濟陝人，約需小車八百輛，每集應車一、二百輛，比發運，革役賣富差貧，弊五日而辦焉！先是庚午，豫省奉部撥川餉，彈平庫吏需索，不遂溪壑者，掛欠短平。一運輒至七八百金，咨提補數，解員往返，動經一二年，人皆視為畏途。龍請以身任，至則佯許吏納金，晉謁川方伯，力陳時弊，乞更之，面爭無媚色。方伯為改容，弊遂革。川運至今無貽累，龍之力也。龍嘗署香嵩篆，永寧人侵占嵩民稻田水渠，互爭數年不能决。龍至，一二言各心折。兩邑歡呼，駸駸讓畔讓路風矣。再署密，聽斷平允，振興斯文，皆如鞏。遽以勤瘁歿。內子郜氏，扶柩歸舊治，茹蘗飲冰，教諸子各成立。長為章，太學生，濟世才也。次為袞，次為黼，前後貢膠庠。次為黻，次為冕，倜儻不凡，皆業儒。龍歿五十年，囊無遺金，諸子固守清貧，淡如也。乾隆乙丑秋，葬鞏城南鳳凰山。闔縣老幼，執紼啼泣，如葬厥考妣。嵩、密俱勒石紀治行。合鞏遺愛碑，謂之"三淚碑"云。

贊曰：循吏可紀者，於古彰彰矣。在鞏杜公依藝，白公鍠官於斯，葬於斯，子姓繁衍又於斯，詎匪遺澤在人，天道不爽其報歟！而列史或闕如，自丞以下，其又孰從而求之？段君歿，思至三十年至五十年，余知其終不能忘也。三淚碑日月爭光矣！龍之在田，為霖為雨，安得起斯人而任之哉！

清乾隆十年秋。

(文見民國《鞏縣志》卷二十四《文徵》。席會芬)

治深紀畧

謝傑

俗治深十年而歸休，年六十三矣。其初成進士也，以雍正十一年癸丑引見，即發直試縣。越二年，而有深澤之命。歲暮之任，省壇宇，閱城堤，立期約，不尚煩苛，與民休息，嚴除征輸灑派之弊。首修六賢書院，延名師以課士，訟獄不留，人無淹宿。乾隆三年秋，水決演防，禾稼沒殆盡。時余病滯下，躬力堵禦，水既去，復請發粟以賑民，咸安堵無流徙。其冬，又以此堤年久，殘壞卑薄，不足以資防捍。援代賑之例，亟為請帑而廓修之，增高益厚，袤長六十餘里，屹然以固。蓋以四年春興事，麥秋告竣。迄今五六年，猶宛然如新也！

夫水患之不去，皆河道之不治也。是年，大中丞孫奏請疏濬積水，俾所治州縣一體開通，無使壅滯。余遂肆力河渠，蠡西內堡有新河一道，瀕年被水，三年之水，猶其甚者！顧以事隸本州，不果除，至是乃快然於有為也。於是，詳請施治，因舊水道溝為之開寬濬深，上自無邑，下達州境，由州之清水溝以入於渣，並陳家莊之水亦附茲溝而合流，而人慶有秋矣！不寧惟是，深西堤北深地，宋家莊均有水患，堤北則有黎元，霧頭諸村，環城東注，歷趙莊、馬壘諸村，而達於安平宋家莊，則由王家莊以北達于祁州。惟中多汙阻，亦為大施開通，相其勢而利導之。其白莊、馬壘，俾咸就理，勿害禾稼，而水患乃以永息也！學宮為育養人才之地，歲久傾圮，始謁廟即欲修之，計其費不貲，且歲未豐，民效勞，不遑有事。至六年，捐貲營繕，經畫相看，朝夕在工，蓋不憚勤勞，以時告成也。有鄉兵者始于明季之亂，募民自衛，以捍寇盜者也。國初相沿，未除其籍，人世其役，城柝、監禁、庫署、糧運之役，皆取於是。有兵之名，無兵之實，人不堪其苦者久矣！余憫之，盡毀其籍而雇之役，察役食之閒曠者均而償之。更捐俸以益其不足，深人為之快然稱便。他若改壇宇，建養濟，設考棚於州城，修橋道於東墩，征會期發巡行點查，皆圖其便，使享其利，胥無擾累焉！嘗自聯以書於座右曰："明理以治人，體情而達物。"蓋不敢任己之私，而拂人之性有若此者，既歸休，乃紀其畧，以告諸同志。若茸始末之詳，則深之邑乘、碑志具載云。

乾隆十年。

（文見乾隆《鞏縣志》卷十九《藝文志》。王興亞）

代杜君錫工部祀田記

溫邑進士張生馨

昔我伯父承郡伯張公之命，既建修文貞公祠堂之後，於倉西北原置祀田一區，蓋以金貿之蔣氏，時雍正五年也。迨十三年秋，洛水漲，漂沒祠堂，其墻壁欄楹盡付洪流。我伯父懼隕郡伯之命，亟招工修葺之。而貲力不給，不得已，質田於倉西李氏。夫昔日之置此田，以祀神也，其後之棄此田，以安神也。堂廢則神失其所依，田廢亦祭無所出。祭無所出尚可以薦時物，神失所依，將陟降無地，對越駿奔之事永絕矣。故與其廢堂而留田，毋寧廢田以存堂。堂存而田可徐圖，然以貲力不給之故，至棄親身所置之田，則目前苾芬之祀事既失，即當年報本之初意頓乖，我伯父實隱痛之，故時時以不及贖復為恨。為我兄弟語及之，輒流涕，余耳熟焉，惜欲承命，而力未能也。每春秋享祀之期，凡一切粢盛牲具，無不竭力供奉。然要不若有此祀田，尤可告豐盛，成先志。所以數十年來，痛心疾首，夙夜不敢少安者，職是故也。去年十月間，適承梁縣主之命，爰出金二百二十鍰，贖田於李氏，乃以所得課資三分之二供祀事，其一儲為修葺之費，夫然後先人之隱痛以釋。嗚呼！在我嗣人其宜共體斯志矣！向後家資若有贏餘，可再置數畝，以廣其居。否則，謹守之，勿令失墜。夫以十數畝之田，不遇水旱之災，罄其土之所出，諒無不給於用，苟或不給，亦當出家之物力，以補其缺乏。故凡修葺祠堂之費，寧損我財產，必不可再棄此田者，以先人之為是舉，出於萬萬不得已之計，慎勿襲為成例，以滋先人之痛也。其地糧隸東儒里，昔伯父從蔣氏名下收取者，今復取之倉西李氏，而以景熹掌其事，其正糧上地一畝三分五釐五毫，中地十五畝八分七釐三毫，加地一畝一分。余恐傳之久遠，後人莫悉其源流，故併詳載之，以垂不朽。是為記。

乾隆十三年。

（文見民國《鞏縣志》卷二十四《文徵》。席會芬）

重修和順橋碑

【額題】百世流芳

蓋世路為人之大道，橋是路之通道，無路不能行，無橋不能過，人亦不得其和順也。本鄉中間有土橋一座，日久年深，風雨損壞，東西往來不能通也。吾鄉有善士郭起高、賀方棚，朝思暮想，視橋以壞，無路所過，以備水酒，募化鄉眾十人議論，此橋以壞，往來不得其和順矣。今募化本鄉善人，同捐資財，治買石頭磚灰，以備請匠券橋一空。是流水之通，道橋以堅，以橋不能壞，人亦得其和順也。眾社長修橋之計完成矣，立碑以刻不朽。

首事人[1]

大清乾隆十四年十一月初二日。

（碑存鞏義市西村鎮常封村馬王爺廟南牆內。王興亞）

重修拜殿碑記

【額題】流芳百代

文公云："莫為之前，雖美弗彰；莫為之後，雖盛弗傳。"斯村舊有觀音神堂，不知創自何時。□於康熙六十年有重修之舉，至今廟宇如故，拜殿廢矣。雖神有所依，每逢祭祀，風雨之患，卒不能免。今有張君諱景龍者，目擊心傷，募化鄉眾，各捐貨財，同心協力，不數日而告厥成功。爰記其事，以垂不朽云。

---

[1] 以下開列姓名，字多模糊。

邑庠生員吳尚義薰沐撰並書。

　　首事人吳門喬氏男希黃銀二錢，生員吳尚義銀五錢，張夏生銀五錢，吳進周銀五錢，張士喜銀五錢，龐奉坤銀五錢，吳進孝銀五錢，吳道顯銀五錢，張景龍銀五錢，吳道義銀五錢，吳道德銀五錢，張士有銀五錢，朝起發銀五錢，李世則銀五錢，張士雷銀五錢。

　　施主吳振翰二錢，李安恭二錢，張士標二錢，張景瑞二錢，吳進用二錢，吳進文二錢，龐奉格二錢，張景雲二錢，張士端二錢，吳希哲二錢，胡起太二錢，監生吳尚禮二錢、張士超二錢，吳門邢氏男進壽二錢，胡百魁二錢，李承斌二錢，龐九章二錢，吳道順二錢，李承武一錢五分，張士選一錢五分，李金木一錢，李世臣一錢，□□壽一錢，□門石氏男士花一錢，張士美一錢，張士儒一錢，龐奉魁一錢，吳進□一錢，張士興一錢，李安邦一錢，張景清一錢，張景珩一錢，張士聰一錢，龐奉正一錢，龐世慶一錢，張士舉一錢，吳興翰一錢，吳進武一錢，吳進賢一錢，李安和二錢，□□□一錢，張振世一錢，李安重一錢，龐有亮一錢，張士卓一錢，張士弘一錢，張士義一錢，吳道富一錢，龐奉兆一錢，李安民一錢，張士好一錢，吳進貴一錢，張永祚一錢，張聖典一錢，張士純一錢，龐奉松一錢，曹縣屈有同一錢，曹縣屈有義一錢，尹天佑一錢，張士孝一錢，李世旺一錢，李安□五分，李世賢五分，吳得會五分，李延福五分。

　　木匠張大才、吳道義、李大才、曹爾重。

　　鐵筆喬天成。

　　峕乾隆十五年歲次庚午仲秋月下浣之吉建立。

（碑原嵌鞏義市西村鎮西村觀音堂前牆左側，現立堂前右側。孫憲周）

階升王府君墓誌銘

胡芊秀

　　余出外授書，始於王家溝王君長公，其東君也。余時年三十餘。其子鳴鳳，孫謨，以弱冠從余學。其長子俊級，字階升，謨父也。時接語言，訥訥如不能出諸口，其天性之腆篤，未嘗不呈於顏面間。後十餘年，長公君沒，余會其葬。今年冬，謨持其父之行狀，求文以誌其墓，而鬢髮已蒼然就衰矣。迴思三十餘年，日月幾何，而今昔頓易，余之衰老，尚堪自鏡乎？勉而為之誌。

　　按狀：

　　公之先，山右人，明初遷鞏，居牛首山南王家溝。曾祖化林、祖玉璽。父復申，少習吏事，後以勞揀授巡檢，不就。生公兄弟二人，弟鳴鳳，邑庠生。公勤稼穡，能忍辱，鄉人有侮之者不與較，其接人一以誠信，不爭纖利。六歲就學，年十八棄書治農，戴星出入，不遺餘力，致貲財多於前人。又申誡弟與子勤力於學，以故鳴鳳與謨得飛聲黌序中。其狀云云，狀出鳴鳳。余固知其言之不謬也，而余竊有思焉。余少讀朱子《劉十九墓誌序》，其經營家事纖悉不苟，而白水先因得以肆力於學，致名昭天下，業傳後世，為一代大儒。夫才超羣倫，尚藉父兄之勤勞而成，況吾輩之萬萬不逮者乎？今鳴鳳與謨膠庠並名矣，其子孫之纍纍而起者，又將嶄然見頭角矣！寧可忘其所自耶。此吾所樂為二子言，又願二子為子若孫詳示之也。公沒於乾隆十五年，壽六十有五。配閻氏，後公一年沒，壽六十有七。生男四，謨府庠生、占魁、閻說。女一，適劉。孫男四，槐榮、槐植、槐蓁業儒，槐茂治農。孫女九。曾孫崇實幼。以明年五月合葬於牛山之陽。銘曰：

　　人皆爗爗，公獨渾渾。雕鑿不事，尋源歸根。源遠流長，根牢子繁。積而待發，利在後昆。牛山之側，以棲公之幽魂。

　　清乾隆十七年五月。

（文見民國《鞏縣志》卷二十四《文徵》。席會芬）

天壇山進香旋里刻石

　　社首劉爾靜、王廷玉，山西長子縣胡蘭、劉澤堯，山西路成〔潞城〕縣韓文山、杜仁。

　　社衆劉爾貴、焦同福、李太、孫大周、李義然、王化行、汜水縣楊振景、山西牛舜、武振邦、張有才、張之花、王本傑、費奇重、費可呆、費奇明、費洪典、陳文、李松、李秀、路成〔潞城〕縣張永、康霸、白心愷、白心亮、張大用、劉可呆、李寅、白法祥、王立功、李士炳、李夢堯、賀萬千、張馨讓、劉文海、李王英、李九敘、曹琇、杜國慶、巴進城、曹容、張中福、張中壽、劉紹澤、賀有義、劉建順、劉百方、王九英、王九成、王珂、蘭天西、劉爾乾、蘭榮、蘭得龍、費奇亮、費奇變、李士英、費有全、費奇有、費奇傑、王進福、張萬秀、蘭計九。

　　天壇山進香旋里刻石。

　　太學生臨溪劉諿書丹。

　　范振興、劉爾獻、康士敬、劉萬禮、張起才、宋官、張康、曹大本、費有義。

　　石匠王吾成、張永德、劉生成、劉生哲。

　　住持陳復正，徒本□。

　　乾隆十九年又四月一日立。

（碑存鞏義市大峪溝喬溝老君廟內。孫憲周）

重修關帝廟創塑神像並創建城皇〔隍〕廟金粧神像序

【碑陽】

【額題】萬世常新

　　嘗聞神之為靈，昭昭也。構廟以棲神，崇峩壯大觀之光；置神以庇人，靈驗獲怙冒之福。雖人道邇而神道遠，然呼則靈，而感則應。《詩》曰："神之格思。"《禮》曰："以祭受福。"神固人之保障也。縣治西南相去四十里餘，舊有關聖帝君廟宇，居西左村中，坐北向南。左萬泉，右白雲，背清流，面嵩嶽。鎮壓於一方，綿亙於斯村者，億萬斯年矣。然爲時既久，其創建伊始莫可考稽。粤自明清兩朝以來，重修屢屢。廟貌之穹窿，殿宇之輝煌，棟梁榱桷之侖奐，柱石牆垣之盤安，巍巍乎誠大觀也。□迨世逺年湮，不無風雨之飄搖；浸衰浸敝，漸就敗壞之形跡。梁木頹折，柱石朽蠹，瓦縫星見，根基廢圮，剥落凋謝之形，真令人目擊而心傷者。不有人焉急起而修葺之，其何以嚴觀瞻而肅拜跪乎！幸有善人景雲張君、國維王君、士秀李君、承斌李君、進壽吳君、士元李君、正名胡君、世功龐君、天才尹君、進英吳君、道德吳君者，慨然興重修之訊，共襄厥事，募化鄉眾，捐貲捐財，千腋成裘。擇吉動工，度地經理，鳩工庀材，督率人役。易木柱為石柱，易磚牆為槅扇，增廣式廓，煥乎可觀。黝堊丹艧，燦然一新。且神像舊為行輦，又創塑金神三尊，並行輦一概金粧。殿西又創建城皇［隍］廟一座，塑神五尊。功果之成，皆賴數人之力。不有以誌之，又何以為嗣後為善者勸。予時館斯村，適鄉眾執筐筺丐誌章焉。因援筆而書之，是為序。

偃邑乙卯科副榜候選儒學正堂陳廷彥撰文。

嵩北後學處士閻士用書丹。

木匠吳道義。

陰陽生龐奉桐。

鐵筆匠周義、周羲。

金塑匠白士亮。

泥水匠張士英、李大才。

住持龐復榮。

乾隆弍拾年歲次乙亥弍陽月戊子吉。

【碑陰】

【額題】碑陰題名

功德主張景雲銀二十八兩五錢，總理王起龍孫國維四十兩二錢，吳道通男進壽銀十兩二錢，掌曆李可全男士秀銀八兩二錢一分，李承斌男世題銀七兩三錢二分，李士元銀四兩一錢，男大才銀一兩七錢，胡正名男治邦銀七兩二分，龐世功銀三兩男奉梅銀一兩五錢，吳道正男進英銀三兩，尹光顯男天才銀二兩五錢，吳道德男進法銀二十五兩。

化主吏員吳進思男生員尚義、監生尚禮銀七兩。張夏生銀五兩三錢，吳道義銀五兩，費自來銀二兩六錢，費隨昌銀二兩五錢，龐世德銀一兩五錢，張聖典銀一兩一錢，吏員龐奉至銀一兩，張子璠孫大才一兩九錢。

施主張士雷銀十兩，趙門喬氏男世奇銀十兩，龐門冀氏孫廷祐銀五兩，吳柏松銀五兩，張景龍銀五兩五錢，龐奉格銀四兩五錢，吳道振銀三兩，吏員龐奉坤銀三兩，吳道顯銀三兩，龐門路氏男九章銀三兩，城內監生張津銀五兩，趙志銀二兩，周德聖銀五錢，牛大用銀二錢。

　　車園：吳進孝銀一兩。

　　窑嶺：賀職銀五錢。

　　芝田：焦家祿銀三錢，茂盛號銀三錢。

　　湖廣□州：麻城右堂王德鳳銀一兩。

　　清易鎮：許希醜銀一兩二錢，許希雍銀一兩，王之倫銀二錢，馬文明銀二錢。

　　寨溝：柴克巍銀五錢。

　　天喬坡：周子位男蘭生銀一兩一錢，周效先銀五錢。

　　回郭鎮：太和號銀一兩。

　　焦家灣：□瑞號銀一兩。

　　仁村溝：姜大德銀二兩。

　　常豐村：賀萬繚銀一兩。

　　禾村：劉芳芝銀二錢。

　　偃師：顧法棟銀五錢。

　　楊村：許炳銀二錢。

　　山東省：曲有義銀二兩。

　　山東省：曲有周銀三錢，趙西河銀四錢八卜。

　　東左村：賀克統銀五錢，李錫成石板三塊。

　　張家胡同社：一宗石頭三萬，一宗銀三錢，費自法銀三兩，費興銀二兩五錢，白士亮銀二兩五錢，張士超銀二兩，尹光仁銀二兩，閆士用銀二兩，監生張聖文銀二兩，龐有技男廷宰銀一兩，李安恭銀二兩，吳道桂銀二兩，許布名銀二兩，李大顯銀二兩一錢，張士端銀二兩，曹爾重銀一兩七錢五分，吳進官銀一兩五錢，吳道順銀一兩三錢五分，曹世富銀一兩二錢，王世聰銀一兩二錢，李世財銀一兩二錢，龐廷美男奉福銀一兩一錢，龐世法男奉□銀一兩一錢，費自強銀一兩，監生張妲銀一兩，□□□銀一兩，魏有智銀一兩，費雲昌銀一兩，王國祥銀一兩，許進顯銀一兩，吳希哲銀一兩二錢，龐世度銀一兩，費自申銀一兩，胡士章銀一兩，曹光昭銀一兩，張士標銀一兩，吳門喬氏男希黃銀一兩，張元貞銀一兩，龐廷彩銀一兩，胡治國銀一兩，于有智銀一兩，張景弟銀一兩，李承武銀一兩，李門吳氏孫太福銀一兩，尹天壽銀八錢五分，張士好銀八錢，吳進周銀八錢，張聖誥銀八錢，王世明銀七錢五分，龐有倫銀七錢，吳進文銀七錢，張士興銀七錢，龐世弘銀六錢，吳振漢銀六錢，胡士英銀五錢，龐門姜氏男有梅銀五錢五分，吳興漢銀五錢五分，武進寶銀五錢二分，王大有銀五錢，曹學林銀五錢，李士明銀五錢，冀子龍銀五錢，賀方有銀五錢，曹光平銀五錢，龐世甲銀五錢，于有德銀五錢，李士法銀五錢，龐奉周銀五錢，吳士鳳銀五錢，曹光順銀五錢，費自盈銀五錢，龐世寵男奉智銀八錢李士有銀五錢，龐廷揚銀五錢，龐奉現銀五錢，曹世有銀五錢，王士美銀五錢，龐錫祿銀五錢，龐奉高男有□銀五錢一分，龐有能銀八錢李世□銀五錢，趙振德銀五錢，張景行銀五錢，張士弘銀五錢，李安民銀五錢，李世旺銀五錢，胡起敬銀五錢，胡起太銀五錢，胡起法銀五錢，龐世登銀五錢，吏員張景珩銀五錢，龐奉山銀五錢，吳進孝銀五錢，張景清銀五錢，李士超銀五錢，龐有□銀五錢，李世壽銀五錢，吳進武銀五錢，吳維祥銀五錢，郭長安銀五錢，張士選銀五錢，費□銀五錢，龐世□銀五錢，龐奉卜銀五錢，趙世貴銀五錢，龐世□銀五錢，李世臣銀五錢，尹天佑銀五錢，張克顯銀五錢，張士純銀四錢五分，李士奇銀四錢，費曰禮銀四錢，尹天祿銀四錢，張門王氏男大典銀三錢，費自强銀三錢，許□先銀三錢，李大器銀三錢，許林有銀五錢，許希孔銀三錢，張□□銀三錢，張士儒銀三錢，張永祚銀三錢，曹明揚銀三錢，李世坤銀三錢，曹光全銀三錢，許林貞銀三錢張士聰銀三錢，費自福銀三錢，費自員銀三錢，趙立功銀三錢，吳進矣銀三錢，費顯銀三錢，費門張氏男自修銀三錢，龐奉松銀三錢，曹明遠銀三錢，張士勳銀二錢，張士卓銀二錢，張士孝銀二錢，李廷福銀二錢，李金木銀二錢，吳得會銀二錢，張士本銀二錢，許希詩銀二錢，趙守志銀二錢，龐有義銀二錢，費自道銀二錢，許希周銀一錢，龔凱銀二錢，龐世美銀二錢，費曰□銀□□，李士倫銀□□，李安和銀二錢，吳進弘銀二錢，龐奉祿銀二錢，胡百魁銀二錢，吳道成銀二錢，李安邦銀二錢，李安□銀二錢，張子奇銀二錢，費自全銀二錢，張聖訓銀二錢，費自貴銀二錢，龐門趙氏孫廷舉銀二錢，孫景仁銀二錢，許文煥銀二錢，吳士坤銀二錢，費文銀二錢，龐奉正銀二錢，張元平銀二錢，曹明瑞銀二錢，賀福銀二錢，李安重銀二錢，李安梅銀二錢，許守法銀二錢，費自茂銀二錢，曹光先銀二錢，馬大德銀二錢，龐奉現銀二錢，龐奉實銀二錢，翟大士銀二錢，費自才銀二錢，吳進爵銀二錢，王世武銀二錢，吳恭銀二錢，張元文銀二錢，楊天順銀一錢五分，費自功銀一錢五分，張振世銀一錢，龐世雷銀一錢，袁宗孝銀二錢，吳進忠銀一錢，龐有職銀一錢，許進寶銀五分。

（碑原立鞏義市西村鎮西村關帝廟內，現存五龍廟內。孫憲周）

聖水鄉增修樂樓記

古之祀□□和者，厥惟樂。樂由天作，抑自性生也。古人不見嬰兒之油然以悅乎。喜斯陶陶，□詠古人其陶也，舞所由昉也。其詠也，歌所□出也，故其綴兆之□所其□台曰舞□其容也，曰歌言其聲也，獨曰戲則□不可耳。蓋唐開元、天寶間，梨園濫觴□□遂□突古人，甚而豔道閨情北鄙亢厲是□謂□□妖□□□鄭衛之□是□善戲謔□哉。直□□戲事耳。故以名□居白雲三堤之間，弊尤甚□□滋□□此□錦屏，歷硯山，邐迤而南□□□□有□焉。嘉號聖水岩□□秀，風俗淳樸，人□□□□□□□德□于□于寰區矣。而春秋報賽之典更足多焉。感覆載之恩愛及上帝，念□□□德□途蠡斯天上人中曰凜凜□而□逆寒迎暑，寗復有餘憾哉。乃即一綴兆□□□三□□□□□□以妥以侑厥□秦樓美輪美奐，□□□館而□以為篝宇直□殿陛址基□近□□□□對越而嚴□奔也。於是，

□張公三其實，李公四會友者首其事，率鄉衆而增修□□□其規模，而輝煌其制度□也。而□以石思□垂永久也。台也，而繼以□細事不敢以苟也。□□伏獵於以詠歌□若和神人□□□□事不□□而□□蹈□意，則進于古矣。今于其樓之落成也，名以舞懼其偏，謂之戲懼其褻，故□命□曰□□樂樓云。

邑庠增生趙仲漣頓首拜撰。

同生□生光篆額。

鐵筆生孫□京成。

大清乾隆二十年歲次乙亥黃鐘朔穀旦同建。

（碑存鞏義市聖水關帝廟。王興亞）

建立慈雲寺香火地碑記

慈雲寺古刹也，創自漢，唐至明屢經重修，規模宏大。父老相傳，古碑所載寺內香火地，東南□□□□石人山□，南至盤龍山，北至普寧寺，四至以內，并無尺寸民田。其時禪□數百□□之供，且夕無缺，□□□□巍峨，因不待言，而且蒼松蔽日，古柏沖□霄，芳蘭芬草遍山谷，一時鄉民里老□□□□□□□□□□□□□□接踵，猗與盛哉！真中州大奇觀也。但世遠年湮，風雨多有不時，年歲屢遭□欺□□□□□□□□□概出課，以故數百禪僧，或游方或還俗，反故所遺者落落數人而已。香火幾於□□□□□□□□□□□□崛然特□而當中興之柱者乎。幸蒙本縣梁老爺念慈雲禪院載在誌書，一旦頹敗，殊為可悲。緣是諭諸僧將已課地□□□□永無奕度，猶恐漁德凍薄，復蹈前轍，又合於僧族門□取有德高□名虛□□為教主。如吾知不數年，僧有餘時，缺者補之，廢者修之，規模重新昌如昨。俾賢人君鄉民□□□□□□□□□□□□梁老爺之功德浩大，直與天地同流。衆善友之齊心向佛，與日月爭光，赫然中興。猶是□□□□□□□□□□諸善友囑余為文，以便刻石。予愧才淺，不能勝任，特敘事之始末，以為序云。

邑庠廩生員張致彌撰文並書丹。

府庠監生劉國相，生員張壬科校正並題額。

住持僧福壽、慶□。

本寺僧人謹。

首領□□□、王成德、□□□、張永德。

石匠閆生明仝立。

時大清乾隆二十年十二月初六日吉旦。

（碑存鞏義市青龍山慈雲寺內。孫憲周）

拜殿碑記

【額題】拜殿碑記

粵稽虞帝蓋中天之大孝也。吾輩蚩蚩之氓，思慕其孝友，業已建廟而祀之，似可以盡厥情矣。第廟制規模狹隘，難伸俎豆之儀。且風雨不測，莫展椒醑之獻。春秋奉祀，甚覺減色。幸有族叔荊學選灼見於此，以為非修拜殿不可。乃有志未遂，忽而賓天。其子大行，素有孝心，不忍沒父之意，爰約鄉人，盡心竭力，以成其功。雖無珇楹繡瓦，而局勢廣大，俎豆之儀可於此而伸也。縱非金闕瑤臺，而漂搖無患，椒醑之獻可於此而展也。春秋奉祀不大有□哉！茲欲勒石壽世，索文於余。余遂不辭愚陋，妄著俚言以誌云。

荊大成撰。

具章侄立命書丹。

功德主荊學選□□□□十七刄三錢。

化主荊朝佑一刄五錢，化主□□義一刄二錢，化主荊□□一刄二錢五，化主荊楚良一刄二錢五。

晉□壽一刄一錢，劉漢惠一刄，荊哲選一刄，荊大榮八錢，南朝□八錢，□□□七刄，荊大誥七錢，南士起□□，陳廣友六錢五，馬立朝六錢五，荊楚珣四錢，荊平信四錢，劉永文三錢，荊立經三錢半，荊雲選三錢，馬連有三錢，□□□□，□□□錢半，□□魁□錢，劉□□二錢，馬登朝二錢，荊長福二錢，朱景貴二錢，荊明古錢半，□漢□二錢，劉□順□錢，劉□□□□，劉□□二錢，荊候選二錢，劉漢重二錢，李世□二錢，魏□二錢，荊大□二錢，荊大千二錢，荊夢選錢半，朱□秀□錢，史大過□□，荊平學錢半，荊大成一錢，荊大中一錢，梁起秀一錢，劉朝益錢半，劉漢忠一錢，劉懷德一錢，晉應士一錢，李光厚一錢，荊楚珩一錢，南朝武一錢，荊立見錢半，李世海一錢，劉懷元錢半，荊大萬一錢，荊大量一錢，荊明福一錢，晉大平一錢，荊立皇一錢，荊成選錢半，荊明選錢半，馮可仁一錢，劉懷謙一錢，劉懷信一錢，李世德一錢，班召一錢，劉懷禮一錢，劉懷智一錢，李昌功一錢，李朋五卜，晉大雷五卜，晉應成五卜，晉應才五卜，荊明端五卜，南朝義五卜，南士賢五卜，荊平印五卜，劉宗順五卜，荊長壽五卜，荊長壽一錢，荊明禮五卜，劉盡詳五卜，晉應官五卜，王貴五卜，晉大用五卜，劉漢標五卜，荊明正一錢，馬友禮一錢。

木匠劉朝順、荊大千、史大遇、荊長貴。

石匠孫學成。

乾隆二十一年二月初一日立。

（碑存鞏義市魯庄鎮南侯村小學院內。孫憲周）

程氏重修義橋記

百世流芳

程氏之修斯橋，繼也非創也。而為所當為，則繼與創義有同歸。考其始，只於溝上架木，山水漸次冲激，□□成壑，行人苦焉。時嘉靖二十七年，程氏之先人諱堂，目擊心惻，獨捐金易木以石，俾勿壞。近橋居者周君諱景，馬君諱咨，相偕督厥工。而四圍鄉人，感斯義，群效力作，用能時少而功成，自茲往來稱便。宣傳義行，於三老中尤首推程氏。顧二老不敢分弓，程氏亦不敢獨有。歸功於神，曰：玉仙橋。殆謂橋在祠間，速如神助，而其實則程氏義橋也。閱康熙年間，□□□欄杆盡頹，而橋幸無恙。其當日實心實力修作之固可徵然。而歷久終敝，物理有常。由今溯其始建二百餘載。橋當山水之衝，上為車馬震踏，下為水力動搖，焉能不日就於敗。至乾隆十六年，橋牆及根基俱損，固其宜不足怪也。住持周福祥謂：程氏倡義於昔，□慨然使其之無而之有；紹注於今，寧漠然能其之有而之無。於□□□修請。而程族族長坦，視為家傳世績，無可諉。遂聚族正告其子侄，各量力捐貲。委諸能事者，鳩工庀材，不逾月而上下就理。竊幸先人之道又□□□□□□令傳示後人，世世勿忘斯善也。事竣之後，□□□古誠可以見先人於地下矣。而其侄圖南□為族人嚮應，由乃叔□高山一乎，此意即□□□□□□□□□因赴署□余，□□□而僝述所以。余曰：事務傳□□□文為□□□□其巔末以記。

鞏縣儒學教諭李廷棟撰文。

邑庠生張致中書丹。

督工程圖南、程允功、程坦、程圖旺、程允桐、程允樸、程允機、程允相、程允楨、程允儉、程雲驤、程允中、程允和、程允贊、程允猷、程允□、程尚舉、程道傳、程心傳、程天祥、程九河、程圖壽、程文竹、程圖生、程雲從、程鵬翮、程圖夏、程圖宣、程午、程圖柱、程圖春、程元□、程圖義、程周周、程文、程萬福、程澤南、程久欽、程圖智、程九、程元臣、程圖襄、程圖貞、程圖元、程中和、程元東、程圖耀、程圖鳳。

石匠史大臣、張登順。

鐵匠李梅。

乾隆貳拾壹年歲次丙子季春上浣□吉。

（碑存鞏義市米河鎮程寨程氏祠堂。孫憲周）

朝嵩陽中嶽尊神廻宮修醮碑

萬善同歸

副社十四人：武進□、龐奉全、費隋昌、李士富、龐世法、張士卓、費自珍、吳希堯、曹明瑞、李大昌、費自貴、許林成、曹克己、張天典。

掌歷三人：□□□、□□□、外閣中書張成麟。

城內牛元□、龐廷對、張聖補、米有仁、吳興漢、龐有道、胡治國、孫景仁、龐廷採、生員吳尚義、外閣中書費自發、李大韶、武進孝、龐有義、龐有禮、吳士鳳、許繼先、郭文學、賀萬有、□□□、龐廷□、龐有能、許九福、楊進學、費自茂、費道成、范大成、李安恭、韓璽、元安、吳進宮、費道中、張良德、許文學、許林有、王世明、趙世貴、□□功、許成玉、吳希明、龐世仁、□聖□、□振□、張聖訓、吳振龍、□□□、曹學林、胡治邦、費道醜、胡治孝、龐有喜、吳振邦、許承先、□□貴、□□智、□□□成、趙振林、吳進文、龐奉見、張大智、龐廷英、吳□禮、□□□、□□□、王士□、李大□。

後學閻士用書。

鐵筆匠劉治全。

住持龐復榮。

大清乾隆弍拾弍年歲次丁酉季春上浣之吉仝立。

（碑原立鞏義市西村鎮西村關王廟，現存西村小學後院。孫憲周）

重修馬明王諸神殿宇金塑聖像碑記

戲錢在內。共布施錢二十九千二百零四十文，艮三兩。

本鄉西北里許，建有天齊行宮，左右配殿，其來久矣。肅威牲觀，誠盛事也。世遠年湮，不能無敝。歷經重修，概不復邊。乾隆二十有二年，淫雨淋漓，澤及黃泉。致左配殿基損牆傾，棟折榱崩，神像俱頹。夫神之無廟，猶人之無室；神之像滅，猶人之迹泯，觀者至止莫不痛心。張君諱克緒等不忍坐視，集衆公議，量力捐貲，鳩工庀材，繪畫新粧，廟貌如故，神像依然。創建固賴不墜，重修亦借常昭。事誰為述功寔倍作，所謂莫為於後，雖盛弗傳者此也。功成告竣，索余為文。以即其事而序之，俾後之人志欲繼此者，或亦有感云。

邑庠生員王大乙薰沐撰。

後學張中元書丹。

功德主陳國才仐四百文，張本生仐一百文，張克緒仐四百文，周天錫仐四百文，張春生仐二百文，張厚生仐一百文，張年仐二百文，王大儒仐二百文，王贊楹艮一仐五分，監生解敬鰲仐一百六十文，張善仐一百一十文，張效洙仐四百文，張大祿神莊二根。周天成仐四百文，張臣然艮五仐，張朝生艮五仐，張印生艮五仐，齊恭仐四百文，張君生艮五仐，趙坤仐四百文，張克聰仐四百文，張瑛獸一對、仐一百文，張慶生仐四百文，張長功仐四百文，張堯年艮五仐，王贊江艮五仐。

木匠逯三友、張克忠。

塑匠楊學領、李良佐。

石匠葛文峰。

陰陽周天爵、張振聲。

乾隆貳拾肆年叁月二十日。

（碑存鞏義市康店張嶺天齊廟。孫憲周）

神地原由誌

【碑陽】

【額題】流芳百世

兹廟之建也，起端在老君。老君殿既立矣，後復東列関帝，西列錫胤，南樹舞樓。踵事相增，有如是也。尔時功既告竣，衆首事者儩物礼神。拜謁之餘，悉欣欣然有喜色。而相慶曰：巍煥一區，事其終矣乎！而予則曰犹未也。何者？廟雖成，而無人焉以守之，不特晨昏之香火少奉，几席之塵埃莫除也。神像廟器保無牧童乞兒之毁傷，奸人宵小之盜窃乎。然而难矣。何难乎？尔非难其守之無人，难其人之無养也。乃一再思之，而忽覓其無难盖心計焉，而又得一術也。曰：是仍當以老君之所賜于我輩者成此一事。因謀諸兄弟子侄輩，日按行窑之地除煤若干，賣仒以储買地之用。積累有年，堂兄劉甫善地得仒二千七百三十文，胞弟劉漢卿地得仒二十一千五百零一文，侄劉振文地得仒十五千零二十文，傑地得仒四十七千二百零七文，数地共得仒八十六千四百五十八文，陸續買地若干。地有数段，尔即以地内所出之子粒，俟貴出糶，又得仒若干，買地若干。予外又施地一段，今地共有八段，每年所獲粟可糊口，花足制衣，庶乎人得地而养瞻，廟得人而守備，毁傷無慮而窃难入，香火有司而塵埃不存，夫而後，事乃告終矣。今謹將事之始末述于弟鳳翀，令其順意而為之文，以誌原由。兼開地段于後，以防差忒。如自以為是為善行也，而存伐心，或冀傳述後世也，則非予立石意也。至若後日者或在予之孫子而继述之，更張之。或在世之君子而因仍之，变通之，則亦一听之于彼而已矣。

邑廩膳生員劉鳳翀撰文並書丹。

刻字匠郝璜、李天祿，係舞樓地主。

金塑匠蕭永祥、康孝珍，係廟院地主。

大清乾隆二十五年十一月十五日，山主劉漢傑立。

【碑陰】

地共八段，坐落至領行糧列下：

買柴姓地一段，坐落劉家後溝。價銀二十一兩，行糧下地一畝二分，換康姓廟東廟西地一段。

劉漢傑施地一段，坐落家南北東西畎。東至柴姓，西至路，南至路，北至坡。行糧下地五分。

一段坐落胡林，南北畝。東至柴土賢，西至劉振江，南至柴士聰，北至劉振河。價銀十兩，頂種里糧一畝一分三釐三毫四忽。

一段坐落家南，東西畝。東至路，西至老君堂，南至河，北至路。價銀十一兩，行糧下地四分。二十八年，同經紀李如慶說和，又買舞樓南東西畝。東至路，西路河，南至河，北至舞樓。價錢二十五千，糧銀一錢九卜。

一段坐落山川，南北畝。東至墳，西至路，南至康廣年，北至路。價銀六十九兩，頂種四畝四分五釐。

一段坐落家南，東西畝。東至老君堂，西至康孝位，南至康孝禮，北至路。價銀十六兩，行糧下地一畝六分。

乾隆二十九年正月二十日，復買劉姓地一段，座落山川，南北畝。東至路，西至劉漢卿，南至溝，北至路。價錢三十千文，頂種糧行糧下地三畝三分。

一段坐落山川，南北畝。東西二至劉振武，南至嶺，北至路。價銀十五兩二錢五分，行糧下地一畝。

（碑存鞏義市山口鎮老井溝老君廟。孫憲周）

創建舞樓碑記

宋夢磻拜撰並書

聞之夏曰清祀，殷曰嘉平，周曰大蜡。総之，鐘鼓琴瑟，合□萬物，索饗百神也。於是，三代後衍□酬神，因有舞樓之設。夫舞樓之作，不惟通都大邑為□□，窮鄉僻壤亦常有之。鞏邑東南六十里許溫堂舊有洪山真人廟，歷年久遠，而舞樓未□□，斯地之有缺耳。[1]

乾隆二十六年季春。

（碑存鞏義市米河鎮溫堂牛王廟內。孫憲周）

立石碣記

【額題】流芳百代

二月初五日，王大成不幸病故，無人承管，表叔進公偕同地方劉尔順，鄉約李夢舜，□敦好義之舉，將王大成顧工所遺錢財，買崔加□塣地一□，價錢一千正，立石碣共使錢一千正外，有文約四至，當價錢九千二百正，入□□老君廟奉事，以誌不没其實云。

後學康廷干撰。

---

[1] 下缺。

住持程仁貴書。

石匠陳玉□。

乾隆二十八年三月十六日

（碑存鞏義市大峪溝鎮橋溝老君廟。孫憲周）

□葺堂宇金粧神像記[1]

【碑陽】

/山品字三峰，其東峰蜿蜒拖地脉，西北行五六里，前有羅溪環繞，而結為村落，曰羅口。

/溪至此南出口，故名焉。村有兩

/觀音大士菴。古人相地以建，俱坐收水神，近日

/謂一村富庶豐美，固地氣結作使然，而兩菴實亦與有補云。此菴居村之中，明季重建，

/而堅，迄今根址墻壁，猶居然不敗，惟鴛瓦神像，少壯嚴而減色矣。有李全倫字敦立，賀□□子明公字長廓者，慨然欣之□

/昔年始有公貲，三人經理，生殖頗多，又慮費廣

邑庠生鵬山何光先撰文。

肄業後學李逢時書丹。

【碑陰】

□奎倫銀乙刄弍⼈，康子智銀四⼈二分，康學書銀一⼈八分，翟瑞立銀一⼈二分，□思聰銀乙刄，康子民銀三⼈，王人成銀一⼈八分，魏起程銀一⼈二分，□氏子巖銀八⼈，楊學周銀三⼈，閆石俊銀一⼈八分，孫策銀一⼈二分，□全銀三⼈，鞏材銀二⼈四分，康學程銀一⼈八分，康文禮銀一⼈二分，□召銀七⼈，康振懷銀二⼈四分，康子利銀一⼈八分，李春桂銀一⼈二分，□聰銀四⼈八分，康學聖銀三⼈，李可選銀一⼈八分，石五常銀一⼈二分，□士溫銀四⼈八分，李可禄三⼈六分，□宗泰銀三⼈六分，□人鳳銀三⼈六分，石成東銀二⼈四分，石成公銀一⼈八分，李可君銀一⼈二分，□思孝銀三⼈，王梅銀三⼈，康學顏銀一⼈八分，翟士法銀一⼈二分，□子聚銀二⼈七分，□□□銀二⼈四分，康有生銀一⼈八分，李可福銀一⼈二分，□士友銀一⼈四分，閆士公銀一⼈二分，康子居銀一⼈二分，□人明銀二⼈四分，閆進銀一⼈八分，鄭天錫銀一⼈二分，鄭天成銀六分，□學張銀二⼈二分，王人惠銀一⼈八分，楊玉堂銀一⼈二分，康子路銀四⼈二分，李學西銀一⼈八分，石成器銀一⼈二分，石五色銀一⼈二分，

畫匠王克位。

---

[1] 該碑上殘，/前有缺字。

鐵匠孫登海，木匠康奇生艮二錢。

閻學禮銀二仒。

乾隆貳拾捌年季冬榖旦立。

（碑存鞏義市西村鎮罗口村。孫憲周）

芝田鎮建井記石碑

嘗思自天地生人以來，有食者以養陰者，即有水以養陽。水詎可一日無也哉。爰是鎮北巷有煙火數十户，而井泉不足。日者，趙君彥秀有舊井一圓，願為公用。衆皆不忍，遂各出己財以買之，以為斯巷久遠之基。故為數語，以弁其首，而貲財姓氏刻列於後。是為記。

貢生王振聲銀二兩，壽官趙大成銀五錢，壽官宋旺林銀二錢，生員趙彥芳銀二錢，監生趙大受銀三錢。

武永清銀一錢伍分，白廷楷銀伍錢，康順銀四錢，靳大貴銀一錢伍分，武福貴錢一百文，武福壽錢一百文，趙一良錢一百文，程士孟錢一百文，何士奇錢一百文，李建周錢一百文，王有祿錢一百文，武永昌錢一錢五分，田起泰銀二錢，焦有祿銀二錢，常士傑銀二錢，李育民銀二錢，宋翱鳳銀三錢，趙彥秀銀二錢，王義銀一錢伍分，田養成錢一百文，朱大年錢一百文，馬書錢一百文，李如秀錢一百文，化文明錢二百文，趙璜錢一百文，白君輔銀三錢，何士超錢一百文，朱文舉銀二錢，李安民銀三錢，程士文銀二錢，趙世榮銀二錢，趙棟銀一錢伍分，田起洪錢一百文，程師孔錢一百文，武福瑞錢一百文，何宗武錢一百文，趙光耀錢一百文，武福祿錢一百文，馮周錢一百文，程士孟錢一百文，郅福錢一百文，董云鶴錢一百文。

後學趙世楷撰並書。

石匠□□。

乾隆二十九年三月初六日吉旦立。

（碑存鞏義市芝田鎮芝田村北巷張家院前煙房進口井之墻壁上。孫憲周）

創建僧房碑志

蓋謂神所憑依在殿宇矣，人所庇身在房室矣。使廟有住持而房屋未備，則雖殿宇巍煥而事究未終，將有貽憾於缺略者矣。茲老井溝沐老君尊神之恩，綿綿於無窮。既建殿以妥神明，復施地以供香火，其何可使住持居神之室，致嘆夫容身之無所乎。爰是具材木庀工匠，於老君殿之西，創造房屋二間。雖非簷牙高啄，擬於細旃廣厦，而數椽茅屋，亦彌足以蔽風遮雨。夫而後以展拜跪有其地，以荐馨香有其資，而守廟住持亦欣然於庇身之有托矣。事完功竣，是安可以不誌，然而柴君諱思聰安作謀者，又好善人也，覩此盛事，復慨然施地一段，継續其功業，廣大其香火。誠所謂善善為心，施令名於奕禩者也。因并誌焉，以垂不朽云。

儒童張夢錫撰文並書丹。

功德主劉漢傑經官香火煤仐五千文。

山主柴思聰妻費氏施地一段，經官香火煤仐一千九百文外，施仐七百文。

王秀衍經官香火煤仐四百文。孫振楠管白龍池溝神煤仐四百五十文，閻長祿經香火煤仐二百文，柴思聰管水井溝煤仐三百文，孟宗統工四个作艮二仐，劉振声管南堂神煤仐一百五十三文，劉万盛施檁一根作艮二仐五分，焦恭管趙溝神煤仐一千五百文。

康□年工三日，作艮一仐五分。李天祿工一日，作艮五分。

刻字匠丁大魁。康孝彥工一日作艮五分。

住持慶和。

此地坐落老君廟後，南北畛。東至路，西至施主，南至路，北至施主，行糧下地一畝，只許住持耕種，不許立塋。

大清乾隆二十九年歲次甲申孟冬吉旦。

（碑存鞏義市北山鎮老井溝老君廟。孫憲周）

家伯祖裕六公墓表

張其章

予家自山右遷鞏，於今越四百載，凡二十傳矣。開書香之統者，予七世祖肖泉公也。綿書香之緒者，予大伯祖裕六公也。始遷以來，農功為業，傳七葉至肖泉公，勵志時敏，後由歲貢，任儀封訓導，陞河陰教諭，暨沒，崇祀鄉賢名宦，張氏詩禮門第由是起矣。肖泉生胥化公，化生見龍公，任陝西通渭知縣，生子二：長曾伯祖敬居，列膠庠；次予曾祖起亮公，由例貢考授州同。起亮生予祖兄弟六人，其長即予伯祖裕六公也。公生篤於孝友，嘗以喫虧訓諸弟姪，邑侯顏品為人物第一。邑之縉紳先生，羣頌顏公知人云。公潛心經濟，入庠後，屢薦未第，嗣念肖泉公來，讀書已歷四代，公意大振家聲也。因課藝家塾，閉户十三載，成就後來甚夥。其在弟輩者，予二祖蘭如公，四祖春華公，予祖天馥公，俱增廣生。在姪輩有予從堂伯淡庵公，食廩餼；怡庵公以歲貢任汝寧府訓導；堂伯懋庵公，以歲貢任孟縣訓導；予先考樂庵公，歲貢生，以予令京山，勅封文林郎；四叔謹庵公，太學生；堂叔利庵公，入庠，早卒。皆親授業者也。其私淑家學者。孫輩不肖其章，幸列鄉榜；堂弟玉章、楠章，皆增廣生，亦越曾孫食廩餼者。予姪淑身選拔貢者，嵩木也。凡此皆公繼肖泉公之志，述肖泉公之事者也，嗚呼！祖有功，宗有德，凡家業之興，開之承之者皆為功。宗其精神，嘗有以維持數世於不替。予觀肖泉公之所以興，裕六公之所以述，不禁有感於氏族間樹勳立業之賴有人也。自茲以往，凡我後嗣子若孫，其宜思應運而起，庶有綿亙於無窮也夫。公諱藝，字裕六，享壽八十三。配范氏，莊浪道之孫女，無所出，取三祖長男諱斯為嗣，生子世傑、世道，俱故。孫三，名載碑面，俱表。

乾隆三十年。

(文見民國《鞏縣志》卷二十四《文徵》。席會芬)

重修舞樓碑記

從來善之行也，莫大於創修，尤莫大於重修。創修固難，而重修亦不易也。鞏邑之西五十餘里有古廟焉，僉曰"玉仙聖母廟"也。不知創修何時，其來久矣。然廟雖設而戲樓猶未建立也。迨至康熙五十七年，本邑善士人等抽磋積金，復立舞樓一座。自建立之後，歷年半百，風雨飄搖，棟宇摧折。善士人等目睹心傷，且為約合鄉眾各捐貲財，重為修理，而戲樓煥然一新也。自茲以往，倘不揖筆書之誌，年月日久，重修之功苦莫稽，募化之姓氏無考，故勒諸碑石，以志不朽云。

乾隆三十一年四月吉旦。

(碑存鞏義市康店鎮徐柏坡村玉仙聖母廟。孫憲周)

唐工部杜甫故里碑

唐工部杜甫故里

生於鞏南瑤灣，葬於康店嶺。

乾隆三十一年八月吉旦。

賜進士出身知鞏縣事李天墀勒書。

(碑存鞏義市南瑤灣。王興亞)

孫氏東祠堂碑記

孫氏出自晉，明初遷鞏之羅莊，始祖娶經氏。羅之孫氏咸祖之，約傳五七世不可紀。其可紀者，乃各別塋於舊塋之南，有諱一、諱進兩祖墓，與余所出八世祖，皆以維為行，當非遠兄弟。相傳精、一、進、昌，昆季四，其二失傳。本朝康熙初，一祖之曾孫之道，進祖之曾孫更奇、愈奇、鐘奇，同買地，謀建祠，而未就。至乾隆十一年，進祖之六世孫作銳、作棟，七世孫無偏，始為之基。二十年，六世孫作轅、作柱、作敬，七世孫庚辛乃贊成祠。又數年，銳子廷弼、轅子銑、敬子孟居、柱子無息、辛子夢松，更助為門宇焉。祠三楹，中祀始祖，東祀一祖，西祀進祖。夫始祖以下不可紀，則孫氏大宗闕如矣。於是乎一祖、進祖，各得一小宗，配其出自一祖、進祖者，各宗其所宗，可也。必遠追世祖者，重始遷也。

孫氏自始遷至今四百餘年，族頗繁衍，由是建祠以尊祖，別宗以統屬，時祀以教敬，合食以敦睦，則族大而人知相親也，世遠而人不忘本也，野處而咸知禮也。古之所謂君之宗之，以統攝其人，更數十百世而不散者，其在斯乎！其在斯乎！

孫枝榮記。

乾隆年間。

（文見民國《鞏縣志》卷二十四《文徵》。席會芬）

嵩嶽進香旋里鐫石記

【碑陽】

社首張有義、李士鍠男復天、張有才、李松、趙仁宇、李夢舜、李士榮。

住持賈乙明，徒陽春。

嵩嶽進香旋里鐫石記

康海若沐手敬書。

社首李復智、李夢軻、張之學、李夢進、張萬壽、李復元。

石工張本忠、張繼恂、王羽鵬。

皇清乾隆叁拾貳年歲次丁亥孟夏廿日立石。

【碑陰】

四鄉各里社衆：劉爾學、蔡宣、康之魁、宋法、楊百興、張廷岳、賀宣、李復孝、楊百稍、崔永言、賀九河、鄭殿鰲、胡金城、薛士才、李復禮、尚大用、康桴、盧天佑、董士喜、姚玉彩、曹升禮、白大用、張敬、賀慎、牛治世、李士則、杜占鰲、李士賢、費有善、牛子春、張自悅、康相、張士重、武治邦、牛天福、李中魁、張承先、劉爾法、張士振、康苞秀、康之□、李士奇、王起龍、董復財、康垣、陳得功、王進福、李知義、楊得高、白景龍、楊得成、楊得振、楊得祿、劉正心、張居禮、段祥、周建功、山西長子縣胡守信、山西路城縣張源、曹太倫、王景祥、王景瑞、朱之敬、康惠功、□大英、王居敬、費有禮、董士俊、康世名、王居易、張東序、孫世德、王發祥、苗廷選、苗延壽、劉復天、康存秀、李士成、李學文、王新錫、劉復盛、鄭越鰲、李貳、李小五、王君鄭、王居仁、白心哲、康之傑、李成、張登先、劉生愷、丁傳、康福、崔克武、王振邦、劉復天、楊得隆、牛君陶、于永、徐顯功、杜會、王虎山、王天智、李復德、李復海、張福祥、賀九法、李復財、李身成、范生文、孫大周、康河、康中文、常思禮、李復林、盧進義、康從禮、崔光、武信、宋天福、宋天乙、孫萬魁、劉士年、崔法龍、李士□、王□思、劉□、孫發□、楊百□、楊□□、張□、康世□、康從古、張弘毅、龔丙辰、張福祿、張萬行、李士全、孫官、楊百年、楊百代、范天祥、李身立、張元、□□□、□□□、□□□、□□□、□□□、□□□、□□□、□□□、□□□、白太□、孫大德、費有治、劉爾靜、尚自恭、楊起秀、宋天祥、宋好義、□□□、□□□、□□□、□□□、□□□、□□□、□□□、□□□、□□□、□□□、□□□、□□富、劉萬全、白元昌、陽城張進儒、康萬香、楊得秀、武景祥、曹大振、楊百魁、劉百進、□天□、□小惠、□□棋、□□、王□、□□□、□□□、□□□、□□□、□□□、□□□、□□□、常虎山、李復信、監生尚天位、董士居、黃玉貴、汜水鄭旺、尚自統、王夢□、桑自敬、王廷用、張□□、□□□、楊百福、□□□、□日黃。

（碑存鞏義市大峪溝鎮橋溝老君廟內。孫憲周）

皇清顯合縣靳公諱三畏曾祖妣杜氏□氏三位之墓碑

【額題】碑記

皇清顯合縣靳公諱三畏曾祖妣杜氏□氏三位之墓

乾隆三十四年二月吉日。

會孫靳養智仝立。

（碑存鞏義市孝義街道辦西溝村靳氏祠堂西牆上。王興亞）

重修先賢程公子華子先生暨明道伊川先生祠碑記

【額題】繼往開來

先賢程公子華子先生暨明道伊川先生祠碑

重修督工化主耀南。

祀生中和、圖霖。祀生圖久、元冬。祀生弘道、美、鎔、鴻金、允端、允禮、允章、爾端、作後、作輝、善敬。祀生雲從。祀生學章、圖宗、圖高、圖襄、圖遠、圖蓮、圖鳳、圖松、圖純、圖柱、□斌、圖耀、圖坤、圖尊、圖義、圖惠、圖智、圖重、圖明、圖貴、圖賢、圖顯、圖有、圖安、圖行、圖存、圖法、學孔、永福、永壽、學禹、次吾、萬年、萬載、萬民、萬義、圖撫、九秀、九忠、九富、進財。祀生偉、鴻倫。祀生鴻猷。祀生鴻文、振統、祀生文、作賢、元忠、元德、元俊、光前、貴良、元聚、元讓、臨東、世龍。

士英、世偉、原任浙江湖州府長興縣左堂士傑、欽賜世龍翰林院五經博士加六級周錫圭璋。本縣右堂江南徽州休寧縣兆騋。

士弘、士義、士智、士秀、士興、士賢、子剛等奉賣莊銀拾叁兩。

圖河、圖雲、圖瑞、圖生、圖洛、朋飛、圖壽、圖宣、文行、朋格、圖上、圖琬、圖琰、圖震、圖珍、圖雷、祀生圖祥、圖春、朋萬、圖漳、圖順、圖禹、朋雲、圖淮、圖元、化南、法祥、圖禮、元淳、元倫、元良、元成、元臣、元興、五先、元士、元美、祀生心和、祀生元福、致和、元聰、福壽、元菊、元振、元敵。

仝立。

大清乾隆三十八年歲次癸巳季春上浣吉旦。

（碑存鞏義市米河鎮寨村程氏宗祠內。孫憲周）

重建孫真殿並廣生殿創立石壁碑記

粵稽建碑以來，古者用木，秦、漢而後，易之以石，去其稱矣。雖非舊制，其獎善志功告成，勞者與古同符。

余鄉牛王廟，由來已久，配殿孫真、廣生，神之為靈昭昭也。辛巳，洪水頹崩，石殿盡沒，惟正殿僅全，左殿摭破，其壁址基俱危。鄉老惻然。有張君諱節等，仗義疏財，塵視金玉，募化捐資，鳩工庀材，疊石為壁，告成於一旦。余卜居茲土，低徊於斯，溪流映帶，峰巒環拱，近吞山光，遠掛朱簾，當二壑交流之衝，寔孤崖特峙之地。路旁塵起去焉，耒牛天外霞飛，斷鴻孤鶩，九霄漸近，太清可俯，擔夫販鹽，朝為溷躋，樵夫牧童久聞唱歌。登臨直媲峨嵋，尋溪宛若武陵仙府，勝概不可壯。彼燕磯月山，孰為設也；三島十洲，信天然也。地之所鍾，孰非神之所佑。余因管窺，聊勒諸石，其風清俗羨，地靈人傑，趨事公者，文不待言矣。是為記。

後學張甫田記並書。[1]

乾隆三十九年歲次丙戌六月初九日穀旦。

（碑存鞏義市站街鎮柏茂村全神廟。孫憲周）

創建土地神洞碑記

長養萬物承載兆民，土地之功至溥也。□傳王、李、景諸君欲立祠以祀久矣，而又苦於力不給焉。因同心結社，積儲貲財。儲之不足，而兼募之。衆人苦心經營，蓋其為善之念，發於不容已也。迄今神洞建矣，神像餙矣，厥功告竣。覩其儀，雖非峻宇雕墻，層巒聳翠，巍然而著崇隆之觀，而其基址完固，幽深清靜，足以妥神靈而隆祀典也。與善事克舉，義不容泯。故謹為陳之，以示將來云。

邑廩生員傅覲嶽撰文並書。

地主傅遷施地七弓長，四弓二尺寬。

合社善士列後：

---

[1] 以下捐資人姓名，字多模糊不清。

傅觀曾仐九百五十文、王崇仁仐乙千貳百文、傅觀孟仐八百五十文、李士杰仐八百五十文、傅觀海仐七百文、李哲仐八百五十文、傅永法仐八百五十文、景相如仐六百文。

施財善士列後：

李蘭曷仐三百文、李天成仐三百文

溫縣侯欽仐乙百文、魯天德仐四百文、范珍仐三百文，李朝相仐二百文，監生李學傳仐二百文，王德學仐二百文，范守光仐二百文，王升仐百文，白升仐乙二百文，房文信仐乙百五十文，龔瑾仐乙百五十文，傅永才仐乙百五十文，李大惠仐乙百五十文，范承先仐乙百文，傅明順仐乙百文，李之烈仐乙百文，范述先仐乙百文，王來聘仐乙百文，范忻仐乙百文，曹起文仐乙百文，楊順然仐乙百文，李法先仐乙百文，范大德仐乙百文，李天安仐乙百文，傅觀顏仐乙百文，李朝舉仐乙百文，李念傳仐乙百文，傅永和仐乙百文，李登魁仐乙百文，范念先仐乙百文，傅永昌仐乙百文，范樂先仐乙百文，張盡孝仐乙百文，范效先仐乙百文，李聖傳仐乙百文，范遇先仐乙百文，李大富仐乙百文，范琚仐乙百文，王孝仐百文，李士順仐乙百文，范文德仐乙百文，李行傳仐乙百文，范修法仐乙百文，焦門崔氏仐乙百文，康門靳氏仐乙百文，李遇仐乙百文，傅文杰仐乙百文，李之勳仐乙百文，范荷仐乙百文，傅文英仐乙百文，李文仐乙百文，傅永振仐乙百文，李士成仐乙百文，趙義方仐乙百文，李登隆仐乙百文，傅永太仐乙百文，解守光仐乙百文，范倫仐乙百文，董復才仐乙百文，傅文魁仐乙百文，李之仁仐乙百文，王德顯仐乙百文，王士聰仐乙百文，傅永孝仐乙百文，王功仐乙百文，李天臣仐乙百文，范章仐乙百文，景相義仐乙百文，李栢計仐乙百文，王德和仐乙百文，李之默仐乙百文。

泥水匠李朝相。

木匠王宗仁。

金塑匠康士珩。

石匠劉治全。

計開社積錢陸千伍百文，妝布施並做工折錢拾伍千陸伯文，共費錢貳拾貳千壹伯文。

大清乾隆四十年歲次乙未仲春穀旦立石。

（碑存鞏義市大王溝土地堂。孫憲周）

重修波池碑 [1]

儒學李大勳書丹。

功德主李士秀男康又銀五錢，費自勇銀四兩九錢三分。

化主閆士用三兩六錢一分，張士超銀四兩，曹學詩銀四兩，王國維銀四兩，費自全銀

---

[1] 原北寨門內和良門內各有一洿池，俗稱小坡池，故此坡池俗稱大坡池。

五兩，李士秀銀五兩，吳道振銀六兩，龐奉坤銀六兩四錢三分，龐九颦十兩零五分，吏員吳進思十四兩六錢三分，費自發銀十五兩四分，吳道顯銀十一兩，費白申銀七兩，魏有智銀六兩，吳道著銀四兩八錢四分，龐世光銀三兩，吳進職銀五兩，□士發銀五兩，□希明銀四兩，龐基福銀四兩，王氏男治國、治民、治家銀三兩六錢八分，李大顯銀二兩九錢，吳進法銀三兩五錢，監生張聖文銀三兩二錢五分，張聖陶銀三兩一錢五分，張聖佐銀三兩五錢一分，費自得銀三兩，龐世法銀三兩一錢七分，吳柏松銀三兩，□治邦銀三兩，費自强銀三兩，王世聰銀三兩，龐廷對銀三兩，曹學林銀二兩八錢五分，許林獻銀二兩六錢二分，費興銀二兩五錢六分，張景雲銀二兩五錢，龐廷彩銀二兩五錢，吳興漢銀二兩五錢，龐廷宰銀二兩五錢，李世臣銀二兩五分，龐世甲銀二兩三錢，龐錫祿銀二兩三錢吳振漢銀二兩三錢三分，張元安銀二兩一錢吳維祥銀二兩五錢，賀葛有銀二兩一分，張士選銀二兩，龐世弘銀二兩八錢五分，李世則銀二兩八錢八分，吳進壽銀二兩，龐有道銀二兩，吳士坤銀二兩，李大章銀二兩，張雷銀二兩，吳士奉銀二兩，張士好銀二兩，曹學文銀二兩，□起太銀二兩，□士英銀二兩，張永堯銀二兩，李士友銀二兩，張景弟銀一兩五錢五分尹光仁銀一兩九錢，趙振林銀一兩六錢，費自禎銀一兩五錢，龐廷揚銀一兩二錢五分，趙守志銀一兩五錢五分，段可顯銀一兩五錢五分，許林祥銀一兩五錢六分，李安民銀一兩五錢三分，費自貴銀一兩五錢，曹世富銀一兩五錢一分，龐有能銀一兩五錢，曹明遠銀一兩五錢，龐世寵銀一兩五錢，費自有銀一兩五錢，張成功銀一兩，龐世恭銀一兩五錢，費自來銀一兩五錢，曹學章銀一兩四錢，張聖誥銀一兩二錢三分，費欽銀一兩二錢，李大韶銀一兩一分，張大生銀一兩八分，龐奉至、賀宗堯、曹光先、李士超、張士弘、李金木、張士儒、武進寶、吳進略、龐有文、李安實、以上各一兩，張士舉銀一兩，費自盈銀一兩，張士枚銀一兩，張士義銀一兩一錢，翟大成銀七錢，費道隆銀一兩八錢，李安公銀一兩，張倬銀一兩，吳道義銀一兩，吳進孝銀一兩，龐世仁銀一兩，李承武銀九錢，張聖存銀九錢，翟大士銀九錢，龐有義銀八錢八分，李大□銀八錢七分，張元貞銀八錢五分，費旺銀八錢五分，費自勤銀八錢五分，吳進宮銀八錢五分，費自茂銀八錢，張士聰銀七錢六分，費道魁銀七錢，張士□銀七錢六分，李士元銀七錢，龐世美銀七錢三分，張景珩銀七錢八分，王士枚銀六錢五分，胡百魁銀六錢五分，張士興銀六錢五分，龐奉貴銀六錢五分，吳希程銀六錢一分，龐有臣銀六錢五分，李世顯銀六錢，吳進周銀六錢，許繼先銀六錢，龐奉卜銀六錢，王□□銀五錢，吳進文銀五錢五分，張士純銀五錢五分，董永臣銀五錢三分，費自恭銀五錢三分，武進孝銀五錢一分，李安欽銀五錢一分，李大福銀五錢，龐奉兆銀五錢，吳進枚銀五錢，許進德銀五錢，費道平、許進顯、費自成、費自生、吳大德、曹名揚、□士秀、王朝望、張大德、龐復榮、龐有亮、龐奉魁、吳德會、費運昌、以上各五錢，尹天佑四錢三分，李士倫四錢七分，龐奉山四錢五分，李百盈三錢，王世名四錢七分，許文學銀四錢一分，費道足銀四錢七分，曹爾重銀四錢三分，龐奉智銀四錢八分，于有智銀四錢，楊振學銀四錢，龐有武銀四錢，冀子龍銀四錢，張士本銀三錢五分，□起法銀三錢五分，曹光顯銀三錢五分，曹光彩銀三錢二分，王大有銀三錢一分，張夏生銀三錢。費隨昌銀三錢，龐有振銀三錢，□治孝銀三錢，龐有安銀三錢，吳紹祚銀三錢，白士亮銀三錢，張大智銀三錢一分，張景奉銀三錢，吳希堯銀三錢，吳紹聰銀三錢，張良德銀二錢七分，許林成銀二錢四分，費自正銀二錢五分，費自會銀二錢五分，龐廷獻銀二錢六分，曹名瑞銀二錢六分，袁宗孝銀二錢一分，許進安銀二錢五分，張士傑銀二錢五分，李世賢銀二錢五分，李延福銀二錢二分，吳希黃銀二錢四分，許進山銀二錢，張士花銀一錢八分，費自平銀二錢，龐廷秀銀一錢，張士彥銀一錢七分，張元榮銀一錢五分，郭大廷銀一錢五分，龐奉正銀二錢，費自文銀二錢，吳進賢銀二錢，許進明銀一錢五分，費□桐銀一錢八分，費自才銀一錢，龐奉安銀一錢七分，龐奉生銀一錢五分，龐世雷銀一錢五分，閆起福銀一錢五分，韻武銀一錢五分，張聖訓銀二錢，趙振德銀一錢七分，曹學吉銀二錢，李大昌銀一錢七分，□□生銀一錢，李安和銀一錢八分，龐奉現銀一錢，張元花銀一錢，尹天保銀一錢，□奉祿銀一錢，張永祚銀一錢，費自寬銀一錢，尹天祿銀一錢一分，張士福銀一錢三分，賀宗林銀一錢，龐有信銀一錢五分，龐有禮銀一錢，龐奉建銀一錢二分，曾世有銀一錢六分，□玉先銀一錢，龐有喜銀一錢二分，龐廷佐銀一錢二分，李安邦銀一錢二分，費曰序銀一錢五分，費世法銀七分，李安居銀七分，吳道弘銀五分，吳進春銀五分，費道明銀五分。

　　鐵筆匠劉元功、劉治全、劉子實、□□□□二錢。

　　大清乾隆四十一年仲春月吉日仝立。

（碑存鞏義市西村鎮西村五龍廟前。孫憲周）

炳公修白雲寺山門碑記

　　乾溝寨西南一里許，舊有白雲寺。前臨青龍河，後據白雲山，左右羣嶺相繞，規模恢廓，誠勝地也。寺之建，不知始於何時。乾隆三十九年，於寺北偶得一石寶柱，上刻開皇年號，寺之由來久矣。寺中舊有大佛殿，並配殿、山門，但山門與佛殿相去數武，局勢促狹，無以壯觀。時經堪輿審視，咸以山門前移為吉。一日寺中住持諱湛和，約衆功德主前移山門，僉曰："此義舉也，事不容遲或已焉。"時有張君諱炳者，祖父以來屢修廟宇，今又慨然以移山門為己任，糾合衆善士各出貲財，以襄厥事。因於舊山門北增修山門三盈，金粧天王四尊，體勢巍峨，氣象輝煌。於以妥神靈而肅衆志，洵為數百代巨觀也。功成告竣，勒之貞珉。非徒云示功德，將以勉勵之，向善慕義，繼此而興者。是為記。

　　大清乾隆四十一年歲次丙申七月之吉。

　　偃師縣庠生侯文老撰文。王功孝書丹。

（碑存鞏義市回郭鎮乾溝村白雲寺。孫憲周）

重金妝神像誌

嘗思人所憑依在衣，神所憑依在像。使舊染有污而無人重理，則雖有神而人心將有憾矣。茲老井溝有關聖帝君，英靈百代，四方於此有賴焉。茲鄉地雖狹隘，人即蕭條，而感戴之情亦所不怠也。無有年，神像亦壞，有目者無不心傷。今有柴君諱思聰等，遂向眾商確，各出貲財，眾欣然無不樂從。於是，重金妝神像，煥然一新。誠所謂善行可述焉，誠多嘉也。事既告竣，聊為俚言，庶幾永垂不朽也云爾。

大力山康聯甲序並書。

首事人柴思聰、康學珍、康廣明、李天祿、孟法仁、劉振鐸、康學顏、劉萬舉、劉震寰，以上各仒四百二十八文。

柴孝詩、王遇祿、王建辰、孟雲瑞，以上各仒一百六十文。

劉振德、劉萬鎰、康文明、孟法賢、孟法功、劉振文、張登朝、劉澤卿、康孝世、孟春生、孟尚新、孟雲路、康明友、程九功、孫重武、劉振賢、劉萬壽、劉萬鐘，以上各錢八十文。

康文禮、柴孝山、劉根旺、康文太、康學全、康文行、孫振德、韓相、孫根旺、孫景、李士成、康學位、柴學孟、柴學文，以上各仒八十文。

劉萬舍、包克臣、劉萬錫、王祿、孫門劉氏，以上各錢十文。

金粧牛宗哲。

泥水石成貴。

石匠丁大魁。

住持通樹、道成。

乾隆四十二年二陽月吉日立。

（碑存鞏義市北山口鎮老牛溝老君廟。孫憲周）

創建樂舞樓碑記

蓋聞理之所屬而氣接，氣之所接而誠達。自古在昔，未有廢笙歌樂舞，可以快獻憂神明之一事也。西作村東北隅有土地神祠一座，未攷建於何代，實一鄉之福庇也。而禱祀報□輒欲演戲酬神，苦於無所憑。□□有善士張士豪等偶□會社之時，慨然興念，欲成鉅觀，志合意□，踴躍爭先。但工大貲乏，未能果願。爰□化主，旋募鄉善眾士，遂□捐貲，□□盛舉。今而後□煥其制，壯麗其觀，陽春白雪，有藉以詠，蜃樓海市，宛□□前，神人和悅，幽明休□□□應亦傳□盛□美□云。

邑庠生崔魁斗撰並書丹。

李世則施銀一兩七錢七，龐九章施地二尺，龐廷彩、龐基福四人施地□□。

吳進義銀五錢，張士如銀五錢，吳進□銀五錢，龐有亮銀五錢，張永亮銀五錢，吳希程銀五錢，張元貞銀三錢，胡士俊銀三錢，李安寔銀三錢，張元安銀三錢，張士紹銀三錢，吳進官銀三錢，吳進鼇銀三錢，曹學周銀三錢，龐廷貴銀二錢，龐廷棟銀□□，尹天祿銀二錢，張元文銀二錢，吳希松銀二錢二分，吳希黃銀二錢，龐有時銀二錢。

木匠龐有□、張士英。

石匠郝元祥。

大清乾隆四十三年歲次丁酉十一月吉旦。

（碑存鞏義市西村鎮西村地藏王祠土地祠拜殿內右側墻壁上。孫憲周）